KB266885

기론氣論

입자에서 장場으로

기론氣論

입자에서 장場으로

초판 1쇄 발행 2026년 1월 30일

지은이 | 곽내혁

펴낸곳 | (주)태학사
펴낸이 | 김연우
등록 | 제406-2020-000008호
주소 | 경기도 파주시 광인사길 217
전화 | 031-955-7580
전송 | 031-955-0910
전자우편 | thspub@daum.net
홈페이지 | www.thaehaksa.com

편집 | 조윤형 여미숙 김태훈
마케팅 | 김민선
경영지원 | 김영지
인쇄·제책 | 영신사

ⓒ 곽내혁, 2026. Printed in Korea.

값 30,000원
ISBN 979-11-6810-423-5 (03150)

책임편집 | 조윤형
디자인 | 임경선

기론

氣論

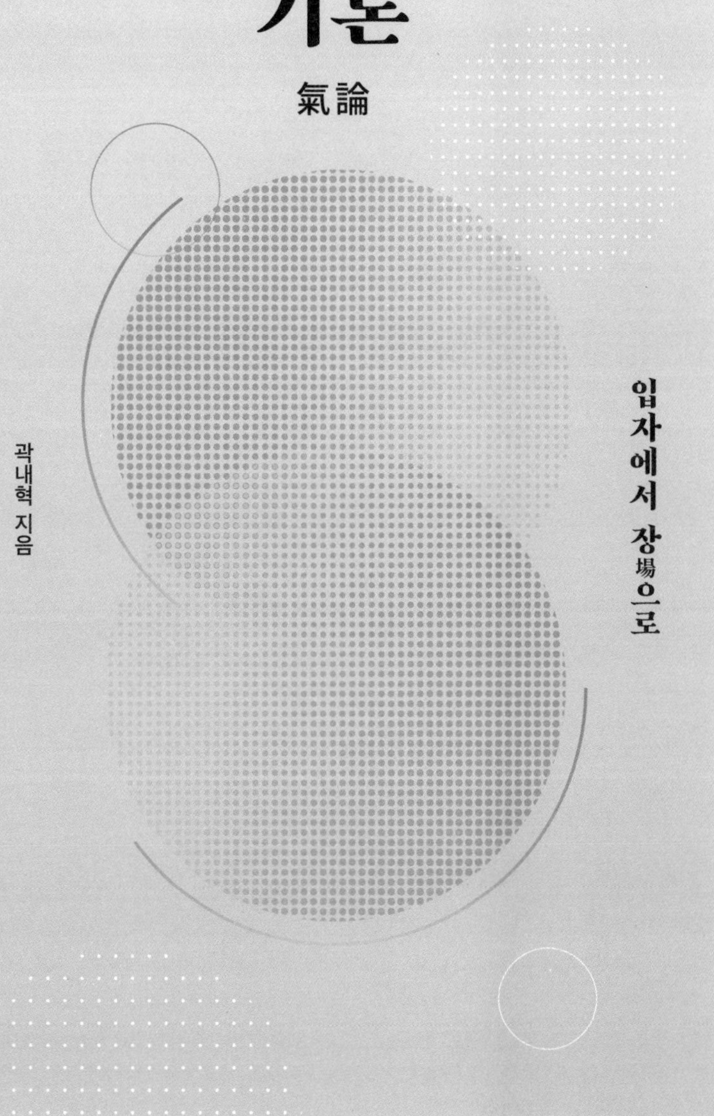

입자에서 장場으로

곽내혁 지음

태학사

머리말

'나'와 '우리'

외국인들이 우리말을 공부할 때 당혹스러워하는 부분 가운데 하나가 '우리'라는 표현이라고 한다. '우리나라'나 '우리 동네' '우리 문화' 등은 그런대로 이해할 수 있는데, '내 남편', '내 아내'를 '우리 남편', '우리 아내'로 호칭하는 것을 어떻게 해석해야 할지 모르겠다는 것이다. '내 아들', '내 딸'을 '우리 아들', '우리 딸'로 부르는 것도 마찬가지이다. '내 집'보다는 '우리 집'이라는 표현도 자연스럽게 나온다. 이러한 현상에 대해서 어떤 이는 한국인들이 오랫동안 농경지에서 농기구를 공동으로 사용하고 품앗이하면서 경제생활을 해 왔고, 수많은 외세의 침략에 맞서 단결하면서 공동체 의식이 민족성의 특성이 되었기 때문이라고 한다.

그러나 이러한 진단만으로 언어, 특히 가장 중요한 주어가 왜 그렇게 사용되었는지 충분하게 해명되지 않는다. 외국인들의 상식으로서는 일부일처제의 가족 문화에서 '우리 남편', '우리 아내', '우리 아들', '우리 딸'이라는 표현은 어법에 맞지 않고 논리적 정합성이 없어 보일 것이다. 그런데도 막상 우리나라 사람들은 이러한 표현에 아무런 문제의식을 느끼지 못할 뿐만 아니라 그렇게 호칭하는 데에 훨씬 편안함을 느낀다. 그렇다면 이것은 어법을 뛰어넘는, 언어 표현에 담긴 세계관의 문제라고 보아야 한다.

기氣의 관점에서 조명해 보면 이러한 표현들이 얼마나 다른 세계를 가리키고 있는지를 쉽게 이해할 수 있다. 가령 '내 아들'과 '우리 아들'의 기의 장場이 어떻게 조성되는지 살펴보자. '내 아들'의 경우 '나(내)'라는 입자 단위의 경계가 뚜렷하고 '아들'도 어떤 입자 단위로 특정된다. 그런데 '우리 아들'에서 '우리'는 입자 단위의 기운이 아니다. '우리' 자체가 '나'라는 입자가 해체된 상태이며 동시에 지칭 대상인 '아들'과 화자인 '내'가 하나라는 것을 나타내는 말이다. 그런 만큼 '우리'를 떠올리는 순간, 이미 '나'와 '아들'은 주객일치가 이루어진 공동의 기의 장으로 나타난다. 즉 '우리'라는 말에서부터 이미 화자인 '나'의 입자로서의 폐쇄 회로가 해체되고 우주적 존재감으로 열린 상태인데, 여기에 '아들'이라는 말이 덧붙여지는 순간, 화자인 '나'와 지칭 대상인 '아들', 양자의 공동 무대인 '우주'가 함께 열리는 것이다. 이 모든 것이 '우리 아들'이라고 칭하는 순간에 동시에 이루어진다. 내가 '나'임을 포기할 때 바로 우주가 되며 이때 비로소 '아들'과 주객일치를 이룰 수 있으며 '아들'과 주객일치를 이루는 바탕은 '나'도 '아들'도 우주적 존재가 되는 것이다. 이 모든 과정이 단 하나의 어휘 '우리'에 담겨 있다.

이런 관점에서 다시 '내 아들'과 '우리 아들'을 비교해 보자. 외국인들이 '내 아들'이라고 칭할 때는 '나'와 '아들'의 입자 단위의 정체성이 전제된 상태에서 '아들'은 '나의' 소유격 대상으로 등장한 것이다. '내 남편', '내 아내', '내 집' 등 모든 표현이 소유격으로 이루어져 있다. 소유격의 표현에서는 주체와 대상이 분열되어 있다. 즉 내가 주체이고, 나의 소유물은 대상이다. 이런 세계관에 기초한 상태에서 '우리 아들',

'우리 남편', '우리 아내', '우리 집'을 바라보기 때문에 이들 말이 '우리의 아들', '우리의 남편', '우리의 아내', '우리의 집'으로 인식되어 이상하게 보이는 것이다. 그러나 우리말의 '우리 아들'에서 '우리'는 '우리(의)'라는 소유격이 아니다. '우리 아들'이 우리가 소유한 인격이 아니라는 것이다. '우리 아들'에서 '우리'는 공동 주격이다. 즉 '우리(의) 아들'이 아니라 '우리=아들'이라는 것이다. '우리'는 한 울타리, 마당과 같은 공동의 장을 가리킨다. 무엇을 지칭하든 '우리'가 사용될 때는 화자인 '나'와 지칭되는 '대상'이 이미 주객일치가 된 공동장을 이루고 있다는 것을 표현하는 것이다. 그러기에 우리나라 사람들은 이렇게 표현을 하는 것이 훨씬 편안하고 자연스럽게 느껴지는 것이다. 이런 표현은 입자 중심의 어법이 아니라 장 중심의 어법이라고 할 수 있다. 장의 어법으로 사용되는 '우리~'의 명칭은 소리 내어 부를수록 화자인 나도, 청자인 대상도 모두 우주적 존재감으로서 주객일치의 주격임을 동시에 확인하는 것이다.

국립국어원에서 펴낸『표준국어대사전』에서는, 여러 사람을 가리키는 일인칭 대명사의 용도 외에 우리 엄마, 우리 마누라, 우리 신랑, 우리 아기, 우리 동네, 우리 학교와 같이 일부 명사 앞에 쓰이는 '우리'에 대하여, 말하는 이가 자기보다 높지 아니한 사람을 상대하여 어떤 대상이 자기와 친밀한 관계임을 나타낼 때 쓰는 말이라고 한다. 화자인 '나'와 지칭되는 '대상'이 가장 친밀한 상태는 거리감이 없는 것으로서 주객일치인 상태이다. 이러한 친밀은 각자의 입자로서의 경계를 해체하고 하나의 공동의 장으로 만날 때 이루어질 수 있다. 그러한 장은 온 우주로 열려 있다. 결국 화자인 '나'와 지칭되는 '대상'이 우주적인 존재로 거듭나고 함께 공동장으로 만날 때 가장 친밀한 것이며, 이러한 상태를 바로 '우리'라고 표현한다는 것이다. 이처럼『표준국어대사전』에서도 다른 명사 앞에 붙이는 '우리'의 표현을 입자의 소유격으로 해석하지 않고 그 명사와 친밀한 관계, 즉 주객일치의 공동장을 나타내는 것으로 쓰인다고 풀이한다. 외국인이 이상하게 여겼던 '우리'는 입자 중심의 세계관에 기반한 어휘이며, 우리말에서 사용한 '우리'는 인칭대명사로서 사용될 때는 입자의 어법에 따르는 어휘이지만, 명사 앞에 관형어로서 사용될 때는 장 중심의 세계관에 기반한 어휘로서 전혀 다른 세계를 보여 주고 있다.

그런데 장의 어법으로서만 해석될 수 있는 '우리'라는 말을 일상생활에서 흔하게 사용하고 있다는 것은, 그만큼 우리나라 사람들이 장 중심의 세계관에 익숙하다는 것을 의미한다. 이를 잘 엿볼 수 있는 것이 기氣의 문화와 대승大乘 사상, 동학의 인내천人乃天 사상이다.

먼저 기의 문화는 무엇보다 우리말 속에서 '기'라는 말을 배제하고 문장을 구성하기 힘들 정도로 광범위하게 사용하고 있는 데서 쉽게 확인할 수 있다. '기분[기의 분배 상태], 기운, 원기, 정기, 진기, 사기, 기미, 기색, 분위기' 등으로, 기는 인식 주관의 느낌과 인식대상의 상태를 눈으로 보이는 형상은 물론, 보이지 않는 장까지 망라하여 표현한다. 또한 모든 기의 현상은 상호 침투하고 상호 공유하여 일기一氣에 이르기까지 변화가 계속된다. 이러한 기의 문화에서는 서로 공감을 쉽게 하고 공동의 장을 느끼면서 상호 배려를 하고 정을 주고받으며 눈치를 배우고 염치를 느끼는 문화가 자연스럽게 형성된다. 또한 궁극적으로는 일기一氣에 이르기까지 삶의 지향성을 높이고 우주와 조화를 이루고 모두가 공생하는 길을 모색하게 된다.

이러한 일기一氣의 관점에서 본다면, '우리 아기'에서 '나'와 '아기', '우주'가 동시에 하나가 되는 것이다.

대승大乘은 우리나라 삼국시대에 꽃을 피웠다. 소승小乘이 개인의 깨달음과 열반涅槃에 초점을 두고 수행한다면, 대승은 모든 존재가 부처가 될 수 있다고 보며 스스로 이롭게 하고 남도 이롭게 하는, 자리이타自利利他의 수행을 한다. 소승과 대승은 세계관이 다르다. 소승이 3차원 공간관과 1차원 시간관으로 입자 중심의 세계관에서 완전히 벗어나지 못하기 때문에 자타가 구분되는 상태에서 개인의 깨달음에 집중하지만, 대승은 일심동체의 관점으로 장 중심의 세계관을 갖기 때문에 중생이 바로 부처이고, 자기에게 이로운 수행이 바로 남을 이롭게 하는 수행이고, 남을 이롭게 하는 수행이 바로 자기를 이롭게 하는 수행이라고 보는 것이다. 의상대사가 『화엄경』의 내용을 210자로 요약하여 노래한 「법성게法性偈」에는 대승의 사상이 잘 나타나고 있다. "하나 속에 모두 있고, 여럿 속에 하나 있어 하나가 모두이고 모두가 하나이네. 한 티끌 가운데에 시방세계 담겨 있고 낱낱의 티끌마다 시방세계 들어 있네."

원효는 공간성과 시간성, 인과성을 뛰어넘어 모든 것이 일미一味, 즉 한맛이라고 보았다. 또한 인간은 누구나 불성佛性을 가지고 있으며, 이러한 마음의 근원을 회복하면 누구나 부처가 될 수 있다고 하였다. 이 마음의 근원이 바로 '일심一心(한마음)'이다. 일심은 모든 존재와 현상의 근거이며, 일심이 구현된 세계가 바로 정토淨土라고 보았다. 일심은 평등하고 무차별하며, 일심에서 보면 진여眞如와 생멸生滅이 다르지 않다는 것이다. 여기서 일미一味, 일심一心은 입자가 아니라 장이다. 입자라면 시공간, 인과에 따라 경계가 나누어지고, 진여와 생멸은 대립되지만, 장일 때 모든 것을 하나로 통섭通攝할 수 있다. 학제 간 융합을 의미하는 통섭統攝은 원효의 통섭通攝과 다르다. 박태원[1]은, 통섭統攝은 다양한 것들을 하나로 수렴하려는 지향이라는 점에서 편입과 통합의 권력적 속성이 수반되는 것이지만 원효의 통섭通攝은 '다양한 것들이 각자

---

1 박태원, 「세상을 바꾸는 불교의 힘」, 『법보신문』, 2017. 1. 4.

의 자리에서 서로 열고 껴안을 수 있는 지평'이라는 점에서 권력적 위계나 흡수의 유혹을 원천에서 해체시킨다고 한다. 그는 원효사상에서 보자면, 융합은 통섭統攝이 아니라 통섭通攝이어야 한다는 것이다. 끌어다가 한데 묶어 놓으려는 것이 아니라, 각자 그 자리에서 제 역할을 하게 하고, 제 자리에서 사방으로 열게 하며, 서로를 밝게 비추고 따사롭게 하는 것이 원효의 통섭通攝이라는 것이다.

통섭統攝은 입자 중심의 세계관에 기반하여 '하나로 수렴'하고 '총괄하여 관리'하려는 것이기 때문에 그 과정에서 여럿으로부터 하나로 중심이 이동하거나 새로운 하나로 환원하는 것일 수 있으며, 그렇게 수렴된 하나도 새로운 입자로서의 폐쇄성을 띨 수 있다. 이에 비해 통섭通攝은 장 중심의 세계관에 기반한 것이기 때문에 부분과 전체는 하나의 공동장 안에서 동시적으로 각기 존재하면서 개방되어서 '열린회로'를 이루는 중도의 원융무애함을 나타낸다.

이러한 사상, 문화적 토양이 있기에 일상언어로서 '우리 아기'가 등장할 수 있었을 것이다. '우리'는 '나'와 '아기'가 각자로 있으면서 서로 통하고[通], 서로 껴안으면서[攝] '우주' 속에서 함께한다는 점에서 통섭通攝의 의미를 담고 있다. 여기서 '우리'가 통섭의 공동장이라고 하는 것은, '나'와 '아기', '우주' 모두를 입자의 '닫힌회로'가 아니라, 장 중심의 세계관에 입각하여 '나'도 '아기'도 '우주'도 '열린회로'인 장이라고 보기 때문에 가능한 것이다.

동학은 기의 문화와 대승의 세계관이 내면적 전통을 이루고 내려오던 중 조선 후기에 발현한 획기적 생명사상이다. 사람이 곧 하늘, 우주라는 인내천人乃天은 사람을 입자적 존재가 아니라 우주의 장의 존재로 인식하는 것이다. 이러한 관점에서는 하늘도, 사람도, 사물도 모두 하나이기에 '한울님'이라고 불렀다. 시아버지가 며느리를, 할아버지가 손주를, 농부가 호미를 모두 '한울님'이라고 칭하며 경천敬天, 경인敬人, 경물敬物의 경지를 보여 주었다. 입자 중심의 세계관에서는 결코 평등한 관계가 될 수 없는 존재들이 장 중심의 세계관에 입각해서 바라보면 모두가 하나가 되는 것이다. 입자의 관점에서 환경은 어디까지나 인간을 둘러싼 대상의 세계이기에 환경 운동도 주객이 분별되는 한계를 띨 수밖에 없다. 하지만 장의 관점에서는 모든 존재가 동시장을 이루고 있는 하나의 생명이라고 보기 때문에 주객의 간극은 있을 수 없다. 모두가 모심의 존재인 것이다. 이러한 점에서 동학의 한울사상은 근본적인 생명사상이라고 할 수 있다. 이처럼 동학은 일상의 언어를 통해서 아주 쉽고 간명하게 우리의 세계관과 인식의 지평을 새롭게 열어 주면서 전 지구가 평화롭게 살길을 밝히고 있다.

'우리 아기'라는 표현에서 '우리'라는 표현이 일상적으로 사용되는 것은 결코 우연한 일이 아니다. 그것은 기의 문화와 대승 사상, 동학으로 이어지는 장의 세계관이 우리나라 사람의 집단 무의식, 집단정신 속에 자리 잡고 있기 때문일 것이다.

'즉공즉가즉중'과 '우리'

불교에서는 세간世間의 말과 출세간出世間의 말로 언어의 차원을 구분하고 있다. 세간에서 '세世'는 시간을, '간間'은 공간을 나타낸다. 따라서 세간의 말은 시간과 공간의 틀 속에서 사용되는 것으로서 유위적 세계를 묘사하는 '입자' 중심의 언어라고 할 수 있다. 이에 비해 출세간은 시간성과 공간성의 틀을 뛰어넘는 것을 가리킨다. 따라서 출세간의 말은 생멸이 없는 세계, 즉 온 우주가 한 몸이자 한마음인 상태를 지칭하는 '장場'의 언어라고 할 수 있다. 두 종류의 말은 세계를 보는 관점이

다른 만큼 다른 차원의 말을 자신의 어법으로서는 이해하기 어렵다. 세간의 어법으로서는 출세간의 말이 애매하거나 모순되고 궤변처럼 보일 수 있다. 출세간의 어법으로 본다면, 세간의 말에는 명백하게 오류이거나 왜곡된 것이 많다.

예를 들어, 소승에서는 현상세계를 무상無常, 고苦, 무아無我, 부정不淨한 것이라고 한다. 이에 비해 대승에서는 열반의 네 가지 덕을 상락아정常樂我淨이라고 한다. 소승과 대승의 철학이 정반대로 나타난다. 물론 대승에서는 열반의 덕으로 지칭한 것이지만, 대승은 생사가 바로 열반[生死卽涅槃]이라고 바라보기 때문에 현상세계가 그렇다고 보는 것과 다르지 않다. 소승의 관점에서 본다면 상락아정은 궤변이다. 실제로 상주常住한다거나 단멸斷滅한다고 보는 견해를 대표적인 외도라고 규정해 왔다. 그러나 대승의 관점에서 본다면, 소승의 교리는 생멸이 거듭된다고 여기는 유위의 세계에 국한된 것이고 입자 중심의 세계관에 기초한 입자의 어법에 불과한 것이다. 그런데도 그런 줄 모르고 모든 세계에 적용한다면 그것은 명백하게 오류라는 것이다. 온 우주가 하나의 동시장으로서 일심이고 일미인 세계, 장 중심의 세계관에 기초한 장의 어법으로 바라보는 세계는 상대적 비교의 차원을 뛰어넘은 것으로서 상락아정이라는 것이다. 만약 대승의 장의 어법인 상락아정을 소승의 입자의 어법으로 받아들인다면 그것은 더 큰 문제이다. 눈에 보이는 모든 드러난 현상을 진실이고 실체라고 인정하기 때문이다. 또한 대승의 관점에서 본다면, 소승의 세계관으로서는 허무주의와 염세주의의 경향성을 띨 수밖에 없고 자신들의 협애한 세계관에 스스로 발이 묶여 번뇌의 수렁에서 벗어날 수 없게 된다. 또한 수행의 목표도 회신멸지灰身滅智를 통해 공적空寂한 열반에 이르는 것이라고 보고 모든 것을 단계론으로 접근하여 스스로 경계를 만들게 된다. 따라서 어떤 명제이든 어떤 세계관과 어떤 어법으로 사용하는 것인지를 무엇보다 먼저 전제하여 파악하여야 한다. 그렇게 본다면 무상無常, 고苦, 무아無我, 부정不淨은 소승이 입자 중심의 세계관에 기초한 입자의 어법으로 파악하는 세상이며, 소극적으로 부정적으로 인식한 결과이고, 상락아정常樂我淨은 대승이 일미동체一味同體의 동시장의 세계관에 기초한 장의 어법으로 파악하는 세상이며, 적극적으로 긍정적으로 인식한 결과라고 이해해야 할 것이다.

천태天台는 제법실상諸法實相, 즉 모든 존재, 만물은 있는 그대로 실상이라고 표명했다. 제법무아諸法無我, 제법개공諸法皆空으로 모든 존재는 고정된 실체가 없고 공이라고 보는 소승의 교리를 전복하는 선언인 셈이다. 그런데 여기에는 전제가 있다. 천태는 제법, 즉 모든 존재와 현상이 공가중空假中으로 존재하기 때문에 중도실상中道實相이라는 것이다. 입자 중심의 세계관에 입각하여 제법을 바라본다면 눈에 보이는, 드러난 현상을 실유實有, 즉 실체로 있는 것이라고 파악하는데, 그것을 중도실상이라고 보지 않는다. 그런데 제법을 장 중심의 세계관에 입각하여 바라보면 제법은 실유가 아닌 가유假有로 파악된다. 여기서 가유라는 것은 드러난 현상은 겉보기일 뿐 실상은 공空하다는 것이다. 즉 모든 존재가 입자와 파동의 이중성을 띠면서 온 우주의 동시장 속에 자리 잡고 있다는 것을 파악할 때, 그 존재는 가유이면서 공이고, 중도일 수 있다는 것이다. 이러한 의미에서 모든 존재를 공가중으로 파악할 때 그것은 바로 중도실상이라는 것이다. 여기서 중도는 공空과 가假를 망라하는 전체성이다. 마치 모든 존재를 구성하는 입자와 파동, 즉 드러난 질서와 접혀진 질서를 망라하는 것으로서의 동시장과 같은 것이다. 그런만큼, 이들 공가중은 중첩적으로 작용한다. 공에도 공가중이 있고 가에도 공가중이 있으며 중도에도 공가중이 있다는 것이다. 이를 공가중이 원융무애하게 작용하는 것이라고 한다. 모든 존재에 대하여 철저하게 장의 세계관에 입각하여 파악하고 있는 것이다.

데이비드 봄(David Bohm)은 세계를 드러난 질서와 접혀진 질서로서 인식한다. 모든 존재는 입자와 파동의 이중성을 띠는데, 이 가운데서 입자는 실수로 표현되면서 드러난 질서를 나타내고 파동은 허수로 표현되면서 접혀진 질서, 숨겨진 질서를 나타낸다고 한다. 전체적인 장은 실수와 허수, 드러난 질서와 접혀진 질서를 모두 망라하는 것이라고 본다. 그런 만큼, 데이비드 봄은 모든 존재가 실상은 바로 '부분-전체'라는 것이다. 21세기 양자물리학의 성과를 바탕으로 전개된 데이비드 봄의 이론과 같은 내용을, 무려 2천여 년 전 대승에서는 세계의 물성을 파악하고 인식의 작용을 해명하는 데 이미 적용하고 있었다.

천태는 모든 부분에는 전체상이 내포되어 있다는 관점에서 공가중이 원융무애하게 작용한다고 보았고, 이러한 의미에서 모든 존재는 즉공즉가즉중卽空卽假卽中이라고 파악한다. 지옥부터 부처에 이르는 십계十界, 즉 모든 세계가 즉공즉가즉중이며 그 세계를 인식하는 방식도 즉공즉가즉중으로 보아야 한다는 것이다. 이것은 오직 온 우주가 하나의 동시장, 즉 일심이고 일미이고 일기인 상태에서 모든 존재와 현상을 '부분-전체'로 보아야 한다는 것이다. 천태는 공가중이 분리되거나 간극이 있을 때는 편차가 발생할 수밖에 없다고 보고, 이를 예방하기 위해 즉공즉가즉중을 제시한다. 천태의 즉공즉가즉중은 시공간에서 한순간, 한치의 분리가 없이 원융무애하게 작용하는 우주의 동시장을 표현하는 것이고, 대상 세계를 파악하는 인식주관의 철학을 제시한 것이다. 즉공즉가즉중으로 볼 때, 모든 중생은 그 자체로 부처이며 번뇌가 바로 깨달음이고 생사가 바로 열반이 될 수 있다.

'우리 아기'의 어법에서 '우리'는 즉공즉가즉중의 철학에 비추어 보더라도 막힘이 없다. '우리'를 언급하는 화자인 '나'와 '아기'는 '우리'라는 표현에서 각자의 입자로서의 독자성을 해체한다는 점에서 '공空'하며, 그러면서도 각자의 위치가 유지된다는 측면에서 '가假[假有]'이고 이런 상태를 '우리'로 망라한다는 점에서 '중中[中道]'이다. 근본적으로 '우리'가 장 중심의 세계관에 입각한, 장의 어법으로 표현된 것이기 때문에 즉공즉가즉중의 상태가 될 수 있는 것이다. 또한 데이비드 봄의 '부분-전체'에 '우리 아기'를 적용하더라도 납득할 수 있다. 화자인 '나'와 '아기'가 부분이면서 '우리'를 통해서 전체성임을 드러내기 때문이다.

우리가 일상적으로 편하게 사용하는 '우리'라는 어휘가 통섭通攝의 공동장이면서 '부분-전체'의 표현이고 '즉공즉가즉중'의 철학에 막힘이 없다는 것은 놀라운 일이다. 이처럼 편안한 일상어의 어휘 하나가 학술적이고 체계적인 이론과 통할 수 있는 것은 '우리'를 입자 중심의 세계관, 즉 입자의 어법이 아니라 장場 중심의 세계관, 즉 장의 어법으로 사용하고 있기 때문이다.

수행의 철학

'우리'의 뜻이 관점에 따라 다르듯이, 수행의 철학과 이론도 세계관에 따라서 그 내용이 다르고 설사 같은 내용이라고 하더라도 세계관이 다르면 그것을 해석하고 적용하는 데에서 차이가 난다. 이에 비해 세계관이 같다면, 서로 다른 문화권의 표현이라도 같은 맥락의 의미를 띠는 것으로 파악할 수 있다. 예를 들면, 불교의 경전에 나오는 세간과 출세간, 추麤와 묘妙, 상대묘相待妙와 절대묘絶待妙 등은 물리학에서 사용하는 '차원'이라는 개념을 적용하여 '3차원, 저차원'과 '11차원, 고차원'의 현상으로 이해할 수 있다. 가장 고차원의 상태도 불교에서는 일심一心, 일미一味로 표현하는데, 이는 기 일원론적 세계관에서 사용하는 일기一氣와 다르지 않다. 기의 세계관에서는 모든 것이 기의 밀도와 양상, 강도, 구조에 따라 다양한 '결'과 '무늬'를 나타내면서도 일기一氣로 망라되는 것으로 보기 때문에 불교의 일심동체와 물리학의 '온 우주는 하나의 동시장'이라는 표현과 상응하는 것으로 이해할 수 있다. 이러한 의미에서 불교의 경전을 다른 언어로 표현하고 해석하는 것은 원론의 의미를 훼손할 정도만 아니라면 불교의 철학을 보편적인 의미를 띠는 것으로 이해하는 데에 도움이 될 수 있다. 특히 현대의 기술 문명과 새로운 학문과 사유의 패러다임에 상응하는 언어로 재해석한다면, 많은 사람에게 과거의 난해한 철학의 언어인 불교를 쉽게 소개할 수 있다.

이처럼 번거롭고 힘든 과정을 통해서라도 불교, 특히 대승의 철학을 공부하려는 것은 무엇보다도 인간의 의식, 정신세계에 관하여 이들보다 정밀하고 체계적이며 적확한 이론이 지금까지 존재한 적이 없었기 때문이다. 서구에서는 20세기에 등장한 양자물리학에 상응하는 인문, 사회과학의 이론이 아직도 제대로 정립되지 못하고 있다. 그런데 2천여 년 전의 대승불교, 특히 6세기경의 천태사상을 살펴보면, 양자물리학의 아원자입자의 비국소성非局所性, 현대수학의 무한집합無限集合, 허수虛數의 세계에 상응하는 이론이 대승 세계관의 기초에 해당한다는 것을 확인할 수 있다. 더욱이 이러한 철학사상이 오직 수행을 통해서 정립되었고, 이후 2천여 년이 지나는 동안에도 오류가 발견되지 않았으며, 도리어 최신 물리학을 통해서 그 이론의 정확성이 입증되었다는 점을 떠올린다면 누구라도 전율하지 않을 수 없다.

'기 수련'이라는 것은 기를 매개로 하여 수행을 하는 것이다. 기의 세계관에서 본다면 우주의 모든 존재와 기능은 기로 이루어지는 것이기 때문에 '기'가 포함되지 않은 수련은 사실 존재하지 않는다. 그럼에도 불구하고 굳이 '기' 수련이라고 명칭을 붙이는 것은 '기'의 감각과 '기'의 세계관을 활용한다면 누구라도 쉽게 수련할 수 있다는 것을 강조하기 위해서이다. '기'는 몸과 마음의 모든 정보를 다 반영하고 있다. 이러한 '기'의 세계, 특히 의식의 측면을 가장 포괄적으로, 정확하게 서술하고 있는 것은 바로 대승의 철학이다. 그런 만큼 '기 수련'도 대승의 철학, 특히 대승의 사상을 가장 체계적으로 정립한 천태철학을 수행의 원리로 참고할 필요가 있다. 이러한 관점에서 이 책에서는 대승, 천태철학을 기의 관점으로 해석하고 기 수련에서 체험되는 내용을 대승, 천태철학의 원리에 비추어서 그 의미를 확인하려고 한다.

차례

머리말 · 5

관념의 벽, 관념의 모험 · 22

대원경지大圓鏡智에서 거울의 의미 · 31

인식틀의 문제 · 42

기氣의 패러다임으로 보는 입자와 장場 · 49

좌우뇌 인식과 독해력에서 입자와 장 · 57

횡수橫竪의 입자와 장 · 63

승랑의 횡수론橫竪論 · 68

원효의 일미관행一味觀行 · 73

   1. 일미一味의 관행觀行 · 75

   2. 일미一味의 경지境智 · 75

   3. 일미一味의 인과因果 · 76

『열반경』의 비밀장秘密藏 · 84

『열반경』의 상락아정常樂我淨 · 94

모든 중생에겐 불성佛性이 있다 · 103

우주적 존재감 · 113

자유자재自由自在, 비심悲心, 자심慈心 · 120

십계호구十界互具 일념삼천一念三千 · 126

즉공즉가즉중卽空卽假卽中 · 134

탐진치貪瞋癡가 그대로 도道다 · 143

장통별원藏通別圓의 육바라밀 해석 · 154

육즉설六卽說과 꿈 · 163

일불승一佛乘과 일기一氣 · 173

중도中道와 중심자리 · 181

　　1. 전5식前五識 · 185

　　2. 제6의식第六意識 · 189

　　3. 제7말나식第七末那識 · 193

　　4. 제8아뢰야식第八阿賴耶識 · 199

유식唯識 – "오직 앎뿐"이라는 사건 · 210

추麤와 묘妙, 상대묘相待妙와 절대묘絶待妙 · 223

　　1. 추麤와 묘妙 · 225

　　2. 상대묘相待妙와 절대묘絶待妙 · 231

상대지관相待止觀과 절대지관絶待止觀, 점차지관漸次止觀과

　원돈지관圓頓止觀 · 243

　　1. 점차지관漸次止觀, 부정지관不定止觀, 원돈지관圓頓止觀 · 249

　　2. 상대지관相待止觀, 절대지관絶待止觀 · 255

지관止觀과 비밀장秘密藏 · 266

　　1. 지관이 삼덕에 통함 · 269

　　2. 삼덕이 지관에 통함 · 274

　　3. 가로, 세로의 뜻 · 277

삼지삼관三止三觀과 기의 패러다임 · 283

   1. 삼지三止 · 288

   2. 삼관三觀 · 294

지관止觀 수행의 결과로서 인식의 차원과 경지 · 306

   1. 차제次第의 안안眼과 지智 · 311

   2. 불차제不次第의 안안眼과 지智 · 314

경계境界 Ⅰ · 320

경계境界 Ⅱ · 335

경계境界 Ⅲ · 350

경계境界 Ⅳ · 365

지관止觀으로 일체의 미혹迷惑을 섭수攝受 · 379

수행은 곧 '살인殺人' · 393

대승의 철학 Ⅰ – 체공體空의 세계관, 존재론 · 405

대승의 철학 Ⅱ – 점돈漸頓과 편원偏圓의 인식론, 수행론 · 417

대승의 철학 Ⅲ – 권실權實의 진리론 · 436

선천지기 수련법 – 입태入胎, 새로운 우주의 탄생 · 450

대자대비大慈大悲의 한마음 · 457

   1. 차원의 현상 · 457

   2. 고차원의 중도 통합성 · 459

   3. 존재의 본성 · 462

   4. 연상법 · 466

   5. 중도의 동시장, 대자대비의 한마음 · 472

중도의 동시장에 이르는 길 · 478

   1. 왜 중도의 동시장인가? · 478

   2. 자세가 기를 만든다 – 연정화기練精化氣 · 481

   3. 음양화평陰陽和平이 차원을 변화시킨다 – 연기화신練氣化神 · 490

4. 대승의 탐진치, 대승의 자비는 무한 – 연신환허練神還虛,
   환허합도還虛合道 · 506

5. 흰그늘의 중도실상 – 환허합도還虛合道 · 529

참고 문헌 · 542

관념의 벽, 관념의 모험

기공이나 명상 수련을 하다 보면 무수히 많은 경계를 만난다. 나와 가족의 안위에 대한 염려, 남과의 비교를 통한 우월감과 열등감, 과거의 상처와 영광, 미래에 대한 계획과 걱정 등이 번뇌로 수시로 떠오른다. 번뇌는 모두 '나'와 '나의 것'이라는 관념의 벽 때문에 만들어진다. 『장자』에 나오는 "장천하어천하藏天下於天下"는 번뇌의 의미를 명쾌하게 보여 주고 있다.

> 배를 골짜기에 감추고, 그물을 늪에 숨겨 두고서 이를 안전하다 합니다. 그러나 한밤중에 힘센 사람이 와서 들고 가 버립니다. 어리석은 사람들은 이를 알지 못합니다. 작은 것을 큰 것 속에 감추면 그만인 줄 알지만, 거기에는 아직도 새어 나갈 자리가 있습니다. 천하를 천하에 감추면[藏天下於天下] 새어 나갈 자리가 있을 수 없습니다. 이것이 바로 변함없는 사물의 참된 모습입니다.[1]

어부가 하루의 일과를 마치고 배와 그물을 아무리 잘 숨겨 놓았더라도, 배와 골짜기, 그물과 늪 사이에는 빈틈이 있기 때문에 얼마든지 도둑에게 발견될 수 있다. 이들을 도둑맞지 않을 수 있는 유일한 방법은 천하에다 천하를 감추는 것이다. 그러면 빈틈이 없기 때문에 아무

---

1 오강남 풀이, 『장자』, 276쪽, 현암사, 1999.

리 눈썰미가 좋은 도둑이라도 배와 그물을 발견할 수 없다. 이를 사람의 인식 차원에 적용하면, 빈틈은 새어 나가는 것으로서 번뇌를 가리킨다. 여기서 빈틈을 남기지 않기 위해서는 사람이 천하, 즉 우주적 존재가 되어야 한다. 만약 내가 육안으로 분별되는 개체 단위로만 존재한다고 여기는 한, 나는 넓디넓은 천하의 세계에서 왜소한 존재가 될 수밖에 없으며, 끝없이 다른 존재와 견주면서 쫓기게 된다. 이것이 바로 내가 만든 관념의 벽이다.

기공과 명상 수련은 관념의 벽을 해체하는 과정이다. 관념의 벽은 낡은 세계관, 즉 3차원 공간관의 세계관에 기초한 인식의 틀이다. 이것에 의해서 나와 세계를 망라하는 전체의 장場은 사라지고, 모든 것은 제각각 독립적인 입자 단위로 존재하게 된다. 그 결과 나는 무한한 우주와 광대한 세계 속에서 극히 왜소한 존재로 전락하게 된다. 나와 우주, 세계, 다른 사람과 존재들 사이에는 무한할 정도의 빈틈이 있다. 그 빈틈만큼 나는 주위로부터 분리되어 있는 것이며, 그렇게 인식하는 순간 소외감을 벗어날 수 없다. 관념의 벽으로 만든 빈틈 그 자체가 바로 번뇌의 근원이 되는 것이다. 이러한 관념의 벽은 우리 자신이 만든 경계이다. 이것 때문에 우리는 스스로를 세계로부터 소외시킨다. 이러한 관념의 벽은 새로운 관념의 모험을 통해 해체된다. 나와 세계 사이에 벽이 실재하는 것이 아니라 단지 관념으로 만들어진 것이기 때문에 새로운 관념의 모험으로만 낡은 관념의 벽을 허물 수 있다. 인간의 의식의 지향성은 무한하다. 무소부재無所不在하고 무소불위無所不爲한 절대자로서의 신의 존재를 상상하는 것도 인간의 의식이다. 미지의 것은 조금도 남겨 두지 않는다. 억제하고 제한하고 불온시하는 모든 금기禁忌는 의식의 저항과 도전을 초래한다. 여기서 관념의 '모험'이라는 것은 기존의 관념의 벽에 도전하여 낡은 체제를 전복하려는 의식의 성향을 나타내는 말이다. 관념의 벽이 번뇌를 일으키고 의식의 자유로운 지향을 억압하고 사람을 자재롭게 존재하지 못하게 할 때, 의식은 '관념의 모험'을 통해서 새로운 인식의 지평을 찾아 나선다. 그것이 의식의 본래 성향이다.

이러한 새로운 관념의 모험은 결국 낡은 세계관을 해체하고 새로운 세계관을 모색하는 것이다. 관념의 모험은 모든 부분을 포괄하는 전체에 이르기까지 부단하게 전개된다. 이러한 관념의 모험을 통해서 기존의 관념의 벽은 허물어지고 인식 시야가 넓혀지며 인식 차원이 높아진다. 물론 '나'를 고수한 상태에서 관념의 모험은 상상력 전개에 불과하며 '부분의 전체'(부분 중심의 전체, 부분의 헤게모니가 확장된 전체 무대)인 가짜-전체에 이를 뿐이다. 관념의 모험이 전체성에 이른다는 것은 기존의 '나'가 해체되고 낡은 세계관이 완전히 허물어지고 새로운 세계관이 출현한다는 것을 의미한다. 전체의 장場에서 모든 부분은 더 이상 개별적인 입자로 독립적으로 존재하지 않는다. 각 부분은 개별이자 전체의 장이기 때문에 '전체의 부분'이 된다. 모든 개별 현상은 전체로 이어지는 흐름과 결이 된다.

전체성에 이르기 위해서는 먼저 주체의 중심 이동이 필요하다. 기존의 '나'를 대상화하고, 대상이었던 객체가 주체로 되도록 하는 것이다. 주객은 관념의 벽에 의해서 기氣의 밀도가 다르게 조성된다. 주체는 기의 밀도가 높은 상태로서 내 의념意念이 많이 머물러서 무게중심을 이루는 것이며 객체는 기의 밀도가 희박하여 내 의념이 머무는 비중이 미약하기 때문에 내가 아닌 대상으로 여겨지는 것이다. 의식적으로 전체성을 지향하더라도 실제로 기의 밀도가 균등해지고 의념의 비중이 동등하게 외부로 옮겨지지 않는 한, 무의식 속에 뿌리 깊게 자리잡은 '나'라는 관념의 벽이 끊임없이 되살아나 경계를 만든다. 그런 만큼, '나'라는 관념의 벽을 해체하기 위해서는 일단 주객전도라고 여겨질 정도로 주체의 중심을 이동하는 일대 전환이 필요하다. 기존의 대상으로 여겨졌던 객체의 밀도가 더 높아져 자연스럽게 의념의 비중이 옮겨지고 무게중심을 이루도록 하고, 기존의 주체였던 '나'의 밀도가 희박해져 대상으로 여겨지도록 하는 것이다. 주객전도나 주객일치, 몰아沒我의 현상은 일상생활에서도 자주 일어난다. 아름다운 경치를 보는 순간 나를 잊어버린다면, 그 순간은 몰아의 상태이고 주객이 전도된 상황이다. 이때 의념의 비중은 기존의 내 몸에서 떠나 절경에 옮겨져 있다. 다만 이 상태가 오래가지 않는다. 절경에 옮겨졌던 의념이 금방 내 몸으로 되돌아오기 때문에 주객전도되었던 그 순간에는 관념의 벽을 뛰어넘어 작용했다는 것을 의식하지 못할 수 있다. 또한 일상에서 외부의 대상을 인식하는 단순한 경험의 순간에도 사실은 주객일치의 현상이 일어난다. 대상을 인식한다는 것 자체가 그 순간은 나와 대상 사이에 의념의 비중이 동등하게 작용하여 주와 객이 합치하기 때문에 인식되는 것이다. 이런 점에서 본다면, 관념의 벽을 넘나드는 현상은 일상적으로 일어난다고 볼 수 있다. 다만 관념의 벽이 무의식 속에서도 인식의 프레임으로 작용하기 때문에 일상생활 속에서 일어나는 순간적인 변화의 의미를 제대로 포착하지 못하는 것이다.

일상생활 중에는 알게 모르게 또는 찰나적으로 지나가던 주객의 중심 이동을 전면적으로 진행하는 것이 수련이다. 몸의 긴장을 풀고 이완하는 것도 주와 객의 경계를 풀고 주에서 객으로 밀도를 옮겨 나가는 과정이다. 이처럼 주객의 중심 이동을 통해서 '나'라는 관념의 벽이 해체되는 순간, 기존의 주체와 객체, 나와 대상은 경계가 사라지면서 공동장共同場, 동시장同時場[2]이 된다. 애초에 주객主客과 자타自他가 구분된

---

2 공동장은 공간적으로 거리가 없는 장, 동시장은 시간적으로 간격이 없는 장을 가리킨다. 고전물리학의 3차원공간관의 세계관을 뛰어넘는 순간 모든 것이 시공간의 거리와 간격을 뛰어넘어 하나의 장을 이루게 된다.

것이 관념의 벽에 기인한 것이기 때문에 그러한 관념만 해체된다면 저절로 공동의 장이 나타난다. 주객이라는 부분으로서의 입자가 사라지고 주객일치라는 공동의 장場이 형성되는 것이다. 다만 이러한 변환의 순간에도 '나'라는 관념의 벽이 살아날 수 있기 때문에 더 이상 입자가 주체가 아니라 모두를 아우르는 장場이 주체라고 떠올릴 필요가 있다.

이러한 주체 전환의 의미를 불교의 계내界內와 계외界外 개념을 통해서도 확인할 수 있다. 불교에서는 중생 세계를 열 가지 종류로 구분한다. 이를 십계十界라고 한다. 여기에는 미계迷界로서 지옥·축생·아귀·아수라·인간·천상의 여섯 세계가 있고, 오계悟界로서 성문聲聞·연각緣覺·보살·부처의 수행의 네 세계가 있다. 이 가운데 계내界內는 미계迷界, 즉 삼계육도三界六道의 세계를 말한다. 삼계三界는 탐욕이 가득 찬 세계인 욕계欲界, 탐욕으로부터 벗어나 있지만 색애色愛, 즉 형상에 대한 애착 또는 관념이 남아 있는 색계色界, 형체[색계]도 없고 다만 정신적인 세계이지만, 아직 유애有愛, 즉 존재에 대한 욕망이 남아 있는 무색계無色界이며, 육도는 십계十界 가운데 지옥·축생·아귀·아수라·인人·천天을 가리킨다. 계외界外는 욕계·색계·무색계의 번뇌를 끊어 삼계를 여읜, 삼계 밖의 정토를 가리킨다. 이를 기의 장으로 느껴 보면, 계내界內는 욕계·색계·무색계에 이를수록 경계가 흐려지고 확장되긴 하지만, 모두 '나'가 주체인 상태를 유지한다.[3] 반면에 계외界外를 느끼는 순간, 순식간에 '나'

---

3 우주의 모든 존재와 기능은 사실상 우주 규모에 이르기까지 단절이 없지만, 특정 개념이나 명칭으로 지칭되는 것은 일정 정도 나름의 밀도와 강도, 양상을 달리하는 기의 장을 띤다. 이것을 온 우주 규모의 장 속에서 나름의 '결'과 '무늬'를 띠고 있는 것으로 볼 수 있다, 이러한 원리에 따라서 특정 개념이나 정보로 지칭되는 기의 장을 내 몸과 하나가 되었다고 연상하고 떠올리면 나름의 기의 장이 확인된다. 물론 이런 기의 장은 측정하는 나와 측정되는 대상, 그리고 모두의 배경이 되는 우주의 사이에서 기의 상호 교류가 쉼 없이 일어나지만, 어느 정도는 구조화가 된 기의 장이기 때문에 특정한 기의 양상으로 측정할 수 있다.

의 경계가 해체되고 온 우주로 기의 장이 열린다. 마치 더 이상 내가 주체가 아니고 우주나 확장된 기의 장이 주체인 상태로 여겨진다. 기존의 '나'는 그 장 속으로 용해되면서 나와 우주 사이에서 동시장이 이루어진다. 여기서 주의해서 볼 사항이 있다. 계내와 계외는 용어상으로 보더라도 안과 밖으로 서로 다른 세계를 나타내는 것으로 이해하기 쉽다. 실제로 계내를 삼계로, 계외를 삼계밖으로 설명하기도 한다. 그런데 천태불교의 대승에서는 계외界外의 대상 세계를 십계 가운데 계내의 육도를 배제한 나머지 사계(四界, 성문·연각·보살·부처)가 아니라 그를 포함한 십계十界 전부라고 파악한다.[4] 온 세계를 포괄하는 것이다. 계외가 계내를 초월해 있는 것이 아니라 세계관과 인식의 차원이 높아져서 진眞과 속俗 모두를 망라하는 전체를 중도의 실상이라고 파악하기 때문이다. 이를 기의 패러다임으로 이해한다면, '나'라는 관념의 벽이 해체되는 순간 온 우주가 하나의 동시장을 이루게 된다는 것이다. 특히 계내에서 계외로 전환하는 순간, 먼저 주체가 나에서 우주 전체로 바뀌게 되고, 이어서 주객, 자타의 구분이 사라지면서 하나가 된다.

이처럼 주체가 전환되었을 때, 주객 구분이 사라지면서 동시장이 형성된다는 것은 어떤 의미인가?

'나'라는 존재는 다른 대상과 구분하면서 출발했다. 일상의 삶 속에서 중요하게 여기는 존재감, 자존감의 실상은 '나'라는 관념의 벽에 의

이러한 방법에 따라서 삼계의 기의 장을 측정해 보면 다르게 나타난다. 이러한 결과는 원래의 개념을 기의 측면에서 확인할 수 있다는 점에서 그 이론의 전모를 파악하는 데 도움이 된다. 욕계의 기의 장은 머리 위가 막혀 있고 앞머리로 거친 기운이 많이 항진된 상태이고, 색계의 기의 장은 욕계의 앞머리로 항진된 기운은 없지만 머리 위가 막혀 있고 모든 것이 입자 단위로 경계가 나뉘어 보이며, 무색계의 기의 장은 머리 백회 위로 기운이 뻗어 나가 3차원 공간관의 경계를 많이 해소하지만, 아직도 '나'라는 관념적 경계는 남아 있는 상태로 나타난다.

4 대한불교천태종, 『천태사교의강의』, 192쪽, 197쪽, 신광문화사, 1980.

해 조성된 환幻이다. 그런데 '나'라는 관념의 벽이 해체되자마자 지금까지의 존재는 사라지고 주객일치의 동시장이라는 존재가 등장한다. 이것은 새로운 것이 아니라 원래부터 주어져 있던 존재의 장이었다. 다만 '나'라는 관념의 벽으로 인해 잃어버리고 지워지고 숨겨진 것이다. 그렇기에 동시장의 존재는 새롭게 등장하는 것이 아니라 원래의 것이 복원된 것이라고 할 수 있다. 이런 의미의 존재를 『장자』에서 찾아볼 수 있다.

> 남해의 황제 숙儵과
> 북해의 황제 홀忽이
> 중앙의 황제 혼돈混沌과
> 어느 날 중앙에서 만났다.
> 혼돈은 그들을 극진히 대접했다.
> 숙과 홀은 혼돈의 은혜를 보답하고자 상의한 끝에
> 그에게 구멍을 뚫어 주기로 하였다.
> 사람은 모두 일곱 개의 구멍이 있어
> 보고 듣고 먹고 숨을 쉬는데
> 혼돈은 유독 구멍이 없었기 때문이다.
> 그들은 하루에 하나씩 구멍을 뚫어 갔다.
> 그러나 이레째 되던 날 혼돈은 그만 죽고 말았다.[5]

　여기서 숙儵은 '밝음'을 대표하고 홀忽은 '어두움'을 대표한다. 이 둘은 각각 '빨리 나타나는 것'과 '갑자기 사라지는 것', 곧 만물의 '생성'과 '괴멸'을 나타내기도 한다. 중앙의 혼돈은 아직 이런 분별이나 경계

5　기세춘 역, 『장자』, 「응제왕應帝王」, 193~194쪽, 바이북스, 2007.

가 생기기 전의 '하나'라 할 수 있을 것이다.[6] 기세춘은 숙은 형이하形而下의 유상有象, 홀은 형이상形而上의 무상無象을 나타낸다고 한다. 여기서 일곱 구멍은 이목구비耳目口鼻와 항문, 요도, 마음이다. 가시적인 만물의 존재상을 나타내는 숙과 홀은 감각기관을 통해서 사리 분별을 할 때 제대로 된 존재가 시작되는 것이라고 보고, 이를 혼돈에게 베풀고자 하였다. 그러나 중앙에서 전체성으로서 하나를 이루고 있던 혼돈은 마지막 구멍인 마음을 여는 순간 죽고 만다. 전체성이 붕괴되고 마는 것이다. 장자의 관점에서 본다면, 중앙에서 편재되어 있는 남과 북의 존재를 아우르고 포괄하고 있던 혼돈의 죽음은 인류 문명의 발달과 함께 사리 분별이 만연해지면서 전체성은 사라지고, 진정한 존재성을 잃어버리게 된 것을 상징하는 것이다. 미분리된 전체의 장을 나타내는 혼돈이 죽으면서 개별적 감각이 살아나고 개념으로 자타를 구분하면서 '나'라는 관념의 벽을 구축한 존재가 주체로 등장한 것이다. 이러한 의미에서 본다면, 관념의 모험을 통해서 우주로 주체가 전이되면서 주객 구분이 사라지고 모두 동체를 이루는 것은 새로운 관념의 조작이 아니라 잃어버리고 숨겨져 있던 참된 존재성을 복원하는 것이라고 할 수 있다.

　수련에서 관념의 모험은 관념의 벽을 깨는 '꿈꾸기'이다. 그 꿈은 새로운 것을 만드는 것이 아니라 원래 주어져 있던 하나의 전체성을 회복할 때까지 지속된다. '나'라는 존재감, 자존감은 관념의 벽으로 구축된 것으로 항상 일정하게 존재할 수 없는 위태로운 것이다. '나'라는 일시적인 현상은 관념의 모험을 통해서 전체와 하나 되는 '우주적인' 존재감으로 대치對治될 때 관념의 벽을 무너뜨리고 해방될 수 있다. 그럴 때 비로소 '일정한 존재로서의 살아감'은 사라진다. 매 순간 오직 전체 속에서의 사건만이 일어날 뿐이다.

6　오강남 풀이, 『장자』, 348쪽, 현암사, 1999.

[수련법]

1. 계내 가운데 욕계, 색계, 무색계의 기의 장을 떠올려 본다. 욕계의 장은 앞머리로 기운이 항진된다. 색계의 장을 떠올릴 때는 앞머리로 항진되는 기운은 없어지지만, 내 머리와 주위 세계가 3차원 공간관에 의해서 분별된다. 무색계의 장을 떠올리면 색계의 구분이 사라지면서 백회 위로 기운이 열리지만 아직 나라는 관념적 경계가 완전히 사라지지 않는다.

2. 계외의 기의 장을 떠올려 본다. 내 몸과 나라는 관념적 경계가 완전히 사라지고 사방의 우주로 기의 장이 확장되고 그곳의 기의 밀도가 높게 조성되면서 기존의 내가 주체가 아니라 온 우주가 주체인 상태가 되고 온 우주가 하나의 동시장으로 나타난다.

3. 수련이 잘 진행되더라도 3차원 공간관의 내가 주체로 남아 있는 한, 경계가 남아 있으므로 번뇌 또한 사라지지 않는다. 그럴 때마다 지금까지는 계내의 기의 장에 머물러 있었다는 것을 자각하고 계외의 기의 장을 떠올려 기존의 내가 주체가 아니라 계외의 장이 주체라고 여기고 내맡긴다.

대원경지大圓鏡智에서 거울의 의미

불교에서는 거울을 세계관과 수행의 중요한 상징으로 사용하였다. 대원경지는 크고 원만한 거울의 지혜로서, 수행의 가장 높은 단계를 가리킨다. 또한 인드라망은 거울과 같은 역할을 하는 구슬 그물로서 우주의 삼라만상이 서로 관계를 이루고 사는 모습을 비유한다. 도법 스님에 따르면, 『화엄경』에서는 "제석천 궁전에는 투명한 구슬 그물(인드라망)이 드리워져 있다. 그물코마다의 투명 구슬에는 우주 삼라만상이 휘황찬란하게 투영된다. 삼라만상이 투영된 구슬들은 서로서로 다른 구슬들에 투영된다. 정신의 구슬은 물질의 구슬에 투영되고 물질의 구슬은 정신의 구슬에 투영된다. 인간의 구슬은 자연의 구슬에 투영되고 자연의 구슬은 인간의 구슬에 투영된다. 동시에 겹겹으로 서로서로 투영되고 서로서로 투영을 받아들인다. 총체적으로 무궁무진하게 투영이 이루어진다."고 한다. 『화엄경』은 인드라망의 비유를 통해서 우주의 삼라만상이 서로 관계를 맺고 살고 있으며, 삼라만상 중 소중하지 않은 것은 하나도 없다는 것을 알려준다는 것이다.

그런데 근래에 들어와서 거울은 또 다른 의미로 조명되거나 사용되고 있다. 먼저 생물학에서 영장류 동물과 인간에게는 거울 신경세포가 있어서 상대와 공감한다는 연구 결과가 나오고 있다. 과학과 기술의 발전이 경제, 사회, 환경에 미치는 영향을 연구해 온 제러미 리프킨(Jeremy Rifkin)은 『공감의 시대』에서 그 내용을 소개하고 있다.

1990년대 초 이탈리아의 파르마(Parma)에서 행한 실험에서 과학자들은 재미있는 현상을 하나 발견했다. 자코모 리촐라티(Giacomo Rizzolath)가 주축이 된 연구진은 마카크원숭이를 대상으로 몸을 움직이게 하는 뇌의 특정 영역을 조사하고 있었다. 이들은 원숭이의 뇌에서 운동 지령을 보내는 부위에 전극을 삽입했다. 그들은 마카크원숭이가 땅콩을 잡기 전에 전두피질의 F5 영역의 뉴런(neuron)이 활성화된다는 사실을 관찰했다. 어느 날 그들은 그 원숭이가 한 연구원이 땅콩을 잡는 모습을 보았을 때에도 똑같이 F5 영역의 뉴런이 활성화된다는 사실을 발견하고는 흥분을 감추지 못했다. 그 원숭이는 근육을 전혀 움직이지 않았는데도 말이다. "도저히 믿어지지가 않았다." 리촐라티는 나중에 그렇게 회상했다. 이어진 실험에서 그들은 원숭이가 땅콩을 까거나 다른 누군가가 땅콩 까는 소리를 들었을 때에도 특정 부위의 세포가 활성화된다는 사실을 알아냈다.

리촐라티 팀은 이어서 인간에게 자기공명영상촬영(MRI)을 통해 다른 사람의 손동작과 얼굴 표정 등을 보게 한 후, 원숭이들과 마찬가지로 F5에 해당하는 전두피질을 포함하는 뇌의 특정 부분이 마치 자기가 손을 움직이고 얼굴 표정을 짓는 것처럼 같은 부위에서 활성화된다는 사실을 알아냈다.

1996년에 리촐라티 팀이 발표한 연구 결과는 학계에 쓰나미를 몰고 왔다. 그들은 이 뉴런을 '거울신경세포(mirror neurons)'라 이름 붙였다. 이후 전 세계의 과학자들은 리촐라티의 성과를 토대로 연구에 박차를 가해 다른 영장류에서도 거울신경세포를 발견해 냈다.

거울신경세포 때문에 인간을 비롯한 몇몇 동물은 상대방의 생각이나 행동을 마치 자신의 것인 양 이해할 수 있다는 사실이 밝혀졌다. 유명한 과학 전문 기자들은 거울신경세포를 '공감 뉴런(empathy neurons)'으로 바꿔 부르기도 했다. 가장 놀라운 사실은 "거울신경세포로 우리는 다른 사람의 마음을 이해하지만, 이는 개념적 추리를 통해서가 아니라 직접적인 시뮬레이션을 통해서이다. 생각이 아니라 느낌으로 이해하는 것이다."라고 리촐라티는 말했다.[1]

학자들은 거울신경세포의 발견으로 인간에게 공감 능력이 내재되어 있다는 것을 확인할 수 있다면서, 공감이 인간의 본성이고 인간을 사회적 존재로 만들어준다고 주장한다. 그전까지 인간은 본래 공격적이고 물질적이며 실리적이고 이기적인 존재라고 보았다면, 뇌과학의 새로운 발견으로 인간은 근본적으로 공감하는 종種이라는 새로운 깨달음이 일어나고 있다는 것이다.

그런데 제러미 리프킨은 공감과 엔트로피 사이에는 역설적 관계가 있다는 것을 주목한다.

역사를 통틀어 새로운 에너지 제도는 새로운 커뮤니케이션 혁명을 통해 훨씬 복잡한 사회를 창조해 냈다. 그렇게 기술적으로 진보한 사회는 다양한 사람들을 하나로 묶어 인간의 의식을 확장하고 공감적 감수성을 고조시켰다. 그러나 환경이 복잡해질수록 에너지 사용은 많아지고 자원은 더욱 빨리 고갈된다.

공감 의식이 커질수록 지구의 에너지와 그 밖의 자원의 소비가 급증하고, 그래서 지구의 건강이 급속도로 악화된다는 것은 역설이 아닐 수 없다. 지금 우리는 대단히 에너지 집약적이고 상호 연관적인 세계에서 지구 차원의 공감대가 형성되어 가는 현장을 지켜보고 있다. 그리고 그 배경에는 재앙에 가까운 기후 변화와 우리의 존재 자체를 위협하는 치솟

---

1 제러미 리프킨, 이경남 역, 『공감의 시대』, 101~102쪽, 민음사, 2010.

는 엔트로피가 자리 잡고 있다. 공감-엔트로피의 역설을 해결하는 일이야말로 지구에서 인류가 살아남아 번창할 수 있는지 여부를 가늠하게 해 주는 중대한 시금석이 될 것이다. 그러기 위해서는 경제와 사회의 모델부터 다시 생각해 보아야 한다.

우리가 과연 적절한 시기에 지구적 차원의 공감에 도달하여 문명의 붕괴를 막고 지구를 구할 수 있을 것인가? 아마 이것이 우리가 인문학을 향해 던져야 하는 가장 중요한 질문일지도 모른다.[2]

제레미 리프킨이 우려하는 것은 정보 통신이 발달하면서 인류가 서로 공감하는 만큼 자원의 소비가 집중되면서 지구의 환경도 소진될 수 있다는 것이다.

최근에는 사회정치적 환경에서도 공감하는 '거울'의 역할 때문에 실제에 비해 왜곡된 결과가 빠른 속도로 일어나는 역설적인 상황이 발생하고 있다.

검색·추천 AI 알고리즘(algorism)을 이용하고 있는 인터넷 사이트들은 누리꾼의 정보 검색에 따라서 그와 유사한 항목을 추천하여 조회수를 높이는 방향으로 유도한다. 여기에서 거울이라는 용어는 사용하지 않지만, 검색 자료를 조회하고 반영한다는 것 자체가 거울의 공감이라는 역할과 같은 기술이다. 그 결과 점점 여론이 극단적인 방향으로 조성되기 쉽다. 더욱이 조회수가 높아질수록 광고 수익이 높아지기 때문에 이를 노리고 가짜 뉴스나 선정적인 뉴스를 양산하기도 한다. 페이스북의 전 직원인 프랜시스 하우건(Frances Haugen)은 영국 하원 청문회에 출석하여 "분노와 증오는 페이스북에서 존재감을 키우는 가장 쉬운 방법"이라며 페이스북 알고리즘이 중도좌파는 극좌파로, 중도우파는 극

---

2 위의 책, 6~7쪽.

우파가 되도록 부추기는 방식으로 작동한다고 지적했다. 유튜브 알고리즘이라는 용어도 등장하는데, 구글(Google) 직원은 개인 사용자의 시청 이력 등을 반영하여 개인 맞춤형 영상 추천 알고리즘을 사용한다고 밝히고 있다.

또한 우리나라에서 여성 혐오와 극우를 표방하는 일베에 대해서 워마드는 '미러링(MIRRORING)'이라는 이름으로 일베와 같은 혐오의 용어로 일베나 남성에 대해서 공격하여 '여성 일베'라고 불리고 있다. '반사'하는 거울의 이미지를 활용하여 똑같은 방식으로 상대를 공격하면서 양극단으로 반대되는 것 같지만, 사실은 같은 수준의 혐오 포지션에 이르는 것이다. 괴물과 싸울 때 괴물이 되지 않도록 조심해야 한다는 니체(Nietzsche)의 경구가 그대로 재현되는 경우이다.

이상과 같은 사례를 통해서 거울의 의미와 역할도 세계관과 인식의 차원에 따라서 크게 달라질 수 있다는 것을 알 수 있다. 여기서 비록 과학기술로 만들어진 것이지만 인간의 인식 차원과 상응하는 역할을 하는 홀로그램(hologram)의 원리를 이용하여 앞에서 제기된 여러 사례들의 문제점을 확인하고 대안을 모색할 수 있다.

포토그래피(photography)는 빛이 피사체를 비춘 다음, 필름의 감광판感光板에 도달하여 피사체의 상을 남긴다. 여기서 필름의 부분은 오직 그 부분만을 나타낼 뿐이다. 그런데 홀로그래피(holography)는 빛이 두 가닥으로 나와서 한 가닥은 포토그래피와 같이 작용하지만, 나머지 한 가닥은 피사체를 거치지 않고 직접 필름 감광판을 비춘다. 그 결과 이 빛은 포토그래피의 필름 감광판을 다시 재조명하여 필름의 부분이 필름 전체를 반영하는 역할을 한다. 여기서 포토그래피의 빛을 대상광선, 홀로그래피의 피사체를 거치지 않고 필름 감광판을 비추는 빛을 표준광선이라고 한다. 결국 표준광선이 대상광선의 상을 다시 조명함으로써 부분이 전체상을 나타내는 것이라고 할 수 있다. 여기에서 표준광선은 마치 '거울'과 같이 대상광선의 상을 반영하고 다시 반사하여 새로운 이중의 상이 조성되게 함으로써 그런 현상을 만들어 내는 것이다. 부분이 단순하게 부분을 나타내는 것은 앞에서 거론한 AI 알고리즘이나 워마드의 '미러링'과 같이 동일한 차원에서 단순 반사하는 것과 같다. 그런데 필름의 부분에서 부분이 아니라 전체상을 나타내게 한 것은 그 전체상을 새롭게 비추는 표준광선이 있었기 때문이다. 이 표준광선은 대상광선으로 비춘 상 전부를 다시 조명하는 것으로서 대상광선보다 한 차원 높은 상태에서 조명하는 역할을 하는 것이다. 결국 거울과 같은 반사 조명의 원리가 작용되지만 동일한 차원이 아니라 그 상보다 높은 차원에서 조명할 때 전체상을 나타내는 것이다. 만약 유튜브나 워마드에서도 동일한 차원에서 즉자적인 반사가 아니라 더 높은 차원에서 드러난 상만 조명하지 않고 그 이면과 반대되는 측면을 함께 조명한다면 다른 양상으로 진행할 수도 있었을 것이다. 또한 제러미 리프킨이 우려한 공감-엔트로피의 역설도 공감의 차원이 단순하게 '미러링'하는 공감이 아니라 더 높은 차원에서 조명하는 역할을 한다면 엔트로피를 극대화하는 방향으로 치닫지 않게 할 수 있을 것이다. 단순한 미러링을 통해서 상대방에 공감하면서 모방하고 따라간다면 갈수록 엔트로피가 극대화될 수 있지만, 인식 주관 스스로가 일미동체의 세계관으로서 상대를 인식하는 경우, 상대도 자신도 제각각 서 있는 그 자리와 상태 그 자체를 중도실상으로 인식하여 전체상을 이룰 수 있다. 그렇다면 공감은 하고 소통은 하되, 지구의 자원을 한 방향으로 소진하지 않을 수 있을 것이다.

포토그래피와 홀로그래피의 광선은 인간의 의식 세계와 상응한다. 대상광선은 대상의식과 같고 표준광선은 메타(Meta) 의식, 순수의식, 비판적 성찰 의식에 해당한다. 전자는 3차원 공간관의 세계관과 인식의 차원에서 이루어지는 것이지만 후자는 이보다는 한 차원 높은 상태의 세계관과 인식의 차원에서 이루어질 수 있다. 결국 3차원 공간관의 세계관에 머물 때는 모든 것을 입자 중심으로 파악하기 때문에 부분을 부분으로, 드러난 질서를 실상이라고 인식할 수밖에 없지만, 일미동체의 세계관에 입각하여 모든 것을 장의 관점에서 바라보게 되면 드러난 질서 이면의 접혀지고 숨겨진 질서까지 포함하여 전체상으로 파악할 수 있게 된다. 이러한 점에서 거울의 의미와 역할은 세계관과 인식의 차원에 따라서 달라진다고 하는 것이다.

불교에서 부처가 증득證得한 최상의 지혜인 대원경지大圓鏡智는 세계관과 인식의 차원이 일심동체에 이른 것을 전제하고 있는 것이다. 바로 이 점이 앞에서 예로 든 거울의 단순한 미러링과 다르다.

대원경지는 '크고 둥근 거울'에 우주의 삼라만상이 그대로 비치는 것처럼 세상 만법萬法을 있는 그대로 비추고 다 아는 지혜이다. 이러한 경지를 쉽게 가늠할 수 없는 만큼, 여기서 자세한 내용을 살펴보려는 것은 아니다. 다만 최상의 지혜를 거울의 특성에 빗대어 표현하고 있는 점에 주목하고자 한다.

첫째, 거울은 인식주관의 역할을 나타낸다. 이때 거울은 한 점의 먼지도 없을 만큼 맑아야 한다. 그래야 우주의 삼라만상을 있는 그대로 비출 수 있기 때문이다. 여기에 해당하는 것이 가장 근원적인 심층 의식인 제8 아뢰야식의 진여眞如의 마음이다. 아뢰야식에는 생멸하는 마음과 진여의 마음 두 가지가 있다, 생멸하는 마음은 모든 법의 종자種子로서 생멸을 거듭하는 것이고, 그런 종자를 함장하는 아뢰야식 자체는 불생불멸하는 것으로서 진여의 마음이라 한다. 즉 아뢰야식에는 생멸과 불생불멸이 모두 포함되어 있는 것이다. 마치 생멸은 입자 단위로 존재하지만, 그런 입자를 품고 있는 장은 불생불멸로서 입자 단위의 존재와 지각 작용을 모두 가능하게 하는 바탕인 것과 같다. 그래서 "대원

경지는 제8 아뢰야식인 본식本識을 청정으로 전환하여 비로소 일심의 근원으로 돌아가서 성취하는 지혜이다. 무수한 번뇌를 모두 끊어버리고 일심의 근원으로 돌아갔으니, 지혜와 일심이 하나가 되어 정신적 물리적 일체 종류의 법을 빠짐없이 밝게 비추고 다 안다. 그러므로 '일체의 법을 널리 비추고 다 아는 지혜'이니 대원경지라 이름한다."[3]고 한다.

이처럼 인식주관이 거울처럼 우주를 바라본다는 것은 무엇보다 인식주관의 세계관과 인식의 차원이 일심동체의 경지로 전변하는 것을 전제로 하고 있는 것이다. 만약 육안으로 사물을 분별하듯이 3차원 공간관의 세계관이나 입자 중심의 인식틀에 머문다면, 앞에서 거론한 사례들과 같이 인식 활동을 할수록 거울의 반사 기능을 통해서 기존의 자신의 인식 내용과 판단만을 강화할 뿐이다. 결국 거울의 메타 의식과 비판적 성찰 의식의 역할은 인식주관의 차원이 홀로그램의 표준광선처럼 전체상을 비춰서 드러나지 않은 면모를 조명할 때 발휘되는 것이다.

둘째, 거울은 인식대상을 그대로 담고 있다. 거울에는 우주의 삼라만상이 있는 그대로 비친다. 언어는 개념적 인식의 결과물로서 세계를 표현하기 때문에 세계를 있는 그대로 반영하지 못한다. 그러나 거울에 나타나는 것은 영상이다. 영상은 거의 모든 정보(소리는 제외)를 있는 그대로 보여 준다. 그래서 "대원경지는 일체종지一切種智이니, '일체의 법을 널리 비추고 다 아는 지혜'이다. 이는 일체의 세계, 일체의 중생계, 중생이 일으키는 심행心行의 차별, 근기와 욕망과 성품을 널리 비추어 보고 다 아는 지혜라는 뜻이다."[4]라고 한다. 거울의 영상 이미지처럼 인식대상이 어떤 해석도 가해지지 않은 채로 인식주관에게 인식된다는 것이다.

---

3 원효, 정목 역해, 『무량수경종요』, 312쪽, 비움과 소통, 2015.
4 위의 책.

셋째, 거울에는 인식주관과 인식대상의 구분이 없다. 인식주관이 곧 인식대상이고 인식대상이 곧 인식주관이 되는 주객일치 상태이다. 말하자면, 온 우주가 하나인 동시장의 상태이다. 이곳이 바로 저곳이 되면서 공간의 구별이 사라지고 대상이 비친 거울에서 즉각 반사가 이루어져 다시 대상이 되면서 시간의 구별이 없어지고, 이러한 작용이 동시이자 무한 반복하여 이루어지면서 인과因果의 구분이 사라진다. 모두가 한맛[一味]인 것이다. 동시장에서는 한 점이 즉각 온 우주이고 온 우주가 즉각 한 점이기에 모두가 한맛이 된다.

수련 과정에서 몸 전체가 한 점이 되자마자 온 우주로 열리는 느낌이 드는 것도 동시장의 현상으로 이해할 수 있다. 먼저 한 점이 된다는 것은 백회와 회음이 하나가 되고, 나아가 온몸이 머리 중심에서 하나가 된다는 것이고, 이는 절대적으로 존재한다고 여겨졌던 3차원 공간과 1차원의 시간이 해체되었다는 것이고, 그런 만큼 그 한 점은 바로 온 우주로 열리게 되는 것이다. 이를 통해 의상대사 「법성게法性偈」의 "하나 속에 모두가 있고 여럿 속에 하나가 있으며, 하나가 모두이고 모두가 하나이다. 한 티끌 속에 시방세계(온 세계)가 담겨 있고 낱낱의 티끌마다 시방세계 들어 있다(一中一切多中一 一卽一切多卽一 一微塵中含十方 一切塵中亦如是)."는 언급도 절실하게 이해할 수 있다.

거울의 특성을 이용해서 최상의 지혜를 표현한 것은 절묘하다. 거울에서는 인식주관과 인식대상이 하나가 되고, 공간·시간·인과의 구별이 사라지고, 하나(부분)가 모두(전체)가 되고 모두(전체)가 하나인 동시장의 상태가 나타난다. 이를 통해 대원경지의 상태를 어느 정도 가늠할 수 있다.

하지만 육안으로 보는 세계는 이와 완전히 다르다. 인식주관과 인식대상이 다르고, 공간성·시간성·인과성이 작용하며 부분과 전체는 하나가 될 수 없다. 이처럼 거울에 비친 세계와 육안으로 보는 세계가 다른

것은 무엇 때문인가? 어느 것이 실상이고 어느 것이 환상인가? 거울이
든 육안이든 사실 관건은 세계관과 인식의 차원이다. 설사 거울이라고
하더라도 3차원 공간관의 세계관과 인식의 차원에 머문다면 육안으로
보이는 것 그대로가 실상인 것처럼 보이지만, 인식의 차원이 진여의 마
음에 이른다면 주관과 대상의 구별은 사라지고 모두가 하나의 전체상
이자 부분으로 동시장을 이루는 데서 확인할 수 있다.

[수련법]

1. 수련을 시작할 때는 아직 3차원 공간관의 인식틀이 작동하기 때문에 우주가
   나와는 거리감이 있는 대상으로 나타난다. 나와 우주 사이에서 빛보다 빠른
   토션파(Torsion wave)[5]가 작용한다고 떠올리더라도 기의 장이 내 몸 바깥의
   우주로 따라 나가거나, 곧 우주에서 내 몸으로 따라 들어올 수 있다. 그러다 보면
   다시 3차원 공간관의 경계가 강화될 수 있기 때문에 일단 우주로 의념이 옮겨진
   다음, 그곳에서 내 몸을 거울이라고 여기고 바라본다. 그리고 우주의 토션파가
   밀려들어오자마자 바로 반사가 된다고 여기고 몸을 뒤로 기울이면서 따라 나가면

---

5 러시아 과학자들은 천체에서 나오는 전자파를 측정하면서 빛보다 최소한 10억 배
  빠른 것을 발견한다. 이것은 회전파라는 의미로 토션파라고 지칭하는데 원자나
  전자의 물리적인 회전, 전자기의 기계적인 회전에 의해서도 발생한다. 이것은
  물리적 진공에 의해서 전파되므로 매개체가 필요 없고 양자가 중성미자여서
  모든 물체를 통과하고 속도가 거리의 제곱에 반비례해서 감쇄하지 않는다고
  한다. 최근에 러시아에서는 인간이 텔레파시 통신을 할 때 뇌에서 토션파를
  발생하고 이것을 송수신한다는 것을 발견했다고 한다[이충웅 서울공대 교수의
  『22세기 우주 통신을 생각한다』에서 발췌]. 브라이언 그린(Brian Greene)은
  『우주의 구조』에서 물체의 속도가 서서히 빨라져서 광속 이상으로 된다는 것은
  상대성이론에 위반되지만, 애초에 광속 이상의 존재가 있다는 것은 상대성이론과
  무관하다고 밝힌 바 있다.

처음보다 훨씬 밀도 있고 따뜻한 기운이 다시 우주로 확산된다. 내 몸이 거울이 되어서 우주로 반사되고 또 우주에서 비추는 과정이 무한히 반복하여 무한 반조返照의 장이 형성된다고 여기면 밀도가 높은 동시장이 조성된다.

2. 수련 중에 내 몸의 경계가 살아나거나 불편한 증상이 나타날 경우, 그러한 느낌을 자각함과 동시에 우주로 확장된 기의 장이 사라지면서 의념이 내 몸으로 되돌아오게 된다. 가령 척추에서 냉기가 느껴진다면, 이것은 우주의 기운이 내 척추로 밀려들어 오면서 척추 안의 냉기가 빠져나가는 것인데, 냉기라고 자각하는 순간 우주로 확장된 기의 장이 사라지면서 의념이 내 척추로 되돌아오게 된다. 이렇게 되면 더 이상 우주의 기운은 들어오지 않고 척추의 냉기가 빠져나가는 증상만 지속되면서 힘들어질 수 있다. 척추의 냉기를 우주의 기로 중화하여 해소하지 못하기 때문이다. 따라서 냉기를 느낀다는 것 자체가 의념이 우주에서 척추로 되돌아온 것이라고 인식하고, 척추를 거울 이미지로 바꿔서 모든 것이 우주로 즉각 반사되어 나간다고 여기고 내 의념을 반사하는 흐름에 따라서 우주로 옮기고 연이어 무한 반조의 장이 조성되도록 하는 것이 필요하다.
신체 어느 부위라도 불편하거나 경계가 생기면, 모두 거울 이미지로 전환하여 즉각 우주로 반사되어 나가서 내 몸과 우주 사이에서 무한 반조의 장이 조성되게 하고 내맡긴다.

3. 수련 중에 조금이라도 경계가 남아 있다면, 현재 수련의 주체가 누구인지 확인한다. 여전히 개체 단위의 내가 주체이고 우주가 대상인 경우, 대원경지大圓鏡智의 장의 상태라고 떠올리고 내맡긴다. 그러면 순식간에 나라는 관념의 경계가 사라지면서 인식주관과 인식대상의 구별이 없는 동시장이 조성된다.

인식틀의 문제

우리는 사물 현상을 인식할 때 자기도 모르게 취사선택을 한다. 대표적인 것이 개념을 통한 인식이다. 이것은 세계를 있는 그대로 통째로 인식하는 것이 아니라 개념이라는 카테고리를 통해서 취사선택하는 것이다. 그러나 개념보다 더 근원적이며 개념이 근거하고 있는 것이 인식틀이다. 인식틀은 모든 세계와 사물 현상을 인식하는 가장 근원적인 틀, 프레임을 말한다. 아무리 진정성을 갖고 선의로 보거나 사심이나 선입견 없이 본다고 하더라도 어디까지나 인식틀 안에서 보는 것이고, 그러한 인식틀을 벗어나지 못하는 한 한계가 있을 수밖에 없다.

육안으로 보는 가시可視 세계에 작용하는 인식틀은 3차원의 공간관과 1차원의 시간관이다. 3차원의 공간과 1차원의 시간이 존재하고 모든 세계 현상은 이 속에서 일어난다고 보는 것이다. 이것은 절대공간과 절대시간 속에서 모든 물리현상이 일어난다고 보는 고전물리학의 물리법칙과 상응하는 인식틀이다. 이러한 인식틀에서는 모든 것이 입자 중심으로 보인다. 절대공간과 절대시간의 틀 안에서는 모든 것이 기계장치처럼 고정된 존재로 보이기 때문이다. 다시 말해, 입자 중심으로 본다는 것은 육안으로 보이는 모든 사물 현상을 실유實有로, 자아동일성의 존재론으로 본다는 것이다. 언어로 표현되는 일체의 개념도 여기에 포함된다. 서구 근대성의 특징인 개념과 이성도 고전물리학의 물리법칙에 근거한 입자 중심의 사고이다. 이러한 인식틀로서는 인식주관과 인식대상이 구분되고 모든 존재가 공간성·시간성·인과성을 띠게 되며, 동시장은 인정되지 않는다.

그러나 아인슈타인(Einstein)의 상대성이론으로 절대공간과 절대시간은 없으며 시공간이 상대적으로 존재하는 것으로 확인되었다. 아인슈타인에 따르면, 공간과 장(field)은 같다.[1] "사물이 이동하는 뉴턴(Newton)의 '공간'은 중력을 갖고 있는 '중력장'과 똑같은 것"이다. "중력장이 공간 속에서 확산되는 것이 아니라 중력장 자체가 공간이라는" 것이다.[2] 더욱이 현대물리학에서는 우주를 11차원으로 해석하고 있다. 미시 세계에서는 아원자입자의 비국소성[3]이 확인되었다. 아원자입자가 국소적으로 존재하는 것이 아니라는 것은 온 우주가 한 몸처럼 연결되어 있다는 것이다. 가시 세계도 이러한 미시 세계로 이루어져 있다. 가시 세계에 적용되는 고전물리학의 물리법칙이 여전히 유효한 것은 실상이기 때문이 아니라 미시 세계에 비해 워낙 물리량이 크기 때문에 고전물리학의 물리법칙을 적용해도 차이가 별로 없기 때문이다. 미시 세계와 현상에 적용되는 물리법칙을 아직도 완벽하게 규명하고 있지는 못하지만, 가시 세계의 인식틀로서는 이들 세계를 제대로 이해할 수 없다는 것은 분명하다.

그런데, 앞에서 거론한 대원경지에서 확인했듯이, 거울에 비친 세계

---

1 카를로 로벨리, 『모든 순간의 물리학』, 29쪽, 쌤앤파커스, 2016.

2 위의 책, 22쪽.

3 한 근원에서 태어난 한 쌍의 입자는 아무리 거리가 멀리 떨어져 있더라도, 심지어 수십억 광년 거리로 서로 떨어져 있더라도 얽힌 상태는 풀어지지 않는다는 것이다. 애초에 서로 반대되는 방향의 스핀(spin)을 갖고 있었기 때문에 아무리 거리가 멀더라도 즉각 동시적으로 각 입자는 반대 입자의 상태를 알 수 있다는 것을 사고실험으로 확인한 것이다. 이것은 만약 한쪽 양자에 어떤 변화가 일어나면 즉각적으로 다른 양자에게도 변화가 일어난다는 것으로서, 확장하면 온 우주는 한 몸으로 이루어져 있다는 것을 가리킨다. 1964년 물리학자 존 벨(John Bell)은 두 입자가 아무리 떨어져 있더라도 즉각 서로 반응한다는 가설을 증명하는 데 성공했다.

는 고차원 세계의 물성物性을 '육안'으로 확인할 수 있게 보여 준다는 점에서 절묘하다. 여기서 거울은 장場이고, 거울에 비친 세계는 입자이다. 또한 입자로서의 세계가 먼저 실체로 존재하고 이것이 거울이라는 장에 비추어진 것이 아니라 애초에 온 우주가 하나의 거울이라는 동시장으로 존재하며 그 거울에 세계가 현상으로서 나타나고 있을 뿐이다. 가시 세계의 물리법칙으로서 3차원 공간관에 입각할 때는 세계의 물리적 현상을 입자 중심으로 보지만, 장 중심의 관점에서는 애초에 온 우주는 거울과 같은 하나의 동시장을 이루고 있고 입자는 여러 가지 인연으로 거울에 맺힌 상에 불과하다는 것이다.

이처럼 거울에 비친 세계를 바라보는 인식틀은 일미평등一味平等의 세계관이라고 할 수 있다. 이것은 모든 것을 한맛[一味]으로 포괄하는 것으로 아직 제대로 규명되지는 않았지만, 적어도 3차원 공간관과 1차원의 시간관을 능가하는 고차원 우주관에 해당한다. 이러한 인식틀에서는 모든 것을 장場 중심으로 바라본다. 장場은 드러난 사물 현상뿐만 아니라 배후에 은적隱迹되어 있는 맥락과 분위기, 조짐을 포함해서 모든 것을 아우르는 무대이자 한 마당이다.[4] 여기서는 드러나 있는 모든 사물 현상이 실유實有가 아니라 가유假有이다. 모든 현상은 여러 인연이 모여 이루어진 것으로 참으로 존재하는 것이 아니라는 점에서 가유假有이다. 즉 모든 사물 현상은 개체 단위로 독립되어 고정된 정체성을 갖는 것이 아니라 온 우주 규모에 이르기까지 연기緣起되어 있다. 그러기에 가유假有는 바로 드러나지 않는 무한한 공空이고, 실상은 진공묘유眞空妙有[5]의 면모로 파악된다. 모든 사물 현상이 즉공즉가즉중卽空卽假卽中이다. 가유假有에는 공空이 겸해져 있으며 이를 진공묘유眞空妙有로 동시에 파악하는 것이 중도中道이기에 즉공즉가즉중이라고 한다. 여기서

4　여기서 장場은 전자기장, 중력장 등의 부분적인 장을 모두 망라한 전체 장을 말한다.

중도는 부분이 아니라 전체이다. 둘 사이의 산술적 평균이 아니라 모든 부분을 통째로, 전체로 포괄하는 것이다. 하나하나의 현상이 중도실상이고 그 현상이 근거하고 있는 전체로 시야를 열어주는 것이 중도이며 그 모두를 포괄하고 있는 것이 장場이다.

거울에 비친 세계는 인식주관과 인식대상이 하나가 되고 영상 이미지를 통해 어느 하나도 선택하거나 배제하지 않으면서 부분이 바로 전체가 되고 전체가 바로 부분이 되는 경지를 절묘하게 보여 준다. 이것은 3차원 공간관과 1차원의 시간관이라는 인식틀로 취사선택하는 입자 중심의 세계가 아니라 일미평등一味平等의 세계관으로 모든 것을 장場 중심으로 포괄하는 세계가 가능함을 보여 주는 것이다.

[수련법]

1. 물리학자 장회익은, 사람들이 일상생활 속에서 갖는 공간개념은 2+1차원이라고 한다. 즉 동서남북 평면을 나타내는 2차원과 별개의 수직 1차원이 있는 것으로 본다는 것이다. 그러기에 사과가 땅으로 떨어지는 것을 이상하게 생각하지 않았지만, 지구가 우주공간에 떠 있는 것은 이해하지 못했다고 한다. 그러나 뉴턴의 고전역학이 나오면서 3차원 공간이라는 개념이 일반화되었다고 한다. 뉴턴은 3차원 공간의 차원에서 보기 때문에 사과가 땅으로 떨어지는 것을 이상하게 보게 되었다는 것이다.

---

5 참된 공은 유有와 반대되는 텅 빈 상태를 가리키는 것이 아니라 일체의 망상과 집착을 떠난 모습을 말한다. 만물이 다양한 인연 화합으로 연기되어 존재하는 모습 자체가 제법실상諸法實相이고 그 자체가 바로 공空이라고 보는 것이다. 실유는 실상이 아니라 집착으로 실체화된 조작이며 가유는 인식주관의 집착과 망상으로부터 벗어나서 인연 화합으로 연기된 상태를 나타낸다.

2. 수련을 시작할 때 일상생활 속의 인식틀이 그대로 남아 있는데, 잘 살펴보면 대부분 3차원의 공간관이 아니라 2+1차원의 공간관이다. 2+1차원은 가로·세로·높이의 좌표가 똑같은 자격으로 동시에 전개되는 3차원 공간이 아니라 2차원의 평면과 1차원의 수직 세계가 분리되어 나타나는 것을 가리킨다. 별도로 분리된 1차원의 수직 세계는 중력 작용으로 아래로 당겨지면서 상하가 동시장으로 열리지 않는다. 중력이 크지는 않더라도 미세한 기의 흐름은 크게 영향을 받는다. 그 결과 수행을 하거나 특별히 의식적인 노력을 하지 않는 한, 2+1차원에서는 백회 위가 무거워지면서 기의 흐름이 위로 열리지 않고 그에 따라 인식의 시야도 수평으로 제한된다. 즉 백회 위가 막히면서 인식의 차원이 고정되어 '나'를 개별 단위의 입자로 인식하듯이 내 앞의 다른 사람과 모든 대상도 영상 이미지로 인격화하여 실체화시키게 된다. 다른 대상의 정보를 기의 장으로 느끼는 것과 영상 이미지로 인식하는 것은 다르다. 전자는 고정된 경계를 만들지 않고 온 우주의 일기一氣에 이르기까지 열려 있지만, 후자는 영상 단위로 경계를 만들어서 그것을 실체인 것처럼 인식한다. 귀신을 보는 현상이 모두 여기에 해당한다. 귀신이 실제로 존재하는 것이 아니라 그를 인식하는 사람의 인식틀이 백회 위가 막혀 있으면서 앞머리로 기운이 항진되어 있을 때 모든 정보를 인격화하여 영상으로 보게 되는 것이다.

2+1차원의 인식틀은 욕계의 인식틀과 상응한다. 욕계에서는 탐진치貪瞋癡[6]로 머리 백회 위가 덮개를 쓴 것과 같다. 기의 장으로 느껴 보면 욕계는 백회 위가 무겁게 막혀 있고 앞머리 앞쪽으로 기운이 항진되어 있다. 이는 2+1차원의 인식틀이 2차원은 평면으로 열리지만 별개의 1차원은 중력 작용으로 무거워져 제대로 작용하지 않는 것과 다르지 않다. 욕계나 2+1차원의 인식틀에서는 번뇌에서 벗어나기 어렵고, 귀신 세계나 미신 세계에 빠지기 쉽다. 이 경우 무엇보다 백회 위를 무겁게 누르는 덮개를 해소하는 것이 필요하다. 이를

---

6 탐욕, 분노, 어리석은 생각으로, 번뇌를 이룬다.

위해서는 번뇌에서 벗어나거나 수평의 2차원과 수직의 1차원을 통합하여
인식틀을 변화시키는 것이 중요하다.

3. 3차원 공간관을 떠올리면 가로·세로·높이의 공간이 공동장으로 나타난다. 그
범위 안에서는 경계가 사라지기 때문에 별개의 1차원이 편승한 중력 작용을
벗어나 무중력상태를 조성할 수 있다. 각 차원을 분별해서 느낀다면 모든 것이
파편화되어 대립·갈등의 입자 세계가 펼쳐지지만, 3차원 공간을 통째로 동시에
느낀다면 하나의 공동장이 나타난다. 그런 만큼 수련을 할 때 먼저 2+1차원, 즉
대립 상태의 인식틀에 머물고 있는지를 점검하고, 그렇다면 이를 통합된 3차원
공간관으로 전화시켜서 무중력상태에 머물게 하는 것이 필요하다.
　··이것은 색계色界의 인식틀과 상응한다. 색계의 인식틀은 욕계의 앞머리로
항진되는 기운이 사라지고 사방과 위아래로 공동장이 열리지만 나와 대상 사이의
가시적인 경계는 그대로 분별되어 나타나게 되는 것이다.

4. 3차원 공간 +1차원 시간의 인식틀을 가질 경우, 각 차원을 분별하여 인식하면
온 세계가 입자로 존재하게 된다. 여기서 3차원의 공간을 통합하여 공동장으로
느낀다고 하더라도 1차원의 시간 축과의 차이를 실체화하면 ‘나’라는 관념적
경계는 사라지지 않는다. 과거·현재·미래의 시간 분별을 하는 것이 고정된
‘나’라는 아이덴티티가 지속된다는 것을 전제하는 것이기 때문이다.
　이것은 무색계無色界의 인식틀과 상응한다. 여기서 3차원 공간과 1차원의 시간의
축이 각자 차별되지 않고 양자가 통합되면 공동장과 동시장으로 인식할 수 있다.

5. 기氣는 만물의 존재의 근원이면서도 그 스스로 폐쇄적인 경계를 갖지 않는다.
오직 밀도와 강도, 양상 등을 달리하면서 그 존재의 특성과 기능의 상태를
나타낸다. 만물을 이루는 에너지와 같은 것이지만 물질과 정신, 의식의 내용을
망라하고 세계와 온 우주마저 기로 이루어진 것으로 보는 것이 일기론一氣論의

관점이다. 협의의 기는 정精·기氣·신神·허虛·도道 중의 하나이지만, 넓게 보면 그 전부를 기氣로 보는 것이 일기론一氣論이다. 이러한 의미에서 일기一氣는 온 우주를 한 몸이자 동시장으로 표현하는 것이다. 불교에서는 이를 일미一味나 일심一心으로 표현한다. 하나이기에 몸이나 장場, 미味나 심心으로 표현해도 무방하다. 다만 하위의 저차원으로 개념적 인식을 한다면 그 용어에 내포된 경계가 살아나게 된다. 따라서 일심一心을 몸과 대립된 하나의 마음이 아니라 몸과 마음, 물질과 정신을 망라한 전체를 나타내는 것으로 이해하듯이, 일기一氣를 입자 단위의 하나라는 의미가 아니라 전부를 망라한 장場으로서의 일기一氣로 떠올리는 것이 필요하다. 이러한 의미에서의 일기一氣의 장을 떠올려보면 백회 위로 끝없이 열린다. 이러한 현상은 아직 저차원의 인식틀을 갖고 있더라도 일기一氣의 장이 강력하기 때문에 인식틀의 경계를 뚫고 위로 뻗어 나가는 것이다. 이때 2+1공간관을 3차원으로 전환하고 경계가 남아 있거나 불편한 부위를 입자가 아니라 장이라고 여기면, 사방으로도 끝없이 열리면서 전체가 하나의 동시장, 공동장을 형성한다. 여기서 신체 경계가 느껴지거나 불편한 부위가 생긴다는 것은 그와 동시에 내 의념意念이 그 자리에 머무른다는 것이다. 그런데 의념이 머무를수록 점점 그 느낌이 심해져서 입자 단위의 경계가 실제로 있는 것처럼 여기게 된다. 그 결과 무의식중에 머무르고 있던 3차원 공간관의 세계관을 일깨우고 분별 의식을 불러일으켜 수련의 흐름을 깨뜨릴 수 있다. 이 경우에 그 자리가 입자가 아니라 파동으로 이루어져 있고 그 부위와 주변이 모두 하나의 장場을 이루고 있다고 여기면, 의념이 경계가 느껴지거나 불편한 부위에 머물지 않고 주위로 옮겨져서 그곳에서 내 신체와 주위 공간을 함께 바라보게 되고 그 결과 그런 느낌마저 해소된다. 의념이 머무는 인식 시야만큼 기의 장이 조성되어서 경계가 생기거나 불편한 부위를 소통시키기 때문이다. 이를 통해서 다시 동시장, 공동장을 형성할 수 있게 된다.

기氣의 패러다임으로 보는 입자와 장場

일미평등의 세계를 표현하는 언어는 대부분 모순적이고 역설적이다. 이를테면, 일즉다一卽多, 생사즉열반生死卽涅槃, 번뇌즉보리煩惱卽菩提, 색즉시공色卽是空, 공즉시색空卽是色, 즉공즉가즉중卽空卽假卽中 등이 있다. 언어는 개념적 사유의 표현으로서 일정한 상태를 지시하는 순간 동시에 다른 것을 배제하며, 표현된 것을 실유實有로 본다는 점에서 가시 세계, 입자 중심 세계의 인식틀에 기반하고 있다고 볼 수 있다. 이러한 언어의 특성 때문에 고차원 세계를 묘사하려면 형식논리의 측면에서는 불가피하게 모순적이고 역설적인 표현을 쓸 수밖에 없다. 대승불교, 특히 원교圓敎의 어법이 난해한 이유이다. 언어로 표현할 수밖에 없기 때문에 언어를 사용하지만, 그 언어는 입자 중심 세계의 언어이기에 그 언어에 집착하거나 그 언어의 인식틀을 넘어서지 않는 한, 그 의미를 이해할 수 없다. 즉 인식주관 스스로 인식의 차원이 변하여 모든 현상을 중도실상인 것으로 보지 않는 한(여기서 중도는 부분의 중간이 아니라 전체의 흐름, 장을 포괄하는 것이다) 원교의 어법을 온전하게 알아차리기 어려운데, 여기서도 인식 전변의 기초는 인식틀의 변화에 있다는 것이다.

기氣는 언어화되기 이전의 상태를 있는 그대로 나타낸다. 기는 그 자체가 독자적인 개념이나 경계가 없기 때문에 우주의 모든 존재·작용·정보를 모두 포괄한다. 모든 부분의 기는 상호작용하고 연결되어 있어 온 우주 전체가 일기一氣를 이룬다. 기의 패러다임에서는 입자와 장을 모두 포괄한다.

입자는 기로 이루어져 있고 주위 세계와 연결되어 영향을 주고받는다. 이런 입자가 일정한 형태를 띠고 있는 것으로 보이는 것은 기氣가 일정한 양상과 강도强度, 밀도密度를 이루고 있으면서 주위의 다른 것에 비해 변화하는 속도가 느리기 때문이다. 기의 패러다임에서 보면 입자는 주위 비非입자 세계[드러나지 않은 장場 및 다른 입자]와 분리되지 않을 뿐만 아니라 그를 토대로 하고 있으며, 동시에 고유한 기의 장場(아우라)을 일정 정도 띠고 있다고 할 수 있다. 그런 만큼 기가 작용하는 범위를 보는 시야가 어느 정도인지에 따라 입자의 실상은 입자 고유의 기의 장에서 그 입자가 속한 일정한 흐름의 기의 장으로, 나아가 온 우주 규모의 기의 장까지 확장할 수 있다.

이러한 입자의 실상을 덧셈에서의 항등원 개념을 이용해 알아볼 수도 있다. 덧셈에서 항등원은 0이다. 1+0=1에서 0은 1을 1이 되게 하는 항등원이다. 물리학자 김성구에 따르면, 0은 인도의 공空 개념으로 만들어진 것이라고 한다. "인도인들은 공의 개념이 있었기에 이 개념을 표현하는 숫자 '영'을 발명하는 것은 자연스런 일이었을 것이다.", "수학의 연산에서 공空의 개념은 항등원으로 나타나는데 항등원이란 어떠한 대상에 대해서 어떤 정해진 종류의 연산을 하더라도 대상에 아무런 변화를 일으키지 않는 수학적 원소元素를 가리킨다."[1] 1=1은 동어반복일 뿐, 세계의 실상을 반영하지 못한다. 어떤 1도 단독으로 존재하는 것이 아니기 때문이다. 그에 비해 1+0=1이라는 현상에는 드러나지 않은 무한한 세계 0이 은적隱迹되어 있다는 것을 나타내기 때문에 비로소 1의 실상을 제대로 파악한 것이라고 볼 수 있다. 여기서 1은 입자로서의 부분을, 0은 장으로서의 전체를 나타내는 것인 만큼, 1+0은 '장 속의 입자', '전체의 부분'이라고 할 수 있다. 데이비드 봄은 '부분전체',

---

1 김성구·조용길, 『현대물리학으로 풀어 본 반야심경』, 22·23쪽, 불광출판사, 2006.

아서 케슬러(Arthur Koestler)는 'holon[전체를 뜻하는 holos와 부분을 뜻하는 on의 합성어]'이라는 표현을 사용하는데, 같은 의미로 볼 수 있다.

데이비드 봄은 모든 존재가 경계나 나뉨 없이 흐르는 온전한 전체라고 보면서 입자는 전체 장에서 나온 추상물이라고 한다.

> 아인슈타인은 우주 전체의 장을 대상으로 삼았다. 이 장은 연속적이며 나뉘지 않는다. 전체 장에서 나온 추상물인 입자는 장이 매우 강력한 영역(특이점)에 해당한다. 특이점에서 멀어지면 장은 약해지고 어느 순간 다른 특이점에서 나온 장들과 합쳐진다. 하지만 어디에도 단절이나 분할은 없다.[2]

> 아인슈타인은 '입자'는 더 이상 기본 개념이 아니며 실재는 상대론적 조건을 만족하는 장으로 이루어진다고 주장했다. … 독립된 입자는 단지 추상 개념으로, 어떤 제한 영역에만 맞는 근사로 쓰인다. 결국 전체 우주(그리고 그 모든 입자, 곧 인간, 실험실, 관측 기구 따위를 구성하는 입자 모두)는 미분리된 전체로 이해해야 한다.[3]

데이비드 봄은 고전물리학이 우주를 입자 중심의 기계 질서, 외연 질서, 명시 질서(드러난 질서)로 파악하는 데 비해, 상대론과 양자론은 미분리된 전체성으로 우주를 파악하고 있다고 본다. 다만 두 이론이 통합하지 못하는 것은 서로 모순되는 개념이 있기 때문인데(상대론은 연속성, 엄격한 인과율, 국소성에 바탕하고 있는 데 비해 양자론은 불연속성, 비인과율,

---

2 데이비드 봄, 이정민 역, 『전체와 접힌 질서』, 166쪽, 시스테마, 2010.
3 위의 책, 220~221쪽.

비국소성을 특징으로 한다.) 그 대안으로서 내포 질서, 접혀진 질서를 제시한다. 미분된 전체성이 고차원 실재까지도 아주 작은 크기로 안으로 접혀져 있기 때문에 불연속성을 띠는 것으로 보인다는 것이다. 이를 잘 나타내는 것이 홀로그램(hologram)이다. 포토그래피(photography)의 렌즈는 대상 위 점들과 사진 위의 점들이 일대일(점대점)로 대응시킨다는 점에서 기계 질서를 반영하는 데에 비해 홀로그래피는 내포 질서를 보여준다고 한다.

홀로그램은 대상이 반사한 파동 간섭무늬를 사진처럼 기록하는 장치이다. 이 장치의 각 부분은 대상 전체에 대한 정보를 담고 있다는 점이 특이하다(따라서 대상과 기록상 사이에 점대점 대응이 성립하지 않는다). 대상의 전체 모습과 구조는 사진 기록 속 모든 영역에 접혀 있다. 어느 영역이라도 빛을 비추면 어떤 형태와 구조가 펼쳐져 대상 전체를 알아볼 수 있는 상이 생긴다. … 여기에 새로운 질서 개념을 도입하여 이를 내포 질서라고 불렀다. 내포 질서 관점에서는 모두가 모두를 접고 있다.[4]

내포 질서는 다차원 실재까지 확장해야 한다. 이 실재는 단절 없는 전체로, 우주 전체 및 그 모든 장과 입자를 포함한다. 따라서 전全 운동은 실제로 차원이 무한인 다차원 질서에서 접히고 펼쳐진다고 할 수 있다.[5]

흐름 속 미분리된 전체를 이해하는 데는 내포 질서 개념이 특히 적합하다. 내포 질서 내에는 존재 전체가 각 공간(과 시간) 영역에 접혀 있기 때문이다. 따라서 사고의 일부분이나 요소, 측면을 따로 뽑아내도, 이는

---

4 위의 책, 224~225쪽.
5 위의 책, 237쪽.

여전히 전체를 접으면서 그 전체와 내밀하게 연결되어 있다. 따라서 전체성이 처음부터 모든 사물에 골고루 스며들어 있다.[6]

데이비드 봄은 존재하는 모든 것은 실수, 허수, 영(0)의 삼위일체를 이루고 있다고 했다. 여기서 봄이 말하는 실수는 눈에 보이는 3차원적 입자적 구조를 말하고, 허수는 눈에 보이지 않는 4차원적 파동적 구조를 말하며, 영은 입자와 파동 등 모든 근원이 되는 궁극적 질료, 즉 초양자포텐셜(흔히 영점장이라는 이름으로 많이 사용되고 있음)을 말한다[7]고 한다. 여기서 영점장은 절대온도 0도, 섭씨 -273도의 진공상태에서도 전자기장과 중력장의 파동에 의해 생성된 영점 에너지를 말한다. 고전물리학에서 진공은 물질뿐만 아니라 에너지가 없는 텅 빈 공간으로 생각했으나, 양자물리학자들에게 진공은 복잡하고 예측할 수 없는 현상으로 우주 물질 전체의 에너지보다 훨씬 많은 에너지가 가득 차 있는 것으로 추정되고 있다.

진공처럼 보이는 그 무엇도 실제로는 충만하며, 이것이 우리 자신을 포함한 만물의 바탕이라 할 수 있다. 우리가 인지하는 사물은 여기서 떨어져 나온 형태로, 이것이 처음 만들어져 유지되고 결국 소멸되는 충만한 공간을 생각해야 진정한 의미를 알 수 있다. 하지만 이 충만한 공간을 더 이상 에테르 같은 단순 매질 개념으로 보면 안 된다. 이러한 시각은 물질이 단지 3차원 공간에만 머무르며 움직인다고 보는 일이다. 하지만 여기서는 앞서 말한 광대한 에너지 바다가 있는 전全 운동에서 시작해야 한다. 이 바다는 다차원 내포 질서로 이해해야 하며, 반면 우리가 보통

---

6 위의 책, 219쪽.
7 강길전·홍달수, 『양자의학』, 53쪽, 돋을새김, 2014.

관측하는 우주 물질 전체는 미세하게 들뜬 모습으로 취급해야 한다.[8]

이처럼 물리 구조에서 보더라도 입자와 파동은 들뜬 상태이며, 그 바탕에는 드러나지 않은 무한한 에너지가 함께 하고 있다. 이 모두를 아우르는 것을 장場으로 지칭할 수 있다.

불교에서도 모든 색色은 공空이기에 색즉시공色卽是空이고 공空은 색色을 포함한 불공不空이기에 공즉시색空卽是色이라고 한다. 입자라는 드러난 현상은 그 자체가 전체를 망라한 공空이면서 가유假有이고 어느 것도 취사선택하지 않고 그 모두가 포함된 것이 중도이기에 현상 그 자체가 중도실상中道實相, 진여眞如[9]가 될 수 있다. 천태불교의 원교圓敎에서는 "바닷물이 천파만파千波萬波를 이루나 바닷물의 본성은 변치 않는 것과 같이 진여중도는 연緣에 따라 천태만상의 모습을 보이나 조금도 진여의 본성을 변개變改함이 없다."[10] 온 우주의 모든 것이 진여 아님이 없다고 한다. 그래서 모든 것을 즉공즉가즉중卽空卽假卽中으로 파악한다.

기의 패러다임에서는 입자, 사물 현상의 실상을 서로 다른 언어, 역설적 표현으로서 묘사하지 않고 기의 장의 흐름으로서 모두 포괄하는 것이기 때문에, 이들을 모두 기의 다양한 흐름과 결을 띠는 것으로서 자연스럽게 이해할 수 있다.

장場은 기氣가 충만한 마당, 무대이다. 입자 단위, 각각의 사물 현상

8　앞의 책, 240~241쪽.

9　범어 타타타(tathatā)의 역어로, '있는 그대로', 또는 '모든 현상이 현재 있는 그대로가 참모습'이라는 뜻인데, 대승불교에 이르러서는 현상세계 그 자체, 또는 모든 현상적인 차별을 초월한 절대의 세계, 또는 우주의 진리인 법신法身의 본질, 즉 법성法性으로서 보편적 진리, 만유의 본체의 의미로 사용하고 있다.

10　대한불교천태종, 앞의 책, 198쪽.

도 나름의 장(場, 아우라)을 이루고 있다. 사람, 나무, 풀 한 포기까지도 나름의 장을 이룬다. 또한 이들 장은 변화무쌍하게 주위의 장과 상호작용을 한다. 눈에 보이지 않는 장은 드러난 현상보다 더 민감하게 변한다. 모든 부분의 장은 전체의 장과 이어져 있다. 이처럼 장場은 입자처럼 드러난 부분적 현상을 포함해서 드러나지 않은 세계 전부를 망라한 것이다. 다만 인식주관의 시야와 인식의 범주에 따라서 개별적으로 고유한 장으로부터 전체를 망라한 일미一味까지 달라질 수 있다. 장 중심의 세계관은 기의 패러다임에 가장 적합하다. 기는 부분과 전체 사이에 경계가 없으며 범주 안의 모든 것을 망라하기 때문이다. 물론 인식틀이 3차원 공간관에 머문다면 기마저도 사물 현상을 개별 단위의 장으로 측정할 수 있고 이를 실체화해서 입자를 실유實有로 보는 것과 다를 바 없다. 그러나 기는 온 우주의 일기一氣에 이르기까지 연결되어 있고 상호작용하기 때문에 언어의 세계처럼 경계에 사로잡힌다는 것이 오히려 부자연스럽다. 일기一氣, 일미평등의 인식틀을 가질 때는 개별의 기의 장을 실체화하는 오류에 빠지지 않을 수 있다.

[수련법]

1. 수련은 모든 경계를 푸는 것이다. 그중에서 나와 세계 사이의 경계를 푼다는 것은 기존의 주체와 대상이라는 분별을 해소하고 하나의 동시장으로 주객일치를 한다는 것이다. 이를 위해서 처음에는 주객전도의 상황을 설정할 필요가 있다. 수련 이전에는 개체 단위의 내가 주체이고 우주가 대상이었다면, 수련을 통해 힘을 빼고 긴장을 풀면서 시야를 우주로 옮겨서 우주가 주체이고 그곳에서 바라볼 때 기존의 나는 대상이라고 떠올리는 것이다. 그러다 보면 어느새 주체와 대상의 구분이 사라지면서 주객일치의 동시장이 펼쳐진다.

2. 위의 과정을 1+0=1의 항등원의 개념으로 상징하여 전개할 수 있다. 정좌한 상태에서 몸을 뒤로 기울이고 뒤채면서 무게중심을 우주로 옮겨 나가면 내 몸 뒤로 우주 공간이 끝없이 펼쳐져 있는 것을 떠올릴 수 있다. 이때 내 몸의 힘을 빼고 무한한 우주공간에 매달려 있거나 무중력 상태로 떠 있다고 내맡긴다. 그러면 어느새 주객이 전도되면서 기존의 나를 우주화시킬 수 있다. 그런데 긴장이 잘 풀리지 않으면 이 과정이 잘 이루어지지 않거나, 이루어지다가도 금방 경계가 살아나 오래 지속이 안 될 수 있다. 무의식 속에서 '나'라는 아상我相이 강고하게 자리 잡고 있어서 부지불식간에 되살아나기 때문이다. 이럴 때 1+0=1을 '나+0=나'로 응용하여 떠올려 본다. 여기서 0은 무한한 우주를 나타낸다. 3차원 공간관의 인식틀을 유지한 상태에서는 '나'가 여전히 주체이고 '0'은 대상이어서 별다른 변화가 없다. 주체라는 것은 기의 밀도가 높고 의념이 많이 머무른다는 것이고, 대상은 기의 밀도가 약하고 의념이 적게 머무르거나 머무르지 않는다는 것이다. 이러한 주체와 대상을 변화시키기 위해서 '나+0=나'를 실수 입자의 경계가 아니라 허수의 장으로 떠올려 본다. 그러면 이전에 분명했던 내 몸의 경계가 흐려지고 '나'의 밀도가 흐려지면서 '0'에 해당하는 우주 공간의 밀도가 높아진다. 이때 밀도가 높아진 '0'의 우주 공간이 주체라고 여기면 이전의 '나'는 완전히 해체되면서 무한한 우주 공간의 기의 장에 용해된다[실수 입자와 허수의 장에 대해서는 다음의 수련법 참고]. 또한 '나+0=나'를 장교藏敎[11]의 세계관에서 원교의 세계관으로 떠올려도 된다. 장교는 3차원 공간관의 세계관이고 원교는 일미의 세계관이기 때문에 '나+0=나'의 상태도 완전히 다르게 나타난다.

---

11 천태대사는 불교를 가르침의 내용에 따라서 삼장교三藏敎(장교), 통교通敎, 별교別敎, 원교圓敎로 분류한다. 장교는 현상을 분석한 끝에 공이라고 보는 경지이고, 통교는 즉각 공이라고 보는 경지이며, 별교는 중생들을 교화하기 위해 중도의 관점에서 가유假有의 구체세계에서 활동하는 보살들을 위한 가르침이며, 원교는 모든 현상을 중도실상으로 바라보고 원돈[시공간적 경계가 사라진 공동장, 동시장의] 지관을 수행하여 명정明靜의 경지에 이르는 가르침을 가리킨다.

좌우뇌 인식과 독해력에서 입자와 장

두뇌 활동의 양상에 따라 입자 중심과 장 중심의 인식틀이 다르게 작동한다.

전두엽의 좌뇌는 개념적 사유를 하고 모든 것을 자기 원칙 중심으로 판단한다. 그런 만큼 좌뇌 중심으로 사고할 경우 모든 현상을 입자 중심으로 인식한다. 3차원 공간관과 1차원의 시간이라는 인식틀에 맞춰 자신과 세계를 이해하기 때문이다. 그 결과 주객이 분리되고 자타自他가 다르며 세계를 대립과 갈등의 구조로 파악하여 공감과 소통이 부재하며 우월감이나 열등감 속에서 스스로가 소외되는 상황을 벗어나지 못하게 된다. 좌뇌로 입자 중심의 인식을 하면, 대상에 대한 정보가 많을수록 스스로 파편화하여 분열하게 되고 대상에 대한 지배 욕구가 강화되거나 피해망상증에 빠질 수 있게 된다.

음악도 좌뇌로 들으면, 음악의 선율, 리듬, 악기 소리 등을 분석적으로 인식할 뿐 음악이 만들어 내는 아우라(Aura)를 느끼지 못한다. 이런 방식으로 음악을 계속 들으면 점점 좌뇌가 피로해진다. 좌뇌가 음악의 아우라를 통해서 자신의 경계를 해체하는 치유의 효과를 거두지 못할 뿐만 아니라, 오히려 음을 분석하느라고 더욱 좌뇌의 활동을 촉진시키기 때문이다.

전두엽의 우뇌는 직관적이며 대상과 하나가 되는 기능을 한다. 그런 만큼 우뇌 중심으로 대상을 사고할 경우 모든 현상을 장 중심으로 인식한다. 그 결과 주객이 일치하며 자타自他가 하나가 되어 드러나지 않는 모든 것까지 망라하여 인식하여 대상과 공감하고 소통할 수 있게 된다. 우뇌로 장 중심으로 대상을 만나면, 많이 만날수록 우리가 살고 있는 세계, 우주를 더욱 심층적으로, 광범위하게 인식할 수 있다. 장 중심으로서는 드러난 현상세계뿐만 아니라 그 배후에 은적되어 있는 무한한 공空의 세계를 만날 수 있기 때문이다.

음악도 우뇌로 들으면, 음악과 우뇌 사이의 공간에 기운이 충만해 있는 것으로 들을 수 있다. 그러면서도 매 순간 음악의 고유한 아우라를 느끼면서 그에 따라 기의 장이 변화하는 것을 수용할 수 있다. 음악의 사운드나 선율은 아주 변동이 많지만 우뇌, 장 중심으로 들으면 드러난 현상뿐만 아니라 파장이 만들어 내는 아우라를 느낄 수 있고, 주객이 일치하는 순간 무한대의 공空의 세계로 열릴 수 있기 때문에 명상 수련에도 도움이 된다.

난독증이나 독해력도 두뇌의 입자 중심, 장 중심 활동과 관련되어 있다.

문장이나 간단한 수식을 앞머리 전두엽에 의념을 두고 읽고 계산할 때와 뒷머리 뒤 우주 공간으로 내면의 시선을 옮기고 거기에서부터 두뇌 전체를 기의 장으로 감싸면서 읽고 계산할 때 크게 차이가 난다.

전자의 경우 전두엽의 좌뇌가 개념적 사유와 자기 원칙 중심의 활동을 하기 때문에 문장을 보더라도 개별 낱말의 개념을 먼저 파악하느라 그 문장의 의미를 단번에 통째로 인식하기 어렵다. 심할 경우 문장의 행간의 의미를 파악하기 어려운 난독 증상까지 초래된다. 세 항 이상의 간단한 덧셈 수식의 경우에도 두 개씩 합하는 방식으로 진행해 몇 차례 연산을 해야 한다. 이는 전두엽의 좌뇌가 입자 중심으로 사물을 인식하기 때문에 생기는 현상이다.

후자의 경우, 우뇌를 포함하여 두정엽, 후두엽 등 전뇌가 활동하여 문장을 통째로 인식하면서 행간에 담긴 의미까지 쉽게 알아차릴 수 있다. 간단한 수식 연산의 경우에도 모든 항을 통째로 합하여 인식할 수 있다. 이는 장 중심으로 사물을 바라보면서 전체를 인식할 수 있기 때문이다. 다만 이때의 기의 장을 확인하면 두뇌 바깥, 특히 뒷머리 뒤쪽을 포함하여 두뇌 외곽 전체로 기의 장이 형성되어 두뇌 안팎의 경계가 사라진 상태라는 것을 주목할 필요가 있다. 이것은 3차원 공간관의 인식틀이 해체된 상태라는 것을 의미한다. 3차원 공간관의 인식틀의 관건은 '나'라는 관념적 경계이다. '나'라는 관념적 경계가 작동할 때는 모든 것이 주객主客으로 분리되고 자타自他로 나누어진다. '나'라는 관념적 경계가 사라지는 순간, 나와 우주는 모두 동시장으로 하나가 된다. 이러한 '나'라는 관념적 경계는 머리 백회혈 위와 사방으로[횡수橫竪] 기의 장이 열릴 때 해소된다. 앞서 언급한, 두뇌 외곽 전체로 기의 장이 조성되고 두뇌 안팎의 경계가 사라진 상태가 바로 3차원 공간관의 인식틀이 해소된 것이다. 이때 장 중심의 인식이 가능해져 대원경大圓鏡처럼 문장이나 수식을 영상으로 통째로 인식하게 된다.

입자 중심과 장 중심의 인식틀은 실수와 허수 및 영(0)의 세계로 상징된다. 앞에서 언급했듯이, 데이비드 봄은 실수는 눈에 보이는 3차원적 입자적 구조를 말하고, 허수는 눈에 보이지 않는 4차원적 파동적 구조를 말하며, 0은 입자와 파동의 근원이 되는 장이라고 했다.

일상생활을 할 때나 수련할 때 내 몸의 경계가 느껴지면서 나와 남, 나와 세계가 구분되는 것은 입자 중심의 인식틀 때문이다. 입자 중심의 인식틀에서 가장 핵심적인 개념은 실수이다. 실수는 크기와 방향의 차이가 있는 선형성의 세계로서 실수의 개념으로 바라보게 되면 모든 것을 3차원의 입자 구조로 인식하고 눈에 보이는 드러난 질서의 상태로 분별하게 된다. 더욱이 그렇게 느껴지는 순간, 그 느낌에 의념意念이 머무르면서 그것을 실체라고 의식하게 되면 불투명하고 소통 불가능한 허구의 관념의 벽이 만들어진다.

그럴 때 실수 입자의 경계가 모두 허수의 장으로 이루어진 것이라고 여기면, 그전까지 뚜렷했던 몸의 경계가 해체되고 몸의 밀도가 낮아지면서 주위의 장으로 열려 '나'라는 관념의 벽도 사라지게 된다. 모든 수는 실수+허수+0으로 이루어져 있는데, 그 가운데서 허수+0이 접혀진 상태에서 실수만 드러나 있는 세계가 실수 입자의 세계라고 볼 수 있다. 그런 만큼 실수로 드러나는 모든 경계를 허수의 장으로 이루어져 있다고 인식하는 순간, 입자 중심의 인식틀이 장 중심의 인식틀로 전환되면서 경계가 사라지게 되는 것이다.

이때 기존의 실수 입자의 경계가 주체가 아니라 새롭게 조성되는 허수의 장이 주체라고 인식을 전환하는 것이 필요하다. 주체라는 것은 의념이 많이 머물러서 밀도가 높은 곳이고 대상은 상대적으로 밀도가 희박하여 주체와 거리가 있는 것을 말한다. 그동안 일상생활에서는 3차원 공간관의 인식틀로 실수 입자의 경계 안이 당연히 주체라고 여겨왔기 때문에, 허수의 장을 떠올려 일시적으로 경계가 사라지더라도 무의식중에 그 경계가 끊임없이 되살아날 수 있다. 이러한 경우에 새로운 허수의 장이 '주체'라고 명시적으로 인식하면, 그동안 선명했던 실수 입자의 경계심이 사라지고 수많은 느낌, 통증이나 밀도 등이 순식간에 해소될 수 있다.

또한 입자 중심에서 장 중심으로의 전환, 그 관건인 인식틀의 전환은 의식적인 노력만으로 이루어지지 않는다. 문장 독해와 수식 연산에서 살펴보았듯이 그 순간 인식주관의 기의 장이 조성된 상태에 따라 달라진다. 3차원 공간관의 인식틀의 한계를 인식하고 일미평등의 세계관이 타당하다는 것을 논리적으로 이해한다고 하더라도, 기의 장이 앞머리로 울체되어 있다면 실제로 입자 중심에서 장 중심으로 인식의 패러다임을 전환하기 어렵다. 반면에 인식틀이나 세계관에 대한 이해가 없더라도 기의 장이 가로와 세로, 즉 횡수橫竪로 균형 있게 조성되어 있다면 자연스럽게 모든 것을 장 중심으로 인식할 수 있다. 다만 이러한 경우도 지속하려면 인식의 과정에서 인식틀이나 세계관이 어떠한 역할을 하는지 이해하는 것이 필요하다. 의식적이든 무의식적이든 모든 인식의 과정에는 인식틀이나 세계관이 작용하기 때문이다.

[수련법]

1. 수련을 시작할 때나 수련 중에 내 몸의 경계가 느껴지는 것은 실제로 외부와 구분되는 폐쇄적인 경계가 있어서 그런 것이 아니다. 내 몸의 어느 부분이라도 외부와 끊임없이 기운 교류를 하고 있기 때문에 완벽한 경계는 없다. 인식주관인 안이비설신의眼耳鼻舌身意에 의해 인식대상이 색성향미촉법色聲香味觸法으로 포착될 때 내 의념이 머물러 안식眼識, 이식耳識, 비식鼻識, 설식舌識, 신식身識, 의식意識이 형성되면서 관념의 벽으로서 경계가 만들어진다. 가령 수련할 때 기의 장이 우주로 열려 의념도 그곳에 머물고 있는데, 다리에 통증이 느껴진다면 우주에 머물던 의념은 이미 통증 부위로 돌아와서 머물고 있는 것이다. 통증 부위에 의념이 머물게 되면 그 부위의 느낌이 실체화되면서 경계가 만들어진다. 그렇게 만들어진 경계가 실수 입자의 경계이다. 3차원 공간관의 인식틀을 가진 의념이 그 부위에 동참을 하면서 경계가 만들어지기 때문이다. 일단 실수 입자의 경계가 만들어지면 그와 동시에 우주로 열려 있던 기의 장도, 그 부위 주위의 기의 흐름도 관념의 벽에 의해 차단된다. 그런 상태에서는 점점 통증이 심해진다. 통증 부위에 실수 입자의 드러난 질서로 경계가 만들어지면서 가까운 주위부터 온 우주 규모의 기의 흐름이 차단되기 때문이다. 이런 경우에 통증이 느껴지는 순간, 즉각

의념이 동참하여 실수 입자의 경계가 만들어졌다는 것을 인식하고 그 부위가
사실은 허수의 장으로 이루어진 것이라고 떠올리면 더 이상 내 의념이 그 부위에
머물면서 기의 흐름을 차단하지 않고 오히려 허수의 장을 따라서 접혀진 질서에
해당하는 온 우주로 열리기 때문에 심하지 않은 통증 정도는 바로 사라진다. 특히
수련할 때 잘 느끼는 척추의 냉기도 이와 같이 대처하면 잘 풀린다.

2. 수련 중에 눈을 감고 있는데도 내 몸의 경계가 느껴지고 통증이나 불편한 점이
나타날 때 어느새 3차원 공간관의 인식틀에 기초한 실수 입자의 경계가 살아난
것이라고 인식하고 그 부위가 실제로는 허수의 장이 접혀진 질서 상태라는 것을
떠올린다. 그러면 순식간에 경계가 사라지고 간단한 통증이나 불편한 점은 쉽게
해소된다.

3. 정좌한 상태에서 수련을 시작할 때 먼저 몸의 힘을 빼고 미동하면서 신체
경계선을 지워 나간다. 이 단계에서 여전히 남아있는 신체 경계선은 모두 실수
입자의 경계로 남아 있는 것이라고 여기고 허수의 장으로 이루어진 것이라고
떠올린다. 특히 우뇌를 미동하면서 우뇌 내부와 인접한 우주 공간의 경계를
이렇게 인식을 전환하면서 떠올리면 순식간에 경계가 사라진다. 이를 머리
전체로, 상반신과 하반신 전체로 확산시킨다.

횡수橫竪의 입자와 장

기의 패러다임에 입각한다면 누구라도 육안으로 보이지 않는 세계를 만나고 느낄 수 있다. 인식주관도 인식대상도 기의 장으로 이루어져 있기 때문이다. 다만 인식주관의 기운 상태와 세계관에 따라서 제각각의 인식틀이 작동하고 그에 따라서 인식대상에 대한 해석이 달라진다. 인식틀을 조성하는 인식주관의 기의 장에서 중요한 것은 가로와 세로, 즉 횡수橫竪의 양상이다. 가로, 횡橫의 기의 장은 공간적으로 확장되는 것으로서 인식된 대상 세계를 나타낸다. 기의 장이 횡으로 멀리 열릴수록 더 많은 인식대상을 만날 수 있다. 세로, 수竪의 기의 장은 시간적인 선후를 나타내는 것으로서 인식주관의 차원을 나타낸다. 기의 장이 위아래로 확장되는 것은 그 이전의 상태를 부정하면서 인식의 차원이 더 높은 상태로 변화하는 것이다. 횡수橫竪, 인식된 세계와 인식의 차원은 밀접하게 연관되어 있어서 각 상태는 다른 것을 규정한다. 가령 세로로 열리지 않아서 인식의 차원이 낮다면 가로로 조성되는 인식된 세계도 협애해지고 저마다 국소적으로 분열된 상태로 나타난다. 반면 세로의 위아래로 열려 인식의 차원이 높아지면 가로로 조성되는 인식된 세계도 그만큼 넓게 나타나며 전부가 동시장, 공동장을 이룬다. 이처럼 세로의 인식의 차원이 가로의 인식된 세계를 규정한다는 것이다. 또한 반대로 가로로 인식된 세계가 통합되어 나타나면 이는 그만큼 세로로 인식의 차원이 고양되어 있는 상태이고, 가로로 인식된 세계가 국소적으로 분열되어 나타난다면 세로로 인식의 차원이 낮은 수준에 머무르고 있는 것을 나타낸다는 것이다. 앞서 독해력의 사례에서 살펴보았듯이, 기의 장이 횡수로 균형 있게 조성된다면 대상을 온전하게 인식할 수 있다. 만약 기의 장이 횡수 가운데 어느 한쪽으로 치우치는 경우에는 불완전하거나 잘못된 인식을 하게 된다.

먼저 세로, 수직 방향 가운데 머리 위의 기의 장이 막혀 있는 상태에서 가로, 횡 가운데 특히 앞쪽으로만 기의 장이 확장된 경우를 살펴보자. 머리 위의 기의 장이 막혀 있으면 3차원 공간관의 인식틀이 작동하여 '나'라는 관념적 경계가 남아 있게 된다. 이 상태에서 머리 앞쪽으로 기의 장이 열려 육안으로 보이지 않는 세계를 만나면 모든 것을 '나'와 같은 영상 이미지로 인격화하여 인식하게 된다. 텅 빈 공간에서 귀신이 보이고 숲속에서 산신령이나 요정이 보인다. 텅 빈 공간에는 땅의 기운이 있고 그곳에서 살았던 사람의 기운이 있을 수 있으며, 숲속에는 땅의 기운이나 나무의 기운이 조성되어 있을 것이다. 3차원 공간관의 인식틀로 보면 그런 기운의 양상을 모두 '나'와 같은 영상 이미지로, 독립적인 인격체로 인식하고, 그를 실체라고 여기게 된다. 그 결과 '나'와 대상은 분리되고 모든 대상은 국소적으로 존재하게 되어 온 세계가 파편화되고 만다. 인식주관의 인식틀로 실체화된 대상에 휘둘릴 때는 귀신놀음에 빠지게 된다.

다음으로, 기의 장이 가로 방향, 즉 횡적으로 열리지 않고 수직 방향 가운데서도 아래는 열리지 않은 채 오로지 머리 위로만 열리는 경우를 살펴보자. 이것은 주로 종교인들이 신앙 대상을 떠올리면서 기도하거나 천당, 법신法身, 상락아정常樂我淨[1] 등의 청정무구한 경지를 연상할 때 일어난다. 이 경우(특히 아래 방향으로 기의 장이 열리지 않은 경우)에도 3차원 공간관의 인식틀이 작동하여 '나'라는 관념적 경계가 남아 있기 때문에, 인식대상이 머리 위로 높이 기의 장이 열린 채로 나타나면, 이것을 나로부터 동떨어져 있는 '초월적' 상태의 존재인 것으로 인식하게 된다. 육안으로 보이지 않는 기의 장을 느낀다는 것은 어느 정도 '나'라는 관념적 경계가 강하게 작용하지 않은 것이지만 완전하게 해체되지 않았기 때문에 그러한 상태를 '나'와 다른 대상으로, 지금 여기와 다른 경지로, 초월적인 존재와 상태로 인식하게 되는 것이다. 그 결과 예토穢土와 정토淨土, 진眞과 속俗은 분리된다. 이러한 인식틀과 인식 내용을 가지는 한, 그 관념의 벽으로 인해 스스로 예속되는 경계를 만들게 되어 그로부터 못 벗어난다. 또한 설사 정토와 진에 이르렀다고 여겨지더라도, 그것은 예토를 배제한 정토, 속을 버린 진으로, 관념을 통해 조작된 상태일 뿐이다.

기의 장이 가로와 세로, 횡수橫竪로 조화를 이룬 상태에서 열릴 때는 전체가 동시장으로 나타난다. 여기에서는 3차원 공간관과 1차원 시간관의 분별이 사라지면서 입자 중심의 파편화된 세계가 없어지고 모두 일미평등한 장 중심의 세계가 나타난다. 세로, 즉 수竪의 기의 장이 열리면서 인식 차원이 변화하면 가로, 즉 횡橫의 대상 세계가 더 이상 국소적으로 파편화되고 분열된 상태가 아니라 동시장을 이루고 있는 상태로 인식될 수 있다. 세로, 즉 수竪의 기의 장이 위로만 열릴 때는 자신과 분리된 초월적 존재를 실체화하지만, 위아래가 조화롭게 열리면 가로, 즉 횡橫의 기의 장도 열리게 되고 그 결과 자신의 인식 차원이 변화하여 개체 단위의 존재감이 사라지고 우주적인 동시장 속에서 나와 우주가 일체가 된 우주적 존재감을 느끼게 된다.

횡수橫竪 가운데 어느 하나만 무한대로 열리지는 않는다. 어느 한쪽

---

1 소승은 3차원 공간관의 세계관에 머물기 때문에 현상세계를 부정하여 무상無常, 고苦, 무아無我, 부정不淨이라고 보지만, 대승에서는 열반에 이를 때 네 가지 덕으로서 상락아정 상태에 이른다고 본다. 즉 소승에서는 상대적 차원에서 보았다면 대승은 열반에 이르면 절대적 차원에서 영원하고, 즐거우며, 능동적으로 자재하고 번뇌의 더러움 없이 청정한 덕을 갖추게 된다는 것이다.

이라도 막혀 있다면 열린 쪽도 한계가 있을 수밖에 없다. 위쪽의 기의 장이 막혀 있으면 가로, 즉 횡橫의 기의 장도 앞쪽으로만 조성되고 뒤로는 열리지 않는다. 또한 가로, 즉 횡橫의 기의 장에서 뒤가 열리지 않거나 부족하면 세로, 즉 수竪의 기의 장에서 위로는 열리지 않는다. 이들 모두 3차원 공간관의 인식틀이 작동되기 때문이다. 3차원 공간관의 인식틀 속에서는 횡橫으로 열리더라도 인식시야가 대립되고 분열된 세계로 나타나고, 수竪로 열리더라도 초월적 존재로 나타나면서 인식주관은 기존 차원에 고착된다. 인식주관도 인식대상도 모두 입자 단위의 존재로 귀결된다. 반면에 횡수橫竪가 조화롭게 열리면 인식주관과 인식대상은 일미평등한 동시장으로 만나서 주관과 객관의 분별이 사라질 수 있다.

[수련법]

1. 방송이나 주변에서 귀신을 봤다는 사람이나 최면요법으로 전생을 봤다는 사람의
   경우, 그런 결론을 내리게 된 과정을 엄밀하게 되짚어볼 필요가 있다. 보통 자신이
   그런 체험을 했기 때문에 귀신이나 전생이 실체가 있는 것이라고 여기지만
   중요한 것은 어떤 메커니즘 속에서 그런 체험을 했는지 그 인식과 해석의 과정을
   간과하고 있다는 것이다. 인식주관의 기의 상태와 인식틀, 세계관에 따라서
   모든 것을 다르게 해석할 수 있기 때문이다. 이런 관점에서 앞의 경우를 검토해
   보면, 체험자의 백회 위가 막혀 있고 앞머리로는 기운이 항진되어 있다. 심지어
   최면요법을 하는 순간에만 앞머리로 기운이 놀라울 정도 항진되는 경우도 있다.
   누구라도 이런 기운의 동향을 띤다면, 어떤 자리에서, 또는 최면요법을 통해서
   얼마든지 인격화된 영상 이미지의 존재를 만날 수 있다. 문제는 그런 체험을
   하더라도 그것이 귀신이라든지 전생이라고 인식한다면 이미 체험자가 3차원

공간관의 인식틀과 세계관을 갖고 있다는 것을 반증하는 것이다.

2. 종교인들이 정성으로 기도를 하면서 신앙 대상을 떠올리는 경우, 초월적인 경지를 체험하기도 한다. 가령 하느님이나 부처님을 떠올릴 때 백회 위로 높이 기의 장이 열리는 경험을 할 수 있다. 이런 체험을 한다는 것은 어느 정도 일상의 의식 상태에서 벗어나 신앙 대상의 기의 장과 공유하는 것이라고 할 수 있다. 하지만 이러한 체험은 온전한 것은 아니다. 변화하는 과정의 중간 단계에서 정지하고 그 체험을 실체화한 것이기 때문이다. 이때는 무의식중에 '나'라는 관념적 경계가 아직 작용하고 있기 때문에 기존의 '나'라는 정체성이 유지되면서 일부 변화하는 대상의 기의 장을 느끼는 것이다. 만약 이때 3차원 공간관의 세계관이 아니라 일미동체의 세계관을 바탕으로 하고 있다면 대상의 기운을 느낌과 동시에 자신의 기의 장도 전변하여 온 우주로 열리는 하나의 동시장을 체험할 수 있을 것이다. 그럼에도 불구하고 전자의 체험에 머무르고 이를 실체화한다면, 그로 인해 자신의 존재감을 다시 한번 자신의 인식틀과 세계관에 의해서 고착시키게 되고 신앙 대상을 초월적으로 절대화하고 박제화하는 결과를 낳을 수 있다. 이렇게 되면, 그런 체험과 인식 때문에 자신을 해방시키고 구원하는 것이 아니라 오히려 자기 스스로를 소외시키고 예속시킬 수 있다.

승랑의 횡수론橫竪論

횡수론은 불교와 동아시아 문화권에서 오래전부터 사용되던 개념이다. 다만 그 개념이 막연한 경우도 있고 복잡하고 난해하여 쉽게 이해하기 어려운 경우도 있기 때문에 앞에서 수련의 체험을 통해 그 의미를 먼저 알아보았다. 횡수론은 횡설수설, 횡론종론, 횡론수론 등으로 사용되어 왔다.

많은 불교 용어들이 세간에서는 왜곡되어 사용되고 있듯이 횡설수설도 지금은 조리가 없이 이것저것 되는대로 말한다는 부정적인 뜻으로 사용된다. 그러나 횡설수설의 원래 뜻은 말을 여러모로 조리 있게 한다는 뜻이다. 횡설수설은 석가모니가 대기설법對機說法으로 사람들의 수준에 맞게 말과 단어를 적절하게 바꿔 가면서 사람들이 이해하기 쉽게 말을 하여 불교를 전파하였는데, 여러 측면으로 조리 있게 말하는 모습에서 유래되었다고 한다.

『장자』의 잡편 서무귀徐無鬼의 "나는 우리 군주를 설복시킬 목적으로 횡[橫說]으로는 시詩·서書·예악禮樂을 설했고, 종[從說]으로는 금판으로 된 육도삼략六韜三略을 설했으며"라는 구절에서 횡설종설이라는 표현이 나온다. 종從 자는 수竪와 같은 의미이기에 횡설수설의 유래라고 보는 경우도 있다. 이 경우에도 박학다식하게 횡으로 종으로 조리 있게 말을 잘한다는 의미가 담겨 있다.

『고려사열전』에는, 이색李穡이 매우 칭찬하기를, "'정몽주의 논리論理가 횡설수설橫說竪說하나, 이치에 합당하지 않음이 없다.' 하고, 동방이학東方理學의 비조鼻祖로 추대하였다[李穡亟稱之日 '夢周論理 橫說竪說 無非當理' 推爲東方理學之祖]."[1]란 구절이 나오는데, 여기서 '횡설수설'은 정몽주鄭夢周가 성균관에서 경전을 강의할 때 "종횡무진縱橫無盡으로 왔다 갔다 하면서도 이치에 조금도 어긋나지 않고 조리條理가 정연整然하였다."는 의미로 사용되었다.

동아시아 대승불교의 중흥조라고 불리는 고구려의 승랑은 횡수론橫竪論을 자세하게 밝히고 있다. 동국대 불교학과 김성철 교수의 『승랑』에서 서술된 내용을 살펴보기로 한다.

승랑이 계승한 삼론학三論學에서는 "가로 방향으로는 팔미八迷를 논파하고, 세로 방향으로는 오구五句를 추궁한다[橫破八迷 竪窮五句]."고 한다. 먼저 팔미란 『중론中論』「귀경게歸敬偈」에 실린 '불생불멸不生不滅, 불상부단不常不斷, 불일불이不一不異, 불래불거不來不去'의 팔불게에서 '불不'자를 제거한 '생멸生滅, 단상斷常, 일이一異, 거래去來'의 네 쌍, 여덟 가지 미혹을 뜻한다. 따라서 "가로 방향으로는 팔미를 논파한다."는 문구는 팔불게에 나열된 네 쌍, 여덟 가지의 미혹을 파한다는 뜻이다. 『중론』「귀경게」에서는 논의를 단순화하고자 '가로 방향의 조망'인 '미혹의 종류'로 '생멸, 단상, 일이, 거래'의 여덟 가지를 나열했지만, 우리의 분별은 무한하다. 그래서 다른 곳에서 길장吉藏(승랑의 증손제자)은 "가로 방향으로는 일체법을 끊어 버린다."라고 말하기도 하고, "가로 방향으로는 만법을 논파한다."고 말하기도 한다. '횡수'의 틀에서 가로 방향인 횡은 '갖가지 분별'을 뜻한다[2]고 한다.

"세로 방향으로는 오구五句를 추궁한다."는 문구에서 오구는 ① 유有, ② 무無, ③ 역유역무亦有亦無, ④ 비유비무非有非無, ⑤ 비비유비비무

---

1 https://namu.wiki/w/%EC%A0%95%EB%AA%BD%EC%A3%BC
2 김성철, 『승랑』, 249~250쪽. 지식산업사, 2011.

非非有非非無이다. 즉 애초의 분별(①)과 그에 대한 부정(②), 그리고 양자의 종합(③)과, 그런 종합에 대한 부정(④) 및 '양자의 종합에 대한 부정을 다시 부정하는 것'(⑤)이 오구이다. 따라서 '횡수橫竪'의 틀에서 '세로 방향'인 수竪는 팔미八迷를 포함하여 일체법의 분별 하나하나에 대해 부정에 부정을 거듭하면서 공성을 지향하는 '통찰의 축'을 뜻한다[3]고 한다.

유와 무를 예로 들면, 유와 무 모두를 벌려 놓으며 논의하는 것은 '횡橫'이고, 이에 대해서 부정에 부정을 거듭함으로써 궁극의 실상을 추구해 들어가는 것은 '수竪'이다.[4]

승랑이 중국 강남 불교계에 전한 '중도불성中道佛性'을 횡수론으로 적용하면 의미가 명확해진다. 불성에 대해서 누군가가 특정한 이론을 제시하면, 그와 상반된 이론을 제시함으로써 중도불성이 드러난다. 상대방의 불성론을 '상쇄시키는 작용'으로 중도불성을 드러내는 것이다. 불성에 대한 분별을 중화시킴으로써 상대에게 불성을 자각하게 만든다. 예를 들어, 누군가가 '진제眞諦'를 부처의 정인正因인 불성으로 삼으면 이쪽에서는 '진제가 아님(非眞諦)'이 불성이라고 제시한다. 만일 '속제俗諦'를 정인으로 삼으면 이쪽에서는 '속제가 아님(非俗諦)'을 정인으로 제시한다. 그래서 '비진비속의 중도'가 부처의 정인正因인 불성이라는 점을 자각케 한다. 응병여약應病與藥, 대기설법對機說法[5]의 방식으로 불성을 가르치는 것이다. 이는 '가로 방향의 논의' 곧 횡론橫論으로, 불성에 대해 다른 누군가가 자신의 이론을 개진할 때 그에게 '진정한 불성'을 가르치고자 사용된다. 상대방의 주장과 상반된 내용을 제시함으

---

3 위의 책, 251쪽.

4 위의 책, 383쪽.

5 병에 따라 약을 처방하듯이 사람의 이해 능력에 맞추어 진리를 설명하는 것.

로써 중도불성을 가르치긴 하지만, 그 내용에 집착해서는 안 된다. 다만 상대의 주장을 중화시키면 된다고 한다.

그런데 불성에 대해 깊이 자각하려면, 이와 아울러 '세로 방향의 논의', 곧 수론竪論으로 들어가야 한다. 예를 들어 진제불성론을 비판하고자 '진제 아님'을 제시하긴 했지만, '진제 아님'에 실체가 있는 것이 아니다. 그래서 진제는 "있지도 않고, 없지도 않으며, 있으면서 없지도 않으며, 있는 것도 아니고 없는 것도 아니다."라는 방식으로 세로 방향의 통찰을 심화시킨다고 한다.

이렇게 횡론과 수론을 병관並觀하면 중도불성의 뜻이 완벽하게 드러난다. 중도불성은 특정한 내용을 갖는 것이 아니라, 불성에 대한 갖가지 이론들을 횡수병관橫竪並觀으로 비판함으로써 드러나는 것이다. 철저한 파사현정破邪顯正[6]의 과정이다. 파사가 그대로 현정이다. 비판의 궁극이 그대로 불성인 것이다. 이를 무득정관無得正觀이라고 부른다. '무득의 중도관中道觀'이라는 뜻이다. 중도불성을 지향하지만 궁극적으로 그 어떤 것에도 고착하지 않게 되는 '무득無得의 오도론悟道論'이다. 궁극적으로는 무득 또한 무득하다.[7]

승랑이 계승한 삼론학의 횡수론에서도 가로 방향의 횡론은 인식된 세계를 나타낸다. 인식 차원이 높아지지 않는 한, 세상의 만법이 입자로서 실체화되어 나타나면서 세계는 분열되고 인식주관은 미혹에 빠지게 된다. 세로 방향의 수론은 이전 상태를 거듭 부정하면서 어디에도

---

6 삿된 견해를 논파하여 올바름에 해당하는 중도나 공을 드러내는 것.

7 앞의 책, 393~395쪽. '무득無得'은 인식의 차원이 3차원에서 일미평등의 차원으로 전변했을 때 가능하다. 3차원일 때는 개체 단위의 주체가 있기에 '득得'의 관점이 성립하지만, 일미평등의 차원일 때는 그런 주체가 사라진 상태이므로 '득得'의 주체가 없으므로 '무득無得'이다.

걸림 없는 인식의 지평을 열어 가도록 한다는 점에서 인식주관의 차원을 나타내는 것으로 이해할 수 있다. 인식의 차원이 높아지면서 입자로 분별되었던 경계들이 해소되어 하나의 장으로 포괄된다. 그럴 때만 중도불성에 이를 수 있으며, 그것 또한 특정 내용을 갖는 것이 아니라 일체의 경계를 해체할 뿐이고, 그것만으로 전체적인 장이 된다는 것이다. 이처럼 가로와 세로, 횡수橫竪로 열리고 이를 통해서 통찰할 때만 중도불성의 뜻이 완벽하게 드러난다고 한다.

[수련법]

1. 기는 시공간의 경계를 넘어서 동시장, 공동장으로 작용하기 때문에 우주의 정보로 남아 있는 과거 인물의 기운을 측정할 수 있다. 삼국시대의 3대 스님이라고 일컫는 고구려의 승랑, 신라의 원효, 원측 스님의 수행 기운이 뛰어나기 때문에 이분들의 기운을 연상하면 수련에 도움이 된다.

2. 원효 스님은 중심선이 환하게 열리면서 백회 위로 상승하는 기운을 띠고 있다. 승랑 스님은 척추독맥으로 기운이 아주 밀도 높게 충만하면서 백회 위로 이어진다. 원측 스님의 기운은 백회 위로 아주 높이 기운이 환하게 열린다. 백회 위로 높이 상승하는 신기神氣의 경지이다. 승랑 스님과 원측 스님의 기운을 동시에 연상하면 척추독맥과 백회 위로 상승하는 기를 수련하는 데 도움이 된다.

3. 천태대사는 대승불교의 이론을 체계화한 분이지만, 수행의 기운도 아주 뛰어나다. 천태대사의 기운은 백회 위로 넓게 밀도 높게 상승하고 있다. 수련 과정에서 천대대사의 기운을 떠올리고 공유하는 것만으로도 인식의 차원을 높일 수 있다.

원효의 일미관행一味觀行

원효의 『금강삼매경론』에서는 일미[1]관행一味觀行의 문구에 횡수론이 잘 표현되어 있다. 일미一味, 한맛에 대해서는 다음과 같이 언급한다.

> 한맛의 참뜻은 그 맛이 하나의 바다에 비유될 수 있기 때문이다. 헤아릴 수 없이 많은 개울 가운데 바다로 흘러 들어가지 않는 것은 하나도 없다.
>
> 장자여, 모든 가르침의 맛도 그 개울들과 같다. 그 개울들의 이름과 종류는 다를지라도 그 물은 구별할 수 없다. 그리고 그 개울들이 한번 바다로 흘러 들어가면 바닷물은 모든 개울물을 하나로 합친다.
>
> 이와 똑같이 어떤 사람이 한맛에 머물면 그때는 모든 맛을 가리지 않고 똑같이 받아들인다.[2]

원효가 일미一味를 관행觀行 앞에 표현한 점을 주목할 필요가 있다.

앞서 인용한 문장에서는 "어떤 사람이 한맛, 즉 일미一味에 머물면 그때는 모든 맛을 가리지 않고 똑같이 받아들인다."고 했다. 양자강揚子

---

1 '일미'는 모든 사물은 천차만별로 다른 듯하지만, 그 참모습은 절대 평등하여 다르지 않고 똑같은 것이라는 뜻으로 '한맛'이라 하며, … 여기서 '하나'라고 하는 것은 절대의 하나이고, 둘이나 셋 등에 대한 상대의 하나가 아니다. 절대의 하나이므로 그 하나 속에는 둘도 셋도 모두 포함하고 있다(원효 저, 조용길·정통규 역, 『금강삼매경론 상』 11쪽, 동국대학교 출판부, 2002.)

2 원효 저, 조용길·정통규 역, 『금강삼매경론 하』, 330쪽, 동국대학교 출판부, 2002.

江, 황하黃河, 회수淮水는 크기가 갖가지로 같지 않고, 그 깊이에서 서로 다르며, 물이 양자강에 있을 때는 강수江水라 불리고, 그것이 회淮에 있을 때는 회수淮水라 불리며, 그것이 황하에 있을 때는 하수河水라 불리지만, 그들 여러 형태의 물이 한번·바다로 들어가면 그들은 오로지 바닷물이라고 불린다[3]고 한다. 서로 다른 이름을 가진 강에서 볼 때는 개별 단위, 입자로 분별되지만, 바닷물, 일미에 이르렀을 때 모두 똑같아진다는 것이다. 여기서 모든 맛을 가리지 않고, 즉 개별 단위, 입자의 분별을 하지 않을 수 있는 것은 일미一味, 한맛에 머물 때라고 명시했다. 일미一味는 인식 차원이 높아져 모든 섯을 하나의 상場으로 포괄하는 상태이다. 이러한 일미 상태에서만 비로소 개별 단위, 입자의 경계를 다 해소하게 된다는 것이다. 일미一味를 관행觀行 앞에 내세운 것은 바로 이러한 측면을 강조하기 위한 것이라고 볼 수 있다.

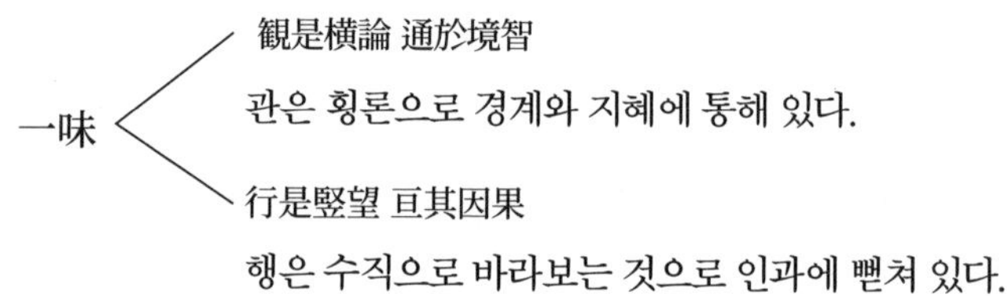

일미관행의 문구 앞의 일미는 관觀과 행行의 사이뿐만 아니라 관觀 내부의 경境과 지智 사이, 경과 지 내부에도 적용되며, 행行 내부의 인과因果 사이와, 인因과 과果 내부에도 적용되는 3중의 수식의 의미로도 읽을 수 있다. 이처럼 모든 항에 일미가 적용된 것으로 해석하면 그 의미가 보다 명확해진다.

---

3 위의 책, 330쪽.

1. 일미一味의 관행觀行

관觀은 횡론橫論으로서 수평적 공간으로 열리는 인식된 세계를 모두 일미一味로 바라보는 것을 말한다. 인식된 세계는 인식주관인 지智가 인식대상인 경境을 만나면서 결정된다.

행行은 수론竪論으로서 수직적 시간으로 펼쳐진 인과因果도 모두 일미一味라고 보는 것을 말한다. 수직적 전개는 수행에 의해 형성되고 변화하는 인식의 차원이다.

관과 행이 별개로 작용한다면, 관에서는 인식 시야에 들어오는 모든 존재가 입자 단위로 국소적으로 존재하게 된다. 행에서는 과거, 현재, 미래가 실체화되면서 그 시간을 관통하는 존재가 상정된다. 즉 '나'라는 인식주관의 관념적 경계가 만들어진다.

원효는 일미一味의 상태에서 볼 것을 명시했다. 일미는 하나의 장場이다. 수론으로서의 행行에서 시간 경계가 사라지면서 동시장을 이룰 때, 횡론으로서의 관觀에서도 인식 시야 안의 모든 대상이 국소적으로, 입자 단위로 존재하지 않으면서 공동장을 이루게 된다. 이를 통해 모두가 일미평등한 상태가 된다.

2. 일미一味의 경지境智

무엇이든 인식한다는 것은 인식주관이 객관적 대상을 해석한다는 것이고, 이때 해석된 것은 인식대상이 된다. 그러므로 인식된 세계는 인식주관과 인식대상이 일치하는 것이다. 인식주관인 지智가 어떤 가치관을 갖고 어느 정도의 시야를 갖는가에 따라서 인식대상인 경境도 달라진다. 원효는 『금강삼매경론』에서 "경境과 지智는 둘이 아니라 오직 일미이다[境智無二 唯是一味]."라고 했다. 일미라는 장場에서 보면, 경境과 지智의 두 입자는 같은 것이다.

지智는 본각本覺과 시각始覺[智卽本始兩覺]이다. 본각은 모든 존재가 본디부터 가지고 있는 마음의 맑고 깨끗한 성품인 깨달음 그 자체이다. 시각은 부처님의 가르침을 듣고 본각을 향하여 차츰 깨달아 나가는 것이다. 다시 말해서 본각은 본디 맑은 마음이고 시각은 되찾은 마음이다.[4] 일미의 장에서 보면 본각과 시각은 다르지 않다.

경境은 진제眞諦와 속제俗諦가 모두 없어진 것이다[境卽眞俗雙泯]. 진제는 깨달음의 세계, 진리의 세계에서의 평등무차별한 이치이고, 속제는 중생이 서로 의지하여 사는 이 세상의 차별이 있는 현상계의 이치이다.[5] 일미의 장에서 보면 진속불이眞俗不二이다.

본각과 시각이 다르지 않은 인식주관인 지智로 볼 때 경境은 진속불이로 나타나는 것이다.

3. 일미一味의 인과因果

인과관계因果關係도 인식틀에 따라 달라진다. 3차원 공간관과 1차원 시간관의 인식틀 속에서는 자아동일성을 띤 개별 존재가 과거, 현재, 미래의 시간으로 존속하는 것으로 본다. 원인과 결과도 과거에서 현재로 선형적으로, 비가역적으로 작용한다고 본다. 그러나 고차원 세계관, 일미평등의 인식틀에서는 자아동일성의 개별 존재도, 과거·현재·미래의 시간성도 모두 환幻일 뿐이다. 여기에서는 온 우주적인 하나의 장場 속

---

4 원효 저, 조용길·정통규 역, 『금강삼매경론 상』, 8쪽. 동국대학교 출판부, 2002.
5 위의 책, 8쪽.

에서 다양한 흐름과 결의 사건만 있을 뿐이고 이와 독립해 있는 개별적 존재는 없으며 불변의 존재를 기준으로 나눌 수 있는 과거·현재·미래의 시간도 존재하지 않는다. 원인도 결과도 모두 우주적 장場의 흐름일 뿐이다. 이를 3차원 공간관과 1차원 시간관의 인식틀의 용어로 말한다면, 비선형적으로, 순환적으로 작용하여 원인이 결과가 되고, 또 그 결과가 원인이 될 수 있다고 할 수 있다. 일미一味의 상태에서 볼 때는 원인과 결과, 과거·현재·미래의 시간도 모두 하나의 장場일 뿐이기 때문에 인과因果에 뻗쳐 있다고 한 것이다.

원효는 인과因果를 세 가지 삼매로 설명한다.

"사물의 본바탕, 곧 사물 바로 그것이 비어 있으므로 공삼매空三昧를 세운 것이다. … 사물의 본바탕이 비어 있으므로 그것의 활동 또한 있을 수 없다. 그래서 무작삼매無作三昧를 세운 것이다. … 사물의 본바탕이 비어 있고, 따라서 그 작용도 있을 수 없기 때문에 밖으로 나타난 사물의 모습, 곧 사물의 모습이 밖으로 나타나서 마음속에 그려지는 것도 있을 수 없으므로 무상삼매無相三昧를 세웠다. … 원인과 결과가 일어나는 것은 마음의 작용으로부터 생긴다. 그런데 마음의 작용은 실체가 없으므로 공삼매空三昧를 세웠다. 실체 없는 마음 작용으로부터 생긴 모든 원인은 차별의 모양·특성이 없고 허깨비 같은 것이어서 마음속에 집착 분별할 것이 없다. 그 때문에 무작삼매無作三昧를 세웠다. 원인 자체가 그러하여 모든 결과를 미루어 생각하여 살펴보고 찾아보아도 얻을 수 없다. 그 때문에 무상삼매無相三昧를 세웠다. '인식 작용, 보는 작용, 인식의 대상'에서, 모든 인식 작용 자체가 실체 없으므로 공삼매를 세웠고, 따라서 보는 작용을 인정하지 않기 때문에 무작삼매를 세웠으며, 인식의 대상 또한 인정하지 않으므로 무상삼매를 세웠다."[6]

원인과 결과를 세 가지 삼매를 통해 살펴볼 때, 더 이상 실체가 아니다. 이는 인식틀이 고차원, 일미평등의 세계관으로 전변되었을 때 가능한 것이다.

일미一味는 인因과 과果에도 적용된다. 즉 각 단계로 설정된 수행의 인因과 그 결과인 과果도 일미의 관점에서는 다르지 않다는 것이다.

> "처음에 비유하였던 일미인 '바다'에 이르는 '양자강·황하·회'는 성문·연각·보살의 세 가지 가르침의 실천에 비유한 것이며, '바다'는 부처가 되는 길에 비유한 것이다. '그들의 크기가 갖가지로 같지 않다' 함은, 삼승의 마음이 넓고 좁음이 같지 않음을 비유한 것이다. '그 깊이에 있어서 서로 다르다' 함은, 삼승의 지혜에도 나음과 못함의 구별이 있음을 비유한 것이다. 이렇게 크기와 깊이가 다름에 따라 그 이름도 각각 다르다. '그러나 그들 여러 형태의 물이 한번 바다로 들어가면 그들은 오로지 바닷물이라고 불린다.' 함은, 그들 서로 다른 삼승의 실천 방법도 일단 똑같이 십지十地[7]에 들어가, 정신적·물질적 모든 현상은 여러 가지 원인과 조건에 따라 생기는 거짓 존재이므로 실체로서의 자아가 없다는 진리를 깨달으면, 오직 부처의 길이라고 불릴 뿐 삼승이라는 이름은 없어진다는 것을 비유한 것이다."[8]

양자강·황하·회수가 제각각 다르듯이, 성문·연각·보살의 지혜도 서로 다르지만, 바다의 차원에서 볼 때 깨달은 부처의 입장에서 볼 때 차

---

6 원효 저, 조용길·정통규 역, 『금강삼매경론 하』, 374~375쪽. 동국대학교 출판부, 2002.
7 불도 수행자의 수행 단계의 하나. 경지를 열 가지로 나눈 것.
8 앞의 책, 351쪽.

별이 없으며 모두 일미로 볼 수 있다는 것이다.

이를 원효의 세 가지 실천 방법을 통해서도 확인할 수 있다.

원효는 하나뿐인 깨달음의 길[一佛道]에 머무르면, 세 가지 실천 방법을 완전히 이해하게 된다고 한다. 첫째는 관찰할 수 있는 형체로 나타나는 사물과 현상에 충실한 실천[隨事取行]이고, 둘째는 의식에 충실한 실천[隨識取行]이며, 셋째는 진리에 충실한 실천[隨如取行]이다. 여기서 '사물과 현상에 충실한 실천'이란, 네 가지 틀림없는 고귀한 진리[四諦][9]의 가르침과 십이연기十二緣起의 가르침의 원인과 결과의 현상에 따라 37가지 깨달음에의 수단의 실천을 충실히 하는 것을 말한다. '의식에 충실한 실천'이란, 모든 사람들은 다만 한마음에서 만들어진 것이다. 따라서 보살들이 의식만 있다는 이치에 따라 사람들을 깨달음의 길에 끌어들이는 네 가지 행위[四攝行][10]를 충실히 하는 것을 말한다. '진리에 충실한 실천'이란, 모든 존재는 평등하다. 따라서 평등한 진리에 따라 여섯 바라밀의 실천을 충실히 하는 것을 말한다. 여기에서 '충실히 한다[取]' 함은, 이들 실천 수단[行]에 대해서 온 정신을 기울여 열중하는

---

9 도리에 어두워 헤매는 이 세상은 다 괴로움이라고 한 가르침[苦諦], 괴로움의 원인은 구하고 탐하여 그치지 않는 집착이라고 한 가르침[集諦], 그 집착을 완전히 끊어 없애 버림으로써 괴로움이 사라져 없어진 때가 가장 바람직한 경지라는 가르침[滅諦], 이와 같이 괴로움이 없는 편안하고 고요한 깨달음의 세계에 이르기 위하여서는 여덟 가지 올바른 수행의 길을 따라야 한다고 하는 가르침[道諦] (위의 책, 353~354쪽.).

10 진리를 가르쳐 주고 재물을 기꺼이 베풀어 주는 보시(布施), 사람들에게 항상 따뜻한 얼굴로 부드러운 말을 하는 애어(愛語), 몸·언어·정신의 세 가지 활동에 의한 이로운 행위로 사람들에게 이익을 주는 이행(利行), 그들과 한마음·한몸이 되어 협력하는 일, 곧 사람들에게 가까이하여 그들과 같이 일하며 그들을 깨달음의 세계로 들도록 구해 주는 동사(同事)를 충실히 실천하는 것을 말한다(위의 책, 354·355쪽.).

것을 의미하며, 주관과 객관의 차별에 '집착함[取]'을 의미하는 것이 아니다.

'사물과 현상에 충실한 실천'은 소승小乘에게도 해당되는 가르침이며, '의식에 충실한 실천'은 대승大乘에게만 해당되는 가르침이다. 이 두 가지 실천 방법은 그 둘 사이의 분명한 차이를 세우는 견해에 의한 것이다. 세 번째의 '진리에 충실한 실천'은 진리 그 자체가 차별이 없는 것이며, 모든 현상은 한결같은 것으로서 소승과 대승의 구별 없이 평등한 입장이다. 따라서 이 세 번째의 실천은 마땅히 표준으로 삼아야 할 법칙으로서 누구나 마땅히 지켜야 할 바른 길이기 때문에 대소승大小乘의 모든 입장과 견해를 그 속에 온통 담고 있는 것이다.[11]

사물과 현상에 충실하다는 뜻의 수사隨事와 진리에 충실하다는 뜻의 수여隨如는 인식틀이 다르다. 수사隨事는 3차원 공간관과 1차원의 시간관의 인식틀 속에서 대상을 입자 중심으로 파악하는 것이고, 수여隨如는 고차원, 일미평등의 인식틀 속에서 모든 것을 장場 중심으로 파악하는 것이다. 수사隨事의 견지에서는 인因과 과果의 단계도 모두 다르게 보이지만 수여隨如의 견지에서는 모두 일미一味로 차별 없이 절대 평등한 것으로 보인다.

이처럼 원효는 횡수론에 해당하는 관행觀行 앞에 일미一味를 덧붙임으로써 횡수의 의미를 보다 분명하게 표현하였다. 이를 인식틀로서 입자와 장場으로 파악할 때 그 의미가 확실해진다. 이지향은 "소승적 수행이 갖는 한계는 시간성과 공간성을 떠나지 못하고 여전히 3차원적 인식에 머물러 있다는 점이라 할 수 있다. 진眞과 속俗을 구분하고 부처와 중생의 세계를 구분하여 보는 시각은 인식의 차원이 시간과 공간

---

11 위의 책, 352~357쪽.

의 차원에 묶여 있는 상태임을 보여 주는 것이다. 원효가 대승 수행에서 강조하고 있는 것은, 관행觀行은 바로 일미一味여야 한다는 점이다. 공간성을 넘어서는 관觀과 시간성을 넘어서는 행行, 이 둘을 일미一味로 통섭하여 시공간성을 넘어서는 인식의 전환을 강조하고 있다."[12]면서 그 의미를 명확하게 밝히고 있다.

구마라습은 횡수橫竪의 이치를 모르면 결코 대승경론의 뜻을 이해하지 못한다고 말했다.[13]

소승과 대승의 인식틀이 다르다는 관점에서 본다면 구마라습의 언급을 쉽게 이해할 수 있다. 소승에서는 3차원 공간관과 1차원의 시간관의 인식틀로 대상을 바라보기 때문에 단순긍정과 단순부정의 논리를 벗어나지 못한다. 대승에서는 고차원으로 일미평등의 인식틀로 바라보기 때문에 이중긍정, 이중부정의 논리가 등장하게 된다. 소승의 3차원적 인식틀을 해체할 때만 인식대상과 인식주관의 상태를 전체로, 있는 그대로 바라볼 수 있기 때문이다. 원효는 사물과 현상에 충실하다는 수사隨事는 소승에 해당하지만, 진리에 충실하다는 수여隨如는 대소승 모두 포괄하여 일미一味를 제시하고 있다는 점에서 인식틀이 세계관으로 이어지는 점을 보여 주고 있다. 특히 일미관행一味觀行은 횡수橫竪로 논의되어 왔던 인식론을 일미一味로 지향점을 명확히 보여 주고 있다는 점에서 주목할 필요가 있다. 3차원 공간관, 1차원 시간관에서 모든 것을 입자 중심으로 파악하여 대립, 갈등하던 세계가 일미평등의 인식틀에서는 모든 것을 하나의 장場으로 통섭하게 된다.

---

12 이지향, 『원효 「금강삼매경론」의 대승관법 연구』, 23~24쪽. 동국대 대학원 불교학과, 2018.

13 김성철, 『승랑』, 248쪽. 지식산업사, 2011.

［수련법］

1. 수련 과정에서 수직 방향이든 수평 방향이든 어느 한쪽으로만 무제한하게 열 수는 없다. 그렇게 되려면 대극 방향에서도 대칭을 이루면서 열려야 한다. 대극방향으로 동시에 무제한으로 열리면 어느 순간 그 차원을 넘어서기 때문에 동시장이 만들어진다. 그때는 대극 사이의 모든 지점들이 하나로 통합된다. 가령 백회 위로 기가 상승할 때 무한대로 열리는 것을 체험하려면 몸을 약간 뒤로 기울이면서 백회의 대칭인 회음 아래로도 대칭을 이루어 열려야 한다. 그렇게 해서 위아래로 동시에 경계가 안 느껴질 정도로 무제한으로 열다보면 어느 순간 위아래의 모든 구분이 사라지는 하나의 동시장이 만들어진다. 또한 세로, 즉 수垂의 방향에서 위아래로 대칭으로 충분히 열려서 '나'라는 관념과 위아래라는 인식틀이 해체되어 동시장이 만들어진다면 그것이 바로 중도에 이르는 것이며, 그 순간 가로 즉 횡橫의 방향으로도 열리게 된다. 반대로 접근하더라도 마찬가지이다.

2. 원효는 일미관행─味觀行에서 관觀은 사방의 공간으로, 행行은 수직의 인과因果에 걸쳐 있다고 밝히고 있는데, 관행觀行 앞에 일미─味를 먼저 언급한 것은 관과 행, 즉 수평과 수직상의 모든 지점들이 하나로 통합되는 동시장, 공동장의 상태를 거론한 것이다. 만약 수평으로 전개되는 모든 지점들이 개별적으로 파편화되어 입자로 등장한다면, 또한 수직으로 전개되는 인因과 과果가 시간적 차이를 두고 실체로 존재한다고 여기게 된다면, 그때 인식주체는 공간과 시간의 경계 속에서 모든 것들을 분열되고 고립되며 파편화된 상태의 입자로 실체화하게 된다. 일미─味를 앞세워 강조한 것은 수평이나 수직에서 모두 분별없는 하나의 동시장을 이루어야 한다는 의미이다. 그럴 때 시공간의 경계를 넘어서 모든 것이 일미동체의 장을 이룰 수 있게 된다.

3. 몸을 약간 뒤로 기울이면서 인과因果에 걸치는 행行을 떠올려 위아래의 수직으로
   기의 장이 퍼져 나가는 것을 느낀 다음, 이것이 모두 일미一味를 이루고 있다고
   여긴다. 바로 일미행一味行을 떠올리는 것이다. 그러면 위아래의 위계와 거리감이
   일시에 사라지면서 동시장이 펼쳐진다.

4. 3의 과정을 거치다 보면 자연스럽게 사방 수평의 경계도 일시에 사라진다.
   수직의 위아래가 분별되고 거리감이 있으면 인식의 차원이 바뀌지 않기 때문에
   수평의 공간도 하나로 통합되지 않는다. 이때 일미관一味觀을 동시에 떠올리면
   수평 방향의 사방도 경계가 일시에 사라지면서 하나의 공동장이 형성된다. 이를
   통합해서 일미관행으로 떠올리고 그에 내맡긴다.

5. 일미관행을 떠올릴 때는 일미행의 장을 먼저 진행하고 이어서 일미관으로
   확장한다. 일미행을 통해서 인식의 차원이 바뀌어야 일미관이 동시에 이루어질 수
   있기 때문이다.

『열반경』의 비밀장秘密藏

『대반열반경大般涅槃經』에는 횡수橫竪를 상징하는 극적인 표현이 나온다. 비밀장秘密藏이라고도 불리는 ⊙이다. 열반에는 삼사三事인 법신·반야·해탈이 동시에 갖추어져야 된다는 것을 ∴모양으로 표현했다.

> 모든 비구들이여, 마치 땅과 모든 산의 약초가 중생을 위하여 쓰이듯 나의 법도 그러하여 묘하고 좋은 감로의 법맛을 내어 중생들의 가지각색 번뇌병을 고치는 약이 되느니라. 내가 이제 모든 중생과 나의 제자인 사부대중으로 하여금 모두 비밀장秘密藏 속에 머물게 하며, 나도 역시 그 가운데 머물러서 열반에 들려 하노라. 어떤 것을 비밀장이라 하는가? 마치 이자(伊字: ∴)[1]의 세 점이 나란히 있어도 '이' 자가 되지 못하고, 세로로 있어도 '이' 자가 되지 못하거니와 마혜수라摩醯首羅의 얼굴에 있는 세 눈과 같아야 '이' 자가 되는 것이고, 세 점이 따로 있어도 '이'자가 되지 못하느니라. 나도 그와 같아 해탈법 [하나로]도 열반이 아니고 여래의 몸 [하나로]도 열반이 아니고 마하반야 [하나로]도 열반이 아니며, 세 가지 법이 제각기 달라도 열반이 아니니, 나는 지금 이러한 세 가지 법에 있으

---

1 실담자(悉曇字, 범어의 일종)로서 '이'(i, 伊) 자는 두 점이 위에 있는 역삼각형 모양이다. 그런데 대천세계大千世界의 신이라는 마혜수라摩醯首羅의 세 눈은 정삼각형 모양이다. 그래서 이자삼점伊字三點을 ∴로 표현하는 경우가 많고 역삼각형 모양으로 표현하는 경우도 있다. 삼점은 가로·세로, 즉 횡수를 나타내는데, 세로축에 해당하는 법신은 위아래로 관통하면서 인식의 차원을 전변시키는 것이기 때문에 두 모양을 같은 의미로 이해할 수 있다.

면서 중생을 위하여 열반에 든다고 하는 것도 세상의 '이' 자와 같은 것이
니라.[2]

원효는 삼사三事[열반의 삼덕三德인 법신·반야·탈]를 건립하게 된 이유를
이렇게 밝힌다.

> 일체 만덕은 열반 아닌 것이 없는데, 특히 이 삼법三法만을 말한 까닭은
> 생사의 세 가지 근심[오음·번뇌·업장]을 대치對治하기 위한 것이다. 왜냐
> 하면, 생사의 온갖 허물은 세 가지 근심을 벗어나지 않기 때문이다. 이
> 를테면, 저 괴로움의 과보인 오음五陰의 몸을 대치하기 때문에 법신法身
> 을 건립하고, 번뇌의 미혹되는 법을 제거하기 때문에 반야般若를 건립하
> 며, 모든 업장業障에 얽매이는 원인을 여의기 때문에 해탈解脫을 건립한
> 것이다.[3]

> 또 저 소승이 열반에 들었을 때, 몸을 재로 만들고 알음알이[4]를 멸하기
> 때문에, 이 [무여열반無餘涅槃에 드는 것]를 대치對治하기 위하여, 법신은
> 영원히 존재하며 큰 지혜는 멸하지 않음을 말한 것이다. 저 소승의 몸과
> 알음알이가 있을 때, 괴로움의 과보와 습기習氣의 얽매임에서 벗어나지
> 못하기 때문에, 이를 대치하기 위하여, 법신과 지혜에 의해 참 해탈을 세
> 운 것이다.[5]

---

2 이운허 역, 『열반경』, 47쪽, 동국역경원, 2017.

3 은정희·김용환·김원명 역, 『원효의 열반경종요』, 162쪽. 민족사, 2017.

4 소승은 3차원 공간관의 세계관에 머물기 때문에 수행의 목표가 공적空寂한 열반,
무여열반無餘涅槃, 즉 내 몸을 남기지 않고 소멸시키며 알음알이마저 멸하는
회신멸지灰身滅智에 이르는 것이다. 여기서 알음알이는 분별심에 의한 지식을
말한다.

5 앞의 책, 162쪽.

오음五陰의 몸은 오온五蘊, 즉 색수상행식色受想行識이라는 물리적·심리적·정신적 다섯 가지 요소로 구성된 몸을 가리킨다. 이것은 오온이라는 개념이 주위 세계와 연기緣起되어 있는 흐름이라는 측면을 반영하기 때문에 개체 단위의 고정된 정체성이 없다는 것을 나타내고 있다. 하지만 모든 존재가 본래 공이라고 보는 체공관體空觀이 아니라, 분석하여 공이라고 보는 석공관析空觀에 기초하고 있다는 점에서 오음의 몸은 근본적으로 3차원 공간관과 1차원 시간관의 인식틀에 근거하고 있다고 볼 수 있다. 이는 소승에서 열반을 몸이 재가 되고 알음알이가 없어지는 회신멸지灰身滅智로 바라보고 있는 데서도 확인할 수 있다.

법신은 진여眞如로 진리 그 자체이며, 온 우주의 하나의 법계이다. 오음의 몸과 회신멸지를 대치對治하기 위해서 법신을 세운다는 것은 인식의 차원을 전변한다는 것을 의미한다. 이는 횡수론橫竪論 가운데 수론의 위상과 일치한다. 세로, 수직으로 열리되 위아래가 동시장을 이룰 때 인식의 차원이 변화하여 일미평등한 진여의 법신에 이른다.

반야는 그 성품이 스스로 환하게 통달하여 비추지 않는 데가 없는 것[6]으로 인식의 차원이 법신에 이를 때 발휘되는 인식주관의 지혜로서 인식의 시야를 넓혀 준다. 이는 횡수론의 횡론에 해당하는 공간의 인식된 세계에서 법신의 차원이 열리는 만큼 무한대로 확장되면서도 그 모두를 국소적으로 분별하지 않고 공동장으로 바라볼 수 있게 한다.

해탈은 모든 얽매임을 벗어나 아무 장애되는 것이 없는 것[7]으로서 인식의 차원이 법신에 이를 때 이루어지는 인식주관의 상태이다. 이는 횡수론의 횡론에 해당하는 인식된 세계에서 인식주관의 시야가 인식대상의 상태에 따라 경계를 만들지 않을 때 가능해진다.

---

6 위의 책, 160쪽

7 위의 책, 161쪽.

원효는 전체와 부분의 관계로서 열반과 법신, 반야, 해탈을 조명한다. 한 성품으로 말하자면, 열반은 곧 전체적인 것[總]으로 이(⊙, 伊) 자에 비유되고 삼법(법신·반야·해탈)은 부분적인 것[別]으로 세 개의 점에 비유된다[8]는 것이다.

이러한 법신, 반야, 해탈을 ⋯처럼 가로로 나란하게 나열하지 않고 ⋮처럼 세로로 나란히 세워서 표시하지 않고 ⊙로 표현한 것은 동체同體임을 나타내는 것이다.

만약 법신, 반야, 해탈을 ⋯처럼 가로로 나란히 표시하면 인식의 차원이 변하지 않은 채 3차원 공간관에 머물기 때문에 삼법이 병렬적으로 표현된다. 이런 상태에서는 공간이 국소적으로 나누어지듯이 ⋯은 좌우의 차이가 나고 삼법은 뛰어나고 열등한 차이가 나게 된다. 삼법이 똑같이 원만해야 열반을 이룰 수 있다. 그런 만큼 삼법을 ⋯로 표현하지 않았다.

또한 삼법을 ⋮처럼 세로로 표시하면 시간적으로 전후의 차이가 난다. ∴처럼 가로가 함께 열릴 때는 동시장, 공동장이 이루어져 세로 방향의 위아래에 위치한다고 하더라도 전후 차이가 없어지지만, 가로 방향이 막혀 있는 상태에서는 시간성의 경계가 살아나 전후의 차이가 나게 된다. 이 경우 삼법이 비록 뛰어나고 열등한 것이 없더라도 동시에 있지 않기 때문에 열반을 이룰 수 없다. 그런 만큼 삼법을 ⋮로 표현하지 않았다.

그리고 세 점이 흩어져 있으면 각각의 별체別體로는 전체를 이룰 수 없다. 마치 세 개의 점이 비록 나란히도 세로로도 있지 않다고 하더라도 각자 다른 곳에 있으면 한 글자를 이룰 수 없는 것과 같기[9] 때문에

---

8 조수동 역, 『열반종요』, 66쪽, 지식을만드는지식, 2009.

9 위의 책, 67쪽.

⊙로 표현한다. ⊙는 삼법이 동체同體라는 것을 가리킨다. 이때 비로소 열반을 이룰 수 있다고 한다. 여기서 삼법이 동체라는 것은 ∴이 바로 ·이 되면서 동시에 온 우주로 열리는 것을 의미한다. 이 경지에서는 공간적인 국소성과 시간적인 인과성과 한시성을 뛰어넘어 공동장이면서 동시장을 형성하는 것이기 때문이다. ∴를 둘러싼 ○은 이를 의미한다고 볼 수 있다. ○은 삼법이 원만하다는 의미도 있지만 동체라는 의미도 포함하는데, 동체라는 것은 ∴이 ·이 되면서 ○으로서 무한대로 확장될 수 있음을 상징한다고 볼 수 있다. 말하자면, 동시적인 온 우주장이 될 수 있다는 것이다.

삼법이 동체라는 것은 법신일 때 반야와 해탈이 가능하고 반야와 해탈이 이루어질 때 법신 상태가 가능하다는 것을 뜻한다. 반야와 해탈의 본체는 법신[10]이고 법신의 작용은 반야와 해탈이다. 법신, 반야, 해탈은 진실로 달라서 하나라고 말할 수 없지만, 그 모습은 일미一味여서 다르다고 말할 수도 없다.[11] 또한 법신과 반야와 해탈, 이 셋을 모두 갖추어야만 열반을 이룰 수 있다. 경에 이르기를 "만일 법신이 없다면 괴로움의 과보를 다할 수 없는데 어떻게 열반을 이룰 수 있으며, 만일 반야가 없다면 어두움의 미혹을 제거할 수 없는데 어찌 열반을 이룰 수 있겠는가? 만일 해탈이 없다면 업의 얽매임을 면할 수 없을 것이다. 그러므로 열반이 아니다.", "만일 열반이 없다면 생사를 없애지 못하는데 무엇을 법신이라 하며, 만일 반야가 없다면 번뇌에 얽매일 것인데 무엇을 법신이라 하겠는가? 만일 해탈이 없다면 모든 업에 얽매이게 된다. 그러므로 법신이 아니다."[12] 이처럼 열반과 법신, 반야, 해탈은 전체와 부분이

10　위의 책, 65쪽.

11　위의 책, 65쪽.

12　위의 책, 68쪽.

되 장애되는 것이 없다. 하나가 곧 일체요, 일체가 곧 하나이다.[13] 이러한 관계를 ∴로 표현하고 있다.

이처럼 ∴은 법신·반야·해탈이 동체로서 한 점이면서 동시에 무한대가 될 수 있다는 것이다. 즉 법신이 수직으로 무한대로 열리면서 시간적인 경계를 벗어난 동시장을 이루고, 반야와 해탈이 수평으로 무한대로 열리면서 공간적인 국소성을 벗어난 공동장을 이루어 횡수橫竪에 걸쳐 우주적인 동시장, 공동장을 형성하게 된다는 것이다.

그런데 붓다가 열반 직전에 비밀장을 굳이 ∴이라는 형상을 거론하면서 밝힌 이유는 무엇일까?

붓다는 이를 언급하기 전에 제대로 수행하지 못하는 비구에 대한 안타까움을 절절하게 밝힌다. 마치 장사꾼이 진짜 보배의 성을 만나고도 기왓장을 가지고 집으로 돌아가듯이, 비구들도 불법 보배 성을 만나고서 헛된 가짜 것을 가지고 있으며, 비구들이 비록 출가는 하였지만 대승에는 사모하는 마음을 내지 못하고 있으며, 가사를 입었으나 마음은 대승의 깨끗한 법에 물들지 못하였으며, 걸식 하느라 여러 곳으로 돌아다니되 대승의 법식은 아직 구하지 못하였으며, 머리카락과 수염은 깎았으나 바른 법으로 번뇌의 맺힌 것을 끊지 못하고 있는 것을 안타까워한 뒤, 모든 중생과 제자인 사부대중을 비밀장 속에 머물게 하겠다면서 이 자삼점伊字三點의 형상을 ∴로 설명한다. 이어서 "해탈법 [하나로]도 열반이 아니고 여래의 몸 [하나로]도 열반이 아니고 마하반야 [하나로]도 열반이 아니며, 세 가지 법이 제각기 달라도 열반이 아니다."라고 언급한다.

붓다는 수행의 궁극적 경지인 열반과 그 삼덕三德인 법신·반야·해탈을 대승의 관점에서 바라보도록 하기 위해 이들을 단 하나의 상징으로

---

13 위의 책, 69쪽.

집약하여 표현한 것이다.

붓다가 거론한 대승의 법은 인식의 차원과 그 근거인 인식틀이 전변하는 것을 전제한다. 3차원 공간관의 인식틀에서 공空을 추구하는 장교藏敎의 관점으로 바라본다면, 법신·반야·해탈은 '입자'의 개념으로, 개별의 특성을 갖는 것으로 파악되기 때문에 셋을 모두 떠올리더라도 기존의 공간성·시간성의 인식틀은 바뀌지 않고, 그 결과 인식의 차원은 변화하지 않는다. 그런데 이자삼점은 열반의 삼덕三德이고 열반은 이 삼덕을 아우르는 한 차원 높은 '장'의 개념인 만큼, 3차원 공간과 1차원 시간이라는 인식틀을 해체한 일미평등의 인식틀인 원교圓敎로서 바라봐야 한다. 그럴 때 비로소 ∴형상을 띠는 이자삼점은 동체로서 ·이면서 ○로 무한대로 확장할 수 있다. 여기서 ·은 ∴의 중심으로서 ∴보다 한 차원이 높다. ∴가 입자라면 ·는 ∴를 아우르는 장場이다. 만약 양자가 같은 차원이라면 ·은 ∴가 될 수 없다. 설사 중심으로 설정한다고 하더라도 이 경우에 ·은 ∴의 산술적·기계적 평균은 되겠지만, 여전히 ·은 개별적인 상태를 유지하기 때문에 ·은 아무 의미가 없는 중심일 뿐이다. 그러나 ·이 ∴보다 한 차원이 높을 때는 전자가 후자를 모두 포괄하는 하나의 전체를 이룬다. 이 때 ·는 동시에 ○로서 무한대로 확장한다. 이 상태가 바로 중도中道이다. 중도는 각 부분에서 균형과 조화를 이루면서 동시에 각 부분보다 차원이 높아져 그들을 포괄하는 전체로서 장場에 해당한다. 법신·반야·해탈이 조화를 이룰 때 그 개별의 상태는 하나로 통합되면서 새로운 전체에 이르게 된다. 그것이 바로 열반이라는 것이다.[14]

---

14 이는 융(Jung)의 이론과도 일치한다. 융은 대극大極이 중심에서 합일할 때 전체 정신이 열리고 그것이 바로 자기실현이라고 한다. 여기서 대극은 입자이고 중심과 전체 정신은 장場이다.

이러한 의미에서 본다면, ☺은 앞에서 살펴본 횡수론과 일미관행에서 논구해 왔던 문제가 이미 상징적으로 집약된 채 제시된 것이라고 할 수 있다. 3차원 공간관의 인식틀, 장교藏敎, 소승에서는 모든 존재가 공간성과 시간성, 인과성으로 파악되지만, 그것만으로는 한 차원 높은 현상인 대승의 지향을 알 수 없기 때문에 그것을 해체하는 방법을 극적으로 보여 준 것이다.

[수련법]

1. 『열반경』의 비밀장秘密藏이 수행에 어떤 의미를 함축하고 있는지는 다각도로 심층적으로 연구되어야 할 주제일 것이다.

  여기서 먼저 주목하고자 하는 것은 ∴으로 표현되는 법신·반야·해탈이 '열반'의 삼덕三德이라는 점이다. 이것은 일상적 의식 상태, 즉 3차원 공간관의 실수 입자의 개념으로 접근해서는 그 의미를 올바르게 파악할 수 없다는 것을 말한다. 일상적 의식상태에서는 이미 각 개념이 독자적인 내용을 구축하고 있기 때문에 밀접한 상호 관계를 맺기도 어렵고 하나의 장으로 포괄하기도 힘들다. 석존이 타계하기 전에 아주 자세하게 ∴의 의미를 풀이하면서 세 점이 가로로 나란히 선 것도 아니고, 세로로 나란히 선 것도 아니며, 마혜수라의 얼굴에 있는 세 눈과 같아야 한다고 설명하는 것은 이런 점을 우려했기 때문일 것이다. 더욱이 법신·반야··해탈은 모두 3차원 공간관의 인식틀에 기초하는 번뇌와 업장業障, 오음五陰의 몸으로부터 벗어나 열반에 이르는 상태에서 구현되는 경지이다. 이것은 3차원 공간관의 실수 입자 개념으로는 제대로 포착할 수 없는 것이다. 따라서 이 경지는 처음부터 실수 입자 개념이 아니라 접혀진 질서까지 포함하는 허수의 장으로 떠올리거나 장교藏敎의 세계관이 아니라 원교圓敎의 세계관으로 떠올려야 한다. 전자로 인식하는 경우, 세 개념이 서로 상통하는 점이 있더라도 별개의 내용을 띠기 때문에 세 점으로 밀접하게 구조화되어서 떠오르지 않는다. 하지만 후자의 경우 세 개념은 표면적으로 드러난 내용뿐만 아니라 그 개념이 근거하고 있는 접혀져 있는 질서의 맥락까지 포함해서, 입자가 아닌 장으로 등장한다. 이에 따라 세 개념이 분리되지 않고 밀접한 관계를 유지하며 저절로 ∴으로 구조화되어 나타난다.

2. 법신·반야·해탈을 ∴으로 떠올리기 위해서는 다음과 같은 수련을 먼저 충분히 행하는 것이 필요하다. 먼저, 척추독맥의 기운을 충만하게 하여 앞뒤 기의 균형을 이룬다. 다음으로, 회음에서 백회에 이르는 중심선으로 기운이 관통하게 한 뒤, 몸을 약간 뒤로 기울이면서 그 기운이 회음 아래와 백회 위로 연장되도록 한다. 이때 '나'라는 관념적 경계가 어느 정도 흐려진 상태를 조성하도록 한다.

3. 실수 입자가 아닌 허수의 장으로, 장교가 아닌 원교로 세 개념을 떠올리면 드러난 세 점뿐만 아니라 그 주위로 기의 장이 횡과 수, 즉 사방의 수평과 수직의 경계가 없어질 정도로 확산되어 나가는 것을 느낄 수 있다. 그렇게 횡수의 경계가 없어지는 순간, 동시에 ∴은 내부로도 집중되면서 ·을 이루고 곧 이어서 모든 경계가 해소되어 온 우주로 열리게 된다.

4. 열반의 삼덕인 반야·해탈·법신과 공가중의 개념은 서로 상응하면서도 약간 차이가 난다. 입정 상태에서 반야·해탈·법신을 떠올리면 중심선 상에서 횡수로 기의 장이 열린다. 이에 비해 공가중은 중심에서 약간 앞쪽으로 치우쳐 기의 장이 열린다. 다만 공가중의 중에 이를 때는 법신과 마찬가지로 머리 백회 위로 끝없이 상승한다. 이것은 두 개념이 내포하고 있는 세계가 약간 다르기 때문일 것이다. 반야·해탈·법신은 인식주관의 차원이 전변하는 측면을 제시하고 있다. 이에 비해 공空·가假·중中은 인식주관과 인식대상을 망라한 세계의 존재성을 불교의 세계관으로 제시한 것이라고 할 수 있다. 그러면서도 그 내용은 상응한다. 반야의

지혜로 볼 때 세계는 모두 공空한 것이고, 업장에 얽매이지 않고 해탈할 때 모든 것을 실유가 아니라 가유로 보게 되는 것이고, 3차원공간상의 육신의 한계를 벗어나 우주적 존재로 주체가 바뀌는 법신에 이를 때 공과 가 모두를 포괄하는 전체성으로서의 중도가 열리게 된다.

5. 이런 점을 고려한다면, 입정 상태에서 먼저 반야·해탈·법신의 ∴을 허수의 장으로 원교로 떠올린 다음, 즉공즉가즉중卽空卽假卽中을 연상하는 것이 효과적일 것이다. 수련 연습을 할 때는 공·가·중을 하나씩 떠올리면서 그 의미를 되새길 필요가 있지만, 입정 상태에서는 반야·해탈·법신과 마찬가지로 허수의 장이나 원교로서 즉공즉가즉중을 떠올리는 것이 바람직하다. 또한 그렇게 함께 떠올리는 순간, 인식주관과 대상 세계가 통합되면서 모든 경계가 사라지고 밀도 높은 장이 펼쳐진다.

『열반경』의 상락아정常樂我淨

『열반경』에서는 소승과 대승의 어법이 다르다는 것을 밝히고 있다.

> 선남자야, 부처님 세존의 말이 두 가지가 있으니, 세간 말과 출세간 말이
> 니라. 선남자야, 여래가 성문·연각[1]들을 위하여는 세간 말로 말하고, 보
> 살[2]들을 위하여는 출세간 말로 말하느니라. 선남자야, 대중도 두 가지가
> 있으니 소승을 구하는 이와 대승을 구하는 이니라.[3]

여기서 세간 말은 3차원 공간관의 인식틀로 세계를 바라보는 장교藏
教의 어법이고, 출세간 말은 세계를 일미평등의 관점으로 바라보는 원
교圓敎의 어법이다. 장교는 가시 세계에 익숙한, 근기根機[4]가 낮고 공부

---

1 성문은 부처의 음성(말씀)을 듣고 깨닫는 자이다. 고집멸도苦集滅道라는 사제四諦의
이치를 관하면서 수행하고. 부처의 가르침을 피상적으로 받아들여 자신의
해탈만을 목적으로 하는 출가 수행자를 가리킨다. 연각은 독각獨覺 또는
벽지불壁支佛 등으로도 표현되며, 부처의 가르침에 의하지 않고 스스로 수행하여
깨닫는 자이다. 자연의 이치를 보면서 십이인연十二因緣을 터득하고. 적정한
고독을 좋아하여 중생들을 위해 설법 교화하지 않는 성자를 가리킨다. 성문과
함께 이승二乘이라고 한다.

2 '보리살타菩提薩埵'를 줄인 말로, 보리는 깨달음이란 뜻이고 살타는 중생을 뜻한다.
보살은 무상보리無上菩提를 구해 중생을 이익되게 하고 여러 바라밀행波羅蜜行을
닦아 미래에 부처의 깨달음을 열고자 하는 자를 가리킨다.

3 이운허 역,『열반경』, 307쪽, 동국역경원, 2017.

4 중생이 교법敎法을 듣고 제각기 이를 깨달을 만한 능력.

가 덜 된 대중을 깨우치기 위한 방편의 가르침이고, 원교는 공부가 무르익어 원음圓音 그대로 표현해도 알아들을 수 있는 수행자들을 위한 진실의 가르침이다. 『열반경』에서는 얼핏 보아 정반대의 표현인 무상無常·고苦·무아無我·부정不淨과 상락아정常樂我淨을 중심으로 양자의 어법이 다른 이유를 설명한다.

먼저 상락아정이라는 말은 세간과 출세간에서 모두 사용하지만, 세간법은 글자만 있고 뜻이 없는 것인 데 비해 출세간법은 글자도 있고 뜻도 있는 것이라고 지적한다. 세간법에서 뜻이 없는 이유는 세간 사람들이 글자만 알고 이치를 알지 못하기 때문이라고 한다. 세간법은 3차원 공간관과 1차원 시간관의 세계관으로 바라보는 유위적 세계, 드러난 질서의 법이다. 여기에서는 모든 것이 생사生死를 거듭하여 무상無常, 즉 항상함이 없는 것이기 때문에, 상常 즉 항상함이란 글자만 있을 뿐이지 그에 해당하는 존재나 상태는 없다는 것이다. 그러나 출세간에서는 일미동체의 세계관으로 바라보는 것이기 때문에 온 우주가 하나의 동시장인 만큼 나지도 멸하지도 않는 불생불멸의 상常인 것이다. 글자만 아니라 그에 합당하는 뜻이 있는 것이다. 결국 세간의 인식 시야 때문에 모든 것이 무상無常으로 보인 것이지, 본래의 전체 세계는 상常이라는 것이다.

유위적 세간의 세계관으로 보면 모든 것이 일시적이고 임의적이며 변화무쌍하여 괴로운 것[苦]이라고 하지만, 출세간의 열반은 항상하기에 즐거운 것이다. 즉 열반은 소멸되지 않는 것, 불생불멸의 상태로서 인식의 차원이 일미동체에 이를 때 가능한 것으로서, 고락苦樂의 상대적 의미를 뛰어넘어서 절대적 의미로서 즐거운 것이기에 낙樂이라고 표현한 것이다.

세간에서 생멸이 거듭되는 무상의 존재는 오온이라는 개별의 존재이기에 무아無我라고 하지만, 출세간에서 우주 법계 전체의 장을 나타내는 법신法身은 일미동체의 장으로서 불생불멸하기에 아我라고 한다.

세간에서는 함이 있기에 부정不淨한 것이라고 한다. 여기서 '함이 있다'는 것은 유위법有爲法, 즉 3차원 공간관의 세계관에 입각할 때 개체 단위의 입자가 주체로서 활동하는 것을 가리킨다. 이것은 경계와 분별을 스스로 만든 상태에서 활동하는 것이기에 부정不淨한 것이다. 이에 비해 출세간에서는 부처와 보살이 가지는 바른 법이기에 깨끗하다[淨]고 한다. 여기서 부처와 보살은 일미동체의 장으로서 개체 단위의 경계를 갖지 않는 상태로서 온 우주 법계의 법성 그 자체이기에 일체의 경계를 갖지 않아서 깨끗하다[淨]고 표현하는 것이다.

이처럼 세간법으로서는 모든 것을 무상無常, 고苦, 무아無我, 부정不淨한 것이라고 하지만, 출세간법에서는 우주 법계가 그대로 불생불멸의 동시장이기에 상常, 낙樂, 아我, 정淨인 것으로 본다는 것이다.

원효는 상락아정常樂我淨의 의미를 다음과 같이 요약한다.

> 상常은 법신이라는 뜻이니 저 색신色身이 무상한 것을 대치對治하기 때문이요, 낙樂은 열반이라는 뜻이니 저 생사가 고해인 것을 대치하기 때문이요, 아我는 부처라는 뜻이니 중생들이 자재롭지 못한 것을 대치하기 때문이요, 정淨은 법이라는 뜻이니 법 아닌 것[非法]이 물들고 탁한 것을 대치하기 때문이다.[5]

일반 범부들은 유위의 세계를, 상락아정常樂我淨, 즉 항상 있고 즐겁고 내가 있고 깨끗한 것이라고 착각하여 거기에 집착한다. 소승 수행자인 성문·연각은, 유위의 세계는 무상無常하고 고苦이며 무아無我이고 부

---

5 은정희·김용환·김원명 역, 『원효의 열반경종요』, 181쪽. 민족사, 2017.

정不淨한 것이라고 범부의 세계 인식을 비판한다. 『열반경』에서도 "내가 없는 것[無我]은 생사요, 무상無常이라는 것은 성문·연각이요, 괴로운 것[苦]은 모든 외도들이요, 부정不淨한 것은 함이 있는 법"이라고 지적하고 있다.

그러나 양자는 3차원 공간관의 인식틀로 세계를 바라보고 있다는 점에서 동일하다. 범부가 그 인식틀로 보이는 세계를 실체라고 여겨 얽매이고 있는 데 비해, 성문·연각은 그렇게 보이는 것은 환幻이라고 모두 부정하면서 궁극적으로 공적空寂한 상태에 이르러야 유위의 얽매임으로부터 벗어날 수 있다고 본다는 점에서 지향점이 다를 뿐이다. 성문·연각이 수행의 궁극 목표를 회신멸지灰身滅智로 보는 것도 세계를 3차원 공간관의 인식틀로 보기 때문에 범부의 집착을 소멸로써 극복하려 한 것이다. 또한 이것이 성문·연각에 대한 소승, 즉 장교藏教의 가르침이기도 하다. 이처럼 유위, 즉 현실에 대한 부정적 관점과 전망은 염세주의와 허무주의의 세계관을 조성할 수 있다. 실제로 부정관不淨觀을 수행한 비구들 가운데 자신의 육신을 극도로 혐오하게 되어 자살하는 이들이 생겼고, 자살하기 어려웠던 비구들 가운데 바라문 청년에게 자신을 죽여 달라고 부탁하여 죽은 비구가 60명에 달하는 상황이 벌어졌다[6]고 한다.

『열반경』은 붓다가 타계하기 직전에 설한 내용을 수록한 경전이다. 만약 붓다를 따르는 수행자들이 붓다의 입적을 세간의 논리, 즉 3차원 공간관의 인식틀에 머무른 상태에서 지켜보았다면 허망할 수밖에 없을 것이다. 더 이상 가르침을 의지할 데가 사라지고, 붓다의 높은 수행의 결과가 소멸을 넘어설 수 없다는 것을 목도하기 때문이다. 이러한 수행자들에게 붓다는 인식의 대전환을 촉구한다.

---

6   최기표, 『천태지관』, 212쪽. 도피안사, 2016.

선남자여, 열반이라 이름하고 대열반이라 이름하지 않는 것이 있으니,
어떤 것을 열반이라 하고 대열반이라 이름하지 않는가. 불성을 보지 못
하고 번뇌만 끊은 것은 열반이라 하고 대열반이라 이름하지 아니하느니
라. 불성을 보지 못하였으므로 항상함도 없고 나도 없으며, 즐거움과 깨
끗함만 있나니, 이런 뜻으로 번뇌를 끊었으나 대열반이라 이름하지 않
느니라. 만일 불성을 보고 번뇌를 끊었으면 대반열반이라 이름하나니,
불성을 보았으므로 항상하고 즐겁고 나이고 깨끗하다 하며, 이런 뜻으
로 번뇌를 끊은 것도 대반열반이라 일컫느니라.[7]

붓다는 불성을 보았는지 여부에 따라서 열반의 성질이 다르다는 것
을 밝힌다. 불성은 부처의 성품, 부처의 본질이다. 불성은 세간의 존재,
즉 3차원 공간관의 인식틀로 만날 수 있는 부분적인 입자로서의 인격
체의 개념이 아니다. 이것은 출세간의 상태로서 전체를 아우르는 장場
으로서 인식의 차원이 높아졌을 때 만날 수 있는 것이다. 그러기에 번
뇌를 끊더라도 불성을 만나지 못하면, 즐거움과 깨끗함은 있되, 항상함
과 나는 없다고 하는 것이다. 하물며 이런 열반 상태에 이르지 못한 성
문·연각에게는 상락아정常樂我淨 모두가 부정의 대상이 될 뿐이다.
붓다는 열반의 담겨 있는 의미를 이렇게 풀이한다.

선남자여, 열涅은 아니란[不] 말이요, 반槃은 멸한다[滅]는 말이니, 멸하
지 않는 것을 열반이라 하느니라. 반은 또 덮는다[覆]는 뜻이니, 덮이지
않았다는 뜻을 열반이라 하느니라. 반은 또 간다 온다[去來]는 뜻이니, 가
지도 않고 오지도 않음을 열반이라 하느니라. 반은 취取하는 뜻이니, 취
하지 아니함[집착하지 않음]을 열반이라 하느니라. 반은 일정치 않다[不

---

7 이운허 역, 『열반경』, 554·555쪽. 동국역경원, 2017.

定]는 뜻이니 선정이 일정치 아니함이 없음을 열반이라 하느니라. 반은 새 것과 낡은 것[新故]이란 말이니, 새 것과 낡은 것이 없음을 열반이라 하느니라. 반은 장애[障]란 말이니, 장애가 없음을 열반이라 하느니라. … 반은 모양[相]이란 뜻이니, 모양이 없음을 열반이라 하느니라. 반은 있다[有]는 말이니, 있지 아니함을 열반이라 하느니라. 반은 괴롭다[苦]는 말이니, 괴로움이 없음을 열반이라 하느니라.[8]

열반은 멸하는 것이 아니고 덮이지 않은 것이며 가지도 오지도 않으며 장애가 없고 모양이 없으며 괴롭지 않은 상태라는 것은 유위의 입자 상태를 벗어나 전체적인 장場에 이름을 뜻한다.

선남자여, 번뇌를 끊은 것은 열반이라 하지 않고 번뇌가 생기지 않음을 열반이라 하나니, 선남자여, 부처님 여래는 번뇌가 일어나지 않으므로 열반이라 이름하느니라. 가진 지혜가 법에 장애되는 것이 없음을 여래라 하느니라. 여래는 범부도 성문도 연각도 보살도 아니니, 이름을 불성佛性이라 하느니라. 여래의 몸과 마음과 지혜가 한량없고 가없는 아승기 세계에 가득하여 장애가 되지 아니하므로 허공이라 하느니라. 여래가 항상 머물러 변함이 없으므로 실상이라 하느니라.[9]

여기서 번뇌를 끊는다는 것은 이미 생긴 번뇌를 없앤다는 것이어서, 인식틀이 3차원 공간관의 입자 중심의 유위의 세계관에 기반하고 있는 것이다. 그에 반하여, 번뇌가 생기지 않는다는 것은 인식틀이 전체를 아우르는 장場의 세계관에 입각하기 때문에 가능하다. 그런 만큼 열반

---

8 이운허 역, 『열반경』, 554, 555쪽, 동국역경원, 2017
9 이운허 역, 『열반경』, 555쪽, 동국역경원, 2017

의 부처는 온 우주 어디에도 가득하여 장애가 없고 항상할 수 있는 것이다.

이러한 의미의 열반은 바로 불성이고 그 불성은 중도이다.

> 선남자여, 그대가 묻기를 "어떤 것을 불성이라 하느냐?" 하였으니, 자세히 들어라. 내가 그대에게 하나하나 해설하리라. 선남자여, 불성은 제일의공第一義空이라 하고, 제일의공은 지혜라 이름하느니라. 공이라 말하는 것은 공한 것이니 공하지 아니한 것을 보지 않는 것이요, 지혜라 함은 공한 것이나 공하지 아니한 것과, 항상한 것이나 무상한 것과, 괴로운 것이나 즐거운 것과, 나인 것이나 내가 없는 것을 보는 것이니라. 공이란 것은 온갖 생사요 공하지 않다는 것은 대열반이며, 내지 내가 없다는 것은 생사요 나라는 것은 대열반이니라. 온갖 공한 것만 보고 공하지 않는 것을 보지 못하는 것은 중도中道라 이름할 수 없으며, 내지 온갖 내가 없는 것만 보고 나를 보지 못하는 것은, 중도라고 이름할 수 없느니라. 중도란 것은 불성이라 이름하나니, 이런 뜻으로 불성은 항상하여 변하지 아니하거니와 무명에 덮이어서 중생들로 하여금 볼 수 없게 하느니라. 성문과 연각은 모든 공한 것만 보고 공하지 않은 것은 보지 못하며, 내지 모든 내가 없는 것만 보고 나인 것은 보지 못하나니, 이런 뜻으로 제일의공을 얻지 못하며, 제일의공을 얻지 못하므로 중도를 행하지 못하고, 중도가 없으므로 불성을 보지 못하느니라. … 그대가 묻기를 "무슨 뜻으로 불성이라 이름하느냐?" 하나니, 선남자여, 불성이라 함은 곧 모든 부처님의 아뇩다라삼먁삼보리[無上正等正覺, 위없는 올바르고 두루 한 깨달음, 또는 지혜]의 중도 종자니라.[10]

---

10 위의 책, 587쪽.

불성은 공한 것과 공하지 않은 것, 항상한 것과 무상한 것, 괴로운 것과 즐거운 것, 나인 것과 나 아닌 것 모두를 본다는 것이다. 그러기에 불성은 중도中道라고 한다. 성문과 연각은 3차원 공간관의 인식틀에 근거하여 입자 중심으로 세계를 보기 때문에 부분적 인식에서 벗어날 수 없다. 불성은 장場 중심으로 세계를 봄으로써 전체적 인식에 이르게 된다. 그러므로 불성은 부분이 아닌 전체로서의 중도라고 한다. 이 상태에서는 상대적 개념으로 분별되는 모든 것, 즉 상常과 무상無常, 고苦와 낙樂, 아我와 비아非我, 정淨과 부정不淨을 모두 포괄한 것을 절대적 의미에서의 상락아정常樂我淨이라고 보는 것이다.

[수련법]

1. 장교에서 세계를 무상無常, 고苦, 무아無我, 부정不淨이라고 보던 것을 대승에서는 상락아정常樂我淨이라고 한다. 세계관이 달라지면서 같은 세계가 정반대의 뜻으로 표현된 것이다. 이러한 연유로 상락아정을 일상적 의식 상태, 즉 3차원 공간관의 세계관으로 떠올리면 그 의미를 제대로 파악할 수 없다. 상락아정은 일미동체의 관점으로 세계를 인식한 것이기 때문에 실수 입자의 경계가 아니라 허수의 장으로 떠올리고, 장교의 세계관이 아니라 원교의 세계관으로 떠올려야 그기의 장을 제대로 파악할 수 있다.

2. 수련을 통해 충분히 이완하고 기의 균형을 이룰 때, 상락아정常樂我淨을 하나씩 떠올려본다. 이때 무의식중에도 작동하는 인식틀을 주목한다. 만약 일상생활에서 발휘하던 것과 같은 3차원 공간관의 인식틀이라면 오히려 경계가 강화된다. 이때는 실수 입자의 경계가 아니라 허수의 장으로 바라본다고 명시적으로 전제하고 상락아정을 떠올린다. 장교藏敎가 아니라 원교圓敎로 바라본다고

떠올려도 된다.

3. 장교로 볼 때 가장 경계가 강하고 대립적인 상태였던 상락아정이, 원교로 보면
모든 상대적인 대립을 뛰어넘고 모든 경계가 해체된 일미동체의 세계로 확장된다.
상락아정을 하나씩 떠올려보다가 동시에 떠올리면 횡수로 일체의 경계 없이
열린다. 온 우주 법계의 법성의 상태와 같아진다.

모든 중생에겐 불성佛性이 있다

『열반경』에서는 모든 중생은 불성을 갖고 있다[一切衆生 悉有佛性]고 한다.
초기 불교에서는 수행을 해도 아라한 정도의 성자는 될 수 있어도 부처는
될 수 없다고 보았다. 그러나 대승불교가 전개되면서 보살은 물론 중생이
라면 누구나 다 부처가 될 수 있다고 본 것이다. 그런데『열반경』안에서도
불성에 관한 내용은 다양하게 서술되고 있다. 이를테면, 불성을 공空과 불
공不空을 보는 제일의공第一義空이므로 중도라고도 설하고, 십이인연을 관
조하는 지혜를 불성이라고도 하며, 나아가서 불성의 인因이 되는 무명과 번
뇌의 결박이 바로 불성이라고도 언급하고 있다.

선남자여, 오음五陰[1]이 두 가지니, 하나는 인因이요, 하나는 과果니라. 이
인의 오음은 과거요 현재요 미래며, 과의 오음은 과거·현·미래이기도 하
고, 과거·현재·미래가 아니기도 하니라. 선남자여, 모든 무명 번뇌 등의
결박이 모두 불성이니, 왜냐하면 불성의 인因인 연고니라. 무명·행과 모

---

1 오온五蘊이다. 온은 무더기·모임·집합·더미를 뜻한다. 오온은 인간을 구성하는 다섯
가지 요소의 무더기이다.
① 색온(色蘊) : 몸이라는 무더기, 몸의 감각 무더기이다.
② 수온(受蘊) : 괴로움이나 즐거움 등 느낌의 무더기이다.
③ 상온(想蘊) : 생각·관념의 무더기이다.
④ 행온(行蘊) : 의지·충동·의욕의 무더기이다.
⑤ 식온(識蘊) : 식별하고 판단하는 인식의 무더기이다.
(출처 : 다음 백과사전)

든 번뇌로부터 선의 오음을 얻는 것을 불성이라 하며, 선의 오음으로부터 나아가 아뇩다라삼먁삼보리²까지 얻나니, 그러므로 내가 경에서 먼저 말하기를, "중생의 불성은 피 섞인 젖과 같다." 하였느니라. 피는 곧 무명·행 등의 모든 번뇌요, 젖은 곧 선의 오음이니라. 그러므로 내가 말하기를, "모든 번뇌와 선의 오음으로부터 아뇩다라삼먁삼보리까지를 얻음이, 마치 중생의 몸이 모두 정기와 피로 이루어지는 것 같다." 하였으며, 불성도 그러하니라.³

가섭보살이 부처님께 여쭈었다.

"세존이시여, 만일 오음이 불성이라면, 어찌하여 중생의 불성은 안도 아니고 바깥도 아니라고 말씀하시나이까?"

"선남자여, 무슨 인연으로 그렇게 뜻을 잃어버리느냐? 내가 먼저 말하기를 중생의 불성이 중도中道라고 하지 않았느냐? …"

"선남자여, 중생이 이해하지 못함이 중도니, 어떤 때는 이해하고 어떤 때는 이해하지 못하느니라. 선남자여, 나는 중생들이 이해하게 하기 위하여서 불성이 안도 아니고 밖도 아니라고 말하였느니라. 왜냐하면 범부 중생이 혹은 말하기를 '불성이 오음 가운데 있음이, 마치 그릇 가운데 과실이 있는 것과 같다.' 하며, 혹은 말하기를 '오음을 여의고 있음이 마치 허공과 같다.' 하나니, 그러므로 여래는 중도를 말하되 '중생의 불성이 안의 육입六入⁴도 아니며 밖의 육입도 아니고, 안과 밖이 화합함을 중도

---

2 산스크리트어를 음사한 것으로 '위없는 올바르고 두루 한 깨달음 또는 지혜'라는 의미이다. 무상정변지無上正遍智, 무상정등각無上正等覺이라고도 한다.

3 앞의 책, 779쪽.

4 인간 의식으로 들어가는 여섯 가지 감각 기관과 감각대상. 안眼·이耳·비鼻·설舌·신身·의意를 내육입內六入이라 하고, 색色·성聲·향香·미味·촉觸·法을 외육입外六入이라 한다. (출처 : 고려대한국어대사전).

라 한다.'고 하였느니라. 그러므로 여래는 말하기를 '불성이 곧 중도니, 안도 아니고 밖도 아니므로 중도라 한다.'고 하였느니라. …"[5]

"또 선남자여, 어떤 것을 안도 아니고 밖이 아니라 이름하는가. 선남자여, 혹은 말하기를 '불성이 곧 외도外道니, 왜냐하면 보살마하살이 한량없는 겁 동안에 외도 중에 있어서 번뇌를 끊고 마음을 조복하고 중생을 교화한 연후에 아뇩다라삼먁삼보리를 얻었으므로, 불성이 외도라고 한다.' 하며, 혹은 말하기를 '불성이 곧 내도內道니, 왜냐하면 보살이 비록 한량없는 겁 동안에 외도를 닦았다 하더라도, 내도를 여의었으면 아뇩다라삼먁삼보리를 얻지 못하였을 것이므로, 불성이 내도라고 한다.' 하느니라. 그러므로 여래는 이 두 극단을 막기 위하여 불성은 안도 아니고 밖도 아니며, 역시 안과 밖이라고 하나니, 이것을 중도라 이름한다고 말하느니라."[6]

『열반경』에서는 무명·번뇌 등의 결박이 모두 불성이고, 불성은 안도 밖도 아니며 동시에 안과 밖이기에 중도라고 밝히고 있다. 이처럼 한 경전 안에서도 보살의 질문에 따라서 불성을 다르게 표현하고 있다. 이는 불성을 세간의 어법에 따라서, 질문자의 근기에 맞추어서 설명하기 때문이다.

원효는 『열반경』에서 다양하게 논의되던 불성을 일심의 개념으로 포괄한다. 불성의 체는 일심이고 일심은 오직 부처만이 체득할 수 있는 것이어서 불성이라고 한 것이며, 이 하나의 성품이 여러 가지로 다르게 표현된다는 것이다.

---

5   앞의 책, 780쪽.
6   앞의 책, 780쪽.

부처는 온 우주를 동체대비同體大悲, 일미평등一味平等으로 바라볼 수 있는 경지에 이른 존재이다. 인식의 차원이 전체성에 이를 정도의 고차원 상태이다. 그런 만큼 부처만이 체득할 수 있는 일심도 불성도 전체성에 이르러 모두를 포괄한 상태이다. 그런데 모든 중생이 불성을 갖고 있다는 언명은 중생도 그런 전체적 인식에 이를 수 있는 존재라는 것을 가리킨다. 이런 상태는 세간의 어법이 아니라 출세간의 어법으로만 이해될 수 있다. 여기서 세간의 어법이라는 것은 3차원 공간관의 인식틀에 근거해서 모든 것을 입자 단위로 실체화해서 이해하는 것이다. 출세간의 어법은 동체대비, 일미평등의 세계관으로 공간성·시간성의 경계를 해체해서 모든 것을 장場으로 바라보는 것이다.

청화 스님은 불성을 우주의 순수한 에너지장이라고 풀이했다. 여기서 불성을 장場의 패러다임으로 보았다는 점에 주목할 필요가 있다. 만약 불성을 세간의 어법, 3차원 공간관의 인식틀로 바라본다면 청정무구한 영혼과 같은 입자의 개념으로 이해할 수 있다. 그러나 그런 불성은 입자의 상태로서 진眞과 속俗을 구분하여 속의 세계를 배제하는 것이므로, 관념으로 존재하는 개념일 뿐 구체세계를 포괄하는 불성일 수 없다.

일심一心은 생멸生滅과 진여眞如 모두를 아우르는 전체이다. 이러한 일심도 온 우주를 포괄하는 하나의 장場으로 이해할 때 비로소 전체성을 나타내는 본래의 의미를 잃지 않을 수 있다. 흔히 일심을 한마음, 진아로 번역해서 사용하는데, 이들을 3차원 공간관의 인식틀에 기초한 입자 개념으로 이해한다면 원래의 의미와 상반되는 형용모순에서 벗어날 수 없다. 일심은 세속에 물들지 않는 청정무구한 마음이 아니라 인식의 차원이 전체를 조망할 수 있는 경지에 이르러 진과 속을 동체, 일미로 바라볼 수 있는 중도의 상태를 가리킨다. 이것은 모두를 하나의 장으로 바라보는 것이다.

중생에 대한 관점도 대승에 이르러 달라진다. 초기 불교에서 중생은 아무리 수행해도 부처가 될 수 없는 존재였으나,『법화경』에서는 성문·연각을 포함한 많은 중생들에게 성불할 수 있다고 수기受記[7]를 주고 있고,『열반경』에서 모든 중생, 부처를 비방하는 일천제—闡提마저 불성이 있다고 언명하고 있다. 경전에서는 대승불교가 초기 불교와 달라진 이유를 중생들의 근기가 달라졌기 때문이라고 밝히고 있다. 그러나 일천제까지 불성이 있다고 밝히고 있는 점에 비추어 보면, 중생을 바라보는 관점이 근본적으로 변화했다고도 볼 수 있다. 즉, 소승에서는 한낱 미혹한 존재이고 교화의 대상이던 중생을,『법화경』에서 모든 중생이 부처라고 본다는 것은 인간의 존재성과 세계, 부처와 불성을 바라보는 불교의 세계관이 완전히 달라졌다는 것을 의미한다. 이러한 불교의 세계관을 체계적으로 제시한 것이 천태불교의 화법사교化法四教이다.

천태대사는 석존의 일생의 가르침을 교리 내용에 따라 장교藏教·통교通教·별교別教·원교圓教의 넷으로 분류한다.

장교는 삼장교三藏教, 곧 경經·율律·논論·삼장으로 말한 소승교인데, 3차원 세계관에 의거하여 모든 것을 개체 단위의 입자 중심으로 바라보되, 분석해 보고 나서는 모든 것이 공空인 줄 아는 석공관析空觀을 근본 사상으로 하는 교이다.

통교는 성문聲聞·연각緣覺·보살菩薩이 함께 받는 교로서, 영리한 사람은 깊고 묘하게, 둔한 사람은 얕고 하열下劣하게 아는 교이다. 근기가 하열한 사람이 이것을 얕게 알면 앞의 장교와 같은 결과가 되고, 근기가 수승한 사람이 깊고 묘하게 알면 뒤의 별교·원교에 통하므로 통교라 한다. 세계관은 장교와 같이 3차원 공간관이지만, 이치를 밝힘이 깊어서 모든 것이 있는 그대로가 공空하다고 체달하는 체공관體空觀을 근

---

7 부처로부터 미래에 부처가 될 것이라는 예언을 받음.

본 사상으로 한다.

장교와 통교의 수행 목표는 공적空寂한 열반에 이르는 것이다. 그런데 이들이 기반하고 있는 3차원 공간관의 세계관에서는 현상의 세계가 무상無常하고 부정不淨한 생멸生滅의 세계이기 때문에 몸을 태우고 지혜마저 소멸시키는 회신멸지灰身滅智를 통해서만 열반에 이를 수 있다고 본다.

별교는 성문·연각의 교와도 다르고 원교와도 같지 아니하므로 별교라 한다. 이 교는 중생을 교화하기 위해 구체세계로 내려가는 보살의 교로서, 장교·통교보다는 고차원의 세계관에 의거하고 있으나 이치가 얕아 격력차제隔歷次第(거리가 있고 단계적인)의 차별관에서 벗어나지 못하고, 또 공空과 유有에 치우치지 않는 중도를 말하였으나 아직 원융무애한 이치에는 이르지 못한 교이며, 단중但中[8]을 근본 사상으로 한다. 또한 별교에서는 부처에 이르는 묘각妙覺까지의 수행계위를 52계위로 상정하고 거기에 이르기까지 삼아승기겁三阿僧祇劫[9]에 이른다고 본다. 이것은 별교가 비록 중도를 지향하지만 아직 3차원 공간관의 세계관에서 완전히 벗어나지 못하였기 때문에 수행도 격력차제의 단계론으로 이루어진다고 보는 것이다. 이러한 관점은 한 생애 동안에는 궁극적인 깨달음의 경지에 이를 수 없다는 것을 명시하고 있는 것이어서 수행자를 염세주의와 허무주의로 이끌 수 있다.

원교는 온 우주는 일심이라는 고차원의 세계관에 이르러 모든 것을

---

8 별교別教의 중도로서 공空·가假와 떨어져 있는 것으로서, 본질이 현상세계로부터 초월해 있다고 보는 것이다. 이에 대해 부단중不但中은 원교圓教의 중도로서 모든 현상 그대로가 중도 실상으로서 모든 현상에 본질이 갖추어져 있다고 보는 것이다.

9 보살이 발심한 후 수행을 완성하여 부처가 될 대까지의 수행 기간. 한편, 아승기겁은 무한한 숫자를 뜻하는 '아승기'와, 시간을 뜻하는 '겁'이 결합하여 계산할 수 없는 정도로 무한한 긴 시간을 의미한다.

중도로 바라보는 원만하고 완전한 묘리를 말한다. 원교에 이르면 모든 현상은 중도실상中道實相이라고 바라보게 된다. 일색—色과 일향—香 모두 중도 아님이 없다는 것이다. 이러한 경지에서는 모든 부분이 전체가 되고, 생사가 열반이고 열반이 생사이며, 번뇌가 보리이고 보리가 번뇌이다. 모든 중생에게 불성이 있다는 언명도 원교에서는 중생이 부처가 될 가능성이 있다는 것이 아니라 중생 그 자체가 바로 부처라는 것을 가리킨다. 모두 일심의 세계관에 의거하기 때문이다.

따라서 장교가 3차원 공간관에 의거한 입자 중심의 세계관이라면, 원교는 온 우주는 하나라는 장場 중심의 세계관이라고 볼 수 있다. 이러한 원교에 입각한 불성론은 바로 중생관이며 대중관이고, 인간이라는 존재의 정체성을 최대치로 규명하는 존재론이며, 인간과 세계를 어떻게 바라볼 것인지를 제시하는 인식론이며 세계관이다.

이러한 천태불교의 원교적 세계관은 현대물리학에서 새롭게 밝히고 있는 물리적 토대에 가장 상응하는 철학이라고 할 수 있다. 홀로그램에서는 부분이 곧 전체인 현상이 발견되고, 양자역학에서는 아원자 입자의 비국소성을 증명하면서 온 우주가 한 몸이자 동시장이라는 것을 밝히고 있다.

또한 원교적 세계관은 대중 주체의 시대에 부응하는 철학이기도 하다. 들뢰즈(Deleuze)는 현대를 수목樹木의 위계적 체계에서 리좀(Rhizome, 뿌리줄기)의 노마디즘(Nomadism)[10]으로 변화하고 있다고 주장한다. 권위적 체계는 정보의 집중과 독점에 기초한다. 이를 통해서 대중을 대상화하고 지배할 수 있기 때문이다. 그러나 현대는 정보 통신이 발달하

---

10 특정한 가치나 삶의 방식에 얽매이지 않고 끊임없이 새로운 자아를 찾아 가려는 사고방식. 살 곳을 찾아 끊임없이 이동하는 유목민(노마드, Nomad)에서 나온 말이다. 유목주의라고도 한다. 프랑스 철학자 들뢰즈의 저서 『천개의 고원』에서 현대 철학 개념으로 사용한 용어이다.

여 특정 계층이 더 이상 정보를 독점할 수 없다. 정보의 공유가 동시적으로 이루어지면서 집단 지성이 형성되고 있다. 대중은 계몽의 대상이 아니라 스스로 주체로 거듭나고 있다. 고전물리학에 기초한 실수·입자 중심의 세계에는 선형성의 패러다임이 적용된다. 여기에서는 크기와 방향의 차별이 있다. 인과 관계가 일방적으로 진행된다. 목적과 수단, 결과와 과정이 다르기 때문에 목적을 위해 수단이 합리화되고, 결과를 얻기 위해 과정이 희생될 수 있었다. 양자물리학은 허수로 표현되는 파동, 장의 세계로 비선형성非線型性의 패러다임이 적용된다. 여기에서는 크기와 방향의 차이가 없으며, 원인이 결과가 될 수 있고 결과가 원인이 될 수 있다. 수단에 목적이 담겨 있고 과정 자체가 결과이기도 하다.

태도가 본질이라는 것도 새로운 문명의 패러다임에서 나오는 언명이다. 태도가 부분적인 현상에 그치는 것이나 본질과 분리된 것이 아니라 태도 속에 본질이 그대로 담겨 있는 것이다. 천태사상에서는 일색一色, 일향一香 모두 중도가 아닌 것이 없고, 현상 자체가 바로 중도실상中道實相이라고 밝혔다.

홀로그래피(holograhy)의 필름에서 부분이 전체를 나타내는 것은 피사체를 비추면서 반사되어 온 대상광선 외에 피사체를 거치지 않은 채 필름을 비추는 표준광선이 있기 때문이다. 대상광선은 3차원 공간관의 인식틀이자 세계관이다. 여기에서 부분은 부분일 뿐이다. 표준광선은 대상광선보다 한 차원 높은 상태의 인식틀과 세계관으로 작용한다. 그 결과 부분은 전체를 담게 된다.

현대 수학에서 무한집합의 정의는 달라졌다. 보통의 경우 부분집합과 전체집합은 다르지만, 무한집합에서는 무한하게 1대1로 대응하므로 부분과 전체가 같다. 이것은 의상대사 「법성게法性偈」의 "하나 속에 모두가 있고 여럿 속에 하나가 있으며, 하나가 모두이고 모두가 하나이다. 한 티끌 속에 시방세계(온 세계)가 담겨 있고 낱낱의 티끌마다 시방

세계 들어 있다."는 철학과 상응한다. 천태사상에서도 모든 현상 자체
가 바로 중도실상이라고 하는데, 여기서 드러난 현상이 입자로서 부분
이라면 중도실상은 그 이면에 은적되고 접혀져 있는 장을 망라한 전체
이다. 부분과 전체가 무한의 영역에서 보면 다르지 않은 것이다.

결국 인식의 차원에 따라서, 인식틀과 세계관에 따라서, 모든 것이
다르게 보이게 된다. 모든 중생이 불성을 갖고 있고, 중생 자체가 바로
부처라는 것은 입자 중심의 세계관에서 횡수로 확장해서 동시장과 공
동장이 만들어진 장場 중심의 세계관에 바탕을 두고 있는 것이다.

[수련법]

1. 불성은 일상적 의식 상태, 즉 3차원 공간관의 실수 입자의 경계가 존재하는
   와중에서 떠올려도 불성은 고차원의 경지이기 때문에 기氣의 장을 백회 위로 높이
   상승시킨다. 이때 반드시 어떤 의식 상태, 즉 어떤 인식틀과 세계관에서 그렇게
   느꼈는지를 확인해야 한다. 인식틀과 세계관에 따라서 모든 것을 다르게 인식하고
   해석하기 때문이다. 불성을 떠올렸을 때 기의 장이 백회 위로 높이 상승하면서
   초월적인 상태로 나타난다면 이는 3차원 공간관의 인식틀, 실수 입자의 경계가
   여전히 작동하고 있다는 것을 의미한다. 이 경우 인식틀과 세계관을 장교에서
   원교로, 실수 입자에서 허수의 장으로 전변시켜서 다시 불성을 떠올려 본다.
   그러면 기의 장이 백회 위로 더 높이 상승하면서 사방으로도 끝없이 환하게 퍼져
   나간다. 이어서 이를 떠올리는 '나'라는 관념적 경계도 사라진다. 이 상태에서는
   더 이상 나와 불성의 구분이 사라지고 내 머리 위의 초월적인 상태라는 개념도
   사라진다.

2. 같은 방식으로 중생도 떠올려 본다. 일상적 의식 상태에서는 중생을 떠올리는

순간 백회 위가 무거우면서 기의 장이 차단된다. 그런데 인식틀과 세계관을 장교에서 원교로, 실수 입자의 경계에서 허수의 장으로 전변시키면서 떠올리면, 중생의 기의 장이 극적으로 달라진다. 1의 불성과 같이 백회 위로 사방으로 환하게 경계 없이 퍼져 나간다. 동시에 '나'라는 관념의 경계도 사라진다.

3. 이를 통해서 불성도, 중생도 세계관과 인식틀에 따라서 얼마든지 달리 볼 수 있다는 것을 확인할 수 있다. 천태불교에서는 모든 중생에게 불성이 있다는 것을 부처가 될 가능성이 있다는 것이 아니라 중생이 바로 부처라고 해석한다. 이것은 천태불교가 원교의 세계관으로 봤을 때 중생이나 모든 현상을 달리 보게 된다는 것을 지적한 것이다. 이러한 세계관 속에서 모든 현상이 중도실상이고, 일색一色, 일향一香 모두 중도 아님이 없다고 하는 것이다.

우주적 존재감

사람은 누구나 잠을 잔다. 불면증이 심하면 수면제를 복용하면서도 자려고 한다. 수면의 질도 중요하다. 숙면했을 때 피로가 회복되고 활기찬 생활을 할 수 있다. 얕게 잠들거나 수면 중에 자주 깨면 아침에 일어나도 개운하지 않고 몸이 무겁다. 한낮에는 십 분만 깊이 눈을 붙여도 피곤하던 몸과 마음이 감쪽같이 가벼워진다. 왜 그럴까?

서양의학에서는 수면 중에 뇌에서 시냅스(synapse)의 제거 및 강화로 낮 동안 기억했던 내용이 정리되며, 뇌척수액이 뇌의 대사 과정에서 만들어진 노폐물을 정리하는 현상 등을 관찰해 냈다. 하지만 이런 이론으로 십 분 정도의 깊은 숙면만 취해도 피로가 회복되고 기운이 충만해지는 현상을 다 설명할 수 있을까?

서양의학의 이론은 한 사람이 하나의 완결 단위로서 개체의 정체성을 이루고 있다는 '자아동일성의 존재론'에 기초한 것이다. 이것은 3차원 공간관의 인식틀에 의하여 세계를 입자 중심으로 인식하는 것이다. 이와 동시에 인식주관인 '나'도 개체 단위로서 완결되는 정체성을 갖게 된다. '나'라는 입자가 만들어지면서 '세계'를 입자 중심으로 보게 되고 '세계'를 국소적으로 파편화된 것으로 봄과 동시에 '나'라는 폐쇄적인 개체 단위가 만들어지는 것이다. 이런 인식의 차원에서 '나'라는 아이덴티티(identity)와 자존감·존재감이 형성된다. 그런데 깨어 있는 사람의 경우에도 몸의 에너지 흐름이나 의식의 활동과 내용을 분석해 보면 개체 단위의 고정된 정체성은 존재하지 않는다. 그래서 불교에서는 사람의 존재를 색수상행식色受想行識의 오온五蘊으로 형성된 것이어서 고정된 실체는 없다고 바라본다. 이러한 사람의 존재의 특성은 깨어 있을 때도 적용되는 것이지만 수면 상태에서는 더욱 분명하게 나타난다.

수면 상태에서는 더 이상 3차원 공간관의 인식틀이 표면적으로 일관되게 작동되지 않으면서 깨어 있을 때와는 다른 극적인 변화가 일어난다. 우리가 숙면하는 동안에는 표면 의식 활동이 일어나지 않고 공간과 시간의 경계가 사라지면서 입자 중심의 세계가 해체되고 무의식·무경계의 '장 중심의 세계'가 펼쳐지는 것이다. 잠은 그야말로 '장에 머묾'의 상태라고 할 수 있다. 이러한 숙면 상태의 장의 세계는 특별하게 수행하지 않더라도 누구나 체험할 수 있다. 짧은 시간이라도 숙면한 뒤에 피로가 사라지고 활력이 충만해지는 것을 뇌가 쉬고 피로물질을 해독하기 때문이라고만 보는 것은 '입자 중심의 세계관'으로 사람의 존재성을 제한하는 것이다. 만약 '장 중심의 세계관'으로 본다면, 숙면하는 순간 뇌파가 변화하면서 입자 단위의 관념의 경계가 사라지고 온 우주 규모의 기가 소통하는 하나의 장이 조성되는 현상을 발견할 수 있을 것이다. 말하자면, 특별히 수행하지 않더라도 누구나 잠을 통해서 온 우주의 동시장, 공동장에 머무는 체험을 할 수 있는데, 그것은 잠을 통해서 무의식, 무경계로서 자신의 관념의 벽을 해체하기 때문에 가능해진 것이다. 그렇다면 원래 사람은 개체 단위로 완결된 존재가 아니라 우주적 존재라고 할 수 있다. 또한 숙면 상태에서 체험하듯이 깨어 있을 때도 번뇌·관념의 벽만 해소한다면 개체적 존재감이 아니라 항상 우주적 존재감을 느끼면서 살아갈 수 있을 것이다.

『마하지관摩訶止觀』에서는 번뇌를 다 쫓아 버리고 나면 바로 법성法性을 본다고 한다. 여기서 법성은 제법諸法(모든 존재와 사물)의 진실한 본성으로서 만유의 본체를 말하고 진리를 나타내는 말이다. 말하자면, 온 우주를 하나의 동시장이자 일미동체로 바라볼 때 나타나는 것이고, 이

를 통해서 우주적 존재감을 느낄 수 있는 것이다. 이는 장교藏敎의 자성
自性과 대비된다. 장교는 3차원 공간관의 세계관에 기초하여 인식하기
때문에 개체 단위의 정체성을 자성自性이라고 칭하고, 이런 자성은 실
체가 없다고 보기 때문에 무자성無自性이라고 정의한다. 그런데 대승에
서는 자성自性을 본래면목本來面目으로서 수행과 모든 삶의 주인공이라
고 한다. 대승은 일미동체의 세계관이기 때문에 자성自性을 개체 단위
의 정체성이 아니라 누구나 타고나는 온 우주 법계의 진여眞如로 보는
것이다. 장교의 자성이 개체적인 존재감이라면 대승에서의 온 우주 법
계의 자성은 바로 법성으로서 우주적 존재감을 가리키는 것이라고 할
수 있다.

『마하지관』에서는 이치를 규명, 고찰하여 마음을 일으키면 법성자
천이연法性自天而然에 이른다고 밝히고 있다. 여기서 자自는 스스로 있는
것으로서 만들어지거나 없어지는 것이 아니며, 천天은 하늘로서 절대
적인 것이며 변하는 것이 아니라는 의미를 내포하고 있다. 또한 연然은
그러한 것으로서 원래부터 그러한 성품으로 있는 것을 나타낸다. 이러
한 법성자천이연을 법이자연法爾自然으로 표현하기도 한다.

또한 법성은 실상實相(진실의 상)이면서 일체법一切法과 두 가지도 아
니고 다른 것도 아니기에 모든 법을 떠나서 다시 실상을 구한다는 것
은, 마치 여기의 하늘을 피하고 저쪽 장소의 하늘을 구하는 것과도 같
다고 한다. 모든 법이 바로 진실의 법이기에 범속凡俗을 버리고 신성神聖
을 향하여서는 안 된다고 한다. 하나의 색色, 하나의 향香 모두가 다 중
도라는 것이다.

말하자면, 법성은 스스로 주체로서 절대적인 하늘이면서 구체세계
에서 초월한 것이 아니라 모든 존재와 상황에 녹아 있는 온 우주의 실
상이라는 것이다. 이러한 법성은 3차원 공간관의 입자 중심의 세계관
으로는 파악할 수 없다. 여기에서는 모든 것이 국소적으로 존재하며 서

로 대립하기 때문이다. 고차원의 세계관에서는 드러난 입자의 경계를 넘어서서 모든 것이 하나의 장場으로 파악된다. 법성은 전체를 포괄하는 중도로서 일미동체一味同體의 장이라 할 수 있다. 모든 중생에게 불성이 있다거나 중생이 부처 자체라는 것은 누구나 수행을 통해 번뇌에서 벗어나면 바로 법성에 이를 수 있다는 것이다. 이처럼 인식의 차원이 높아져 3차원 공간관의 입자 중심의 경계를 벗어날 때 개체적 존재감이 아닌, 우주적 존재감을 느낄 수 있을 것이다.

법성자천이연法性自天而然의 개념을 수련에도 활용할 수 있다. 누구나 수련을 시작하기 전부터도 나름의 세계관을 이미 갖고 있다. 대부분의 경우 일상 활동하는 데 유용한 3차원 공간관의 세계관을 갖기 쉽다. 나와 남을 구별하고 나와 남이 머무는 장소를 분별하는 것 자체가 입자 중심으로 바라보는 3차원 공간관의 세계관에 기초한 것이다. 이러한 세계관이 일미동체의 장의 세계관으로 바뀌지 않는 한, 수련 과정에서 이완을 하더라도 '내'가 주체인 상태에서 벗어나지 못하며, 이런 상태에서는 기의 장이 밀도 있게 조성되어 수련이 잘 되는 느낌이 들면 들수록 '나의 것'이 강화되어 오만과 독선으로 치닫게 된다. 이때 무의식 중에 작동하고 있는 인식틀과 세계관을 직시한 결과, 여전히 3차원 공간관의 경계가 작용하여 '내'가 수련의 주체로 여겨진다면, 법성자천이연法性自天而然, 간단히 해서 법이자연法爾自然의 장의 상태를 떠올리고 거기에 내맡겨 본다. 그러면 순식간에 '내'가 주체인 상태가 사라지면서 온 우주로 기의 장의 범위가 확장되고 이후에는 내가 주체가 아니라 온 우주의 법계가 주체인 상태에서 동시장이 펼쳐진다. 경계가 남아 있거나 새롭게 생겨난다면 그 경계를 따라가지 않고 거듭 법이자연法爾自然 상태에 내맡길 때, 내가 의식적으로 운용하지 않더라도 저절로 기의 작용이 일어나면서 균질한 동시장으로 풀려 나갈 것이다. 그럴 때 우주적 존재감이 관념의 수사가 아니라 실제적인 장이라는 것을 느낄 수 있다.

이러한 수련 과정을 통해서 느껴진 우주적 존재감이 세계관의 전변, 즉 법성자천이연에 의거한 것이라는 것을 수련의 과정 중이나 직후에 거듭 확인할 필요가 있다. 그렇지 않으면 평소의 무의식적 세계관인 3차원 공간관에 따라서, 일미동체의 기의 장을 우연히 겪은 것으로 여겨, 그 의미를 간과하거나 심지어 내가 주체가 되어 나의 잠재 능력이 발휘된 것으로 잘못 인식하여 도리어 아만의 위험에 빠질 수 있기 때문이다.

법이자연의 세계관으로 우주적 존재감을 체감하게 되면, 일상생활에서도 자기해방과 자기치유를 할 수 있다. 3차원 공간관의 세계관에서 개체 단위의 '나'라는 존재감은 무한한 세계에 비해 극히 미미하여 위태로울 수밖에 없고, 그 결과 우리는 소외감에서 벗어날 수 없다. 그에 비해 법이자연의 세계관으로 전변하게 되면, 모든 번뇌와 경계는 사라지고 애초에 모두가 하나의 동시장이자 공동장, 일미동체의 장으로 연결되어 있다는 것이 확인된다. 결국 해방과 치유는 남이 해 주는 것이 아니라 내 스스로 세계관을 전변시킴으로써 이루어지는 것이다.

[수련법]

1. 장교藏敎에서 자성은 실체가 없는 것이어서 무자성無自性이라고 하지만, 원교에서 자성은 우주 법계의 본래면목本來面目으로서 모든 삶과 수행의 주체이다. 수련으로 기의 균형이 이루어질 때 우주 법계의 자성을, 실수 입자가 아니라 허수의 장, 장교가 아니라 원교로 떠올리고 이 자성이 주체라고 여기고 내맡기면 기존의 내 몸의 입자 단위의 경계는 순식간에 사라지면서 온 우주 규모의 동시장이 펼쳐진다.

2. 입정 상태에서 장교가 아니라 원교로서, 실수 입자의 경계가 아니라 허수의 장으로서, 법성法性과 자천自天을 떠올린다. 기존의 나라는 관념적 경계가 사라지고 사방으로 기의 장이 환하게 열릴 때 법이자연法爾自然 상태라고 여기고 내맡긴다. 익숙해지면, 원교로서의 자연自然이라고 간략하게 떠올리고 그에 내맡긴다. 그러면 더 이상 기존의 내 몸과 나라는 관념적 경계가 주체가 아니라 우주 법계의 자성·법성이 주체가 되어서 저절로 모든 경계가 풀려나간다.

3. 수련 과정에서 개체 단위의 '나'라는 관념적 경계가 작용하면 잡념이 사라지지 않아 집중이 되지 않고 경계가 끊임없이 되살아난다. 이때의 경계가 바로 '나'라는 개체 단위의 존재감이다. 이로부터 벗어나기 위해서는 먼저 전체적으로 기운이 조화롭게 균형을 이루어야 한다. 이를 위해서는 척추 등 뒤의 우주 공간으로 기운이 충만해야 하며, 우뇌가 활성화되어 우주 공간으로 열려야 하고, 백회와 회음 위아래로 경계 없이 기의 장이 열려야 한다. 이것이 이루어지면 저절로 기의 장이 확장되어 기의 차원이 변하고 내가 주체가 아니라 우주가 주체가 되면서 우주적 존재감이 느껴진다.

4. 우측을 열어 우주적 존재감 느끼기 : 좌뇌는 자기 원칙과 논리적 개념의 뇌이기 때문에 좌뇌가 활동하면 개체 단위의 내가 주체가 되고 잡념이 사라지지 않는다. 반면 우뇌는 직관의 뇌이고 대상 세계와 공감을 이루며 하나가 되는 뇌이기 때문에 수련에서는 우뇌를 먼저 활성화해야 한다. 우뇌가 활동하면서 잡념이 사라지면, 우측의 상반신과 하반신 모두를 우측 우주 공간으로 열어두면서 개체 단위의 경계감을 해소하고 우주적 존재감을 느끼게 하는 수련을 진행한다. 오른손을 우측 우주 공간으로 뻗어서 기의 장이 조성되게 하고, 그 기의 장이 우주 규모로 유지되면서 동시에 내 몸의 오른쪽으로 밀려들어와 관통하도록 내맡긴다. 우주의 기의 장이 내 몸의 중심선을 기준으로 머리와 상반신과 하반신의 우측을 통과하도록 내맡기면 우측 신체 경계선이 밀도 높은 우주의

기의 장에 용해된다. 이때 내 몸을 관觀하느라 우측의 우주 공간에서 의념意念이
내 몸으로 따라 들어온다면 내 몸 중심선을 기준으로 단면도를 떠올리면서
거울이라고 여겨서 우측으로 즉각 반사되도록 한다. 그러면 다시 우측의 우주
공간으로 시야가 옮겨진다. 그 과정이 무한하게 반복된다고 여기면, 무한반조의
기의 장, 실수 입자가 아니라 허수의 장이 펼쳐진다. 이때 남아 있는 내 몸의
입자가 주체가 아니라 우주의 무한 반조의 기의 장이 주체라고 떠올린다. 주체가
전환되었다는 것을 명시적으로 확인하는 것이다. 그러면 내 몸을 우측의 무한한
우주의 기의 장에 매달려 우주 공간에 떠 있는 것으로 내맡길 수 있다. 이때 백회
위로 회음 아래로도 끝없이 열리면서 우측 우주 공간이 열리도록 한다. 그러다
보면 어느새 개체 단위의 '나'라는 존재감은 사라지고 우주적 존재감을 느끼게
된다. 이 느낌이 미약할 때는 우측의 우주의 기의 장이 내 몸의 중심선을 넘어서
우측 51%가 우측 우주의 기의 장에 용해되고 남은 49%가 우측 우주의 기의 장에
매달려 있도록 내맡긴다. 그러면 내 몸을 우측 우주의 기의 장에 용해되도록 잘
내맡길 수 있다. 그렇게 지속하다 보면, 어느새 남아 있는 왼쪽의 신체 부위로도
우측의 우주의 기의 장이 침투하여 왼쪽 우주 공간까지 끝없이 퍼져 나가게 된다.
이때 거듭 개체 단위의 실수 입자의 내가 주체가 아니라 우주의 법성이 주체가
되어서 법이자연法爾自然으로 풀려 나간다고 내맡긴다. 그러다 보면, 나는 완전히
사라지고 우주의 동시장만 남게 된다. 개체적 존재감은 사라지고 우주적 존재감만
확인된다.

자유자재自由自在, 비심悲心, 자심慈心

사람이라면 누구나 어디에도 제약 없이 자유자재로 살기를 바랄 것이다. 자유자재自由自在의 사전적 의미는 어떠한 제약이나 구속 없이 자기 뜻대로 할 수 있는 상태를 말한다. 이런 상태가 관념적 수사로서가 아니라 실제로 가능할까?

자유자재는 인식의 차원, 세계관에 따라서 가능할 수도 불가능할 수도 있다. 기의 패러다임으로 본다면 자유자재는 횡수론과 같은 의미이다. 자유自由는 '스스로 말미암는' 상태여서 자유롭다는 것인데 기의 장으로 확인해 보면 백회 위로 기운이 수직으로 뻗어 나간다. 횡수橫竪의 수竪에 해당한다. 이는 인식의 차원이 3차원 공간관의 한계를 벗어나 일미동체의 고차원으로 전변할 때 가능한 것이고, 그럴 때만 스스로 말미암는 수준이기에 모든 것에서 자유로울 수 있는 것이라고 해석할 수 있다. 자재自在는 '스스로 존재하다'는 뜻인데 기의 장으로 확인해 보면 앞뒤, 좌우의 사방으로 기의 장이 확장되어 나가는 양상으로 나타난다. 자유自由에 따라서 수직으로 기의 장이 열리는 만큼 횡으로 사방의 공간으로 공동의 장이 확장되어 나가는 것이다. 만약 인식의 차원이 3차원 공간관에 머물러 수직으로 기의 장이 열리지 않고 백회에서 막혀 있다면 온 우주가 입자로 파편화되어 존재하기 때문에 '나'도 개체 단위에서 벗어나지 못한다. 이런 상태에서는 자재自在로울 수 없다. 반면 자유自由로워서, 즉 인식의 차원이 높아져서 일미동체에 이를 때는 동시에 자재自在로우면서 사방으로 장이 확장된다.

이는 달리 말해서 3차원 공간관의 인식틀에서는 누구도 자유자재로 울 수 없다는 것이며, 횡수로 기의 장이 확장되어 일미동체의 고차원으로 인식의 차원이 전변할 때 비로소 자유자재로울 수 있다는 것이다. 즉 자유자재는 입자 중심의 세계관에서는 있을 수 없는 상태이며, 장 중심의 세계관으로 전변할 때 가능한 것이다. 역설적으로 '나'라는 개체적 존재감에 머물 때는 자유자재로울 수 없으며 우주 법계가 주체인 상태에서 '내'가 사라지고 우주적 존재감으로 동체가 될 때 법이자연法爾自然으로서 자유자재로울 수 있는 것이다.

우주적 존재감을 가질 때 인식주관의 측면에서 자유자재함에 이를 수 있다면, 인식된 세계의 측면에서는 동체대비同體大悲로 나타난다. 동체대비는 대자대비大慈大悲와 다르지 않다. 대자大慈가 바로 공동장으로서의 동체同體를 뜻한다.

천태의 『법화현의法華玄義』에서는 자비의 두 측면인 비심悲心과 자심慈心의 의미를 횡수橫竪의 측면에서 설명하고 있다.

그 내용을 살펴보기 먼저 비심悲心의 비悲와 자심慈心 자慈의 한자의 구조를 분석해 보면 자비심의 의미를 직관적으로 이해할 수 있다. 한자는 마음 심心에 다른 글자를 조합해서 다양한 어휘를 만들어 낸다. 가령, 마음 위에 자기라는 뜻의 기己가 결합할 때 미워하고 시기하는 기忌가 되며, 마음 위에 나누고 분별한다는 뜻의 분分이 결합할 때 성낼 분忿이 되며, 마음 위에 노예라는 뜻의 노奴가 결합할 때 성낼 노怒가 되며, 마음 위에 위 상上이 결합할 때는 마음 허할 탐忐이 되며, 아래 하下가 결합할 때도 마음 허할 특忑이 되고, 가운데 중이 결합할 때는 공평하고 정성스러울 충忠이 된다. 마음이 위나 아래로 편중될 때 허하다는 것이며 중도를 이룰 때 공평하고 정성스럽다는 것이다. 또한 마음 위에 같을 여如가 결합할 때 용서하고 깨달아 알게 될 서恕가 되는데, 이는 나의 마음과 타인의 마음이 같아 공감을 이루는 의미이다.

그렇다면 비悲는 어떤 의미를 담고 있을까? 마음 위에 아닐 비非가 결합된 것이 슬플 비悲이다. 현재의 마음, 즉 3차원 공간관의 입자 중심의 세계를 실체로 인정하고 긍정한다면 즐거울 것이나, 이를 부정하기에 슬픈 것이다. 불교의 사구논법四句論法에 적용하면 그 의미가 더욱 명확해진다. 사구는 유有의 단순긍정과 비非의 단순부정, 역유역무亦有亦無의 이중긍정, 비유비무非有非無의 이중부정의 논리이다. 여기서 비유비무는 유도 아니고 무도 아니라고 이중으로 부정한다. 이는 유와 무로 분별되는 세계를 뛰어넘는 차원을 제시하는 것이다. 슬플 비悲도 불교의 비유비무에서의 비非의 의미와 같은 맥락으로 볼 수 있다. 즉 비심悲心은 유무를 분별하는 3차원 세계를 부정하면서 모든 것을 중도실상으로 바라볼 수 있는 상태에 이르는 것을 나타낸다. 기의 패러다임으로 확인해 보면 비심의 장場은 횡수 가운데서 수竪에 해당하여 백회 위아래로 끝없이 열린다. 이것은 비심으로 3차원 공간관의 인식틀이 해체되고 일미동체의 고차원 상태에 이를 수 있음을 나타낸다.

자심慈心의 자慈는 '사랑한다'는 뜻을 가진다. 심心 위에 있는 자兹는 이곳을 뜻한다. 자심의 기의 장은 앞뒤 좌우 사방으로, 즉 공간적으로 확장되는 양상으로 나타난다. 확장된 만큼은 동시적인 공동의 장을 이룬다. 앞의 비심과 결합할 때 비심으로 인식의 차원이 달라지면서 공동장의 범위가 달라진다. 비심이 없어서 백회 위가 막혀 있을 때는 자심도 내 몸의 형상의 범위 안으로 제한되어 나와 세계가 분별되고 대립하게 된다. 반면 비심이 끝없이 열려 일미동체의 고차원에 이를 때는 동시에 사방으로 공동의 장이 확장되면서 온 우주가 하나의 동시장, 공동장이 이루어진다. 대비大悲와 대자大慈가 이루어지면서 온 우주가 동체同體가 된다. 이를 동체대비라고 할 수 있다.

『법화현의』에서는 감응感應을 통해 괴로움을 없애고 즐거움을 주는데, 괴로움을 없애는 것을 비심, 즐거움을 주는 것을 자심이라고 한다.

인연관因緣觀으로 할 때의 비심悲心은 지옥의 흑업黑業의 괴로움을 뽑아 주고, 인연관으로 할 때의 자심慈心은 백업白業의 즐거움을 준다. 즉공관卽空觀으로 할 때의 비심悲心은 견혹見惑과 사혹思惑의 괴로움을 뽑아 주고, 즉공관으로 할 때의 자심慈心은 무루無漏의 즐거움을 준다. 즉가관卽假觀으로 할 때의 비심悲心은 진사塵沙의 괴로움을 뽑아 주고, 즉가관으로 할 때의 자심慈心은 도종지道種智의 즐거움을 준다. 즉중관卽中觀으로 할 때의 비심悲心은 무명無明의 괴로움을 뽑아 주고, 즉중관으로 할 때의 자심慈心은 법성法性의 즐거움을 준다.

비심이 괴로움을 뽑아준다는 것은 비심으로 인식의 차원이 높아질 때 저절로 괴로움이 사라진다는 것을 의미한다. 자신의 인식 차원이 변화하지 않을 때는 누구라도 괴로움에서 벗어날 수 없다. 하지만 생멸을 실체로 여기면서 흑업黑業(악업惡業)의 괴로움에 사로잡힐 때 인연관의 비심을 갖게 되면 그로부터 벗어날 수 있고, 견혹見惑과 사혹思惑의 번뇌에 얽매일 때 즉공관의 비심을 가지면 그로부터 벗어날 수 있으며, 진사혹塵沙惑의 괴로움에 빠져있을 때는 즉가관의 비심으로 벗어날 수 있고, 무명혹無明惑의 경계에서 벗어나지 못할 때는 즉중관의 비심으로 벗어날 수 있다는 것이다.

자심이 즐거움을 준다는 것은 비심으로 인식의 차원이 높아지는 데 따라서 동시장, 공동장이 확장되면서 그 범위 안에서 일미동체를 이루게 된다는 것이다. 인연관의 비심을 통해서 생멸의 실체관에서 벗어나기에 자심은 백업白業(선업善業)의 즐거움을 주는 것이고, 즉공관의 비심으로 견사혹見思惑의 경계가 사라지기에 자심은 무루無漏의 즐거움을 주는 것이며, 즉가관의 비심으로 진사혹에서 벗어나기에 이때의 자심은 도종지의 즐거움을 주는 것이고, 즉중관의 비심으로 무명의 번뇌에서 벗어나게 되면서 이때의 자심은 바로 법성의 즐거움을 주게 된다는 것이다.

이처럼 비심과 자심은 횡수橫竪로 일미에 이를 때의 동시장, 공동장의 상태를 구체적으로 가리키고 있다. 인식의 차원이 높아질수록 인식의 시야가 확장된다. 궁극적으로는 온 우주가 한 몸이고 동시장이며 일미一味이고 일심一心이며 일기一氣이다. 이런 세계관에 이르기 위해서는 횡橫과 수竪로, 공간과 시간의 경계를 뛰어넘어야 한다. 그럴 때 자유자재할 수 있고 대자대비할 수 있다. 이런 관점에서 『열반경』의 이자삼점伊字三點의 비밀장에 담긴 수행의 의미가 무엇인지 연구할 필요가 있다.

[수련법]

1. 입정 상태에서 '자유自由'를 떠올리면 백회 위로 수직으로 기운이 끝없이 상승한다. '자재自在'를 떠올리면 횡으로 사방으로 기운이 끝없이 확장한다. 여기서 다시 장교가 아닌 원교로, 실수 입자의 경계가 아닌 허수의 장으로 떠올리면, '자유'는 백회를 기준으로 위아래로 동시에 퍼져 나가면서 사방으로도 확장된다. '자재'는 사방으로 횡으로 퍼져 나가면서 위아래로도 확산된다. '자유자재'를 원교로, 허수의 장으로 떠올리면 마치 '법성'과 우주 법계의 '자성'을 떠올렸을 때처럼 위아래 사방으로, 즉 횡수로 끝없이 환하게 열린다. 이를 통해 자유자재란 개체적 존재감의 상태에서 이루어지는 것이 아니라 우주 법계가 주체인 우주적 존재감을 가질 때 성립하는 상태라는 것을 알 수 있다.

2. 입정 상태에서 '비심悲心'을 떠올리면 백회 위로 기운이 상승하면서 인식의 차원이 높아지는 것을 느낄 수 있다. '자심慈心'을 떠올리면 수평으로 사방으로 기운이 퍼져 나가면서 공동의 장이 형성되는 것을 느낄 수 있다. 이 경우에도

다시 장교가 아닌 원교로, 실수 입자의 경계가 아닌 허수의 장으로 떠올리면 '비심'은 백회 위에서 수직으로 위아래로 열리면서 사방으로 확산되어 나간다. 어느새 기존의 '나'라는 관념의 경계는 완전히 사라지고 무한한 우주의 기의 장에 용해된다. '자심'을 같은 방식으로 떠올리면, 수평으로 사방으로 확장되던 기운이 동시장, 공동장으로 확장되면서 기존의 나라는 관념적 경계는 사라진다. 원교로, 허수의 장으로 비심자심을 동시에 떠올리면 나라는 관념적 경계는 완전히 사라지고 온 우주 법계로 기의 장이 횡수로 확장되어 우주 규모의 동시장이 주체로 등장하며 모든 경계가 사라진다. 이러한 경지는 '자유자재', '법성', 우주 법계의 '자성'의 경우와 다르지 않다.

대자대비大慈大悲라는 말에서 '대大'는 '크다'는 뜻으로 '대승大乘'의 세계관이 담겨 있다. 그런 점에서 본다면 대비는 장교가 아니라 원교로 보는 비심이고, 대자도 장교가 아니라 원교로 보는 자심이다. 이를 합하여 대비대자大悲大慈 또는 대자대비大慈大悲 또는 동체대비同體大悲로 떠올리면 훨씬 간단하게 횡수로 동시장이 무한대로 열려 나가는 것을 확인할 수 있다.

십계호구十界互具 일념삼천一念三千

천태天台의 지관止觀을 십경십승관법十境十乘觀法이라고 한다. 십경十境은 관찰하는 대상 열 가지이고, 십승十乘은 이 대상을 관찰하는 내용 열 가지이다. 십경 가운데 하나가 음입계경陰入界境이고, 십승 가운데 하나가 관부사의경觀不思議境이다.

음입계경이란 오온五蘊·12처處·18계界[1]를 말한다. 이것은 일체의 법을 비슷한 성질을 갖는 것끼리 분류한 것인데, 이들을 다 관찰한다는 것은 사실 불가능하기 때문에 이들 가운데 오온만을 취하고, 오온 가운데 앞의 4온은 차치하고 마지막 식온識蘊을 관찰의 대상으로 삼는다. 천태대사는 "식온은 별도의 실체가 있는 것이 아니고 순간순간 일어나

---

1 오온은 인간이라는 존재는 개체 단위로서 완결된 정체성을 갖는 것이 아니라 다섯 가지, 즉 색온色蘊(물질적 형상), 수온受蘊(감각 작용), 상온想蘊(사고 작용), 행온行蘊(의지 작용), 식온識蘊(인식 능력)이 쌓여서 이루어진 것이기 때문에 결국 공한 것이라고 보는 것이다. 오온은 인간만이 아니라 동식물을 포함한 모든 존재에게도 적용된다. 오온설은 정신이 실체가 있고 영원불멸하다고 믿는 사람에게 정신 또한 연기되어 있을 뿐이라는 것을 알려 주는 것이다. 12처는 세계를 인식주관의 육근六根(眼耳鼻舌身意)과 인식대상의 육경六境(色聲香味觸法)으로 분류한다. 12처론은 물질이 실체라고 생각하거나 물질을 이루는 기본 요소는 영원불멸하다고 생각하는 사람들에게 12처도 연기되어 있는 것으로 밝혀 물질은 실체가 없다는 것을 보여 준다. 18계는 일체를 인식주관인 육근, 인식대상인 육경, 인식작용인 육식六識으로 이루어진 것으로 본다. 18계설은 물질과 정신에 실체가 있어 영원하다고 믿는 사람들에게 물질과 정신의 참모습은 연기되어 있다는 것을 보여 줌으로써 그것에 대한 집착을 끊도록 한다.

는 분별심을 관찰하여도 그것은 제법을 관찰하는 것과 조금도 다르지 않다."고 말한다.[2] 『화엄경』에서도 "마음은 교묘한 화가와 같아서 갖가지 오음五陰을 그린다."고 한다. 일체의 법은 마음이 만들어내는 것이므로 마음을 관하면 일체를 관하는 것과 같게 된다는 논리라는 것이다.

『마하지관摩訶止觀』에서는 마음이 일체법을 낳는다는 것에 대해서, 사의思議의 경계와 불사의不思議의 경계로 관하는 것을 구분하고 있다. 소승은 마음이 일체법을 낳는다고 하지만 그것은 육도(六道 : 지옥·축생·아귀의 삼악도三惡道와 아수라·인간·천상의 삼선도三善道)의 인과因果와 삼계三界의 윤회라고 한다. 그러기에 여기서 성인에 이르는 최상의 공부는 회신멸지灰身滅智하는 것인데 이것이 바로 유작有作의 사성제四聖諦[3]로서 사의법思議法이라는 것이다.

천태의 관부사의경觀不思議境은 대승으로서 마음을 불가사의의 경지라고 관하는 것이다. 대승은 마음이 일체법을 낳는다고 할 때 그것은 십법계十法界를 말하는 것이다. 여기서 십법계란 지옥·축생·아귀·아수라·

---

2 최기표, 『천태지관』, 301쪽. 도피안사, 2016.

3 혜총 스님은 『승만경勝鬘經』에서 승만 부인이 사성제를 유작사성제有作四聖諦와 무작사성제無作四聖諦로 나누어 설명하는 것은, 유작有作은 무명 번뇌가 쌓인 채로 생멸이 끊어지지 않은 상태에서 억지로 하기 때문에 불완전하지만, 무작無作은 그 반대로 생멸이 사라진 경계에서 이루어지기 때문에 완전하다고 밝혀 소승과 대승의 사성제가 다르다는 것을 강조하려는 것이라고 한다. 지안 스님은 천태는 장교藏敎, 통교通敎, 별교別敎. 원교圓敎에 짝을 맞추어 사종사제四種四諦를 내세웠으며, 생멸사제生滅四諦(장교의 설로서, 유위의 생멸 현상에 대하여 사제의 인과에 진실로 생성과 소멸이 있다고 보는 것), 무생사제無生四諦(통교의 설로서, 인연 소생의 모든 법은 생성과 소멸이 없는 공空이라는 관점에서 사제와 미오迷悟의 인과가 없다고 보는 것), 무량사제無量四諦(별교의 설로서, 모든 현상이 인연으로부터 발생하여 헤아릴 수 없는 많은 차별을 갖추고 있으며, 그로 인하여 사성제도 무수한 차별이 있다고 보는 것), 무작사제無作四諦(원교의 설로서, 미오迷悟 그 자체가 실상이라는 주장으로, 비록 대립과 모순으로 나타나는 미오의 경계가 다르지만 둘 다 실상이라고 보는 것)라고 한다.

인간·천상의 범부세계와, 성문·연각·보살·부처의 성인 세계를 말한다.

천태대사에 따르면, 중생의 마음에는 십법계가 다 갖추어 있다. 최기표는 '마음에 갖추어 있다'는 것은 삼종세간三種世間을 모두 갖추어 있다는 것을 뜻한다고 말한다. 즉, 지옥이라고 하면 보통 많은 악업을 지은 이들이 가는 곳, 극심한 고통만 이어지는 '장소'로 생각하는 경향이 있다. 하지만 지옥이라는 말은 그러한 환경적 세계, 즉 국토세간國土世間만을 가리키는 것이 아니고 그곳에서 살아가는 개개 중생의 심신이 이루는 오온세간五蘊世間과 그들이 모여서 나름의 질서와 규칙을 이루는 사회를 말하는 중생세간衆生世間도 아울러 지칭하는 용어이다. 즉 지옥이라고 하면 국토·오온·중생의 삼종세간을 모두 갖추어 지칭하는 말로서 이를 상세하게는 지옥계라고 한다.[4] 그러므로 욕망과 집착으로 번뇌에 사로잡힌 우리의 마음 상태가 바로 지옥일 수도 있고, 다른 사람을 차별하고 분쟁을 일으키는 사회와 세계 자체가 지옥일 수 있다는 것이다. 이러한 삼종세간은 십계 모두에 적용된다.

또한 열 가지로 대별되는 세계를 구분하는 기준은 크게 아홉 가지로 나눌 수 있는데, 그것은 각각의 세계가 가지고 있는 모습[相]과 성질[性], 체[體]와 능력[力], 작용[作], 인[因]과 연[緣], 과[果]와 보[報] 등이다. 이러한 아홉 가지 범주로 분석하여 지옥계부터 불계까지 정의할 수 있다는 것이다. 하지만 각각의 세계가 갖고 있는 이러한 구분은 본질적이거나 변치 않는 것이 아니고 궁극적으로는 분별되지 않는 평등한 공空의 특성을 가지고 있으므로 이를 본말구경등本末究竟等이라고 부른다. 천태학에서는 이를 앞의 아홉 가지 범주와 합하여 십여시十如是라고 한다. 열 가지가 모두 본래 공한 것으로서 진여의 법이라는 측면에서 여如이고, 공의 특성을 갖는 법들이 세간의 약속에 의해 분별된 가제假諦의

---

4 앞의 책, 302쪽.

모습으로 나타나기 때문에 중도라는 측면에서 시是라는 것이다. 이렇 듯 일상에서 분별지로 분별되고 판단되는 세속제로서 십법계를 자세 히 논하면 삼종세간과 십여시로 세분할 수 있지만, 이 분별은 사물 자 체가 본래 가지고 있는 속성이 아니라 마음에 의해 부여되었다는 점에 서 '마음에 갖추어 있다'고 말한다는 것이다.[5]

그런데 십법계 각각은 다시 십법계를 갖추고 있다. 이를 총합하면 백법계百法界가 된다. 또한 하나의 계마다 삼종세간三種世間이 있고 십여 시의 모습을 띠고 있으니 이를 총합하면 삼천세계三千世界가 된다. 『마 하지관』에서는 삼천세계가 일념에 있다고 한다.

> 무릇 일심一心에 십법계를 갖추고 일법계一法界에도 십법계를 갖추니 백 법계이다. 하나의 계界에 30가지 세간世間을 갖추니 백법계는 바로 삼천 가지 세간을 갖춘다. 이 삼천 가지 세간은 일념의 마음에 있다. 만일 마 음이 없으면 몰라도 극미의 마음이라도 있으면 바로 삼천의 세간을 갖 추는 것이다.

여기서 십법계 각각이 다시 십법계를 갖추고 있는 것을 십계호구十 界互具라고 한다. 예를 들면, 지옥계의 중생은 지옥의 성질이나 모습만 갖고 있는 것이 아니라 부처의 모습과 성질도 갖추고 있고, 부처에게도 부처의 성질이나 모습만 갖고 있는 것이 아니라 지옥계의 모습과 성질 도 갖추고 있다는 것이다. 다만 지옥계 중생은 현재 지옥의 마음만 발 현되어 있는 상태이고, 불세계의 중생은 부처의 마음이 발현되어 있을 뿐이다. 지옥 중생들에게도 부처의 마음이 있으므로 수행을 한다면 얼 마든지 부처가 될 수 있고, 부처에게도 지옥 중생의 마음이 있기에 지

---

5 위의 책, 303쪽.

옥 중생의 세계를 인식할 수 있고 그들의 세계에 맞추어 나타나 교화할 수 있다.

십계호구사상은 십법계의 각 부분 속에 전체가 함축되어 있어서 부분이 바로 전체이고 전체가 바로 부분이라는 것을 밝히는 세계관이다. 십법계를 통해서 모든 존재는 개체 단위로 파편화되어 있는 것이 아니라 온 우주적 존재라는 것을 천명한 것이다.

또한 삼천세간이 일념의 마음에 있다는 것이 일념삼천一念三千 사상이다. 즉 한순간의 일념에도 온 우주가 담겨 있다는 것이다.

『마하지관』에서는 일념과 일체법에 대해 다음과 같이 밝히고 있다.

> 일심이 앞에 있으면, 일체법은 나중에 있다고 말하지 않는다. 또한 일체법이 앞에 있고 일심이 나중에 있다고도 말하지 않는다. … 만일 일심으로부터 일체법이 생긴다면 이것은 바로 세로인 것이며, 만일 마음이 일시에 일체법을 품는다면 이것이 바로 가로인 것이다. 그러니 세로도 역시 옳지 않으며 가로도 또한 옳지 않다. 다만 마음이 일체법인 것일 뿐이고, 일체법이 마음일 따름이기 때문에, 세로도 아니며 가로도 아니다. 하나도 아니며 다름도 아니다. 유현幽玄하고도 오묘奧妙하여 그 깊음이 절대적이어서, 식識으로써 알 수 있을 바가 아니고 말로써 말할 수 있을 바가 아니다. 그 까닭으로 부르되 불가사의한 경지라고 한다. 뜻이 여기에 있는 것이다.

여기서 세로도 아니고 가로도 아니라는 것은 일심과 일체법이 시간적인 선후가 있는 것이 아니고 공간적으로 부분과 전체의 개념으로 나눌 수도 없다는 것이다. 횡수橫竪가 일미一味여서 양자는 동시장이고 공동장이라는 것이며, 이것은 식識으로써 알 수가 없기에 불가사의한 경지라는 것이다.

여기서 식識이라는 것은 3차원 공간관의 인식틀을 바탕하고 있는 세간의 분별지이다. 이것은 고전물리학의 세계관으로 모든 것을 절대공간과 절대시간의 틀 속에서 '드러난 질서'를 이루는 것으로 분별하여 인식하는 것이다. 여기에서는 모든 것이 시간의 선후와 공간의 대소 차이로 구별된다. 이런 인식틀 위에서는 일심과 일체법, 일념과 삼천은 같을 수가 없다. 아무리 같아 보여도 시간적인 선후와 공간적인 대소의 차이를 벗어날 수 없기 때문이다. 일심과 일체법 가운데 생각으로라도 어느 것을 먼저 떠올리면 바로 그 순간 주체와 대상은 구분되는 것이며, 드러난 질서의 선형성의 위계적 위상을 벗어날 수 없다.

이런 점에서 일념삼천一念三千을 직관할 수 있는 불가사의한 경지란, 3차원 공간관의 인식틀과 세계관이 아니라 일체의 공간과 시간의 인식틀을 뛰어넘은 일미동체의 고차원 세계관의 경지를 가리키는 것이라고 볼 수 있다. 소승에서 대승으로, 장교에서 원교로, 육안肉眼에서 불안佛眼으로 전환될 때 만날 수 있는 경지이다.

십계호구도 부분 속에 전체가 담겨 있어서 부분이 전체이고 전체가 부분이라는 것을 가리키는 사상이다. 이것도 3차원 공간관의 실수 입자의 세계에서는 있을 수 없는 것이다. 부분 속에 전체가 담겨 있는 현상을 밝히고 있는 프랙탈이론도 허수가 포함된 복소수함수로 표현된다. 실수 세계의 드러난 질서가 아니라, 허수 세계의 접혀진 질서까지 포함할 때 부분과 전체의 새로운 면모가 드러나는 것이다.

기의 패러다임은 개별의 기라는 고립된 카테고리를 갖지 않기 때문에 온 우주의 일기一氣, 고차원의 일기一氣에 이르기까지 열려 있다. 이러한 기의 패러다임으로 일념삼천을 느끼면, 『마하지관』에 담겨 있는 의미를 다른 방식으로 이해할 수 있다.

수련을 통해서 기존의 '나'라는 관념적 경계를 해체하고 법성이 주체가 된 상태, 계내가 아니라 계외가 주체인 상태에서, 장교가 아니라 원교, 실수 입자의 경계가 아니라 허수의 장에서 '일념삼천'을 떠올리면, '일념'이 '삼천'이 되는 것이 아니라, 기의 장이 전환되는 순간에 동시에 온 우주로 동시장, 공동장이 열린다. 인식의 차원이 바뀌면서 장이 열리는 순간 일념은 이미 함께하고 있는 것이며, 장이 열리는 것 자체가 바로 삼천이 된 것이다. 여기에서는 일체의 시간적 선후나 공간적 대소 차이가 없어진다. 일념이 바로 삼천이 되는 것이다. 또한 하나의 일념이 떠오를 때 그것이 어떠한 것이든 이미 제한된 시공간의 경계 속에서 출현하는 것이기 때문에 앞과 같이 기의 장을 일미동체의, 일기一氣의 장으로 전환하는 순간, 그 일념의 경계가 바로 사라지면서 온 우주의 동시장으로 열리고 일념과 온 우주의 구분이 없어진다.

이런 점에서 본다면 십계호구와 일념삼천은 그야말로 원돈지관圓頓止觀으로서 대승의 우주론이자 인식론이고 존재론의 정수라고 할 수 있다.

십계호구는 인식주관의 인식틀이 고차원으로 바뀌면서, 부분이 전체이고 전체가 부분을 이룬다는 것을 명시하고 있다는 점에서 대승의 인식론이자 우주론이다. 십계 각각이 다른 계를 인식한다는 것은 각각의 대중의 의식의 내면에 다른 계에 대한 개념 코드가 있을 때 가능하다는 점에서 십계호구는 가장 기본적인 인식의 메커니즘을 밝히는 것이기도 하다. 또한 지옥 중생이 부처가 될 수 있으며 부처가 지옥 중생의 모습으로 나타날 수 있다는 것은 확장된 존재론을 제시하는 것이다. 십계호구의 개념은 모든 대중이 개체적인 존재로 완결되는 것이 아니라, 우주적인 존재로서 얼마든지 거듭날 수 있다는 것을 알려 주고 있다.

일념삼천은 인식의 차원이 가장 고차원에 이를 때 공간과 시간의 경계가 해체되고 물심物心이 하나가 되는 경지를 밝히고 있다는 점에서 일미동체의 우주론에 바탕하고 있다. 이러한 경지에서 일념으로 온 우주를 알 수 있고, 온 우주가 일념에 반영된다는 점은 대승의 인식론이라고 할 수 있다. 어떤 미혹된 망념이라도 인식틀이 바뀌고 세계관이 바뀔 때 그 자체가 바로 삼천이 된다는 것은 대승의 존재론이다.

【수련법】

1. 정좌 상태에서 십법계 각각을 떠올릴 때 서로 다른 장으로 뚜렷이 구분된다면 아직 3차원 공간관의 인식틀에 머무르고 있기 때문임을 알아차린다.

2. 1+0=1과 같은 방식으로 십법계 각각을 떠올리면서 이를 실수 입자의 경계가 아니라 허수의 장으로, 장교가 아니라 원교로 떠올려 개별의 경계가 해체되면서 +0의 장으로 밀도가 확장되는 것을 확인한다.

3. 십계호구十界互具와 일념삼천一念三千을 3차원 공간관의 인식틀 상태에서 떠올리면 개념이 모순되고 뒤엉켜 일정한 기의 장이 열리지 않지만, 원교의 세계관으로 떠올리면 기존 경계가 사라지면서 횡수로 밀도 높게 열린다.

4. 십계호구 가운데 지옥계의 지옥, 지옥계의 부처, 부처계의 지옥, 부처계의 부처를 장교와 원교로 떠올리면서 비교해 본다. 장교로 떠올릴 때는 각각 크게 다르지만, 원교로 떠올릴 때는 횡수로 끝없이 열리는 장이 공통으로 나타나면서 미세한 차이만 있게 된다.

5. 일념과 삼천을 장교와 원교로 떠올리면서 비교해 본다. 장교로 떠올릴 때는 크게 다르지만, 원교로 떠올릴 때는 저절로 일념과 삼천의 장이 다르지 않아서 일념삼천의 장이 전개된다.

즉공즉가즉중 卽空卽假卽中

모든 존재는 해석된 것이다. 문제는 인식주관의 인식틀과 인식의 차원에 따라 다르게 해석된다는 것이다. 『마하지관』에서는 인식의 차원을 사의경思議境과 부사의경不思議境으로 구분하고 있다. 이 중에서 부사의경으로 관하는 것의 핵심은 모든 것을 공관空觀·가관假觀·중관中觀의 삼관三觀으로 보는 것인데, 이를 일심삼관一心三觀이라고 한다.

　지의智顗는 『마하지관』에서 무명과 법성의 관계를 통해서 일심삼관을 구체적으로 설명한다. 사의경으로 관하면 무명無明과 법성法性은 대립된 것이지만, 부사의경으로 관하면 무명이 법성을 따라서 일체법을 낳는다고 볼 수 있다는 것이다. 쉽게 말하자면, 잠 잘 때 마음을 따라서 온갖 꿈의 일이 있는 것과 같다. 이는 『대승기신론』에서 법성은 깊은 바닷물로 심층에서는 고요하지만 거기에 무명이라는 바람이 불어서 물결이라는 만법이 생긴다는 비유와 다르지 않다.

　　마음과 연緣이 합치면 세 가지 세간世間과 삼천의 성상性相이 모두 마음으로부터 일어난다. 하나의 성품은 적은 것이라 하더라도 없는 것이 아니며, 무명無明은 많다고 하더라도 또한 있는 것이 아니다. 왜냐하면, 하나를 가리켜서 많다고 한다면 많은 것은 많음이 아니며, 많은 것을 가리켜 하나라고 한다면 하나는 적음이 아니다. 따라서 이 마음을 이름하여 부사의不思議한 경지라고 하는 것이다. (『마하지관』)

마음의 법성과 연의 무명이 합쳐서 삼천 세간이 일어나는데, 여기서 하나[一]와 많은 것[多]이 상즉相卽하는 것은 마음의 특성으로서 부사의한 것이라고 한다. 이는 형식논리로서는 사의思議할 수 없는 현상이다. 그 이유는 마음의 차원, 인식의 차원이 법성의 하나와 무명의 많음의 사이를 자유자재로 오가면서 변화하는 것을 표현하고 있기 때문이다.

이러한 관점에서 모든 존재를 속제俗諦와 진제眞諦, 중도제일의제中道第一義諦의 삼제로서 설명하고 있다.

> 한마음이 일체심이고 일체심이 한마음이며, 하나도 아니고 일체도 아니다. 하나의 음(陰 : 色受想行識)은 일체의 음이고, 일체의 음은 하나의 음이며, 하나가 아니고 일체도 아니다. 하나의 입(入 : 十二入)이 일체의 입이고, 일체의 입이 하나의 입이며, 하나도 아니고 일체도 아니다. 하나의 계(界 : 十八界)가 일체의 계이고, 일체의 계가 하나의 계이며, 하나도 아니고 일체도 아니다. 하나의 중생이 일체의 중생이고, 일체중생이 하나의 중생이며, 하나도 아니고 일체도 아니다. 하나의 국토가 일체의 국토이고, 일체 국토가 하나의 국토이며, 하나도 아니고 일체도 아니다. 하나의 상相이 일체의 상이고, 일체의 상이 하나의 상이며, 하나도 아니고 일체도 아니다. 나아가서 하나의 구경究竟(궁극의 경지)이 일체의 구경이고, 일체 구경이 하나의 구경이며, 하나도 아니고 일체도 아니다. 이와 같이 두루 다 걸치면 일체가 모두 다 불가사의한 경계라는 것을 깨닫는다. 만일 법성과 무명이 합하여 일체의 법·음계입陰界入 등이 있다면 이것이 바로 속제俗諦인 것이며, 일체의 계界·입入이 하나의 법계라면 바로 이것이 진제眞諦인 것이고, 하나도 아니고 일체도 아니라면 바로 이것이 중도의 제일의제第一義諦이니, 이와 같이 두루 다 걸치면 일체법이 불가사의한 삼제三諦가 아님이 없는 것이다. (『마하지관』)

이처럼 법성과 무명이 합하여 수많은 일체법으로 나타나는 것을 속제라고 하고, 온 우주의 존재가 하나의 법계로 이루어지는 것을 진제라고 하며, 속제도 아니고 진제도 아니면서 그 모두를 포괄하는 전체성에 이르는 것을 중도제일의제라고 한다. 하나도 아니고 일체도 아니라는 것은 하나와 일체가 규정되는 차원을 넘어서는 세계를 가리키는 것이고, 그럴 때 하나와 일체를 망라해서 전체성에 이르는 것이며 그것이 중도라는 것이다.

모든 존재를 속제·진제·중도제일의제의 삼제三諦로 바라보게 하는 것이 공관·가관·중도관의 삼관三觀이다. 이 삼관을 통해서 이루어지는 것이 공의 도리를 깨달은 지혜인 일체지一切智, 현실의 다양한 차별상을 정확히 알아 그것에 대처하는 지혜인 도종지道種智, 모든 것을 완전히 아는 지혜인 일체종지一切種智의 삼지三智이다. 이처럼 인식의 차원에 따라서 세계는 얼마든지 다르게 보일 수 있다.

> 만일 하나의 법이 일체법이 되면 이것은 인연이 낳은 법[因緣所生法]이니, 가명假名이고 가관假觀이다. 만일 일체법이 하나의 법이 되면 "나는 바로 이것이 공이라고 설한다(我說卽是空)."의 공관空觀이다. 만일 하나의 법도 아니고 일체법도 아니라면 바로 이것이 중도관中道觀이다. 하나의 공空이 일체의 공이면, 가假와 중中으로서 공 아님이 없으니 전체적으로는 공관이다. 하나의 가가 일체의 가가 되면, 공과 중으로서 가 아님이 없으니 전체적으로는 가관이다. 하나의 중이 일체의 중이 되면, 공과 가로서 중 아님이 없으니 전체적으로는 중관이 된다. 바로 『중론』에서 설한 바 불가사의의 일심삼관一心三觀인 것이다. 일체법을 두루 응용해도 이와 마찬가지이다. (『마하지관』)

『중론中論』의 「삼제게三諦偈」 "인연소생법因緣所生法 아설즉시공我說卽

是空 역명위가명亦名爲假名 역시중도의亦是中道義"에서 공가중空假中의 삼 제 개념이 등장하는데, 지의는 이를 체계화하고 즉공즉가즉중卽空卽假卽中으로 발전시켰다.

그렇다면 공가중과 즉공즉가즉중은 어떤 차이가 있을까?

첫째는 세계관의 차이이다.

지의는 공가중을 장통별원藏通別圓의 화법사교化法四敎의 분류에 따라서 재정의하고 있다. 즉 공空을 분석한 것이 장교藏敎이고, 다시 공을 체득한 것이 통교通敎이며, 공가중을 차례로 들어가는 것이 별교別敎이고, 공가중을 즉공즉가즉중으로 하나라고 보는 것이 원교圓敎라는 것이다.

공가중을 단계적으로 적용한다는 것은 각기 서로 다른 개념으로 차별한다는 것으로, 근본적으로 3차원 공간관의 세계관을 바탕으로 하고 있는 것이다. 따라서 공과 가, 중이 따로 구분되거나 하나로 융합되지 않은 채 혼재되어 나타난다. 반면에 즉공즉가즉중은 일미평등의 세계관에 기초하여 중도의 관점에서 모든 것을 포괄할 때의 상태를 나타낸다는 것이다.

둘째, 수행의 차원이 다르다.

지의는 "마음을 관하되 먼저 공空이라 보고, 다음에 가假라고 보고, 뒤에 중도中道라 봄은 차제관심次第觀心[1]이요, 마음을 관하되 그대로 공이요 가요 중도(卽空卽假卽中)라 보는 것은 원묘관심圓妙觀心[2]이다."[3]라고

---

1 천태지자 설, 장안관정 기, 이원섭 역, 『법화문구法華文句』, 80쪽. 영산법화사, 1997. 삼관三觀을 수행하거나 설명함에 차례를 따라 공관을 닦고, 다음에 가관에 들고, 마지막에 중도관에 드는 것. 삼관을 구분하여 단계적으로 이해하는 태도다.

2 위의 책, 80쪽. 삼관을 단계적으로 이해하여 보지 않고, 공·가·중이 원융미묘圓融微妙한 관계에 있음을 이해하는 것.

3 위의 책, 80쪽.

밝힌다. 또한 "관심觀心의 처지에서 해석컨대, 인연에서 생겨난 마음을 관觀함에서, 먼저 공空을 관하고 다음에 가假를 관하고 마지막에 중中을 관함은 다 편각偏覺(한쪽으로 치우친 깨달음)이요, 마음을 관함에서 즉공卽空[4]·즉가卽假[5]·즉중卽中[6]이라 관함은 원각圓覺(원만한 깨달음)이다."[7]라고 언급한다.

일미평등의 세계관에 이르지 않은 상태에서는 세계를 바라볼 때 공가중을 단계적으로 시차를 두고 적용하게 된다. 그 때문에 진眞과 속俗은 구분될 수밖에 없고, 그 순간 차별되고 경계가 만들어지게 된다. 수행자가 아무리 진정성을 갖고 정진하더라도 세계관, 즉 인식틀이 바뀌지 않는 한 그 경계를 넘을 수는 없다. 세계관의 차이, 인식의 차원이 수행의 차이를 낳게 되는 것이다. 공가중을 단계적으로 적용하는 것이 차제지관次第止觀이며 즉공즉가즉중으로 원융무애하게 보고 행하는 것이 원돈지관圓頓止觀이라고 할 수 있다.

셋째, 비밀장秘密藏에 이르는 문이다.

석존이 타계하기 전 『열반경』에서 비밀장을 거론하면서 비밀장의 세 점은 열반의 삼덕三德인 반야·해탈·법신이라고 밝혔다. 이것과 상응하는 것이 공가중이다. 전자가 인식주관의 차원을 직접 거론하는 것이라면 후자는 모든 존재의 객관성을 포함하는 개념이다. 지의는 모든 것을 공가중의 삼제로 보는 공관空觀·가관假觀·중관中觀이 바로 반야·해탈·법신이라고 한다.

---

4 위의 책, 57쪽. 모든 사물 그대로가 공空이라고 관觀하는 것.

5 위의 책, 57쪽. 현실이 공임을 체득했으나 그것에 매이면 허무에 빠지므로, 공 또한 공하다 하여 다시 차별적 현상의 세계로 돌아와 활동하는 것.

6 위의 책, 57쪽. '즉가'에 머물면 다시 현실에 매이는 경향이 생기므로 이것마저 부정하여 공도 아니요 가도 아닌 중도에 드는 것.

7 위의 책, 87쪽.

관심觀心으로 해석하면 공관空觀은 반야般若요, 가관假觀은 해탈이요, 중관中觀은 법신法身이다.[8]

『법화문구』에서는 법신·반야·해탈을 다음과 같이 설명한다.

음입계陰入界의 고苦가 곧 법신法身이니 그 본체가 드러나는 까닭에 이름 지어 법신이라 함이 아니라, 장애障礙로서 작용하는 번뇌·업·고 따위가 곧 법신인 것이다.

또 탐애치貪恚癡(탐진치貪瞋癡와 같음)가 곧 반야般若니, 깨닫는 주체인 까닭에 이름 지어 반야라 함이 아니라, 깨달아야 할 대상도 없고 본성 자체가 밝은 깨달음인 것이다.

업행業行이 매이고 묶임을 다 해탈이라 하는 것이니, 묶임을 끊고 벗어나는 것이 아니라 또한 잡아매일 어떤 실체도 없으며 또한 잡아매는 작용을 하는 주체도 없으므로 해탈이라 일컫는 것이다.[9]

『법화문구』에서는 오음 자체가 법신이고, 번뇌 자체가 반야이며, 업 자체가 해탈이라는 것이다. 사의경思議境으로, 즉 3차원 공간관의 세계관으로 본다면, 전자는 속俗이고 후자는 전자를 극복하고 초월한 상태인 진眞인데 속 자체가 바로 진이라고 하니 있을 수 없는 것이다. 그런데 부사의경不思議境으로 본다면, 속과 진은 전체를 포괄한 일미一味 안에 있는 부분이면서 일미를 이루고 있기 때문에 속 자체가 바로 진이라는 것이다.

이런 점에서 부사의경으로 보는 반야·해탈·법신의 열반 삼덕은, 일

---

8 위의 책, 119쪽.
9 위의 책, 143쪽.

미로서 동시장과 공동장을 띠는 즉공즉가즉중即空即假即中과 상응하는 것이다.

인식대상의 존재성을 나타내는 공가중이 공관空觀·가관假觀·중관中觀을 통해 인식주관의 주관성을 나타내는 반야·해탈·법신과 일치한다는 점과 즉공즉가즉중即空即假即中이 열반 삼덕과 함께 모두 부사의경不思議境에서는 일미동체의 장을 이룬다는 점은 비밀장에 이르는 문이라고 할 수 있다.

넷째, 삶에 대한 태도가 달라진다.

공가중을 각각 단독으로나 단계적으로 적용한다면 그 때마다 단공但空의 교조주의, 도덕주의나 세속적인 현실주의의 편향성을 띨 수 있다. 공가중을 단독이나 단계적으로 적용한다는 것 자체가 3차원 공간관의 세계관이나 인식틀에 기초하고 있기 때문에 아무리 진정성을 갖고 선의를 다하더라도 그 한계를 피할 수 없는 것이다. 그러나 즉공즉가즉중은 일미동체의 세계관에 기초하여 매순간 모든 것의 전체성을 중도로서 파악하기 때문에, 스스로 자유, 자재로우며 현실에 대해 관용과 포용을 견지할 수 있다.

> 다만 제법실상諸法實相과 법성불법法性佛法을 아는 까닭에 색色이건 향香이건 실상實相 아님이 없는 것이 된다.[10]

이는 즉공즉가즉중 상태에 이르면 일색一色, 일향一香 모두, 즉 모든 현상을 중도실상中道實相으로 인식하게 된다는 것이다. 현상을 바라보

---

10 위의 책, 143쪽. 법성法性이란 진리의 본성, 깨달음의 본성인 동시에 온갖 사물의 본성이기도 하여 진여眞如와 같은 말인데, 이 법성을 부처님의 가르침[불법佛法]으로 보는 뜻이다. 구체적으로는 부처님의 여러 가르침이 존재하나 구경究竟의 불법은 법성이라는 취지다.

는 시각만을 기준으로 본다면 장교와 원교는 판이하게 다르다. 장교의 경우, 3차원 공간관의 세계관에 기초하기 때문에 모든 현상을 부정하기만 했다. 무상無常이고 고苦이고 무아無我이고 부정不淨한 것이 현상세계였다. 그러기에 삶에 대한 태도는 지극히 허무주의와 염세주의였고, 도덕주의와 교조주의를 벗어나지 못했다. 결국 인간을 자유롭게 만들려는 시도가 또 다른 편향을 초래하는 모순이 발생한 것이다. 이에 비해 원교는 일미동체의 고차원 세계관으로 바라봄으로써 모든 현상세계를 있는 그대로 받아들이기 때문에, 즉 드러난 질서와 접혀진 질서를 망라하여 카오스(chaos) 그대로 총체적으로 수용하기 때문에 그 자체가 바로 중도실상인 것으로 바라보는 것이다. 무상無常이 아니라 상常, 고苦가 아니라 낙樂, 무아無我가 아니라 아我, 부정不淨이 아니라 정淨으로 우주의 모든 현상을 인식하는 것이다. 단계적인 공가중空假中이 아니라 즉각적이고 동시적인 즉공즉가즉중卽空卽假卽中으로 세계의 존재를 이해하는 것이다. 그러기에 삶의 태도는 자유자재로울 수 있고 대자대비할 수 있다. 이런 점에서 본다면, 즉공즉가즉중은 원교의 차원을 그대로 드러낸다는 점에서 자기해방과 자유의 철학이고 기성의 제도와 인식법을 전복하는 혁명적 사상이라고 할 수 있다.

[수련법]

1. 공·가·중과 반야·해탈·법신을 각각 떠올려서 기의 장을 확인한다. 공과 반야, 가와 해탈, 중과 법신이 상응한다.

2. 공가중을 동시에 떠올려보고 즉공즉가즉중의 기의 장을 확인한 뒤 비교해 본다. 전자는 여러 기의 장이 혼재되어 나타나고 후자는 일미의 공동장이 형성된다.

3. 원교로서 공가중, 즉공즉가즉중을 떠올려 본다. 공가중을 원교로서 떠올리면 기의
   장이 처음의 즉공즉가즉중의 기의 장과 비슷해진다. 즉공즉가즉중을 원교로서
   떠올리면 기의 장이 횡수로 무한대로 열린다.

4. 반야·해탈·법신을 기의 장으로 떠올리고 공가중과 비교하면, 앞의 수련법에서
   언급했듯이 다소 차이가 난다. 전자는 기의 장이 중심선을 기준으로 펼쳐지고
   후자는 약간 전두엽으로 치우쳐져서 기의 장이 열린다. 공관·가관·중도관은
   삼덕과 같이 중심선을 기준으로 기의 장이 열린다. 원교로서의 반야·해탈·법신의
   기의 장을 떠올린 뒤에 원교로서의 즉공즉가즉중의 기의 장을 떠올리면 온 누리로
   경계 없이 환하게 열린다.

탐진치貪瞋癡가 그대로 도道다

세계관은 사람을 억압하거나 옭아맬 수도 있고, 자유롭게 해방 시킬 수도 있다. 보통 세계관은 당대의 유력한 사상에 입각하거나 자신 및 집단의 누적된 경험을 일반화하여 세계를 바라보는 것이기 때문에 관행적이거나 보수적인 경우가 많다. 이런 세계관은 구체적 상황이나 그곳에 살고 있는 사람의 사정을 생생하게 있는 그대로 반영하지 못하면서도, 그에 대한 인식과 해석, 판단의 근거로 작용하여 실상을 왜곡시키거나 경계를 강화할 수 있다. 또한 개인의 가치관을 보수적으로 결정지을 뿐만 아니라 기존의 사회체제를 유지하는 이데올로기로 작용하기도 한다. 그러나 낮은 차원의 세계관이 법이자연法爾自然의 흐름을 가로막을 수는 없다. 전체를 향한 인간 의식의 지향성과 사회의 역동적인 변화상은 낡은 세계관의 무게를 이겨 내고 구체제의 질서를 해체시킨다.

물론 세계관은 세계, 나아가 우주를 해석하는 일관된 관점인 만큼, 여러 차원, 여러 종류로 나누어 볼 수 있다. 기독교 세계관, 불교 세계관, 장교의 세계관, 원교의 세계관, 기의 세계관, 자본주의 세계관, 물질적 세계관, 정신적 세계관, 무의식의 세계관, 고전물리학 세계관, 양자역학 세계관 등등. 이 가운데 가장 기본적인 세계관은 시간과 공간의 물리법칙에 따라서 구분하는 세계관이다. 모든 세계관의 기초를 이루는 것이기 때문이다. 그런 만큼 개별의 다양한 세계관도 어떤 물리법칙에 따른 세계관에 기초하는가에 따라서 그 의미와 위상이 결정된다. 지금까지 역사상 가장 기본적인 물리적 세계관은 고전물리학과 상대성이론, 양자역학의 세계관일 것이다. 이런 세계관은 세계의 물성을 파악하는 가장 기초적인 세계관이고, 이것을 토대로 하여 철학·심리학·신학의 세계관이 정립된다. 세계를 새롭게 해석할 수 있는 물리법칙이 발견되었는데도 여전히 낡은 물리법칙에 기반하는 세계관이 있다면, 그것은 구체제의 질서를 유지하는 역할을 하며 새로운 시대에 살고 있는 사람과 변화된 세계에 대해서는 질곡으로 작용한다.

그런데 수행의 세계에서는 당대 세계의 물성에 대한 담론, 물리법칙과 상관없이 얼마든지 새로운 세계관을 모색할 수 있다. 인간의 의식 세계에 반영되는 것을 통해서 세계를 파악하고 의식의 지향성으로 전체상을 모색해 나가기 때문이다. 대표적으로 20세기에 이르러 정립되기 시작한 양자역학의 물리법칙에 상응하는 의식 세계의 세계관은 이미 2, 3천 년 이전의 대승불교에서 제시되었다. 당시의 물질문명과 물리법칙의 수준에 비해서 전혀 상응하지 않는 세계관이 의식 세계의 통찰을 통해서 정립된 것이다. 이는 그만큼 당대에서는 기존 제도와 사상, 세계관에 대해 혁명적 사상이고 전복의 철학, 해방의 세계관으로 등장했다는 것을 의미한다.

세계관에 따라서 다르게 해석되는 것 가운데 하나가 탐진치貪瞋癡이다. 『묘법연화경』에서는 탐진치를 삼독三毒이라고 칭하는 것은 수행하는 사람을 능히 침해하기 때문에 독과 같다고 비유한 것이고, 이것은 단수를 말한 것이며 복수로는 음욕婬欲, 진에瞋恚, 우치愚癡라고 표현한다고 한다.[1] 이 가운데 스스로를 사랑함[自愛]을 욕欲이라 하고 남을 사랑함[愛他]을 음婬이라 하며, 스스로 성냄[自忿]을 에恚라 하고, 남에게

---

1 계환 해, 일여 집주, 김진철 편역, 『묘법연화경 하』, 1655·1657쪽. 법화선원 마하사, 2011.

성냄[忿他]을 진瞋이라 하며, 스스로 미혹함을 우遇라 하고, 남의 미혹을 치痴라고 한다.

그런데 관觀으로 해석하면, 탐진치는 계내界內에서는 삼독이지만 계외界外에서는 전혀 다른 모습을 띠게 된다는 것이다.

먼저 순順의 방향으로 살펴보면, 『대경大經』에서 "일체 선법善法은 욕欲을 그 근본으로 한다."라고 하듯이, 이승二乘은 ① 열반을 즐기고자 함[欲樂]을 탐貪이라 하고, ② 생사生死를 싫어 더러워 함[厭惡]을 성냄[瞋]이라 하고, ③ 이런 이치를 통달하지 못함을 어리석음[癡]이라 한다는 것이다.

또한 보살(별혹別惑인 무명혹無明惑을 끊지 못한 보살)이 ① 불법佛法을 탐하여 구함을 탐貪이라 하고, ② 이승二乘을 더럽고 천히 여김을 성냄[瞋]이라 하고, ③ 불성佛性을 보고 아직 훤하고 분명하게 알지 못함을 어리석음[痴]이라 한다는 것이다.

물론 이러한 세 가지 번뇌도 정진하여 여의여야 한다.

다음으로, 역逆으로 살펴보면, 일체 중생을 이름하여 "욕심과 성냄과 어리석음이 적다"고 하는데, 그 이유는 ① 다만 삼악도三惡道(지옥·아귀·축생)의 고통에만 성내고[瞋], ② 인간과 하늘[人天]의 낙樂을 탐하기 때문이라는 것이다.

또한 이승은 ① 다만 생사의 고통에만 성내고, ② 열반의 낙樂을 얻고자 하니, 다 이름하여 '적다'고 한다는 것이다.

이에 비해 보살은 ① 두루 일체 말로는 하지 못할 불법을 구함은 탐貪이라 하고, ② 생사도 받아들이지 않을뿐더러 또한 열반도 받아들이지 않음을 성냄[瞋]이라 하고, ③ 최후에 무명의 혹惑이 오히려 남아 있음을 어리석음[痴]이라 한다는 것이다.

이처럼 탐진치가 계내와 계외에 따라서 그 내용이 판이하게 다르다. 이는 일반 대중과 이승, 보살의 세계관이 다르기 때문이다.

이러한 점에서 삼독은 곧 삼법문三法門이 된다는 것이다. 세 가지는 ① 취하는 것[取], ② 버리는 것[捨], ③ 취하지도 않고 버리지도 않는 것 [不取不捨]으로 나누어 볼 수 있다. 이것은 욕계 단계에서 나타나는 탐진치를 그 내용으로만 판단하는 것이 아니라 그런 내용을 낳았던 인간의 기질과 지향성을 주목하는 것이다. 말하자면, 결과보다 그런 결과에 이르게 한 과정을 살펴보는 것이다. 결과는 욕계라는 인식의 차원, 세계관에 따라서 나타난 표면적 현상이지만 과정은 인식의 차원, 세계관이 변하더라도 같은 양상으로 발휘될 인간의 본능적 욕구라고 할 수 있다. 가령, 탐한다는 것은 내면에 자기의 것을 더 취하려는 욕구가 있기 때문인데 이것이 물욕이나 음욕으로 나타나기도 하지만 인식의 차원이 높아지면 자신의 존재감을 우주 규모로 확장하려는 욕구로 나타날 수 있는 것이다. 이런 점에서 탐貪은 바로 취取하려는 인간의 욕구를 내포하고 있다는 것이다. 또한 진瞋은 욕계에서 겉으로는 성을 내는 것이지만 그 내면에는 자신의 기준에 맞지 않거나 내키지 않을 때는 집착을 하지 않고 쳐내서 버리는 사捨의 기질을 반영하고 있다는 것이다. 이런 점에서 진瞋은 욕계에서는 수행에서 가장 장애가 되는 정서이지만 인식의 차원이 높아졌을 때는 어디에도 집착하지 않는 성향을 나타낼 수 있다는 것이다. 또한 치癡는 욕계에서는 이치에 어두운 어리석음으로 나타나지만, 그 내면에는 분별하여 취사선택하지 않는 성향이 작용하고 있다고 보는 것이다. 이를 불취불사不取不捨의 특성으로 파악하고 이런 면모가 인식의 차원이 높아졌을 때는 간택심에 빠지지 않고 전체성을 잃지 않는 중도中道의 깨달음에 이르게 할 수 있는 성향이라고 본 것이다.

장교의 불교가 탐진치를 삼독으로 여기고 배격하는 것이 그런 결과에 이르게 한 인간의 욕구와 기질, 성향까지 포함한 것이라면, 엄격한 도덕주의의 한계를 벗어날 수 없다. 그렇기 때문에 삼독을 거론하면서 그 내용보다 성질을 세 가지로 제시한 것은 표면적 현상보다 그런 결과를 야기하는 인간의 성향과 의식성을 직시한다는 점에서 놀라운 통찰이 아닐 수 없다. 그러기에 대승, 원교는 인간의 본능과 욕구를 억압하는 것이 아니라 최대한 발양한다. 문제는 인식의 차원, 즉 세계관의 문제이지 인간의 본능과 기질의 문제는 아니라는 것이다. 이런 점에서 대승, 원교는 인간을 자유롭게 하고 일체의 경계와 구속으로부터 해방 시킬 수 있는 가르침인 것이다.

이런 관점에서 대승은 대탐大貪과 대진大嗔, 대치大痴야말로 깨달음에 이르게 하는 것이라고 한다. 이를 『묘법연화경』에서는 다음과 같이 표현한다.

① 취하는 것 : 대자대비와 사섭四攝[2]과 십력十力[3]과 불국토를 청정하게 하고 중생을 교화하여 제도함을 취문取門이라 하니 곧 큰 탐욕[大貪]

---

2 불교의 보살이 중생을 제도하고 섭수하기 위하여 행하는 네 가지 기본 행위를 가리키는 불교 용어. 보시섭布施攝은 중생이 재물을 구하거나 진리를 구할 때 힘닿는 대로 베풀어 주어서 중생으로 하여금 친애하는 마음을 가지게 하여 중생을 교화하는 것이다. 애어섭愛語攝은 중생을 불교의 진리 속으로 들어오게 하기 위하여 여러 사람들에게 듣기 좋은 말을 하여 친애하는 정을 일으키게 하는 것으로, 보살은 온화한 얼굴과 부드러운 말로 중생을 대한다. 이행섭利行攝은 몸과 말과 생각으로 중생들을 위하여 이익되고 보람된 선행善行을 베풀어서 그들로 하여금 도에 들어가게 하는 것이다. 동사섭同事攝은 보살이 중생과 일심동체가 되어 고락을 함께하고 화복을 같이하면서 그들을 깨우치고 올바른 길로 인도하는 적극적인 실천행이다.이 동사섭은 보살의 동체대비심同體大悲心에 근거를 둔 것으로, 함께 일하고 함께 생활하는 가운데 그들을 자연스럽게 교화하는 것이다. 이와 같은 동사섭은 사섭법 가운데 가장 지고한 행이다. 보시·애어·이행은 처해진 환경에 따라서 얼마든지 실천할 수 있는 것이지만, 동사섭은 쉽게 이루어지지 않는다(출처 : 한국민족문화대백과사전).
3 이치[處]와 이치 아님[非處]을 여실히 아는 처비처지력處非處智力 등 부처 또는 보살이 지니는 열 가지 힘을 가리키는 불교 교리(출처 : 한국민족문화대백과사전).

이다.

② 버리는 것 : 일체법은 공空하여 존재하는 것이 없고[無所有], 머물지도 않고 집착하지도 않으며[不住不著], 얻을 것도 없고 깨달을 것도 없음을 이름하여 사문捨門이라 하니 곧 큰 성냄[大嗔]이다.

③ 취하지도 않고 버리지도 않는 것 : 중도는 취하지도 않고 버리지도 않으며[不取不捨], 미워하지도 않고 사랑하지도 않으며[不憎不愛], 끝나지도 않고 항상 영원하지도 않으며[不斷不常], 생도 없고 멸도 없어[無生無滅], 이변二邊이 차단된 고로 말로서는 말할 수 없는 이것은 불취불사문不取不捨門이라 하니, 곧 큰 어리석음[大痴]이다.

문수보살이 "나는 탐욕의 우두머리요, 성냄의 우두머리요, 사견의 우두머리다."라고 한 것도 바로 깨달음의 경지를 밝힌 것이다.

『무행경無行經』에서도 "탐욕貪欲은 그대로가 도道요, 성냄과 어리석음[恚痴]도 또한 이와 같다."라고 한다.

이러한 표현들을 장교, 소승의 세계관에서 본다면 논리적 모순으로 궤변일 따름이다. 하지만 이를 대승, 원교의 세계관에서 본다면 장엄 그 자체라고 할 수 있다. 여기에서는 중생과 부처를 막론한 인간에 대한 지극한 사랑, 대자대비심이 전제되어 있다. 구체와 전체, 부분과 전체가 조금의 간격도 없는 일미동체라고 선언한 것이다. 소승, 장교가 세계관의 한계로 교조주의와 도덕주의로 중생들을 대상화하고 억압했다면, 대승, 원교는 중생이 우주적 존재로서 바로 부처라고 선언함으로써 스스로 자신을 해방시키고 자유자재에 이르는 꿈을 꾸게 한 것이다.

『대지도론大智度論』에는 삼독을 소재로 무애도無礙道가 어떠한 것인지를 두 스님의 일화를 통해 소개하고 있다.[4]

과거세에 희근喜根과 승의勝意라는 두 스님이 있었는데, 희근은 세상의 법을 버리지 않았고, 또한 선악의 분별을 하지 않았으며, 욕심이 적고 만족해야 함을 찬탄하지 않았고, 계율을 잘 지켜서 수행하는 것을 찬탄하지도 않았으며, 다만 모든 사물의 진실한 본성[諸法實相]의 청정만을 설했다. 모든 제자들에게 "일체 현상계의 모든 사물들은 음욕상婬欲相이고 진에상瞋恚相이고, 우치상愚癡相이다. 이 모든 존재의 법상法相은 곧 이 모든 사물의 진실한 본성[諸法實相]이면서 걸림이 없는 것이다."라고 말했다. 이런 방편으로 모든 제자들을 가르쳐 절대평등경지[一相]의 지혜에 들어갔다.

이에 비해 승의 법사는 계를 청정하게 지니고 수행을 엄격하게 했다. 어느 날 승의가 희근의 제자 집에 들러서 지계持戒, 소욕少欲, 지족知足, 두타행頭陀行[5]의 수행과 한적한 곳에서의 선禪을 찬탄하고 설했다. 그리고 희근을 헐뜯으면서 "이 사람이 설법으로 사람들을 가르친다는 것이 사견邪見에 빠지게 하고, 음욕과 성냄, 어리석음[탐진치貪瞋癡]을 설하고는 걸림이 없는 모습이라 하니, 이 잡행을 하는 사람은 순수하지도 청정하지도 않다."고 하였다.

그러자 희근의 제자가 "대덕이시여! 음욕법은 어떤 상相입니까?"라고 질문을 하자 "음욕은 번뇌상이다."라고 대답하였다. "음욕, 번뇌는 안에 있습니까? 밖에 있습니까?"라고 물으니, "음욕, 번뇌는 안도 아니고 밖도 아니다. 만약 안에 있다면 응당 밖의 인연을 의지해 생기지 않는다. 만약 밖에 있다면 내게 관계없는 일이고 응당 나를 고뇌하게 하지 않는다."라고 대답하였다. 거사는 "만약 음욕이 안도 아니고, 밖도

---

4 용수 저, 구마라집 한역漢譯, 석법성 한역韓譯, 『대지도론』 1, 341~345쪽. 운주사, 2016.

5 출가자가 세속의 욕심이나 속성을 버리고 몸과 마음을 닦으며 고행을 능히 참고 행하는 불교 수행법.

아니고, 동서남북, 사유[동북·동남·서북·서남], 상하에서 온 것이 아니면 두루 실상을 찾아도 얻을 수 없는 이 법은 불생불멸이지만, 가령 생멸의 상이 없다면 공이고 모든 것이 없거늘, 어떻게 번뇌를 만들 수가 있습니까?"라고 말하였다. 승의는 말을 듣고 나서 그 마음이 유쾌하지 못했고, 더 이상 답할 수가 없었다. 앉은 자리에서 일어나 이와 같은 말을 했다. "희근은 많은 사람들을 속이고 삿된 도리에 집착하게 했다." 승의 보살은 거사의 집에서 숲에 이르러 정사精舍에 들어와 모든 비구들에게 "희근 보살은 헛된 속임으로 많은 사람들을 사악에 빠지게 한 줄 마땅히 알아야 한다. 왜냐하면, 그의 말은 음욕, 성냄, 어리석음의 상과 일체 모든 사물이 모두 무애상無礙相이라고 했기 때문이다."라고 말했다. 이때 희근이 '이 사람이 몹시 화가 난 것은 악업에 덮인 것이니, 큰 죄에 빠지게 되었다. 내가 지금 심심법을 설해야 한다. 비록 지금은 얻는 것이 없어도 후세에 불도佛道의 인연을 짓게 하는 것이다.'라고 생각하였다. 이때 희근은 스님들을 모아 일심으로 게송을 말하였다.

음욕이 곧 이 도道요
성냄과 어리석음도 마찬가지요
이 세 가지 일에
무량한 모든 부처님의 도가 있도다!

만약 어떤 사람이
음욕·성냄·어리석음 및 도를 분별한다면
이 사람은 부처님에게서 멀리 가니
비유하면 하늘과 땅 같도다!

도 및 음욕·성냄·어리석음은

한 가지 법이고 평등하니

어떤 사람이 듣고 두려워한다면

불도에서 매우 멀리 간 것이로다!

음법婬法은 생멸하는 것이 아니며

마음이 고뇌할 것이 없나니

자신을 견주어 계산하는 사람이라면

음욕으로 악도惡道에 들어갈 것이로다!

유법, 무법을 다르게 보는 견해는

유, 무를 벗어나지 못함이요

유, 무를 평등으로 안다면

월등히 초월하여 불도를 성취하도다!

문수사리가 "그때 승의 비구는 저의 몸이었고, 제가 그때를 관觀해 보면 무량한 고통을 당했습니다."라고 말하였다. 문수사리가 또 부처님께 "어떤 사람이 삼승三乘의 도를 구하고 모든 고통을 받지 않고자 하는 자이면, 모든 사물의 현상[法相]을 타파하지 말고 성내지 말아야 합니다."라고 말씀드렸다. 부처님께서 문수사리에게 "그대가 들은 모든 게송들은 어떠한 이로움을 얻는가?"라고 질문하셨다. "저는 이 게송을 듣고 많은 고통을 끝내고 세세생생 상근기上根機의 지혜를 얻고, 심법深法[진법]을 이해하고 깊고 묘한 이치를 설할 수 있으니, 모든 보살들 중에 제일입니다."라고 답하였다.

이 일화에서도 도道와 탐진치貪瞋癡는 한 가지 법이고 평등하다고 밝힌다. 표면적인 현상으로만 본다면 양자는 아주 다르다. 그러나 탐진치의 결과를 낳는 기질의 근원으로 시야를 확장해서 바라보면 양자는 일미평등하다는 것이다. 탐진치를 초래하는 기운의 동향은 지극히 자연스러운 생명력의 발양이기 때문에 도와 다르지 않다는 것이다. 그래서 후일에 문수보살은 모든 사물의 현상[法相]을 타파하지 말고 성내지 말아야 한다고 성찰한다. 문제는 인식의 차원이다. 모든 사물의 현상은 저차원의 세계관으로 볼 때는 진제와 대립하는 속제로 인식되어 타파해야 할 경계가 되지만, 일미평등의 세계관으로 본다면 현상 그 자체가 온 우주이고 중도실상이 되기 때문에 성낼 것이 없어진다.

희근은 게송에서 유법과 무법을 다르게 보는 견해는 유, 무를 벗어나지 못함이라고 했다. 인식주관의 내면에서 유, 무를 대립된 것으로 사유하는 인식의 차원에 머물고 있기 때문에 유법과 무법을 다르게 보고 차별한다는 것이다. 희근의 제자들은 모든 사물의 현상[法相]을 모든 사물의 진실한 본성[諸法實相]이라고 보면서 절대평등경지[一相]의 지혜에 들어갔다고 했다. 인식의 차원이 높아질 때 일미평등의 경지에 이르게 되고 그럴 때 모든 현상 그 자체가 바로 중도실상이라고 이해하게 된다는 것이다. 탐진치貪瞋癡 그대로가 바로 도道인 것이다.

[수련법]

1. 욕계 상태에서 탐진치貪瞋癡의 기의 장을 느껴본다. 그러면 백회 위로 무거운 것이 누르는 것처럼 막혀 있고 앞머리로 기운이 항진된다.

2. 계외界外 상태나 원교로서 탐진치의 기의 장을 느껴 본다. 백회 위가 환하게 열리고 사방으로도 기의 장이 확산되어 나간다.

3. 원교로서 대탐大貪·대진大嗔·대치大癡의 기의 장을 떠올려 본다. 사방, 팔방,
시방으로 기의 장이 환하게 열린다.

장통별원藏通別圓의 육바라밀 해석

『법화문구』에서는 장교藏敎, 통교通敎, 별교別敎, 원교圓敎가 육바라밀을 어떻게 해석하는지 소개하고 있다.[1] 먼저 삼장교三藏敎(장교藏敎)의 해석을 『대지도론』의 개요로 소개한다.

　　보시布施는 의정依正을 버리는 것이라고 한다. 여기서 의정은 의보依報와 정보正報를 합친 말인데, 정보는 우리의 몸과 마음을 가리킨다. 이것은 생존자 자신에게 주어진 과보로서, 우리의 심신은 과거의 업에 의해 받게 된 과보이므로 이를 정보라고 한다는 것이다. 의보는 정보가 의거하는 환경 세계로서 우리를 둘러싼 산천, 국토 등이다. 그러므로 의정을 버린다는 것은 자기가 소유한 것을 남에게 주고[의보依報] 자기 몸까지도 남을 위해 내던지는 것[정보正報]을 말한다.

　　지계持戒는 십악 가운데 일곱 가지(십악 중에서 마음으로 짓는 탐진치貪瞋癡를 제외한 살殺·도盜·음婬·망어妄語·기어綺語·양설兩舌·악구惡口)를 방지하는 것을 말하며, 인욕忍辱은 때리고 욕하는데도 보복하지 않는 것을 말하며, 정진精進은 일을 함에 시종여일함을 말하며, 선정禪定은 사선四禪, 팔정八定(사선四禪과 무색계의 공무변처空無邊處·식무변처識無邊處·무소유처無所有處·비상비비상처非想非非想處)을 가리키며, 반야般若는 땅을 분별해 언쟁을 그치는 것이라고 한다.(『대지도론』에서 땅을 예로 들어 반야를 논한 것. 보살은 일체 사물은 모두 상相이 없다고 관하는데, 모든 상은 인연이 화합하여 생기고, 자

1　천태지자 설, 장안관정 기, 이원섭 역, 『법화문구』, 1587~1593쪽. 영산법화사, 1997.

성이 없기 때문에 무無라고 한다. 땅도 색향미촉色香味觸이 결합한 것으로 있는 것이기도 하고 그런 관계를 떠나 땅 자체는 존재하지 않기 때문에 없는 것이기도 하다고 분석한다. 이처럼 모든 것을 유, 무 어느 것에도 매이지 않는 중도中道로 볼 때, 온갖 논쟁은 끊어진다는 것이다.)

육바라밀에 대한 장교의 분석은 일반 상식으로 알고 있는 개념과 부합한다. 보시·지계·인욕·정진·선정·반야의 기본 개념에 상응하는 분석이기 때문이다.

통교通敎의 관점으로 보는 육바라밀의 모습은 다음과 같다.

시자施者, 수자受者, 재물財物의 셋이 다 공함을 보시라 한다. 즉 보시하는 사람과 보시를 받는 사람, 보시에 쓰이는 재물, 이 셋에 대한 집착을 떠나야 참된 보시라는 것이다.

지계持戒(계를 지키는 일), 범계犯戒(계를 깨는 일)를 구별해 보지 않음을 지계라 하며, 능인能忍, 소인所忍으로 인식될 수 없음을 인욕忍辱이라 이르며, 몸과 마음이 동요되지 않음을 정진精進이라 이르며, 마음이 어지럽지도 않고 선정에 집착하지 않음(불란불미不亂不昧)을 선정禪定이라 이르며, 지혜롭지도 아니하고 어리석지도 아니함을 반야般若라고 이른다.

통교는 체공관體空觀으로 모든 것을 공하다고 보기 때문에 육바라밀도 개념적인 분별을 뛰어넘는 공으로 인식하는 것이다.

별교別敎의 관점으로 보는 육바라밀은 다음과 같다.

네 가지 일을 위해 응당 보시를 닦아야 한다. 첫째로 도를 닦는 사람은 간탐慳貪(인색해서 남에게 베풀지 않고 욕심을 부리는 마음)을 깨고자 하는 까닭에 보시를 닦는다. 둘째로 보리를 장엄하고자 하는 까닭에 보시를 닦는다. 셋째로 자리自利와 타리利他를 달성코자 하므로 보시를 닦으니,

보시하려 마음먹는 때와 보시하는 때와 보시하고 난 때에 다 환희함을 자리自利라 이르며, 기갈飢渴에 시달리는 사람이 기갈을 제거하게 되는 것, 이를 이타利他라 이른다. 넷째로 후세의 큰 공덕의 과를 얻고, 후세에 큰 부귀를 얻기 위해 보시를 닦아야 한다.

네 가지 일을 위해 응당 계戒를 지켜야 한다. 스스로 선법善法을 닦고, 악계惡戒(악한 행위, 악업)를 없애기 위해 계를 지키며, 보리를 장엄하여 중생을 구제하기 위해 계를 지키며, 잠자고 깨어남에·편안하여 회한하지 않으며 중생을 해칠 마음을 없애기 위해 계를 지키며, 뒤에 인천人天의 보報를 받으며 열반의 즐거움을 얻기 위해 계를 지켜야 한다.

네 가지 일을 위해 응당 인욕을 닦아야 한다. 인욕을 닦아 불인不忍을 제거하려 하므로 이를 닦으며, 보리를 장엄하여 중생을 제도하기 위해 이를 닦으며, 피차가 공포를 떠나고 후세에 진심瞋心이 없어서 권속을 파괴하지 않기 위해 이를 닦으며, 고뇌를 받지 않고 인천人天이나 열반의 즐거움을 얻기 위해 이를 닦아야 한다.

네 가지 일을 위해 응당 정진을 닦아야 한다. 정진은 게으름을 깨므로 이를 닦으며, 보리를 장엄하여 중생을 제도하기 위해 이를 닦으며, 선법을 증진시킴은 자리自利요 남을 괴롭히지 않음은 이타利他니, 이를 위해 정진을 닦으며, 뒤에 위대한 힘을 얻어 보리를 이루게 될 것이므로 이를 닦아야 한다.

네 가지 일을 위해 응당 선정을 닦아야 한다. 선정은 산란한 마음을 깨므로 이를 닦으며, 보리를 장엄해 중생을 제도하기 위해 이를 닦으며, 몸과 마음이 고요함은 자리自利요 중생을 괴롭히지 않음은 이타利他니, 이를 위해 선정을 닦으며, 뒤에 청정한 몸을 받아 편안하여 열반을 얻을 것이므로 이를 닦아야 한다.

네 가지 일을 위해 응당 반야를 닦아야 한다. 지혜는 무명無明을 깨므로 이를 닦으며, 보리를 장엄하여 중생을 제도하기 위해 이를 닦으며,

지혜가 있어서 스스로 즐김은 자리自利요 중생을 구함은 이타利他니, 이를 위해 반야를 닦으며, 능히 번뇌와 지장智障(소지장所知障, 알아야 할 진리를 못 보게 하는 장애, 그릇된 인식 작용이 원인이 된 지적 장애) 따위를 깸은 대과大果니 이를 위해 반야를 닦아야 한다.

별교別教에서는 자리이타自利利他의 대승적 세계관에 입각하여 자신의 수행과 중생의 제도를 동시에 추구하는 관점으로 육바라밀을 적용한다.

원교圓教로 보는 육바라밀은 다음과 같다.

『월장경月藏經』에서는 만약 중생이 오직 독송에만 의거해서 보리를 구한다면, 이 사람은 세속에 집착할 수밖에 없는 결과가 되어 자신의 번뇌도 제어하지 못하고, 남도 제어할 수 없다고 한다. 이런 사람은 질투, 명리名利, 부귀에 집착하여 교만하게 자기를 옳다 여기고 남을 업신여기고 헐뜯는데, 어찌 보리에 이르겠는가라고 비판한다. 이를 별빛으로는 바다를 말리지 못하며, 입 기운으로는 산을 움직이지 못하며, 우사藕絲(연잎에서 뽑아낸 실)로는 산을 들지 못함과 같다고 비유한다. 세속의 법으로는 보리를 완성할 수 없기 때문이라는 것이다. 그러면 어떤 것이 제일의第一義에서 본 육바라밀인가? 온갖 공덕을 가져올 일을 짓고, 수신修身·수심修心·수혜修慧를 다 제일의第一義를 가지고 훈수熏修(덕이 몸에 배어 관습이 되도록 계속 수행하는 일)하면 육바라밀을 완성할 수 있다고 한다.

걷거나 앉거나 반연攀緣의 생각을 버림(대상에 끌려 다니는 온갖 분별을 버리는 것)은 보시요, 반연을 버리고 도리를 범하지 않음은 지계요, 대상(경계, 현실)에서 창우瘡疣(부스럼과 혹=번뇌)가 생기지 아니하면 인욕이요, 여의거나 집착하는 행을 베풀지 아니하면 이것이 정진, 차별적인 사물 속에 있으면서 방일放逸하지 아니하면 선정, 제법의 체성體性을 무생無生이라 아는 것은 반야다.

다음으로 오음五陰에서 집착을 버림은 보시, 오음을 헤아려 생각하지 않음은 지계요, 오음에서 아상我想이 없으면 인욕, 오음을 원망하는 생각이 일어나면 정진, 오음에서 분별을 일으키지 않음은 선정이요, 오음에서 온갖 집착을 절대적으로 버리는 것은 반야이다.

또 십팔계十八界에서 그것에 대한 집착을 버림은 보시, 십팔계에서 어지럽혀지거나 더럽혀지거나 하지 않음은 지계요, 십팔계에서 인연을 버림(십팔계를 이루는 인연은 육근六根·육경六境·육식六識이다. 이것을 버리는 것이 인연을 버리는 일이다.)은 인욕이요, 십팔계에서 자주 계속하여 집착을 버림은 정진이요, 십팔계에서 분별을 일으키지 않음은 선정이요, 십팔계를 환상같이 여기면 반야다.

육바라밀에 대한 해석은 장통별원의 세계관에 따라서 다르다.

보시의 경우, 장교에서는 의정依正을 남에게 주는 것이라고 정의하는 데 비해서 원교에서는 어떤 순간에도 반연攀緣의 생각, 즉 대상에 끌려다니는 온갖 분별을 버리는 것이라고 본다. 예를 들어, 남에게 나의 재산을 기부하고 봉사 활동을 많이 한다면 장교의 관점에서는 보시를 한 것이지만, 그렇게 했다는 사실을 기억하고 그에 집착한다면 원교 관점에서는 보시가 아니라는 것이다.

지계持戒바라밀의 경우 장교에서는 계율을 지키는 것을 의미한다면, 통교에서는 계율을 지키는 것과 범하는 것을 구별해 보지 않는 것을 가리키고, 원교에서는 반연攀緣을 버리고 도리를 범하지 않는 것을 뜻한다.

이처럼 육바라밀에 대한 장교와 통교, 원교의 해석을 표면적으로만 본다면 서로 상충하는 것으로 보이기도 한다. 그러나 이것은 비교의 대상이 다른 데서 오는 착시 현상이다. 장교의 해석은 기본 개념에 따라서 인식하고 실천하는 겉보기의 행동 양상을 서술하고 있는 데에 비해 통교나 원교는 겉보기의 행동 양상과 별개로 인식주관의 내면 상태에 입각하여 육바라밀을 해석하고 있기 때문이다. 만약 같은 범주로 논한다면, 장교는 생멸의 세계관, 석공관析空觀, 즉 3차원 공간관의 세계관에 따르기 때문에, 육바라밀을 해석하거나 실천할 때 그 내면세계에서는 사안별로 경계가 생길 수도 있고 없을 수도 있을 것이다. 통교는 체공관體空觀의 세계관으로 육바라밀을 해석하기 때문에 베푸는 사람, 받는 사람, 재물 모두 다 공空한 것으로 보는 내면 상태를 유지하는 것이고, 원교는 어떤 순간에도 대상에 반연攀緣하는 것이 없는 상태가 바로 보시바라밀이라고 해석하는 것이다. 만약 이처럼 같은 범주로 비교한다면 재산을 기부하고 계율을 지키는 등의 겉보기 행위와 별개로 장통별원의 내면의 상태는 상충하는 것이 아니라, 세계관에 따라서 다른 것으로 파악할 수 있다.

이것은 수행의 관점에서는 아주 중요하다. 앞선 육바라밀의 해석은 외적인 행위의 양상보다 수행자의 내면의 상태가 어떠한지를 잘 밝혀내고 있기 때문이다.

이를 기의 패러다임으로 해석할 수 있다. 기氣는 입자의 경계가 아니라 모두를 망라하는 장場이기 때문에 표면적인 행위와 상관없이 인식주관의 내면 상태를 있는 그대로 나타낸다. 표면적 행위는 입자 형태로 드러난 질서이고 내면의 의식 상태는 허수의 장으로서 접혀진 질서라고 할 수 있다. 3차원 공간관, 생멸의 세계관에서는 드러난 질서, 즉 실수 입자의 형태만 파악할 수 있겠지만, 일미동체의 고차원 세계관에서는 내면의 의식의 장의 상태가 훨씬 중요하다. 전자는 결과 중심이지만, 후자는 과정 중심이다. 실수 입자의 선형성 이론의 관점으로서는 어떤 과정을 거치더라도 상관하지 않고 드러난 결과만 실체라고 여긴다. 그러나 허수 장의 비선형성 이론의 관점으로서는 드러난 결과와 접혀진 과정은 선후의 차이나 본말의 차이가 없다. 결과가 과정이고 과정이 결과이다. 이런 경우 전모를 총체적으로 파악하려면 인식의 차원이 높아져야 하고, 그럴 때 과정의 내용성이 결과보다 더 중요하다. 결과는 인연의 화합으로 이루어지는 것이지만 과정은 인식주관의 의식 상태가 고스란히 담겨 있기 때문이다.

이런 관점에서 본다면, 원교의 보시바라밀에 대한 해석은 중요한 의미를 나타낸다. 원교에서는 어떤 순간에도 대상에 반연攀緣의 생각을 버리는 것을 보시라고 해석했다. 여기서 반연은 대상에 끌려다니면서 만들어 내는 분별의 경계를 말한다. 겉으로 아무리 많은 보시를 했더라도 그걸 사실이라고 실체화하고 분별심을 갖는 순간 원교의 보시는 아니라는 것이다. 그렇다면 반연의 생각을 버리는 것을 왜 보시라고 할까? 이를 기의 장으로 떠올리면 쉽게 이해할 수 있다.

내면의 의식 상태에서 대상에 대한 반연의 생각이 머무는 순간, 그것을 기준으로 경계가 만들어지고 그에 따라 간택심이 발동되면서 차별이 생긴다. 겉보기로 보시라는 행위가 일어난 것과, 그걸 사실로서 실체라고 인식하는 것은 차원이 다른 일이다. 전자는 우주적 규모에서 어떤 사건이 일어났을 뿐인데, 내가 그걸 반연한다는 것은 개별 단위의 존재의 것으로 제한해서 인식한다는 것이고, 그 결과 나의 뇌리에서 상념으로 전개되는 것이라고 하더라도 바로 그렇게 인식하는 순간, 경계가 만들어지고 차별이 생기고 만다. 만약 장교의 관점이라면 이런 정도는 지극히 사소한 것이라 무시해도 상관이 없다. 장교는 생멸의 세계관으로서 모든 것을 드러난 질서 중심으로 분별하기 때문이다. 그러나 일미동체의 원교의 세계관의 관점에서 본다면 앞의 전개 과정에서는 엄청난 장애가 발생한다. 일미동체의 우주론에서는 실수 입자의 드러난 질서보다 접혀진 허수의 장이 더 근본적인 질서이기 때문이다. 기의 장으로 본다면, 행위가 어떠하든 간에 인식의 과정에서 만들어진 경계로 인해 나와 대상 사이에는 차별이 생기게 된다. 겉으로 보시를 했음에도 불구하고 내면의 의식 상태에서는 그야말로 반反보시의 경계와 차별이 만들어진 것이다. 이러한 기의 장의 상태는 연쇄 작용을 일으켜서 나비 효과를 낳는다. 그 결과 표면적인 보시 행위보다 내면의 경계와 차별이 나와 세계, 우주에는 더 큰 영향을 미치게 된다. 이런 점에서 반연의 생각에 머무는 순간, 보시가 아니라고 하는 것이다.

만약 이런 관점에서 본다면, 대상에 대한 반연의 생각이 없다는 것은 자신의 내면의 의식 상태에서 일체의 경계와 차별이 없는 상태로 나와 대상이 한 몸인 상태, 동시장, 공동장의 상태를 유지하는 것이고, 이를 확장한다면 온 우주가 한 몸이고 동시장, 공동장인 상태가 된다는 것이다. 고차원의 장의 상태에서는 이런 인식의 전환 자체만큼 더 큰 보시는 없다. 인식주관의 의식으로 나와 남, 대상 모두 우주 법계의 자성自性으로 거듭나기 때문이다. 기의 장에서 본다면, 내가 어떻게 인식하는가에 따라서 그 장이 즉각 주위로 퍼져 나가고 주위에서 다른 사람이 어떻게 인식하는가에 따라서 그 파장이 나에게로 되돌아온다. 또한 인식의 차원이 높을수록 그 파장이 부드럽고 섬세해서 주위의 파장을 쉽게 변화시키는 만큼 낮은 차원의 파장에는 영향을 받지 않고, 도리어 그 파장을 변화시키게 된다. 말하자면, 보시라는 행동보다 내면의 의식으로 조성되는 기의 파장이 우주에 미치는 영향은 더 커지는 것이다.

이처럼 원교의 관점에서 본다면 일념삼천一念三千, 즉 일념이 바로 우주이다. 자리이타自利利他는 동시에 이루어진다.

[수련법]

1. 보시바라밀의 장을 장교와 원교의 관점으로 떠올려서 비교해 본다. 장교의 경우

백회 위가 열리지 않고 앞머리로 기운이 항진된 상태로 나타난다. 이는 보시를 3차원 공간관의 세계관에 입각하여 겉으로 드러난 행위 위주로 해석하는 것과 상관 있다. 반면 원교의 경우 백회 위로 환하게 열리고, 이어서 사방으로 일체의 경계 없이 기의 장이 퍼져 나간다. 여기서는 나와 남, 세계와 우주의 분별과 경계가 사라진다.

2. 장교의 관점으로 해석한 육바라밀의 장을 통째로 떠올려 본다. 이를 원교의 육바라밀의 장과 비교해 본다. 여러 가지가 혼재되어 나타나지만 기본적으로는 1의 양상과 비슷하다.

3. 원교의 관점으로 해석한 육바라밀의 장과 원교로 보는 일념삼천의 장을 떠올려 보고 비교해 본다. 비슷한 장으로 나타난다.

육즉설六即說과 꿈

불교 경전에는 여러 가지 수행계위가 나온다. 『화엄경華嚴經』에는 41계위, 『영락경瓔珞經』에는 52계위가 나오는데, 최상의 깨달음에 이르기까지 삼아승기겁이 걸린다고 한다. 삼아승기겁은 무한하게 오랜 시간을 뜻한다. 이 이론은 수많은 생을 거듭하면서 정진해야 묘각妙覺에 이를 수 있다는 점을 강조한 것이지만, 바로 이러한 점이 많은 사람을 절망에 빠뜨리기도 한다. 아무리 정진하더라도 짧은 한 생애에서는 번뇌에서 벗어날 수 없다는 것을 확인하는 것이기 때문이다.

또한 이 설은 불교의 무아사상과도 상충한다. 첫째 수많은 생을 거듭하여 깨달음에 이른다는 것은 유아윤회를 전제로 한 것이다. 유아윤회는 윤회의 주체를 설정한다는 점에서 영혼에 해당하는 아트만이 계속 윤회한다는 브라만교의 논리와 같다. 불교의 무아사상에 입각한다면 바로 해탈해서 윤회를 하지 않거나 윤회를 하더라도 무아윤회를 한다고 보아야 할 것이다. 둘째 수행을 할 때 한 생애 안에서도 단계별로 나누어져서 차례차례 변화해 나간다고 설정하는 것은 수행자의 정체성이 일정하게 유지된다는 것을 전제하고 있는 것이다. 이러한 수행계위는 별교別敎의 격력차제隔歷次第의 차별관差別觀에 바탕을 둔 것이다.

이에 지의智顗는 원돈圓頓에 입각한 새로운 수행계위인 육즉六即을 제시한다. 원돈의 원은 원교圓敎로서 원융무애한 상태, 즉 일미동체의 고차원 경지를 말하고, 돈은 즉각적인 깨달음을 가리킨다. 육즉은 이즉理即·명자즉名字即·관행즉觀行即·상사즉相似即·분진즉分眞即·구경즉究竟即

으로 이루어져 있다. 지의는 육즉을 알아야 하는 이유를 『대지도론』에
나오는 연등의 심지에 비유하였다. 그 내용을 간략하게 소개하면 다음
과 같다.[1]

　수보리가 석존에게 초심初心[초발심初發心]으로 무상도無上道를 얻는
지, 후심後心[초발심 이후 계속 오랫동안 수행하는 사람을 일컫는다]에 의해 얻
는 것인지를 질문한다. 수보리는, 초심은 후심에 이르지 못하고 후심은
초심에 있지 않는데, 어떻게 선근을 증장하여 무상도를 얻는지 질문한
것이다. 이에 석존은 심오한 인연법으로 답하셨으니, 소위 단지 초심만
으로 얻는 것도 아니고 또한 초심을 떠나 얻는 것도 아니다. 어떤 연유
인가 하면, 만약 초심만으로 얻고 후심으로 못 한다면, 보살은 초발심
에 바로 부처가 되어야 하기 때문이다. 만약 초심이 없다면, 어떻게 제
2, 제3의 마음이 있겠는가? 제2, 제3의 마음은 초심이 근본 인연이 된
다. 또한 후심만이 아니고 또한 후심을 떠난 것도 아닌 것은. 이 후심
은 또한 초심을 떠나지 않아 만약 초심이 없다면 즉 후심은 없는 것이
다. 초심은 여러 가지로 무량한 공덕功德을 쌓고 후심은 즉 구족具足을
한다. 구족을 하기 때문에 번뇌의 습기를 끊고 무상도를 얻는다. 수보
리는 여기에서 자신이 어려운 인연을 설하였는데, "초심과 후심의 마
음과 심리상태는 함께하지 않는다. 함께 하지 않는 것은 즉 과거는 이
미 소멸했으므로 화합할 수 없다. 만약 화합이 없다면 즉 선근을 쌓지
못하고, 선근을 쌓지 못하면 어떻게 무상도를 성취하겠는가?"였다. 석
존은 현실의 일로 비유해 답하셨는데, 예컨대 연등의 심지와 같아 오직
처음의 불꽃만 타는 것도 아니고 또한 처음의 불꽃을 떠난 것도 아니

1　용수 저, 구마라집 한역漢譯, 석법성 한역韓譯, 『대지도론』 4, 674·675쪽. 운주사,
2016.

고, 오직 나중의 불꽃만 타는 것도 아니고 또한 나중의 불꽃을 떠난 것
도 아니지만, 그러나 연등의 심지는 타는 것이다.

석존이 수보리에게 "그대의 눈이 심지가 타는 것을 보면 처음도 아
니고 나중도 아니지만, 그러나 심지는 타고 있다. 나도 역시 불안佛眼으
로 보살이 무상도 얻는 것을 보면 초심으로 얻는 것도 아니고 또한 초
심을 떠난 것도 아니고, 또한 후심으로 얻는 것도 아니고 또한 후심을
떠난 것도 아니지만, 그러나 무상도를 얻는다."라고 말했다. 연등은 보
살도를 비유했고, 심지는 무명 등 번뇌를 비유했고, 불꽃은 초지初地(성
문도聲聞道는 건혜지乾慧地이고, 보살도菩薩道는 환희지歡喜地)에 상응한 지혜
에서 금강삼매에까지 상응한 지혜와 같아, 무명 등 번뇌의 심지가 타는
것이다. 또한 초심의 지혜 불꽃도 아니고 또한 후심의 지혜 불꽃도 아
니지만, 그러나 무명 등 번뇌의 심지는 남김 없이 타서 무상도를 성취
하게 된다고 설명한 것이다.

『마하지관』에서, "육즉六卽과 관련하여 초심初心을 옳다고 할 것인
가, 후심後心을 옳다고 할 것인가?"라는 질문에 대해 "초심도 아니고 초
심을 떠난 것도 아니고, 후심도 아니고 후심을 떠난 것도 아니다."라고
응답한 것은 앞의 『대지도론』의 예를 바탕으로 한 것이다.

만일 지혜와 믿음을 갖추면, 일념一念이 옳다[是]는 것을 듣고서 믿는
까닭에 비방하지 않고, 슬기롭기 때문에 겁내지 않으니 초初나 후後 모
두가 다 함께 옳다[是]. 만일 믿음이 없으면 거룩한 경지를 높이 밀어 올
리니, 자기의 지혜의 분야가 아니게 되고, 만일 지혜가 없으면 증상만增
上慢을 일으켜서, 나는 부처님과 균등하다고 하게 되니 초나 후가 함께
다 그릇된 것이 된다. 이런 일 때문에 모름지기 육즉六卽을 알아야 한다
는 것이다. 이른바 이즉理卽, 명자즉名字卽, 관행즉觀行卽, 상사즉相似卽,

분진즉分眞卽, 구경즉究竟卽이다. 이 육즉은 범부부터 시작하여 성인으로 끝나며, 범부로부터 시작하기 때문에 의심과 겁을 제거하며, 성인으로 끝나기 때문에 오만傲慢과 존대尊大를 제거하는 것이다.

여기서 육六은 서로 다른 것을 가리키고 즉卽은 그것에 공통하는 면으로서 본유의 덕성을 나타낸다. 여섯 가지의 수행계위가 같으면서 다르고, 다르면서도 같다는 것이다. 이 점이 바로 별교의 격력차제의 차별론으로서의 수행계위와 다른 점이다. 육즉은 단계적으로 구분되는 것도 아니고 똑같은 것도 아니라는 것을 원돈의 개념으로 표현한 것이다. 이것은 처음의 불꽃이 나중의 불꽃이 아니지만, 연등의 심지는 계속 타고 있는 것과 같다는 것이다. 여기서 처음과 나중을 구분해서 바라보는 인식의 차원에만 머문다면, 별교의 차별론과 같아서 낮은 단계에서는 겁을 내고 비굴해질 수 있다. 또한 처음이나 나중이나 모두가 다 똑같은 것이라고 여기면 자만할 수 있다. 원돈은 불안佛眼의 차원에서 파악되는 것으로서 처음과 나중의 불꽃을 구별하거나 똑같다고 보는 차원을 넘어서서 처음에도 타고 나중에도 타고 있는 심지의 불꽃을 전체성으로 총체적으로 바라보는 것이다.

육즉 가운데 첫째는 이즉理卽이다. 이것은 일체 중생이 모두 불성을 갖추고 있다는 것이다. 즉 일념一念의 마음이 바로 여래장如來藏의 이체理體이다. 여如[참 그대로]인 까닭에 즉공卽空이고, 장藏[종자의 저장]인 까닭에 즉가卽假이며, 이체理體인 까닭에 즉중卽中이다. 즉공즉가즉중이 한마음 속에 갖추어져 있으니 불가사의한 것이다. 공가중의 삼제三諦와 일제一諦는 세 가지가 아니고 동일한 것도 아니다. 하나의 색色, 하나의 향香이 일체법이고, 일체의 마음도 역시 이와 같다. 모든 존재는 이치 그대로가 보리심이며 지관이라는 뜻이다.[2]

둘째는 명자즉名字卽이다. 이치상으로 모두가 바로 부처라는 것이 옳다고 하더라도, 아직 평소의 작용을 알지 못하고 삼제三諦도 모르며 부처님의 법도 알지 못하는 것이 마치 소나 양의 눈이 방향을 알지 못하는 것과 같다. 그런 상태에서 혹은 지식을 따르고 혹은 경권經卷을 따라서 하나의 진실한 보리를 듣고서 명칭이나 개념 속에 의지하여 통달하고 깨달아 알아서 일체법이 모두 불법임을 아는 것이 명자즉이다.

셋째는 관행즉觀行卽이다. 마음과 관觀이 명료하고 이치와 지혜가 상응하여, 행하는 것이 말한 대로이고, 말한 것이 그대로 행해지는 상태를 말한다. 마음과 입이 상응한 것을, 보리를 관행한 것이라고 한다. 눈이 햇빛을 받으면 후미진 것이 없어지는 것과 같이, 관행도 이와 같아서 아직 이법과 딱 맞아떨어지지 않는다고 하더라도 관하는 마음은 그치지 않는다.

넷째는 상사즉相似卽이다. 관행이 진척됨으로써 중도실상의 이치를 깨달은 것과 비슷한 계위를 말한다. 안眼·이耳·비鼻·설舌·신身·의意 등의 작용, 즉 우리 일상의 생활이 곧 성자와 유사해지므로 진리와 서로 위배되지 않는 것이다. 십신十信에 해당한다.

다섯째는 분진즉分眞卽이다. 일부분의 무명을 끊고 일부분의 중도 이치를 깨달은 계위를 말한다. 초발심주에서 등각等覺까지의 계위에 해당한다.

여섯째는 구경즉究竟卽이다. 근본 무명을 끊고 중도실상의 진리를 증득한 계위를 말한다. 구경의 깨달음인 묘각妙覺에 해당한다.

육즉은 여섯 가지 다른 계위이지만, 원교의 관점에서 보면 범부부터 부처에 이르기까지 모두를 부처라고 보는 것이다. 이러한 육즉론은 별

---

2 혜명 저, 『마하지관의 이론과 실천』, 157쪽. 경서원, 2011.

교의 52계위론과 세계관이 다르다. 별교의 52계위론은 대승을 지향하더라도 격력차제의 차별론에서 벗어나지 못하고 있다. 그 결과 수행의 세계도 드러난 질서로 파악하여 수행의 상태를 수행자의 것으로 인식하게 한다. 수행의 경지가 여러 종류라는 것과 수행자가 그 계위를 하나씩 밟아서 나아간다는 것은 다르다. 전자는 업보業報이고 행위이며, 후자는 업자業者이고 행위자이다. 전자는 매 순간 사건이며 누구의 것이 아니다. 굳이 말한다면 우주가 주체인 사건일 뿐이다. 이에 비해 후자는 3차원 공간관의 인식틀에 의해서, 업보가 업자로, 행위가 행위자로 조작된 것일 뿐이다. 『대지도론』의 등심의 예처럼, 연등은 업보 즉 행위로서 계속 밝은데도 그것을 업자 즉 행위자로서 인식하게 되면 처음과 나중 불꽃의 존속 여부라는 논리적 한계에 봉착하고 만다. 별교의 52계위는 처음과 나중의 불꽃만 분석하기 때문에 단계론의 함정에 빠지는 것이고 계속 밝은 연등의 전체성은 보지 못하는 것이다.

양 이론을 기氣의 장場에 적용해 보면 그 의미를 확인할 수 있다.

별교의 52수행계위론의 장을 느끼면 백회 위가 열리지 않으면서 3차원 공간관의 인식틀과 유사한 기의 장이 조성된다. 이에 비해 육즉론의 장을 느끼면 백회 위로 환하게 열리면서 사방으로 확산된다. 횡수로 열리는 고차원의 인식틀, 일미동체의 기의 장과 비슷하게 나타난다. 이것은 양 이론이 근거하고 있는 인식틀, 세계관의 상태가 장으로 확인되는 것이다. 이를 통해서 보더라도 별교의 52수행계위는 위계적인 체계이자 단계론적인 차별론으로 수행자의 세계관을 드러난 질서 중심의 3차원 공간관으로 고착시킬 우려가 있다는 점이 확인된다. 이에 비해 육즉론은 이 이론만으로도 수행자의 세계관을 전변시켜 일미동체의 고차원 상태에 이르게 할 수 있고, 인간에 대한 이해의 지평을 넓혀서 인간의 욕구와 지향성을 억압하는 것이 아니라 최대한 발양시켜 자유자재의 세계로 이끌 수 있다.

지의는 『법화문구』 「안락행품」의 구절을 꿈속에서 모든 수행계위를 다녀오는 것으로 해설하고 있다.[3]

"꿈에서도 미묘한 일만을 볼 것이니(若於夢中 但見妙事)"로 시작하는 게송의 내용을 꿈속에서 십신十信, 십주十住, 십행十行, 십회향十廻向, 십지十地, 묘각妙覺에 들어가는 것으로 해석한다.

먼저 꿈에서 미묘한 일을 본다는 것은, 과거 오래전에 성취한 공덕이 이제 연緣을 빌어 나타나 꿈속에서 미래의 후보後報[현세에서 업을 짓고 그 보報를 다음다음 생 이후에 받는 일]의 상相을 보게 된다는 것이다. 백천만겁의 일[事]이 일념一念의 꿈속에 있으니, 이것으로써 묘법이 불가사의하여 일 속의 무량과 무량 속의 일[一中無量 無量中一]을 나타냈다 할 수 있다. 이런 상이 앞서 나타나니, 뒤에 마땅히 깨달음을 성취하게 될 것이라고 한다.

게송의 구절 하나하나를 모두 꿈속에서 십주에 들어감을 노래하고, 십행을 닦는 것을 가리키고, 꿈에 십회향의 중도를 깨닫는 것을 노래하고, 십지에 들어감을 노래하고, 마지막 게송에서는 꿈에 묘각에 들어감을 노래한 것이라고 한다.

『묘법연화경』의 계환戒環은 이와 같이 꿈에 의지하여 설한 것은, 수행하는 사람으로 하여금 일체법이 비어[空], 있는 것[有]이 없건만 오직 인연으로 전도顚倒(거꾸로 뒤집힘)됨에 따라 생기는 것이라. 또한 자신이 비록 부처를 보아 법을 듣고 불도를 원만히 이름에 이르렀을지라도 다 꿈속의 일이 되어 잠깐도 얻지 못하는 것이라. 항상 머묾[常住]도 없으며 또한 일어남과 멸함도 없음을 보게[觀] 하고자 하시니 항상 이런 모습을 보신 후에야 모든 곳에서 진실한 안락행을 얻으리라고 해설한다.[4]

---

3 천태지자 저, 장안관정 기, 이원섭 역, 『법화문구 하』, 1727~1731쪽. 영산법화사, 1997.

별교의 위계적인 52계위를 꿈속에서 다녀온다는 것은 여러 가지 의미를 내포하고 있다.

먼저 꿈은 깨고 나면 사라진다. 이것은 꿈이 인연 화합으로 일어나지만 실체가 없다는 것을 잘 나타낸다. 이런 측면은 현실보다 훨씬 강하다. 현실은 꿈만큼 변화가 심하게 일어나지 않기 때문에 실체가 있다고 여기기 쉽지만, 꿈은 누구나 물거품처럼 사라진다는 것을 안다. 이런 의미에서 『묘법연화경』의 계환은 수행의 어떤 상태에 이르더라도 상주常住나 생멸生滅이 없다는 것을 보여 주기 위해 꿈에 의지하여 설한 것이라고 한다. 이러한 해석을 통해서 별교의 위계적이고 단계적인 수행계위론이 안고 있는 문제를 일면 해소할 수 있을 것이다.

또한 꿈은 무의식적 활동으로서 고전물리학의 법칙으로 해석할 수 없다. 꿈은 공간성과 시간성, 인과성의 제한을 받지 않는다. 꿈은 드러난 질서의 입자 세계가 아니라 접혀진 질서까지 포함한 장의 세계에서 일어나는 현상이라 할 수 있다. 이러한 꿈의 세계에는 격력차제의 차별과 위계질서가 존재하지 않는다. 이러한 꿈의 세계이기에 십신부터 묘각에 이르기까지 수행의 각가지 단계를 체험할 수 있고 한순간에 다녀올 수 있는 것이다. 이것은 육즉六卽의 서로 다른 육六과 모두가 부처라는 즉卽의 특성이 그대로 반영되고 있는 체험이라고 할 수 있다. 이것은 기 수련을 통해서 체험하는 현상과 다르지 않다. 지금 여기의 현실에 발붙이고 살면서도 이완을 하고 지관止觀을 통해서 얼마든지 공간성과 시간성, 인과성의 경계를 넘어서서 온 우주와 하나가 되는 체험을 할 수 있고, 수련이 끝나면 다시 현실로 되돌아온다. 그런 수련이 반복되다 보면 일상의 의식세계도 조금씩 달라진다. 이런 점에서 본다면 꿈

---

4 계환 해, 일여 집주, 김진철 편역,·『묘법연화경 하』, 1257~1258쪽. 법화선원 마하사, 2009.

을 통해서 수행계위를 한순간에 다녀온다는 비유는 원돈의 세계관에 맞게 수행계위를 재해석한 것이며, 인간의 의식 세계의 특성을 정확하게 반영한 것이라고 할 수 있다. 이를 통해서 수행자는 물론 보통 사람도 얼마든지 관념의 모험을 할 수 있고, 이를 통해서 자신의 존재성을 우주 법계의 자성으로 전환하면서 자유자재로울 수 있으며, 일체의 번뇌에서 벗어나 자신을 치유할 수 있다.

【수련법】

1. 52수행계위마다 수행의 경지가 표현되어 있어 이를 알게 되면 공부하는 데 도움이 된다. 다만 이를 위계적 조직으로 인식하거나 단계별로 수행이 진전된다고 여긴다면 또 다른 측면에서 스스로 경계를 만들 수 있다. 종교든 수련 단체이든 활동을 위해 조직을 만들 수 있는데, 업무별로 조직화하는 것을 넘어서서 수행의 정도를 확정하여 명칭으로 만들고 이에 근간하여 위계적인 조직을 만든다면, 오히려 수행에 가장 큰 장애를 일으키는 조직이 되고 만다.

2. 별교의 52계위 이론을 장으로 느껴보면 3차원 공간관의 장과 비슷하다. 이것은 수행계위를 단계론으로 설정하기 때문에 3차원 공간관의 세계관과 같은 장으로 나타나는 것이다. 따라서 52계위 이론뿐만 아니라 수행계위마다 어떤 장을 나타내는지 알아보려면 장교가 아닌 원교로서 떠올릴 필요가 있다. 이에 비해 육즉론六卽論은 육六의 다른 측면뿐만 아니라 즉卽의 공통 토대를 동시에 포괄하는 것이기 때문에 횡수로 장이 동시에 열려서 나타난다. 그럼에도 원교로서 다시 떠올리면 나의 무의식의 인식틀을 마저 변화시키기 때문에 훨씬 균질한 동시장으로 나타난다. 별교의 최상위인 묘각과 이에 상응하는 육즉론의 구경즉을 그 자체로 떠올려 보고 원교로서 떠올리면서 비교해 보면, 각 이론의 의미와 또

그를 인식하는 인식주관의 세계관에 따라서 기의 장이 달라지는 것을 확인할 수

있다.

그를 인식하는 인식주관의 세계관에 따라서 기의 장이 달라지는 것을 확인할 수

있다.

일불승一佛乘과 일기一氣

물리적으로 높은 차원은 그보다 낮은 차원의 각 부분을 공통의 장으로 통합한다. 가령 2차원의 면은 1차원의 선을 모두 하나의 평면으로 포괄한다. 그런데 인식의 차원은 물리적 차원과 다른 측면이 있다. 물리적 차원의 경우 저차원의 경계는 고차원 안에서 저절로 해소된다. 이에 비해 인식의 차원은 인식주관의 인식 작용으로 선택한 것인 만큼, 물리적 차원에 의념이 추가로 덧붙여져 관념의 벽이 만들어진다. 따라서 인식의 차원을 높이려면 낮은 차원의 카테고리에 머물면서 조성된 관념의 벽을 주의 깊게 살펴보면서 해체해야 한다. 이를 기氣의 장場으로 살펴본다.

일기一氣의 세계관에서는 우주의 모든 존재와 기능이 기로 이루어져 있다고 본다. 눈에 보이는 물질과 보이지 않는 에너지, 드러난 질서와 접혀진 질서에 이르기까지 모두 기로 이루어져 있고 이러한 기는 상호작용하면서 온 우주 규모로 이어져 있다. 이러한 기의 세계관으로 볼 때 온 우주는 한 몸이고 동시장이다. 그런데도 우주의 만물이 서로 다른 것은 기의 구조와 강도, 밀도, 양상이 제각각 다르게 조성되어 있기 때문이다. 물리학자 카프라(Capra)는 온 우주가 그물망으로 연결되어 있다면 개별의 존재들은 그물코에 해당한다고 보았다. 그물망이 온 우주를 망라하는 장이라면, 그물코는 여러 가지 인연화합으로 조성되어 다양한 결을 보이는 입자라고 할 수 있다. 여기서 입자 중심의 세계관은 그물코에 해당하는 입자가 독립된 단위로 존재한다고 보는 것이며,

장 중심의 세계관은 그물코가 그물망의 일부이듯이 입자는 장 속의 특이한 형태일 뿐이라고 보는 것이다. 일기一氣의 장이 모든 입자를 망라함에도 개별 입자가 일정한 양태를 지속적으로 띠고 있는 것으로 보이는 것은 입자인 그물코의 변화 속도가 제각각 다르기 때문이다. 그 결과 우리 눈에는 다른 것과 구별되는 특성을 지닌 것으로 보이게 된다. 즉 가시적으로 보이는 개체 존재가 고정된 정체성을 가진 완결된 단위가 아니지만, 개체 존재의 변화의 속도가 느리기 때문에 일정한 패턴을 유지한다고 가정하고 개체 존재의 기의 장을 측정하게 된다. 이것은 고전물리학의 물리법칙이 양자물리학에 비해서 정확하지 않다고 하더라도 우주 비행의 거리와 같이 가시 세계의 물리량은 워낙 크기 때문에 고전물리학의 물리법칙을 그대로 적용해도 오차가 없는 것과 같다. 말하자면, 방편으로서 가시적 범위의 기의 구조와 양상을 측정하는 것이다.

오행기五行氣의 경우도 대표적으로 활용되는 기의 방편이다. 오행기는 뚜렷한 변화가 있는 자연의 계절 변화를 다섯 가지 카테고리로 나누어 판별하는 것이다. 즉 봄을 뻗어 오르는[生] 기운으로, 여름을 만개하는[長] 기운으로, 늦여름을 운화[化]하는 기운으로, 가을을 거두어들이는[收] 기운으로, 겨울을 저장하는[藏] 기운으로 판별하고, 그에 해당하는 사물로서 나무[木], 불[火], 흙[土], 쇠[金], 물[水]을 대표로 선정하여 오행기라고 칭한 것이다. 이러한 오행기로써 사람의 생체장生體場을 판별하고, 음식물의 기의 장을 구별하고 나아가 모든 존재, 상황을 판별하고 해석한다. 그러나 오행기는 모든 존재와 상황의 성질을 이해하는 데 유용한 방편일 뿐, 고정된 것으로써 실재하는 것은 아니다. 범주론 자체가 공통된 특징을 추출하고 그 나머지의 구체성은 배제하는 것이며, 공통된 특징도 미세하지만 끊임없이 변화하는 것이기 때문이다. 특히 사람이 입태와 출태할 때의 우주 기운을 타고난 사주四柱라고 규정하여 그 사람의 건강과 운명을 예측하는 것은 방편이 실재를 규정하는 격이 된다. 우주의 기운이 모든 존재에 영향을 미치는 것은 사실이지만, 그것을 수식화·도식화하여 적용하는 것부터가 방편이 실재를 규정하는 것이며, 해당 우주 기운을 타고났더라도 심상心相과 인연에 따라서 얼마든지 새로운 변화를 할 수 있는 것인데도 이를 배제하고 결정론적으로 예측하는 것은 역시 방편이 실재를 규정하는 것이다.

주역周易의 64괘는 가장 정밀하고 방대한 범주론範疇論이다. 그런데 주역의 기본 철학은 모든 것은 변화한다는 것이다. 그럼에도 불구하고 64범주를 실체화하여 개별 존재와 상황을 차별하고 결정론적으로 바라본다면, 이 역시 방편이 진실을 왜곡하는 결과를 낳을 수 있다.

타로(tarot)를 보고 점을 치거나 별을 보고 점을 치는 것도 방편이 실재를 규정하는 셈이 된다.

우리가 살고 있는 세계, 우주는 하나의 동시장이면서도 무수하게 많은 다른 흐름을 이루고 있다. 가시적으로 보이는 범위에서 서로 다른 모습을 파악하는 것은 누구라도 할 수 있다. 물론 이때도 3차원 공간관의 세계관을 갖고 있다면 모든 존재를 차별성 위주로 보게 될 것이다. 그런데 눈에 보이지 않는 세계를 가시 세계와 마찬가지로 상相의 모습으로 형상화하고 그에 근거하여 차별적으로 인식하게 하는 모든 시도는 앞서 거론한 가시 범위에서 차별하는 인식론보다 더 심각한 경계를 불러일으킬 수 있다. 어떤 범주와 코드의 방편으로 접근하더라도 그에 호응하는 기의 장을 확인할 수 있기 때문에 그것이 실체라고 확신하게 되며, 그런 판별을 할 수 있는 자신이 대단한 능력이 있는 것으로 여기고 오만해질 수 있기 때문이다. 그 결과 세계, 우주를 유용하게 인식하려는 방편이 본말이 전도되어 오히려 실재를 압도할 수 있다. 이러한 상相의 세계에 천착하고 집착하면 그만큼 그를 구사하거나 호응하는 사람의 기의 장은 인식의 차원이 고착되어 백회 위가 막히고 앞머리로 기운이 항진되어 방편이 진실을 가로막는 결과를 초래할 수 있다.

기의 패러다임은 기라는 개념 자체가 독자적인 경계를 갖지 않기에 모든 존재와 기능을 포괄할 수 있다. 다만 인식의 차원이 일기一氣의 고차원에 이르지 않았을 때는 오행기와 같이 무수하게 많은 방편을 실체화하면서 가시 세계보다 더 많은 경계를 만들어 내어 진실을 왜곡할 수 있다. 이런 점에서 기의 여러 가지 현상을 올바르게 바라볼 수 있는 세계관과 철학의 정립이 절실하다. 기의 패러다임은 모든 것을 기의 장으로 해석하는 것일 뿐, 자신의 독자 영역을 구축하는 것이 아니기 때문에 어떤 종교나 사상은 물론, 물리학·수학 등의 개별 학문에서 정립한 것일지라도 타당하다면 수련의 원리와 철학으로 수용할 수 있다. 지금 현재로서는 대승 철학이 의식 세계에 대해서 가장 정밀하고 적확하게 통찰하고 있기 때문에 이를 수련의 세계관과 철학, 수련의 원리로 삼고 있다. 이런 관점에서 방편과 진실[權實]의 관계를 살펴본다.

방편과 진실의 관계는 인식의 차원, 세계관에 따라서 획기적으로 달라진다. 이를 명증하게 보여 준 것이 『법화경』이다. 지의智顗는 『법화경』에 담긴 의미를 개권현실開權顯實(방편을 열어 진실을 드러내는 것)이라는 말로 표현했다. 여기서 진실[實]은 궁극의 진리나 깨달음을, 방편[權]은 거기에 이르는 다양한 방법들을 가리킨다.

붓다는, 약초藥草와 나무의 크기가 같지 않으므로 비의 적심을 받는 점이 달라질 수밖에 없듯, 중생의 근기가 동일하지 않으므로 가르침을 받아들이는 데서도 차이가 지게 마련이기에[1] 그동안 사제四諦, 십이인연十二因緣 등의 가르침으로 많은 '방편'을 베풀어 왔다. 하지만 『법화경』 이전에는 이러한 방편에 대해서 '방편'이라고 명명한 적이 없었다.

---

1 천태지자 저, 장안관정 기, 이원섭 역, 『법화문구』, 20쪽. 영산법화사, 1997.

그런데 왜 『법화경』에 이르러서 '방편'이라는 말을 사용하는 것일까?
이를 이해하기 위해서 먼저 『법화경』의 취지를 살펴볼 필요가 있다.

　원효에 의하면, 『묘법연화경』(법화경)은 모든 중생으로 하여금 하나
의 진리로 들어가게 하는 넓은 문이다. 이 경은 광대하고 심히 깊은 일
승一乘의 실상을 바르게 하는 것을 근본 종지로 삼는다고 한다. 일승의
실상을 대략적으로 말하면 둘이 있으니, 하나는 능히 (모든) 사람을 구
제함[乘人]이고, 둘은 구제하는 그 법[乘法]을 이른다. 이 경에서 하나의
수레(일승)로 사람들을 구제한다 하는 것은 삼승을 행하는 사람이나 삼
계 전체에 있는 모든 중생이 다 함께 능히 일불승一佛乘(한 부처님의 수레,
곧 모든 법계를 자신으로 여기시는 부처님의 법 자체와 그 법으로 구제하심을 이를
수 있다.)에 탈 사람이기 때문이다.[2]
　지의에 따르면, 『묘법연화경』은 부처님이 세상에 나오신 일대사인
연一大事因緣을 위해 설하신 가르침이라고 한다. 그것은 오직 일승을 펴
기 위해서라는 것이다.

> "사리불아, 여래께서는 다만 일불승一佛乘으로 중생 위해 설법하시니,
> 다른 가르침, 이승二乘이나 삼승三乘이 있음은 아니니라."[3]

　지의는 원돈圓頓의 가르침(일상적인 마음에 모든 법을 결여함이 없이 원만
히 갖추어, 곧 깨달아 성불하는 가르침)을 일불승이라 한다. '다만 일불승으
로'라고 한 것은 순수하게 불법의 원교승圓敎乘(원교의 가르침)을 설하심
이요, "다른 가르침이 없다" 함은 별교別敎의 방편을 띤 미진한 설이 없

2　원효 저, 권희재 역, 『법화경종요와 간추린 법화경』, 23 ~ 31쪽. 은명, 2017.
3　앞의 책, 682쪽.

다는 것이요, '무이無二'란 이승二乘을 띔이 없다는 뜻이요, '무삼無三'이
란 삼승이 없다는 말씀이라고 한다.[4]

　『법화경』에 이르러 '진실' 즉 원교의 가르침을 일불승으로 제시하고
있는 것이다.

　『법화경』은 다른 경전과 달리 새로운 '방편'의 이론을 제시하지 않
는다. 다만 모든 '방편'의 이론을 '방편'이라고 명명하고 '일불승'의 진
실을 드러내기 위한 것임을 적시한다. 이것이 바로 '방편을 연다[開權]'
는 것이다. 지금까지 방편의 길을 무수하게 많이 열어 온 만큼, 새로운
방편을 제시하는 것이 아니라 기존 방편의 가르침을 붓다의 유일한 목
적(일대사인연)인 일불승을 위한 방편임을 천명하는 것이다. 이것은 『법
화경』이 궁극의 경지인 일미동체의 세계관을 바탕으로 하기 때문에 할
수 있는 표현이다. 즉 '방편'을 '방편'이라고 명명하기 때문에 의미가
있는 것이 아니라, 일미동체의 세계관을 원돈의 가르침으로 제시한 상
태에서 그를 실현하기 위한 수단으로서 '방편'을 명시하기 때문에 '개
권현실開權顯實'의 방편이 되고, 이를 통해 이제 방편은 진실과 둘이 아
니며 방편 속에서도 진실을 잃지 않는 것이 된다. 결국 "방편을 열어 진
실을 드러낸다"는 것은, 방편과 진실 중에서 방편을 버리고 진실만을
취한다는 것이 아니라, 부처님의 참뜻을 이해할 때는, 즉 일미동체의
세계관에 바탕을 둘 때는 방편 그대로가 바로 진실이 되어 버린다는 것
을 의미한다.

　이런 관점에서 본다면, 『법화경』 이전의 경전은 원교의 세계관에 기
초하지 않았기 때문에 '방편'을 '방편'이라고 명명하지 않았던 것이며,
그런 만큼 그 방편을 궁극적인 수행의 목적인 것으로 실체화할 소지도

4　암의 책, 682쪽. 영산법화사, 1997.

있었다. 소승에서 현실 세계를 무상·고·무아·부정으로 규정하면서 결국 이를 벗어나기 위해 회신멸지灰身滅智의 수행 목표를 설정하는 데서도 엿볼 수 있다. 이는 대승이 원교의 세계관에 바탕을 두기 때문에 상락아정常樂我淨을 열반의 사덕으로 보고 모든 것을 중도의 관점으로 그 전체성을 파악하는 것과 대비되는 것이다.『법화경』에서는 시종일관 원교의 관점에서 기존의 모든 수행이론을 재조명하여 일불승을 위한 '방편'임을 명시하는데, 그렇게 명시한다는 것 자체가 일불승의 '진실'을 전제로 한 것이며, 이를 통해서 '방편'을 '진실'로 통합하여 방편과 진실이 다른 것이 아니게 되는 것이다.

개권현실開權顯實은 물리적 차원의 변화라는 측면에서도 조명할 수 있다. 3차원 공간관의 세계관, 드러난 질서, 실수 입자의 차원에서는 선형성 이론과 같아서, 대소의 차이, 진행 방향의 차이가 실체라고 여기기 때문에 방편(수단)과 진실(목적)을 분리시켜 실체화시킬 수 있다. 공간과 시간의 차이가 나기 때문이다. 이렇게 바라보는 것이 세간의 어법이기도 하다. 그러나 일미동체의 세계관, 접혀진 질서까지 포괄한 세계관, 허수 장의 차원에서는 비선형성非線型性 이론과 같아서 공간적·시간적 격차가 없이 동시장으로 작용한다. 따라서 모든 방편, 수단에 이미 진실, 목적이 담겨 있는 것이며, 모든 현상 자체가 바로 중도실상인 것이다. 이렇게 바라보는 것이 바로 출세간의 어법이다.

이런 관점에서 바라본다면, 앞에서 거론한 기의 세계에서도 방편과 진실의 관계를 개권현실開權顯實로 적용할 수 있다. 즉, 오행기五行氣를 비롯해 무수하게 많은 기의 현상을 어떤 세계관 속에서 조망하는 것인지를 먼저 명확하게 인식하는 것이 필요하다. 즉 일기一氣의 세계관이라는 전망 속에서 부분적인 유위有爲의 현상인 상相을 인식할 때 불필요한 경계를 만들지 않을 수 있다. 만약 이를 간과한다면, 기는 중심과

중도를 잃고 전체성을 놓치면서 유위적인 기로 조성된 미신과 귀신의
세계로 치달을 수 있다.

【수련법】

1. 일기—氣를 느껴 본다. 머리 백회 위로 기운이 끝없이 뻗어 나간다. 이는 일기를
   통해서 인식의 차원이 높아지기 때문이다.

2. 무의식중에 인식틀이 작동한다는 것을 감안하여 실수 입자가 아닌 허수의
   장으로서, 장교가 아닌 원교로서의 일기—氣를 떠올려 본다. 백회 위로 끝없이
   열린 상태에서 사방으로 퍼져 횟수 구분 없이 무한대로 열린다.

3. 2의 상태가 항상 주어져 있는 기의 장의 상태라는 것을 염두에 두면서 오행기나
   개체 대상의 기의 장을 측정하고, 측정이 끝난 다음에는 언제나 일기—氣의
   장으로 풀어 준다.

4. 원교로서 일불승을 떠올려 기의 장을 확인한다. 백회 위로 환하게 열리다가
   사방으로 퍼져 나간다.

중도中道와 중심자리

천태불교의 중도는 인식의 차원이 높아지지 않으면 알 수 없는 것이다. 만약 현상세계를 실유實有라고 인식하는 세간의 어법, 즉 3차원 공간관의 인식틀에 머문다면, 중도는 대립된 입자의 중간, 산술적 평균에 불과하게 된다. 중도는 입자로 구분되는 세계가 해체되어 모두가 하나의 장場으로 통합된 상태를 말하고, 이런 경지는 낮은 인식의 차원에서는 포착될 수 없는 것이다. 세간의 어법으로서는 '비유비무非有非無' 즉 이중부정으로서 유와 무를 판별하는 차원이 아니라고 말할 수 있을 뿐이다.

　기 수련 과정에서도 차원이 달라지면서 나타나는 현상이 있다. 중심선과 중심자리이다. 이들은 기의 장이 전체적으로 균형, 조화를 이루고 3차원 공간관의 인식틀이 해체되면서 내 몸의 해부학적 경계가 사라질 때 나타난다. 즉 백회와 회음을 가로지르는 중심선과 머리 깊숙한 곳에 자리 잡은 중심자리는 해부학적으로 추적하더라도 발견할 수 없으며, 오직 기의 장이나 인식의 차원이 중도 상태에 이를 때 비로소 나타나고 느껴지는 것이다. 이는 경락이 살아 있는 신체에서만 작용하는 것이어서 사체 부검으로는 확인할 수 없는 것과 같은 맥락이다. 따라서 해부학적 위치를 염두에 두면서 기를 집중한다면 결코 그 자리를 제대로 찾을 수 없다.

　물론 누구라도 수련을 하다 보면 이들 자리를 만날 수는 있다. 전통적인 선도 수련이나 현대의 대부분 수련 단체에서도 중심자리를 상단

전이라고 칭하면서 수련의 중요한 방편으로 삼고 있다. 그런데 이들 자리가 내 몸 안에 있는 것이고 나의 것이며, 이 자리로 기운이 집중되면서 일어나는 변화가 나의 권능이라고 여겨진다면, 그것은 정확한 자리가 아닐 뿐만 아니라 설사 그 자리가 해부학적 위치로서는 맞더라도 3차원 공간관의 인식틀에 의해서 경계가 만들어지면서 중도 상태에서 벗어나기 때문에 그 자리가 아니게 된다. 이것은 수행에서 거론하는 중심선과 중심자리는 입자로서의 몸의 한 부위이면서 동시에 내 몸이 아닌 상태, 즉 중도의 장場의 중심점이기 때문이다. 이런 점에서 이들 자리는 해부학적 위치 못지않게 이를 이해하는 인식의 차원이 중요하다고 할 수 있다.

이처럼 이들 자리들은 지관止觀 수련의 관건이 되는 부분으로서 의식 변화에 따라서 그 결과가 판이하게 달라지기 때문에 그 과정을 자세하게 살펴본다.

첫째, 3차원 공간관의 인식틀에 따라서 모든 것을 분별할 때는 기를 느낄 수 없고 이들 자리도 당연히 체험하지 못한다.

둘째, 무의식적으로는 3차원 공간관의 인식틀이 남아 있지만, 표층 의식에서라도 제대로 이완을 하면 중심선과 중심자리로 기를 의식적으로 집중할 수 있다. 이를 통해서 입자의 경계가 사라지고 장이 열리는 느낌을 체험할 때 무의식의 3차원 공간관의 인식틀이 작동하면서 내 안의 잠재 능력이 발휘되는 것이며, 내 안에는 고귀한 불성과 신성이 자리 잡고 있는 것으로 인식할 수 있다. 그런데 그렇게 인식하는 순간 곧바로 기의 장은 더 열리지 않고 경계에 사로잡히며, 내 몸의 한 부위로 축소되고 만다.

셋째, 무의식적으로는 3차원 공간관의 인식틀이 남아 있지만, 입정 상태에 들어가 내 몸의 입자로서의 경계가 사라지고 나와 대상의 분별이 없어지면서 중심선과 중심자리에서 온 우주로 환하게 열리는 체험을 하게 되는 경우, 그 순간만은 일체의 공간성과 시간성의 경계가 사라진다. 다만 이 경우 입정 상태에서 깨는 순간 다시 무의식 속에 남아 있던 3차원 공간관의 인식틀이 살아나면서 그동안 수련을 통해서 체험했던 모든 순간들, 동시장과 공동장도 다시 개체 단위의 나의 잠재 능력 속에서 벌어진 것이라고 해석한다. 이 경우는 기의 자연스러운 전개에 비해 의식 세계가 지체 현상을 벌이는 것으로 수련의 체험을 제대로 해석하고 인식하지 못한 것일 뿐만 아니라, 수련 후에 모두 나의 것이라고 인식함으로써 결과적으로 아상을 강화하고 아만을 키우는 결과를 빚을 수 있다.

넷째, 수련을 시작하면서 3차원 공간관의 인식틀을 일미동체의 동시장으로 전환하는 경우, 전체적인 기의 균형, 조화가 이루어지면 중심선과 중심자리로 기운이 집중되고 곧 온 우주로 환하게 열린다. 이때 중심선을 중도선으로, 중심자리를 중도자리로 떠올린다. 전자로 떠올리면 아무리 전체적인 동시장이 열려 있더라도 그 자리가 3차원 공간관의 인식틀에 근거한 해부학적 위치이기 때문에 순간적으로 인식의 차원이 3차원으로 전락해서 경계가 생긴다. 이럴 때 다시 주위의 우주로 장을 넓히기 위해서 해당 자리를 거울 이미지로 떠올려 즉각 사방 우주로 기가 반사되어 나간다고 떠올려야 한다. 그런데 처음부터 후자로 떠올리면 이미 형성된 나와 우주 사이의 동시장, 중도의 장이 그대로 유지되면서 중도선, 중도자리로 이어지는 것을 확인할 수 있다. 소주천小周天 수련의 경우에도 사방 우주로 기의 동시장이 열린 상태에서는 중도독맥中道督脈·중도임맥中道任脈으로 떠올리면 그 동시장이 그대로 유지되면서 독맥·임맥이 활성화되는 느낌을 확인할 수 있다.

또한 내 몸과 우주 사이에 경계가 없이 동시장이 조성되는 순간 바로 다시 한번 기존의 '나'라는 개체 단위가 주체가 아니라 '온 우주 법계'가 주체라고 여기고 모든 것이 법성자천이연法性自天以然[법이자연法爾

自然]으로 이루어진다고 내맡긴다. 그러면 일체의 경계가 사라지고 오래 지속된다. 수련이 끝난 뒤에 과정을 성찰해 보면서 '나'라는 개체 단위의 존재감은 일시적인 것이고, 근본적으로는 '우주적 존재감'으로 살아가고 있다는 것을 확인하게 된다.

이상에서 살펴보았듯이, 중심선과 중심자리 수련은 인식의 차원에 따라서 얼마든지 다른 결과를 불러일으킬 수 있다. 3차원 공간관의 세계관의 차원에서 수련한다면 집중은 할 수 있되 아만을 강화시킬 수 있고, 일미동체의 세계관으로 수련할 때는 이들 자리가 바로 중도의 동시장으로 나타난다. 그런 만큼 이들 자리를 해부학적 위치로만 알고 찾거나 수련의 단순한 기술·방편으로 이해하고 접근한다면 결코 찾을 수도 없고, 이들 자리가 내포하는 의미를 구현할 수도 없다. 선도나 기공 수련은 결국 몸뿐만 아니라 마음, 의식세계의 작용을 포괄하고 있기 때문에 단순한 수련의 기법으로만 접근할 수 없다. 예로부터 정혜쌍수定慧雙修를 강조해 온 것도 바로 이런 측면이 있기 때문이다. 삼매 입정과 지혜, 세계관을 동시에 수행해야 한다는 것이다. 붓다는 타계하기 직전에 이자삼점伊字三點 자리의 비밀장을 가르쳐 주면서도 반야·해탈·법신의 열반 삼덕三德과 상락아정常樂我淨의 사덕四德을 함께 언급하여 수행의 방편을 진실과 일치시켜서 제시했다. 천태불교에서는 지관止觀으로 수행에서 삼매와 지혜의 관계를 체계화하고 있다. 고차원 수행에서는 몸뿐만 아니라 의식의 영역에서도 존재론과 인식론·세계관·우주관 전반이 획기적으로 변화하는 것이다.

이런 관점에서 불교의 유식론을 기의 장으로 살펴보기로 한다. 각 의식 단계에 대한 설명은 한자경의 『심층마음의 연구』(서광사, 2016), 아뢰야식은 한자경의 『대승기신론강해』(불광출판사, 2013)를 참고하면서 이를 기의 관점으로 재해석한다.

1. 전5식前五識

전5식은 안이비설신眼耳鼻舌身의 5근五根[1]이 색성향미촉色聲香味觸의 5경五境을 접하여 일어나는 안식眼識·이식耳識·비식鼻識·설식舌識·신식身識의 5식五識으로서 다섯 가지 감각을 말한다.

전5식은 주객 분별이 일어나기 전의 감각이다.

> 전5식은 감각이다. 이 감각은 단지 주관의 내면에 머물러 있는 상태가 아니다. 감각에서 우리는 이미 색을 내 눈이나 뇌 속이 아니라 새가 있는 그곳의 색으로 보고, 소리를 내 귀나 뇌 속이 아니라 새가 있는 그곳의 소리로 듣기 때문이다. 이는 곧 감각의 순간 마음이 이미 나의 몸 바깥에 나아가 있다는 것을 말해 준다. 그곳으로 나아가 있되 그곳을 내 안도 아니고 내 밖도 아닌 것으로 안다. 즉 감각에서는 안팎의 구분이 아직 일어나지 않는다. 지각의 분별이 일어나기 전 감각에서는 눈과 색, 귀와 소리가 서로 분리되지 않은 채 한자리에 있다고 할 수 있다. 이런 의미에서 불교는 전5식에서는 아직 주와 객, 안과 밖의 분별이 일어나지 않는다고 말한다.[2]

감각은 인식주관과 인식대상이 조응하여 나타나는 것으로서 그 자체는 미분된 전체성, 공동장이라고 할 수 있다. 기 수련할 때 두 손바닥 사이에 조성되는 기의 느낌을 통해서 이를 확인할 수 있다. 양손 사이에서 조성되는 기의 느낌은 개념적 분별이 해체되는 정도에 따라 느

---

1 한자경 저, 『심층마음의 연구』, 32쪽, 서광사, 2016. 불교에서는 인식능력을 인식을 가능하게 하는 근거라는 의미에서 '근根'이라고 부르고, 인식대상을 근에 의거하여 드러나는 지평 내지 경계라는 의미에서 '경境'이라고 부른다.

2 위의 책, 33쪽.

낌이 달라진다. 두 손바닥을 마주한 상태에서 두 손바닥과 공간이 주와 객으로 구분되고 '나'라는 관념의 벽이 작동하면 아무런 느낌도 생기지 않는다. 두 손을 미동하면서 손과 공간이 뒤섞이는 궤적을 지켜보면 어느새 손의 입자로서의 경계가 사라지고 그와 동시에 양손 사이에 밀도 있는 기의 느낌이 생긴다. 무의식중에 작동하는 3차원 공간관이라는 인식틀을 해체하기 위해서 실수 입자의 경계가 허수의 장으로 이루어진 것이라고 여기면 실수 입자에 실려진 의념이 해소되면서 양손과 그 사이의 공간의 모든 분별이 사라져서 공동장이 만들어진다. 이때 모든 것이 환한 빛으로 바뀌고 이어서 빛과 빛 아닌 것의 구분이 사라지면서 양손과 주위 모든 공간의 구분이 없어지고 하나의 동시장이 이루어진다. 이 순간에는 나와 공간 사이에서 주와 객이 사라지고 안과 밖의 구별이 없어진다. 이것은 모든 개념적 분별이 작동하지 않는 상태이다. 이러한 기의 느낌은 인간이 타고난 원시적 감각으로 되돌아갈 때 체험할 수 있는 것이다.

이러한 감각 세계를 불교에서는 있는 그대로의 자상自相의 세계라고 한다.

주객 분별 이전 주객 미분으로 주어지는 감각 자료를 불교에서는 '자체의 모습'이란 의미에서 '자상自相'이라고 한다. 이는 일반적 공통적 개념에 해당하는 '공상共相'과 구분된다.[3]

개념적 분별이 일어나기 전의 감각 세계, 즉 있는 그대로의 자상自相의 세계에서는 우주 만물이 입자로 국소적으로 존재하는 것이 아니라 파동으로 공명을 이루면서 온 우주가 하나의 동시장, 공동장을 이루고

---

3 위의 책, 34~35쪽.

있다. 그럼에도 불구하고 우리가 그것을 알아차리지 못하는 것은 분별적 의식에 의해 제한받기 때문이다.

> 일상적 감각의 알아차림은 의식에 의해 제한된다. 감각된 것이 무엇인지를 알아차리기 위해서는 의식의 알아차림이 함께해야 하는데, 우리의 의식이 분별적 방식으로만 작동하기에 감각도 의식의 분별을 따라 제한적으로 알려지는 것이다. 다시 말해, 의식의 주의 집중 내지 의도의 의意가 눈으로 가야 안식을 알아차릴 수 있고, 의가 귀로 가야 이식을 알아차릴 수 있다. 이처럼 의가 일으키는 분별적 의식이 함께해야 우리는 감각을 알아차린다. 결국 전5식의 알아차림이 제6의식에 의해 제한되는 것이다. 분별적 의식이 수반되지 않은 감각을 우리는 알아차리지 못한다.[4]

우리가 일상적으로 느끼는 감각은 이미 분별적 의식에 의해 개념화된 감각이다. 이 감각은 개체 단위의 정체성에 소속되어 드러난 질서의 입자 세계를 이루는 기초가 된다. 전5식을 원시적 감각에 빗댄 것은 일체의 개념적 분별이 가해지기 전의 감각이라는 측면을 반영한 표현이다. 전5식의 원시적 감각의 대상은 입자 중심의 드러난 질서에 제한되지 않고, 숨겨지고 접혀진 질서의 파동과 장의 세계를 망라한 온 우주의 전체성의 세계이다.

분별적 의식에 의해 붙잡힌 감각은 이미 개념화된 감각이다. 일상적 의미의 감각은 의식에 따라 분별된 감각, 지각화된 감각이다. 반면, 개념적 동일성 너머에서 의식화되지 않는 감각, 찰나적으로 생멸하기에 우리가 그 존재를 대상화해서 붙잡지 못하는 감각은 우리의 일상적인 분

---

4 위의 책, 37쪽.

별적 의식 아래 감추어져 있을 뿐이다. 이처럼 의식으로 건져 올리는 것은 자상의 세계 중의 일부에 지나지 않는다. 그리고 그 좁은 영역에 대해서조차도 분별적 의식은 전5식과 같은 주객 미분의 공명 상태에 머무르지 않는다. 이미 감각 내용을 객관화하고 대상화함으로써 공명을 벗어나기 때문이다. 의식은 감각으로 얻은 의식 내용 전체를 자신이 아닌 것으로, 의식이 아닌 의식의 대상으로 객관화한다. 그렇게 대상화하여 형성되는 객관세계는 더 이상 자상의 세계가 아닌 공상의 세계이다. 우리의 의식에는 의식 아닌 것으로 대상화된 세계만 등장한다. 그것은 순간이 아닌 시간의 흐름에 따라 구성된 세계, 시간과 공간으로 질서 지어진 세계이다.

진정한 의미의 전5식, 분별적 의식 너머의 전5식은 그것을 가로막는 의식의 한계가 극복될 때 비로소 드러난다. 우리 마음이 의식의 개념틀의 한계를 벗어나 그로부터 자유로워질 때, 시간의 흐름을 벗어나 순간을 감지할 수 있을 때, 그 분별적 의식에 의해 가려져 있던 전5식의 실상이 제대로 드러난다.[5]

이처럼 전오식의 감각 세계는 개념적 분별로 파편화되기 전의 원시적 감각 세계이고, 미분된 전체성의 세계이다. 이것이 바로 사람을 포함한 우주 만물의 존재의 기초라고 할 수 있다. 그러나 이미 개념적 분별 사유에 익숙한 상태에서 다시 원시적 감각 세계의 전체성으로 돌아가기는 어렵다. 이럴 때 개념적 사유의 근거인 인식틀과 세계관의 차원을 전변시켜서 일미동체로서 분화된 상태의 전체성에 이른다면 모든 것을 중도로서 바라볼 수 있다. 기 수련 과정에서 느껴지는 감각도 시공간적 경계가 사라지는 순간, 그동안 익숙해 있던 개념화된 감각, 해

---

5 위의 책, 38~39쪽.

부학적 위상을 갖는 입자로서의 감각이 아니라, 중도로서 바라보는 감각 현상으로 재해석하는 것이 필요하다. 해석을 어떻게 하는가에 따라 우연히 조성된 감각 세계의 위상과 존재가 달라지기 때문이다. 중도로서 해석된 기의 감각은 원시적 감각이면서 온 우주와 공명을 이루는 감각으로 수련하는 사람의 존재성을 개체 단위에서 우주적 규모로 전변시킬 수 있다.

2. 제6의식第六意識

제6의식은 전5식의 감각을 종합하여 지각하고 판단하는 식이다. 지각·사유·판단 등의 인식 작용을 일으키는 의근意根이 인식대상인 법경法境을 만나 의식意識이 발생하는데, 법경法境에는 색성향미촉色聲香味觸의 5경五境도 포함된다. 의식은 이들 감각 자료를 제각각 따로 아는 것이 아니라 하나의 사물이나 하나의 세계의 속성으로 통합하여 안다.

그런데 제6의식은 감각이나 사유를 통해 주어지는 일체의 의식 내용을 자신이 아닌 객관세계에 속하는 것으로 대상화해서 인지한다.

> 전5식의 단계에서는 주어진 감각 자료에 대해 주와 객, 자와 타 또는 내와 외의 분별이 아직 행해지지 않는 데 반해, 제6의식은 모든 감각 내용과 사유 내용을 '의식하는 자'와 구분되는 '의식되는 것'으로 분별하여 객관화한다. 그래서 "의意가 분별하여 망령되게 외적인 것이라는 생각을 일으킨다"고 말한 것이다. 의식이 의식에 주어지는 것들을 자기 아닌 의식 대상으로 객관화하여 인지함으로써 의식의 대상 세계가 형성된다. 그렇게 의식은 세계를 의식 바깥의 객관세계로 의식한다.[6]

제6의식은 대상의식이다. 제6의식이 의식 내용을 의식 자체가 아니라 의식 대상에 속하는 것으로 객관화할 수 있는 것은 의근이 이미 '나'를 의식 내용과 구분되는 것으로 알고 있기 때문이다.[7] 이러한 '나'라는 의식은 제7말나식인 자아식의 '아상我相'에 근거하고 있다. 파동으로서 온 우주와 공명을 이루는 미분된 전체성의 세계가 '나'의 등장으로 '의식하는 자'와 '의식되는 것'으로 분열되는 것이다. 여기서 '나'라는 것은 시간의 경과를 두고 지속되는 고정된 입자인 만큼 '나'의 등장과 함께 시간의 인식틀이 만들어지고, '나'라는 것이 입자가 되면서 '대상'도 나와 다른 입자로 등장하여 공간의 인식틀이 구축된다. 이러한 시공간의 인식틀로 의식이 인지하는 것은, 있는 그대로의 자상自相이 아니라 여러 사물의 경험을 토대로 형성된 개념적 분별로서의 공상共相이다. 공상의 개념 체계는 언어로 이루어진다. 즉 제6의식은 언어를 통한 개념의 분별을 통하지 않고서는 세계를 인지하지 못한다는 것이다.

> 개념적으로 규정되지 않으면, 의식은 분별해 내지 못한다. 의식의 사려 분별 작용은 언어적 개념틀에 따라 진행되는 것이다. 색에 대해 풍부한 단어를 가진 자라야 색감이 풍부하고, 음에 대한 상세한 단어를 가진 자라야 음감이 상세하다. 스쳐 지나가는 것들을 구분해서 경계 짓고 규정해 줄 단어나 개념이 없으면, 그것을 그것으로 분별하여 의식으로 알아차릴 수가 없다. 지각은 분별적 인지이며, 결국 언어를 따라 행해진다.[8]

---

6 위의 책, 44쪽.

7 이것이 '내로남불' 현상이 일어나는 근거이다. 이미 '나'와 '대상'이 다르기에 '나'에 대한 성찰은 '대상의식'과 같은 차원에서 이루어지지 않는다. 인식의 차원이 높아질 때만 '나'와 '대상'을 통합적으로 바라볼 수 있게 된다.

8 앞의 책, 46쪽.

20세기 초 당시 태동하던 양자역학의 성과에 기초한 화이트헤드(Whitehead)는 모든 것은 생성되는 과정일 뿐이라고 했다. 명사는 단순 정위(simple location)로 인간이 허구적으로 조작한 것일 뿐이며, 동사만 존재하는 것이라고 주장했다. 프랑스 철학자 들뢰즈(Deleuze)는 모든 언어는 사본이 아니라 지도이며 명령어라고 했다. 언어가 실상을 그대로 반영하는 것이 아니라 언어라는 개념을 통해서 세계를 바라본다는 것이다. 이처럼 시공간의 인식틀로 바라볼 때는 개념에 의해 드러난 질서만 포착할 수 있을 뿐이며, 파동의 세계, 접혀져 있는 질서의 세계를 있는 그대로 인식할 수 없다.

제6의식으로 지각하는 것이 있는 그대로의 세계가 아니라 시공간의 인식틀에 의해 해석된 개념적 사유라는 것은 인식의 과정을 살펴보면 확인된다.

감각과 지각, 전5식과 제6의식은 동시에 일어나는 것이 아니다. 감각 자료가 주어지는 순간과 그 자료를 무엇으로서 알아보는 순간은 동시가 아니라 한 찰나 뒤이다. 이처럼 감각에서 지각으로 넘어가는 시간 경과는 비록 한 찰나이지만, 그 한 찰나 사이에 엄청난 일이 벌어진다. 무슨 일이 일어나는가?

지각이 감각과 동시가 아니라 한 찰나 뒤에 일어난다는 것은 대상을 알아보는 지각의 순간, 앞서 자극을 준 감각 대상은 이미 사라지고 없다는 것을 말한다. 지각은 곧 기억이며, 지각 세계는 엄밀히 말해 '있는 세계'가 아니라 '없는 세계'이다. 그럼에도 우리가 있는 그대로의 세계를 지각한다고 느끼는 것은 한 찰나의 감각 대상과 그다음 찰나의 지각 대상이 서로 다른 것인데도, 우리는 그것을 자기동일적 대상, 상속하는 하나의 대상이라고 여기기 때문이다. 그러나 엄밀히 말해 그 동일성은 근거가 없다. 일억 광년 거리의 별을 내가 지금 지각하고 있다면, 그렇게 지각된 별은 현재의 별이 아니고 일억 광년 전의 별일 뿐이다. 그렇듯 대상화된 모든 거리 속에는 시간이 들어가 있으며, 따라서 공간적으로 거리가 있는 것으로 지각된 세계는 결국 과거의 세계, 기억된 세계, 현재 없지만 있는 것처럼 여겨지는 '가상의 세계'이다. 감각에서 지각으로 넘어가는 그 한 찰나에 우리는 가상 세계로 이동해 간다. 자상自相의 세계에서 공상共相의 세계로, 감각 세계에서 사유 세계로 이동해 가는 것이다. 지각의 세계는 우리의 분별적 개념틀 내지 사유틀에 따라 형성되는 사유 세계, 추상적 개념 세계, 우리 자신이 만든 가상 세계이다.[9]

이처럼 전오식의 감각에서 제6의식의 지각으로 넘어가는 그 한 찰나에 우리는 우리 자신의 추상적 개념틀에 따라 우리의 언어가 만드는 가상의 사유 세계 속으로 끌려 들어간다는 것이다. 이런 과정을 통해 우리가 지각하는 현상세계는 있는 그대로의 세계 자체가 아니라 우리의 인식 체계에 의해 가미되고 변형된 산물이라고 한다. 이러한 인식의 메커니즘을 직시한다면, 누구라도 일체의 번뇌로부터 자유로울 수 있을 것이다. 번뇌는 과거의 기억이나 미래의 걱정 등으로 시간의 틀에 의해 조성된 것이고, 온 우주 규모로 소통, 공명하는 전체의 장에서 유리되어 국소적으로 제한된 공간의 틀로 설정되어 생긴 경계이다. 이처럼 번뇌는 객관적 사실로서 실체가 있는 것이 아니라 시공간의 인식틀에 의해 가상으로 만들어진 개념이기 때문에, 그 인식틀을 넘어 인식 시야를 온 우주의 전체성으로 넓히는 순간 눈 녹듯이 해소될 수 있는 것이다.

---

9 위의 책, 47쪽.

3. 제7말나식第七末那識

제7말나식은 자아식自我識이다.

한자경은 제6의식에서 의근意根이 이미 '나'를 특정한 어떤 것으로 알고 있기에 의식 내용을 그 나가 아닌 것으로 간주할 수 있다고 한다. 여기서 의근은 제6의식이 의거하는 인식능력으로서의 근根에 그치는 것이 아니라 그 자체 의식과 구분되는 별도의 식識이라는 것이다. 이와 같이 의근이 일으킨 자아식을 불교는 의意의 산스크리트어 마나스(manas)를 그대로 음역하여 '말나식末那識'이라고 부른다. 의가 일으킨 자아식, '나는 나다'의 자아식이 곧 제6의식 다음의 제7말나식이다. 제7말나식은 대상의식인 제6의식의 근저에서 작동하는 '나는 나다'의 자아식이라고 한다.

제6의식의 주객 분별은 제7말나식의 자아식에 근거해서 일어난다. 말나식이 자아로 여기는 부분이 있기에 그 나머지 부분이 나 아닌 타자로, 주관 아닌 객관으로 나타나는 것이다. 나의 영역이 확보되어야 그 나머지 부분이 나 아닌 객관의 영역으로 성립한다. 말나식은 의식 대상이 성립할 수 있게끔 나의 영역을 설정하는 식이다. 말나식에 의해 아我의 영역이 확보되면, 나머지 부분이 아가 아닌 비아非我 내지 아와 관계되는 아소我所로 규정된다. 일체 존재가 아와 비아, 아와 아소로 분별되게끔 먼저 아를 세우는 식이 말나식이다. 말나식에 의해 세워진 나는 이 세계 속에서 나 아닌 것들과 부딪치며, 그때 말나식은 그 부딪침 속에서 내가 나를 잃어버리지 않고 나를 유지하며 나로 살아갈 수 있게끔 하는 생존 본능의 식이다. 이 말나식은 제6의식의 사려 분별보다 더 깊은 곳에서 작동하는 식이기에 '의지意志'라고도 불리고, 무의식적 '본능本能'이라고도 불린다.[10]

　이러한 인식의 메커니즘을 기의 장으로 확인해 보면 그 의미가 명확하게 드러난다. 전5식의 기의 장은 주객이 미분된 전체의 장으로 온 우주로 열린다. 제6식은 전5식의 주위 전체로 열리는 기의 장이 사라지고 약간의 경계가 형성되면서 주위로 기의 장이 조성된다. 제7식은 외부로 열리지 않고 전적으로 두뇌 안으로 밀도 있는 기의 장이 형성되어 있다. 이렇게 기의 장이 나타나는 것은 의근意根 때문이다. 육근六根으로서 안근眼根·이근耳根·비근鼻根·설근舌根·신근身根·의근意根을 같은 범주로 열거하지만, 앞의 오근과 의근은 역할이 다르다. 앞의 오근은 인식 능력으로서 온 우주와 공동의 장을 열지만, 의근은 기의 장이 두뇌 신경망 내부로 국한되어 있다.[11] 이것은 의근이 인식대상인 색성향미촉법을 두뇌 신경망 안에서 재차 개념화해서 인식한다는 것이며, 동시에 의근 자체가 독자적인 영역을 구축하여 주체로 군림한다는 것이다. 그렇기 때문에 제6식은 내부의 경계를 다소 유지하는 상태에서 인식대상과 만나 대상의식으로서 주위로 기의 장이 펼쳐지는 것이지만, 제7식에서는 전적으로 두뇌 신경망 안에만 기의 장이 폐쇄적으로 조성되어 ‘자아식’을 이루게 되는 것이다.

　말나식이 나로 아는 나는 개별적인 몸과 개별적 의식 주체로 이루어져 있다.

　이 중 개별적인 몸을 유근신有根身이라고 한다. 말나식은 안이비설신의 육근 중 마지막 제육근인 의근意根이 나머지 오근을 제어하는 근으로서 근을 가진 몸 안에서 활동하므로, 스스로를 근을 가진 몸인 유근신으로 여긴다고 한다. 말나식은 자신을 유근신으로 여기는 것을 ‘몸

10　위의 책, 52쪽.
11　의근은 갖가지 감각 자료를 개념적으로 정리하고 분별하여 사유하는 두뇌 활동 전반을 나타낸다고 할 수 있다.

이 있다는 견해'라는 의미에서 '유신견有身見'이라고도 한다. 말나식의 '나는 나다'의 자아식이 곧 나를 몸으로 간주하는 유신견을 이룬다는 것이다.

> 우리가 일상적으로 자기 자신을 각자의 몸과 동일시하여 몸을 나라고 생각하는 것은 말나식의 유신견을 따른 것이다. 우리는 흔히 자신을 오온의 몸과 동일시하거나 또는 몸 중에서도 두뇌와 동일시한다. 그렇게 '나는 나다'라고 여기는 말나식의 나는 곧 나의 오온으로서의 개별적 몸 또는 나의 두뇌신경망이다. 이와 같이 말나식이 나라고 생각하고 나라고 집착하는 그 나는 인식능력으로서의 근을 갖춘 몸, 개별적 신체인 유근신이다. 그렇게 말나식은 자신을 육단심肉團心[12]으로 여기며, 이것이 바로 각자의 몸과 결부된 본능적 자아식이라고 할 수 있다.[13]

말나식은 한편으로는 자신을 유근신으로 여기지만, 또 다른 한편으로는 자신을 의식 주체로 여긴다고 한다. 의근이 근을 가진 몸인 유근신으로 존재하면서 동시에 제6의식이 의거하는 소의근所依根으로 작용하기 때문이다. 의식의 소의근으로서의 의근은 자신을 '의식을 일으키는 나', 즉 여러 의식 활동에서 '의식하는 자'인 의식 주체 내지 사유 주체라고 여긴다는 것이다. 말나식이 자신을 의식 주체 내지 사유 주체로서의 자아로 설정하므로, 우리는 본능적으로 개별적 사유 주체로서

---

12 산스크리트어로 hrdaya, 심장을 말한다. 몸을 나라고 생각하는 마음. 『종경록宗鏡錄』에는 육단심肉團心·연려심緣慮心·집기심集起心·견실심堅實心의 네 가지 마음이 있는데, 육단심이란 육체적 생각에서 우러나는 마음이고, 연려심이란 보고 듣는 데서 분별하여 내는 마음이며, 집기심이란 망상을 내는 깊은 속마음이며, 견실심이란 진실한 본성인 불성佛性을 말한다고 한다[출처 : 불교신문(http://www.ibulgyo.com)].

13 위의 책, 53쪽.

'생각하는 나'가 바로 나라는 아견我見을 가지게 된다고 한다.

따라서 우리는 일상적으로 나 자신을 개별적 사유 주체라고 여긴다. 생각이 있으면 생각하는 나가 있고, 느낌이 있으면 느끼는 나가 있다고 여긴다. 우리가 일상적으로 나라고 여기는 의식 주체 내지 사유 주체로서의 나는 바로 말나식이 나라고 여기는 아견의 나이다. 말나식은 의식하는 나, 생각하는 나가 개별적 사유 주체로 존재한다고 여기며, 그 나에 집착한다.[14]

이처럼 말나식은 의식 주체를 자아로 간주하여 자의식을 갖지만, 불교에서는 온 우주와 유리되어 개체 단위로 완결된 정체성을 이루는 존재는 없다고 본다. 이것이 무아사상이다.

느낌이나 생각은 개별적 의식 주체로서의 내가 존재해서 그때그때마다 그 내가 느낌을 일으키거나 생각을 일으키는 것이 아니다. 느낌은 다른 느낌을 따라 일어나기도 하고, 지금 생각은 아까 들은 말로 인해 일어나기도 한다. 그렇게 느낌이나 생각은 이런저런 조건들의 인연에 따라 일어나는 것이지, 느끼는 나 또는 생각하는 나가 의식 주체로서 따로 존재해서 발생하는 것이 아니다. 불교는 이렇게 개별적 사유 주체로서의 '자아'를 부정한다. 불교가 무아 내지 아공我空으로써 부정하는 자아는 바로 이 말나식의 아견의 자아다. 의식 활동에 대해 그 활동 주체로서 설정된 개별적 나는 존재하지 않는다. 의식을 일으키는 의근의 자아식 '나는 나다'의 제7말나식의 아견은 무아를 모르고 아를 세운 망견이다.[15]

14　위의 책, 54쪽.
15　위의 책, 55쪽.

　　말나식의 자아식으로 스스로를 완결된 단위로서의 자아라고 여기는 아상我相을 갖게 된다. 이 아상으로부터 모든 번뇌와 경계가 만들어진다.

> 말나식의 한계는 나라고 집착할 만한 개별적 인식 주체인 자아가 없다는 '무아'를 알지 못하는 것이다. 무아를 모르고 자아가 있다고 생각하는 어리석음을 '아치我癡'라고 한다. 아치로 인해 '나는 나다'라는 '아견我見'이 일어나는데, 이 아견이 곧 나에 집착하는 '아집我執'이다. 말나식은 무명과 아집의 식이다. 제7말나식이 의식과 구분되는 별도의 식이라는 것은 우리가 의식 주체로 존재한다는 것을 말해 주는 것이 아니라, 우리가 무명으로 인해 무아를 깨닫지 못할 경우 자신을 의식 주체로 착각한다는 것을 말해 주는 것이다. 그런 착각을 일으켜 스스로 자아라고 집착하는 식이 바로 제7말나식이다. 실제로는 존재하지 않지만, 자신이 존재하지 않는다는 사실을 모르는 한 존재하는 식, 거짓된 망상의 식이다.[16]

　　말나식으로 아상이 만들어지면서 모든 것이 아와 비아로 나누어지고 주체와 객체로 분별된다.

> 꿈꾸면서 꿈속 나를 나로 생각하는 것이 허망한 망견이듯이, 일상에서 세계 속 유근신 내지 의식 주체를 나로 생각하는 말나식의 아견 또한 허망한 망견에 지나지 않는다. 말나식이 아를 세우므로 그 아를 중심으로 세계가 아와 비아, 아와 아소로 이원화되며, 그 이원성 위에서 제6의식의 허망 분별이 유지된다. 말나식의 아견이 망견이라는 것은 곧

16　위의 책, 57쪽.

그 아견에 따른 주와 객, 자와 타, 아와 법의 분별이 근거가 없다는 것을 말해 준다. 꿈에서 망견이 지속되는 것은 허공 속에 꿈의 세계 전체를 만들고 그 세계를 지켜보는 마음을 꿈속 의식이 알아채지 못하기 때문이다. 그렇듯 일상에서 말나식의 망견과 의식의 망분별이 유지되는 것은 그보다 더 심층에서 세계 전체를 허공 속에 만들어 내는 마음, 그 심층 마음의 활동을 우리가 알아채지 못하기 때문이다.[17]

말나식으로 아상이 만들어지고, 이로 인해 주객이 분열되고, 일체의 번뇌가 만들어지는 것을 기의 장으로 확인한다면, 그를 극복하는 길도 모색해 볼 수 있다.

앞에서 살펴보았듯이 오근과 의근은 인식능력으로서 활동 영역이 다르다. 오근은 안이비설신의 감각으로 주객 미분의 장으로 열려서 전오식 단계에서는 경계가 생기지 않지만, 의근은 두뇌신경망의 활동으로 개념적 사유의 바탕을 이루고 있기 때문에 주위의 다른 대상과 다른 밀도의 기의 장이 조성된다. 의意가 밀도가 높은 곳으로 집중되면서 점차 그 밀도는 가속된다. 이런 과정으로 주위와 차이가 나자마자 의意는 밀도가 높은 곳을 주체로 설정하고 밀도가 희박한 곳을 대상으로 차별하게 된다. 기의 장이라는 관점에서 본다면 밀도의 차이일 뿐이지만, 의意가 머무르면서 일정한 밀도가 시간적으로 지속되고 공간적으로 구분되는 과정을 통해서 이를 입자로서 실체화하게 된다. 이런 과정으로 등장한 입자는 언어를 통한 개념적 사유로 객관화되면서 모든 인식 대상과 분리된 주체로서 군림하여 주와 객, 자와 타, 아와 비아의 경계를 만든다.

이처럼 기의 관점으로 인식의 메커니즘을 이해한다면, 말나식의 아

---

17 위의 책, 58쪽.

상을 해소하는 방법도 기의 밀도가 관념의 벽으로 인위적으로 조성되지 않도록 하여 온 우주 규모로 기의 장이 경계 없이 열리도록 하는 것이 필요하다. 전5식의 감각 세계처럼 미분된 전체성의 세계로 되돌아가거나 인식의 차원을 일미동체의 세계관으로 높여서 부분적인 밀도의 차이를 전체 속에서 포괄적으로 바라보는 것이 필요하다. 물론 이것은 기의 장이 균형, 조화를 이루면서 일체의 경계가 남지 않도록 할 때 가능하지만, 이 과정 자체가 단순한 기의 운용으로서만 이루어질 수 있는 것은 아니며 의식의 영역에서 인식틀이 변화하고 인식의 차원이 동시에 높아져야 가능하다. 부분과 전체를 망라하는 중도의 장이 형성될 때 말나식의 아상의 경계에서 벗어날 수 있다.

4. 제8아뢰야식第八阿賴耶識

제8식은 아뢰야식으로 제7식 자아식의 뿌리가 되는 심층 의식이다. 본래 '아뢰야'라는 말은 '물건을 모두 넣는 창고[함장含藏]' 내지 '곳간[장藏]' 또는 선악을 잃어버리지 않고 간직하는 의식[무몰식無沒識]을 의미한다. 불교에서는 우리가 경험하는 현상세계는 업력業力으로 만들어진다고 보는데, 제7말나식의 아견과 아집에 근거한 행위를 업業이라고 한다. 유정有情이 짓는 업은 그 행위로서 끝나는 것이 아니라, 그 업에서 비롯되는 기운, 에너지는 업력으로서 사라지지 않고 종자種子로 남아 훈습熏習되어 보존된다고 한다. 전5식, 제6식, 제7식에 이르기까지 인식하는 모든 것들은 심층으로 내려가 아뢰야식에 기록된다는 것이다.

업을 짓던 개체의 오온이 흩어져 사라져도 그 업이 남긴 에너지인 업력

내지 종자는 사라지지 않고 남겨진다. 그렇게 남겨진 에너지의 총체를 간직하고 있는 식이 바로 아뢰야식이다. 아뢰야식은 표층의식이나 개체적 자아식인 말나식처럼 개체의 한 생명 기간에 국한된 마음이 아니다. 각 중생의 아뢰야식에는 무한한 전생의 업이 남긴 종자가 함장되어 있다. 한마디로 전 우주의 역사가 각각의 아뢰야식 안에 정보 에너지로 내재해 있는 것이다.[18]

이러한 점에서 아뢰야식의 저장식의 성격은 융의 집단무의식 개념과 상응한다. 모든 것이 누적된 아뢰야식은 무의식중에 거슬러 나타나서 인간의 마음과 행위를 결정하는 데 영향을 미친다고 한다.

아뢰야식 안에 함장되어 있는 무한한 종자 에너지는 인연에 따라 구체화된다. 이것을 '현행現行'이라고 한다. 표층의 의식과 말나식의 업에 의해 심층 아뢰야식에 심어진 종자는 인연이 갖추어지면 다시 표층으로 구체화되고 현재화된다. … 우리가 표층에서 경험하는 현상세계의 만물은 모두 심층 아뢰야식의 종자가 현행화한 결과물이다. 표층 현상세계의 모든 것은 심층 에너지의 표현이다. 전체 우주의 정보가 종자로서 아뢰야식에 남겨지고, 그 종자의 에너지와 정보를 따라 다시 우주 전체가 만들어진다. 심층 아뢰야식은 그렇게 허공 속에 현상세계를 만들어내는 마음이다.[19]

제6식이 제7식의 자아식에 근거해서 만들어진 개체 단위의 표층의식이라면, 아뢰야식은 심층마음으로서 모든 개체 단위를 망라하는 일

---

18 위의 책, 61쪽.
19 위의 책, 61쪽.

심이다. 인간의 존재성에 대한 인식이 아뢰야식부터 완전히 달라지는 것이다.

> 각 중생의 심층마음인 아뢰야식은 허공 속에 세계를 만들고 그 세계를 지켜본다. 그렇게 각 중생의 마음은 그대로 하나의 세계이다. 각각의 중생이 각각 하나의 우주인 것이다. 그런데 각 중생이 만든 허공 속 세계가 그 중생들이 함께 그 안에 살아가는 하나의 공통 세계라는 것은 곧 중생의 심층마음이 결국 하나의 마음이라는 것을 말해 준다.
> 각 중생의 아뢰야식 안에 무한한 전생으로부터의 종자가 함장되어 있으니, 각 아뢰야식 내 종자가 결국은 서로 다르지 않은 공통의 종자, 하나로 소통하고 하나로 공명하는 파동 에너지가 되는 것이다. 그렇게 각각의 중생은 표층에서는 서로 다르지만 심층에서는 한마음이다. 각각의 마음이면서도 하나의 마음이기에 '일즉다一卽多 다즉일多卽一'이 성립한다.[20]

아뢰야식에는 일심이문一心二門이 있다. 일심一心은 진여심眞如心이며 이문二門은 심진여문心眞如門과 심생멸문心生滅門이다.

> 대승의 바른 의미를 밝혀 줄 수 있는 대승의 법은 우리의 마음, 곧 중생심이다. 중생심의 체는 진여심이며, 진여심은 진여의 체·상·용으로서 일체 세간법과 출세간법을 모두 포섭하므로, 결국 그 자체가 곧 전체가 된다. 이처럼 전체로서 하나인 마음이 '일심一心'이다. 여기에서는 대승법인 중생심이 전체를 포괄하는 하나의 마음인 '일심'이며, 그 하나의 마음을 드러내어 밝히는 길에는 두 가지 문인 '이문二門'이 있다고 말한

---

20 위의 책, 64쪽.

다.[21]

여기서 이문二門은 중생심을 그 자체로 밝히는 것과 중생심을 드러난 모습과 작용을 통해 밝히는 것을 말한다. 중생심은 그 자체 부증불감不增不減, 불생불멸不生不滅의 진여심이지만, 중생이 자신의 마음을 진여로 자각하여 알지 못할 경우, 그 중생의 마음은 자신에 대한 무명과 허망 분별로 인해 갖가지 변화하는 생멸상을 그려내게 된다. 중생심을 불생불멸의 진여 자체로 밝히는 것이 '심진여문'이고, 중생심을 생멸하는 변화의 모습과 작용을 따라 밝혀 내는 것이 '심생멸문'이라고 한다. 한자경은 이를 그림에 비유한다. 도화지 위에 그려지는 사물은 여러 가지로 생멸하지만, 사물이 그려지는 도화지는 그려진 사물과 달리 생멸하지 않는 바탕이라고 한다. 그리고 그려진 사물은 그 바탕인 도화지에 의거하여서만 존재한다는 것이다. 즉 그려진 사물은 도화지처럼 실유實有가 아니라 도화지에 의거하여서만 존재하는 가유假有이며 따라서 자기 자체가 없고 도화지를 자신의 체로 삼는다고 한다.

> 그려진 사물의 바탕이 되는 도화지는 그 위에 그려진 사물에 의해 가려지기에 우리는 일상적으로 그 그림에서 사물을 보지 도화지를 보지 않는다. 그러나 그림은 본래 도화지 위의 그림이다. 따라서 그림에서 우리가 실제로 보는 것은 사실 도화지인 것이다. 그림 자체가 실은 도화지인 셈이다. 이렇게 도화지와 그려진 그림은 서로 분리된 별개의 것이 아니다. 둘은 하나의 양면이다. 그림은 불생불멸의 종이 위에 그려진 생멸하는 그림이다.[22]

---

21 한자경, 『대승기신론강해』, 85쪽. 불광출판사, 2013.
22 위의 책, 87쪽.

　　도화지에 그려진 사물이 하나가 되듯이 불생불멸의 진여심이 바로 생멸하는 중생심 그 자체인 것이다.

> 기신론起信論에 따르면, 일체 제법이 의거하는 법은 곧 중생심이다. 중생은 살아 있는 '유정有情'이다. 즉 느낌·감정·정情이 있는 존재이며, 이 점에서 마음을 가진 존재라는 것이다. 중생의 본체는 바로 마음인 것이다. 따라서 일체 제법이 중생심에 의거한다는 것은 우리가 대상화해서 객관 세계로 인식하는 일체 제법이 결국 우리의 마음이 그린 그림, 마음의 경계라는 말이다. 일체 제법의 그림이 그려져 있는 도화지는 결국 우리 자신의 마음인 것이다. … 그런데 대개의 중생은 자신을 그려진 그림의 바탕인 진여로 알지 못하고, 오히려 바탕 위에 그려진 그림으로만 여긴다. 중생이 자기 자신을 마음 자체로 진여로 자각하지 못하면, 중생은 진여를 자신의 체로 삼고 있으면서도 그러한 자신의 본성을 제대로 자각하지 못하고 자신을 그림 속 자신으로만 여기면서 그림 속 세계에 집착하여 거기에 매이게 된다.[23]

　　『대승기신론강해』의 저자인 한자경 교수가 진여심과 생멸심을 도화지와 그 위에 그려진 사물들로 비유한 것에는 여러 가지 중요한 의미가 담겨져 있다.

　　첫째, 도화지와 그 위에 그려진 사물의 그림은 어떤 간격도 없이 하나로 합쳐져 있다. 이것은 도화지와 그 위에 그려진 사물로 상징되는 진여심과 생멸심이 차원이 다르지만 시간적 선후와 공간적 거리감 없이 동시에 함께하고 있다는 것을 가리킨다. 이미 앞에서 살펴보았듯이, 별교의 경우 중도를 지향하지만 격력차제隔歷次第의 한계를 벗어나지

23　위의 책, 88쪽.

못한다. 아직 일미동체의 세계관으로 체화된 상태가 아니기 때문에 차원이 다른 두 세계가 간격이 있고 단계가 있는 상태로 봉합되는 상태에 머물러 있는 것이다. 그러나 일심의 원교에서는 어떠한 시간, 공간의 경계가 없이 원융무애한 상태에서 중도를 이루고 있기에 생멸이 거듭되는 일색一色, 일향一香이 바로 불생불멸의 중도실상 그 자체라고 한다. 도화지와 그 위에 그려진 사물이 어떠한 간격도 없이 하나를 이루고 있다는 것이 바로 이러한 일심의 원교를 잘 나타낸다고 볼 수 있다.

둘째, 도화지와 그 위에 그려진 사물은 절묘하게 두 가지 차원의 상태를 정확하게 반영하고 있다. 그려진 사물은 생멸하는 세계의 입자이다. 이는 3차원 공간관의 인식틀로 파악할 수 있는 드러난 질서의 세계를 나타낸다. 이에 비해 도화지는 어떤 형상도 취하지 않으면서 모든 입자를 담고 있고 드러난 질서를 포괄하고 있는 장場이며 접혀져 있는 질서이다. 입자와 장, 드러난 질서와 접혀진 질서가 마치 동전의 양면처럼 어떤 간격도 없이 하나를 이루고 있는데, 도화지와 그 위에 그려진 사물이 바로 이런 두 가지 차원의 상태와 관계를 그대로 나타내고 있다는 것이다.

셋째, 도화지와 그 위에 그려진 사물의 관계는 수련 과정에서 차원의 혼재로 발생하는 문제를 해결할 수 있는 길을 제시하고 있다. 수련을 시작하여 입정상태에 들어간다는 것은 3차원 공간관의 인식틀을 해체하여 입자 중심의 경계가 사라지고 모든 것이 동시장인 상태로 진입한다는 것이다. 이때 개체 단위의 나와 주위 우주 공간의 경계가 사라지고 하나가 되는데, 의념을 주위 우주 공간으로 옮겨서 기존의 내 몸을 바라보면서 기를 운용할 때, 주의하지 않으면 3차원 공간관의 인식틀로 되돌아가 내 몸을 해부학적 위상으로 떠올릴 수 있다. 예를 들면, 등 뒤의 우주로 동시장이 조성된 상태에서 내 몸을 바라보는 순간, 의념이 척추와 독맥, 중심선, 중심자리 등의 특정한 부위로 따라 들어오는 것이다. 이 순간 동시장을 이루었던 인식의 차원이 3차원 공간관으로 전락하여 경계가 살아나게 된다. 또한 장으로 열렸다가도 내 몸의 특정 부위에 통증이나 냉기, 열기, 고밀도 등의 상태를 느끼는 순간 우주로 열려 있던 장이 흐트러지면서 순식간에 느낌이 있던 몸의 부위로 의념이 되돌아와 3차원 공간관의 인식틀이 되살아날 수 있다. 이를 방지하기 위해 기존 내 몸의 모든 부위를 거울 이미지로 떠올려 장이 미약해지거나 경계가 살아날 때 바로 우주로 반사되어 대원경의 동시장이 이루어지게 하거나, 모든 경계를 실수 입자가 아니라 허수의 장으로 이루어져 있는 것이라고 여겨서 풀기도 한다. 그러다가도 어느새 수련의 흐름이 끊기거나 자주 경계가 살아나면 다시 이완하고 해체하는 과정을 밟아야 한다.

그런데 도화지와 그 위에 그려진 사물이 어떠한 간격도 없이 겹쳐져서 하나를 이루고 있다는 것을 수련 과정에 적용한다면 몸의 경계를 해체하여 중도의 동시장을 쉽게 이룰 수 있다. 내 몸에서도 진여심과 생멸심은 하나를 이루고 있다는 것을 세 가지 방식으로 떠올릴 수 있다.

㉠ 0이라는 덧셈에서의 항등원을 이용한 1+0=1을 내 몸에 적용하는 것이다. 여기서 1, 2, 3 등은 생멸심이며 항등원인 0은 진여심이다. 모든 개별 현상에는 0이라는 무한대의 세계, 진여심이 항상 함께하는 것을 나타내는 것이다. 다만 '1+0=1' 혹은 '내 몸+0=내 몸'을 떠올릴 때 대승, 원교의 차원이라고 연상한다. 그래야 개념의 틀에 얽매이지 않고 동시장으로 나타난다.

㉡ 수련 과정에서 내 몸의 해부학적인 경계가 남아있을 때마다 이것은 그림일 뿐이고 그 바탕에는 도화지가 함께 하고 있다는 것을 연상하면서 이를 진여심으로 떠올린다. 그러면 경계가 남아있던 해부학적인 경계는 순식간에 해체되고 온 우주의 공동장·동시장

으로 열린다.

ⓒ 먼저 횡수로 기의 장을 끝없이 확장하여 중도의 동시장을 형성한다. 위아래, 좌우 등에서 대칭 방향으로 무한대로 열면 어느 순간 선형성의 패러다임이 해체되는데, 그 순간 중도의 동시장이 조성되었다고 여긴다. 이러한 중도의 동시장을 우주 규모의 흰 도화지이자 진여심이라고 여기고 이 상태에서 기존의 내 몸의 모든 부위를 떠올린다. 이미 중도의 동시장이 주체인 상태에서 바라보기 때문에 내 몸은 '내 것'이 아니라 진여심의 바탕 위에 용해되어 있는 생멸심에 해당한다. 이런 상태에서 내 몸의 부위를 떠올릴 때 '중도의' 부위라고 지칭한다. 예를 들면, 중심선을 중도선, 중심자리를 중도자리, 독맥을 중도독맥中道督脈, 임맥을 중도임맥中道任脈으로 떠올린다. 그러면 내 몸의 부위를 떠올리더라도 생멸심, 즉 3차원 공간관의 상태로 인식의 차원이 전락하지 않고 진여심의 중도 동시장에 내맡길 수 있다.

진여심과 생멸심이 도화지와 그 위에 그려진 사물의 그림처럼 어떠한 간격 없이 하나를 이루고 있다는 것을 알아차린다면, 누구라도 몸과 의식의 경계를 쉽게 해소하고 중도의 동시장에 이를 수 있다.

[수련법]

1. 전5식과 제6식, 제7식의 기의 장을 확인해 본다. 전5식은 대상과 주체의 구분 없이 공동의 장으로 열린다. 제6식의 기의 장은 주위 대상으로 기의 장이 조성되면서도 그것을 느끼는 나의 뇌 속으로 밀도가 약간 높은 장이 조성되면서 경계가 만들어진다. 제7식은 두뇌 안으로 밀도 높은 기운이 조성되는데, 외부와 차단되어

있는 것을 확인할 수 있다.

2. 제8아뢰야식을 통째로 떠올리면, 한편으로는 기의 장이 횡수로 환하게 열리고 다른 한편으로는 두뇌 심층부에 입자식의 경계가 나타난다. 이것은 진여문과 생멸문이 동시에 표현되기 때문일 것이다. 무의식중에 작동하는 인식틀이 3차원 공간관이나 장교의 세계관이라면 두 가지 기의 장은 크게 다를 것이다. 이를 일미동체의 세계관, 원교의 세계관으로 떠올린다면 두 가지 기의 경계가 풀리면서 점차 전체가 하나의 장으로 통합된다.

3. 2의 경우에서 진여문과 생멸문의 경계가 해소되어 하나의 장으로 통합될 때, 이를 기의 장의 관점에서만 보지 말고 의식의 영역에서 이들 두 기의 장이 어떤 의미를 갖는지, 통합되어 나갈 때의 세계관은 어떻게 변화하는지를 함께 떠올려서 진행한다.

4. 두 가지 기의 장이 혼재되어 나타날 때 진여문에 해당하는, 횡수로 경계 없이 열리는 장으로 의념의 비중을 옮겨갈수록 생멸문에 해당하는 입자들의 경계는 해소되어 나갈 수 있다. 반면에 입자들의 경계가 있는 곳으로 시야를 옮기고 의념이 집중될수록 전체의 기의 장은 흐트러지고 입자들의 경계만 강화된다. 진여문으로 비중이 옮겨진 다음에는 생멸문에 해당하는 다양한 업의 장을 떠올려서 풀어 준다. 진여문으로 열린 사방의 기의 장을 유지하고 그곳이 주체인 상태에서 개인의 업, 패밀리(family)의 업, 집단정신의 업 등을 떠올리면서 바로 풀려나가도록 지켜본다. 법이자연法爾自然으로서 우주 법계의 법성이 주체인 상태에서 진여문이 펼쳐지고 진여문의 바탕 위에서 생멸문의 제반 경계들이 풀려 나가도록 지켜본다.

아뢰야식은 개체 단위의 마음이 아니라 우주 규모의 심층마음인 만큼 한순간에 일체의 경계가 해체되기는 어렵다. 근기에 따라서 돈오돈수頓悟頓修가 가능한 경우도 있겠지만, 대부분의 경우 돈오점수頓悟漸修로 풀어나가야 한다. 여기서 돈오라는 것은 기본적으로 인식틀의 전환, 인식 차원의 전변, 세계관의 전환을 가리키는 것이고, 점수는 이러한 관점의 변화, 세계관의 전환 속에서도 부단히 숱한 생멸심과 업의 경계를 수시로 풀어나가는 과정을 말한다. 궁극적인 경지가 중요한 것이 아니라, 당면한 상황을 인지하고 그를 풀어 나가는 과정 자체가 나를 자유롭게 하는 과정이며 창조적인 흐름을 스스로 만들어 나가는 삶의 의미라고 할 수 있다.

5. 생멸문으로 떠 올렸을 때 입자들의 경계가 심하다면 바로 진여문의 장이 떠오르지 않을 수 있다. 이럴 때는 생멸문 입자들의 음양을 조화롭게 만들어 주면 경계가 해소되면서 그 바탕인 진여문의 장이 저절로 드러나게 된다. 예를 들면, 뇌리에서 과거의 상처에 대한 기억이나 미래의 불안 등 온갖 상념이 떠나지 않으면서 나라는 관념적 경계가 강하게 자리 잡고 있을 때, 몸과 머리를 뒤로 약간 기울이면서 백회 위의 우주공간으로 시야를 옮기고 그에 따라 밀도 있는 기운이 상승하는 것을 지켜본다. 이어서 몸을 뒤로 기울이면서 백회와 대칭되는 회음 아래로도 백회 위와 똑 같은 정도로 기운이 하강하는 것을 지켜본다. 등 뒤로 약간 기울이면서 무게중심을 등뒤 우주 공간으로 옮긴 상태에서 백회와 회음 위아래로 동시에 상승, 하강하는 것을 지켜보고 기의 밀도에 따라 의념을 옮기다 보면, 어느 순간에 나라는 관념적 경계가 사라지고 뇌리의 일체의 입자 경계도 해소된다. 바로 그 순간에는 머리를 포함해서 위아래 우주공간에 걸쳐서 중도의 장이 드러나게 되는 것이다. 여기서 주목할 것은 머리 안/백회 위와 회음 아래 우주공간, 머리 안/등 뒤 우주공간, 백회 위 우주공간/회음 아래 우주공간 등으로 입자의 경계를 둘러싼 사방으로 음양의 균형을 이룰 수 있도록 시야를 열고 기의 장을 확장해 나가는 것이다. 이를 통해 음양이 균형을 이루는 순간, 생멸의 경계는 눈 녹듯이 사라지고 동시에 진여문의 중도 장이 그대로 드러난다.

6. 본문에서 예를 든 것처럼, 입정 상태에서 내 몸과 주위 우주공간 사이의
경계가 사라지고 동시장이 형성될 때는 새롭게 기존의 내 몸의 어떤 부위를
집중하더라도 3차원 공간관의 해부학적 부위를 떠올리지 말고 바로 중도
장의 흐름 속에 있다는 의미에서 중도선, 중도자리, 중도독맥, 중도임맥으로
떠올려서 전체의 장을 유지하도록 한다. 이때 질적으로 인식의 차원이 바뀌었고
그에 따라 주체가 달라졌다는 것을 명시적으로 확인한다. 기존의 내 몸의
입자가 주체가 아니라 우주 법계의 법성이 주체라는 것, 그리하여 모든 것이
법성자천이연法性自天以然이나 줄여서 법이자연法爾自然, 더욱 간단하게
자연自然으로 이루어진다고 내맡긴다.

유식唯識 — "오직 앎뿐"이라는 사건

기氣는 파동과 장의 형식으로 존재하는, 눈에 보이지 않는 에너지이다. 입자 형식으로 드러난 질서를 이루고 있는 물질이나 분별적인 경계를 이루고 있는 개념도 기로 이루어져 있다. 다만 이 경우에는 기의 장이 접혀진 상태로 드러나 보이지 않을 뿐이다. 하나의 현상이 서로 다른 형식, 즉 입자와 파동, 장으로 존재하는 것이다. 같은 현상이라도 어떤 형식으로 존재한다고 보는가에 따라 운동, 변화의 과정도 다르게 진행된다. 입자와 개념으로 존재한다고 보는 경우 시공간의 인식틀과 개념의 틀 속에 갇혀 국소적인 경계를 벗어날 수 없지만, 파동과 장으로 존재한다고 보는 경우 어떠한 경계도 관통하고 여러 차원을 넘나들 수 있다. 입자와 개념은 자기와 다른 것을 만날수록 비교를 통한 차별성이 강조되면서 서로 간의 공통성을 잃어버리고 경계가 더욱 심화되지만, 파동과 장은 다른 흐름을 만날수록 기존의 자기의 것을 해체하고 그를 통해서 새로운 흐름과 통합하여 전체성을 이루게 된다. 그런 만큼 어느 자리에 서 있든 어떤 계열을 선택하는가에 따라서 더욱 경색될 수 있고 새롭게 확장될 수 있다.

기를 수련하는 것은 '나'를 해체하는 것이다. 긴장을 풀고 이완을 하거나 부분적으로 기의 감각을 느끼는 것만으로 '나'는 해체되지 않는다. 이런 정도로는 여전히 '내'가 주체인 상태를 벗어나지 못하기 때문이다. '나'를 해체하기 위해서는 '나'라는 아상我相을 구축하고 있는 사유 체계와 그것이 기초하고 있는 시공간의 인식틀 전반의 시스템이 전격적으로 한꺼번에 해소되어야 한다. 또한 한 찰나의 간격 없이 동시에 온 우주의 공동장, 동시장으로 대체되어야 한다. 이를 통해 '나'의 입자와 개념의 사유 체계에 의해 가려져 있었을 뿐, 이미 은적되어 있던 파동과 장의 시스템이 전면적으로 드러난다. '나'의 해체와 온 우주로의 '열림'이 동시에 이루어지는 것이다.

두 시스템의 전격적인 교체를 통한 인식의 차원의 전변은 어떻게 이루어지는가?

두 가지 방법이 있다. 하나는 두 가지 시스템을 연상법으로 떠올려기의 장으로 확인한 뒤 더 통합적인 시스템의 기의 장과 함께한다고 여기고 그에게 내맡기는 방법이다. 다른 하나는 드러난 질서인 실수 입자의 시스템을 '무한' 상태까지 추구하여 한계가 드러날 때, '대극의 합일'을 이루는 방법이다. 전자는 쉬운 방법이지만, 사람에 따라서는 잘 안될 수도 있고 이전의 시스템이 완벽하게 해소되지 않을 수도 있다. 후자는 까다롭지만, 이전 시스템의 원리를 철저하게 규명하여 이로부터 벗어날 수 있고 그를 통해서 인식의 차원이 바뀌는 것이 어떠한 의미를 갖는지를 잘 확인할 수 있다. 여기서는 후자의 방법을 자세하게 살펴본다.

입자 중심의 드러난 질서를 유지하고 있는 체계는 실상이 아니라 개념에 의해서 인위적으로 설정된 체계이다. 여기에는 그에 동참하는 의식이 있기에 체계가 성립되고 지속될 수 있다. 이 체계는 실수 입자 중심의 선형성으로서 대소 차이가 있고 방향 차이가 있는 시스템이다. 이러한 시스템을 제대로 알기 위해서 '무한대'까지 추구해 본다.

먼저 한쪽 방향으로 빛보다 빠른 토션파(Torsion wave)가 작용하여 무한대로 열린다고 설정하고 의념이 따라가도록 한다. 이어서 반대 방향으로도 마찬가지로 무한대가 열린다고 여기면서 따라가도록 한다. 양방향이 동시에 대칭으로 무한대로 열리도록 하고 의념이 따라가도록 하는 것이다. 그런데 무한대라는 것은 누구라도 이를 수 없는 영역이다. 특히 실수 입자의 선형성 시스템에서는 무한대란 관념으로 상정될 뿐이지, 그에 이르고 그 상태를 포착하고 인지한다는 것은 불가능하다. 그러기에 중세 신학에서는 무한의 영역은 신의 영역이었다. 말하자면 상대를 뛰어넘는 절대의 영역이다. 칸토어(Cantor)가 무한집합을 연구할 때 누구도 반겨하지 않았던 것은 신성의 영역을 파헤치는 것이었으며 신성 모독에 해당하는 사안이었기 때문이다. 그러나 칸토어는 무한집합에서는 부분과 전체가 같다는 정의를 이끌어 냈고, 이것은 현대 수학에서 공식적으로 인정받고 있다. 무한집합에서는 부분과 전체가 1대 1 대응을 끝없이 할 수 있기 때문에 부분과 전체가 다르지 않다고 정의한다. 무한집합의 영역에 국한된 것이긴 하지만, 실수에서도 부분과 전체가 같다는 것은 기성의 질서가 한계를 안고 있다는 것을 천명한 혁명적인 선언이다. 이것은 실수 입자의 선형성 시스템을 무한까지 확장할 때 그 질서가 모순을 드러낸다는 것을 입증한 것이고, 그 결과 다른 시스템으로 전격적으로 전환된다는 것을 의미한다. 이처럼 양방향으로 무한을 추구하고 그 방향으로 의념을 옮겨 나가서 실제로 무한대에 이를 수는 없다. 다만 실수 입자의 선형성 질서 위에서 최대치를 추구해 나가는 것이다.

그런데 토션파를 연상하면 어느 순간에 양방향의 끝의 경계가 사라지면서 우주로 끝없이 열리는 느낌이 든다. 이와 동시에 양방향의 공간적 위상도 해체된다. 양방향으로 펼쳐져 있던 공간의 틀이 해체되는 것이다. 양방향의 '무한'으로 확장되는 것을 따라가던 의식이 한계에 봉착하면서 그 의식에 의해서 유지되던 3차원 공간의 시스템도 무너진 것이다. 한쪽으로만 '무한'을 추구한다면 선형성의 시스템이 그대로 유지될 수 있기 때문에 이러한 변화가 일어나지 않는다. 이제 양쪽 끝은 '대극의 합일'을 이루면서 그 전부가 동시장을 이룬다. 이런 과정을 통해서 기존의 실수 입자의 드러난 질서가 붕괴하는 순간, 항상 이면에 은적되어 있던 온 우주의 동시장이 전면으로 부각되는 것이다. 이를 중도의 장이라고 칭한다. 중도의 전체장이 형성되자마자 내 몸의 모든 부위도 3차원 공간의 해부학적 위상이 아니라 중도의 동시장으로 편입되고 용해된 것으로 떠올린다. 이를 통해서 전격적으로 차원이 변화하게 되는 것이다.

이처럼 차원이 변화한다는 것은 개체 단위로서의 '내'가 아니라, 온 우주 법계의 법성이 주체로 등장한다는 것을 의미한다. 이를 통해 모든 것이 주객의 분별이 없어지면서 동시장, 공동장을 이루게 된다. 이제 '존재'가 사라지면서 매 순간 전체 속에서의 '사건'만 일어날 뿐이다. 모든 것이 법이자연法爾自然으로 일어나는 것이 '사건'이다. 어떠한 느낌이라도 입자의 '존재'로 여기는 순간 3차원 공간관의 인식틀로 전락하면서 바로 그 자리가 실체화되면서 주체로 군림하여 다른 모든 장의 흐름과 분리되지만, 이를 '사건'으로 알아차리면 일체의 시공간의 경계에 사로잡히지 않으면서 전체 장으로 열리게 되는 것이다.

이처럼 시스템의 변화에 따라 의식의 차원이 달라지는 것을 『유식 30송』에 나오는 3자성自性과 3무자성無自性을 통해서 확인할 수 있다. 3자성은 변계소집성遍計所執性과 의타기성依他起性, 원성실성圓成實性이며 일체법은 3자성을 떠나지 않지만 이 3자성은 본래 무자성無自性이라고 한다.

서광 스님의 『치유하는 유식읽기』에서는 『유식 30송』을 다음과 같이 번역하고 있다.

20송
이리저리 계획하고 조직하고 도식화하는 사고의 작용이 갖가지 종류의 신념·관념·개념을 만들어 낸다. 그렇게 만들어진 것들은 모두 자기의 감정과 욕망과 집착에서 생겨난 것이다. 욕망과 집착이 요모조모로 계산하고 따져서 만들어 낸 관념이나 개념[변계소집遍計所執]은 실제로 존재하는 것이 아니다.

21송

상대 의존적 성품[의타기성依他起性]을 주객으로 분별하는 것은 원인과 조건에 의해서 생겨난 것이다. 완전하게 이루어진 성품[원성실성圓成實性]은 상대 의존적 성품 안에 내재된 계산하고 집착하는 성품[변계소집성遍計所執性]이 영원히 사라졌을 때 일어난다.

22송

그러므로 완전하고 진실된 본질은 상대를 의지하는 상대성과 완전히 다른 것도 아니고 다르지 않은 것도 아니다. 무상성이 무상한 현상과 다르지도 않고 같지도 않은 것처럼, 궁극적인 실체의 본질이 지각되지 않으면, 타자에 의존하는 상대성 또한 지각되지 않는다.[1]

　여기서 변계소집성은 실제로는 공空인데도 우리의 주관적인 망정妄情으로 실제 있는 것으로 여기고 두루 분별하여 집착하는 성질을 말한다. 흔히 새끼줄을 착각하여 뱀으로 본 것과 같다고 비유한다. 변계소집성은 제7식과 제6식의 분별로 만들어진다. 3차원 공간관의 인식틀에 기초하여 아상我相이 만들어지고 이로 인해 자타가 분별되면서 모든 것이 실수 입자의 드러난 질서로 국소적으로 파편화되어 나타난다. 이렇게 인식된 것을 언어화하고 개념화하여 실체가 있는 것으로 착각

1　서광, 『치유하는 유식읽기』, 177~178쪽. 공간, 2013.

하고 집착하는 것이다.

의타기성은 상대를 의지해서 일어나는 성질이다. 즉 모든 존재는 자기의 원인만으로 일어날 수 없고, 반드시 다른 조건을 계기로 생기는 연기적 현상이라는 것을 가리킨다. 여기에는 계산하고 따지고 집착하는 변계소집성도 포함되어 있다.

원성실성은 있는 그대로의 진실된 모습이고 진정한 실체이다. 상호 의존적 성질인 의타기성에서, 계산하고 조작하는 변계소집성을 멀리 여의면 원성실성이 된다고 한다. 서광 스님은 다음과 같은 예를 들고 있다.

> 일체 만물은 연기적 존재이기에 상호의존적입니다. 그러나 그 상호의존적 성질에는 계산해서 따지고 집착하는 성질이 포함되어 있습니다. 더 쉽게 말씀드리자면, 길고 짧은 상대적 성질에 요모조모 따지고 분별하는 자아의식이 개입되지 않는다면 그것이 원성실성이라는 것입니다. 7식의 작용이 빠지면 길고 짧다는 것은 그냥 아무런 가치나 의미 판단이 개입되지 않는 그냥 순수한 차이가 되기 때문입니다. 차이로 인한 우월감이나 열등감이 존재하지 않는다는 겁니다.[2]

22송에서 원성실성과 의타기성을 다른 것도 아니고 다르지 않은 것도 아니라고 한 것은, 양자를 본성[性]과 현상[相]의 관계로 바라볼 때 이해될 수 있다. 의타기적인 현상은 원성실성의 본성으로부터 나오는 것이기 때문에 다르다고 볼 수 없고, 원성실성의 본성은 불변하고 항상적인 데 비해 의타기적인 현상은 조건에 따라 연생緣生하는 것이기 때문에 다르지 않은 것도 아니라는 것이다. 의타기성 안에는 원성실성의 진

---

2 위의 책, 183쪽.

실한 본성이 공성空性으로 내재해 있고, 원성실성에는 모든 현상이 묘유妙有로 도화지와 그 위에 그려진 사물의 그림처럼 함께하고 있기에 어디에서나 진공묘유眞空妙有인 것이다. 그렇기 때문에 하나의 존재를 인식할 때도 바탕이 되는 도화지, 즉 원성실성의 본성을 지각하지 않으면, 도화지 위에 그려진 사물, 즉 의타기성의 연기적 현상도 지각되지 않는다는 것이다.

올바른 지각을 위해서 서광 스님은 자각 훈련과 중도 수행을 제시하고 있다.

> 무언가 대상을 보고 '예쁘다'라는 마음이 일어났을 때, 일단 예쁘다는 대상을 향한 주의를 우리 몸으로 가져옵니다. 그다음에는 그 순간에 자각을 못 했지만 '못생겼다'라는 무언가가 무의식에 있다는 겁니다. … 중도 수행은 이 끝과 저 끝을 동시에 함께 보는 것입니다. 그런데 대개 두 극단이 동시에 우리의 의식에 잡히는 것이 아니라 어느 한쪽 극단은 의식으로 드러나지만, 다른 한쪽 극단은 무의식으로 잠재되어 있게 됩니다. 그러므로 우리는 어떤 것을 경험할 때 한쪽 극단만을 보게 되므로, 반대 극단의 무의식을 동시에 알아차리려는 의도적 노력이 필요합니다.[3]

앞에서 기 수련을 할 때 3차원공간관의 입자 세계에서 일미동체의 장으로 전환할 때 '무한'으로 확장하여 '대극의 합일'을 이룸으로써 중도를 이루는 것을 살펴보았다. 서광 스님의 제안은 심상의 영역에서 개념적 분별상을 극복하는 중도 수행으로서 같은 맥락이라고 볼 수 있다. 표층의식으로 드러난 심상을 무의식으로 잠재되어 있는 반대 극단과

---

3 위의 책, 185쪽.

함께 알아차릴 때 그 계열의 심리 상태에서 벗어나 중도에 이른다는 것이다. 융(Jung)이 '대극의 합일'을 통해서 중앙에서 전체 정신이 실현된다는 주장과 다르지 않다.

『유식 30송』에서는 3자성自性에 이어서 3무자성無自性을 언급하고 있다.

23송

세 종류의 자성에 근거해서 세 종류의 무자성이 성립된다. 부처님이 이와 같은 세 가지 속성을 가르치신 궁극적인 이유는 다른 데 있다. 즉 일체 현상이 본질적으로 고유하고 유일한 속성을 가지고 있지 않다는 사실을 설명하기 위해서다.

24송

첫째, 마음으로 계산하고 집착해서 만들어진 것은 그 모양이 실제로 존재하기 않기 때문에 형태의 실체가 없다[상무자성相無自性].

둘째, 상호의존적인 성질에는 상대적인 조건에 의해서 발생되고 존재하기 때문에 자기 자체가 스스로 발생하고 스스로 존재하는 힘이 없다[생무자성生無自性].

셋째, 진정한 실체는 분별 계산하고 집착하는 마음이 없기 때문에 인식의 주체와 대상 자체가 없어진 상태다[승의무자성勝義無自性].

25송

일체 현상이 가지고 있는 진정한 본질은 정말로 있는 그대로의 모습, 실상이다. 실상은 항상 변하지 않고 있는 그대로의 모습으로 머무르기 때문에, '있는 그대로의 모습' 그것이 '오직 알 뿐이다'라는 말의 진정한

의미다.[4]

3무자성 가운데 첫째 '상무자성相無自性'은 '변계소집遍計所執', 즉 계산하고 집착해서 만들어 낸 심상과 표상은 마음과 생각이 만든 것으로 실제로 존재하지 않기 때문에 모양이 비어 있다는 것이다. 혜거 스님은 어두운 밤에 노끈을 보고 뱀이라고 잘못 여기는 것과 같이 생사生死가 본래 없는데 실제로 존재하지 않은 것을 존재한다고 집착하고, 보리열반이 법계에 충만하지만 그 실實을 보지 못하고 보리열반菩提涅槃을 따로 찾는 것 등이 모두 변계소집이라고 한다. 그러므로 변계소집성을 상무자성이라 한다는 것이다.

둘째, '생무자성生無自性'은 상대에 의지해서 발생하는 '의타기성'의 개념과 존재들은 스스로 독립적으로 생겨나지 못하기 때문에 태어나는 성질이 비어 있다는 것이다. 가령 선과 악, 미와 추 등은 상대에 의존해서 생겨난 개념이기 때문에 하나가 사라지면 상대도 사라진다. 이처럼 상대적 개념은 독립적으로 생기는 것이 아니기 때문에 생무자성이라고 한다.

셋째, '승의무자성勝義無自性'은 원성실성, 즉 원만하고 완전한 진정한 본질은 자성自性이 없다는 것, 즉 비어 있다는 것이다. 일체 만물은 모두 본질적으로는 비어 있으며 무아無我라는 것이다. 이는 아뢰야식에서 심진여문心眞如門과 심생멸문心生滅門을 도화지와 그 위에 그려진 사물로 비유한 것을 떠올린다면 쉽게 이해할 수 있다. 모든 생멸하는 사물의 그림은 빈 도화지 위에 그려지고, 도화지와 한 몸이 된 상태이다. 생멸의 차원에서 볼 때는 도화지는 공空한 것으로 없는 것이라고 취급하지만, 일미동체의 차원에서 바라본다면 도화지야말로 변하지 않으

---

4 위의 책, 197쪽.

면서 생멸의 현상과 함께하는 것으로 진공묘유眞空妙有의 실상을 나타
내는 것이다.

24송의 세 번째에서 "진정한 실체는 인식 주체[我]와 대상[法] 자체
가 없어진 상태"라고 명시하고 있다. 아我와 법法은 3차원 공간관의 실
수 입자의 드러난 질서에서는 서로 대립적인 것으로 분별된다. 이런 상
태에서는 서로 의타기적依他起的인 관계에 있으면서도 인식 주체에 의
해서 변계소집상이 만들어진다. 아법我法 자체가 없어지는 것은 모든
것이 텅 비어 있을 때 가능하다. 텅 비어 있는 것은 유有와 무無가 구별
되는 차원에서의 무無가 아니다. 유무의 분별이 없어진 상태는 온 우주
법계가 하나인 상태일 때 가능하다. 이를 일심이라고 하고 일미동체라
고 하며 진여라고 한다. 인식 주체와 대상이 없어진 상태의 원성실성의
무자성은 이를 가리킨다.

25송에서는 유식唯識의 의미를 명료하게 표현하고 있다. 서광 스님
은 이렇게 해설한다.

25송에서는 또다시 유식의 의미를 확인시켜 주고 있습니다. 실상, 있는
그대로의 모습, 그것이 바로 '유식'이라는 것입니다. 여기서 유식의 의
미를 구체적으로 풀어보면, '오직 알 뿐이다.', '오직 경험할 뿐이다.'가
됩니다. 다시 말해서, 주체와 객체가 따로 존재하고, '주체는 알고, 객
체는 알아지는' 그런 형태가 아니라는 겁니다. 주체와 객체는 없고 그냥
앎만 있다는 겁니다. 그것을 『능가경』에서는 '행위자는 없고, 행위만
있다.'고 표현합니다. 아는 행위만 있고, 아는 자와 알려지는 대상은 없
다는 것이지요. 그것을 우리는 주객일여主客一如, 즉 주체와 객체가 하나
라고 표현합니다.[5]

유식은 '오직 앎'뿐이라는 사건이다. 이것이 사건이라는 것은 존재론으로 바라보지 않는다는 것이다. 존재론은 절대공간과 절대시간의 개념으로 설정된 무대에서 개체가 완결된 단위로 존재한다고 여기는 허구적 이론일 뿐이다. 상대성이론으로 절대적 의미의 시공간은 부정되었다. 오직 찰나생찰나멸하는 '사건'만 있을 뿐이다. 화이트헤드가 규명했듯이, 명사는 인간의 의식이 조작한 허구일 뿐이며 모든 것은 과정 속에서 생성될 뿐이다. '오직 앎'뿐이라는 것은 '주체는 알고, 객체는 알아지는' 형식의 주체와 객체의 존재가 실체로 존재하지 않는다는 것을 명시하고 있는 것이다. 굳이 존재 형식으로 표현한다면 그것은 '개체적 존재감'이 아니라 '우주적 존재감'이라고 할 수 있다. '우주적 존재감'은 온 우주 법계가 하나인 상태, 법성만이 주체인 상태이고, 그려진 사물의 바탕이 되는 빈 도화지처럼 텅 비어 있으면서 우주 만물을 싣고 있는 것으로 느껴지는 동시장일 것이다. 이러한 의미에서 '오직 앎'뿐인 사건만이 있다는 것은 온 우주가 한 몸이고 한마음이며 동시장이고 공동장이라는 세계관에 바탕을 두고 있을 때 나올 수 있는 표현이다.

[수련법]

1. 정좌 상태에서 몸을 약간 뒤로 기울여 무게중심을 척추 뒤쪽 우주 공간에 둔 채, 척추와 등을 통째로 바라본다. 백회를 미동하면서 위쪽 공간과 뒤섞여서 경계가 흐려지는 것을 확인하고 몸과 머리를 다시 약간 뒤로 기울이면서 백회 위로 밀도 있는 기가 끝없이 상승하는 것을 지켜본다. 이때 백회를 미세하게 반시계 방향

---

5 위의 책, 203쪽.

회전을 하면서 기가 상승하는 것을 지켜본다. 주위에도 소용돌이가 만들어지고 점차 밀도가 높아질 때 가만히 멈추고 상승 회전이 계속 이어진다고 여기고 지켜본다. 두 손을 위로 뻗어 올려 백회 양쪽에서 백회와 함께 반시계 방향 회전을 한다고 여겨도 된다. 기가 백회 위 우주 공간으로 상승할 때 빛보다 빠른 토션파로 작용한다고 여기면 순식간에 경계 없이 위로 끝없이 열린다. 이때 다시 약간 뒤로 기울이면서 대칭으로 회음 아래로도 열리고 토션파가 작용하여 끝없이 하강한다고 여긴다. 회음 아래로 잘 열리지 않으면 회음 부위를 시계 방향 회전을 하면서 주위에서 하강기류가 밀도 높게 조성되는 것을 확인하고 가만히 멈춘 상태에서 지속적으로 빠른 속도로 하강하는 것을 지켜본 뒤, 등 뒤에서 위아래로 상승, 하강하는 것을 동시에 지켜봐도 된다. 이렇게 하여 백회 위와 회음 아래로 토션파로 작용하여 끝없이 열리는 것을 의념으로 동시에 따라가다 보면 어느 순간에 '나'라는 관념적 경계가 해체되고, 위아래와 그 사이의 모든 공간적 구분이 사라지면서 사방으로 동시장이 열린다. 이를 '대극이 합일되는' 중도의 장이라고 여기고, 거기서 모든 것을 바라보면 기존의 3차원적 공간관의 해부학적 부위들도 모두 중도의 장에 용해되어 하나의 동시장, 공동장이 형성된다.

2. 좌우에서도 똑같이 최대한 우주 공간으로 기가 뻗어 나가게 한 뒤, 토션파로 좌우 우주 공간의 경계가 열리는 느낌이 드는 순간, 이를 중도의 장이라고 여기고 그곳에서 내 몸의 모든 부위를 바라보면 경계가 사라지고 하나의 동시장, 공동장으로 용해된다.

3. 신체 어느 부위이든 경계가 나타날 때 사방의 대칭 방향으로 동시에 무한에 가깝게 시야를 옮긴 뒤, 대극의 합일을 통해서 중도의 장이 만들어지게 하고 그에 내맡기면 된다. 어느 한 방향에서라도 일체의 경계 없이 중도의 장이 잘 조성되면 나머지 다른 방향에서도 동시에 이루어진다.

4. 몸 앞으로 기운이 항진되는 것이 부담스러운 사람의 경우, 앞뒤로 중도의 장이 조성되는 것을 먼저 시도하지 말고 위아래나 좌우에서 조성되어 앞뒤까지 확장되도록 내맡기는 것이 좋다. 그리고 이런 사람은 어떠한 수련을 하더라도 항상 척추와 등 뒤쪽으로 우주의 기의 장이 충분하게 조성되도록 하고, 시야를 그곳에 옮겨 둔 상태에서 수련을 하는 것이 필요하다.

5. 변계소집성과 의타기성, 원성실성의 기의 장을 확인해 본다. 변계소집성을 떠올리면 분별 의식의 활동으로 머리 주위로 경계가 만들어지고 무거워진다. 의타기성을 떠올리면 사방으로 기의 장이 열리면서도 머리 주위에서 약간의 경계가 나타난다. 변계소집성이 제거된 상태의 의타기성을 떠올리면 그런 경계가 사라지면서 온 우주로 열려 동시장을 이루게 된다. 원교로서의 원성실성을 떠올리면 횡수 전반으로 일체 경계 없이 동시장이 열리면서 주체와 객체의 경계가 사라진다. 이런 상태에서 기를 운용하면 '내'가 주체가 아니라 우주 법계의 법성이 주체인 상태에서 지금·여기는 하나의 사건만 일어나는 것으로 알아차릴 수 있다. 이처럼 매 순간 중도의 장 속에서 제반 흐름이 이어진다고 인지한다.

추麤와 묘妙, 상대묘相待妙와 절대묘絶待妙

사람들이 힘들여서 높은 산의 정상에 올라가는 이유는 무엇일까? 그 중에는 더 높이 멀리 인식 시야를 넓힘으로써 일상의 번뇌에서 벗어나고 싶은 마음도 있을 것이다. 누구라도 정상에서는 주변의 모든 풍광을 한눈에 전체상으로 담아 보는 시원함과 쾌적함을 느낄 수 있다. 이 순간에는 낮은 곳에서 사물을 세밀하게 분별하고 차별적으로 선택하는 인식 작용이 멈추면서 파편화되어 있던 내 마음도 전체 풍광만큼 확장되어 자신도 모르게 경계심으로 인한 번뇌를 잠시라도 잊을 수 있을 것이다. 물론 이런 변화는 인식 시야가 물리적으로 달라지는 데서 오는 것인 만큼, 내면적으로 인식의 차원이 전변하지 않으면 일어나지 않는다. 정상에 올라가서도 여전히 '나'라는 아상이 강하게 남아 있으면 '나'의 성취감과 헤게모니 확장으로 이어질 수 있기 때문이다. 그런데 물리적으로 인식 시야가 확장되는 데에 따라서 인식의 차원도 높아지게 되면 이전과 인식 방식이 달라지면서 세계의 존재성도 다르게 보이게 된다. 산 아래에서는 주위의 사물들과 이들을 바라보는 '나'도 모두 입자 단위로 존재하는 것으로 지각되었는데, 산 정상에서 광활한 하늘과 산의 전경, 그 사이의 무한한 허공으로 시야가 열리는 순간, '나'라는 경계도 사라지고 그 전부가 하나의 장場으로 느껴질 수 있다. 여기서 하나의 장이라는 것은 그 안의 모든 것이 개별로 나뉘어져서 '차별화'되지 않는다는 것이다. 만약 육안으로 구분되는 대로 인식의 시야가 머물게 되면 즉각 경계가 만들어지고 동시에 다른 것들과 비교되면서 차별화되어 공통의 장은 사라지고 만다. 그러나 하나의 동시장, 공동장으로 느낀다는 것은 그 장 안의 모든 사물들을 있는 그대로, 즉 전체 장 속의 사물들로, 우주를 배경으로 하는 현상으로 바라본다는 것이다. 이때 사물 하나하나는 절대적으로 존재하게 된다. 여기서 '절대적'이라는 것은 사물을 눈앞에 드러나는 현상을 경계로 인식 시야가 한정되어 인식하는 것이 아니라 '내'가 해체되면서 모든 현상을 무한한 우주 배경을 동반한 '장場'의 산물로 인식한다는 것이다.

도겐 선사가 "불교를 공부하는 것은 자기를 공부하는 것이고, 자기를 공부하는 것은 자기를 잊는 것이고, 자기를 잊는 것은 일체와 친해지는 것이다."라고 언급했다고 한다. 여기서 자기는 '입자'로서의 존재이다. 인식의 차원이 '입자' 중심으로 바라보는 3차원 공간관에 머물고 있을 때 진정한 자기를 알 수 없다. 공부를 한다는 것은 인식의 차원이 변화한다는 것이고, 그럴 때 입자 단위로서의 '자기'는 잊는 것으로 나타난다. 입자로서의 '자기'를 잊을 때 온 우주는 즉각 동시장, 공동장으로 드러난다. 일체가 하나의 장이어서 기존의 '자기'와 '일체'는 친해지는 정도를 넘어서 한 몸이 된다. 아인슈타인은 우주에서 미분리된 장이 실체이며 전체 장에서 나온 추상물인 입자는 장의 특이점에 해당한다고 보았다. 낮은 차원에서 볼 때는 모든 것이 입자이고 장은 없는 것으로 보이지만, 높은 차원에서 본다면 모든 것은 장이고 입자는 장 속에 포함되어 있는 것이다. 이러한 의미에서 산 아래에서 '입자' 즉 '나'의 관점에서 바라본다면 '입자' 즉 '나'라는 존재 자체가 유위적인 경계를 만들어 '장' 즉 '일체'와 대립되지만, 산의 정상에서 전체를 망라하는 '장' 즉 '일체'의 관점에서 바라보면 '입자'와 '나'는 그 전의 경계성을 잃고 전체 속의 부분으로 드러나게 된다. 전자의 관점으로 바라보는 것이 추麁이고, 후자의 관점으로 바라보는 것이 묘妙라고 할 수 있다.

1. 추麤와 묘妙

천태사상의 추麤와 묘妙, 상대묘相待妙와 절대묘絶待妙는 '입자'와 '장' 그리고 인식의 차원으로 조망해 볼 수 있다. 추麤는 '거칠다'의 뜻으로서 여기에서는 인식의 차원이 3차원 공간관에 머물러서 세계를 개체 단위로 고립되어 있는 '입자'로 보는 개념이다. 묘妙는 '절묘', '신묘', '오묘' 등의 뜻으로, 여기서는 인식의 차원이 높아서 모든 것을 원융하게 보는 것, 전체를 망라하고 있는 '장場'으로 보는 개념이다.

추와 묘를 반자교半字敎와 만자교滿字敎로 비유하기도 한다. 여기서 반자半字는 반쪽 글자라는 뜻으로, 고대 인도 산스크리트 문자의 자음과 모음을 가리킨다. 이러한 글자의 자모를 가르치는 것을 반자교半字敎라고 하며 소승의 가르침으로서 추麤의 상태라고 한다. 만자교滿字敎는 이들 자모를 합성한 음절문자를 가르치는 것을 가리키며 대승의 가르침으로 묘妙의 상태라고 구분한다. 알파벳을 먼저 가르친 뒤 영어를 가르치듯이 소승의 경전을 먼저 알려준 후 대승경전을 가르치는 것을 이것으로 비유한 것이다.

추麤와 묘妙의 관점은 여러 가지 개별적인 가르침과 수행, 진실에 적용되는데, 여기서는 『법화경』과 다른 경전의 공통점과 차이점으로 살펴보기로 한다.

지의는 『법화현의法華玄義』에서 『법화경』의 묘함에 대한 기존의 해석을 살펴보고 그 문제점을 지적한 뒤, 『법화경』의 묘에 대해 새롭게 정의한다.

중국의 광택사 법운法雲 법사는 '묘'란 일승인과법一乘因果法을 가리킨다고 한다. 법운에 따르면, 깨달음의 원인과 결과에 대해 『법화경』 이전의 가르침은 세 종류의 '추'가 있고, 『법화경』의 가르침은 세 종류의 '묘'를 갖는다고 한다. 법운은 이를 원인과 결과의 본체[體], 지위[位],

작용[用]의 관점에서 조명한다. 즉 과거의 가르침은 원인과 결과의 본
체에 대한 해석이 협소하고 원인과 결과의 지위가 낮고, 원인과 결과의
작용이 짧기 때문에 '추'라고 한다. 반면에 『법화경』은 원인과 결과의
본체가 광대廣大하고, 지위가 높으며, 작용이 뛰어나기 때문에 '묘'라고
한다.

지의는 기존의 해석 가운데서 법운의 해석이 가장 낫지만 협소하게
바라보는 문제점이 있다고 지적하면서, 그 분석틀에 따라서 『법화경』
이 '묘'인 이유를 간략하게 밝히고 있다.

> 깨달음의 원인에 관한 정확한 이해에는 세 가지 의미가 있다. 첫째, 하
> 나의 법계가 구법계九法界를 갖춘다는 것으로, 이는 "본체의 광대[체광
> 體廣]"라고 한다. 둘째, 지옥계에서 보살계까지의 구법계가 불법계에
> 통합된다는 것으로, 이는 "지위의 높음[위고位高]"이라고 한다. 셋째,
> 십법계가 즉공즉가즉중卽空卽假卽中이라는 것으로, "작용의 뛰어남[용장
> 用長]"이라고 한다. (진실의 세 측면은) 하나로 통합하지만, 셋이라고 한
> 다. 이들은 셋이지만 하나라고 불린다. 이들은 다르지 않고(이들은 근본
> 적으로 공하고 하나의 실상에 근거하기 때문이다), 같지도 않고 (하나가 나머
> 지 둘을 포함하는 것도 아니고), (일원적인) 절대적 하나도 아니다. (관습적
> 존재로서 이들은 다르다.) 그리하여 묘라고 한다.[1]

> (깨달음의) 결과의 본체果體에 대한 (정확한 이해에) 세 가지 의미가 있다.
> 첫째, (진실의) 본체가 일체처一切處에 두루하므로 본체가 넓다[체광體
> 廣]고 하고, 둘째, (부처는) 영원토록 깨달음을 성취해 있다는 것으로,

---

1   스완슨(Paul L. Swanson) 저, 김정희 역, 『천태불교의 철학적 토대』, 230쪽.
씨아이알, 2015.

"과위의 높음"이라고 한다. 셋째, 시작부터 (부처는) 중생을 이롭게 하기 위해 과거, 현재, 미래에 걸쳐 자신을 드러낸다는 것[종본수적從本垂迹]으로 "작용의 뛰어남"이라고 한다.

『법화경』은 이러한 인과의 여섯 의미에서 다른 경전들과 다르고, 그리하여 '묘'라고 한다(『법화현의』)

다음은 관심觀心의 관점으로 묘의 의미를 해석하겠다. 첫째, 자기의 마음이 중생심과 부처의 마음을 갖추고 있지 않다고 관찰한다면, 본체에 대한 해석은 협소하다. 갖추고 있다고 관찰한다면, 본체에 대한 해석은 광대하다. 둘째, 자기의 마음이 부처의 마음과 대등하지 않다고 관찰하면, 지위에 대한 해석은 낮다. 부처의 마음과 대등하다고 관찰하면, 지위에 대한 해석은 높다. 셋째, 자기의 마음, 중생의 마음, 부처의 마음이 즉공즉가즉중이 아니라고 관찰한다면, 작용에 대한 해석은 짧다. 즉공즉가즉중이라고 관찰한다면, 작용에 대한 해석은 뛰어나다.[2]

『법화현의』에 나오는 이상의 내용은 함축적인 표현이어서 기의 관점으로 풀어서 해석한다. 『법화현의』에서는 인과因果라는 표현이 나오는데, 이는 고집멸도苦集滅道에서 집集이 번뇌가 모이는 것으로 원인이며 고苦가 괴로움인 결과이고, 도道가 수행으로서 원인이며, 멸滅이 수행의 결과인 깨달음으로서 적멸한 상태에 이르는 것을 나타내는 것처럼, '깨달음'의 원인과 결과를 말하는 것이다. 깨달음의 원인이라면 수행인데, 이를 본체와 지위[계위階位], 작용의 세 측면으로 분석하고 있는 것이다.

먼저, 깨달음의 원인, 즉 수행의 본체에 관해 언급한 내용을 보면, 하

나의 법계가 구법계를 갖추었기 때문에, 본체가 광대廣大하다고 한다. 이를 관심觀心으로 해석할 때, 자기의 마음 안에 중생의 마음과 부처의 마음을 갖추고 있다고 관찰하면, 수행의 본체는 광대한 것으로 해석한 것이며, 만약 자기의 마음에 중생의 마음과 부처의 마음을 갖추고 있지 않다고 관찰하면, 본체가 협소하다고 해석한 것이라고 한다. 전자로 볼 때가 묘妙이며, 후자로 볼 때가 추麤이다. 이러한 표현은 원인의 본체, 즉 수행인의 존재성에 대한 언급으로 볼 수 있다. 십법계는 바로 사람이 살고 있는 온 세계를 말하는데, 하나의 법계가 나머지 아홉 법계를 갖추고 있다는 것은 스스로 개체적 존재가 아니라 우주적 존재임을 자각한다는 것이다. 그럴 때 자기의 마음 안에 중생의 마음과 부처의 마음도 함께 갖추고 있는 것으로 관찰할 수 있는 것이다. 이럴 때 수행인은 눈에 보이는 형상으로 제한되지 않고 온 우주와 호흡하는 장場으로 존재하는 것으로 이를 묘妙의 상태라고 한다는 것이다. 만약 자기의 마음에 중생의 마음과 부처의 마음이 없다면 자신은 3차원 공간관의 인식틀로 제한된 '입자' 단위의 정체성에 국한되기 때문에 추麤의 상태일 수밖에 없다. 이전의 논사들은 삼승은 추이고 일승은 묘라고 주장했고, 법운 법사는 성문이 사성제를, 벽지불은 12연기를, 보살은 육바라밀을 닦는다고 하면서, 이 세 원인은 차별적이고 융합하지 않기 때문에 원인의 본체에 대한 협소한 해석이라고 비판했다. 그러나 지의는 원인의 본체에 관해서 장교의 경우에는 타당하지만 『법화경』 이전의 모든 가르침을 협소하여 '추'라고 비판하는 것은 적절하지 않다고 보았다. 반야般若 경전들은 "모든 존재들을 마하연摩訶衍"이라고 가르치고, 『사익경思益經』은 "모든 존재의 모습을 이해하는 것이 보살의 보편적 수행이다."라고 설명하고, 『유마경維摩經』은 "한 생각에 모든 존재를 안다. 이는 깨달음의 자리에 앉는 것이다."라고 한다. 이들은 버릴 것이 없다는 것이다. 이런 문제의식을 갖고 지의는 '묘'와 '추'의 근원적인 기준을 제시한 것이다. '추'는 드러난 질서로 보는 입자의 국소적 단위를 실체화시킨 것이며, '묘'는 접혀진 질서까지 포괄하는 전체의 장으로서 인식의 차원이 높아질 때 제법실상, 즉 모든 현상이 중도실상으로 파악되는 경지를 가리키는 것이라고 명시한 것이다.

다음으로 깨달음의 원인의 지위[계위階位]에 대해서 언급한 것으로, 구법계가 불법계에 즉할 때 지위·계위가 높다는 것이며, 이를 관심觀心으로 해석할 때, 자기의 마음이 부처의 마음과 대등하지 않다고 관찰하면 원인의 계위가 낮은 것이며, 부처의 마음과 대등하다고 관찰하면 원인의 계위에 대한 해석이 높다고 한다. 지의는 십계호구十界互具 이론을 제시하면서 한 법계 안에는 불법계가 포함되어 있다고 보았다. 즉 지옥계에서도 얼마든지 불법계에 즉할 수 있다는 것이다. 따라서 수행계위가 별교에서 바라보는 것처럼 격력차제隔歷次第로 단계별로 떨어져 있는 것이 아니라 얼마든지 즉각 불법계에 즉한 상태로 바라볼 수 있다는 것이다. 이는 결국 누구나 바로 부처라는 철학에 바탕을 둔 것이다. 그런 만큼 관심석으로 자기의 마음이 부처와 대등하다고 볼 때 수행인의 계위는 높은 것이며, '묘'의 상태라는 것이고, 자기의 마음이 부처의 마음과 대등하지 않다고 관찰한다면 수행인의 계위는 낮은 것이며 '추'의 상태라는 것이다. 구법계가 불법계에 즉하고 자기의 마음이 부처와 대등하다고 관찰하는 인식의 차원에서는 온 우주가 한 몸이고 하나의 동시장, 공동장이며 일심一心, 일미一味이며 일기一氣라는 것이며 이를 '묘'의 상태라고 표현한 것이다.

다음으로 깨달음의 원인의 작용에 대해서 언급한 것으로, 십법계가 즉공즉가즉중일 때, 원인의 작용이 뛰어난 것이고, 관심으로 해석할 때, 자기의 마음, 중생의 마음, 부처의 마음이 즉공즉가즉중이 아니라고 관찰한다면, 작용에 대한 해석이 짧고, 즉공즉가즉중이라고 관찰한다면, 작용에 대한 해석이 뛰어나다고 한다. 공·가·중을 격력차제隔歷次第, 즉 단계적으로 거리가 있는 것으로 인식한다면 아직 3차원 공간관의 인식틀에서 벗어나지 못해서 입자 단위의 경계를 해소하지 못한 것이기 때문에 '추'한 것이며, 공·가·중을 원융무애하게 동시적으로 파악하는 순간, 즉공즉가즉중으로 나타나며 이때는 일체의 거리감 없이 하나의 동시장, 공동장을 이루는 것으로 파악하기 때문에 '묘'한 것이다. 자기의 마음과 중생의 마음, 부처의 마음도 즉공즉가즉중으로 파악할 때 작용에 대한 해석이 뛰어나다는 것은 자기와 중생, 부처는 인식의 차원이 '입자' 중심으로 낮을 때는 서로 다른 실체인 것처럼 분별되지만, 인식의 차원이 '장' 중심으로 통합될 때는 찰나의 간격 없이 즉공즉가즉중으로 나타난다는 것이다.

다음으로 깨달음의 결과가 모든 곳에 두루 하므로 본체가 넓다고 하고, 부처가 영원토록 깨달음을 성취해 있기에 과위가 높다고 하며, 시작부터 부처는 중생을 이롭게 하기 위해 과거·현재·미래에 걸쳐 자신을 드러내는 것을 작용의 뛰어난 점이 '묘'라고 한다. 이는 깨달음의 결과는 모든 공간성과 시간성의 경계를 넘어 일미동체의 장을 이루며 모든 것으로부터 초월해 있는 것이 아니라 함께 하고 있는 것임을 나타낸다.

또 하나의 법계에서 십법계를 통달하고 지위가 육즉六即이라면, 본체는 광대하고 지위도 높고 작용은 뛰어나다. 십법계의 측면은 진실의 하나[이일理一]를 드러낸다. 오미五味의 측면은 가르침의 하나[교일敎一]를 드러낸다. 다음으로 관심觀心의 측면은 수행의 하나[행일行一]를 말하고, 육즉은 사람의 하나[인일人一]를 말한다.[3]

육즉론은 원돈圓頓의 사상으로서 별교의 52계위론의 격력차제隔歷次第와 다르다. 후자가 입자 중심의 사상에 바탕을 두고 있는 단계론이라면, 육즉론은 십법계 전체를 망라한 모두를 부처라고 보며, 여러 수행 단계를 즉각 깨칠 수 있다고 보는 원융무애한 수행론이다. 그러기에 육즉이라면 깨달음의 원인, 즉 수행의 본체가 광대하고 지위도 높고 작용이 뛰어나다고 할 수 있는 것이다. 즉 육즉론은 십법계, 즉 모든 세계를 바탕으로 한 이치이기 때문에 일불승一佛乘, 즉 부처님의 지견智見[제법실상諸法實相, 중도실상中道實相]을 깨닫게 하는 진실이 하나[이일理一]인 것에 해당하고, 장교부터 원교에 이르기까지 모든 가르침을 다섯 가지 맛으로 비유하고 추와 묘로 판별하여 일불승에 이르는 가르침이 하나[교일敎一]임을 드러내고, 관심觀心의 측면에서 자기의 마음과 중생의 마음, 부처의 마음이 함께 하고 대등한 것이 성불을 위한 수행의 하나[行一]이며, 삼승 내지 일체승의 사람들이 있으나 육즉을 통해서 모두가 하나[인일人一]라는 것이 드러나는 것, 이것이 '묘'라는 것이다.

이처럼 육즉론에서도 '묘'라는 것은 개념으로 분별되고 실체화되어 있는, 드러난 질서상의 모든 입자의 경계를 해체하여, 더 이상 언어와 개념으로는 포착되지 않는 통합된 '장'에 이르는 것을 가리킨다.

2. 상대묘相待妙와 절대묘絶待妙

먼저 상대묘와 절대묘를 개괄적으로 살펴보면, 동일한 차원에서 '추'와 '묘'가 상대적 개념을 이룰 때, 추에 상대한 묘를 상대묘라고 한다. 추와 묘가 분별되고 상대되는 차원을 초월하여 모든 것을 묘라고 바라보

---

3 위의 책, 231쪽.

는 상태를 절대묘라고 한다.

(1) 상대묘

앞에서 언급했듯이, 추와 묘는 상대적 개념으로서 추는 반자半字와 상응하고 묘는 만자滿字와 같은 용어라고 한다. 상주와 무상, 대승과 소승을 상대적인 개념으로 대비하듯이 똑같은 방법으로 추와 묘를 서로 대비할 수 있다는 것이다. 녹야원鹿野苑에서 설한 모든 경전들은 반자半字이고 작고 '추'이며, 대승의 가르침은 이들 소승 가르침에 상대해서 만자滿字이고, 크며 '묘'라고 보는 것이 상대묘의 의미이다.

『법화경』에서는 "과거 바라나시에서 (다섯 비구를 대상으로) 너는 사성제의 법륜을 굴리고, 오온 생멸의 가르침을 설법했다. 지금 다시 가장 묘하고 뛰어난 법륜을 굴리고 있다."고 밝힌다. 이는 녹야원의 가르침인 추에 상대해서 법화경의 가르침이 묘임을 보여 준다.

또 장교는 오직 생멸의 반자半字 가르침이어서, 진리에 관한 완전한 가르침[만리滿理]을 공유할 수 없으므로 '추'라고 한다. 불생불멸은 만자滿字이고, 진리에 관한 완전한 가르침에 참여한다고 할 수 있으므로 '묘'라고 한다.

진리에 관한 완전한 가르침을 공유하는 데에는 두 가지 형태가 있다고 한다. 방편을 가지고 진리에 관한 완전한 가르침을 공유하는 것과, 진리에 관한 완전한 가르침을 직접적으로 드러내는 것이다. 『방등경方等經』, 『반야경般若經』은 방편을 가지고 진리에 관한 완전한 가르침을 공유하는 반면, 『법화경法華經』은 직접적으로 진리에 관한 완전한 가르침을 드러낸다.

『중론中論』에서는 "인연의 성격을 둔근鈍根의 제자에게는 생멸로 설명한다. 인연의 성격을 이근利根의 제자에게는 불생불멸로서 설명한다.”고 한다. 중론 게송에서는 더 자세하게 설명하고 있다. 만약 장교에서와 같이 즉공卽空이 아니라고 한다면 진실에 도달하기 위한 방편이므로 추麤라 하고, 통교에서와 같이 진리를 즉공이라고 한다면 이는 중도中道에 도달하기 위한 방편이다. 별교에서처럼 즉공과 즉가卽假라는 가르침을 갖고 있다면 이는 중도에 도달하기 위한 추麤의 방법이다. 원교는 공空, 가假의 가르침을 갖지 않고 직접적으로 중도에 도달한다. 이는 묘妙이다.

『법화현의』에서는 다음과 같은 비유로서 상대묘를 밝힌다. 차안此岸에서 피안彼岸으로 사람들을 실어 나르기 위해 세 척의 배와 한 척의 개인 배를 가진 관리가 있다고 할 때, 우유의 가르침(장통별원藏通別圓을 생소生酥에서 제호醍醐까지 오미五味로 비유한 것)은 차안에서 사람들이 건너가도록 돕기 위해 큰 배와 중간 배를 이용하는 것에 비유할 수 있다. 낙酪의 가르침은 강의 중간에 있는 섬에 사람을 실어 나르기 위해 개인 배를 이용하는 것에 비유할 수 있다. 생소生酥의 가르침은 네 종류의 배를 사용하는 것에 비유할 수 있다. 작은 배와 개인 배를 사용해서 사람들을 강의 중간에 있는 섬으로 나르고 두 척의 배로는 피안에 사람들을 실어 나른다. 숙소熟酥의 가르침은 세 종류의 배를 사용하는 것에 비유할 수 있다. 하나는 강의 중간에 있는 섬으로, 다른 두 척의 배는 피안으로 실어 나른다. 제호醍醐의 가르침은 피안으로 사람들을 실어 나르는 큰 배에 비유할 수 있다. 세 척의 배는 관청의 물건이라는 점에서 같다. 그러므로 ‘만자’라고 한다. 개인 배는 관청의 물건이 아니어서 ‘반자’라고 한다. 관청의 배 가운데 두 척의 배는 방이 몇 개 없는 작은 배이다. 큰 배는 많은 장식으로 장엄하다. 이 배만을 ‘묘’라고 할 수 있다.

이상은 『법화현의』에서 상대묘의 공통적인 측면을 언급한 것이다. 추麤는 아직 드러난 질서의 입자 단위의 국소성을 벗어나지 못한 것이기 때문에 전체의 진실상에 이르기에는 거칠고, 열악한 방편에 불과한 것이다. 이에 비해 묘妙는 입자 단위에서 볼 때는 드러나지 않은, 접혀져 있는 부분까지 포괄한 장을 포착하는 것이기에 바로 전체의 진실상에 이를 수 있다. 여기서 추와 묘는 상대적 개념으로 맞서는 상태이다. 이러한 추를 타파하여 묘를 드러내는 것[파추현묘破麤顯妙]은 상대묘相待妙의 개념을 이용한 것이다.

(2) 절대묘

『법화현의』에서는 절대묘의 의미를 사교四教에 대응하여 네 가지로 설명하고 있다.

첫째, 사람들의 생각에 따라[수정隨情] 세 가지 거짓된 법[삼가三假][4]이 일어난다는 것이 장교의 가르침인데, 만약 진제眞諦를 이해하면 상대에 대한 집착을 끊을 수 있다고 한다. 사리불은 "내가 해탈하면 어떤 말도 없다고 들었다."고 했다. 이것은 장교에서 절대묘의 의미이다.

; 장교는 3차원 공간관의 세계관으로 유위有爲적인 현상세계를 분석하여 그를 극복하기 위해 석공관析空觀을 제시하는 가르침이다. 여기서 유무의 상대적 차원을 뛰어넘는 것은 모든 것을 체공體空으로 보는 진제이다. 체공관으로 볼 때 비로소 상대적인 비교의 차원을 초월할 수 있는 것이다. 사리불이 해탈하면 어떤 언설도 없다는 것은 해탈은 언어적인 사리 분별을 초월한 상태라는 것이다. 이처럼 장교에서의 절대묘

---

4 삼가三假는 일체의 유위법이 인연에 의해 성립한다는 인성가因成假, 유위법이 전후 상속하여 존재한다는 상속가相續假, 대소·장단과 같이 상대적인 존재라는 상대가相待假이다.

는 유위적인 유무를 상대적으로 비교하는 차원을 뛰어넘는 진제를 가리킨다.

둘째, 세 가지 가명假名에 관해 통교는 진리에 따라 가르친다. 모든 현상세계가 환술幻術과 같다. 현상이 곧 진실이다[즉사이진卽事而眞]. 하나의 현상이라도 진실 아닌 것은 없다. 그러므로 어떤 것을 기다려 진실이 아니라고 하겠는가? 장교는 비절대를 부정함으로써 절대를 구하지만, 현상이 곧 진실이다. 이것이 통교의 절대적 의미다.

; 통교는 모든 것의 본체가 공空이라고 보는 체공관體空觀의 가르침이다. 이러한 관점으로서는 구체적인 현상세계를 제대로 반영하지 못할 수 있다. 장교에서 바라본 절대도, 여기서는 절대가 아닌 것이다. 그런 만큼 통교에서 한 차원 높아지는 관점은 모든 현상 자체가 바로 진실이라고 보는 것이다. 이를 통교에서의 절대묘라고 한다는 것이다.

셋째, 별교가 일어나서 진실에 즉한 절대에서 바라보면, 도리어 위의 통교의 절대는 세속의 진리가 된다. 왜냐하면 대열반大涅槃이 아니면, 오히려 이것은 생사의 세제世諦이므로 , 통교의 절대도 오히려 상대적인 것이다. 만약 별교의 중도에 들어가면, 상대적인 것이 곧 끊어진다.

; 별교와 통교는 세계관이 다르며 그에 따라 수행의 궁극적 목표도 같지 않다. 통교는 3차원 공간관의 세계관을 바탕으로 하되 체공관으로 경계를 없애려고 하며, 회신멸지灰身滅智, 즉 무여일반無餘涅槃을 수행의 궁극적 목표로 삼는다. 별교는 일미동체의 세계관에 바탕하기에 수행의 궁극적 목표도 중도에 있다. 이런 관점에서는 진속불이眞俗不二이고 생사즉열반生死卽涅槃이다. 이를 대승의 열반이라고 할 수 있다. 중도

는 전체를 아우르는 상태로서 통교보다 높은 차원의 세계관에 바탕을 두고 있는 것이다. 이런 관점에서 본다면, 통교의 절대는 아직 생사의 세제에 머무르고 있으며 상대적이라는 것이다. 전체성을 확보하는 중도에 이를 때 이러한 상대성은 없어진다는 것이다.

넷째, 원교가 일어나면, 분별하지 않는 법을 설명한다. 양극단이 중도로 통합하니 불법이 아닌 것이 없고 치우침이나 방편이 모두 사라져 모든 존재가 고요하고 청정하다. 불법이 아닌 불법이 어디 있는가? 여래는 법계이므로, 법계를 떠나서는 밖에 어떤 색도 모습도 없다. 무엇을 상대하여 추麤라 하고 무엇을 나타내어 묘妙라고 하겠는가. 상대도 없고 절대도 없다. 이를 어떻게 불러야 할지 모르겠다. 억지로 말을 해야 한다면, '절대'라고 해야 한다.

 ; 지의가 『법화현의』에서 절대묘를 사교에 대응하여 풀이한 이유가 무엇일까? 앞에서 살펴보았듯이 절대묘는 추麤와 묘妙가 상대적으로 비교되는 차원을 초월하여 그 추와 묘를 망라한 전체적인 장의 묘이다. 상대묘는 추를 타파하여 묘를 드러내는[파추현묘破麤顯妙] 것이지만, 절대묘는 추를 열어 묘를 드러내는[개추현묘開麤顯妙] 것이기에 절대묘에서는 추와 묘가 상대적으로 대립되는 것이 아니라 추의 위상이 달라지면서 추와 묘 모두 절대적인 의미를 띠게 된다. 여기서 '절대'라는 것은 '상대'의 '입자 중심'의 세계에서 '장 중심'으로 전체를 망라하는 중도를 나타내는 것이다.

그럼에도 불구하고 사교는 세계관이 각각 다르다. 절대묘의 의미도 그 세계관의 범주에 영향을 받을 수밖에 없다. 장교는 3차원 공간관의 세계관에 기초하기에 생멸의 유위적 현상을 염두에 두고 그로부터 벗어나기 위한 수행을 하는 것이다. 그러기에 장교에서의 절대묘는 유무,

생사를 논하는 유위적 현상을 뛰어넘는 진제眞諦로 제시되었다. 통교는 3차원 공간관의 세계관에 기초하지만, 드러난 질서 이면에 은적되어 있는 공성空性을 본질로 파악하는 가르침이다. 여기서는 진속眞俗이 대립된 상태에서 진眞만을 추구하기 때문에 관념성으로 치달을 수 있다. 그렇기 때문에 통교에서의 절대묘는 현상과 진실이 대립되는 차원을 넘어서 현상이 바로 진실이라는 진속불이로 제시된다. 별교는 원교와 같이 일미동체의 세계관을 지향하지만 아직도 3차원 공간관의 세계관이 혼재되어 있다. 일미동체의 세계관은 일체의 공간성·시간성·인과성의 경계에서 벗어나는 것이지만, 별교는 원교와 같은 원융무애한 중도에 이르지 못하고 격력차제의 중도로서 단계론을 벗어나지 못하는데, 이는 바로 3차원 공간관의 세계관이 아직 남아 있기 때문이다. 그렇기 때문에 별교에서의 절대묘는 구체세계에 내려오는 것만으로 충분한 것이 아니라 구체와 전체, 진과 속, 현상과 중도가 원융무애한 상태라는 것을 깨닫는 데 있다고 보는 것이다.

이런 관점에서 원교의 절대묘로 언급한 내용을 살펴보기로 한다. 원교의 세계관은 가장 고차원으로서 온 우주가 한 몸이자 한마음이고 동시장이며 공동장이라고 보는 일미동체의 세계관이다. 여기서 동시장이며 공동장이라는 것은 우주 전체가 시간적 공간적 경계가 없는 장이기 때문에 부분이 바로 전체이고 전체가 바로 부분인 상태로서 원융무애하다는 것이다. 여기에서는 입자 단위의 추麤와, 장의 묘妙라는 구분도 사라진다. 추와 묘를 비교하여 선택하는 상대묘와 추와 묘를 비교하는 차원을 초월하여 그 전체를 망라하여 중도로 보는 절대묘도 의미가 없어진다. 모두가 하나일 뿐이기 때문이다. 그래서 원교는 일체 분별이 없는 법을 설한다고 한 것이다. 여기서 양극단은 존재하지 않는다. 가유假有로 나타나는 양극단은 중도로 통합된다. 양극단은 3차원 공간관에 기초한 현상이고 선형성이론으로 구분되는 것이다. 수련을 통해서도 양극단을 동시에 무한정 추구하면 임계 지점에서 공간성이라는 프레임이 붕괴하며 동시장이 나타난다. 바로 중도의 동시장으로 전환되는 것이다. 하나의 장 속에서 불법이 아닌 것이 없다. 모든 존재들은 하나인 진실의 부분이지만 독립적일 수 없으며 전체–부분일 뿐이다. 모든 존재가 고요하고 청정하다는 것은 개념적 분별에 의해서 제각각 파편화되고 분열되었을 때 경계가 만들어지고 세계가 소란스러워지는 것과 대비되는 표현이다. 온 우주는 원래 하나의 장이므로 하나로서의 우주로 인식 시야가 열려서 바라보면 모든 존재가 원래 다 고요하고 청정하다는 것이다. 여래는 바로 우주 법계이기 때문에 법계 밖에는 어떤 색도 모습도 없다는 것이다. 여기서는 추도 묘도 없다. 상대도 절대도 없다. 어떤 비교의 대상도 존재하지 않기 때문이다. 이를 굳이 명명한다면 원교의 세계관에 기초한 '절대묘'라는 것이다. 이러한 절대묘는 모든 존재와 상황을 다 내포하기 때문에 온 우주의 모든 존재와 상황은 그 자체로 절대적이다. 절대적 의미로서의 존재와 상황은 3차원 공간관으로 인식되고 해석된 것들이 아니다. 비교 대상이 없고 제한되지 않는 온 우주법계 안에서 흐르고 있는 존재와 상황들이고 그 자체가 바로 온 우주 법계인 것이기에 절대적이라는 것이다.

(3) 절대묘의 의미

수학은 세계가 어떻게 존재하는지를 해명하는 과학적 언어이다. 수학으로 표현되지 못한다면 그 세계의 구조는 충분히 규명되지 못한 것이기 때문에 실체로서 인정되지 못한다. 우주가 11차원이라고 추정하지만, 아직 수학으로 입증되지 못하였기 때문에 가설에 불과하다. 그동안 새롭게 등장한 수학 용어는 자연과학과 인문사회과학의 패러다임을 바꾸었고 정신세계에 대해서도 새롭게 해석할 수 있는 단서를 제시해 왔다. 칸토어의 무한집합에서 부분과 전체가 같다는 연구는 선형성 이론의 한계를 드러내면서 홀론(Holon) 혁명과 카오스(chaos) 이론, 홀로그래피(holography) 이론의 점화제로 작용하였다. 덧셈의 항등원인 0의 존재는 은적되어 있는 무無·공空의 가시화를 낳았다. 허수의 발견은 비선형성이론의 기초였고, 파동방정식을 통해서 양자물리학을 태동시켰으며, 드러난 질서와 접혀진 질서 개념을 정립시켰다. 허수는 전자공학의 비약적인 발전을 가져왔고, 지금도 고차원 우주에 대한 분석틀로 작용한다. 허수는 고전물리학의 한계를 드러내면서 양자역학으로 패러다임을 전환시켰고, 플라톤이 지배해 왔던 서양철학을 해체하고 화이트헤드의 과정 철학과 데리다와 들뢰즈의 해체 철학으로 이어지면서 세계의 존재성과 인식론을 획기적으로 변화시키는 시발점이 되었다.

이제 우리는 일체의 의식성과 정신세계에 대한 담론을 어떠한 물성론 위에 구축된 것인지, 어떤 수학의 인식틀 위에서 전개되는지를 검토할 수 있게 되었다. 고전물리학과 실수 체계는 제한된 범위에서는 여전히 유효하지만, 만약 철학과 정신세계에 대한 담론이 이것에만 기초하고 있다면 이것은 낡은 패러다임으로서 사상적·문화적 지체 현상을 초래하는 근원으로 작용할 것이다.

바로 이러한 점에서 지의智顗의 '절대묘'와 헤겔의 '절대정신'은 다르다. 헤겔의 절대관념론에 따르면, 우주는 하나의 단일한 마음 그 자체다. 그러므로 헤겔철학에서는 눈앞의 현상과 관념적 실제가 일자一者로 통합되어 있다. 인간과 신 역시 일자로 통합되어 있다. 그에게 우주는 심心일원론의 전체론적 우주이다. 이를 절대정신, 세계이성, 신, 현실의 총합 등으로 표현한다. 얼핏 보면, 양자는 전체를 절대로 표현한다는 점에서 비슷할 수 있다. 그러나 헤겔철학이 기반하고 있는 것은 고전물리학의 세계관이다. 여기에서는 절대공간과 절대시간이 존재하고 그 안에서 모든 것이 입자로 구성되어 있다. 정신과 몸, 마음과 물질은 서로 대립하고 있다. 이런 상태에서 절대적 차원의 일자로 통합하는 것은 대립적인 구조를 유지한 상태에서 하나를 선택하는 것일 수밖에 없다. 그것이 정신이고 이성이다. 이는 비단 헤겔철학뿐만 아니라 우주적 규모의 전체상을 거론하면서도 여전히 주체를 '지성'이나 '영성', '영혼'으로 거론하는 경우는 고전물리학의 세계관에 기초한 것이기 때문에 언어와 사상에서 형식과 내용이 불일치한다. 즉 전체를 거론하면서도 국소적인 경계를 유지하는 입자 중심으로 세계를 바라보는 것이다. 이를 지의의 관점에서 본다면 모두 추麤일 뿐이다.

불교가 기원전 6세기, 천태철학이 서기 6세기에 등장하였지만, 이들 철학은 수행을 통해서 정립된 것이기 때문에 당시에 통용되던 물리법칙으로부터 자유로울 수 있었다. 세간의 어법으로서 속제俗諦는 '입자' 단위로서 경계를 가진 추麤이고, 출세간의 어법으로서 진제眞諦는 '장場'으로서 묘妙라고 보았다. 추를 타파하고 묘를 드러내는[파추현묘破麤顯妙] 데에 상대묘의 개념을 사용하였고, 추를 열어 묘를 드러내는[개추현묘開麤顯妙] 데에 절대묘의 개념을 사용하였다. '묘' 자체도 장場의 개념으로서 드러난 질서의 입자와 달리 그 이면에 은적되어 있는, 접혀진 질서까지 포괄하는 것이지만, 절대묘는 그러한 추와 묘의 상대적 차원을 초월하여 그 전부를 망라한 중도의 전체상이다. 절대묘는 몸도 마음도, 정신도 물질도, 입자도 장도, 추도 묘도 일체 분별없는 그 전부가 하나인 장이다. 그러기에 추를 버리는 것이 아니라, 추를 열어서 추를 통해서 '묘'를 드러나게 한다는 것이다. 그런 만큼 절대묘의 경지에서는 모든 것, 추도 묘도 바로 절대적 존재로서 의미를 갖게 되는 것이다. 말하자면, 절대묘의 차원에서는 너도 나도 주위의 모든 존재도 개체 단위의 정체성을 가진, 입자 단위의 왜소한 존재가 아니라 바로 우주적 존재로 절대적 존엄성을 가진 존재가 된다는 것이다. 물론 인식의 차원과 세계관이 절대묘에 이르렀을 때만.

지의는 『법화경』이 절대묘를 담고 있다고 언급한다. 『법화경』은 바로 개추현묘開麤顯妙로서 모든 추가 바로 묘이고 절대인 것으로 드러나게 하기에 일색一色, 일향一香도 중도실상이 아님이 없다고 한다. 또한 절대묘에서는 제법실상諸法實相으로서 모든 존재가 바로 실상, 즉 진실이라는 것이다. 3차원 공간관의 세계관으로서 드러난 질서의 입자를 중심으로 세계를 분석하는 장교에서는 제법무아諸法無我, 일체개공一切皆空이라고 보았다. 즉 인식의 차원 때문에 모든 존재는 실체가 없고 공하다는 것으로 부정할 수밖에 없었다. 그러나 인식의 틀이 바뀌고 인식의 차원이 전변하여 세계관이 절대묘에 이를 때는 모든 것이 바로 진실한 존재로서 존엄을 띠게 된다는 것이다. 즉 시간성과 공간성, 인과성의 경계와 무명혹이 사라진 상태, 언어로 표현할 수 없는 불가사의한 단 하나의 전체에 이르렀을 때, 그 안의 모든 부분은 이제 부분이 아니라 전체-부분으로 절대적 의미를 띠게 된다는 것이다.

【수련법】

1. 추와 묘, 입자 중심과 장 중심, 실수 세계와 허수가 포함된 복소수 세계의 장을 느껴 본다. 전자는 경계가 생기고 백회 위로 열리지도 않는다. 후자의 경우 경계가 사라지면서 횡수로 열린다.

2. 상대묘와 절대묘를 느껴 보고 비교해 본다. 상대묘는 아직 경계가 남아 있다. 절대묘는 횡수로 열린다. 파추현묘破麤顯妙와 개추현묘開麤顯妙도 비교해 본다. 동일하다.

3. 원교에서의 절대묘를 느껴 본다. 원교에서의 제법실상諸法實相, 중도실상中道實相,

개추현묘開矗顯妙의 장을 느껴 본다. 횟수로 제한 없이 열린다.

4. 수련할 때 양극 방향으로 토션파를 떠올려 무제한으로 동시에 기의 장을 열다 보면, 어느 순간에 일체의 공간적인 경계가 사라진다. 이를 중도의 동시장이라고 여기고, 여기에서 모든 부위를 중도의 자리로 떠올려서 전체 중도동시장에 용해되도록 한다. 그렇게 경계가 사라질 때 원교의 절대묘를 떠올려 내맡긴다.

상대지관相待止觀과 절대지관絶待止觀,
점차지관漸次止觀과 원돈지관圓頓止觀

『마하지관摩訶止觀』의 첫 문장은 "지관명정止觀明靜 전대미문前代未聞"이다. 지止와 관觀은 밝고 고요한 것으로 앞 세대에서는 듣지 못한 것이라는 말이다.[1]

그렇다면 지의 이전에는 지관을 어떻게 보고 있었을까?

초기 불교에서 지止에 해당하는 사마타는 한 가지 대상에 마음을 집중하여 산란하지 않게 하는 것이고, 관觀에 해당하는 비파사나는 집중된 마음으로부터 일어나는 바른 지혜 또는 그러한 지혜로 대상을 비추어 보는 것을 의미한다.[2] 『대승기신론』에서는 지止라고 함은, 모든 경계의 모습을 그치는 것을 말하고, 관觀이라고 함은, 인연으로 나고 사라지는 모습을 분별함을 말한다[3]고 한다.

이처럼 초기 불교 이후 여러 경전에서 지관을 큰 차이 없이 정의해 왔는데, '명정明靜'은 어떤 의미이기에 앞 세대와 다르다고 하는 것일까?

가장 중요한 차이는 지의 이전과 지의의 지관은 바탕하고 있는 세계관이 다르다는 점이다. "밝고 고요한[명정明靜]" 상태는 일체의 경계 없

---

1 이것은 지의가 강설한 것을 『마하지관』으로 채록한 관정灌頂이 언급한 내용이다. 이는 이전에도 지관은 존재했지만 지의에 이르러 새로운 차원으로 정립되었다는 의미일 것이다.

2 오지연 저, 『천태지관이란 무엇인가』, 31쪽. 연기사, 2013.

3 위의 책, 67쪽.

는, 하나의 동시장, 공동장을 가리킨다. 이것은 모든 것을 입자로 나누어 보는 3차원 공간관의 세계관으로서는 이를 수 없는 장場이다. 지의는 『법화현의』에서 '절대묘絶待妙'를 다음과 같이 설파한 바 있다.

> 원교가 일어나면, 분별하지 않는 법을 설명한다. 양극단이 중도로 통합하니 불법이 아닌 것이 없고 치우침이나 방편이 모두 사라져 모든 존재가 고요하고 청정하다.

모든 존재가 '고요'한 것은, 양극단이 중도로 통합되어 일체를 분별하는 경계가 사라졌을 때 가능하다. 지止의 주체와 지止의 대상이 구분되고 관觀의 대상과 관觀의 주체가 분별될 때는 여전히 경계가 남아서 소란스럽고 고요할 수가 없다. 오직 온 우주 법계가 불법이자 중도의 동시장일 때만 일체의 경계가 사라져 '고요'할 수 있는 것이다.

'밝다'는 것도 모든 분별적 경계가 사라져 일체가 하나의 공동장, 동시장을 이룰 때 가능하다. 3차원 공간관에서는 모든 것을 입자 중심으로 분별하기 때문에 동시장을 이룰 수 없다. 지와 관의 주체와 대상의 분별이 있는 한, 밀도의 차이가 나고 그에 따라 차별이 있게 되며, 그만큼 밝기에서도 차이가 나타나서 어둡고 밝은 세계가 만들어진다.

지의 이전의 지관론에서는 지를 행하는 주체가 있고 지의 대상이 있다. 관의 대상이 있고 관을 행하는 주체가 있다. 주체와 대상이 상대적 관계로서 분별되고 있는 것이다. 이러한 상대적 비교의 차원에서는 관찰 대상과 관찰자의 경계는 해소되지 않는다. 지를 통해서 분별이 그치지 않고, 관을 통해서 관찰자의 경계는 강화된다. 이렇게 될 수밖에 없는 것은 이들의 세계관이 3차원 공간관이기 때문이다. 이러한 세계관으로서는 모든 것이 입자의 개체 단위로 국소적으로 나누어져 있고, 시간적으로 구분되고, 선후에 따라서 인과성이 작용한다고 보기 때문이다. 3차원 공간관의 세계관에 기초하거나 이 세계관이 조금이라도 남아 있는 상태에서 다른 세계관과 혼재되어 있을 때는 지止와 관觀도 격력차제隔歷次第의 한계를 갖는다. 즉 이 세계관에서는 모든 것이 입자의 개체 단위로 존재하면서 상호 비교되고 시간의 순차에 따라 나타난다고 보기 때문에, 지와 관도 상대적으로 비교하는 차원에 머물고 지관의 수행도 단계론을 벗어나지 못한다.

이에 비해 『마하지관』은 대승의 지관으로서 절대지관, 즉 원돈지관으로 지칭된다. 이 뜻은 앞에서 지관을 명정明靜이라고 압축적으로 표현하는 데에 담겨 있다.

주체와 대상이 분별된 상태에서 지관을 추구하는 것을 상대지관相待止觀이라고 하고, 이에 대해 절대지관絶待止觀을 제시한다. 여기서 '절대'는 상대적 비교의 차원을 뛰어넘은 것으로서 전체를 망라하는 중도를 가리킨다. 지의는 단계론적 접근을 하는 것을 점차지관漸次止觀이라 하고, 이에 대해 원돈지관圓頓止觀을 제시한다. 원돈圓頓의 원圓은 원융 무애한 것으로서 횡橫으로, 즉 공간적으로 일체의 구별을 뛰어넘은 공동장을 나타내고, 돈頓은 즉각적이라는 뜻으로서 수竪로, 즉 시간적인 순차성이 작용하지 않는 동시장을 나타낸다. 이러한 원돈지관에 기초하여 수행하고, 원돈지관에 입각하여 모든 존재를 인식하기 때문에 모든 현상이 중도실상이고 제법실상이라는 관점을 가질 수 있는 것이다. 이러한 점에서 『마하지관』은 대승 수행의 정수에 해당한다고 할 수 있다. 지의가 체계화한 지관은 깊은 수행의 체험을 통해서 정립된 것이어서 체험해 보지 않으면 이해하기 어렵고, 내용이 압축적으로 표현되어 있어서 엄밀하게 살펴보지 않으면 함축되어 있는 의미를 간과하기 쉽다. 그런 만큼 조금이라도 쉽게 이해하기 위해서 기 수련에서 체험하는 내용을 개괄적으로 살펴보면서 지관의 의미를 해석하고자 한다.

기 수련은 긴장을 풀고 이완된 상태에서 내 몸과 주위 공간 모두를 기로 느끼고, 그 기가 내 몸 안에서 균형, 조화를 이루게 하며, 내 몸 안과 바깥 우주 공간의 기가 전면적으로 소통하여 마음 안의 일체의 번뇌와 경계가 사라지고 내 몸 안에도 기가 충만하게 하는 과정이다. 기 수련은 기를 매개로 하여 진행한다. 모든 것을 기로 해석하고, 기가 느껴지는 대로 의념이 따라가고, 의념의 차원이 전변하는 데에 따라서 기가 따라간다. 온 우주가 하나의 기, 즉 일기一氣가 될 때까지 진행된다. 여기에서는 모든 시공간의 경계가 사라지면서 온 우주가 하나가 된다. 수련의 전 과정에서 의식은 여러 차원을 넘나들면서 다층적으로 작용한다. 이를 개괄적으로 살펴보면 다음과 같다.

① 일상적 의식은 제6식으로서 대상의식 상태이다. 그런데 사람은 저마다 타고난 기질이 다르다. 그 중 의식의 동향에 따라서는 외부지향적인 기질과 내면지향적인 기질로 나눠 볼 수 있다. 전자는 외부의 대상에 관심이 쏠려서 그 동향에 민감하게 영향을 받는다. 기의 장도 외부로 밀도가 높게 조성되어 있다. 이를 외부 대상에 연계되고 의지하고 있는, 즉 반연攀緣되어 있는 상태로서 대상의식이라고 한다. 후자는 기의 장이 외부보다 내면으로 밀도 높게 조성되어 있으며 실제 관심도 자신의 내면세계에 많이 머무르게 된다. 이 경우도 나라는 대상에 반연되어 있는 대상의식이라고 할 수 있다. 얼핏 보면 관심의 동향이 '나'로 향하는 것은 대상의식이 아닐 것 같지만 '외부'이든 '나'이든 모두 3차원 공간관의 인식틀에 기초하여 드러난 질서의 유위적 현상, 즉 입자로 파악하고 있기 때문에 모두 대상의식 상태라고 할 수 있다. 즉 3차원 공간관의 세계관으로 바라보는 '나'는 '외부'의 대상과 대립되는 입자로서 허구적으로 조성된 '나'라는 것이다.

② 수련이 시작되면서 대상으로 향하던 의식은 기의 느낌으로 집중

하게 된다. 기를 느낀다는 것 자체가 이미 기의 장에 의념이 머무른다는 것을 의미한다. 여기서 기는 입자가 아니라 파동이면서 장이다. 이러한 기의 장에 의식이 참여하면서 의식도 입자의 고립된 개념에서 벗어나 장의 흐름으로 변화하게 된다.

③ 처음에는 기의 흐름에 의념이 따르면서 의식이 드러난 질서의 입자 단위의 경계에서 벗어나 접혀진 질서의 파동과 장으로 변화해 가지만, 기와 의념이 하나가 된 뒤에는 의념이 주도하면서 기가 따르게 된다. 이때 의식의 상태가 더 높은 차원으로 변화하지 않으면 도리어 의식의 차원에 의해서 기가 단속적인 흐름으로 경계가 만들어지고 고착될 수 있다. 가령, 의식이 오행기라는 개념을 실체로서만 인식할 경우 기의 장도 오행기가 단독으로 존재하는 것으로 나타나게 된다. 반면에, 의식에서 1+0=1처럼 모든 존재는 드러난 질서 이면에 접혀진 질서가 있으며 이를 통합해서 볼 때 일미동체에 이르기까지 이어져 있다고 인식의 차원을 전환한다면 즉각 일기一氣의 장이 펼쳐지게 된다.

④ 수련의 과정 전반에 걸쳐서 기의 장과 의념의 작용을 지켜보는 또 다른 의식이 있다. 이 의식이 전두엽의 좌뇌에 머물게 된다면 개념적 사유가 발동하기 때문에 기의 장은 곧 경계가 살아나 흐름이 끊기게 된다. 몸을 뒤로 약간 기울여서 등 뒤로 기의 장이 열려서 우주 공간에서 지켜보는 의식이 작용하면 3차원 공간관의 경계가 살아나지 않으면서 전체 기의 흐름을 통째로 살펴볼 수 있다. 말하자면 의식이 다측면과 다차원으로 분화되어서 작용하고 있는 것이다. 기를 느끼면서 일체가 되어 있는 의념과 이를 우주 공간으로 확장된 공간에서 지켜보는 의념이라는 측면에서 의식이 다측면으로 분화되어 있다는 것이고, 후자의 의념은 전자보다 한 차원 높은 상태일 때 전체를 지켜보는 의식으로

작동할 수 있다는 점에서 의식이 다차원으로 분화되어 있다는 것이다. 여기서 지켜보는 의식은, 홀로그래피의 대상광선이 도달한 필름판을 비추어서 부분이 전체가 되게 하는 표준광선과 같이, 대상의식 상태를 비추는 메타(meta)의식, 순수의식의 역할을 한다.

⑤ 기의 느낌에 머무는 의념과 이를 지켜보는 의념을 동시에 살펴보면, 의식의 전체적인 차원이 어떤 상태인지를 가늠할 수 있다. 만약 3차원 공간관의 차원에 머물고 있다면 두 의념은 동시에 작용하지 않는다. 이 차원은 공간적인 거리와 시간적인 순차가 작용하기 때문에 모든 것이 국소적으로 개별 단위로 존재한다. 비교적 수련이 잘되는 경우라고 할지라도 엄밀하게 살펴보면 그전에 조성되었던 기氣의 장이 남아 있어서 동시적인 것처럼 보일 뿐, 아주 짧은 시간의 순차를 두고 두 의념意念을 선택하면서 진행할 수밖에 없다. 이러한 의념의 단속적인 개입에 따라서 기의 장도 단속적으로 경계가 생기면서 동시장과 공동장이 잘 조성되지 않는다.

⑥ 횡수, 즉 사방과 위아래로 기의 장이 확장되고 의념이 따라간 뒤, 대극 방향에서 동시에 무한대로 열린다고 여기는 순간(빛보다 빠른 토션파가 작용한다고 여기고) 대극은 이제 국지성을 잃고 중도의 동시장으로 통합된다. 이때 반드시 몸을 약간 뒤로 기울이면서 대극 방향 전부를 등 뒤에서 바라보도록 한다. 만약 몸을 앞으로 기울인다면 모든 것을 전두엽의 좌뇌에서 판단하기 때문에 금방 기의 장의 흐름이 끊기게 된다. 등 뒤 우주 공간에서 바라보아 대극 방향에서 중도의 동시장이 나타나면, 그 장은 비교적 오래 유지되기 때문에 그 장 안에서 모든 부위에 의념을 집중해서 지켜볼 수 있게 된다. 즉 집중하는 의념과 이를 지켜보는 메타의식으로서의 의념이 동시에 작용할 수 있는 것이다. 이때

의념이 머무는 모든 부위는 전체 중도의 동시장 안에 있는 것이기 때문에 그 부위도 중도로서 전체의 장의 한 흐름으로 나타나게 된다.

결국 기 수련이라는 것은 입자 중심에서 장 중심으로 패러다임이 전환하는 과정이다. 이 과정에서 3차원 공간관의 인식틀과 세계관은 일미동체—味同體, 일기—氣의 세계관으로 전변하게 된다. 이것은 불교의 지止와 관觀의 수행과 상응하는 측면이 있다. 이러한 수련의 체험을 전제로 하여 지의의 지관을 살펴본다.

1. 점차지관漸次止觀, 부정지관不定止觀, 원돈지관圓頓止觀

『마하지관』에서 천태대사가 스승인 남악南岳 혜사慧思의 세 가지 지관을 전하였다고 밝힌다. 그것은 점차漸次, 부정不定, 원돈圓頓이다. 이 셋은 모두 대승의 법으로서 존재의 실상을 비추어 낸다는 점에서 다르지 않지만 서로 다른 근기의 사람들을 위해서 다른 방법으로 지관을 설하는 것이라고 한다.

> 점차지관은 처음은 얕고 나중에는 깊어지는 것이 마치 사다리와 같고, 부정지관은 앞과 뒤가 서로 함께 있는 것이 마치 금강보배가 해 가운데 놓여 있는 것과 같으며, 원돈지관에서 처음과 나중이 둘 아닌 것은 마치 신통을 갖춘 이가 허공을 날아오르는 것과 같다.[4]

이 글에서는 세 가지 지관의 세계관이 처음과 나중의 시간성으로 간

---

4 위의 책, 114쪽.

명하게 표현되어 있다. 부정지관은 근기에 따라 점차와 원돈을 자유롭게 구사하는 것이기 때문에 논외로 하고, 점차지관과 원돈지관을 중심으로 살펴본다. 점차지관의 경우 처음과 나중의 시간 경과에 따라서 사다리처럼 한 칸씩 올라가면서 존재의 실상에 도달하는 방법이라고 하였다. 즉, 점차지관으로서는 처음에도 실상을 안다[知]고는 하지만 그 진실의 상을 깨치기[解] 어려우니 쉬운 행부터 하여 각 단계를 거쳐 궁극적으로는 진실의 상을 수행하여 두 가지 극단에 치우침을 그치고 상주常住하는 도에 도달한다. 이것을 처음은 얕으나 나중에는 깊어지는 점차지관의 모습이라고 한다. 여기서 처음과 나중의 상태를 “안다[知]”와 “깨친다[解]”로 구분하고 있다. 이것은 달리 말하자면, 시간 차이에 따라 갖가지 단계를 설정하는 것으로 3차원 공간과 1차원 시간의 인식틀에 근거해서 세계를 바라보고 있는 것이다. 이러한 인식틀로서는 모든 것을 입자 단위로 바라보는 것이기 때문에 격력차제隔歷次第라는 단계론의 한계를 벗어날 수 없다. 이러한 점차지관은 쉽게 시작할 수는 있으나 처음과 같은 인식틀과 세계관을 유지한다면 시공간의 인식틀로 구축되어 있는 아상이 점차 강화될 수 있으며 수행의 단계가 높아지면 아만에 이르러 낮은 단계에 대하여 차별 의식이나 위계적인 권위의식을 가질 수 있다. 그런데 점차지관으로서 마지막 궁극의 단계에 이르려면 어차피 입자 중심의 인식틀과 세계관이 장 중심의 사유 체계로 전환되어야 한다. 일미동체의 중도의 장은 그동안 행해 왔던 점차지관의 입자 중심의 사유로서는 결코 이를 수 없는 경지이기 때문이다.

또한 원돈지관에 대한 언급은 얼핏 보면 신비적이고 신화적인 표현 같지만, 기의 장이라는 관점에서 본다면 과학적으로 절묘한 표현이라고 할 수 있다. 처음과 나중이 둘이 아니라는 것은 처음부터 즉각 일미동체라는 존재의 실상을 깨달았다는 것이다. 이것은 3차원 공간관의 국소성과 시간성과 인과성의 틀을 초월하여, 세계를 입자가 아니라 공동장, 동시장으로 파악한다는 것이다. 이러한 경지를 "신통을 갖춘 이가 허공을 날아오르는 것과 같다."고 표현하고 있다. 실제로 인식의 차원이 높아질 때 백회 위로 기의 장이 끝없이 상승하면서 3차원 공간의 '나'라는 관념의 경계가 해체되고 사방으로 열려서 우주 법계와 하나가 되는데, 앞의 표현은 이것을 묘사한 것이라고 볼 수 있다. '신통'이라는 것은 막연히 신비하게 표현한 것이 아니라, 수행자의 인식의 차원이 입자 단위에서 장 중심의 고차원으로 전변하는 것을 가리킨다.

『마하지관』에서는 원돈지관에 대해 이렇게 설명한다.

> 원돈지관이란, 처음에 존재의 참모습을 연하니, 대상 경계에 나아감 그대로가 중도이어서 진실 아님이 없다. 법계法界를 매어 연하여[계연繫緣] 한결같이 법계를 사유하니, 한 빛깔[일색一色] 한 향기[일향一香]가 중도 아님이 없다. 자신의 세계와 부처의 세계, 중생의 세계 또한 그러하다. 오온, 십이처가 모두 그와 같아서 버려야 할 고통[苦]이 없고, 무명과 번뇌가 그대로 보리이니 끊어야 할 괴로움의 원인[集]이 없다. 치우침과 삿됨이 모두 중도이며 바른 견해이니 닦아야 할 괴로움 없애는 길[道]도 없고, 생사가 그대로 열반이니 얻어야 할 괴로움의 소멸[滅]도 없다. 괴로움도 없고 괴로움의 원인도 없기 때문에 세간이 없고, 괴로움을 없애는 길도 없고, 괴로움의 소멸도 없으므로 세간을 벗어남도 없다. 순전히 하나의 실상이니 실상 밖에 다시 별도의 법이 없다. 법성法性의 고요함을 지止라 하고, 고요하되 항상 비춤을 관觀이라고 한다. 비록 처음과 나중을 말해도 둘이 없고 다름이 없다. 이것을 원돈지관圓頓止觀이라고 한다.[5]

---

5 위의 책, 120쪽.

여기서 중도는 양극단의 중간이 아니다. 중도는 장이고 양극단의 중간은 입자이다. 입자로서의 중간에서는 여전히 입자로서의 양극단이 살아 있다. 이것은 실수 입자의 드러난 질서 위에서 중간일 뿐, 선형성의 차이와 위계가 사라지지 않는다. 생과 사의 대립 관계가 유지되는 상태, 번뇌와 보리가 분별되는 상태에서 중간으로서의 중도는 관념적 수사일 뿐, 아무런 실체도 없다. 장으로서의 중도는 입자 중심의 공간성과 시간성, 인과성의 분별과 대립의 부분세계가 작동하지 않는 전체세계이다. 실수 입자의 분별로 성립하는 드러난 질서가 부분세계라면, 실수부와 허수부를 통합한 복소수의 세계는 접혀진 질서와 드러난 질서를 망라하는 전체세계이다. 생과 사, 번뇌와 보리의 상대적 비교가 가능한 중간이 아니라, 이들을 가능하게 하고 드러나게 하는 온 우주의 법계의 전체, 법성이 바로 중도이다. 원돈지관은 처음부터 입자의 생멸 차원이 아니라 장으로서의 전체세계로 바라보기 때문에 모든 현상이 중도실상이 아님이 없는 것으로 본다. 현상으로서의 생멸사제生滅四諦[6]는 입자로서의 분별이지만, 원돈지관으로 바라볼 때는 모든 것이 장으로서 무작사제無作四諦[7]일 뿐이다. 전체로서의 장으로 시야가 열리면 일체의 경계가 사라지기에 모든 존재는 고요하다. 분별과 경계로 인한 소란과 대립 갈등은 존재하지 않는다. 그래서 법성의 고요함을 지止라 하고, 고요하되 항상 비추는 것을 관觀이라고 하는데 여기서도 관의 주체와 대상은 존재하지 않는다. 전체의 장으로 열려 있기 때문이다. 온 우주가 하나로서 공동장, 동시장을 이루는 것으로 파악하는 것이 원돈지

---

6 장교의 설로서, 사제[고집멸도苦集滅道]의 인과因果에 진실로 생성과 소멸이 있다고 보는 것.

7 원교의 설로서, 미오迷悟의 경계가 다르지만 둘 다 실상이라고 보는 것. 버릴 번뇌도 없고, 얻을 열반도 없기 때문에 열반을 얻기 위해 무엇을 하거나 인위적으로 지을 것도 없다[무작無作]는 관점이다.

관이라고 할 수 있다. 따라서 수행자의 근기와 상황에 따라서 다양한 방법으로 수행을 하더라도 모든 수행이 궁극으로는 원돈지관으로 나아가야 한다는 것이다.

지의는 『화엄경』「현수품賢首品」의 게송을 인용하여 원돈지관의 의미를 밝힌다.

> 보살이 나고 죽음 가운데서 맨 처음 발심할 때, 오로지 깨달음을 구하여 견고해서 움직일 수 없으면, 그 한 생각의 공덕은 깊고 넓어서 끝이 없다. 여래께서 분별하여 설하심은 겁을 다해도 다할 수 없다. 이 보살은 원만한 법[원법圓法]을 듣고, 원만한 믿음[원신圓信]을 일으키고 원만한 행[원행圓行]을 세우고, 원만한 계위[원위圓位]에 머무르며, 원만한 공덕[원공덕圓功德]으로 스스로 장엄하며, 원만한 힘과 작용[원역용圓力用]으로써 중생을 건립한다.[8]

지의는 「현수품」에서 원법·원신·원행·원위·원공덕·원역용의 여섯 구절을 뽑아서 원교의 수행, 즉 원돈지관의 모습을 증명해 보인다. 즉, 원돈의 실천에서는 듣고 이해하는 법도 원만하며, 믿음이나 실천행, 자신을 위한 공덕이나 중생을 이롭게 하는 작용까지 모두 원만하다는 것이다. 지의는 원만함의 내용을 구체적으로 다음과 같이 해석한다.

> '원만한 법을 들음'이란 생사나 번뇌, 업과 같은 중생의 현실 그대로가 법신法身·반야般若·해탈解脫의 세 가지 덕임을 듣는 것이다. '원만한 믿음'이란, 일체 법이 곧 공이며 곧 가이며 곧 중이며[즉공즉가즉卽空卽假卽

中] 하나·둘·셋이 없으나 하나·둘·셋임을 믿는 것이다. 또 깊은 법을 들어도 두려워하지 않고, 넓은 법을 들어도 의심하지 않고, 깊지도 않고 넓지도 않은 법을 들어도 용기를 내는 것이다. ‘원만한 행’이란, 한결같이 오로지 위없는 깨달음을 구하여 치우침 그대로가 곧 중도이어서 달리 나아가는 곳이 없는 것이다. ‘원만한 계위에 들어감’이란 한 계위에 머무름이 곧 모든 계위에 머무름이요 일체의 구경이며 일체의 청정함이 되는 것이다. ‘원만한 공덕으로 자재장엄自在莊嚴함’이란, 주체의 능력[根]으로 정수正受[선정삼매禪定三昧]에 들고 나오는 것, 대상[塵, 번뇌]에 의하여 정수에 들어가고 나옴이 정보[正報, 과보로서의 몸과 마음] 속에서 하나하나 자유자재하고, 기세간[依報, 과보로서의 주위환경] 속에서도 그러함을 말한다. 비유하면, 마치 해가 사방 천하에 두루하여 동시에 한쪽은 낮이며 한쪽은 아침이거나 저녁이거나 한밤중으로 달리 보이는 것과 같다. ‘원만하게 중생을 건립함’이란, 보살이 스스로 즉공·즉가·즉중을 통달하여 법의 성품을 움직이지 않고서 중생들에게 갖가지 이익을 얻고 갖가지 효용을 얻게 하는 것이다.⁹

지의는, 원돈지관으로 수행한다면 이와 같은 원만함을 모두 갖추게 된다는 것이다. 여기서 ‘원만’하다는 것은 어떠한 경계나 장애도 없이 원융무애하다는 것으로, 공간적으로 시간적으로 분별되는 입자의 세계에서는 불가능한 상태이며 오직 일미동체로서 전체를 하나의 장으로 망라할 때만 가능한 세계이다. 공동장, 동시장의 관점에서만 부분이 전체이고 전체가 부분이라는 표현을 사용할 수 있다. 이러한 인식의 차원에서만 생사生死가 바로 법신法身이고, 번뇌가 바로 반야般若이며, 업이 바로 해탈解脫이 된다. 또한 일체 법을 즉공즉가즉중으로 파악할 수 있

---

9 위의 책, 123쪽.

다. 양극단 그 자체가 바로 중도이며, 한 계위가 바로 모든 계위이고 궁극적인 경지가 될 수 있다. 서 있는 위치가 어디이든지 선정삼매를 자유자재로 할 수 있으며, 그렇게 한다는 것 자체가 장엄하다는 것이다.

2. 상대지관相待止觀, 절대지관絶待止觀

『마하지관』에서는 기존에 통용되는 지관의 뜻을 상대지관相待止觀으로 밝히고, 원교의 지관을 절대지관絶待止觀으로 소개한다. 절대지관은 곧 원돈지관圓頓止觀이다.

(1) 상대지관

먼저 상대지관의 지止와 관觀에는 세 가지의 뜻이 있다고 말한다.

'지止'에는 세 가지 뜻이 있으니, 끊음[식의息義]·머무름[정의停義]·그치지 않음에 상대한 그침[대부지지의對不止止義]이다. 먼저 '끊음'이란, 모든 나쁜 알아차림이나 잘못된 생각 또는 상념을 멈추거나 끊는 것이다. '머무름'이란, 마음이 진리의 이치를 반연하여 생각을 지금 이 자리에 매어 멈추어 움직이지 않는 것이다. 이 두 가지 뜻 가운데 '끊음'은 타파하는 대상[소파所破]에 나아가 이름한 것이며, '머무름'은 끊는 주체[능지能止]에 나아가 이름한 것이다. '그치지 않음에 상대되는 그침'이란 나머지 둘과 이름은 비슷하지만 뜻은 전혀 다르다. 이것은 진리의 이치[제리諦理]를 맞추어서 말한 것이다. 무명無明이 곧 법성法性이고 법성이 곧 무명이므로, 무명은 그침[止]도 아니고 그치지 않음[不止]도 아니지만 무명을 불러 '그치지 않음'이라고 한다. 법성도 역시 그침[止]도 아니고 그치지 않음[不止]도 아니지만 그침[止]이라고 부른다. 이런 의미로 무명의 '그치지 않음[不止]'에 상대하여 법성을 '그침[止]'이라 하는 것이다. 이것을 '그치지 않음에 상대한 그침'이라 한다.[10]

> 관觀에도 역시 세 가지의 뜻이 있다. 첫째는 꿰뚫는다는 뜻의 관천의貫穿義이니, 예리한 지혜로 번뇌를 꿰뚫고 없앤다는 것이다. 둘째는 보아 통달한다는 뜻의 관달의觀達義이니 관하는 지혜가 통달되어 진여眞如에 계합하는 것이다. 셋째는 관觀하지 않음에 상대한 관觀이라는 뜻의 대불관對不觀觀이니 무명이 곧 법성이고 법성이 곧 무명이므로 무명은 관觀도 아니고 불관不觀도 아니지만 무명을 불러 불관不觀이라고 한다. 법성도 역시 관觀도 아니고 불관不觀도 아니지만 관觀이라고 부른다. 이런 의미로 무명의 불관不觀에 상대하여 법성을 관觀이라 하는 것이다. 이것을 '관觀하지 않음에 상대한 관觀'이라 한다. 셋 가운데 앞의 두 가지 뜻은 각각 대상 경계와 관하는 주체의 측면에서 이름 붙인 것이다.[11]

이상과 같은 상대지관은 입자 세계의 수행론이다. 입자 세계는 3차원 공간관의 인식틀에 의해서 개념으로 분별되는 모든 대상들이 독립된 실체를 이루고 있다고 보는 드러난 질서의 세계이다. 상대지관의 지止의 주체와 대상, 관觀의 주체와 대상은 엄연히 분별되어 인식선상에 떠오른다. 수행에 들어가면서 대상을 파하거나 대상을 꿰뚫어 보고, 주체를 진리의 자리에 머물게 하고 진여에 계합하게 하지만, 여전히 대상과 주체, 번뇌와 진여의 상대적 관계 속에서 선택하는 것이다. 지止에서 무명과 법성이 즉하는 관계를 전제로 하지만 여전히 최종적으로는 '그침'의 법성을 선택하고, 관觀에서 최종적으로 법성의 '관觀'을 선

---

10 위의 책, 159쪽.

11 혜명 저, 『마하지관의 이론과 실천』, 164쪽. 경서원, 2007.

택하는 수행론이다. 이는 앞에서 살펴보았듯이 기 수련 과정에서도 나타나는 지관의 과정이다. 비록 기가 파동과 장이라는 특성을 지니지만, 최종적으로 인식틀이 일기一氣의 동시장에 이르기 전에는 항상 입자와 장의 세계가 혼재되어 나타난다. 조금이라도 입자의 경계가 남아 있는 한 '나'라는 관념적 아상은 사라지지 않아 수련하는 주체와 대상의 구분은 엄연하게 존재한다. 이런 상태에서 경계가 만들어 내는 소란은 없어지지 않아 우주 법계가 고요한 상태에 이르지 못한다.

(2) 절대지관

다음으로 절대지관絕待止觀은 원교의 지관이자 원돈지관이다. 절대지관에서 '절대'는 상대적 관계를 넘어선다는 의미이다. 우선 앞의 세 가지 상대지관을 가로로 파하고 세로로 파한다. 여기서 가로로 파한다는 것은 상대지관을 구성하는 요소 가운데 공간적으로 유위법의 경계를 조성하는 것을 타파하여 공동장을 이루게 한다는 것이며, 세로로 파한다는 것은 인식의 차원이 다르거나 시간적으로 순차성을 이루는 요소가 있을 경우, 그 차별을 해소하여 동시장을 이루게 한다는 의미이다.

① 가로로 파함

용수龍樹는 사구四句 논리로써 모든 분별을 넘어서는 존재의 참된 모습인 공을 설명한 바 있다. 지의는 이러한 용수의 사구분별四句分別을 활용해서 상대지관의 유위법적 요소를 타파하여 절대적 의미로서의 지관을 밝힌다.

용수의 사구四句는 다음과 같다.

모든 법은 스스로 생기지 않으며

타他로부터 생기지도 않으며

자타의 공성共性으로 생기지 않으며

무인성無因性으로부터 생기지도 않는다.

이 까닭으로 무생無生이라 설한다.

용수는 모든 법이 자성自性, 타성他性, 자타의 공성共性, 무인성無因性으로부터 생기지 않기 때문에 무생無生이라고 한다. 무생은 생기지도 않고 멸하지도 않는 불생불멸不生不滅의 공을 가리키며 이것만이 존재의 참된 모습이라고 한다. 이러한 논리에 따라서 상대지관의 유위법적 요소를 살펴보면 다음과 같다.

상대지관의 '끊음'의 역할을 하는 지식止息의 지止는 '객체인 파하여지는 대상으로부터' 이름을 얻은 것이다. 이것은 그 대상을 비추는 것을 정도正道로 하고, 미혹을 제거하는 것을 곁가지인 방도傍道로 한다. 이미 지식止息은 여의는 것에 따라서 이름을 얻은 것으로, 이 이름은 방도에 따라 세웠으니, 타성他性의 오류에 빠지는 것이다. 지止가 타성의 오류라는 것은 객관에 떨어진다는 말로서 참다운 지止가 아니라 인연에 의한 것이라는 뜻이다. 즉, 무위법이 아니라 유위법으로서의 지止라는 것이다.

상대지관의 '머무름'의 역할을 하는 정지停止의 지止는 '능파能破[파하는 주체]로부터' 이름을 얻은 것이다. 이것은 대상을 비추는 것을 정도正道로 하고 미혹을 제거하는 것을 곁가지인 방도傍道로 한다. 이미 능히 비춘다고 말한 것이니, 그 이름은 지혜로부터 생긴 것이라 바로 자성自性의 오류에 빠진다. 능히 비춘다는 말은 지혜를 작용한다는 뜻이 담겨 있기 때문이다. 여기서 지止가 자성自性의 오류라는 것은 주관 속에 떨어진다는 말이다. 즉 무위법으로서의 지止가 아니라 상대적 비교로서의 유위법의 지止라는 것이다.

만약 망상이 멈추기 때문에 지止라고 하는 것이 아니고 진리에 머무르기 때문에 지止라고 하는 것도 아니고 지혜와 단멸의 인연 때문에 지止라고 한다면, 이는 합合의 관점에 따르는 것으로 공성共性의 오류에 빠진다. 즉 객관·주관의 두 성품의 합성에 떨어진다는 것이다.

파하여지는 대상에 따른 것도 아니고, 파하는 주관에 따른 것도 아닌데, 지止라고 한다면 이는 무인성無因性의 오류에 빠진다는 것이다. 이는 원인 없이 결과가 생겼다는 성품에 빠졌다는 것으로 인정할 수 없는 것이다.

이러한 이유로 『마하지관』에서는 다음과 같이 언급한다.

> 무생無生[불생불멸不生不滅]의 지관을, 어찌 사구四句[自, 他, 自이면서 他, 自도 他도 아님]에 따라서 이름을 붙일 것인가. 사구四句로 이름을 내세우는 것은, 원인에 의존하는 유위법의 생生이니 잘 생각하고 밝혀야 한다. 이것은 또한 번뇌와 미혹의 생生이기 때문에 파하여야 하고 무너뜨려야 한다. 생멸하고 유동하는 생生을 어찌 정지停止라고 말할 것이며, 미혹과 전도轉倒의 생生을 어찌 관달觀達이라고 부를 것인가. (『마하지관』)

상대지관은 3차원 공간관의 세계관과 인식틀로 세계를 바라보고 있기 때문에 유위법의 질서에서 벗어날 수 없다. 아무리 수행 과정에서 진정성을 갖고 용맹 정진하면서 지식止息을 하고 정지停止를 하더라도 유위법의 질서 위에서 상대적 선택을 하는 것이기 때문에, 표면적으로는 대상으로부터 반연하는 것을 그치고 진리에 머무는 것처럼 보이지만, 이면에는 여전히 상대적 대립 관계를 전제로 한 유위법의 경계가 작동한다. 이는 입자 중심의 사유 체계로서는 피할 수 없는 것이다.

그러기에 절대지관은 상대적 비교에 머물고 있는 상대지관의 경계를 먼저 가로로 파한다는 것이다. 상대지관과 달리 절대지관은 생겨나는 것이 아닌 무생無生이다. 그것은 절대지관이 불생불멸의 진여의 지관이라는 것을 뜻한다. 이러한 절대지관은 언어적 분별을 넘어서 있는 하나의 장場으로서의 법성法性이고 일체의 경계가 없기에 '명정明靜'한 것이다.

② 세로로 파함

다음으로 세로로 파하는 부분이다. 만약 앞에서 예를 들었던 용수의 사구四句[단순긍정, 단순부정, 이중긍정, 이중부정의 논리]로 살펴보면, 유위법의 생生과 무위법의 불생不生 사이의 사구[생생(生生: 생겨나고 또 생겨남), 생불생(生不生, 생겨나지만 생겨나지 않음: 공空), 불생생(不生生, 생겨나지 않지만 생겨남: 가假), 불생불생(不生不生, 생겨나는 것도 생겨나지 않는 것도 아님: 중中)] 관계는 모두 충분히 이해할 수 없다는 것을 설한다. 그리고 이것은 상대적으로 대치對治하는 것이니 생각하고 따져봐야 하는 일이며, 결박結縛의 미혹을 낳는 것이니 타파하여야 한다는 것이다.

세로는 인과와 같이 시간의 순차성을 나타내기도 하고, 인식의 차원을 가리키기도 한다. 여기서 세로로 파한다는 것은 상대지관의 입자 세계에서 상대적 비교를 이루고 있는 인과의 논리와 차원의 분리를 모두 타파한다는 뜻이다. 절대지관의 '명정明靜'은 단계적 수행으로 얻어지는 것이 아니라 본래 진여로서 일체의 경계 분별이 없는 상태이기 때문에, 상대지관의 프레임 자체가 타파되어야 나타나는 것이다.

기 수련의 경우, 기 자체가 파동이고 장場이긴 하지만, 수련하는 '나'라는 관념이 조금이라도 남아 있는 한 입자와 장이 혼재되어 있음에도 여전히 '내'가 주체인 상태가 지속된다. 이런 상황에서 남아 있는 입자로서의 의념이 기의 장을 따라가거나, 양극단이 중도로 통합되어 중도의 동시장이 전면화되면, 어느 순간에 주체가 전격적으로 바뀌는 상황이 일어난다. 그 순간은 더 이상 '내'가 주체가 아니라 온 우주의 법계·법성이 주체로 등장한다. 이때부터 유위적 질서 속에서 끊임없이 상대 비교를 하고 선택을 하면서 소란하고 분주하던 '주체'가 사라지고 일체가 고요해진다. 이것은 '내'가 주체로 머물면서 소란함에서 고요함으로 전환한 것이 아니다. '내'가 주체인 상대 비교의 질서에서 '법성'이 주체인 절대 차원으로 판이 전면적으로 바뀐 것이다. 상대지관과 절대지관의 차이를 통해 이를 연상해볼 수 있을 것이다.

③ 절대지관의 체

『마하지관』에서 말하는 절대지관은 가로와 세로의 모든 상대적 의미를 끊는 것이며, 사려 분별을 끊는 것이고, 모든 번뇌, 모든 업, 모든 과보를 끊고, 모든 가르침[敎]·관법[觀]·깨달음[證] 등을 끊는 것이다. 이 모두가 다 생겨나지 않는 까닭에 지止라고 하지만, 이 지는 실체가 없는 것이어서 얻을 수가 없다고 한다. 관觀은 진실의 대상과 명일冥─한 (하나가 된) 것이다. 이 대상은 적멸하고 청정하지만 청정이라고 할 수도 없다. 그러므로 관도 실체가 없으니 얻을 수 없다. 이처럼 애초에 지와 관이 없으므로 어찌 부지관不止觀에 의지하여 지관을 밝히고, 지관에 의지하여 부지관을 밝히며, 지止나 부지不止에 의지하여 지 아닌 것, 부지가 아닌 것을 밝힐 수가 있겠는가? 따라서 지·부지 모두 다 얻을 수 없는 것이며, 지 아닌 것, 부지 아닌 것도 역시 얻을 수 없는 것이다. 이처럼 상대적으로 대치對治하는 것이 이미 끊겼으니, 이는 유위법이 아닌 것으로 사구四句로써 사려 분별할 수 없고 언설로 표현할 수 없다. 심식心識이 분별할 수 있는 대상도 아니다. 이미 분별할 수 있는 모습이 없기 때문에 이에 근거한 번뇌도 생길 수 없다. 번뇌가 이미 생겨남이 없으므로 생사生死가 없고, 따라서 타파할 대상도 없으니 끊음도 사라지고 사라짐마저 끊어지므로 '절대지絕待止'라고 한다. 전도망상顚倒妄想이 끊어지므로 '절대관絕待觀'이라 한다. 또한 이것은 '유위가 끊어진 지관'이고 나아가 '생사가 끊어진 지관'이다. 이 절대지관 또한 말할 수 없는 것이다.

지의가 설명하는 절대지관의 또 하나의 의미는 명정明靜으로서의 지관이다. 앞에서도 설명했듯이 명정은 언어적 분별을 넘어서 있는 진리의 본성[법성法性]을 가리킨다. 언어적 분별은 입자 단위의 개념적 사유이다. 밝고 고요함은 일체의 입자의 경계가 해체되어 있는 일미一味의 장場에서만 가능하다. 지의에 따르면, 법성은 곧 마음의 본성으로 이 마음은 원래 생겨남 없이 고요하면서[靜] 항상 진리를 비춘다[明]. 법성으로서의 명정은 원래 생겨남이 없기 때문에 얻을 수도 없다. 다시 말해, 진리는 원래 그렇게 있음[진여眞如]이기 때문에 수행을 통해서 획득할 수 있는 것이 아니라는 것이다. 이처럼 지의는 절대지관에서 명정을 지관의 본체로서 설명함으로써 일반적으로 수행 방법을 가리키던 지관의 의미를 궁극적 진리에까지 확장했다[12]고 한다. 이는 결국 상대지관에서 단계론적 접근으로 절대지관으로 넘어갈 수 없다는 것을 말해준다. 오직 세계관과 인식틀이 입자 중심의 유위적 세계, 드러난 질서의 세계를 벗어나 일미동체의 장으로 전환되었을 때만 일체의 상대적 비교의 경계가 사라져서 전체가 고요하고 밝은 상태가 된다는 것이다. 고요하고 밝다는 것은 일체의 경계와 차별, 분별이 존재하지 않는 우주법계의 법성 그 자체를 말해 주기 때문이다. 이런 점에서 절대지관은

---

12 김정희, 「지의 마하지관」, 『철학사상』 별책 제7권 제1호, 53쪽. 서울대 철학사상 연구소, 2006.

기존의 인식의 차원이 유지되는 상태에서의 수행론이 아니라 일미동체의 중도 동시장, 즉 우주 법계의 진여, 법성의 경지까지 인식의 시야를 확장하도록 하는 세계관이라는 것이다.

이처럼 지의는 일체 제법이 본래 생겨남이 없으므로 지관이라 할 것도 없고, 지관이 아니라 할 것도 없으며, 상대되는 것을 부정하고 세운 것도 아니고 본래 얻을 것 없는 지관을 절대지관이라고 하였다. 이를 '유위를 초월한 지관'이고 '생사가 끊어진 지관'이며 '부사의지관不思議止觀', '무생지관無生止觀', '일대사지관一大事止觀'이라고도 이름한다. 여기서 '대사大事'는 작은 일에 대해 크다는 의미가 아니다. 이는 허공을 작은 하늘과 비교하여 크다고 하지 않는 것처럼 절대지관도 상대하여 대치할 수 있는 것이 없는 오직 하나의 법계일 뿐이다. 그런데 이처럼 높은 경지인 절대지관을 과연 초심자가 어떻게 행할 수 있을 것인지에 대해 질문을 하자, 지의는 육즉六卽의 뜻으로 다음과 같이 말한다.

그렇다면 절대絶待야말로 바로 성인의 경계이며, 초심자에겐 해당하는 바가 없다. (그러나) 지금 육즉六卽으로써 바라보면, 초심자도 잃는 바가 없으며 성인의 경계에서도 넘치는 바가 없다.

앞에서 보았듯이, 육즉은 모든 존재 자체가 곧 중도실상이라는 이즉理卽으로부터 부처의 경계인 구경즉究竟卽까지의 여섯 계위이다. 육즉에 의하면, 초심자라 하더라도 그 자리가 곧 실상實相이므로[이즉理卽] 감히 다가갈 수 없는 바가 아니며, 또 수행이 깊어진 경우라도 자신의 위치를 육즉을 기준으로 점검할 수 있으므로 아만심을 내거나 잘못된 실천에 떨어지지 않게 된다. 이와 같이 육즉은 초심자를 포함한 모든 수행자가 원교의 이치에 따라서 실천할 수 있도록 설한 지의의 독특한 원교 법문

이다.[13]

이상과 같이 점차지관과 원돈지관, 상대지관과 절대지관을 입자 중심과 장 중심의 인식틀로 해석한다면 이들 지관들이 내포하고 있는 의미와 차이점을 다른 방식으로 해석할 수 있다. 기 수련에서는 기라는 패러다임 자체가 파동이자 장이기 때문에 위와 같은 해석은 익숙하다. 그런데 입자에서 장으로 패러다임이 바뀌고 차원이 바뀌는 것을 물성의 변화로만 이해한다면 수행 과정에서 전개되는 의식의 변화를 제대로 포착하지 못할 수 있다. 말하자면, 의식과 사상, 철학의 지체 현상이 벌어지는 것이다. 그렇게 되면 물성 변화에 맞게 변화하지 못하는 의식성 때문에 마지막까지 경계에서 벗어나지 못할 수 있고 설사 우연히 새로운 차원을 맛본다고 하더라도 그 의미를 제대로 해석하지 못하여 놓칠 수 있을 뿐만 아니라 도리어 오독을 할 수 있다. 오독의 결과는 결국 낮은 차원의 의식성, 즉 개체 단위의 아상에 근거한 해석이기 때문에 아만을 불러일으키는 중대한 독소를 품고 있다.

입자 중심의 세계관은 아상의 세계관이고, 여기에선 아我와 비아非我가 대립 갈등할 수밖에 없다. 아는 자신의 헤게모니를 자신이 속한 진영부터 계급, 사회, 교양 문화에 이르기까지 전방위적으로 확장하려 한다. 그 결과 자기의 것을 지키려는 보수적·보신적 태도를 견지하게 되고 자기동일성의 존재감 속에 갇혀 살 수밖에 없다. 이에 비해 장 중심의 세계관은 항상 개체 단위의 경계를 해체하고 전체와 호흡하며 나날이 새로워지면서 개방적이고 진보적일 수 있다. 따라서 아무리 진보적인 담론을 내세우더라도 입자 중심의 사유 방식을 갖고 있다면 근대적인 위계 의식, 진영 논리에서 벗어날 수 없다. 또한 장 중심의 사유 방

13　오지연 저, 『천태지관이란 무엇인가』, 161쪽. 연기사, 2013.

식을 추구한다고 하더라도 의식성에서 일미동체와 대자대비의 차원 변화를 하지 않는다면 장 중심으로 완전하게 전화될 수 없다. 바로 여기에 물성의 변화로서 입자에서 장으로의 전환과 아울러 의식과 세계관의 차원이 동시에 변화해야 하는 이유가 있다.

그런 면에서 점차지관과 원돈지관, 상대지관과 절대지관의 수행법과 이들이 바탕하고 있는 세계관, 의식성을 연관시켜 바라보는 것은 수행을 올바른 방향으로 내실 있게 하는 데 무엇보다 절실하다고 할 수 있다.

【수련법】

1. 점차지관과 원돈지관을 떠올리고 기의 장을 확인한다. 점차지관은 백회 위가 부분적으로 눌리고 경계들이 있지만 원돈지관을 떠올리면 백회 위로 환하게 열리고 사방으로 확장된다.

2. 상대지관과 절대지관을 떠올리고 기의 장을 확인한다. 상대지관은 백회 위가 무겁고 막힌 장으로 나타난다. 절대지관은 원돈지관과 같이 횡수로 환하게 열린다.

3. 원돈지관의 명정明靜 상태를 떠올려 본다. 횡수로 환하게 열린다.

4. 입자 세계와 장 세계를 떠올리고 비교해 본다. 입자 세계는 곳곳에 경계가 만들어진다. 장 세계는 횡수로 열린다. 어떤 사람의 이름과 이름+흐름, 이름+장을 떠올리고 비교해 본다. 이름만 떠올릴 때는 그 사람의 생체장에 따라 다르긴 하지만, 기본적으로는 입자 단위의 경계가 나타난다. 이름+흐름과 이름+장으로 떠올렸을 때는 이름만 떠올렸을 때의 경계는 사라지고 사방으로 열린다.

지관止觀과 비밀장秘密藏

새로운 패러다임을 구 패러다임의 언어와 사유체계로 서술하는 것은 쉽지 않다. 이럴 때는 불가피하게 새로운 언어나 신호, 상징체계를 사용할 수밖에 없다. 붓다가 타계하기 하루 전에 『열반경』에서 이자삼점伊字三點의 비밀장秘密藏을 신비롭게 언급한 것도 얼마 남지 않은 시간에 짧게 핵심적인 내용을 전달하기 위한 고심의 결과이었을 것이다. 기존의 어법으로는 담을 수 없었던 내용이기에, 전혀 새로운 방식으로 수수께끼와 같은 상징적인 표현을 남겼을 것이다. 여기에는 자신이 떠난 뒤에 남을 후학들과 장래의 수행자들을 향한 붓다의 대자대비의 마음이 담겨 있다.

무엇보다 먼저 아직 스승에게 의지하고 있던 후학들이 스승의 죽음을 유위법의 생사로 바라보면서 충격을 받거나 염세주의에 빠질까 봐, 열반이란 그런 것이 아니라는 것을 보여 주려고 했을 것이다. 이는 열반의 삼덕三德으로서 법신法身과 반야般若, 해탈解脫을 제시한 데서도 알 수 있다. 열반은 당시의 장교에서 이해하듯이 육신의 죽음으로 회신멸지灰身滅智하는 무여열반無餘涅槃이 아니라는 것이다. 대승으로 시야를 전환하면 열반은 오음의 소멸이 아니라, 법신이며 반야이고 해탈이라는 것이다. 앞에서도 살펴보았듯이 열반은 멸하는 것이 아니고 덮이지 않은 것이며, 가지도 오지도 않으며 장애가 없고 모양이 없으며 괴롭지 않은 상태이다. 붓다는 열반의 삼덕을 밝힘으로써 자신의 죽음을 슬퍼하고 염세주의에 빠질 후학들을 위로할 뿐만 아니라 당시 장교의 열반에 대한 인식의 차원과 세계관을 전변하기를 바랐을 것이다.

다음으로 그 짧은 순간에 붓다는 후학들에게 수행의 패러다임을 바꿔야 한다는 것을 강렬한 방법론으로 제시하였다고 볼 수 있다. 붓다는 법신·반야·해탈을 이자삼점으로 제시하여, 이것은 가로로 세 점이 아닐 뿐만 아니라 세로로 세 점도 아니고, 마혜수라의 세 눈, 실담어의 이자伊字처럼 삼각점을 이룬다고 밝혔다. 이것은 공간적인 국소성과 시간적인 순차성으로 세계를 단순하게 바라보지 말라는 것이다. 즉 세계는 유위법으로 보면 입자로 구성되어 있는 것으로 보이지만, 중도의 관점으로 보면 하나의 장場으로 이루어져 있다는 것이다. 여기에서는 어떠한 공간성과 시간성, 인과성으로 분별되지 않고 전부가 일미一味, 일심一心으로 동체를 이루고 있다는 것이다. 따라서 수행의 시작부터 입자 중심으로부터 장 중심으로 패러다임을 전환해야만 불필요한 경계에 사로잡히지 않고 대자대비로 자유롭고 자재할 수 있다는 것이다.

붓다 타계 이후 나타난 횡수론은 붓다의 비밀장에 근거를 두고 있다. 앞에서 살펴보았듯이, 승랑의 횡수론과 원효의 일미 관행은 대표적인 횡수론이다. 특히 지의智顗는 이자삼점의 비밀장에 근거해서 모든 경계를 횡수로 파하여 중도에 이르는 것을 보여 주고 있다. 반야·해탈·법신을 공관·가관·중관과 상응하는 것으로 제시하며, 지관止觀도 이자삼점의 원리로 재해석하고 있다. 지관과 열반의 삼덕을 통합하여 지관의 차원을 새롭게 제시하고 있는 것이다. 이것이 절대지관, 원돈지관의 명정明靜에 담겨 있는 의미이다. 모든 것을 입자 중심으로 보는, 3차원 공간관의 세계관으로서는 지관을 상대적 관점, 차제적次第的 관점으로 볼 수밖에 없다. 그런데 이들 지관을 이자삼점의 비밀장에 근거해서 가로로 파하고 세로로 파하면 유위법에 근거한, 입자 단위의 주체와 대상의 상대적 비교는 사라지고 중도의 동시장이 펼쳐지게 된다.

상대, 차제지관과 절대, 원돈지관은 서로 근거하고 있는 세계관과 패러다임이 다르다. 전자는 입자 중심이고 후자는 장 중심이며, 전자의 수행 목표는 회신멸지灰身滅智의 공적空寂이지만 후자는 중도로 인식의 차원을 전환하여 일미동체에 이르는 것이다. 이처럼 양자는 수행의 양으로 차이나는 것이 아니라 수행의 질적 차원에서 차이가 난다. 그런만큼 상대, 차제지관의 세계관과 패러다임을 유지한 상태에서 단계를 밟아 나중에 절대, 원돈지관의 중도의 동시장으로 전변할 수는 없다. 처음부터 다른 세계관과 패러다임을 선택하거나, 수행 과정에서라도 새롭게 다른 세계관과 패러다임으로 질적인 전환을 해야 한다.

이러한 관점에서 지의가 강설한 지관과 삼덕의 관계를 살펴본다.

지의는 삼덕三德이 바로 지관인 이유를 다음 경전을 인용하여 밝힌다.

『대론大論』에서는 이렇게 말한다.

보살은 초발심 때부터 항상 열반을 관하고 도를 수행한다. (『마하지관』)

여기서 '열반'은 멸하지 않은 상태, 덮이지 않은 깨달음의 상태로서 바로 법신·반야·해탈을 가리킨다. 여기서 열반을 관한다는 것은 보살이 궁극적으로 유위법의 공적空寂이나 회신멸지灰身滅智의 무여열반無餘涅槃에 이르는 것을 목표로 수행하는 것이 아니라, 초발심부터 일미동체의 장場의 차원에서 모든 것을 중도실상으로서 바라보고 수행한다는 것이다.

『대경大經』에서는 이렇게 말한다.

"부처님 및 중생, 모두가 다 비밀장 속에 안치安置한다."

여기서 '비밀'이란 바로 열반이다. 또한 열반은 법신·반야·해탈의 삼덕이다. 삼덕은 바로 지관이다. (『마하지관』)

여기서 지관이라는 것은 지관명정止觀明靜으로서 대승의 지관이고 원돈지관이며 절대지관으로 볼 수 있다. 상대지관이나 점차지관은 법신·반야·해탈의 삼덕을 가리키는 불생불멸의 열반을 가리키는 것이 아니기 때문이다. 지의는 이를, 자기와 남[자타自他]이 처음부터 끝까지 모두 다 수행하여 들어갈 수가 있는 것이라고 한다. 자타 분별없이 자타가 함께 처음부터 끝까지 하나라고 보는 동시장의 상태가 바로 대승의 지관이고 이것이 열반의 삼덕이라는 것이다.

1. 지관이 삼덕에 통함

지관止觀은 삼덕에 통한다. 지止는 단멸斷滅이고 이 단멸은 해탈과 통한다. 관觀은 지혜로서 이 지혜는 반야에 통한다. 지와 관이 같은 것을 이름하여 사상捨相이라 하는데, 이는 일체의 번뇌나 분별을 모두 멸하여 버린 상을 말한다. 이러한 사상은 법신法身에 통한다. 또한 지는 바로 사마타[산란한 마음을 멈추고 하나의 대상에 집중시키는 마음의 고요한 상태]이고, 관은 비파사나[고요하게 된 마음으로 대상을 바르게 관찰하는 것]이다. 사마타와 비파사나가 같은 까닭에 우필차優畢叉[제사除捨, 일체를 다 버리고 무관심으로 된 것. 중도]이다. 삼덕에 통한다는 것이 이러한 것이다(『마하지관』).

이처럼 지止는 '해탈', 관觀은 '반야', 지와 관이 같은 것은 '법신'에 상응하여 지관이 열반의 삼덕에 통한다고 하는 것이다. 여기서 지와 관이 같은 것을 왜 법신이라 하고, 사마타[선정禪定]와 비파사나[지혜智慧]가 같은 것을 왜 우필차[중도]라고 하는 것일까?

　상대지관의 경우에는 지와 관[또는 선정과 지혜] 모두 주체와 대상의 분별이 남아 있다. 이런 상태에서는 가로로 주체와 대상이 구분되어 공간적 국소성이 남아 있고, 세로로 시간적 순차성과 인식의 차원이 나누어져 동시장이 형성되지 않는다. 이는 유위법의 질서 속에서 공空과 가假, 반야와 해탈을 따로 추구하는 것과 다르지 않다. 이를 상대지관의 격력차제隔歷次第라고 한다. 여기서 지와 관이 같은 것을 사상捨相, 또한 선정과 지혜가 같은 것을 제사除捨라고 하는 것은 주체와 대상의 분별을 모두 멸하여 버린 것이고, 이런 상태가 바로 법신이고 중도라고 하는 것이다. 이때 비로소 가로와 세로에 걸쳐 일체의 경계와 분별이 사라지면서 온 우주 법계로 다 열리는 것이다.

　이렇게 '지/관/지관이 같은 상태'로 구분된다면 지관의 수행이 지향하는 바가 분명해진다. 즉, 유위법상의 상대지관과 일체의 분별이 사라지는 절대지관, 원돈지관을 비교하면서 후자로 수행이 진행되어야 하는 것을 나타내는 것이다. 이를 '반야·해탈·법신', '공·가·중'과 상응하는 구조로 파악한다면, 마하지관은 단순한 수행의 실천론에 그치는 것이 아니라 수행의 철학과 세계관을 그 기초에서부터 해명하는 것으로 이해할 수 있다. 이것은 붓다가 남긴 비밀장인 열반의 삼덕인 법신·반야·해탈이 어떤 의미인지를 수행의 차원에서 규명한 것이고, 동시에 지관수행止觀修行의 차원을 법신·반야·해탈로 해석하여 절대 원돈지관이 지향하는 바를 분명하게 밝히고 있는 것이다.

　이어서 지관이 두 개의 법인데, 어찌 불가사의한 삼덕과 통할 수 있는가라는 물음에 대해서 이렇게 답한다. 불가사의한 지관이기 때문에 통할 수 있을 뿐이다.

　여기서 불가사의하다는 것은 언어로 표현할 수 없는 차원이라는 의미이다. 세간의 어법, 즉 3차원 공간관의 세계관에 입각한 드러난 질서, 입자 중심의 세계가 사의思義의 경지라면 불가사의不可思議는 모든 생멸의 유위적 현상을 망라하고 있는 장場의 차원을 가리키는 것이다. 열반의 삼덕인 법신·반야·해탈이 불가사의하다는 것은 먼저 열반 자체가 생生과 상대적으로 대립되는 공적空寂으로서의 장교, 통교의 열반이 아니라 불생불멸하여 생사도 다 포괄하고 있는 대승의 열반, 중도의 전체성이라는 것을 가리킨다. 그러기에 불가사의한 열반에 든다는 것은 회신멸지의 무여열반이라는 것이 아니라 일미동체의 전체성에 이른다는 것이다. 또한 이것은 입자로서의 열반이 아니라 장으로서의 열반일 때만 가능하고 그러기에 입자로서는 파악할 수 없어서 불가사의하다고 하는 것이다. 법신도 입자의 차원으로서는 파악할 수 없는 장이다. 사의할 수 있는 생멸의 입자로서 오온의 경계를 넘어서는 것이 법신이며 이것은 장으로서 불가사의한 것이다. 이처럼 대승의 열반도, 삼덕인 법신·반야·해탈도 모두 유위적 입자의 차원이 아니라 중도의 전체성의 불생불멸의 차원인 것이다. 이러한 삼덕과 통한다는 지관도 유위적 질서를 유지하는 차원의 상대지관이나 차제지관이 아니라 불생불멸의 장의 차원인 대승의 지관, 절대지관, 원돈지관이기에 불가사의하다고 한 것이다. 그러므로 불가사의한 지관이기 때문에 불가사의한 삼덕과 통할 수 있다고 표현한 것이다.

　지의는 선정에 반야가 있으며 반야에 선정이 있으니 두 가지가 아니면서 두 가지이고, 두 가지이면서 바로 두 가지가 아닌 것인데, 여기서 두 가지가 아닌 것이 법신이고, 둘인 것이 바로 선정·지혜라고 한다. 이와 같이 세 가지 법은 일찍이 서로 떨어지지 않았던 것이라고 한다.

　여기서 선정은 지止이면서 해탈, 지혜는 관觀이면서 반야이다. 이들 양자는 다른 측면을 지칭할 뿐 서로 분리되어 나타나지 않을 뿐만 아니라 하나가 다른 상태를 포함하고 있다는 것이다. 그리고 지와 관이 하나인 것, 선정과 지혜, 즉 해탈과 반야가 하나인 것이 법신이라는 것이다. 즉 각각의 개념으로 구분할 때는 둘로 나누어지지만, 두 가지가 아닌 것이 법신이라는 것은 지와 관, 반야와 해탈이 법신의 차원에 포함되어 있다는 것이다. 법신은 입자 단위의 오온을 대치하는 일미동체의 장을 나타내는 것이다. 그런 만큼 법신과 함께 거론되고 법신으로 통합되는 열반의 삼덕과 지관은 바로 가로, 세로상의 일체의 경계와 분별없는 상태, 즉 일미동체의 동시장을 나타내는 것이다.

『대경』에서는 이렇게 밝히고 있다.

> 부처님의 성품에는 다섯 가지 이름이 있다. 수능엄首楞嚴이라고도 하고, 반야般若라고도 한다.

여기서 수능엄은 범어를 음사한 말로 '수능'이란 모든 것의 구경(究竟, 궁극적인 경지)임을 뜻하는 말이고, '엄'이란 견고하다는 뜻이다. 초발심으로부터 성불에 이르기까지 모든 장애를 제거하고 굳건히 부처님의 세계에 나아가는 것을 뜻하는 측면에서는 지止를 나타내고, 몸과 마음이 굳건한 상태에서 일체를 다 분별한다는 뜻으로서는 관觀을 나타낸다고 한다. 여기서는 부처에 대한 이해가 관건이다. 오온의 입자 단위라면 무아로서 실체가 인정되지 않는다. 따라서 부처라는 것은 유위법상의 입자로서의 인격체를 지칭하는 것이 아니라, 공간성과 시간성의 한계를 넘어선 불생불멸의 동시장으로서 궁극적인 경지를 가리키는 것으로 볼 수 있다. 그런 부처의 성품을 가리키는 것으로 궁극적인 경지의 지와 관, 선정과 반야를 거론하고 있는 것이다. 이런 지와 관은 상대적 차원에서의 지와 관이 아니다. 그럼에도 이를 지와 관으로 지칭한다면, 그것은 사의의 경지가 아니라 불가사의 경지이다. 지止가 아니면서 관觀도 아닌 것[비지비관非止非觀]을 지止라고 하고, 혹은 관觀이라하는 것이 바로 불가사의한 지관이고, 이것은 불가사의한 만큼 불가사의한 삼덕과도 통한다. 결국 유위법상의 상대적 개념으로 비교되는 차원에서는 지관과 삼덕이 다르게 보이지만, 부처와 같이 불생불멸, 일미동체의 동시장의 차원에서 볼 때는 모두 불가사의한 것으로서 하나로통한다는 것이다.

다음으로 '지'와 '관'은 제각각 삼덕에 통한다. 지 속에 관이 있고 관 속에 지가 있다.

먼저 지止의 경우를 살펴보면, '그침'의 지식止息의 지止는 지止이니 당연히 선정에 속하고, 삼덕의 해탈에 통한다. '머무름'의 정지停止의 지止는 행行이고 지혜에 속하며, 삼덕의 반야에 통한다. 비지非止의 지止는 이법理法에 속하고, 삼덕의 법신에 통한다.

다음으로 관觀의 경우를 살펴보면, '꿰뚫음'의 관천貫穿의 관觀은 지止이고 훌륭하게 선정에 속하고 삼덕의 해탈에 통한다. '통달'의 관달觀達의 관觀은 행行이고 지혜에 속하며 삼덕의 반야에 통한다. 비관非觀의 관觀은 이법에 속하고 삼덕의 법신에 통한다.

또한 지와 관이 같이 삼덕에 통한다. 지식止息의 지止, 관천貫穿의 관觀은 모두 다 여의는 대상에 따라서 이름을 얻었으니 바로 해탈에 통하며, 정지停止의 지止, 관달觀達의 관觀은 모두 능연能緣[주체]의 지혜에 따라서 이름을 얻었으니, 바로 반야에 통한다. 비지非止의 지止, 비관非觀의 관觀은 모두 법성에서 그 이름을 얻었으니, 바로 법신에 통한다(『마하지관』).

이처럼 지관은 제각각 또 같이 삼덕과 통한다. 개념으로서의 기능은 제각각이겠지만 지관 수행을 하다 보면 저절로 하나의 변화가 다른 변화를 초래하고 유위법의 질서를 해체하여 하나의 동시장으로 열려 나가기 때문에 지와 관 각각에 모두 반야, 해탈이 함께하는 것이다. 그런데 여기서도 비지非止의 지止와 비관非觀의 관觀의 차원을 주목할 필요가 있다. 상대지관에서도 무명[비지非止와 비관非觀]은 법성[止와 觀]에 즉하고 법성[止와 觀]은 무명[비지非止와 비관非觀]에 즉하는 관계로 상대적 비교 속에 있었다. 이처럼 무명에 의지한 법성이라는 점에서 지止와 관觀을 비지非止의 지止와 비관非觀의 관觀으로 표기한 것이다. 그리고 이러한 상대지관으로서의 법성은 차원이 높아지면서 삼덕의 법신과 통한다는 것이다. 이를 통해서 알 수 있는 것은 지관의 차원이 상대지관에서 절대지관으로 전변하면서 열반의 삼덕과 상응하게 된다는 것이다. 이것은 결국 마하지관, 대승의 지관수행을 통해서 열반의 비밀장에 이르게 된다는 것을 의미한다. 또한 마하지관의 수행법이 단순한 수행이론이 아니라 대승불교의 세계관과 철학의 기초를 이룬다는 것을 알수 있다.

2. 삼덕이 지관에 통함

삼덕은 지관에 통한다. 여기에는 두 가지가 있다.

첫째로 삼덕은 지관止觀에 함께 통하는데, 해탈은 지止에 통하고, 반야는 관觀과 통하며, 법신은 지止가 아니면서 관觀이 아닌 것에 통하는 것이다(『마하지관』).

여기의 법신에 대한 언급은 앞의 "지와 관이 같은 것을 사상捨相으로서 법신이라고 한다."라는 표현과 대조적이다. 유위법有爲法, 즉 사의思

義의 차원에서는 양자가 모순된 표현으로 보이지만, 원교, 불가사의不可思議의 차원에서는 다르지 않다. 전자는 지와 관의 주체와 대상의 분별이 각기 해체된 전체성을 가리킨다면, 후자는 주체와 대상의 분별이 먼저 해체되어서 지와 관이 같다고 본 것일 뿐이다.

둘째로 삼덕이 각각 지관과 통하는 것인데 그 내용은 다음과 같다.

원만한 해탈은 세 가지가 있는데, 그중에서 방편정해탈方便淨解脫은 지식止息의 지止와 통한다. [방편정은 지혜로써 진리를 깨달은 뒤에 중생을 제도하기 위하여 출현하고, 인연이 다하면 입멸하는 것을 말한다.] 원정해탈圓淨解脫은 정지停止의 지止와 통한다. [원정은 지혜로써 번뇌를 끊고 증득한 해탈을 말한다.] 성정해탈性淨解脫은 비지非止의 지止와 통한다. [성정해탈은 만법의 실성實性인 진여眞如가 본래 불생불멸하여 물들일 수도 없고 깨끗이 할 수도 없는 것과 같다는 것이다.]

원만한 반야는 세 가지가 있는데. 그중 도혜반야道慧般若는 관천貫穿의 관觀과 통한다. [도혜는 선정에 들어가서 일체가 공空이라는 것을 깨닫는 것을 말한다.] 도종혜반야道種慧般若는 관달觀達의 관觀에 통한다. [도종혜는 법안法眼으로서 중생의 근기와 성품이 제각각 다른 것을 관찰하는 지혜를 말한다.] 일체종혜반야一切種慧般若는 비관非觀의 관觀에 통한다. [일체종혜는 불안佛眼으로서 중도실상을 아는 지혜이다.]

원만한 법신의 세 가지인 색신色身은 일지일관一止一觀과 통하고, 법문신法門身도 일지일관一止一觀과 통하며, 실상신實相身도 일지일관一止一觀과 통한다고 한다(『마하지관』).

이상과 같이 삼덕은 함께 지관과 통하고 또한 삼덕의 여러 수준이 지관의 여러 수준과 상응하여 통한다. 그 가운데 법신은 비지비관非止非觀과 통하면서도 법신의 여러 경지가 모두 일지일관一止一觀과 통한다고 한다. 이를 유위법의 차원에서 본다면 선뜻 이해하기 어렵다. 특히 법신을 색신과 법문신, 실상신으로 세분하고, 앞서서는 비지비관과 통하더니 세 가지 법신은 일지일관과 통한다는 것이 어떻게 동시에 성립할 수 있을까?

그런데 지의는 이에 대해 삼덕을 모두 구족의(빠짐없이 두루 갖춘), 즉 원만한 삼덕으로 명시하였다. 또한 삼덕의 절대絕大와 불가사의不可思議를 믿는다면, 분명히 뜻이 통할 것이라고 밝히고 있다.

여기서 구족이라든가, 절대, 불가사의하다는 표현은 3차원 공간관의 세계관에 입각할 때 모든 것이 입자 중심으로 파악되는 드러난 질서의 유위법이 아니라, 일미동체의 고차원 상태에서 모두가 하나의 장으로 파악되는 경지를 가리키는 것이다. 이런 경지에서는 삼덕과 지관의 각 상태가 개념으로 구분하듯이 단계적으로 분리되어 일어나는 것이 아니라, 동시장으로, 일체가 되어 있는 것으로 파악한다. 이것이 바로 절대지관이고 원돈지관이다. 이를 지의는 절대와 불가사의를 믿는다는 것을 전제한다는 것으로 표현하고 있다.

지의는 삼덕이 절대이고 불가사의하다면 이와 통하는 지관도 절대이고 불가사의하다는 것을 거듭 밝힌다. 그리고 이처럼 절대이고 불가사의한 것을 비밀장이라고 부른다는 것이다.

> 만일 열반의 반야·해탈·법신을 모두 원만하게 갖춘 것을 비밀장이라고 이름하는 것을 믿는다면, 삼지三止를 구족한 것을 대적정大寂定[위대한 적정의 선정]이라 이름하고 비밀장이라고 이름하는 것을 믿을 수 있고, 또한 삼관三觀을 구족함을 대지혜라 이름하고 비밀장이라고 이름하는 것을 믿을 수 있으며, 또 역시 지가 아니고 관도 아닌 것이 삼법三法을 갖추고 있음을 비밀장이라고 하는 것을 믿을 수 있다. 만일 삼덕이 세로로 되지 않고 가로로도 되지 않으며, 함께 나란하지도 않고 따로따로 되지

도 않으면서 이자伊字의 삼점[∴]이 대자재천大自在天의 세 눈과 같음을 믿는다면, 또한 삼지삼관三止三觀도 역시 세로로 되지 않고 가로로도 되지 않으며, 함께 나란히도 하지 않고 따로따로도 되지 않는 것을 믿을 수 있을 것이다. (『마하지관』)

여기서 지의는 붓다가 남긴 비밀장의 의미를 열반의 삼덕과 지관의 세 차원으로 조명하고 있다. 우선 비밀장은 반야·해탈·법신을 모두 원만하게 갖춘 것을 말한다. 여기서 '원만하다'는 것은 가로와 세로, 즉 공간과 시간의 국소성과 순차성이 모두 해체되는 일미동체의 동시장의 상태를 가리킨다. 반야·해탈·법신과 삼지三止·삼관三觀·삼법三法을 모두 원만하게 갖추는 것, 즉 가로, 세로로 일체 걸림이 없고 경계가 없는 상태로 열리는 것을 바로 비밀장이라고 하고 이를 이자삼점으로 상징하였다는 것이다.

3. 가로, 세로의 뜻

다음은 이자伊字[∴]의 뜻에서 어떤 것이 가로와 세로이고, 어떤 것이 가로와 세로가 아닌지 질문한다. 이것은 어떤 것이 가로 방향의 사방에서 공간적 국소성을 이루고, 어떤 것이 세로 방향의 위아래에서 시간적인 순차성을 이루거나 인식의 차원이 달라지는 것인지, 아니면 어떤 것이 가로로 공동장을 이루면서 동시에 세로로 동시장을 형성하여 일체의 부분적인 경계를 벗어나고 있는 것인지를 질문하는 것이다.

이 질문에 대해 모든 소승의 스님은 이렇게 설한다고 한다. 반야의 지혜는 원만하더라도 과보로서의 생사의 괴로움인 몸과 마음은 아직 남아 있고, 해탈은 아직 이루지 못하고 몸은 또한 잡식雜食을 하며 무상無常한 것을, 뛰어난 것과 열등한 것이 뒤섞여 있는 것이라고 한다. 이것을 횡천橫川[강을 가로질러 가는 일]과 주화走火[맹렬히 붙고 있는 불]에 비유한다. 여기서 천川은 가로로 세 점을 이루고, 화火는 灬로서 가로로 네 점을 이루어 모두 가로를 상징한다. 따라서 여기서는 가로로 차별이 있으며 경계가 있어서 공동장을 이루지 못한다는 것이다.

또한 먼저 부처와 같은 용모를 띠고, 다음에 지혜의 반야를 얻으며, 나중에 몸과 지혜를 멸하고, 바야흐로 해탈을 갖춘다고 할 때 이미 위·아래로 위계적인 차이가 있고 시간적인 전후의 구분이 있다. 이것을 세로의 세 점의 물[水], 즉 삼수변(氵)에 비유한다. 만일 멸진정滅盡定[몸과 지혜를 다 멸하여 버리는 선정]에 들었는데 몸은 있지만 지혜가 없거나, 아라한이 무색계에 있는데 지혜는 있지만 몸이 없거나, 만일 무여열반無餘涅槃에 들어서 다만 홀로 고른 해탈만 있다는 것은 이 뜻들이 제각각 상호작용 없이 따로따로 일어난다는 것이다. 이것을 나란히 놓으면 바로 가로로 되고, 이것을 겹쳐 놓으면 세로로 되며, 이것을 나누면 바로 다른 것으로 된다. 이는 모든 것을 입자 단위로 분별해서 바라보기 때문에 격력차제隔歷次第로 공간적인 국소성과 시간적인 단계성을 벗어나지 못한다는 것이다.

또한 위의 질문에 대해서 모든 대승의 스님은 이렇게 설한다고 한다. 법신은 본모습으로서, 부처가 있든 없든, 항상 원래 있는 것이다. 진여의 이치를 깨닫는 반야나 거침없는 해탈, 이 두 가지는 마땅히 있는 것이니, 여러 세대를 걸쳐 청정淸淨과 오예汚穢를 건너왔던 것이다. 이것이 세로라는 글자의 뜻이다. 이는 열반의 삼덕인 법신·반야·해탈이 시간성의 제한 없이 항상 동시장을 이루고 있다는 것을 나타낸다.

또한 이르기를, 삼덕은 앞뒤가 없고 하나의 체體로 원만하게 갖추어져 있고, 체로부터 세 가지 차이를 지니게 된다. 또한 체體는 가로이며 뜻[義]은 세로일 뿐이라고 말하였다. 체와 뜻은 다르지 않으면서도 은현隱顯[속에 감춰져 있음과 겉에 나타나 있음]의 차이가 있다. 함께 다름이 없는 것은 가로이며, 은현의 차이는 세로이다. 이는 삼덕이 동시장으로서 하나이면서도 그 뜻에서는 차이가 나는 것을 가로와 세로로 비유한 것이다. 마치 빈 도화지의 바탕에 온갖 생멸의 사물이 그려졌지만 양자는 분리되지 않고, 그러면서도 같지도 않은 것을 가로와 세로로 대비한 것이다.

지금 밝힌 삼덕은 모두 불가사의한 것인데 어떻게 세로라 할 것이며, 모두가 다 불가사의한 것인데 어떻게 가로라 할 것인가? 모두가 다 불가사의한 것인데 어떻게 하나라고 할 것이며, 모두가 불가사의한데 어떻게 다르다고 할 것인가? 이것은 이법理法의 장藏에 관련시켜서 풀이한 것인데, 법신은 상주常住하고, 반야는 원만圓滿하며, 해탈은 구족具足되어 있다. 일체가 모두 부처님의 법으로서 거기에는 우등·열등이 없다. 따라서 세로일 수가 없다. 삼덕三德은 깊은 경지에서는 같으며, 하나의 법계다. 법계를 벗어나서 어떤 곳에 다시 따로 법이 있겠는가? 따라서 가로로 될 수가 없다. 능히 여러 가지로 건립하는 까닭으로 하나일 수는 없지만 똑같이 제일의第一義에 귀착한다. 따라서 다를 수도 없다. 이것은 수행의 인因에 관련시킨 풀이다. 각각은 어느 하나에 즉하면서도 또한 세 가지니, 따라서 가로가 될 수 없으며, 셋에 즉하면서 또한 하나인 것이니, 따라서 다르지 않다. 이것이 이자伊字의 작용에 관련시켜서 풀이한 것이다. 진실한 이자伊字[∴]의 뜻은 이와 같은 것이다. (『마하지관』)

이상과 같이 지의는 붓다가 남긴 비밀장의 의미를 새롭게 규명하고 있다. 가로로 나란한 것도 아니고 세로로 나란한 것도 아니면서 이자伊

字[∴]를 이룬다는 것의 의미는 공간성과 시간성의 경계를 넘어서 하나의 동시장의 법계를 이룬다는 것이다. 이를 '불가사의한' 경지로 표현한다. 이것은 3차원 공간관의 세계관에 기초한 입자 중심의 유위법 질서가 아니라 일미동체의 동시장을 가리키는 것이기에 "삼덕三德은 깊은 경지에서는 같으며, 하나의 법계다."라고 표현한다. 지의는 붓다의 신비로운 비밀장의 의미를 '불가사의한' 차원의 관점으로 조명하여 마하지관과 대승불교의 철학을 체계적으로 정립하고 있다.

다음으로 삼덕三德과 사덕四德[상락아정常樂我淨]의 뜻에 대한 질문에 대해 삼덕은 하나하나가 모두 다 상락아정이라고 답한다.

『대경大經』에서 말하였다.
"모든 부처가 사사師事하는 것은 법이다. 법은 상주하는 까닭으로 모든 부처도 역시 상주한다."
법은 법신에 즉하고, 부처는 반야와 해탈에 즉한다. 따라서 통틀어서 '깨침'이라 한다.
『대경』에서 말하였다.
"이 색色을 멸하였으므로 상주常住의 색을 획득한다. 수상행식受想行識도 역시 이와 같다."
즉 법신은 모두 상락아정이고 반야와 해탈도 역시 그러하다. 만일 한 가지씩 살펴보면 다음과 같다. 색色을 전환하여 법신法身을 이룬다면, 법신은 상常이며 낙樂이다. 식識·상想을 전환시켜서 반야를 이룬다면 반야는 바로 정淨이다. 수受와 행行을 전환시켜서 해탈에 이르면 해탈은 바로 아我다. 또 염처念處에 의하면 식識을 전환시켜서 상常을 이루고, 수受를 전환시켜서 낙樂을 이루며, 상想과 행行을 전환시켜서 아我를 이루고, 색色을 전환시켜서 정淨을 이룬다. 이것이 바로 통교通敎와 별교別敎에 각각 두 가지 깨침이 있다는 것이다. 원교圓敎에 의하면 이것은 점오漸悟의 뜻이다. (『마하지관』)

이것은 열반의 삼덕인 법신·반야·해탈이 바로 상락아정이고, 또한 법신·반야·해탈에 의해서 상락아정에 이른다는 것이다.

열반의 사덕四德인 상락아정常樂我淨은 원교의 세계관으로서만 표현할 수 있는 경지이다. 이것은 장교의 세계관으로 보는 무상無常·고苦·무아無我·부정不淨과 정반대되는 표현이다. 장교의 3차원 공간관의 관점을 가질 때 눈앞에 보이는 모든 현상세계가 사실은 실체가 아닌 환幻이라고 보아야 하기 때문에 그 현상세계 모두를 부정하는 것이 무상·고·무아·부정이다. 장교의 관점으로 본다면 상락아정은 현상세계를 실체라고 여기는 인식의 오류일 뿐이다. 그러나 장교는 드러난 세계만 전부라고 파악하는 유위법의 인식론에 머물고 있다. 접혀진 세계까지 인식의 시야를 확장해서 바라보면서 전체를 중도로 바라보는 원교에 이르면 모든 현상이 우주 전체의 장 위에 자리 잡고 있는 세계일 뿐이다. 그러기에 현상 자체가 바로 중도실상이고 제법실상이라고 본다. 상락아정은 바로 이러한 세계관에서 바라보는 세계의 모습이다. 이를 열반의 사덕이라고 칭하는 것은 열반 자체가 장교의 생멸 세계에 대응한 무여열반이 아니라 불생불멸의 우주 법계의 법성으로서 깨우치는 대승 열반이기 때문이다. 앞에서 부처가 사사師事하는 것이 바로 법이고 법이 상주하기 때문에 모든 부처도 상주한다는 것은, 부처의 세계관이 일미동체의 중도관에 이르렀기 때문에 모든 법도 상주하는 것으로 파악하는 것이고, 그렇게 인식하는 부처도 상주한다는 것이다. 이런 상태에 이르는 것을 '깨침[解]'이라고 하는데, 이것이 바로 인식의 차원이 전변하는 것을 가리키는 것이다. 이러한 열반의 사덕이 바로 열반의 삼덕인 법신·반야·해탈과 같다는 것은 거듭 삼덕도 일미동체의 세계관에 이른 상태를 나타낸다는 것이고, 이것이야말로 그토록 붓다가 타계하는 마지막 순간까지 신비로운 비밀장으로서 일깨우려고 했던 내용의 한 단면일 수 있다.

【수련법】

1. 비밀장인 이자 삼점 ∴을 장교의 세계관으로서 떠올려 본다. 오히려 가로, 세로 방향에서 경계가 만들어진다.

2. 이를 원교의 ∴으로 떠올려 본다. 1과 달리 횡수로 경계 없이 환하게 열린다.

3. 반야·해탈·법신 / 공·가·중 / 지·관·비지비관非止非觀 / 상락아정常樂我淨을 장교와 원교의 세계관으로 차례로 떠올려 본다. 장교의 세계관으로 떠올릴 때는 개념에 따라 여러 기의 장이 혼재되어 나타나지만, 원교의 세계관으로 떠올릴 때는 횡수로 경계 없이 환하게 열린다.

4. 원교의 ∴으로 3을 하나씩 함께 떠올려 본다. 3에 비해서 가로 세로 방향의 일체 경계를 해체하면서 사방으로 환하게 열린다.

삼지삼관三止三觀과 기의 패러다임

기氣는 언어로 표현할 수 없는 아우라, 분위기와 조짐을 있는 그대로 담고 있고 느끼게 해 준다는 점에서 초-언어라고 할 수 있다. 또한 언어로 표기되어 있는 모든 존재와 상황을 느낌으로 나타내고 언어의 벽을 넘어서 상호 소통할 수 있게 해 준다는 점에서 통-언어라고 할 수 있다. 또한 언어가 등장하기 이전의 오랜 과거부터 양자물리학 체제의 현대와 미래의 세계를 표현할 수 있다는 점에서 과거의 언어이자 미래의 언어이며 초과학적 언어이기도 하다. 특히 우리나라의 경우, 기라는 말은 일상적 어휘부터 사유체계에 이르기까지 깊숙이 사용되고 있어서 기라는 표현을 사용하지 않고 한국 문화와 집단정신, 한국학을 서술하는 것이 힘들 정도이다. 그럼에도 불구하고 기라는 말을 다른 언어와 개념으로 대체하는 것은 약간의 불편함만 있을 뿐이지, 불가능한 것은 아니다. 그러나 수행의 세계에서는 다르다. 수행자들이 수행의 과정에서 체험하는 세계와 수행자의 인식의 차원, 세계관의 변화 등을 표현하는 데는 기의 패러다임만큼 정확하고 정밀하며 과학적인 담론이 없기 때문에 다른 언어로 대체하기 어렵다. 기는 모든 존재와 상황을 기의 밀도와 구조, 양태로 나타내는 정도程度의 언어이기 때문이다. 경계가 있는 의식 세계나 번뇌의 상념 등은 아주 미묘한 조짐 단계에서도 바로 어둡거나 거칠거나 경색되는 등의 불편함으로 나타난다. 인식의 시야가 확장되고 인식의 차원이 높아질수록 기의 장은 달라진다. 이를 체험하면서 기의 패러다임에 익숙해지면 저절로 심미안이 형성된다. 모든 것을 의식적이거나 도덕적인 가치론에 의해서 판단하는 것이 아니라, 오로지 자연스러운 것인지 부자연스러운 것인지, 유위적인 경계인지 무위적 자연인지 구분한다. 또 그렇게 해서 일체의 경계가 없어지는 경지에 이르면 모든 경계에 대해서도 새롭게 바라보게 된다. 관찰자가 변하면서 관찰 대상도 달리 파악되는 것이다. 일기一氣에 이를 때는 나와 우주가 하나가 되기 때문에 시공간의 일체 경계가 사라지고 모든 것을 중도로서 바라보게 된다.

또한 기는 수행의 언어이다. 수행을 통해서 입자 중심의 패러다임은 장 중심의 패러다임으로 전환된다. 이러한 과정을 가장 잘 표현할 수 있는 것이 기이다. 기 자체가 바로 파동이자 장이고 모든 입자 상태도 기로 해석할 수 있기 때문이다. 이러한 점에서 기를 수행의 언어라고 할 수 있다.

물론 수행을 통해서 세계관과 존재론, 인식론에서 어떠한 변화가 일어나는지를 언어적 개념으로 서술하는 것은 필요하다. 언어화한다는 것은 의식 전반의 패러다임이 바뀌었다는 것을 명시하는 것이기 때문이다. 수행 과정에서 일어나는 변화를 그에 상응하는 언어로 표현하지 못하면 의식과 사상, 문화 영역에서 지체 현상이 일어나 수행의 장애가 된다. 가령, 수행을 통해서 일미동체의 장을 체험했는데도 불구하고 여전히 3차원 공간관의 세계관에 머물거나 입자 단위의 '내'가 주체라고 여긴다면 수행을 통한 변화를 제대로 이해하지 못한 것일 뿐만 아니라, 이를 낡은 세계관에 입각해서 오독을 함으로써 도리어 아상을 강화시키는 결과를 빚을 수 있다.

그런데 수행을 통한 변화의 과정을 언어로 표현하는 데는 한계가 있다. 언어는 동적으로 변화하는 장의 세계를 드러난 질서의 입자 상태로 묘사하기 때문에, 수행의 전 과정을 단속적으로 별개의 것으로 분별한다. 언어가 표현하는 세계는 드러난 질서의 세계이고 유위법의 세계로서 선형성의 원리가 적용되는 세계이다. 여기에서는 모든 존재에 대한 인식이 입자 단위인 '나'로부터 출발한다. '나'로부터 시작하여 대상 세계가 설정되고, 그 세계는 '나'와 같은 입자 단위로부터 출발하여 크기와 방향이 증대하는 쪽으로 진행된다고 보는 것이다. 이것이 사량분별思量分別이 이루어지는 세계이다. 이러한 논리가 적용되는 세계를 사의思義의 경지라고 한다. 이것은 모든 것이 계량되고 단계적으로 구분되는 격력차제隔歷次第의 세계이다. 이러한 언어의 세계로서는 처음부터 마지막까지 언제나 바탕이 되고 있는 장을 있는 그대로 반영하지 못할 뿐만 아니라 그것을 파편화시키고 왜곡시키게 된다. 그리고 궁극적인 경지인, 모두를 통합하는 중도의 장은 결코 기존의 언어로 표현할 수 없기에 불가사의하다고 포기할 수밖에 없다.

그러나 기의 관점에서 보는 모든 존재에 대한 인식은 전체의 장으로부터 출발한다. 생성과 변화의 과정도 모두 전체의 장 위에서 진행된다. 궁극적인 경지도 전체의 장을 인지하는 것이다. 마치 전체의 장에서 시작해서 부분적인 모든 현상을 바라보고 포함하고 있는 격이다. 이러한 기의 장에서 본다면 모든 수행의 과정들은 전체-부분의 위상으로 나타나는 것이기 때문에, 어떠한 것을 체험하고 어떠한 경지에 이르더라도 전체적인 시야를 놓치지 않고 일관된 세계관으로 해석할 수 있고 단편적인 것으로 분별해서 파악하지 않는다. 수행 과정에서 체험하는 갖가지 단계와 상황을 단독으로 존재하는 것이라고 인식하지 않는다. 만약 그렇게 인식한다면 그것은 전체의 흐름을 배제하는 것이고 필연적으로 그 상태를 과장하거나 실체화할 수밖에 없기 때문이다. 모든 개별의 흐름도 전체의 장 속의 흐름과 결일 뿐이다. 예를 들면, 사람과 사물의 개별적인 기의 장을 느낄 때도, 오행기를 느낄 때도 대상 단독의 폐쇄적인 기의 장으로 실체화하는 것이 아니라 전체적인 기의 장이 해당 대상에서 다양한 결로 구조화되어 있는 상태로 읽는다. 전자의 경우 그 느낌을 과장할 수 있고, 그렇게 읽는다는 것 자체가 경계를 인위적으로 만든다는 점에서 왜곡된 세계관을 심화시킬 수 있다. 하지만 후자의 경우 어떤 대상을 만나고 인식하더라도 전체적인 기의 장이라는 세계관은 훼손되지 않을 뿐만 아니라 오히려 더 풍부하게 세계의 구체상을 인식할 수 있게 하고, 그렇게 함으로써 자신도 전체적인 기의 장으로 열릴 수 있다.

이러한 관점을 공가중空假中의 수행 경지에서도 확인할 수 있다. 만약 공·가·중을 보통 의식 상태에서 하나씩 떠올린다면, '나'로부터 출발하여 이들이 가리키는 상황을 기의 장으로 느끼게 된다. 비록 이 경우는 기의 장으로 느끼지만 언어적 분별을 바탕으로 느끼는 것이기 때문에 각각의 상태가 확연하게 구분되어 나타난다. 이에 비해 처음부터 원교로서의 공·가·중을 떠올린다면 '나'로부터 출발하는 것이 아니라 원교의 세계관인 일미동체, 중도의 동시장으로부터 출발하여 이들을 느끼게 된다. 그러면 전자와 달리 각각의 기의 장은 모두 전체의 중도 동시장으로 열린 상태에서 서로 다른 결의 기의 장이 나타난다. 여기서 원교와 일기一氣의 세계관은 다르지 않기 때문에 모두 전체적인 기의 장으로 느끼는 것과 다르지 않다. 수행 과정에서 전자와 후자의 차이는 중요하다. 전자의 경우 공가중이 비록 수행 세계에 대한 담론이지만 입자 중심의 인식틀과 개념틀로 바라보기 때문에 공·가·중 각각이 고유하게 갖는 언어 개념의 분별에서 자유로울 수 없다. 그 결과 각 개념에 따라 불필요한 경계를 만들기 때문에 이를 벗어나기 위해서 유위법적 개념의 해체와 무위법적 개념의 통합이라는 이중삼중의 보완책이 필요하게 된다. 그 과정에서 자칫 잘못 판단하게 되면 변계소집성遍計所執性의 오류를 범할 수 있다. 이러한 우려 때문에 지의는 즉공즉가즉중이라는 신조어를 만들어 내 새로운 패러다임으로 제시한 것이다. 그러나 후자의 경우에는 언제나 전체의 장, 일미동체의 세계관으로부터 출발하여 바라보는 것이기 때문에 무엇을 인식하고 무엇을 체험하더라도 경계가 생기지 않으며, 오히려 전체 세계에 대한 이해가 깊어지고 전체의 장의 밀도가 높아진다. 그 결과 인식과 체험이 거듭될수록 대자대비심이 깊어지며 그만큼 자유롭고 자재할 수 있게 된다. 전자의 경우 대상에 대한 앎이 많으면 분별심이 심해져서 전체적인 기의 장이 훼손되어 평정심을 잃게 되지만, 후자의 경우는 그럴수록 거듭 전체적인 장으로 시야가 넓어지고 인식의 차원이 높아지게 되는 것이다.

이러한 기의 패러다임의 특성을 활용한다면 수행의 과정에서 빚어질 수 있는 오류와 편향성을 줄이고, 오히려 수행을 보다 역동적인 어법으로 해석하여 정진할 수도 있다. 예를 들어, 변계소집성과 의타기성依他起性, 원성실성圓成實性을 기의 장으로 확인한다면, 그 경지에 대한 해석과 별개로 기의 장이 어떻게 조성되어 있고 어디가 막히고 어디가 열리며 그 밀도와 양상이 어떠한지를 알 수 있다. 이를 원 개념과 관련지어 해석한다면 수행을 어떠한 방향으로 해 나갈지도 판단할 수 있다. 또한 수행의 궁극적인 경지로 칭해지는 일미동체, 일심, 원교의 절대묘, 대원경지大圓鏡智 등을 기의 패러다임으로 느낀다면, 왜 이런 경지가 모든 경계와 번뇌를 해체한 것인지, 그에 이르려면 어떻게 해야 하는지를 연상법으로 알아차릴 수 있고, 이를 통해서 자신의 수행 상태를 점검하고 수행의 방향을 확인할 수 있다.

지의는 지관을 더욱 체계화하여 삼지三止와 삼관三觀을 제시하고 있다. 이러한 경지도 전체적인 기의 장, 중도의 동시장을 바탕으로 하여 이해한다면 그 경지가 어떠한 상태이고 어떤 장점이 있으며 어떻게 활용할 수 있는지 도움을 받을 수 있을 것이다.

지의는 앞선 저작 『법화문구』·『법화현의』에서 불교를 교법의 내용에 따라 장교·통교·별교·원교로 분류했다. 이를 화법사교化法四教라고 한다. 그리고 『마하지관』에서는 이들을 다시 지관과 관련해서 분석함으로써 이들 교법에 근거한 다양한 수행법들을 분류하고 체계화했다. 이를 통해서 지의는 소승불교의 수행법에 대해 대승불교의 수행법, 다시 말해 원돈지관을 확립하고자 했다. 지의에 따르면, 지관은 모두 진여의 통찰을 지향하기 때문에 도달점의 측면에서 지관을 분류할 수는 없다. 그러나 이들 지관이 근거하는 이론들 즉 교법들에 근거해서는 분류할 수 있다. 교법들은 화법사교化法四敎로 다양하고 이는 곧 지관의 실천 모습의 차이를 가져오기 때문[1]이라는 것이다. 지관이 근거하는 교법에는 대승뿐만 아니라 소승의 가르침인 장교도 포함되어 있는데, 『마하지관』에서는 대승의 지관만 서술한다. 소승, 즉 장교의 지관은 생사를 벗어나는 지관의 모습이 아니라 유루有漏의 지관이거나 생사를 벗어난 것이라고 하더라도 자기만의 해탈만을 지향하는 졸렬한 제도이고, 설사 무루無漏를 지향한다고 하더라도 분석적인 방법[석법析法]에 의한 것이기 때문에 논의하지 않는다는 것이다.

지의는 대승의 교법인 통교·별교·원교에 해당하는 것으로서 삼지삼관三止三觀을 제시했다.

1. 삼지三止

첫째 체진지體眞止는 모든 존재가 인연 화합으로 생겼으므로 공하고 실체가 없다는 것을 체득하여 그 존재에 대한 망상을 그치고 본원本源으로 돌아가는 것이다.

---

1 앞의 책, 55쪽.

인연이 임시로 화합하여 허깨비[환화幻化]로 나타나는 것이므로 그 성
품이 허망하다는 것을 아는 것을 체體라고 한다. 반연하여 생긴 망상은
공空을 깨달으면 멈추는 것인데, 공이 바로 진실이므로 이를 체진지體眞
止라고 한다. (『마하지관』)

'체體'는 존재가 자성自性을 가지고 있지 않음을 체득하는 것이다. 여
기서 자성自性은 영원히 변하지 않는 본질을 가진 실체, 즉 개체 단위의
변하지 않는 정체성을 가리킨다. 모든 존재는 인연이 모여서 생겨난 것
이기 때문에 그런 자성은 없다는 것이다. 그런 자성이 없으면 모든 존
재는 겉보기의 모양으로는 있어 보이지만, 그 성품은 비어 있는 허깨비
일 뿐이라는 것이다. 그것을 알아차리는 것을 체體라고 한다. '진眞'은
그렇게 모든 존재가 공이라고 체득한 결과 망상을 그치는 것을 가리킨
다. 그런데 체진지는 모든 존재의 참 모습을 실체가 없는 공이라고 이
해할 뿐, 현상의 다양한 모습을 보지 않는 통교의 가르침에 따른 지止[2]
이다.

체진지를 기의 장으로 느껴보면, 입자 단위의 경계가 해체되면서 온
우주가 텅 빈 상태로 열린다. 실수 입자의 경계가 허수의 장으로 이루
어진 것이라고 여길 때와도 다르지 않다. 또한 통교의 체공관으로 바라
보는 것과도 일치한다. 이러한 점에서 3차원 공간관의 인식틀에 기초
한 일체의 개념적 분별을 일단 해체하는 데는 체진지가 적합하다는 것
을 알 수 있다. 기 수련을 할 때, 몸의 경계가 남아 있거나 상념이 사라
지지 않으면 실수 입자의 개념에 의해 부분적인 경계가 남아 있는 것이
라고 알아차리고 이를 허수의 장으로 이루어진 것이라고 여기면 입자
단위의 경계가 해소되고 전체가 공으로 열린다. 이를 통해서 무엇보다

먼저 인식의 주체를 개체 단위에서 공으로 전환하는 것이 필요하다.

　둘째로 방편수연지方便隨緣止는 세간에 들어가 방편으로 중생을 구제하는 것이다. 앞의 체진지에서 모든 존재의 자성이 존재하지 않음을 체득하여 망상을 그치고 방편수연지에서는 한 차원 더 올라가서 체진지에서 체득한 것을 현실 세계에 적용한다. 이것이 가假에 들어가는 것이다.[3] 이것은 모든 존재의 본체인 공을 통찰하면서도 거기에 머무르지 않고 현상의 다양함을 하나하나 분별하는 별교의 가르침에 따른 '지'의 모습이다.[4] 만약 삼승이 똑같이 언설言說을 넘어선 도로서 번뇌를 끊고 진실에 들 경우 그 진실은 삼승 모두에게 같다. 성문·연각·보살이 각각 체득하는 진실은 오직 하나뿐이기 때문이다. 그러나 번뇌煩惱와 습기習氣가 더불어 없어지는지, 없어지지 않는지는 차이가 있다. 성문·연각의 이승인二乘人은 진실을 체득할 뿐 방편을 써서 지止하지 않는다. 그러나 보살은 가관假觀에 들어가서 방편수연지를 실천할 수 있다. 여기서 '방편'은 다음과 같은 의미이다. 보살은 체진지에서 공을 체득했지만, 이 공도 초월해서 집착하지 않기 때문에 공을 방편으로 활용할 수 있는 것이다. 그리고 '수연隨緣'은 중생의 근기에 맞추어서 가르침을 주는 것이다. 즉 같은 말이라도 중생의 근기에 따라 약도 되고 병도 될 수 있다. 따라서 그때그때 상황과 중생의 근기에 맞추어서 가르침을 행하는 것이 필요하다. '지止'는 속제俗諦에 마음을 두는 것이다. 즉 체진지가 진제眞諦에 마음을 두는 것이라면, 방편수연지는 속제에 마음을 머무르는 것이다. 그래야 중생을 교화할 수 있는 것이다. 만약 진제에

3　혜명 저, 『마하지관의 이론과 실천』, 170쪽. 경서원, 2011.
4　앞의 책, 58쪽.

마음을 둔다면 그것은 세간을 초월할 것을 생각하는 것이다.[5]

> 보살이 가假에 들어가서 직접 실천에 옮기고 공을 공이 아니라고 알기
> 때문에 방편이라고 말한다. 또한 약과 병을 잘 분별하므로 수연隨緣이
> 라 말하며, 마음을 속제 가운데 편안히 하는 것이므로 지止라 이름한다.
> (『마하지관』)

방편수연지에서 바라보는 세계는 실유實有가 아니라 가유假有이다. 실유는 3차원 공간관의 인식틀로 바라보는 고정된 입자 단위의 세계이지만, 가유는 모든 것이 공한 바탕 위에서 임시로 조성되어 있는 결의 현상을 바라보는 것이다. 실유가 1＝1이라면 가유는 1＋0＝1의 세계이다. 실유를 기의 장으로 확인하면 실수 입자의 경계가 선명하게 작용한다. 방편수연지를 기의 장으로 느껴 보면 기존의 '내'가 해체되어 온 우주의 장으로 열린 배경 속에서 떠올리는 개별 현상의 '결'과 무늬를 바라보는 상태가 된다. 이를 통해서 사물의 기의 장을 확인하고 사람의 생체장을 진단하고 치유하는 것이 가능하게 된다. 물론 체진지로 열리는 것이 전제가 되는 것이고 방편수연지로 진단한 뒤에는 다음의 식이변분별지로 모든 경계를 풀어 나가는 것이 필요하다.

셋째로 식이변분별지息二邊分別止는 생사와 열반, 속제와 진제, 본체로서의 공空의 진리[진제眞諦]와 현상으로서의 가假의 진리[속제俗諦]를 대립적인 관계로 이해하지 않고 불이중도不二中道로 이해하는 원교에 근거하는 지止의 모습이다.[6] 방편수연지가 현실 세계에서 공에 의지해

---

5 앞의 책, 171쪽.
6 앞의 책, 58쪽.

서 중생을 구제하는 것이라면 식이변분별지는 방편수연지에서 현실
세계에 집착할 우려가 있으므로 그조차도 넘어서자는 것이다. 그리고
방편수연지가 공空에 대한 집착을 경계한 것이라면 식이변분별지는 가
假에 대한 집착을 경계한 것이다. 이렇게 식이변분별지는 공空과 가假
를 뛰어넘는 것이다.[7]

> 식이변분별지는 속俗이 속 아님을 앎으로써 (속에 집착하지 않아) 속의 측
> 면에서 마음의 번뇌가 없어지고[속변적연俗邊寂然] 또한 속 아님도 얻
> 을 수 없음을 앎으로써 공空의 측면에서 마음의 번뇌가 없어진다[공변
> 적연空邊寂然]. 그러므로 속과 공의 두 가지 치우침이 사라지는 것이다.
> (『마하지관』)

식이변분별지의 기의 장을 느껴보면 공空과 가假가 통합되어 있는
중도의 장으로 나타난다. 체진지처럼 공허하지 않고 방편수연지처럼
개별의 현상이 앞서지 않고 전체의 장과 개별 현상이 일체화되어 모든
경계가 사라지는 동시장으로 나타난다. 수행할 때나 치유를 할 때에는
체진지로서 실수 입자 단위의 경계를 풀어서 조성되는 공의 바탕에서
개별의 현상을 떠올려 그 장을 확인한 다음에는 식이변분별지의 중도
의 동시장으로 용해되도록 내맡기는 것이 필요하다.

이상의 삼지三止[체진지·방편수연지·식이변분별지]는 지의가 이전의 경
전에는 보이지 않더라도 삼관三觀을 비추어 바라보고 그 뜻에 따라서
이름을 지은 것이다. 이 삼관은 앞에서 거론한 상대지관의 세 가지 지
[지식止息·정지停止·대부지지對不止止]와 뜻과 표현은 비슷하지만, 의미 내

---

7 앞의 책, 171쪽.

용은 다르다고 한다. 여기서 양자가 비슷하다는 것은 "지식止息"의 '지止'가 "체진지體眞止"를 닮았고, "정지停止"의 '지止'가 "방편수연지方便隨緣止"와 비슷하며, "비지非止"의 '지止'가 "식이변분별지息二邊分別止"와 비슷하다는 것을 말한다. 한편, 양자가 다르다고 한 것은, 상대지관의 세 가지 지[지식·정지·대부지지]는 일제一諦를 보이는 것이지만, 여기서의 삼지三止[체진지·방편수연지·식이변분별지]는 공·가·중의 삼제三諦의 모습을 보이기 때문이다. 즉, 여기서의 삼지의 모습은 그대로 삼제이며 나아가 하나의 지에 앞에서 말한 상대지관의 세 가지 지[지식·정지·대부지지]의 뜻이 모두 갖추어져 있다고 한다.

예를 들어 체진지體眞止의 경우, 공의 뜻을 체득하여 망상이 모두 쉬면 "지식止息"의 뜻이고, 마음을 이치에 매어 인연 화합의 뜻을 알면 "정지停止"이며, 이러한 이치가 곧 진리이며 본원本源이니 실로 지止나 지止 아님이 없으므로 이것은 "부지지不止止"의 뜻이 된다.

방편수연지의 경우 가제假諦를 자유자재로 비추어 마음이 산란하거나 무지無知한 것을 그치게 하는데, 이것이 "지식止息"의 뜻이다. 또한 마음을 가제假諦의 이법에 머물고서 「유마힐維摩詰」이 삼매에 들어가서 비구의 근성을 관하는 것처럼, 약과 병을 분별하는 것은 "정지停止"의 뜻이고, 가제의 이법에서 동動하지 않음은 "비지非止"의 지다. 이와 같이 세 가지 뜻이 함께 방편수연지의 상을 이루는 것이다.

식이변분별지息二邊分別止의 경우는 생사生死와 열반涅槃의 두 상相이 같이 그치니, 이것이 "지식止息"의 뜻이다. 이법에 들어가는 반야를 '주住'라고 하고, 마음의 중도에 연緣하는 것은 '정지停止'의 뜻이다. 이 실상實相의 이법은 지止도 부지不止도 아니지만, 이것이 '부지不止'의 지止의 뜻이다. 이와 같이 세 가지 뜻이 함께 식이변분별지의 상을 이룬다.

2. 삼관三觀

관觀에는 세 가지가 있다. 가관假觀으로부터 공관空觀으로 들어가는 것을 이제관二諦觀이라 하고, 공관으로부터 가관으로 들어가는 것을 평등관平等觀이라 한다. 그 두 가지 관을 방편도方便道로 하여 중도에 들어가 이제二諦를 다 함께 비추고 마음이 적멸하여 진리의 바다에 흘러 들어가는 것을 중도제일의제관中道第一義諦觀이라 한다.

(1) 이제관二諦觀—종가입공관從假入空觀

가관假觀으로부터 공관空觀으로 들어가는 것을 종가입공관從假入空觀 또는 이제관二諦觀이라고 한다.

> 이제관二諦觀은 가假를 관해서 공空에 들어가 공의 진리를 보는 것이다. 능能[주관]과 소所[객관]를 합쳐서 논하는 까닭에 이제관이라고 한다. 또한 공의 진리를 만났을 때 공만을 보는 것이 아니라 가假의 참모습도 알게 된다. 이는 구름이 걷혀 가리고 있는 것이 사라지면 하늘이 드러날 뿐만 아니라 땅 위도 밝아지는 것과 같다. 진실로 말미암아 가假가 나타나니, 이것은 이제관을 깨닫는 것이다. 또한 가假로 말미암아 진실을 만난 것이니, 어찌 뜻이 이제관이 아닐 것인가. 범속凡俗은 파하여지는 것이고 진실은 작용하는 것이니, 만일 파하여지는 것에 따르면 응당 속제관俗諦觀이라 하여야 할 것이고, 만일 작용하는 것에 따르면 응당 진제관眞諦觀이라 하여야 할 것이니, 파함과 작용을 합쳐서 논하니 이제관이라고 말한다. (『마하지관』)

이를 알기 쉽게 수식으로 표현한다면, 일상적 의식상태가 1=1인 데 비해 종가입공관으로 보는 세계는 1+[0]=1이다. 이 가운데서 [0]으로 인식의 비중이 옮겨지기는 하지만, 1도 함께 바라보고 있는 상태이다. 즉, 모든 것을 드러난 질서의 입자 단위로 바라보는 것이 1=1이라면, 추가된 [0]은 그 이면에 은적되어 있고 접혀진 질서의 장으로 시야가 옮겨지는 것을 나타낸다. 그러면서도 1의 세계를 배제하는 것이 아니라 [0] 속에서 1을 재해석함으로써 세계를 처음과 달리 보게 된다는 것이다. 이것은 기 수련 과정에서도 무엇보다 우선적으로 필요한 관점의 전환이다. 수련하려는데 몸과 마음의 경계가 느껴진다는 것은 3차원 공간관의 인식틀이 작동되어 모든 것이 실수 입자의 경계로 나타난다는 것이며, 그 경계에 의념意念이 동참함으로써 벽이 더욱 두꺼워지는 것이다. 이 경우 힘을 빼서 최대한 벽을 낮추면서 모든 것을 공한 상태로 전환하고, 그곳으로 의념의 비중을 옮겨가야 한다. 흔히 수련을 시작하자마자 깊은 바닷물 속에서 잠영하거나 우주 공간에서 머물면서 무중력상태에 있다고 여기는 것도 중력감에서 생기는 경계를 해소하고 일체의 경계가 없는 공의 상태로 의식을 전환하기 위한 것이다. 기氣의 패러다임에서 볼 때 주체와 대상은 항상 기의 밀도로서 나타난다. 밀도가 높은 곳은 의념이 많이 머무르면서 주체가 되고, 밀도가 낮은 곳은 주체에서 바라보는 대상이 된다. 이러한 점에서 본다면 수련 초기에 무중력상태를 느끼고 지속한다는 것은 기존의 입자 단위를 실유實有가 아니라 가유假有로 전환하고 [0]에 해당하는 공에 의념이 동참하여 머물면서 세계를 새롭게 바라본다는 것을 의미한다. 여기에서는 [0]만이 아니라 기존의 1도 1+0=1의 1로 새롭게 인식한다는 것을 의미한다.

(2) 평등관平等觀—종공입가관從空入假觀

공관空觀으로부터 가관假觀에 들어가는 것[종공입가관從空入假觀]을 평등관平等觀이라고 한다. 이 관은 중생을 교화하기 위한 것으로서, 공과 공하지 않음을 알아서 방편으로 가假에 나아가므로 "공으로부터[종공從 空]"라고 하고, 약과 병을 분별하여서 오류가 없게 하는 것이기 때문에 "가에 들어감[입가入假]"이라고 한다. 그리고 '평등관'이라 말한 것은 앞의 이제관과 비교해서 이름 붙인 것이다. 이제관, 즉 종가입공관은 마술과 같은 현상[假]의 병을 파하기 위해 가假[속제俗諦]의 법을 쓰지 않고 진제眞諦의 가르침만을 썼다. 이처럼 하나를 파하고 하나를 파하지 않으면 아직 '평등'이라 하지 않는다. 그러나 종공입가관에서는 공空에 대한 병을 파하고서 가假의 가르침을 사용하므로, 파함과 쓰이는 것이 균등할 뿐만 아니라 이제관을 통합하고 있기 때문에 '평등'이라고 말한 것이다.

이를 비유하면 다음과 같다. 장님이 처음으로 눈을 떠 하늘을 보고 색色을 본다면, 색을 보더라도 여러 가지 꽃나무의 뿌리나 가지, 잎, 약초, 독초 종류를 분별할 수가 없다. 가관假觀으로부터 공관空觀으로 들어가 지혜를 따르는 경우에 이제二諦를 본다고 하더라도, 능히 가관假觀을 쓸 수 없는 것과 같다. 그런데 만약 보통 사람이 눈을 뜬 후 하늘을 보고 색을 보고서 바로 종류를 알고, 훤하게 인연을 알고서 크고 세밀한 약이나 먹이를 모두 알아서 모두 다 남에게 써서 이익 되게 한다면, 이것은 공관으로부터 가관으로 들어간 것을 비유한 것이고, 진실과 범속을 참으로 규명한 것이다. 직접 가관을 작용하고서 중생을 교화하기 위한 것이므로 "가관에 들어간다"라고 하고, 또한 평등이라고 말하는 것이다(『마하지 관』).

이러한 종공입가관을 수식으로 표현한다면 [1]+0＝1이라고 할 수 있다. 이것은 현실 세계를 실유로 보는 1＝1과 다르고, 현상계가 모두 공이라고 보는 [0]도 아니다. 공空이 바탕이 되고 무無가 은적되어 있는 상태에서 현상을 가유假有로 바라보기에 [1]+0=1로 표현할 수 있다. 기 수련의 경우에도 종가입공관으로 인식틀이 획기적으로 바뀐 상태에서, 즉 모든 것을 하나의 장이라고 보는 상태에서 현상의 세계를 재인식해야 한다. 공관에만 머문다면 단공但空으로 진과 속, 추와 묘를 차별하는 관념 세계에 빠져서 비현실적일 뿐만 아니라 독선과 아만의 세계로 치달을 수 있기 때문이다. 이러한 공에서 나와서 가로 인식의 시야를 확장할 때 나의 몸과 마음, 다른 세계를 새로운 시각으로 재인식할 수 있다. 다만 이를 공이 바탕된 상태로, 즉 +0이 내포된 것으로 바라봐야 입자 중심의 실유 세계로 빠지지 않을 수 있다.

(3) 중도제일의제관中道第一義諦觀

이 관은 종가입공관과 종공입가관을 방편으로 하여 중도에 부합하는 관이다. 종가입공관은 먼저 가假의 공함을 아는 것이니, 생사生死의 공함이 여기에 해당된다. 그리고 종공입가관은 공도 공함을 아는 것이니 열반의 공함이 여기에 해당된다. 중도제일의관은 곧 이 두 가지 극단을 뛰어넘어서는 것이다. 이것은 앞의 두 관을 방편의 길로 해서 중도를 깨닫는 것이다. 이를 통해 한 생각, 한 생각의 마음이 적멸하여 일체지一切智의 바다에 들어간다고 한다. 또한 먼저 공空을 사용하여 관하고, 다음에는 가假를 사용하여 관한다. 그러므로 두 개의 관을 방편으로 하여 중도에 들어가면 이제二諦를 동시에 비출 수 있다. 『경』에서 "마음이 선정에 머무르면 세간의 생멸하는 모습을 잘 알 수 있다."고 했다. 이것이 앞의 두 개의 공관과 가관을 방편으로 한다는 의미이다.

중도제일의제관은 일미동체의 차원으로 인식이 전환되는 것을 의미한다. 수식으로 표현한다면 1+0＝[1]이다. 1+0이 상대적인 공과 가의 세계라면 ＝[1]은 둘의 차원을 넘어서서 모두를 망라한 장으로 바라보는 것이다. 그러기에 모든 현상은 그 자체로 중도실상이고 제법실상이라고 하는 것이다. 여기서 말한 모든 현상은 +0이 내포되고 일체화된 것이다. 일체화되었다는 것은 공과 가의 분별과 그를 인식하는 주체와 대상의 구분이 완전히 사라진 상태라는 것이며, 이는 나중에 이르는 것이 아니라 처음부터 주어져 있던 일미동체의 장을 자각하게 된 것이다. 기 수련의 경우에 가장 큰 질적 변화는 더 이상 기존의 '나', 입자 단위로서의 '나'가 주체가 아니라, 온 우주 법계의 법성이 주체인 상태로 전환하는 것이다. 더 이상 수련은 내가 하는 것이 아니다. 나는 오로지 모든 것을 내려놓고 해체할 뿐이고, 일미동체, 일기一氣의 세계관으로 전환하고 내맡길 뿐이다.

『대경』에서는 "선정이 많거나 지혜가 많으면 함께 불성을 보지 못한다."고 언급하고 있다. 이에 대해 『마하지관』에서는 다음과 같이 풀이한다. 종가입공관은 이승二乘과 통교의 보살이 갖는 것으로서 선정이 많고 지혜가 적은 것에 속하며 불성을 보지 못한다. 또한 종공입가관은 별교의 보살이 갖는 것으로서, 이것은 지혜가 많고 선정이 적은 것에 속하여 역시 불성을 보지 못한다. 그러나 두 관을 방편으로 하고 세 번째 관인 중도제일의제관에 들어갈 수 있으면 불성을 볼 수 있다고 한다.

이것은 지관쌍수止觀雙修, 정혜쌍수定慧雙修의 의미를 밝힌 것이다. 여기서 불성은 생멸하는 오온의 입자 단위의 한계를 넘어선 불생불멸의 중도의 동시장을 가리킨다고 볼 수 있다. 그런데 종가입공관은 선정을 깊이 해서 삼매에는 이르지만, 중도의 세계관으로 지혜가 열리지 않기 때문에 불성을 보지 못한다고 한 것이다. 또한 종공입가관은 중도의 세계관으로 지혜가 열리지만 선정이 깊지 못하여 원융무애한 상태에 이르지 못하고 격력차제의 한계를 벗어나지 못하여 불성을 보지 못한다는 것이다. 즉 선정과 지혜, 지와 관은 쌍수를 하지 않으면 불성, 즉 중도의 동시장에 이르지 못할 정도로 어디에선가 경계가 남게 된다는 것이다. 즉 지혜가 부족한 선정, 관이 제대로 안 된 지, 세계관이 미흡한 삼매 상태는 일미동체의 중도에 이르지 못하기 때문에 의식의 영역에서 경계가 남아 있는 상태이고 방향성을 잃어버린 공력이 될 뿐이다. 또한 선정이 부족한 지혜, 지가 뒷받침되지 않는 관, 삼매로 경계를 해소하지 못하는 세계관은 의식의 관념성만 앞서고 실제로 몸과 무의식의 경계를 해체할 수 없기 때문에 앞서 집중했던 지혜와 관, 세계관마저 사실상 허약하고 빈궁한 상태를 벗어나지 못하게 된다. 기 수련의 경우에도 수련이 진전될수록 기를 생체 에너지라는 측면에서 기력을 강화하는 데만 머물면 안 된다. 수련이 진전될수록 기의 차원도 전변되는 만큼, 그에 해당하는 의식의 세계에서 패러다임이 바뀌고 세계관이 재정립되어야 한다. 선도에서는 수련의 단계를 연정화기練精化氣, 연기화신練氣化神, 연신환허練神還虛, 환허합도還虛合道로 분류한다. 몸의 정기를 단련해서 기화시키고, 기를 단련하여 신을 함양하고, 신을 단련하여 허로 돌아가고, 허로 돌아가서 중도에 이른다는 것이다. 여기서 정기신허도精氣神虛道는 넓은 의미에서 모두 기로 볼 수 있다. 마지막 단계의 도道는 중도이자 일기一氣이다. 이처럼 기의 수련의 경우에도 수련의 차원이 달라지면 의식성과 세계관이 달라지는 것을 함께 추구해야하며 선도의 용어에만 머물 것이 아니라 보편적이고 일관된 언어로서 표현할 수 있어야 한다. 그렇게 전면적이고 보편적으로 적용할 수 있는 세계관으로 정립될 때 비로소 수련의 패러다임이 전면적으로 달라질 수 있기 때문이다. 이러한 측면에서 정혜쌍수는 어떠한 수행에서도 견지해야 할 원칙이라고 할 수 있다.

(4) 상대지관에서의 삼관三觀과의 관계

종가입공관, 종공입가관, 중도제일의제관의 삼관과 앞의 상대지관에서 거론한 관천관觀穿觀, 관달관觀達觀, 불관관不觀觀의 삼관은 표현은 닮았지만, 그 의미는 분명히 다르다. 관천관은 모든 존재가 허망하다고 관찰하기 때문에 종가입공관과 비슷하고, 관달관은 진리와 현상에 통달하여 진리와 현상을 조화시키므로 종공입가관과 비슷하며, 불관관은 중도제일의제관과 닮았다. 그러나 내용으로 보면 이들은 다르다. 앞의 삼관, 즉 관천관·관달관·불관관은 하나의 진리상을 드러내지만, 지금의 삼관은 공·가·중이라는 세 가지 진리를 드러낸다. 상대지관의 삼관은 통틀어서 나중의 삼관을 성립시키는 반면, 후자는 앞의 삼관을 그 안에 포섭한다.

예로서 종가입공관從假入空觀 안에는 관천관·관달관·불관관이 모두 있다. 가假에서 공空으로 들어가 견사혹見思惑의 번뇌를 부수는 것은 관천관의 의미이다. 들어 갔을 때의 공은 곧 진리이며, 지혜가 이 진리를 드러내는데 이는 관달관의 뜻이다. 공의 진리는 바로 불관관의 뜻이다. 이와 같은 세 가지 뜻은 함께 종가입공관의 모습을 이룬다.

종공입가관從空入假觀에서도 역시 세 가지 뜻을 갖춘다. 가假를 알고 무지無知의 장애를 파하는 것이 바로 관천관의 뜻이고, 가假의 이법을 비추어서 분별하여 틀림이 없다면 바로 관달관의 뜻이며, 가假의 이법이 상주하는 모습으로 보는 것이 바로 불관관의 뜻이다. 이 세 가지 뜻은 함께 종공입가관從空入假觀의 모습을 이룬다.

중도관도 역시 세 가지 뜻을 구족하는데, 이변二邊을 공하는 것이 바로 관천관의 뜻이고, 직접 중도관에 들어가는 것이 바로 관달관의 뜻이다. 중도의 법성이 바로 불관관의 뜻이니, 이와 같이 세 가지 뜻은 함께 중도관의 상을 이룬다.

이것이 대승에 의하여 삼지三止와 삼관三觀의 모습을 밝힌 것이다.

그런데 이러한 삼지삼관은 원래 제법실상이라는 하나의 진리를, 공·가·중의 세 가지 진리로 나누어 설명하고, 나아가 이들을 각각 독립된 하나의 진리라고 보고 지와 관을 실천하는 모습을 설명한 것이다. 공·가·중의 진리를 이처럼 독립적인 진리로 이해하면 이들 삼관 사이에는 방편과 진실, 얕음과 깊음의 차별이 생기고 삼지 사이에서는 우등 및 열등, 앞뒤의 차별이 생길 수밖에 없다. 사람의 경우에는 모든 위계에서 대승·소승으로 나누어진다. 이것은 삼지삼관의 관계를 낮은 단계에서 높은 단계로 순차적으로 단계적으로 진행하는 격력차제隔歷次第적인 성격을 가진 것으로 보이게 하는 문제점이 있다. 이것이 상대지관의 한계이다.

(5) 원돈지관圓頓止觀

대승불교에서 공·가·중 삼제는 통교와 별교에서는 서로 독립적인 진리로 분별되지만, 실제로는 인연소생법을 세 가지 측면에서 말한 것에 지나지 않는다고 한다. 용수龍樹는 『중론中論』에서 모든 존재가 조건에 의존해서 일어나[인연] 어떠한 실체도 없이[공] 임시적으로 존재[가]하는 존재의 실상[중도]에 대해서 설명했다. 즉 공·가·중 삼제는 연기적 현상을 세 가지 측면에서 주장한 것으로 공·가·중이 서로 다른 의미를 함의하는 것은 아니라는 것이다. 지의는 공·가·중의 이러한 관계를 즉공즉가즉중卽空卽假卽中으로 표현했다. 공·가·중 삼제三諦가 불가분의 관계로 하나의 진리에 대한 세 가지 측면이라면, 이러한 진리를 대상으로 하여 실천하는 삼지삼관의 모습에도 우열優劣이나 차제次第는 성립하지 않는다는 것이다. 지의는 이러한 불차제不次第의 지관을 한 순간의 마음에 세 가지 지관이 동시에 성립하는 일심삼관으로 설명하고 이를 대승의 지관상 중 원교의 지관상에 해당시켰다[8]고 한다.

『마하지관』에서는 원돈지관의 상相에 대해서 다음과 같이 설명한다.

지止로써 제諦를 연緣한다면 하나의 제諦이면서 셋이며, 셋이되 하나이다. 제諦로써 지止를 걸어 두면 바로 하나의 지止이면서 셋이며, 셋이되 하나이다. 비유하건대 삼상三相[모든 법의 생生·주住·멸滅의 세 가지상]이 한순간의 마음에 의지하고, 한순간의 마음에도 삼상三相이 있는 것과 같은 것이다. 지止와 제諦도 또한 이것과 같다. 쉬어 그쳐지는[소지所止] 법이 하나이되 셋이며, 쉬어 그치는[능지能止] 마음은 셋이되 하나이다. 관觀으로써 경境을 관하면, 하나의 경境이면서 셋이며 셋이되 하나이다. 경境으로써 관을 일으키면 하나의 관이면서 셋이며 셋이되 하나이다. 말하자면, 일심一心의 삼지·삼관이고, 삼三이라는 것은 동시에 일一이라는 것을 나타내 보인 것이다. 마혜수라의 얼굴 위의 세 개의 눈이, 세 눈이라 하더라도 하나의 얼굴인 것과도 같이, 관과 경계도 역시 이와 같은 것이다. 셋이 하나에 즉함을 관하면 하나가 셋에 즉함이 일어나는 것은 불가사의함이 아니니, 방편이 아니라 하고 진실이 아니라 하며, 우등이 아니라 하고 열등이 아니라 하며, 앞이 아니라 하고 뒤가 아니라 하며, 함께 하지 않으면서 따로 하지 않고, 크다 하지 않으면서 작다 하지 않는다. 따라서 『중론』에서 말하였다.
"인연이 낳는 법은 공에 즉하고, 가에 즉하며, 중도에 즉한다."
또한 『금강반야경金剛般若經』에서 말한 것과 같다.
"사람이 눈이 있어서 일광이 밝게 비추면 여러 가지 색을 보는 것과 같다. 만일 눈이 홀로 본다면 응당 해를 필요로 하지 않으나, 만일 색이 없

---

8 앞의 책, 63쪽.

다면 해와 눈이 있다고 하더라도 또한 보여지지 않는다. 이와 같이 세 가지 법은 때를 다르게 하지 않으며 서로 떠나지 않는다."

눈은 지止를 비유하고, 해는 관觀을 비유하였으며, 색色은 경계를 비유한 것이다. 이와 같은 삼법은 앞서지 않고 뒤쳐지지도 않으며, 하나의 경우에 셋을 논하고, 셋 속에서 하나를 논하는 것도 역시 이와 같다. 만일 이 뜻을 본다면, 바로 원돈의 가르침인 지관의 상相을 깨치리라. (『마하지관』)

이처럼 원돈지관은 경계도 지혜도, 대상도 주체도, 공·가·중도 모두 하나이고 동시에 여럿이다. 붓다가 이자삼점伊字三點으로 마혜수라의 세 눈을 비유하였고, 이 세 눈은 가로 병렬적으로 나누어지지 않고 세로로 위계적인 순차를 이루는 것도 아니라는 의미가 원돈지관에서 확인된다. 원래 하나임을 다른 측면에서 달리 볼 뿐인 것이다. 여기서 공간과 시간의 인식틀로 분석한 내용은 있는 그대로의 실상이 아니라 개념으로 만들어진 것이다. 시공간의 인식틀, 개념틀로 해석된 것이더라도 그 사실까지 포함해서 인식한다면 모든 현상은 그 자체로 중도실상이고 제법실상인 것이다.

『마하지관』에서는 원돈지관의 체體를 다음과 같이 묘사한다.

셋이 하나이고 하나가 셋이다. 앞의 모든 뜻은 모두 한 마음에 있다. 무명無明 전도顚倒의 체體가 바로 진실한 참모습이라고 체득하는 것을 체진지體眞止라고 한다. 이와 같은 진실상은 모든 곳에 두루 있어서, 인연에 따라서 경계를 거치면서도 마음을 안정시켜서 동요하지 않는 것을 방편수연지方便隨緣止라 한다. 생사와 열반, 고요함과 흩어짐이 쉬고 그치는 것을 식이변지息二邊止라고 한다. 모든 가假가 공空하고, 공이 바로 실상임을 체득하는 것을 입공관入空觀이라 한다. 이 공에 통달하고 중도에 이르러 세간의 생멸하는 존재가 그대로 진실이라고 보는 것을 입가관入假觀이라 한다. 이와 같은 공의 지혜가 바로 중도이며, 둘이 없고 따로 있지도 않는 것을 중도관이라 한다. 체진지의 경우에 견사혹見思惑, 무명혹無明惑 같은 번뇌의 반석이나 모래, 자갈이 한순간에 쉬고 그치는 것을 지식의止息義라고 하며, 마음이 중도에 연하여 실상에 들어가는 지혜를 정지의停止義라고 한다. 실상의 성품이 바로 지止가 아니고 부지不止도 아니라는 뜻이다. 또한 이 한순간은 일체 번뇌를 뚫고서 실상에 통달하는 것이니, 실상은 관이 아니고 또한 관하지 않음도 아닌 것이다. 이와 같은 동등의 뜻은 한순간의 마음속에 있어서 진여의 경지에서 동요하지 않으면서 여러 가지 차별을 지니는 것이다. 『경』에서 말하였다. "훌륭하게 모든 법상法相을 분별하면, 제일의第一義[진여의 경지]에서 동요하지 않는다."

명자名字가 많다고 하더라도 부처는 틀림없이 반야의 하나의 법에서 갖가지 명名을 설하였으며, 무릇 명名은 모두 다 원만하고, 모든 뜻[義]도 역시 원만한 것이다. 상대적으로나 절대적으로 체體를 대하는 것은 불가사의한 것으로서, 불가사의한 까닭에 장애가 없는 것이며, 장애가 없기 때문에 구족되어서 멸감滅減함이 없는 것이다. 이것이 원돈의 교상敎相이 지관의 체를 나타내는 것이다. (『마하지관』)

앞에서 살펴보았듯이, 원돈지관으로 보는 세계는 명정明靜하다. 이것은 일체의 공간적 시간적 경계로 나누어볼 수 없는 한맛[一味]인 장場이다. 이것은 원래 주어져 있는 전체이다. 인위적인 개념으로 분열시켜서 경계를 만들지 않기에 밝고 고요하다. 어둠에 대한 밝음, 움직임에 대한 고요함이 아니라 경계가 없기에 절대적인 밝음과 고요함이다. 이를 낮은 차원에서 인식하려고 할 때 다양한 측면으로 접근하고 분석한다. 그러나 유위법의 작위적인 노력으로서는 경계가 풀리지 않을 뿐만 아니라 오히려 심화될 수 있다. 모든 것을 입자 중심에서 장 중심으로 전환해 나가야 한다. 입자 중심은 시공간의 인식틀에 의해서 만들어진다. 입자 단위의 경계마다 의념이 동참하면서 관념의 벽이 강화된다. 먼저 관념의 벽에 부가된 의념을 풀어 내야 한다. 그러기 위해서는 전체적인 장으로 시야가 열려야 한다. 장에 내맡길 때 긴장이 풀리고 힘이 빠진다. 그에 내맡기다 보면 입자 단위의 경계가 사라진다. 경계가 강할 경우 양극단으로 무한하게 추구하여 공간성의 프레임이 붕괴되고 해체되도록 하여 중도로 통합하도록 한다. 매 순간 지와 관, 선정과 지혜, 입정과 세계관이 동시에 작용하면서 경계를 녹이게 된다. 지관쌍수止觀雙修, 정혜쌍수定慧雙修가 지관 수행의 요체이다. 이를 통해서 횡수로 일체 경계 없이 열릴 수 있다. 그 순간 수행의 주체가 바뀐다. '내'가 아니라 '법이자연法爾自然'으로.

【수련법】

1. 체진지體眞止, 방편수연지方便隨緣止, 식이변분별지息二邊分別止의 기의 장을
   떠올려 본다.

2. 종가입공관從假入空觀, 종공입가관從空入假觀, 중도제일의제관中道第一義諦觀의
   기의 장을 떠올려 본다.

3. 즉공즉가즉중卽空卽假卽中의 기의 장을 2의 경우와 비교해 본다.

4. 원돈지관의 중도의 동시장을 떠올려 본다.

지관止觀 수행의 결과로서
인식의 차원과 경지

인간에게 수행은 어떤 의미일까? 여기서 수행이라는 것은 자신을 반성적으로 성찰하고 단련하여 새롭게 거듭나려고 하는 모든 노력을 뜻한다. 보시·지계·인욕·정진·선정·반야는 물론, 기 수련과 명상, 봉사활동·꿈꾸기 등을 망라한 것이다. 수행의 의미를 넓게 확장해서 사용한다면, 인간의 역사 자체가 수행의 역사이고 수행은 인간의 본성이라고 할 수 있을 것이다. 인간은 누구나 종교심을 갖는다. 여기서 종교심은 부분에서 전체로 인식의 시야를 확장하려는 마음이다. 이러한 종교심은 종교인은 물론 비종교인일지라도 갖는다. 종교심은 헤게모니와 다르지만, 같은 측면도 있다. 양자는 누가 주체이고 어떤 영역이며 어떤 차원인가에 따라서 다르지만, 입자 단위에서 장으로 에너지를 확장하려는 측면에서는 같다. 흔히 인간을 사회적 동물이라고 하듯이, 인간은 고립된 입자 단위로 살 수 없는 존재이다. 인간의 몸 자체가 단독자로 존재하지 않는다. 셀 수 없는 미생물의 총화로 이루어져 있다. 매 순간 우주 규모의 물질과 교류를 하며 찰나생 찰나멸한다. 기의 관점에서 본다면 주변 세계와 전면적으로 상호 침투, 상호 공유하고 우뇌의 인식 작용으로는 온 우주와 교류를 한다. 오로지 좌뇌의 3차원 공간관의 인식틀에서만 단독자로서 입자 단위의 경계를 갖고 있을 뿐이다. 실제로 온 우주는 입자 단위로 이루어져 있는 것이 아니라 전체가 하나의 장을 이루고 있기 때문에 우주에 존재하는 모든 존재는 장의 소산이다. 생물이든 무생물이든 이러한 존재의 기초를 벗어날 수 없다. 그런 만큼 우주의 모든 존재는 우주 규모의 에너지 대사 메커니즘에 따라서 변화해 간다. 개별 단위에서 본다면 생멸이 거듭되는 것이지만, 우주 규모에서 본다면 모두 하나의 동시장일 뿐이다.

그런데 개체 단위의 자율적 시스템을 조금이라도 갖추고 있는 생물체의 경우 자신의 에너지장을 최대한 확장하려고 한다. 설사 개체 단위라고 하더라도 본래 우주적 존재의 한 흐름이기 때문에 이렇게 활동하는 것은 본성을 발휘하는 것이다. 이런 존재들은 입자 단독의 영향권을 넓혀 나가고, 나아가서 자손을 통해서까지 자신들의 장을 확장하려고 한다. 특히 개념 분별적 의식 활동이 왕성한 인간의 경우 다른 사람에게 인정받으려고 하고, 경제·정치·문화 영역에 이르기까지 헤게모니를 확장하려고 한다. 이것은 개체 단위의 자연스러운 생명활동이라고 할 수 있다. 그런데 이들이 어떤 세계관과 인식의 차원을 갖는가에 따라서 그 내용은 판이하게 달라진다. 그 세계관과 인식의 차원을 결정짓는 기초는 바로 인식틀이다. 3차원 공간관의 세계관과 육안에 기초한 인식의 차원, 실수 입자 중심의 인식틀을 갖는 한 헤게모니는 입자 단위의 자신의 영향력을 확장하려는 데 그치게 된다. 하지만 인식틀이 장 중심으로 바뀌고 세계관이 일미동체로 전변하는 순간 개체 단위의 주체는 바로 사라지고 온 우주적 존재로 드러나면서 이들이 추구하던 모든 에너지장, 헤게모니는 바로 하나의 동시장으로 나타나게 된다. 지금까지 입자로부터 출발하여 헤게모니를 확장하려고 했다면, 인식틀이 바뀐 순간은 장으로부터 출발하여 전체의 동시장이 펼쳐지는 것이다. 이것은 전혀 다른 패러다임이다. 전자와 같은 입자 중심의 패러다임은 모든 존재가 입자로부터 시작하고, 입자가 모든 존재의 기초이고 인식도 입자 단위로부터 시작하는 것이라면 후자의 장 중심의 패러다임은 모든 존재가 바로 전체의 동시장일 뿐이어서 존재의 시작도 존재의 기초도 인식의 시작도 모두 중도의 동시장일 뿐이다. 입자 중심의 패러다임에서는 수행이 단계적으로 높아지는 것이지만, 장 중심의 패러다임에서는 수행의 내용은 인식틀의 전환뿐이다. 이것만으로 즉각 시공간의 모든 경계가 열린다. 이것이 원돈지관이고 이를 통해서 이루어지는 것이 '명정明靜'이다. 입자 중심의 패러다임으로서는 수행을 단계적으로 진행한다고 하지만 그 패러다임을 유지하는 한 영원히 궁극의 수행 목표에 이르지 못한다. 입자로부터 출발하는 존재론과 인식론의 세계관이 경계로 작용하기 때문이다.

『묘법연화경』에 나오는 용왕의 여덟 살 딸이 성불한 예는 수행의 의미를 새롭게 조명한다. 문수사리가 자신은 바다에서 오직『묘법연화경』만 설했다고 하니, 지적보살이 중생이 이 경을 닦고 행하여 빠르게 성불한 예가 있는지를 묻는다. 이에 문수사리가 사갈라용왕의 여덟 살 딸이 여러 부처님이 설하신 가르침을 다 받아들이고 깊이 선정에 들어 모든 법에 통달하여 찰나 사이에 보리심을 일으켜 불퇴전을 얻었다고 하였다. 이에 지적보살은 석가여래를 보더라도 한량없는 겁 동안에 온갖 수행으로 공과 덕을 쌓고 중생을 위하여 몸과 목숨을 바쳐서 헌신한 뒤에야 보리도를 성취했는데, 이 용왕의 딸이 잠깐 사이에 정각을 이루었다는 것은 믿을 수 없다고 하였다. 사리불도 용녀에게 네가 오래지도 않은 사이에 무상도를 얻었다고 하나, 여자의 몸으로 빨리 성불한다는 것을 믿을 수 없다고 하였다. 이에 용녀가 신통력을 보이고 성불하여 그곳에 모인 사람과 하늘들을 위하여 설법하여 이를 입증했다고 한다.

지적보살과 사리불은 수행이 단계적으로 높아져서 성불에 이른다고 여긴다. 이들의 사고는 입자 단위에서 출발하여 하나씩 점진적으로 단계를 밟아 쌓아 나가는 것이다. 그러나 용녀는 전격적으로 부처님의 모든 가르침을 받아들임으로써 바로 성불에 이르렀다. 용녀의 변신은 입자 단위에서 출발하는 것이 아니라 중도의 동시장을 받아들임으로써 전격적으로 이루어진 것이다. 지적보살과 사리불이 수행하는 방식이 수도修道라면 용녀가 행한 것은 수도受道이다. 『묘법연화경』에서는 중생들이 법을 듣고 깨달아 불퇴전을 얻을 때 이를 '득수도기得受道記'나 '득수기得受記'로 표현한다. 이것을 도道의 기별을 받았다거나 수기를 받았다고 해석하는데, 이를 도를 그 자리에서 즉각 받아들인 '수도受道'로 이해할 수 있다. 입자 단위에서 한량없는 세월 동안 하나씩 닦아서 무수한 단계를 밟아서 변화하는 것이 수도修道라면 모든 것을 장·중도의 동시장임을 받아들이는 것이 수도受道이다. 수도修道는 격력차제隔歷次第의 우회적이고 미완성의 길이지만, 수도受道는 전혀 다른 패러다임으로 원돈圓頓이면서 명정明靜을 이루는 길이다.

이처럼 인식틀에 따라서 수행의 의미는 달라진다. 수행은 기존의 세계관과 인식틀을 고수한 상태에서 무턱대고 용맹 정진해서 이루어지는 것이 아니다. 입자 단위에서 출발하여 자연스러운 생명력의 발산을 억압하여 자신과 세계를 밝고 고요하게 만들 수는 없다. 문제는 수행자의 인식의 차원이다. 수행자의 인식틀과 세계관이 달라지면 자신도 달라지고 세계가 다르게 다가온다.

수행은 중요하다. 단 세계관으로서의 지혜가 함께 할 때만 의미가 있는 것이다. 이런 관점으로 수행을 할 때 비로소 수행은 인간을 우주적 존재로 살게 하는 것이며 날마다 새롭게 거듭나게 하는 것이고, 스스로 삶을 창조해 나가고 아름답게 만들어 나가는 과정이라고 할 수 있을 것이다.

『마하지관』에서는 수행의 결과로서 인식의 차원이 어떻게 변화하고 지혜가 달라지는지를 서술하고 있다. 이를 통해서 수행이 어떤 것을 의미하는지를 구체적으로 이해할 수 있다.

지의는 앞에서 지관의 본 모습을 삼지삼관三止三觀으로 강설했다. 이어서 지관의 수행을 한 결과 얻게 되는 과보로서 인식의 차원과 경지를 소개한다. 인식의 차원은 세 가지 안眼이라고 하고 인식의 경지를 세 가지 지智라고 한다.

모든 지관은 진여를 지향하기 때문에 지관의 궁극적 과보는 진여에 대한 깨달음이다. 그렇지만 이것은 언어로 분별할 수 없기 때문에 앞에서 분류했던 삼지삼관이 성취하는 과보인 안眼과 지智를 통해서 그 내용이 어떠한지 살펴볼 수 있다. 지의에 따르면, 지관은 번뇌를 끊고 진리를 통찰하는 수행법이다. 이는 지관 실천을 통해 수행자가 어떤 진리를 보고 알 수 있는 능력을 성취한다는 것을 의미한다. 지의는 삼지삼관의 실천 모습의 차이에 따라 획득하는 능력 또한 삼안삼지三眼三智로 다르다고 분류했다.[1]

『마하지관』에서는 다음과 같이 밝힌다.

> 안眼과 지智에 근거해서 지관이 지향하는 진실의 본체를 보이겠다. 진실의 본체는 알 수도 볼 수도 없고, 원인도 아니고 결과도 아니기 때문에 설명하기 어렵다. 사람들이 이해할 수 있도록 설명하기는 더욱 어렵다. 알기도 어렵고 보기도 어려운 것은 분명하지만 안眼과 지智에 근거하면 알고 볼 수 있다. 진실의 본체는 원인도 아니고 결과도 아니지만 원인과 결과에 근거해서 설명하면 드러낼 수 있다. 다시 말해, 삼지와 삼관을 원인으로 하고, 안眼과 지智를 이에 대한 결과로 설정하면 원인에서 체體를 드러내는 것은 원거리에서 설명하는 방법이고, 결과에서 체를 드러내는 것은 근거리에서 설명하는 방법이라고 할 수 있다. 그러므로 진실의 본체는 앎과 견해의 분별을 넘어서 있어 분별할 수 없지만, 안眼과 지智를 통해 고찰하면 체는 이해하기 쉽다.[2]

---

1 위의 책, 64쪽.

1. 차제次第의 안眼과 지智

지의에 따르면, 안眼과 지智는 지止와 관觀의 결과로서 성립한다. 지와 관에 세 가지 모습이 있으므로 안眼과 지智도 각각 세 가지 모습으로 나타난다. 세 가지의 지와 관을 원인으로 하여 세 가지의 안眼과 세 가지의 지智를 성취하고 각각 세 가지의 진리를 얻는다. 이와 같이 안眼과 지智를 통해 지관의 진리를 드러낼 수 있다.

(1) 삼안三眼

① 혜안慧眼

체진지體眞止는 모든 현상을 실체가 없는 공으로 이해함으로써 현상에 대한 집착을 끊고 공에 머무는 지관법이다. 현상에 대한 집착을 끊음으로써 획득되는 눈이 혜안으로 공의 진리를 보는 것이다.

체진지는 어리석은 미혹을 일으키지 않고 지止를 통해 선정을 일으킨다. 선정은 무루無漏를 낳음으로써 혜안이 열려 제일의第一義를 본다. 여기서 진제의 삼매가 성립한다. 즉 지止가 안眼을 낳고 안眼은 진리를 보고 진리를 증득한다.

혜안은 모든 것을 공空으로 보는 통교의 세계관을 바탕으로 수행할 때 얻어지는 인식의 차원이다.

② 법안法眼

법안은 방편수연지方便隨緣止를 통해 열리는 눈으로, 현상의 다양한 모습들의 차이를 분명히 봄으로써 중생을 병으로부터 구제할 수 있도

---

2 위의 책, 65쪽.

록 한다.

방편수연지는 진제眞諦와 하나가 된 상태에서 현상인 가假로 나와 마음을 속제俗諦에 편안히 둔다. 이 지止를 통해 다라니[3]를 얻고, 다라니가 약과 병을 분별함으로써 법안이 밝게 열려 신통을 방해하는 무지無知를 부순다. 항상 삼매에 머물면서 생사와 열반을 구분하는 관점에서 제불의 국토를 보지 않는다. 여기서 속제의 삼매가 성립한다. 지止가 안眼을 열고, 안은 체를 증득하므로 속제의 진리를 얻는다.

법안의 법은 모든 존재를 가리키고 법안은 모든 차이나는 현상을 알아차리는 인식의 차원을 나타낸다. 법안은 구체세계에 살고 있는 중생을 교화하기 위해 헌신하는 보살들을 위한 별교로 수행할 때 얻어지는 것이다.

③ 불안佛眼

식이변분별지息二邊分別止는 생사와 열반, 공空과 유有가 함께 없어진다. 이 지止는 중도의 선정을 일으킴으로써 불안佛眼을 밝게 열어 모든 현상들을 비춘다. 중도의 삼매가 성립한다. 지止를 통해 안眼을 얻고 이 안이 진리를 증득하는데, 중도의 진리[體]를 얻는다.

불안은 3차원 공간관을 벗어나 일미동체의 세계관에 이를 때 모든 현상을 중도실상으로 바라보는 경지를 가리킨다. 원교의 원융무애한 중도관에 이를 때 얻어지는 인식의 차원이다.

(2) 삼지三智

---

3 부처의 가르침의 핵심으로 신비적인 힘을 지니고 있다고 믿어지는 주문을 가리키는 말.

① 일체지一切智

　연기적 현상의 본체인 공을 관찰하는 종가입공관從假入空觀에 근거해서 성립하는 지혜이다. 종가입공관은 공의 지혜가 작용하여 견사혹을 부수어 일체지를 성취한다. 이 일체지로 진리를 증득하는데, 진제의 진리를 얻는다,

　일체지는 통교의 혜안慧眼으로 바라볼 때 얻어지는 일체가 공이라고 보는 인식의 경지, 지혜이다.

② 도종지道種智

　종공입가관從空入假觀은 약과 병에 대한 모든 종류의 가르침을 분별하여 무지를 부숨으로써 도종지를 성취한다. 도종지로 진리를 증득하는데, 속제의 진리를 얻는다.

　도종지는 별교의 법안法眼으로 모든 가유假有의 차이 나는 모습을 바라볼 때 얻어지는 인식의 경지, 지혜이다.

③ 일체종지一切種智

　생사와 열반의 두 측면을 함께 부정하는 것을 방편으로 삼아 중도에 드는 중도제일의제관中道第一義諦觀은 무명을 부수어 일체종지를 성취한다. 이 일체종지로 진리를 증득하는데, 중도의 진리를 증득한다.

　일체종지는 원교의 불안佛眼으로 바라볼 때 모든 현상이 중도실상이고 제법실상인 것으로 파악하는 인식의 경지, 지혜이다.

　이와 같이 삼지三止와 삼관三觀이 함께 삼안三眼과 삼지三智를 성취하여 각각의 세 가지 진리를 체득한다. 지관止觀의 체가 안眼과 지智를 통해 드러내는 것은 이 때문이다. 즉 지관止觀으로 수행한 결과 인식의 차원인 안眼과 인식의 경지이자 지혜인 지智를 획득하게 된다는 것이다.

여기서 지관은 입자 중심으로 출발하는 인식의 방식과 흐름을 끊고 멈추고 꿰뚫어서 바라보면서 인식틀을 재조정하는 것이다. 이를 통해서 인식의 차원과 세계관이 달라지면서 인식의 시야가 바뀌는 것이다. 원교에 이르면 원돈지관으로서 시공간의 인식틀이 완전히 해체되기 때문에 모든 것을 밝고 고요한[명정明靜] 경지로 바라볼 수 있게 되고 그에 따라 불안佛眼과 일체종지一切種智에 이를 수 있는 것이다.

2. 불차제不次第의 안眼과 지智

삼지삼관三止三觀들 사이의 관계를 우등과 열등, 방편과 진실, 얕음과 깊음으로 나누어서 차제적次第的인 관계가 있는 것으로 분별했던 별교의 관점에서는 삼안三眼과 삼지三智 사이에도 차제적인 관계가 성립한다고 본다. 그러나 삼지삼관을 즉공즉가즉중의 입장에서 일심삼관一心三觀으로 이해한다면, 삼안과 삼지 사이에는 어떠한 분별이나 차제가 있을 수 없다. 불차제의 관계인 것이다. 일심에서는 체體를 드러내는 먼 거리의 원인인 지止와 관觀이 분별되지 않는다. 지止가 바로 관觀이고 관은 바로 지로서 두 가지가 없고 다른 것이 없다. 마찬가지로, 체를 가까이에서 드러내는 결과로서 안眼과 지智도 다르지 않다. 안眼이 바로 지智이고, 지智가 바로 안眼이다. 안眼 때문에 보는 것을 논하고, 지智 때문에 아는 것을 논한다. 아는 것은 바로 보는 것이고, 보는 것은 바로 아는 것이다. 불안佛眼은 다섯 눈을 갖추었고, 불지佛智는 삼지三智를 갖추었으며, 왕삼매王三昧는 일체의 삼매를 모두 다 그 속에 갖추었고, 수능엄선정首楞嚴禪定은 일체의 선정을 포함한다.

　　『대품경大品經』에서 말하였다.

“도혜道慧, 도종혜道種慧, 일체지一切智, 일체종지一切種智[4]를 얻으려고
한다면 마땅히 반야를 배워야 한다.”

『석론釋論』에서 “삼지三智는 일심一心 속에 있다.”고 했는데 어찌하여
도혜 등을 얻으려면 반야를 배우라고 하는지 묻는 질문에 대해서 지의
는 이렇게 답한다. “삼지三智는 일심一心 속에 있는 것이지만, 사람들이
쉽게 깨치게 하기 위해서 이와 같은 설을 하신 것이다.”『금강반야경金
剛般若經』에서 말씀하셨다. “여래는 육안肉眼이 있는가. 대답하여 이르
되, 있다. 나아가서 여래는 불안佛眼이 있는가. 대답하여 이르길, 있다.”

여기서 반야는 세계관의 일대 전환을 의미한다.『대지도론』에서도
“모든 사물의 진여·법성·실제는 모두 반야바라밀에 들어가니, … 반야
바라밀에선 화합이든 분산이든, 물질이든 물질이 아니든, 볼 수 있든
볼 수 없든, 상대적이든 절대적이든, 유루이든 무루이든, 유위이든 무
위이든 존재가 없다. 왜냐하면 이 반야바라밀은 무색이고 무형이고 절
대적이고 일상이니, 소위 무상無相이기 때문이다. … 반야바라밀은 일
체 법이나 일체 걸림이 없이 설하는 변재를 생기게 할 수 있으니, 일체
를 비춰 밝혀서이다.”[5]라고 반야의 의미를 해설한다. 반야도 유위와 무
위로 구분해서 이해하기도 하지만, 무위의 궁극적인 반야, 즉 가장 큰
지혜는 세계관일 것이다. 지관止觀의 경우에도 세계관에 따라서 그 내
용은 크게 달라진다. 통교, 별교에서는 입자 중심의 세계관이 남아 있
기 때문에 상대지관, 점차지관으로 격력차제隔歷次第의 단계론을 벗어
나지 못한다. 이에 비해 원교는 원융무애한 중도의 세계관에 입각하기

---

4 도혜 : 개괄적으로 도道를 널리 아는 지혜. 도종혜 : 도의 여러 모습을 상세히
분별해 아는 지혜. 일체지 : 모든 것을 널리 아는 지혜. 일체종지 : 모든 것의 여러
면모를 상세히 분별해 아는 지혜.

5 용수 저, 석법성 역, 『대지도론』 5권, 213쪽. 운주사, 2016.

때문에 절대지관, 원돈지관으로 모든 것을 일체 경계 없이 명정明靜한 것으로 보았다. 안眼과 지智의 경우에도 원교의 세계관에서는 불차제不次第의 관계, 즉 격력차제의 단계론이 아니라 원돈의 동시장으로 보고 있다. 혜안慧眼과 법안法眼, 불안佛眼의 삼안三眼이라는 인식의 차원과 일체지一切智, 도종지道種智, 일체종지一切種智라는 삼지三智의 인식의 경지가 서로 다르지 않으며, 나아가 육안肉眼과 천안天眼이 포함된 오안五眼이 모두 불안佛眼에 포함되어 있으며, 삼지三智가 일심一心 속에 들어있다는 것은 반야로서의 세계관으로 일대 전환이 이루어졌을 때, 모든 인식의 차원과 경지가 전격적으로 바뀔 수 있다는 것을 나타낸다. 그전의 세계관이 입자 중심으로서 모든 것을 입자단위에서 출발하여 단계적으로 쌓아 나가는 것이었다면, 반야를 배워서 세계관이 일대 전환이 되었을 때는 즉각 장 중심으로 바라보게 되는 것이다. 모든 것을 중도의 동시장에서 바라보기 때문에 일체가 불차제이고 원융무애한 상태로 드러나는 것이다. 용녀의 딸이 중도의 동시장을 받아들이면서 즉각 성불할 수 있듯이 관건이 되는 것은 반야로서 세계관이다. 이러한 세계관에서 일대 전환이 이루어질 때 삼안삼지三眼三智도 일체가 되어 드러나는 것이다.

이러한 관점에서 『마하지관』은 불안佛眼의 의미를 해설하고 있다.

다섯 눈이 있다고 하더라도 사실은 나누어서 베푸는 것이 아니고, 다만 하나의 눈에 관련시켜서 다섯 가지 작용을 갖추고, 다섯 경계를 비출 수 있다. 그 까닭은 무엇인가? 불안佛眼도 큰 색을 비출 수 있으며, 사람이 보는 바와 같고, 또한 사람이 보는 바를 넘으니 육안肉眼이라 한다. 또한 미세한 색을 비추는 것이 천天이 보는 바와 같고, 또한 천이 보는 바를 넘으니 천안天眼이라 한다. 크고 미세한 색은 (모두) 공함을 통달함이 이승二乘을 보는 바와 같으니 혜안慧眼이라 하고, 가명假名에 통달하여 오류가 없음이 보살이 보는 바와 같으니 법안法眼이라 한다. 모든 법에 의하면서 모두 다 실상을 보니 불안佛眼이라 한다. 마땅히 알아야 한다. 부처의 눈은 원만히 비추어서 남음이 없다는 것을. 따라서 『경』에서 말하였다.

"오안五眼을 갖추어서 보리를 이루고, 언제까지나 삼계三界를 위해 부모가 된다."(『마하지관』)

입자 단위에서 볼 때, 즉 별교의 차제적 관점에서 볼 때는 오안五眼이 모두 구분되어 보이지만, 중도의 동시장에서 볼 때 불안은 오안을 모두 갖추고 있는 것이며, 필요에 따라 능숙하게 나타나 삼계의 모든 존재를 포괄한다는 것이다. 이를 삼계를 위해 부모가 된다고 명시한다. 노자가·『도덕경道德經』에서 우주는 만물의 식모食母라고 표현했듯이, 불안佛眼은 삼계의 부모가 된다는 것인데, 이는 모든 존재와 인식의 출발이 입자 단위가 아니라 전체의 중도장에서 비롯된다는 것이다.

그러면서 유독 불안佛眼이라고 칭하는 것은, 무릇 강의 흐름이 바다에 들어가면 본래의 명자名字를 잃는 것과도 같은 것이지, 네 가지 작용이 없는 것은 아니다. 부처의 지혜가 공空을 비추는 것이 이승二乘이 보는 바와 같으니 일체지一切智라고 하고, 불지佛智가 가假를 비춤이 보살이 보는 바와 같으니 도종지道種智라 한다. 불지佛智가 공空·가假·중中을 비춤이 모두 실상을 보는 것과 같으니 일체종지一切種智라고 한다. 따라서 세 가지 지혜는 일심一心 속에서 얻는다고 말하는 것이다. 그러므로 일심의 삼지三智가 성취하는 삼안三眼은 사려분별을 넘어선 즉공즉가즉중即空即假即中의 삼제三諦를 본다는 것을 알아야 한다. 이와 같이 보는 것은 지智를 통해 성취되므로 안眼이라고 한다. 일심의 삼관三觀이 성취하는 삼지三智는 사려분별을 넘어선 세 가지 상[삼경三境]을 안다는 것을 알 수 있다. 이와 같이 아는 것은 관觀을 통해 성취되므로 지智라고 한다. 경境과 진리[諦]는 동일한 하나에서의 좌와 우의 차이 정도이며 보는[見] 것과 안다[知]는 것도 동일한 하나를 안眼이라고도 부르고 눈[目]이라고도 부르는 정도의 차이로 다른 것이 아니다. 여기서는 삼관三觀을 이해하기 쉽도록 임시로 상에 근거해서 지智라고 하고 삼지三止를 이해하기 쉽도록 진리[諦]에 근거해서 안眼이라고 했다. 이와 같이 각각 세 가지 용어로 구분해서 설명해도 사실은 사려 분별을 넘어선 하나의 가르침이다. 이와 같이 하나의 가르침인 안眼과 지智를 통해 원돈지관의 진리[諦]를 이해할 수 있다. 이와 같은 해석은 마음을 관하는 것에 근본된 것으로서 결코 경전을 읽고 설한 것이 아니라, 단지 사람들의 의심을 피하고 믿음을 키워 주기 위하여 경전에 부합되는 부분을 인용하여 설명할 따름이다. (『마하지관』)

이와 같이 『마하지관』에서는 인식의 차원인 안眼과 인식의 경지, 지혜인 지智를 불안佛眼과 불지佛智의 경지, 즉 일심·중도의 장에서 바라볼 때 비로소 원돈지관의 진리로 이해할 수 있다고 한다. 즉, 상대지관, 점차지관의 입자 중심의 세계관을 고수한 상태에서는 아무리 수행하더라도 차제의 벽을 넘을 수 없는 것이며, 반야로서 장 중심으로 세계관이 일대 전변이 이루어질 때 즉각 원융무애한 '명정明靜' 상태에 이를 수 있다는 것이다.

[수련법]

1. 혜안慧眼, 법안法眼, 불안佛眼의 기의 장을 떠올려 본다.

2. 일체지一切智, 도종지道種智, 일체종지一切種智의 기의 장을 떠올려 본다.

   공·가·중과 비교해 보면 같다.

3. 불안佛眼과 일체종지一切種智의 기의 장을 비교해 본다.

경계境界 I

삶은 사건의 총화이다. 살아간다는 것은 매 순간 새로운 사건을 만나는 것이다. 그렇다면 살아가는 주체는 누구이고, 새롭지 않은 것, 즉 익숙한 것은 무엇인가? 이들이 서로 다르게 보이고 구분되는 것은 별도의 실체가 있어서가 아니라, 다만 변화하는 템포의 차이가 있기 때문이다. 이 중에서 항상성을 유지하면서 살아가는 것으로 보이는 존재도 변화의 템포가 느린 것일 뿐이다. 그 내부에서는 찰나생, 찰나멸의 변화가 일어난다. 익숙한 것은 새로운 것에 비해 변화의 템포가 느리기 때문에 지속되는 것으로 보이는 것이다. 부동의 일자─者는 존재하지 않는다. 다만 변화의 템포가 빠른 주위 세계에 비해 거의 감지하기 어려울 정도로 느린 것을 부동의 입자 단위로 설정하여 의식 내용마저 이어가면서 존재의 출발점으로 설정하는 것이다. 입자 단위가 존재의 기초이고 이것으로부터 존재가 시작된다면, 이것을 제외한 모든 것은 타자이다. 입자 단위를 부동의 일자라고 여기는 순간부터 즉각 그 입자를 제외한 모든 것은 이질적인 타자로 등장하는 것이다. 실제 세계가 그런 것이 아니라 '나'라는 입자의 인식으로부터 허구적인 세계가 만들어지는 것이다. 이런 상태에서 이질감이 덜한 타자나 자신의 영향력이 확장된 타자 사이에는 공감대가 형성될 수 있다. 그러나 이질감이 큰 타자를 만나는 순간 그를 '경계'라고 인식하게 된다. 이 경우에 입자 중심의 존재는 '경계'의 벽에 막혀 머물고 좌절하거나 '경계'에 사로잡혀 전전긍긍하면서 끌려다니게 된다. 또는 입자 중심의 정체성을 유지한 상태에서

'경계'를 돌파하는 방법도 있을 수 있지만, 이 경우는 제한된 범위에서 일시적일 뿐 모든 경계들을 해소해 나갈 수는 없다. 입자 중심의 세계관으로서 전 우주를 상대로 헤게모니를 확장할 수는 없기 때문이다. 그렇다면 주로 전자의 경우에 머물 수밖에 없는 것인데, 그 상태가 바로 스스로 입자 중심의 존재라고 인식한 결과 자초하게 된 번뇌와 소외감이다.

그런데 입자 단위로 존재하면서 만나는 경계 가운데는 자신보다 높은 차원의 세계도 있다. 앞에서 입자를 압도하는 경계는 같은 차원의 대상이었기에 대립적인 관계일 수밖에 없지만, 자신보다 높은 차원의 경계를 만나면 입자 단위는 경색되거나 위축되는 것이 아니라 오히려 새로운 차원으로 확장되거나 고양된다. 예를 들면, 공空·가假·중中의 세계가 있다. 입자 단위의 존재로서 볼 때 모든 것이 개체 단위로 파편화되어 있다고 보고 있는데. 이런 세계가 모두 공이라고 확인하는 순간, 자신의 관념의 벽이 무너지면서 집착이 사라지고 해방되는 느낌이 들 수 있다. 눈에 보이는 세계가 실유實有가 아니고 가유假有라고 알아차리는 순간, 인식의 시야가 우주 규모로 열리면서도 드러난 현상의 차이를 놓치지 않고 주목하게 된다. 입자 단위의 존재도 그 앞에 펼쳐진 세계도 모두 공이면서 가이고 전체성을 띤 중도라는 개념에 도달하는 순간 모두가 우주적 존재감을 느낄 수 있게 된다. 이들 경계는 장애물의 대상이 아니라 깨달음의 대상으로 나타난다. 이러한 경우 경계는 번뇌를 촉발시키는 것이 아니라 입자 단위의 나를 새로운 차원으로 변화시키는 진리에 해당할 것이다.

이처럼 기존의 자신보다 높은 차원의 상대를 만나서 경색되기는커녕 자신이 새로운 차원으로 고양된다면 경계의 문제는 다 해소되는가? 자신을 새로운 차원의 깨달음의 상태로 이끌기 때문에 경계는 없어지는가?

기존의 입자 단위의 폐쇄성에서 벗어나 새로운 차원으로 전화된다고 하더라도, 세계관이 바뀌지 않는 한 이러한 변신은 격력차제隔歷次第

의 한계를 가질 수밖에 없다. 격력차제는 세계관으로부터 발생하는 것이다. 세계관이 입자 중심에서 장 중심으로 전변하지 않는 한, 모든 변화는 격력차제의 한계를 벗어날 수 없다. 새로운 변화가 일어난다고 하더라도, 그것은 입자 중심의 세계관으로 볼 때 공간적으로 거리가 있고 시간이 경과한 뒤의 상태이기 때문에 단계론으로 설정되는 것이다. 이것은 존재론이나 인식론으로 보더라도 최초의 입자로부터 초월한 상태를 설정하는 것이고, 진속眞俗이 분리되고 번뇌와 보리가 다르고 생사와 열반이 다르며, 공·가·중이 다른 상태로 개별화되어 나타나는 것이다. 여기서는 '나중'의 상태가 '처음'의 상태를 초월한 것으로서, '나중'이 '처음'을 차별하고 '나중'이 아만에 이르고 위계적인 권위의식을 가질 수 있다. 이런 상태로서의 '나중'은 깨달음의 상태라고 하더라도 경계로 작용할 수밖에 없다. 공·가·중 및 반야·해탈·법신 등도 개별적인 진실로 논의될 뿐이다. 이들 모두 입자 중심의 세계관으로 바라보기 때문에 제각각의 개념으로 설정되는 관념성을 벗어나지 못한다.

결국 번뇌에 이르게 하는 장애물이든 깨달음의 상태에 이르게 하는 것이든 입자 중심의 세계관에 바탕을 둔 존재론과 인식론을 갖는 한, 모든 순간 겪게 되는 사건과 만남은 모두 경계로서 작용할 수밖에 없다.

이러한 경계는 입자 중심의 세계관이 장 중심의 세계관, 즉 일미동체의 세계관으로 전변할 때 저절로 해소될 수 있다. 온 우주가 하나의 장이고 일기一氣이고 일심一心이라고 보기 때문에 모든 현상과 진리는 전체 장의 소산일 뿐이다. 모든 존재론과 인식론이 장으로 출발, 시작하고 장으로 마감한다.

견혹見惑·사혹思惑·진사혹塵沙惑·무명혹無明惑을 입자로 출발해서 바라본다면, 제각각 다른 경계로서 뛰어넘기 쉽지 않은 벽으로 다가오지만, 장으로 바라보면 모두 장의 모습이고 장 안의 흐름이고 결이며 무늬일 뿐이다. 생사와 열반, 번뇌와 보리가 입자 중심으로 본다면 대립 상태이지만, 장 중심으로 바라보면 분리가 되지 않는, 다르지 않은 상태이다. 공·가·중을 입자로 출발해서 바라보면 제각각 다른 상태로 나타나지만, 장에서 출발해서 바라보면 즉공즉가즉중卽空卽假卽中의 한 모습일 뿐이다. 일미동체의 장으로 바라볼 때, 방편은 바로 진실이고 방편을 통해서 진실이 드러나는 것이기에 개권현실開權顯實이라고 할 수 있고, 추가 바로 묘이고 추를 통해서 묘가 드러나기에 개추현묘開麤顯妙라고 할 수 있다. 존재론으로서나 인식론으로서 보더라도 일체의 차별과 지체가 없는 원돈圓頓의 장이기에 경계는 애초에 생기지 않는다. 부처가 중생의 근기에 맞게 베푸는 모든 방편은 바로 일미동체의 장에 바탕을 두고 행하는 것이기에, 무슨 방편을 사용하더라도 경계가 생기지 않는다. 부처라는 존재 자체도 대승의 관점에서 본다면 중생과 분리된 초월 상태의 인격체가 아니다. 온 우주 법계의 법성 그 자체이기에 장을 가리킨다. 말하자면 모든 주체는 일미동체의 장이다. 그 장에서 모든 것이 빚어지고 변화하기에 인식의 차원과 시야를 일미동체의 장으로 열어 두면 바로 부처와 감응하면서 모든 것을 인식할 수 있게 된다.

이상과 같은 관점으로 『마하지관』에서 인식의 대상으로서 경계에 대해 서술한 부분을 살펴본다.

앞에서 언급한 삼안삼지三眼三智[1]는 보고 아는 주체이다. 이러한 인식 주체가 파악하는 대상을 경계境界라고 하는데, 여기서는 공空·가假··중中·삼제三諦의 진리이다. 이것은 삼지삼관三止三觀[2]을 통해 성취하는

---

1 혜안慧眼·법안法眼·불안佛眼과, 일체지一切智·도종지道種智·일체종지一切種智.
2 체진지體眞止·방편수연지方便隨緣止·식이변분별지息二邊分別止와, 종가입공관從假入空觀·종공입가관從空入假觀·중도제일의관中道第一義觀.

깨달음의 경계이기도 하다. 만약 앞의 안지眼智의 뜻을 충분히 이해한다면 경계에 대해서 따로 설명을 들을 필요는 없으므로, 여기서는 아직 깨치지 못한 사람을 위해서 강설한다고 한다. 그런데 여기서 경계를 바라보는 관점은 수행에서 아주 중요한 의미를 띠기 때문에 자세하게 살펴본다.

지의는 먼저 불안佛眼으로부터 시작한다.

『경』에서 말하였다.
"모든 중생을 위해 부처의 지견知見을 연다."
만일 중도의 경계가 없다면, 지혜가 아는 바가 없을 것이며, 눈이 보는 바가 없을 것이다. 마땅히 알아야 한다. 불안佛眼의 경지가 있다는 것을.
(『마하지관』)

불안佛眼은 식이변분별지息二邊分別止로, 모든 존재의 참모습을 중도로 보는 인식의 차원이다. 불佛은 진리를 깨달은 사람, 부처를 뜻하지만, 그 모습을 인격체로 떠올리는 것은 3차원 공간관의 인식틀 때문이다. 일미동체의 세계관에 기초해서 바라본다면, 온 우주가 하나의 동시장으로 존재하기 때문에 법성이나 불성, 부처는, 진리를 깨닫고 불생불멸의 열반에 이른 상태로서 3차원적 인격체가 아니라 온 우주 전체를 망라하는 중도의 동시장, 온 우주의 법계 자체를 상징하는 것이라고 볼 수 있다.『금강경』에도 부처에 대한 인식의 차원을 명쾌하게 밝히고 있다.

무릇 상相이 있는 것은 모두 다 허망하니, 만약 모든 상相이 상相이 아닌 것으로 본다면, 곧 여래를 볼 수 있다. 그리고 만약 색으로써 나를 보거

나, 음성으로써 나를 구한다면, 이 사람은 삿된 도를 행하는지라, 여래
를 볼 수 없다.

여기서 상相과 색色, 소리는 모두 3차원 공간관으로 인식하는 형상
이다. 이러한 인식틀로서는 색신불色身佛만 보지만, 일미동체의 세계관
으로 인식틀이 확장되면 부처는 법신불로서 인격체의 형상을 띤 존재
가 아니라 바로 중도의 동시장으로 나타나게 된다. 불안佛眼은 부처의
눈으로서, 모든 존재의 참모습을 중도실상으로 인식할 수 있는 차원의
안목을 뜻한다. 이러한 불안佛眼의 경계가 있으므로 비로소 지혜가 아
는 바가 있고, 눈이 보는 바가 있다고 한다. 부처의 지견知見을 여는 것
은 모든 중생을 위하는 것이라고 한다. 이것은 무엇을 의미하는가? 이
것은 모든 존재의 시작과 출발, 그리고 인식의 기초와 근거가 일미동체
의 장이라는 것이다. 입자 중심으로 출발하여 격력차제隔歷次第의 단계
로 바라보는 것이 아니라 모든 것은 일미의 장이어서 장을 중심으로 하
여 모든 차별적 현상을 바라보기에 모든 존재를 중도실상으로 바라볼
수 있게 되는 것이다. 불안佛眼의 대상인 경계는 바로 중도이다. 모든
인식의 근거이고 바탕이다. 이러한 인식의 기초 바탕·무대가 펼쳐지기
에 지혜가 아는 바가 있고, 눈이 보는 바가 있다는 것이다. 여기서 모든
중생을 위하여 부처의 지견을 연다는 표현은 의미심장하다. 모든 중생
의 존재와 삶의 바탕·무대가 온 우주 법계이고, 그것은 모두 중도실상
이고 제법실상인데 그렇게 인식되게 하는 것은 불안佛眼의 인식의 차
원이다. 불안佛眼으로 온 우주가 일미동체의 장으로 등장하여 모든 존
재와 인식의 바탕이 된다는 것이다. 결국 입자 단위에서 출발하는 것이
아니라 장으로부터 출발하고, 입자 중심으로 바라보는 것이 아니라 장
중심으로 바라보는 인식의 대전환을 가리키는 것이다.

『마하지관』에서는 불안佛眼 다음으로 천안天眼을 언급한다.

『경經』에서 말하였다.

"세상에 참다운 천안天眼을 지닌 자라도 이상二相으로써 하지 않으면,

어찌 모든 불국토를 볼 것인가?"

만일 세속의 경계가 없다면, 이 눈은 응당 불국토를 볼 수가 없는

것이다. (『마하지관』)

천안天眼은 색계色界의 사람이 가진 눈으로 멀고 가까움, 안과 밖, 낮
과 밤을 가리지 않고 볼 수 있는 인식의 차원을 가리킨다. 천안天眼으로
써 구체세계, 즉 세속의 '결'과 무늬를 파악할 수 있다. 이러한 안목을
갖지 않는다면 세계 전체를 제대로 알 수 없다는 것이다. 그런데 불안佛
眼으로 중도의 전체장이 열린 다음에 천안天眼을 동시에 갖추어 구체세
계를 대상, 즉 경계로 파악한다는 것을 밝히고 있다는 점을 주목할 필
요가 있다. 입자로서 속제에서 출발하여 전체 중도의 장에 이르는 것이
아니라 먼저 전체 중도의 장이 열린 상태에서 속제, 구체세계의 대상을
파악한다는 것이다.

불안佛眼, 천안天眼 다음으로 혜안慧眼을 언급한다.

『경』에서 말하였다.

"천안天眼이 개벽하면 혜안慧眼이 진실을 본다." (『마하지관』)

혜안慧眼은 모든 존재의 참모습이 공하다고 보는 인식의 차원을 가
리킨다. 불안佛眼으로 전체 중도의 장이 열린 상태에서 천안天眼으로 속
제의 구체세계를 바라본 뒤, 이 천안이 개벽하면 혜안慧眼에 의해서 모
든 구체세계가 공함을 바라보게 된다. 이로써 전체가 중도의 장이고,
동시에 구체세계가 실유實有가 아닌 가유假有이며, 그 실상은 공空임을
인식하게 된다는 것이다. 이로써 공가중空假中의 삼체三諦가 인식대상

으로서 경계로 드러나게 되는 것이다. 여기서 주목할 점은, 인식대상으로서의 경계를 입자 단위에서 출발하여 전체 중도에 이르는 격력차제隔歷次第의 단계론으로 설정하지 않는다는 것이다. 처음부터 불안佛眼으로 중도의 전체장이 열리는 것을 전제하고 있다. 앞에서, 이러한 중도의 경계가 없다면, 지혜가 아는 바가 없고, 눈이 보는 바가 없다고 하였다. 이러한 바탕 위에서 구체세계를 바라보고 또 그 세계가 가유假有이면서 본바탕은 공한 것임을 인식한다는 것이다. 이것은 구체세계에 있는 중생들의 근기에 따라서 전체의 장을 공가중의 삼제로 설명하는 것이다. 다시 말해, 공가중의 삼제는 부처가 중생과 감응을 하면서 설명하는 것일 뿐, 궁극적인 깨달음의 대상, 즉 경계는 하나의 전체장일 뿐이다. 공가중의 언어로 표현한다면 그것은 분리되지 않은 즉공즉가즉중이다. 이것은 입자로부터 출발하고 입자 중심으로 바라보는 것이 아니라 장으로부터 출발하고 장 중심으로 세계를 해석하는 것이다. 이 점은 나와 세계에 대한 존재론과 인식론에서도 의미가 있지만, 수행의 측면에서는 아주 중요하다. 점차지관漸次止觀과 원돈지관圓頓止觀, 상대지관相待止觀과 절대지관絶待止觀의 기초가 해명되는 것이다. 점차지관과 상대지관은 공간성과 시간성, 인과성의 간격을 전제로 하기 때문에 궁극적으로는 전체 장에 이를 수 없고 원돈지관, 절대지관은 처음부터 입자가 주체가 아니라 전체 장이 주체라고 설정하고 그에 내맡기기 때문에 그러한 경계가 발생하지 않는다.

『마하지관』에서는 공가중 삼제三諦의 이법은 불가사의하고 결정된 속성이 없어서 언어로 설명할 수 없는 것이라고 한다. 다만 조건에 근거해서 설명한다면, 세 가지 뜻을 벗어나지 않는다고 한다. 첫째는 중생의 감정에 따른 설법[수정설隨情說]으로서 타인의 측면에 따라 말하는 것이다. 둘째로는 중생의 감정과 지혜에 따른 설법[수정지설隨情智說]으로서 자신과 타인의 측면에 따라 말하는 것이다. 세 번째는 지혜에 따른 설법[수지설隨智說]으로서 자기의 측면에 따라 말하는 것이다.

① 수정설隨情說

수정설이란 부처가 중생을 교화하기 위해서 그들의 욕구에 따라 하나의 진리를 공가중의 삼제로 다양하게 설법했다는 것이다. 삼제 모두는 절대적 진리에 대한 방편이다.

수정설은 맹인이 우유가 어떤 것인지를 모르고 어떤 사람에게 "우유가 어떤 색입니까?"라고 물었을 때 그 사람이 "우유의 흰색은 조개·죽·눈·학과 같은 색이다."라고 말하는 것을 들었을 때와 같다고 한다. 맹인은 이 말을 들어도 우유의 색깔을 이해하지 못하면서 하나하나의 이론에 집착한다. 부처는 중생이 삼제의 실상을 알지 못하기 때문에 큰 자비심으로 방편을 일으켜 분별해 설명한다. 하지만 범부는 설명을 들어도 삼제의 실상을 이해하지 못하고, 상락아정常樂我淨의 실상을 볼 수 없다. 아직 실상을 보지 못했음에도 불구하고 사람들은 각자 유有 혹은 공空에 집착하여 서로 시비를 다툰다. 모두가 경전이나 논전을 인용하고 있으니 어느 것이 옳은 것인지 알 수가 없다. 만일 모두가 옳다고 한다면 진리는 무한히 많게 되고, 모두 틀렸다고 한다면 각각 타당한 부분이 있어 틀렸다고도 할 수 없다. 이와 같이 자기의 견해가 옳고 타인의 견해는 틀렸다고 다투면 애써 붓다의 가르침을 배워도 생명을 상해 도중에 죽고 만다.[3] 감로수를 마신다고 하더라도 목숨을 상하여서 일찍이 죽는다. 『경經』에서 말하였다.

---

3 김정희, 「지의 마하지관」, 『철학사상』 별책 제7권 제1호, 71쪽. 서울대 철학사상연구소, 2006.

문수보살과 미륵보살이 아직 깨닫기 전에 둘이서 이제二諦를 다투었기에 함께 지옥에 떨어졌다.

지금 세상의 범부의 마음은 한결같이 하나의 글에만 집착하여 자신의 입장을 고집한다. 이와 같은 사람들은 중생의 마음에 따라 공가중의 삼제三諦가 있다는 것을 아직 모른다. 만일 이 뜻을 안다면, 여러 가지로 다른 교설을 들어도 여래는 중생의 감정에 따라 교화했으며, 어떤 사람들이라도 이해할 수 있도록 여러 가지의 가르침을 설했다는 의미를 이해할 수 있다. 이것이 바로 타의에 따라서 삼제三諦를 설하는 것이다.

이상의 수정설에서는 여래가 중생들의 감정과 마음, 근기에 따라서 여러 가지 방편을 제시한 것인데, 그 방편이 가리키는 바를 보지 못하고 방편의 문자적 표현을 곧이곧대로 실체화하여 이해한다면 결코 제대로 이해할 수 없다는 것을 말한다. 문수보살과 미륵보살이 깨닫기 전에 이제二諦를 다투었기 때문에 함께 지옥에 빠졌다는 비유는 수정설에 따른 경계가 갖는 함정을 극적으로 표현하고 있다. 수정설로 표현된 세계는 입자의 세계이다. 이 세계는 원래 일미동체의 장이었다. 즉공즉가즉중의 한 세계였다. 이를 중생들의 정서에 맞추어 설명한 것인데 이를 입자 중심의 인식틀로 이해한다면 그 방편 자체의 경계에 갇혀서 결코 전체의 장으로 열리지 못한다는 것을 지적하고 있다.

② **수정지설**隨情智說

수정지설이란 공가중의 삼제를 진제眞諦·속제俗諦의 이제二諦의 관점에서 이해하는 것이다. 앞의 수정설에서 삼제는 하나의 절대적 진리에 대한 세 가지 진리로 성립하지만, 여기서는 삼제들을 진제와 속제의 이제로 나누어 이해하기 때문에 하나의 진리에 대한 삼제의 관계를 말하지 않는다. 다시 말해, 중생의 근기에 따르면 삼제는 모두 속제이고, 성인의 지혜에 따르면 삼제는 모두 진제로서 절대적 진리이다.

감정과 지혜에 따라 삼제를 설하는 경우, 감정에 따라서는 이제를 설명하고, 지혜에 따라서는 일제를 설명한다. 이 경우 일제와 관련해서 삼제를 논의할 수 없다. 범부의 감정에 따르면 범부의 감정은 모두 방편이 되어 일제가 곧 삼제라고 해도 이들을 묶어 이제의 의미로 이해하기 때문이다. 또 성자의 지혜에 따르면 모두 진실을 얻을 수 있어 일제가 곧 삼제라고 해도 이들을 묶어 하나의 진실의 의미로 이해하기 때문이다. 이와 같이 감정과 지혜를 함께 대조해서 삼제를 말한다. 상사위相似位의 경우 육근六根이 청정하여 진실을 이해하지만, 중도를 아직 통찰하지 못한다. 삼제를 관찰해도 사주번뇌四住煩惱[4]와 진사혹塵沙惑을 겨우 부수었기 때문에 방편도는 깨달아도 중도제일의제를 깨닫지 못했기 때문에 방편도와 중도제일의제를 묶어서 각각 속제와 진제의 이제로서 이해한다. 만약 초주初住에 들어 무명혹無明惑을 부수면 불성을 통찰하여 이제를 함께 비추게 되니, 이것을 지혜라고 한다. 삼제를 갖추고 있어도 이것을 묶어서 중도제일의제라고 이해한다. 이와 같이 수행자의 감정과 지혜를 합한 설법을 자신과 타인의 양 측면에 따른 설법이라고 한다.[5]

이상과 같이 수정지설은 중생들의 감정, 마음과 성인의 지혜에 따라서 다르게 이해될 수 있는 설법이다. 수행자 개개인으로 적용한다면, 감정과 지혜에 따라서 달리 이해될 수 있는 가르침인 것이다. 입자 중

---

4 삼계의 견혹見惑, 사혹思惑의 번뇌를 네 가지로 구별하는 것. 삼계의 일체의 견혹을 견일체주지見一切住地, 욕계의 사혹을 욕애주지欲愛住地, 색계의 사혹을 색애주지色愛住地, 무색계의 사혹을 유애주지有愛住地라고 함.

5 위의 책, 72쪽.

심의 인식틀로 듣게 된다면 어떤 설법도 모두 속제로서 이해할 수밖에 없다. 그러나 잠시라도 장 중심의 인식틀로 전변하여 설법을 듣는다면 궁극적인 경계에 이르게 된다는 것이다. 초주에 들어가서 무명혹을 부수면 불성을 통찰하게 된다는 상태가 이를 구체적으로 나타내는 것이다. 무명혹은 결국 공간성·시간성·인과성의 인식틀에서 벗어나 모든 것을 일미동체의 장으로 바라보게 될 때 사라진다. 여기서 통찰한다는 불성은 3차원 공간의 인격체로 존재하는 것이 아니라 온 우주법계 전체를 망라하는 중도의 장으로서 항상 함께하는 것이다. 이러한 상태에 이를 때 공가중의 삼제를 개별화된 진리로서의 속제로 듣는 것이 아니라, 삼제가 바탕하고 있는 전체, 즉공즉가즉중으로서 이해하게 된다는 것이다.

③ 수지설隨智說

수지설은 부처의 지혜에 따른 설법으로, 삼제의 참된 모습은 범부 중생이나 이승은 결코 이해할 수 없다는 의미를 갖는다.

지혜에 따라 삼제를 설명한다는 것은 다음과 같다. 초주 이후부터 중도제일의제를 설명해도 볼 수도 없고 들을 수도 없을 뿐만 아니라 진제와 속제에 대해서도 같다. 삼제는 심오하고 미묘한 진리이기 때문에 오직 지혜만이 비출 수 있다. 보일 수도 생각할 수도 없다. 이러한 말을 들으면 누구라도 당연히 놀라고 이상하다고 생각할 수밖에 없다. 안에도 밖에도 있지 않고, 어렵지도 쉽지도 않으며, 모습이 있지도 없지도 않다. 이는 세간의 모든 현상과 다르며 아무리 많은 말을 통해 설명해도, 사구四句를 통해 설명하려고 해도 파악할 수 없다. "오직 부처와, 부처와 함께할 수 있는 사람만이 알 수 있다.", "언어로 표현할 수 있는 길이 끊어졌으며 사려 분별을 넘어서 있다."고밖에 할 수 없다. 범부의 감정으로 생각할 수 있는 것이 아니며 하나라고 해도 세 가지라고 해도 범부의 사고 분별을 넘어서 있다. 이승인二乘人도 생각할 수 없으니 범부는 더욱 생각할 수 없다. 이는 우유의 색은 눈을 떠 볼 때에만 비로소 알 수 있는 것과 같이, 어떤 말로도 맹인은 우유의 색 자체를 이해할 수 없다. 이와 같이 설하는 것을 지혜에 따라 삼제의 모습을 설명하는 것이라고 한다. 이것이 자기의 측면에 따른 설명 방식이다.[6]

수지설은 부처의 지혜에 따른 설법이어서 어떠한 논리로서 설명할 수도 없고, 어떠한 개념적 분별로서도 이해할 수 없다고 한다. 입자 중심의 드러난 질서의 어떤 상태를 제시하는 것이 아니기 때문이다. 일미동체의 중도의 장을 어떻게 묘사할 수 있으며, 입자 단위로부터 출발하여 그 세계관을 유지한 상태에서 그를 어떻게 이해할 수 있겠는가? 여기서 주목할 부분은 이 경지를 오직 부처와, 부처와 함께 할 수 있는 사람만이 이해할 수 있다는 언급이다. '부처와, 부처와 함께할 수 있는 사람[불여불佛與佛]'이라는 표현에서 부처를 인격체 개념으로 이해한다면 범부와 다른 초월적 존재로 설정하는 것이고, 이는 입자 단위의 인식틀과 세계관에 근거한 이해이기 때문에 다시 격력차제의 오류를 반복하게 된다. 장 중심의 인식틀과 세계관에서 본다면 부처는 입자의 인격체가 아니다. 온 우주 법계에 두루 편재하고 있는 일미동체의 장이다. 그러한 장이기에 불생불멸의 열반 상태이고 모든 존재와 인식의 출발이고 기초이다. 이러한 장 중심의 세계관으로 본다면, 부처는 물론이고 부처와 함께할 수 있는 사람도 세계관과 인식틀이 '입자 중심'에서 '장', '중도의 동시장'으로 열려 있는 상태의 사람을 말한다. 이러한 상태는 일순간에 그칠 수도 있다. 그렇다면 다시 입자 중심의 인식틀로 전락하는 것이고, 그 상태에서는 있는 그대로의 중도를 알 수 없다. 그

---

6 위의 책, 72쪽.

러나 인식틀과 세계관이 동시장으로 열려 있는 순간만은 공가중의 삼 제를 개별적인 경계로 인식하지 않고 본래가 즉공즉가즉중의 장인 것 으로 인식할 수 있다는 것이다.

이상에서 깨달음의 과정에서 형성되는 경계를 '입자 중심'과 '장 중 심'으로 대비하여 조망해 보았다. 언어로서 개념화하고 논리적으로 분 별할 수 있는 경지를 '사의思議'로서 묘사하는데, 이것은 '입자 중심'의 세계관과 상응하고, 언어로서는 도저히 표현할 수 없고 사려분별할 수 없는 경지를 '불가사의不可思議'라고 언급하는데, 이는 '장 중심'의 세 계관과 상응한다고 보았다. 전자는 누구라도 쉽게 접근할 수 있지만 한 계가 있을 수밖에 없고, 후자는 난해하지만 사유 과정에서 발생하는 온 갖 번뇌와 경계를 벗어날 수 있다. 자유롭게 자재할 수 있는 길은 이것 밖에 없기에 대승의 철학은 여기에 근간한다. 기 수련을 할 때, 양자의 차이는 너무나 현격하고 초래하는 결과는 엄중하다. 어쩌면 일상생활에 서는 이러한 접근이 어렵고 뜬구름 잡는 듯이 보일지 몰라도, 수행 과정 에서는 어느 길로 접어드는가는 마치 매 순간 칼날 위에 서느냐, 무한한 우주 법계의 품속으로 들어서느냐 정도의 차이이다. 수행을 통해서 익 숙해진다면 일상생활에서도 사유 방식이 어느덧 달라질 것이다.

【수련법】

1. 불안佛眼의 기의 장을 느껴 본다. 이어서 천안天眼·혜안慧眼의 기의 장을 느껴 보고 비교해 본다.

2. 천안天眼과 법안法眼의 기의 장을 느껴 보고 비교해 본다. 천안의 기의 장은 상대적으로 주위의 세계로 시야가 열리고, 법안의 기의 장은 안팎 구분 없이

열린다. 공·가·중은 혜안·법안·불안으로 열리는 것이지만, 천안·혜안·불안으로 설정한다면 좀 더 생생한 구체세계와 공의 세계, 중도의 세계를 뜻한다고 볼 수 있다.

3. 불안佛眼으로 열리는 즉공즉가즉중의 기의 장, 중도의 동시장을 느껴 보고 수련할 때 활용한다.

경계境界 II

흔히 애티튜드(attitute)가 본질이라고 한다. 여기서 애티튜드는 태도·자세·몸가짐·마음가짐 등을 의미한다. 애티튜드는 다른 사람을 대하거나 주변세계를 인식하고 참여하는 과정에서 나타난다. 애티튜드는 표층 의식의 작용으로 나타나기도 하지만 무의식적으로 표출되는 경우가 많다. 표층 의식의 내용은 자신이 의도하지 않더라도 허위일 수 있다. 이에 비해 애티튜드는 주로 무의식적으로 표출되는 만큼 본마음에 더 가까울 수 있다. 리듬이나 호흡도 몸을 통해서 나타나는 무의식 영역의 애티튜드이다. 리듬과 호흡은 실수 입자의 드러난 질서로는 제대로 포착되지 않는다. 이들은 눈에 보이지 않는 파동으로서 주위의 장과 공명을 이룬다. 허수의 파동방정식은 사인파의 파동을 나타내는데, 이런 파동은 보이지 않지만 접혀진 질서로서 온 우주와 연결되어 있다. 겉보기에 입자로 보이는 것도 실제로는 리듬·호흡과 같은 파동의 양상을 띠고 있다. 이러한 리듬과 호흡은 노래뿐만 아니라 말과 글에도 담겨 있고, 수련할 때나 일상생활 할 때도 중요한 역할을 한다. 리듬과 호흡은 경계에 따라 달라지기 때문이다. 동질성을 느끼는 범위, 즉 공동장과 동시장의 범위가 확장될수록 리듬과 호흡은 자연스러워지고, 그 범위가 좁을수록 빨라지고 거칠어진다. 이러한 리듬과 호흡에 따라서 태도가 달라지고 언어 표현에서 차이가 난다. 행동과 의식의 영역에서 애티튜드가 취해지기 전에 먼저 몸에서 리듬과 호흡으로 애티튜드가 형성된다고 볼 수 있다.

애티튜드를 좌우하는 가장 기본적인 바탕은 인식틀이다. 즉, 입자 중심인가, 장 중심인가에 따라서 기본 모드가 달라진다. 아무리 선의를 갖고 진정성으로써 타자와 세계를 마주한다고 하더라도 인식틀에 따라서 기의 장이 다르게 조성되기 때문에 그에 따라 애티튜드가 결정된다. 예를 들어, 입자 단위의 인식틀을 갖고 있다면, 기본적으로 입자 중심으로 사유하게 되고, 타자에 대해 대립적 태도를 가지게 된다. 또한 자기 진영 중심으로 다른 진영에 대해 적대적 태도를 가질 수 있다. 이것은 좌뇌의 개념적 분별 사고와 연계되어 있어서 모든 것을 자기 원칙과 자기 논리 중심으로 판단하고 다른 것을 배척하게 된다. 입자 중심의 인식틀을 갖는 경우, 모든 만남의 대상인 경계는 벽으로 작용하여 입자의 헤게모니가 통용되는 범위에서는 우호적인 애티튜드를 취하지만, 경계 너머의 세계에 대해서는 차별적인 애티튜드로 나타나게 된다. 설사 차원이 높은 상태를 만나서 새로운 경계에 이르더라도 그 한계를 완전히 벗어나기 어렵다. 새로운 경지를 여전히 자신, 즉 입자 단위의 것으로 인식할 수 있기 때문이다.

이에 비해 장 중심은 모두를 망라한 장으로부터 출발하여 모든 현상을 바라보기 때문에 대립각이 생기지 않는다. 우뇌로 세계를 만날 때 하나의 공동장으로서 공감대가 형성되는 것과 같다. 장 중심의 인식틀을 갖는 경우, 모든 현상과 만날 때 폐쇄적인 경계를 만들지 않는다. 항상 중도의 장을 바탕하고 있고 전체의 장이 주체인 상태이기 때문에 개별 현상을 만나면서 형성되는 모든 경계도 전체의 장과 즉각 통합되어 한 몸, 한마음이 되는 느낌을 갖게 된다.

이처럼 인식틀에 의해 조성되는 친소親疏의 범위에 따라서 자연스럽게 일어나는 반응이 애티튜드이다. 결국 애티튜드는 경계를 만날 때 취하는 입장이고, 그것은 입자 중심인지 장 중심인지에 따라서 근본적으로 달라진다고 할 수 있다.

애티튜드는 일상생활에서는 차이가 드러나기도 하지만, 미묘한 분위기의 수준일 때는 자타 모두 분명하게 알아차리기 어려울 수 있다. 하지만 수행의 세계에서 애티튜드는 수행자의 마음의 동향이 그대로 드러나는 지표로서 지관수행의 대상이 된다. 애티튜드의 미묘한 조짐도 기의 장에서는 크게 차이가 나기 때문이다. 입자 중심의 인식틀에 기초한 애티튜드는 격력차제隔歷次第의 단계론이 갖는 한계에서 벗어날 수 없다. 즉 공간적 시간적 틀 속에서 위계적 질서 체계를 내면화하면서, 한편으로 아상이 강화되고 아만이 생겨나며 다른 한편으로 권위에 얽매여 자유로울 수 없다. 반면에 장 중심의 인식틀에 기초한 애티튜드는 모든 존재와 상황이 일미동체의 장의 소산이므로, 무엇을 보더라도 경계로 작용하지 않기 때문에 애티튜드는 저절로 대자대비大慈大悲의 포용성으로 나타난다. 이러한 관점에서 본다면 애티튜드는 단순한 처세술이 아니라 세계관이라고 할 수 있다. 즉 세계관이 다르면 애티튜드도 다르고 애티튜드가 다르면 세계관도 다르다는 것이다. 애티튜드와 세계관은 선후의 문제가 아니라 드러나는 측면이 다른 것일 뿐이다. 그런 점에서 애티튜드가 본질이라고 하는 것이다. 여기서 세계관이 다르다는 것은 인식틀과 인식의 차원이 다른 것을 전제하는 것이다. 동일한 인식틀과 인식의 차원일 때는 세계에 대한 견해가 다를 뿐 동일한 세계관이다. 앞에서 살펴본, 상대지관과 절대지관, 점차지관과 원돈지관은 입자 중심의 인식틀과 장 중심의 인식틀, 3차원 공간관의 세계관과 일미동체의 중도의 세계관으로서 차이가 난다. 이에 비해, 진보와 보수는 동일한 세계관, 즉 3차원 공간관의 차원에서 다른 견해와 입장을 갖는 것이다.

먼저 진보와 보수가 동일한 차원이라는 점에 대해 살펴본다. 보수는 전통적인 가치나 질서를 지키려는 입장을 가리키고, 진보는 낡은 질서를 혁파해서 더 많은 계급과 계층이 평등하고 자유로운 방향으로 진화해 나가기를 바라는 입장을 가리킨다고 할 수 있다. 부패나 자기 진영 중심주의는 진보, 보수를 막론하고 일어난다. 그런데 진보 진영에서 부패나 비리가 생길 때 더 비판을 받게 되는 것은, 진보가 지향하는 가치 때문일 것이다. 진보의 경우 한 가지 더 추가되는 것이 있다. '분파주의'와 '모험주의'이다. 이는 진보가 새로운 사회를 지향하는 의식성이 더 강하기 때문에 수반되는 편향성이다. 그런데 이와 함께 '싸가지 없는'[1] 진보, '차가운' 진보라는 말도 나온다. 얼핏 보면 이것은 형용 모순인 것 같다. 진보가 자기 것을 지키려는 보수에 비해서 개방적이고 열려 있으며 미래지향적이라는 측면을 속성으로 하는데, 이러한 진보가 애티튜드에서 '차갑고', '싸가지가 없다'면 이것은 결국 자기의 진영을 지키고 헤게모니를 강화하려는 보수의 입장으로 전락하기 때문이다. 그러나 진보가 보수에 대한 상대적 개념으로서의 이데올로기에 머문다면 위의 경향성은 충분히 나올 수 있다. 특히 진보가 헤게모니를 장악한 뒤에는 자기 진영을 챙기는 부정행위도 얼마든지 일어날 수도 있다. 왜 그런가? 진보-보수는 사회 건설과 운용에 대한 이데올로기적 구분이고, 어디까지나 상대적인 비교일 뿐이며, 모든 행위를 자기 진영의 이데올로기로 포장하고 합리화할 수 있기 때문이다. 이처럼 모든 것을 하나의 이데올로기로 분별하는 것은 근대성의 한계이다. 여기서 근대성이라는 것은 고전물리학의 물리법칙에 기초한 것으로서 입자 중심의 드러난 질서의 수목과 같은 위계적 체계를 말한다. 이 체계는 선형성이론의 질서와 같다. 여기에서 모든 실수는 대소의 차이, 방향의

---

1 특정 정치인의 행태를 두고 비평하면서 나온 말이고 강준만의 책 이름이기도 하지만, 여기서 말하는 것은 위계질서에 대한 도발의 의미가 아니라 대중을 대상화하고 대중 위에 군림하는 애티튜드를 가리키는 것이다. 이러한 의미의 행태는 주의를 앞세우는 정파에게는 오래되었다. 잘못된 원인으로 국민 탓을 하는 '국민 개돼지'론도 여기에 포함된다.

차이가 있어서 서열화할 수 있다. 이처럼 입자 중심의 드러난 질서는 하나의 이데올로기로서, 하나의 가치로서 얼마든지 위계적 체계를 만들 수 있다. 그러나 허수가 등장하면서 새롭게 정립된 비선형성이론에서는 일체의 위계적 체계가 해체된다. 허수는 대소의 구분이 없고 파동과 장을 표현하는 수이기 때문이다. 근대성의 질서가 유지되는 사회에서는 정보를 독점하고 여론을 주도하는 층이 이것을 무기로 삼아서 위계적 체계를 만들고 대중을 대상화하여 동원할 수 있었다. 그러나 파동과 장의 세계를 대변하는 허수의 등장으로 물리법칙은 획기적으로 전변하여 온 우주가 하나의 동시장이고 모든 부분이 바로 전체인 시대가 되었으며 정보 통신의 발달로 더 이상 정보와 하나의 이데올로기로 대중을 대상화할 수 없는 대중 주체의 시대로 바뀌었다. 사실상 이데올로기의 독점 시대는 끝난 것이다. 지금까지의 이데올로기는 진보-보수의 상대적인 비교 속에서 선택된 것이기 때문에 상대와 분별할 때도 그 정도에 따라서, 또한 자기 진영 내부에서도 주장의 심도에 따라서 차별할 수밖에 없었다. 상대지관과 점차지관에서 격력차제隔歷次第의 한계를 벗어나지 못하는 것과 같다. 이러한 단계론 속에서는 얼마든지 오만해지고 독선에 빠져서 상대와 대중 앞에 군림할 수 있다. 지금까지의 진보-보수의 세계관으로서는 이를 극복할 수 없다. 진보 진영 일부에서 보이는 '차가운', '싸가지 없는' 애티튜드는 단순한 처세의 문제가 아니라, 진보가 갖고 있는 철학의 빈곤, 사상의 부재, 낡은 패러다임의 문제이다. 진보의 문제는 3차원 공간관의 세계관을 고수한 상태에서 입자로서의 '영성'을 추가하여 해결되지 않는다. 현대 물리학에서는 온 우주가 한 몸이고 미분리된 전체라는 것이 확인되었다. 이러한 현대 물리학에서 발견한 물성에 상응하는 철학 체계는 이미 2, 3천 년 전에 수행을 통해서 등장했다. 대승, 특히 천태사상이다. 대승의 원교에서는 중생 자체가 바로 부처이고, 나와 부처, 중생은 다르지 않다고 본다. 이것은 입자 중심으로 볼 때는 궤변이지만, 장 중심으로 본다면 지극히 당연한 진리이다. 입자 단위로 존재한다고 여기면 주위 모든 세계가 대립적인 경계로서 장애로서 등장하지만, 온 우주가 일미동체, 중도의 동시장으로 존재한다고 인식한다면 어디에서든 언제라도 대자대비하고 자유자재한 애티튜드를 취할 수 있다. 새로운 진보의 따뜻한 애티튜드는 기존 세계관을 유지한 상태에서 또 입자 단위의 영성을 보강하여 이루어지는 것이 아니라, 장 중심으로 인식틀이 바뀌고 세계관이 바뀌어야 가능하다. 입자 중심의 인식틀에서 벗어나 장 중심의 사유 체계로 전변하면 선형성의 위계와 위상은 근거가 없어진다. 모든 것이 장이고 장이 주체이기 때문에 공간성·시간성의 경계가 사라진다. 여기에 기초한다면 진보의 애티튜드는 따뜻하고 대자대비하고 자유자재할 수 있게 된다. 이러한 세계관에 바탕을 둘 때, 비로소 애티튜드는 법이자연法爾自然으로서, 우주 규모의 파동으로서 모든 존재와 소통할 수 있다.

보수도 진보와 동일한 3차원 공간관의 세계관을 갖고 세계를 입자 중심으로 바라본다. 다만 사회와 세계의 변화에 대해서 진보와 관점이 다를 뿐이다. 보수는 입자 중심으로 바라보면서 기존의 가치와 질서를 지키려는 입장을 갖기 때문에 대립·갈등 구조를 띠고 있는 사회에서 기득권을 옹호하고 권위적이고 위계적인 체제를 대변한다. 그러나 이러한 이데올로기는 근대성의 유산이다. 현대는 이미 정보의 독점에 기초한 수목과 같은 위계적인 체제가 무너지고 대중이 주체가 되는 시대로 변하고 있다. 그럼에도 불구하고 앞의 이데올로기를 고수한다면 점점 대중성을 잃고 사회 변화에 적응하지 못하게 된다. 건강한 보수가 되려면 상대적 대립 관계에 있는 진보에 대한 헤게모니 장악에 초점을 둘 것이 아니라, 온 우주 규모의 리듬과 호흡을 느끼는 방향으로 시선을 돌리는 것이 필요하다. 이러한 변신은 입자 중심에서 장 중심으로 차원을 전변할 때만 가능하다. 현대 물리학에서 규명되었듯이, 우리가 살아가고 있는 세계의 물성 구조가 새롭게 밝혀져 있고 이 세계에 살아가고 있는 구성원의 의식이 전변하고 있는 만큼, 사회에 대한 관점도 이러한 변화를 수용할 때 사상적·문화적 지체 현상을 해소해 나갈 수 있다. 이렇게 변신할 때 애티튜드도 달라진다. 동질성이 입자 단위의 국소성에 머무는 것이 아니라 온 우주가 하나인 장으로 확장되어 그만큼 경계가 사라지기 때문이다. 이러한 점에서 애티튜드는 처세가 아니라 본질이라는 것이다. 세계를 바라보는 차원이 바뀌고 관점이 달라지면서 애티튜드는 자신을 해방시키고 타인과 전면적으로 소통할 수 있게 한다.

이러한 관점으로 『마하지관』에서 서술한 경계境界에 대해서 조금 더 살펴본다.

입자 중심의 애티튜드는 격력차제의 위계적 질서에 부응하는 양상을 띠지만, 장 중심의 애티튜드는 전체와 부분이 감응感應하는 충서忠恕의 포용성으로 나타난다. 충서는 문자 그대로 중도의 마음이고, 다른 사람과 같은 마음이다. 하나의 진리가 공·가·중의 삼제로 다양하게 표현되는 것도 부처가 중생과 감응한 결과라고 한다. 장 중심에서 바라볼 때 각 부분을 그대로 전체의 한 모습으로 해석하는 것이 바로 감응이다. 『유마경』에서는 아들이 병이 나면 그 부모 또한 병이 난다고 했고, 『열반경』에서는 부모는 병이 난 자식에게 마음이 더욱 기운다고 한다. 감응의 결과이다. 기의 장으로 떠올린다면 쉽게 이해된다. 기의 장은 마주하는 순간 즉각 상호 공유가 이루어진다. 더욱이 관심을 기울인다면 상대의 장을 고스란히 떠안게 된다. 일미동체의 동시장은 항상 구체 세계의 부분 입자를 포함하고 있다. 이를 진리[법성]의 산을 움직여 생사의 바다에 뛰어든다고 한다. 그러므로 부처는 중생과 같은 병을 앓는 병의 징후가 있고 영아행嬰兒行이 있다.[2] 영아행이란, 괴로움과 즐거움,

사리 분별을 하지 못하는 어린아이를 돌보듯이, 보살이 지혜가 얕은 중생을 교화하기 위하여 중생과 함께 작은 선행을 하는 일이나 그 선행을 이른다. 이처럼 감응은 전체와 부분이 상호 교감하는 과정이고, 그 과정이 애티튜드로 나타난다.

앞에서 소개한 세 가지 설법도 감응의 한 형태이다. 즉 일미동체의 장으로서는 하나인 진리를 조건에 따라서 공가중의 삼제三諦로 설법하는 것이다. 수정설隨情說은 중생의 정서와 마음에 따라서 행하는 설법이고, 수정지설隨情智說은 중생의 정서와 자기의 지혜에 바탕을 두고 행하는 설법이며, 수지설隨智說은 자기의 지혜로서 행하는 설법이다. 이 설법 안에는 중생의 근기에 따라서 행하는 네 가지 설법 방식인 사실단四悉檀을 갖추고 있다. 이 가운데에서 세계실단世界悉檀은 부처가 범부의 희망에 따라 세계의 법을 설해 듣는 사람을 기쁘게 하는 방법이다. 위인실단爲人悉檀은 사람의 근기에 따라 각자에게 상응하는 법을 설하여 선을 행하게 하는 방법이다. 대치실단對治悉檀은 중생의 병을 치료하기 위한 설명 방식이다. 제일의실단第一義悉檀은 중생의 능력이 성숙한 때 제법의 실상을 설하여 참된 깨달음으로 인도하는 설명 방법이다.

세 가지 설명 방식에는 각각 사실단의 의미가 담겨 있다. 수정설의 경우 사실단은 진리[제리諦理]를 설명할 수 없지만 설명하고자 하면 반드시 언어를 통해야 하고, 언어는 반드시 중생의 감정에 부응하므로 감정의 측면에서 반드시 기뻐한다. 혹은 진제를 듣고 환희하고, 혹은 속제를 듣고 환희하며, 혹은 중도를 듣고 환희한다. 이는 감정에 따른 설명 방식 중에서 세계실단의 의미이다. 또 중생이 편안해하는 것은 서로 달라서, 어떤 사람은 무에 대한 가르침을 듣고 계율과 지혜를 증장

---

2 앞의 책, 70쪽.

하고, 어떤 사람은 유에 대한 가르침을 듣고 계율과 지혜를 증장하고 어떤 사람은 중도에 대한 가르침을 듣고 계율과 지혜를 증장한다. 이는 감정에 따른 설명 방식 안에서 위인실단이다. 또 수행자가 악을 부수는 것도 하나같지 않다. 어떤 때는 유의 가르침을 듣고 수면이나 각관覺觀[3]을 부수고, 어떤 때는 무의 가르침을 듣고 졸음과 산만함을 부수고 어떤 때는 중도를 듣고 졸음이나 산만함을 부순다. 이는 감정에 따른 설명 방식 안에서 대치실단의 의미이다. 중생이 깨닫는 방식도 다르다. 어떤 때는 무의 가르침을 들어 깨닫고 어떤 때는 유의 가르침을 듣고 깨닫고 어떤 때는 중도의 가르침을 듣고 철저히 할 수 있다. 이는 제일의실단의 의미이다.[4]

이처럼 중생의 정서와 마음에 따라 행하는 설법인 수정설에서도 중생의 근기에 따라 사실단으로 다양하게 방편을 구사한다는 것이다.

『법화경』에서도 수정설 중 사실단으로 설법하는 것에 대해 다음과 같이 말하였다.

부처는 중생의 여러 가지 욕망, 여러 가지 행行, 여러 가지 성품, 여러 가지 억념憶念·상념想念을 안다.

부처가 여러 가지 욕망을 안다는 것은 중생들의 세계를 안다는 것이며, 여러 가지 성품을 안다는 것은 성품이 선을 일으킬 수 있다[생선生善]는 것을 안다는 것이고, 여러 가지 행行을 안다는 것은 행이 잘못된 것을 고

---

3 대상의 뜻과 이치를 찾기 위하여 세밀하게 관찰하는 정신 작용.

4 위의 책, 73쪽.

쳐 나갈 수 있다는 것[대치對治]을 안다는 것이며, 여러 가지 억념·상념을 안다는 것은 지혜로 제일의第一義에 이를 수 있다는 것을 안다는 것이다. 이것은 사실단四悉檀과 대응하여 설한 것이다. 그렇다면 무슨 까닭으로 성性이 선을 낳는 것[生善]이라고 하며, 행行이 대치對治·파악破惡하는 것이라고 하는가? 넓게 보면, 성품의 착함과 행의 악함은 숨겨져 있기도 하고 드러나 있기도 하다[유명유현有冥有顯]. 지금 도리에 따르면 선善은 어두움에 숨겨져 있고[명복冥伏], 악은 분명하게 드러나[창로彰露] 있다. 부처가 아직 세상에 나오지 않았을 때와 같은 때는, 삼승三乘의 착한 근성은 어두움에 숨겨져 나타나지 않았기 때문에 착한 성품은 어둡다고 말하였다. 만일 삼제三諦를 배우면 이 선善이 발생한다. 이러한 점 때문에 여러 가지 성품은 선을 낳는 것[生善]이고, 이것이 바로 위인실단에 해당하는 것이라는 것을 알아야 한다.

또한 부처가 아직 세상에 나오지 않았을 때 모든 중생의 악행惡行이 드러나고, 그릇되고 옳지 않으며 이법에 맞지 않는 일이 벌어지고, 잘못이 눈앞에 나타난다. 부처는 이 악을 파하기 위해서 삼제三諦를 설하였다. 따라서 여러 가지 행은 파악破惡에 속하며 바로 대치실단對治悉檀이라는 것을 알아야 한다.

여러 가지 억념·상념이 제일의第一義라고 하는 것은 다음과 같다. 상념은 지혜의 헤아림이다. 치우치기 때문에 마음이 뒤집히고 생각이 뒤집히는 일들이 생긴다. 만일 선지식을 만나서 이 상념의 지혜를 바로잡으면 곧 세 가지 전도[삼전도三顚倒][5]를 일으키지 않을 수 있다. 부처는 그것의 지혜를 바로잡으려고 하였기 때문에 삼제三諦를 설한 것이고, 그것이 바로 제일의第一義인 것이다(『마하지관』).

---

5 자기의 진심眞心을 자각 못 하고서 허망한 분별을 일으키는 심전도心顚倒, 모든 연은 공화空華와 같은 것인 것을 모르고 실체가 있다고 하는 견전도見顚倒, 연을 있는 그대로 보지 못하고 망상과 집착을 일으키는 상전도想顚倒.

이처럼 부처는 중생들의 근기에 맞게 사실단으로 공·가·중의 삼제를 설하여 하나의 진리, 즉 일심동체의 일제一諦로 안내한다. 여기서도 삼제를 입자 중심의 관점에서 본다면 개별적인 진리로 분별되어 경계가 만들어지지만, 부처가 일미동체의 중도의 장에 기초하여 중생의 근기에 맞추어 가르침을 행한 것이라는 것을 염두에 둔다면 삼제가 바로 일제로 이어질 수 있다.

여기서 부처가 어떤 존재인지 검토할 필요가 있다. 만약 부처를 궁극적인 깨달음을 이룬 인격체로 이해한다면, 이것은 부처를 3차원 공간관의 세계관으로, 입자 중심의 인식틀로 해석한 것이다. 불교에서는 법신불과 화신불, 응신불을, 하나인데 세 가지 모습으로 나타나는 것이라고 한다. 그렇다면 앞에서 인격체로 이해한 각자로서의 부처는 응신불만을 실체라고 여기는 것이다. 그런데 앞의 문구는 부처를 인격체로 이해할 때와 법신불로서, 즉 중도의 장으로 이해할 때 그 의미는 완전히 달라진다. 전자로 이해할 때는 부처를 절대자로 인식함과 동시에 중생을 속세의 범인으로 실체화하게 된다. 진속이 분리된다. 중생은 수동적 존재로서 절대자의 교화를 기다리는 대상이 되고 만다. 그런데 이렇게 이해하는 세계관을 계속 고수한다면, 아무리 부처가 감응하여 적절한 가르침을 내오고 잠복해 있던 선을 발현시키고 악을 퇴치한다고 하더라도 일회적인 사건에 그칠 뿐이다. 그런 상황을 초래한 세계관을 바꾸지 않고 입자 중심의 인식틀 속에서 진과 속을 실체화시켜 바라보기 때문이다. 이에 비해, 부처를 중도의 장의 관점으로 본다면 앞의 문구를 완전히 다르게 해석할 수 있다. 여기서는 중생이 바로 부처이다. 중생이 수행의 길에 들어서면서 중도의 동시장으로 시야가 열려서 모든 경계를 파악하고 풀어 나간다. 인식의 차원이 3차원 공간관, 입자 중심의 인식틀에 머물고 있을 때는 선이 드러나지 않고 악이 창궐했지만, 인식의 차원이 일미동체의 중도장에 이르는 순간 선이 발현되고 악은 바로 퇴치되는 것이다. 이때 비로소 부처가 중생이고 중생이 부처라는 것을 확인할 수 있다. 전자와 후자의 해석의 차이점은 세계관과 인식틀에 있다. 3차원 공간관의 세계관과 입자 중심의 인식틀로 본다면 전자와 같이 이해하는 것이 처음에는 쉽지만 나중에는 넘을 수 없는 벽에 맞닥뜨리게 된다. 입자 중심의 세계관에 구속될 수밖에 없는 것이다. 반면에 일미동체의 세계관에서 본다면, 장 중심으로, 중도의 장으로부터 출발하기 때문에 처음부터 모든 것을 다르게 인식한다. 개별의 현상을 1=1이 아니라 1+0=1로, 공가중을 즉공즉가즉중의 한 양상으로 중생과 부처를 다르지 않은 것으로 보기 때문에 매 순간 어떤 것을 인식하고 어떠한 상황에 놓이더라도 중도의 장을 잃지 않게 된다.

이상은 수정설隨情說을 설할 때 담겨 있는 사실단을 설명한 것이다. 이러한 방식으로 나머지 수정지설隨情智說, 수지설隨智說까지 사실단을 적용하면 모두 12제諦를 설하는 것인데, 모두가 같지 않다. 그만큼 성인은 대중의 근기에 맞추어 다양한 방편으로 감응한다는 것이다. 다만 이를 범부의 마음이 입자 중심으로 이들 방편을 판단한다면 어느 것이 옳고 그른지 다투게 되지만, 이들을 일미동체의 장에 기초하는 것으로 인지한다면 모든 개별적 경계를 실체화하지 않고 자기가 선택한 것만을 옳다고 주장하며 증상만增上慢[6]에 빠지지 않고 자기를 높이고 세력을 부리는 일을 하지 않을 것이라고 한다.

이상의 의미를 『마하지관』에서 다음과 같이 간명하게 표현하고 있다.

중도를 봄이 분명하고 둘을 함께 비추어서 밝게 깨닫는 것이, 구름이 걷히고 막힌 것이 열리면 위가 나타나서 아래가 밝아지는 것과도 같다. 이

---

6 최상의 교법과 깨달음을 얻지 못하고서, 얻었다고 교만하게 생각하는 일.

때 바로 시비是非를 밝게 살펴서 결정적으로 사자후獅子吼를 하게 된다.

　여기서 중도를 보는 것이 분명할 때 둘, 즉 양변을 함께 비춘다고 표현한다. 둘이라는 입자 단위에서 출발하여 단계를 밟아 중도에 이르는 것이 아니라 중도의 장에서 입자를 바라보기 때문에 둘을 함께 비추어서 밝게 깨닫는 것이라고 한다. 또한 구름이 걷히고 막힌 것이 열리면 위가 나타난다. 그렇게 위가 나타나서 태양이 환히 비추기 때문에 아래도 밝아진다고 표현한다. 아래가 밝아져서 점차 위가 환하게 열리는 것이 아니다. 아래가 부분의 입자라면 위는 전체를 환하게 비추는 중도의 장이다. 위에서 먼저 중도의 장이 열릴 때 자동적으로 아래도 환하게 밝아진다는 것이다. 처음에는 양변에서 시작하고 아래에서 출발할 수 있다. 그렇더라도 수행의 과정에서 양변과 아래의 입자 중심의 세계관을 해체하고 일미동체의 세계관으로 전변하여 중도에 이른다면 얼마든지 위에서 언급한 인식의 상황에 이를 수 있다. 하지만 계속 양변을 분별하고 입자를 단위로 하는 세계관에 머문다면 결코 중도의 동시장에 이를 수 없다. 공가중의 삼제三諦나 세 가지 설법, 사실단四悉檀도 모두 일제一諦, 즉공즉가즉중卽空卽假卽中의 진리에 기초한 상태에서 중생들의 근기에 따라 방편으로 행해지는 것이다. 전자가 입자에 해당하고 후자가 장에 해당한다. 즉 일제一諦, 중도의 장을 바탕으로 하여 공가중이나 갖가지 방편을 구사한다는 것을 인식한다면 방편 자체가 바로 진실이 되지만, 입자 중심으로 바라보듯이 공·가·중을 서로 다른 실체로 여긴다면 결코 일제一諦에 이르지 못한다.

　기는 느낌이다. 애티튜드도 느낌이다. 느낌은 모든 경계를 넘나든다. 넘지 못할 장벽의 경계라면 그것대로 느낌의 양상이 달라져 신호를 보낸다. 느낌은 온 우주 규모로 이어져 있다. 이 느낌을 알아차리는 것이 심미안審美眼이다. 심미안의 차원이 중도의 장에 이른 것이 불안佛眼이다. 불안의 심미안으로 보는 세계는 온 우주가 한 몸이고 한마음이다. 우주 규모의 리듬과 호흡이 모든 부분으로 이어져 있다. 애티튜드는 우주의 리듬과 호흡이 삶 속에서 구현되는 것이다. 물론 입자 중심을 고수한 상태에서 애티튜드는 작위적인 처세술에 불과하다. 세계관이 변하고 인식틀이 확장되는 만큼 애티튜드는 달라진다. 이러한 애티튜드가 본질이라는 것은 이제는 이데올로기로 세계를 진영으로 구분할 수 없다는 것을 의미한다. 이데올로기보다 애티튜드가 훨씬 많은 정보를 담고 있고 정직하다.

　플라톤 이후 헤겔에 이르기까지 서양철학은 진眞과 속俗을 차별해 왔다. 이데아(Idea)가 본질이고, 코라(chora, khora)는 단순한 질료에 불과했다. 지식정보를 독점한 세력이 대중 위에 군림해 왔다. 고전물리학의 물리법칙이 유일한 물성인 것으로 알고 그 위에 위계적인 질서 체계를 구축해 왔다. 이러한 본체론의 철학 사상에서 애티튜드는 감상적인 정념에 불과한 것으로 논의의 대상도 되지 않았을 것이다. 그러나 현대물리학에서 온 우주는 한 몸이고 동시장이라는 것이 확인되었다. 놀랍게도 2, 3천 년 전의 수행의 세계에서는 이미 알고 있던 내용이었다. 입자 중심으로 볼 때는 여전히 고전물리학의 위계적 체계에서 못 벗어나지만, 장 중심으로 볼 때는 나와 부처, 중생은 하나이다. 장 중심의 세계관의 애티튜드는 어떤 논리로도 감출 수 없는 직관의 세계이며, 어떤 이데올로기와 담론의 허구도 꿰뚫을 수 있는 탈근대의 심미안이다.

【수행론】

1. 입자 중심의 애티튜드와 장 중심의 애티튜드를 느껴 보고 비교한다.

2. 입자 중심의 애티튜드의 기의 장과 상대지관, 점차지관의 기의 장을 비교한다.

3. 장 중심의 애티튜드의 기의 장과 원돈지관, 절대지관의 기의 장을 비교한다.

경계境界 Ⅲ

나는 의심한다. 그러므로 나는 생각한다. 그러므로 나는 존재한다.

데카르트(Decartes)는 무엇이 참인지를 찾기 위해서 모든 것을 의심하는 방법론적 '회의懷疑'를 사용하였다. 모든 믿음·사상·사고·물질 가운데 조금이라도 의심스러운 것은 모두 거짓이라고 보고, 전혀 의심할 수 없는 것, 절대적으로 확실한 것이 무엇인지를 살펴보는 것이다. 그 결과 데카르트는 의심할 수 없는 단 한 가지의 명제를 만난다. 그것은 바로 '내가 지금 의심하고 있다'는 것이다. 여기서 "나는 생각한다. 그러므로 나는 존재한다."는 명제가 나오게 된다. 데카르트는 이 명제를 제1원리로서 데카르트 철학의 출발점으로 제시했다. 모든 것을 신의 전능함으로 설명하던 중세시대에 데카르트는 '나'의 존재를 증명하고 이 '나'로부터 신과 세계를 증명할 수 있다고 보았다. 즉 '완벽함'이라는 개념이 있다면 그에 상응하는 신이 있다는 것이고, '완벽한' 신이기에 세계를 만든 것이라고 증명했다. 중세시대에는 제1명제가 신이고 신으로부터 모든 것이 형성된 것이라고 보았다. 이런 시대에 데카르트는 '나'의 존재를 증명하고 이로부터 신과 세계를 설명한 것이다. 이것은 존재에 대한 인식을 종교에서 인간 이성으로 근본적으로 전환한 것이다. 더 이상 신이나 종교가 아니라 인간 이성의 사고를 통해서 모든 것을 합리적으로 설명할 수 있다는 것이다. 데카르트의 명제는 당시 철학의 지형을 완전히 바꾸었다. 신 중심의 중세철학은 마감되고 '인간이성의 합리성'에 기초하는 근대 철학이 시작된 것이다. '개인'과 '인간 이성의 합리성'은 이후 뉴턴(Newton)의 고전물리학과 함께 '입자 중심'의 패러다임의 근간을 이루게 된다.

그런데, 데카르트의 명제는 3차원 공간관의 세계에서는 유효하지만, 고차원의 세계에서는 적용될 수 없다. 왜 그럴까?

먼저 인간이 몇 차원의 존재인지 확인할 필요가 있다. 데카르트는 인간뿐만 아니라 세계와 우주도 3차원의 공간과 1차원의 시간을 갖춘 존재로 가정했을 것이다. 이것이 육안으로 보이는 세계의 물리적 구조이기 때문이다. 뉴턴의 고전물리학에서도 절대공간과 절대시간 안에서 입자가 존재한다고 보았다. 사실 패러데이(Faraday)의 전자기장이 발견되고 양자역학이 정립되기 전까지는 대부분의 주류 서양철학은 고전물리학의 물리법칙에 기초하고 있었다. 여기에서는 모든 것을 실수로 표현할 수 있었다. 실수는 무수한 입자로 이루어진 가시 세계를 표현할 수 있기 때문이다. 그러나 전자기장이나 미시 세계는 입자와 파동의 이중성을 띠고 있기 때문에 실수만으로 표현할 수 없었다. 여기에서 상상의 수로 여겨졌던 허수가 파동방정식으로 나타나게 된다. 허수에서는 실수와 달리 대소와 방향의 차이가 없다. 허수는 사인파로서 입자가 아닌 파동과 장을 나타내기 때문이다. 실수가 드러난 질서를 이루고 있기 때문에 육안으로 파악되는 세계였다면, 허수는 접혀진 질서를 이루고 있기 때문에 입자 중심의 가시 세계에서는 볼 수 없었던 것이다. 허수의 등장으로 우주는 물론 인간의 차원에 대한 인식도 달라졌다. 현재까지 우주는 11차원이라는 가설이 유력하다. 또한 아원자입자의 비국소성 효과에서 확인할 수 있는 것은 온 우주가 한 몸, 동시장이라는 것이다. 그렇다면 우주 안에 있는 인간도 우주와 같은 11차원일 수밖에 없다. 즉, 인간은 3차원 공간을 차지하는 입자 단위의 존재가 아니라, 온 우주의 동시장과 이어져 있는 우주적 존재라는 것이다. 실제로 미국의 과학자 틸러(Tiller)는 데이비드 봄(David Bohm)의 양자 이론과 심성 이론을 종합하여 인간은 11차원이라고 주장했다. 사람의 몸은 실수 공간을 차지하는 4차원적 구조와 허수 공간을 차지하는 4차원 구조로 결합되어 있어서 8차원이 된다고 했다. 여기에 사람은 몸 이외에 마음이 존재하며, 이 마음은 다시 표면 의식이라는 9차원적 존재, 개인무의식이라는 10차원적 존재, 그리고 집합 무의식이라는 11차원적 존재로 구성되어 있다고 했다. 따라서 틸러는 사람은 모두 11차원적 존재라고 했다.[1]

인간이 몇 차원의 존재인지를 스스로 확인할 수 있는 방법이 있다. 전두엽의 좌뇌와 우뇌를 통해서 세계를 어떻게 인식하는지를 확인하는 것이다. 좌뇌에서는 모든 것을 개념에 따라 분별한다. 사물이든 상황이든 상념이든 모두 명사로 지칭되는 대로 독자적인 실체를 갖추고 있다고 본다. 이것은 3차원 공간관에 입각하여 모든 것을 입자 단위로 존재한다고 인식하는 것이다. 데카르트의 명제에서 '생각한다'는 것은 좌뇌로 개념적 분별식을 한다는 것이고, 그것은 3차원 공간관으로 모든 것을 독립된 '입자'라고 실체화한다는 것이다. 또한 '생각하는' 나는 '존재한다'는 것 역시 3차원 공간관의 입자로서 존재한다는 것이며, 이를 '개체 단위의 존재감'이라고 할 수 있다. 이것은 '입자 중심'의 인식틀에 의해서 일시적으로 조성되는 허구적 존재이다. 그런데 전두엽의 우뇌가 활성화되면 '입자 중심'의 존재성은 사라진다. 우뇌로 대상을 떠올리면 우뇌와 대상, 양자를 둘러싼 온 우주와 일체의 경계 없이 하나의 '장'으로 열린다. 그 장이 지속되면 온몸의 경계도 사라지면서 온 우주와 하나의 동시장을 이루게 된다. 이때 상태를 굳이 대비해서 표현한다면 '우주적 존재감'이다. 따라서 데카르트의 명제는 "나는 좌

---

1 강길전·홍달수 저, 『양자의학』, 105쪽, 돋을새김, 2014.

뇌의 개념으로 생각한다. 그러므로 나는 개체적 단위로서 존재한다.”
의 의미를 담고 있다고 보아야 한다. 이러한 명제는 고전물리학의 물성
에 기초한 3차원 공간관의 세계관에서만 통용될 수 있는 것이다. 그리
고 “내 것이라고 여기던 우뇌에서 우주를 만나는 사건이 일어나는 순간,
나도 사라지고 3차원 공간의 우주라는 개념도 해체되는 무한한 장이
열린다.”고 추가되어야 한다. 이를 ‘개체적 존재감’에 대비한 ‘우주적
존재감’이라고 명명할 수 있지만, 이것은 개체에 대한 대안으로 제시된
것일 뿐, 무엇으로도 개념화해서 표현할 수 없는 중도의 동시장이다.

　아마 당시 데카르트는 우뇌로서 체험하는 직관과 아우라를 애매모
호하고 불확실한 것으로 의심하여 참이 아니라고 간주하였을 것이다.
좌뇌의 3차원 공간관의 세계관으로서 일미동체의 고차원 세계관을 이
해할 수 없기 때문이다. 데카르트는 일미동체의 세계관을, 중세시대
에 모든 것을 신의 권능으로 설명하고 신이 제일원인第一原因이라는 세
계관과 같다고 여겼을 수도 있다. 그러나 양자는 차원이 다르다. 중세
의 신은 3차원 공간관의 세계관을 바탕으로 하고 있다. 이 세계관에서
는 인간도 신도 입자이다. 다만, 신은 인간으로부터 초월적으로 존재하
는 절대자의 무한한 권능을 가진 입자이고, 인간은 위계상 낮은 위치의
유한한 존재로 다를 뿐이다. 이러한 신 안에는 인간이 없고 인간에게는
신이 없다. 그럼에도 중세의 신학은 신을 제일요인이자 제일명제로 하
여 인간을 신의 소산이라고 여기기 때문에 데카르트는 ‘회의’라는 방
법을 통해서 확실하게 참된 명제를 찾고자 한 것이며, 그 결과가 ‘인간
이성’의 발견으로 이어진 것이다. 그러나 일미동체의 세계관은 모든 차
원의 입자와 현상을 망라하는 고차원 상태이다. 인간의 개체적 존재감
이 ‘입자’라면, 법성·불성·진여심은 전체를 망라하는 중도의 ‘장’이다.
후자는 전자에 대해서 외재적 초월 관계가 아니다. 외재적 초월 관계는
같은 차원에서 서로 동떨어진 관계이다. 그러나 후자는 전자에 대해서

내포적 초월 관계라고 할 수 있다. 고차원의 후자는 3차원의 전자를 내포하고 있어서 중생이 바로 부처이고 내가 바로 부처이지만, 낮은 차원의 관점에서 본다면 후자가 고차원이기에 '내포적 초월'이라고 한다.

당시 서양철학은 고전물리학의 3차원 공간관의 세계관에 기초한 것이기에, 인간도 신도 진리도 모두 같은 차원에서 서로 다른 것이라고 설정했다. 그러나 대승철학은 3차원 공간관에서 일미동체의 고차원을 넘나들면서 모두 포괄하고 있기에 모든 현상이 중도실상이고 생사가 열반이고 번뇌가 보리이며 내 마음이 부처이고 중생이 부처라고 보았다. 대승철학은 수행의 철학이기 때문에 당시 세속의 세계관과 다른 세계관을 발견할 수 있었다.

서양철학과 대승철학이 차원이 다르다는 것을 양자의 논리 체계를 통해서도 확인할 수 있다. 서양철학은 오랫동안 아리스토텔레스(Aristoteles)의 논리학에서 벗어나지 않았다. 이것은 동일률同一律과 무모순율無矛盾律, 배중률排中律로 제시된다. 동일률은 A=A(A는 A이다)라는 것이고, 무모순율은 A≠~A(A는 非A가 아니다)는 것이며, 배중률은 A∨~A(A이거나 非A이거나 둘 중 하나이다)는 것이다. 이것은 3차원공간관으로 세계를 인식할 때 적용되는 논리학이다. 이에 비해 불교의 사구四句는 3차원에서부터 고차원으로 인식이 변화하는 과정을 담고 있다. 유무有無에 적용한 사구四句는 유有[단순긍정], 무無[단순부정], 역유역무亦有亦無[이중긍정], 비유비무非有非無[이중부정]이다. 아리스토텔레스의 논리학으로 본다면 불교의 사구는 궤변이고 역설이며 모순이다. 그렇게 보이는 것은 3차원 공간관의 세계관이라는 한 차원에서만 보기 때문이다. 그러나 불교는 수행의 차원에 따라서 장교·통교·별교·원교로 구분하듯이, 사구가 차원에 따라서 다르게 적용되는 논리인 것이다. 특히 원교에서는 비유비무의 논리가 적용되는 차원이다. 유무의 상대적 차원을 뛰어넘어 모든 것을 포괄하는 중도 동시장의 상태를 나타내는 것이 비유비무이다. 이 단계에서는 모든 중생은 바로 부처이며, 생사가 열반이고, 번뇌가 보리이다. 모든 현상은 중도실상이다. 이는 모든 부분을 바로 전체라고 보는 것이다. 이것은 입자 중심이 아니라 장 중심의 패러다임으로 전변했을 때만 가능하다. 여기에서 진리는 오직 하나이다. 모든 것을 망라하기 때문에 이것 외에 다른 것이 있을 수 없다. 그런데 그 진리는 입자가 아니라 장이다. 다시 말해 모든 입자를 포괄하는 중도의 장이다. 진여眞如라고 하지만 어떤 언어로도 표현할 수 없는 불가사의 경지이다. 다만 구체세계의 모든 현상과 입자도 이 진여, 중도의 동시장과 분리되어 있지 않고 항상 동시적으로 작용한다. 이러한 점이 서양철학의 논리와 차원이 다르다는 것이다. 데카르트는 차원의 관점에서 보지 않았기 때문에 고차원의 중도장을 애매모호하고 모순되는 것이라고 의심하여 진리가 아니라고 배제했을 것이다. 그러나 장 중심의 관점에서 보면 데카르트가 진리라고 여겼던 제일명제야말로 특정 차원에서만 유효할 뿐, 다른 차원에서는 적용할 수 없는 명제라고 할 수 있다.

일반적으로 '진리'는 현실이나 사실에 맞는 명제를 가리키거나, 보편적이고 불변적인 원리를 뜻한다. 물론 이러한 진리관은 고전물리학의 입자 중심의 세계관을 전제로 한 풀이이다. 그런데 세계관의 차원이 달라지면 진리관도 달라진다. 양자물리학의 성과를 반영한 화이트헤드는 명사는 인간이 허구적으로 구성한 단순정위(單純定位, simple location)이며, 모든 것은 과정 속에서 생성될 뿐이라고 한다. 데리다는 차연差延 개념을 제시해 모든 명사는 문맥 속에서 차이 나면서 의미가 확장되는 것이라고 주장한다. 들뢰즈는 모든 언어는 명령어라고 한다. 즉 세계에 대한 복사가 아니라 어디로 갈 것인지를 가리키는 지도라고 한다. 그동안 서양철학을 지배해 왔던 아리스토텔레스의 A=A라는 동일률이 이들의 이론에는 적용되지 않는다. 데이비드 봄은, 드러난 질서가 실수로 표현되었다면 양자물리학에서 발견된 파동방정식은 허수로 표현되는 것으로, 이것은 접혀진 질서를 나타낸다고 한다. 허수의 등장으로 대소 차이를 나타내는 선형성이론은 적용되지 않으며 모든 부분은 바로 전체를 나타낸다고 본다. 이 세계를 A+0＝A[여기서 0은 무한대로서의 공空]로 표현할 수 있을 것이다. 불교의 사구에서도 모든 존재는 유有인 차원과 무無인 차원, 역유역무亦有亦無의 차원, 비유비무非有非無의 차원으로 달라진다고 명시하고 있다. 이러한 점에서 본다면, 앞에서 정의한 현실과 사실에 맞는 명제란 3차원 공간관의 세계관에서만 유효하며 다른 차원에서는 적용할 수 없다. 명제화한 현실과 사실은 어디까지나 드러난 질서의 상태이며, 거기에는 우주 규모의 장이 은적되어 있어서 하나의 현실과 사실 모두 우주사적 사건이 아닌 것이 없다. 그러기에 불교의 장교藏敎에서도 모든 것은 고정된 실체가 없다[제법무아諸法無我]고 한다. 가짜 뉴스가 범람하는 만큼 팩트 체크는 필요하다. 다만, 이러한 팩트가 3차원 공간관의 세계관으로 볼 때의 것이라는 것을 전제하지 않고 오로지 팩트만이 진리라고 여기게 되면, 속제俗諦가 유일한 진리인 것처럼 간주하고 사람의 인식 시야를 축소시키게 된다. 팩트를 유일한 진리라고 인식한다면 사사건건 대립하고 분별할 수밖에 없다. 실상은 미시 세계에서 확인한 것처럼 모든 것은 관찰자의 참여에 의해서 관찰 내용이 바뀔 수 있고, 모든 사실은 인연 화합으로 표면화한 것이다. 결국 하나의 현실과 사실에 대한 명제라도 세계관을 사구四句의 논리로 적용할 때 사사무애事事無礙, 이사무애理事無礙가 될 수 있고 중도에 이를 수 있다.

다음으로, 보편적이고 불변적인 원리를 뜻하는 진리도 세계관의 차원에 따라 그 의미는 완전히 달라진다. 만약 이러한 진리를 가시 세계의 물리법칙이 작용하는 3차원 공간관의 세계관으로 본다면 진리는 세속의 삶과 분리된다. 3차원 공간관의 세계관은 선형성이론으로서 모든 것을 입자 단위로 실체화해서 바라보는 것이기 때문이다. 이 세계관에서 보편적이고 불변적인 상태는 무한밖에 없고 그것은 관념상으로만 존재하는 것이다. 그럼에도 불구하고 이 세계관에서는 실수의 선형성 이론에서 대소 차이, 방향 차이가 나듯이, 진은 속에 비해서 가치적으로 우월하다는 서열 의식을 가질 수 있다. 이것은 상대묘相待妙와 상대지관相對止觀에서 동일한 차원에 머물고 있음에도 불구하고 격력차제隔歷次第의 단계론에 입각하여 높은 단계에 이를수록 아만에 빠져서 낮은 단계에 대해서 위계적 권위를 부리는 것과 같다. 이처럼 3차원 공간관의 세계관에 머물면서 진속眞俗을 구분하면서 진리를 지향한다는 것은 처음부터 극복하기 힘든 경계의 벽을 쌓고 시작하는 것이다. 자신이 쌓은 관념의 벽 안에서 전도된 망상에 빠질 수 있고 괴물이 될 수 있다. 관건은 세계관의 차원이다. 인식틀이 입자 중심에서 장 중심으로 전환되어 고차원의 세계관, 즉 일미동체의 세계관으로 전환될 때만 보편적이고 불변적인 원리로서의 진리가 가능해진다. 입자와 장은 차원이 다르다. 우주 전체, 모든 차원을 망라하는 것이 장이다. 입자는 3차원 공간관에서 드러난 질서를 구성하는 요소이다. 불생불멸이고 어디에나 적용할 수 있는 보편적인 원리는 입자 세계에서는 존재할 수 없다. 그것은 온 우주가 하나의 장일 때만 가능하다. 그리고 그 장은 지금 여기의 모든 입자와 동떨어져 있는 것이 아니라, 접혀진 질서로 함께하고 있다. 그 장은 언제나 있는 그대로 있기에 여여如如이고 진여眞如이며, 이것에 의해 모든 생멸의 변화가 일어난다. 이것은 상대묘와 상대지관에 의해서는 파악되지 않는다. 일미동체의 고차원, 절대묘와 절대지관에서만 가능하다. 오직 하나의 진리를 언어로 표현할 수 없기에 불가사의라고 하고 여여라고 할 뿐이다.

『요한복음』에 "진리가 너희를 자유롭게 할 것이다."[2]라는 구절이 있다. 누구나 한번쯤 듣고 공감했을 문구이다. 이를 듣고 학구열이 더 생길 수도 있고 구도자의 길에서 격려를 받을 수도 있었을 것이다. 그만큼 인간의 의식적 특성을 가장 간명하게 이상적으로 표현한 문구이기 때문이다. 그런데 여기서 말한 진리를 3차원 공간관의 입자로서 떠올린다면, 그런 진리가 우리를 자유롭게 한다고 볼 수 있을까? 우리는 진리라는 이름으로 행해지는 무수한 전쟁과 폭력, 야만을 목도해 왔다. 그러나 진리를 속俗과 동떨어진 입자로서 관념적 장식물이 아니라 지금·여기를 그대로 망라하고 있는 전체의 장으로 떠올린다면 그 구절 하나만으로도 치유가 될 수 있다. 그 순간 나의 인식의 차원이 전변될 수 있기 때문에.

붓다는 진리가 오직 하나이지만, 중생들의 근기에 따라서 공·가·중의 삼제로 설명했다고 한다. 그런데 이 가르침을 들은 중생들이 삼제 중의 하나를 절대화하거나 삼제 사이의 관계를 잘못 이해하기 때문에 지의는 장통별원藏通別圓의 사교四敎로 이를 조명했다. 사교에서는 제각각 공·가·중의 삼제를 진제眞諦·속제俗諦의 이제二諦로 이해한다. 진제는 깨달음에 관한 진리이고, 속제는 깨달음에 이르기 위한 방편으로서의 진리인데, 삼제 가운데 어느 것을 진제로 삼고, 어느 것을 속제로 삼는가에 따라서 깨달음의 형태가 달라진다는 것이다.

여기에서 먼저 이제二諦를 세 가지 관점에서 어떻게 이해하는지 살펴본다. 중생의 감정을 따라서 설명하는 방식으로 본다면, 인연을 분명

---

2 예수께서는 당신을 믿는 유다인들에게 이렇게 말씀하셨다. "너희가 내 말을 마음에 새기고 산다면 너희는 참으로 나의 제자이다. 그러면 너희는 진리를 알게 될 것이며 진리가 너희를 자유롭게 할 것이다."(공동번역성서).

하게 깨달아 관해觀解를 일으키는 것은 감정에 따른 속제를 설명하는 것이고, 인연을 공이라고 깨닫는다면, 이는 감정에 따른 진제를 설명하는 것이다. 또한 감정과 지혜에 따라서 설명하는 방식으로 본다면, 범부의 마음이 보는 것은 속제이고, 성인의 마음이 보는 것은 진제라고 한다. 마지막으로 지혜에 따라 설명하는 방식으로 본다면, 범부는 세간에서 생활하고 있어도 세간의 모습을 이해하지 못하고, 세간의 속제도 이해하지 못하기 때문에 당연히 진제는 더욱 알 수가 없으므로, 이제二諦는 범부의 감정에 근거해서 이해할 수 없는 것이라고 한다.

이처럼 진제·속제의 이제는 고정된 것이 아니라, 어떤 관점, 어떤 차원에서 보느냐에 따라서 달라진다는 것이다. 하나의 진리를 때로는 진제와 속제의 이제로, 공가중의 삼제 등으로 비유하는 것을 사교를 통해서 살펴본다.

① 삼장교三藏敎

삼장교에서는 진제와 속제의 이제를 선후가 있는 독립적 진리로서 이해한다. 삼장교에서의 지관이 통찰하는 것은 연기적 현상을 다 부순 뒤에 성립하는 단공但空이다. 삼장교에서 세 번째의 진리인 중도는 말만 있고 그 내용이 없다.

> 삼장교는 방편교이므로 이제만을 설명한다. 보살은 초발심 중에서 진제에 근거해서 사주四住[3]의 번뇌를 항복시키고, 이를 차례로 제거한다. 삼아승기겁에 걸쳐 육바라밀을 수행하여 공덕을 쌓아 나간다. … "일념[한순간]에 육백의 생멸이 있다." … 이와 같이 한순간에 가관으로부터

---

3 사주번뇌四住煩惱. 삼계의 견혹見惑·사혹思惑의 번뇌를 네 가지로 구별하는 것. 삼계의 일체의 견혹을 견일체주지見一切住地, 욕계의 사혹을 욕애주지欲愛住地, 색계의 사혹을 색애주지色愛住地, 무색계의 사혹을 유애주지有愛住地라고 함.

공관으로 들어가서[종가입공從假入空] 혜안을 얻고 진제를 비추어 성불할 수 있다. 이 불佛은 먼저 속제를 비추고 다음으로 진제를 비추어 이제가 함께 분명해지기 때문에 제자들과 다르다. 보살은 속제만을 비출 뿐 진제를 비추지 않고 이승은 진제만을 비출 뿐 속제를 비추지 않는다. 그러나 불은 이제를 함께 비추기 때문에 그 위에 중도제일의제를 더하게 된다. 삼장교의 이제는 이미 방편인 것이며, 그 이제 위에 다시 중도를 더하는 것이다. 이것은 방편 위에 다시 방편을 더하는 것이므로 중도제일의제를 비추기 위해 다시 불안佛眼을 더한다. 이 중도제일의제中道第一義諦를 아는 까닭에 다시 일체종지를 더하는 것이다. 이와 같이 제자의 입장에서 이제는 앞과 뒤로 나누어져 있고 불의 입장에서 삼제를 더하게 된다. 이것이 삼장교에서 이제와 삼제의 이합이다(『마하지관』).

삼장교는 3차원 공간관으로 세계를 바라본다. 그런 만큼 눈앞에 드러나는 현상세계의 문제점을 알더라도 입자 중심의 인식틀을 벗어나지 못하기 때문에 진제와 속제, 중도제가 제각각 분리되어 있는 것으로 파악한다. 이승과 보살, 삼장교의 불佛이 바라보는 것이 다르다. 이 때문에 격력차제隔歷次第의 단계론적 한계를 벗어나지 못한다. 이 상태에서 중도라는 것은 이름만 있을 뿐, 하나의 진리로서의 위상에 이르지 못한다는 것이다.

② 통교通敎

통교에서 성문聲聞·연각緣覺의 이승인二乘人과 보살은 속제는 같지만, 진제는 각각 다르게 본다. 이승인은 단공但空만 보지만, 상근기의 보살은 단공은 물론 부단공不但空까지 본다. 그렇기 때문에 보살은 중생을 교화할 수 있게 된다. 삼장교에서 삼제, 즉 중도는 이름만 있지만 통교에서는 제삼제를 진제라고도 하고 중도제일의제라고 하며, 이에 상응하는 실체와 상응하는 견見, 상응하는 지智가 있다. 이것이 통교의 이제와 삼제의 모습이다.

> 삼승인三乘人은 모두 언설을 넘어선 도를 통해 번뇌를 끊지만, 제諦의 이합을 보면 속제는 공통적이지만 진제는 각각 다르다. 『대지도론』은 "공에 두 가지 종류가 있다. 하나는 단공이고 다른 하나는 부단공이다."라고 했다. 『열반경』은 "이승인은 공만을 보고 불공을 보지 않는다. 지혜로운 자는 공만을 보지 않고 불공도 본다. 불공이란 대열반이다."라고 했다. 이승의 단공의 지혜는 반딧불이 같은 것이고, 보살인의 지혜는 햇빛과 같다. 이와 같이 공과 지혜가 다르기 때문에 이제의 의미에도 차이가 발생한다. 그렇지만, 여기서는 일단 모두 하나의 진제로 한다. 이승은 가假를 체득하여 공에 들지만, 단공에 들어가기 때문에 종공입가從空入假는 불가능하다. 그 결과 중생을 교화하는 작용은 없다. 보살은 가를 체득하여 참된 공에 들어갈 수 있어 종공입가가 가능하다. 그 결과 중생을 교화하고 제도하여 불국토를 정화할 수 있다. 상근기上根機의 보살은 가를 체득하여 진실공眞實空에 들어가는데, 먼저 단공에 들고 다음으로 부단공에 들어가 무명을 부수고 불성을 본다. 앞의 진실공의 의미와 명백히 다르기 때문에 동일한 진제라고는 할 수 없다(『마하지관』).

통교에서도 이승인과 보살의 인식의 차원이 다르기 때문에 진제에 대한 정의가 다르다. 단공과 부단공을 합할 때만 하나의 진제인 것이며, 떨어질 때는 이승인과 보살에게 각각 다른 두 개의 진제가 된다.

③ 별교別敎

별교는 삼장교·통교와 세계관이 다르다. 후자는 3차원 공간관의 세계관에 기초하기 때문에 생멸의 세계를 벗어나기 위해 회신멸지灰身滅

智의 공적空寂한 열반을 수행의 목표로 삼지만, 별교는 중도의 전체상에 이르는 것을 목표로 삼고 이를 삼제라고 설정한다. 즉 범부의 속제와 이승의 진제를 별교에서는 모두 속제로 보고 중도제일의제를 진제로 본다.

별교의 이제二諦는 앞의 장교·통교와 다르다. 앞에서 설명한 진제와 속제가 별교의 경우에는 모두 속제에 해당한다. 여기서 속제란, 속제는 유이고 진제는 무라고 하듯이, 서로 격별하고 있는 세계라는 의미이다. 범부는 속제에 포섭되고 이승二乘은 진제에 포섭된다는 것과 같이 속제와 진제의 차이가 있기 때문에 이것을 속제라고 하는 것이다. 『승만경勝鬘經』은 "이승二乘을 가리켜 공에 마음이 흔들리는 중생이라고 한다."라고 했고, 『열반경涅槃經』은 "나는 미륵과 함께 세제世諦에 대해 논하고 있었는데 오백의 성문은 진제를 설명하고 있다고 생각한다."라고 했다. 이제를 설명하고 있는 한에서는 속제를 열지 않지만, 삼제를 설명할 때는 유를 열어 속제로 하고, 무를 열어 진제로 하고 부단공에 대해 제일의제를 대응시킬 수 있는 것이다. 이것이 별교의 이제와 삼제의 모습이다(『마하지관』).

통교가 세계를 단공但空으로만 보는 데 비해 별교에서는 부단공不但空으로서 구체세계의 현상을 직시하여 중도를 견지하려고 한다. 다만 아직도 입자 중심의 세계관이 남아 있기 때문에 격력차제의 단계론을 벗어나지 못한다. 원융무애한 중도는 일심동체의 동시장이라는 세계관을 갖는 원교에서만 가능하다.

④ 원교圓敎

원교는 일미동체의 세계관에 기초한 이론이므로, 모든 것을 원융무애한 중도로 바라보게 한다. 일체의 개념적 분별을 해체한 상태이기에, 하나의 진리만을 보인다. 또한 하나의 진리를 보이기 위해 방편으로 여러 가지를 제시하지만, 방편임을 명시하므로 방편 자체가 바로 하나의 진리를 드러내는 것이다.

> 하나의 진실만을 보인다. 『열반경』은 "진실은 하나이지만 방편으로 세 가지를 설명한다."라고 했다. 원교의 입장이다. 『법화경』은 "전혀 다른 방편을 가지고 제일의제를 드러낸다."라고 했다. 이것이 원교의 이제·삼제·일제의 이합의 모습이다(『마하지관』).

이상에서 살펴보았듯이, 대승에서는 진리는 하나이지만 세계관과 인식틀의 차원에 따라서 이제·삼제·사제 등으로 설한다. 진제로 보였던 부분이 인식의 차원이 높아지면 속제가 된다. 궁극적으로는 일미동체의 세계관에 이르면 모든 것을 하나의 장으로 보기 때문에 하나의 지혜에 이르게 된다. 『경』에서도 하나의 지혜에 대해 "일체의 모든 여래가 똑같이 함께 하나의 법신이며, 한마음이고, 하나의 지혜이다."라고 밝히고 있다.

진실이나 진리라는 표현은 어떤 세계관의 차원에서 사용하고 있는지를 반드시 살펴보아야 한다. 제한된 차원의 세계관이나 입자 중심의 인식틀에 근거해서 사용한다면 본인의 의지나 진정성과 상관없이 왜곡될 수밖에 없다. 반면에, 원교와 같이 일미동체의 세계관, 장 중심의 인식틀에 근거한다면 모든 현상이 바로 중도실상이고 제법실상이라고 표현하듯이, 부분이 바로 전체이고 전체가 바로 부분인 세계 속에서 비로소 자유롭고 자재할 수 있다.

【수련법】

1. 사람이든 사물이든 상황이든 진리의 명제이든 입자 단위로 떠올릴 때는 항상 경계가 만들어진다. 3차원 공간관의 세계관에서 대상을 개념의 틀로 고정하기 때문이다. 이럴 때는 항상 어떤 인식틀·개념틀·세계관 속에서 대상을 인식하고 있는지를 점검할 필요가 있다.

2. 사람이나 사물을 오행기나 생체장의 감각으로 느끼더라도 그 대상을 인식하는 개념틀에 의해서 기의 장은 인위적으로 조성된다. 대상의 기운이 일정한 밀도와 구조를 띠고 있기 때문에 기의 장을 체크해도 크게 무리는 없지만, 그렇다고 그렇게 느낀 기의 장이 그 대상의 고정된 상태라고 인식하는 것은 오류이다. 매 순간 우주 규모의 기의 장이 그 대상으로도 이어져 변화하고 있기 때문이다. 그럼에도 불구하고 대상의 기의 장을 마치 고정된 입자로 인식한다면 미세한 변화의 흐름을 스스로 놓칠 뿐만 아니라 인식하는 사람 스스로 인식하는 행위에 의해 입자 단위의 경계 속에 갇히게 된다.

3. 수련할 때도 끊임없이 나를 입자 단위로 떠올릴 수 있다. 그럴 때는 즉공즉가즉중이나 원교의 중도제일의제, 원돈지관의 명정明靜 상태를 떠올려서 경계를 풀고 주객의 분별을 해체해 나가는 것이 필요하다.

경계境界 IV

『마하지관』에서 지의는 사의思議를 실失, 불사의不思議를 득得이라고 한
다. 사의와 불사의를 득실得失의 개념으로 표현한 것이다. 사의는 언어
개념으로 분별할 수 있는 세계, 즉 3차원 공간관의 세계관에 기초하여
모든 것을 '입자'로 바라보는 차원인데, 여기에 머물면 실失, 즉 '잃는
다'는 것이다. 불사의는 언어 개념으로 표현할 수 없는 세계, 즉 고차
원 세계로서 모든 것을 '장'으로 보는 차원인데, 여기에 이르면 득得, 즉
'얻는다'고 한다.[1] 득실은 상대적 비교의 개념이다. 득과 실이 서로에
대한 비교일 수도 있고 어떤 기준에 대해서 득과 실이 되는 것이기도
하다. 사의의 경계境界가 실失이라면 사의로 분별하지 않은 상태가 원래
의 기준이 될 수 있다. 그렇다면 원래의 상태를 무엇으로 표현할 수 있
을까? 사의의 경계는 3차원 공간관으로 분별되는 드러난 질서의 세계
이고, 이것은 실수로 표현되는 입자의 세계이다. 불사의不思議의 경계境
界는 개념으로는 포착되지 않는 숨겨진(접혀진) 질서의 세계이고 이것
은 허수로 표현되는, 파동이 포함되어 있는 장의 세계이다. 그렇다면
사의로 분별되기 이전의 원래 상태는 사의로 파악하지 못하는 숨겨진
질서가 포함된 장의 세계가 망라된 전체성의 세계일 것이다. 이것은 실
수부와 허수부가 포함된 복소수로 표현되는 장의 세계이다. 모든 존재
는 겉으로는 입자의 모양으로 보이더라도 그 이면에는 파동이 중첩되

---

1 실失은 잘못이라는 뜻도 있고 득得은 깨닫는다는 뜻도 있다.

어 있고, 이를 모두 포괄한 것을 장이라고 한다. 따라서 장은 복소수로 표현된다. 즉 복소수의 실수부는 드러난 입자의 세계이고 허수부는 접혀진 파동과 장의 세계이다. 따라서 실失은 실수 입자의 세계로서 원래 상태에서 접혀져 있는 파동과 장의 세계를 잃어버렸다는 것을 상징한다고 볼 수 있다. 득得은 드러난 질서에만 국한되고 있는 실失의 세계에서 다시 접혀진 파동과 장의 세계를 회복해 나가는 것을 뜻한다고 할 수 있을 것이다. 두 세계, 즉 사의와 불사의의 세계, 실수와 허수의 세계는 물리법칙이 다르고 셈법이 다르다. 사의와 실수의 세계는 대소의 크기 차이, 방향의 차이가 있는 선형성이론이 적용되는 분별적 세계이지만, 불사의와 허수의 세계에서는 비선형이론이 적용되는 동시장의 세계이다. 여기에서는 모든 부분이 바로 전체인 일미동체의 세계이다. 이를 좌우뇌가 음악을 어떻게 다르게 감상하는지를 통해서 확인할 수 있다.

리스트(Liszt)의 헝가리 광시곡(Hungarian Rhapsody) 제2번을 틀고 먼저 전두엽의 좌뇌에 의념을 두고 그곳에서 음악을 들어보자. 이 경우 음악 소리를 좌뇌로 가져와서 듣게 되는데, 선율·리듬·악기 소리가 낱낱이 구분되어서 들린다. 마치 음악 소리 하나하나가 입자 단위로 세분되어서 들리는 느낌이다. 그런데 오래 듣게 되면 음악을 듣고 있는 좌뇌가 피곤해지고, 심지어 통증까지 생길 수 있다. 이에 비해 우뇌로 음악을 들으면 양상이 완전히 달라진다. 음악 소리가 우뇌와 떨어진 상단의 공간에서 아침 햇살처럼 쏟아져서 들리면서 점점 우뇌와 그 소리가 일치하고 우뇌와 소리가 들리는 지점 사이의 모든 공간으로 음악 소리가 만들어 내는 아우라(Aura)가 퍼져 나가면서 일체감을 이루는 동시장이 펼쳐진다. 계속 그 장 속에 몰두하면 내 몸도 그 파동 속으로 녹아 들어가고, 음악이 만들어내는 공감의 장을 통해서 온 우주로 열려 나간다.

여기서 좌뇌로 음악을 듣는 것은 사의思議의 경계境界에 머무르는 것과 같다. 좌뇌와 사의의 경계 모두 개념으로 분별하며 모든 정보를 입자 단위로 인식한다. 그 결과 우뇌로 음악을 들을 때 느껴지는 음악의 파동이 만들어 내는 아우라는 감지할 수 없다. 음악이 연주되는 동안 조성되는 것이 과연 무엇인지를 누구도 충분히 알 수는 없다. 우뇌로 들을 때를 연상하더라도 어디까지를 연주되는 음악의 실체인지 판가름하기 어렵다. 음악의 선율·리듬부터 공간으로 퍼져나가는 진동, 우뇌와 만나서 조성되는 공감의 장, 모든 소리는 입자가 아닌 파동으로서 온 우주와 연결되어 있다. 이러한 경지를 좌뇌의 분별지로서는 알 수 없는 것이다. 그런 점에서 좌뇌로 음악을 듣는다는 것은 바로 '실失'이라고 할 수 있다. 이에 비해 우뇌로 음악을 듣는다면 좌뇌로서는 들을 수 없는 음악의 파동이 만들어 내는 아우라와 우뇌와 음악이 공명을 하면서 온 우주로 확산되는 동시장에 이르기까지 좌뇌가 놓쳤던 부분을 회복한다는 점에서 '득得'이라고 할 수 있다. 우뇌는 대상을 입자 단위가 아니라 장으로서 인식하기 때문에 가능한 것이며, 그 장에서는 모든 주체와 대상의 분별이 사라지기에 부분이 곧 전체인 상태가 된다.

유아의 조기교육 과정에서도 득실의 개념을 적용할 수 있다. 좌뇌는 논리와 수리 영역의 개념 분별 기능을 하는 뇌로서 '자기 뇌'이다. 우뇌는 직관의 뇌로서 대상과 소통하고 공감하며 상상력을 발휘하는 '우주 뇌'라고 할 수 있다. 사람마다 좌우뇌 중 어느 쪽이 우성, 열성인지는 선천적으로 타고나지만, 어느 경우라도 태어날 때는 우뇌가 열려 있고 좌뇌는 미성숙 상태이다. 좌뇌는 문자와 숫자를 배우면서 계발된다. 그런데, 이 교육과정을 지나치게 일찍 시작하거나 성장 단계보다 과도하게 앞서서 진행할 경우, 우뇌의 상상력은 제대로 발휘되지 않는다. 부모의 입장에서는 아이의 지식이 늘어가는 것을 보면서 많이 배울수록 더 좋은 것 아닌가 생각할 수 있다. 그러나 좌뇌의 입자 중심의 개념 분별 기능이 강화될수록 우뇌의 장을 통해서 우주와 소통하는 기능은 둔화된다. 그런데 우뇌를 통해서 획득하는 정보는 드러나지 않았을 뿐이지 좌뇌보다 압도적으로 많다. 결국 지나친 좌뇌 교육을 통해서 타고난 우뇌의 무한한 장을 '실失', 즉 '잃게' 된다. 드러난 질서의 측면에서 본다면 더 많은 지식 교육이 '득得', 즉 '얻는' 것일 것 같지만, 실상은 정반대의 결과를 초래할 수 있는 것이다.

좌뇌와 우뇌는 작용하는 메커니즘이 다르다. 앞에서 확인했듯이, 음악을 좌뇌로만 오래 들으면 피로해진다. 이것은 좌뇌가 음악을 입자 단위로 분별해서 듣기 때문이다. 좌뇌는 타고난 달란트(talent)에 따라서 용량의 제한이 있다. 좌뇌로 사고하는 분야가 언어·수리·경제 등의 논리 수리 영역인데, 모두 입자 단위의 개념 분별식이기 때문에 좌뇌가 뛰어난 사람의 경우 그만큼 소화할 수 있는 용량이 늘어나지만, 좌뇌의 달란트가 제한된 경우에는 수용의 한계가 있다. 후자의 경우임에도 불구하고 경제적인 문제에 신경을 과도하게 쓰거나 연구 활동에 매진할 경우, 좌뇌는 혹사되어 무리가 오게 된다. 물론 전자의 경우라도 모든 것을 좌뇌 방식으로 판단한다면 우뇌기능과 불균형되어 문제가 발생할 수도 있다. 좌뇌 우성이라도 우뇌가 활성화될 때 좌뇌의 활동도 촉진되지만, 우뇌가 지나치게 불균형하게 떨어진 상태에서 좌뇌 활동을 가속할 경우, 판단력에서 문제가 되어 심각한 장애가 초래된다. 장의 차원을 잃어버리는[失] 것이기 때문이다.

이에 비해, 우뇌의 작용 원리는 다르다. 우뇌에서는 모든 대상과 정보를 입자 단위가 아닌 파동과 장으로 인식하기 때문에 1+0=1 방식으로 만난다. 여기서 1은 드러난 질서의 실수 입자 상태이고 0은 접혀진 질서의 허수의 장을 포함한 무한대의 공을 나타낸다. 그렇기 때문에 접하는 대상과 정보가 많으면 많을수록 더욱 장의 범위가 확장되고 밀도가 높아진다. 다만 인식하는 주관이 3차원 공간관의 인식틀에 머무르지 않고 파동과 장의 흐름으로 열리면서 대상을 떠올릴 때 그 대상마저 입자가 아닌 장으로 만날 수 있게 된다.[2] 선천적으로 우뇌가 우성으로 타고 난 경우에는 저절로 이런 방식으로 대상을 만날 수 있게 된다. 그러나 우뇌가 열성인 경우에도, 앞에서 거론한 것처럼, 인식틀을 바꾸고 세계관의 차원을 변화하는 노력을 한다면 얼마든지 대상을 입자가 아닌 장으로 만날 수 있다. 물론 인간관계에서 스트레스를 강도 높게 받거나 지속적으로 받으면 우뇌의 기운이 저하된다. 이 경우는 자신의 우뇌 역량으로서는 감당할 수 없을 정도의 상처를 받을 때 발생한다. 이러한 상처를 받지 않고 도리어 그 만남을 통해서 우주의 장으로 열리려면 자신의 인식틀과 세계관의 차원을 높여 나가는 것이 필요하다. 또한 인간관계에서 상처를 받은 경우라도, 차후에 그 상처를 실체화하지 말고 우주 규모의 사건이 일어난 것이라고 시야를 확장하여 재인식하는 것이 필요하고, 아울러 인식틀과 세계관의 차원을 전변시키면 스스로 그 상처에서 벗어나 새롭게 우주의 장을 만날 수 있다. 이런 의미에서 우뇌로 대상을 만나는 과정은 실失이 아닌 득得이 될 수 있다.

지의智顗는 진리를 통찰하는 주체로서의 지智와 인식의 대상인 경境, 진리인 제諦의 분별이 남아 있는 상태를 사의思議의 대상이라고 한다. 이를 사구四句를 통해서 설명한다.

마음에서 연유한 지智가 스스로 대상[境]을 비추는 상황을 떠올려 보자. 이때 횃불이 사물을 비추는 것과 상관없이 사물은 원래부터 있고, 관찰하는 것과 상관없이 대상[境]은 본연으로 있는 것이라면, 제諦와 지智는 서로 아무런 관계가 없다고 할 수 있다. 지智는 스스로 지智로 있는 것이 아니고 경境에 따라 지智가 되며, 경境 스스로도 경境으로 있는 것

---

2 1+0=1에서 1과 0은 같은 비중으로 인식해야 하지만, 입자 중심으로 바라보는 인식의 습관이 남아 있는 경우에는 0을 중심으로 장이 펼쳐지고, 그 장 속에 1이 포함되는 것으로 인식하는 것이 필요하다.

이 아니고 지智에 따라 경境이 되어 장단長短처럼 비교를 통해 성립하는 것이라면 경境과 지智의 관계는 서로 의지해서 성립한다. 경境은 스스로 경境으로 있는 것이 아니고, 또 지智에 따라 경境으로 되는 것도 아니고 경境과 지智가 합쳐서 경境도 되고 지智도 된다고 한다면, 이는 경境과 제諦가 함께 합해져 있는 경우이다. 위의 세 가지 경우 중 어디에도 해당하지 않고 원래 그렇게 경境으로 되고 지智로 된다고 한다면, 이는 경境과 지智가 아무런 원인 없이 우연히 그렇게 되었다는 의미이다.

사구四句의 논리를 통해서 지智와 경境이 작용하는 방식을 모두 살펴보았지만, 여기에서는 기본적으로 지智와 경境, 제諦가 제각각 분별되고 있는 상태이다. 이것은 3차원 공간관의 세계관에 기초하여 모든 개념이 입자 단위로 실체를 갖고 존재한다고 바라보는 것이다. 그러기에 서로 어떻게 작용하는지, 독자적으로 존재하는지를 살펴본다고 하더라도, 근본적으로 제각각 입자 단위로 실체로서 존재한다는 가정을 벗어나지 않는다. 이러한 점에서 이러한 고찰은 드러난 질서를 파악하는 사의思議의 작용이며, 이것으로서는 이원론의 한계를 벗어나지 못하고 숨겨지고 접혀진 질서까지 포괄한 동시장의 세계를 알 수 없는 것이다. 이러한 개념틀로 인식하게 된다면, 그러한 입자 개념이 단순한 방편으로 그치는 것이 아니라 그 자체만으로 경계를 만드는 것이고, 장의 세계를 '잃는' 것이며, 허구적인 경계에 따라서 집착을 하며 그 결과 번뇌의 사슬에서 피할 수 없게 된다.

이러한 의미에서 지의는 지智와 경境의 관계에 대한 위의 네 가지 해석은 모두 옳지 않다고 지적한다.

이러한 해석은 모두 네 가지의 집착[사취四取]에 사로잡혀서 옳고 그름을 판단한 것이다. 이러한 판단은 애착과 분노를 낳고, 나아가 모든 번뇌를 낳는다. 이러한 번뇌에 따라 의미 없는 논쟁이 발생한다. 논쟁에 따라 몸과 마음으로 짓는 업이 발생한다. 업이 발생하면 괴로움의 바다에서 윤회하여 해탈을 이룰 수 없다. 그래서 용수龍樹는 그 뿌리를 끊기 위해 다음과 같이 앞의 네 가지의 견해를 타파한다. "모든 존재는 스스로 생기지 않는다."라고 했으니, 지와 경은 스스로 생겨난 것이 아니다. 또 "타자에 따라 생기지도 않는다."라고 했으니, 경과 지는 서로 의지해서 성립하는 것이 아니다. 또 "함께 생겨난 것도 아니다"라고 했으니, 경과 지는 함께 합해져서 성립하는 것이 아니다. 또 "인연 없이 우연히 생기지 않는다."라고 했으니 경과 지는 아무 이유 없이 우연히 성립하는 것은 아니다. 앞에서 거론한 네 가지 견해에 집착하면 여러 가지의 어리석음과 미혹이 동시에 발생하기 때문에, 이러한 견해는 결코 지혜일 수가 없다. 여기에서는 "스스로 생기지 않는다."와 같은 사구를 통해 네 가지의 잘못된 견해를 부순다. 이에 따라 네 가지 잘못된 견해에 대한 집착도 사라짐으로써 결국 괴로움의 바다를 부르는 일도 없어진다(『마하지관』).

앞에서 거론한 사의思議의 경지에서는 인식주관인 지智와 인식대상인 경境, 진리인 제諦 모두를 드러난 질서의 입자 형태로 설정하기 때문에 네 가지 집착[사취四取], 즉 견해의 집착인 견취見取, 계율에 대한 집착인 계금취戒禁取, 모든 번뇌의 집착인 욕취欲取, '나'라는 주관의 집착인 아어취我語取에 사로잡힌다는 것이다. 말하자면, 자신이 아무리 사심 없이 진정성을 갖는다고 하더라도 이미 3차원 공간관의 세계관에 입각한 인식틀을 갖는다면, 그 자체로 바로 잘못된 견해를 집착하는 오류, 계율에 집착하는 오류, 번뇌에 집착하는 오류, '나'라는 주관에 집착하는 오류를 범할 수밖에 없고 이것에 기초하여 옳고 그름을 따지고, 나의 것과 남의 것, 나의 진영과 남의 진영을 차별하게 된다는 것이다. 결국 문제는 하나의 세계를 드러난 질서의 입자 단위로 인식하는 사의

思議의 경계境界로부터 발생하는 것이다. 여기에 근거하는 한 숨겨지고 접혀진 질서의 세계를 도외시하고 파악하지 못하여, 온 우주를 부분의 파편으로만 인식하고 그 인식에 따라서 스스로도 번뇌의 사슬에서 벗어나지 못하는 것이다.

불사의不思議의 경지는 바로 입자 단위로 분별하고 그를 실체화하는 사의思議의 인식틀을 해체하고 모든 것을 하나의 동시적인 '장'으로 인식하는 것이다.

지의는 "청정한 마음은 항상 하나[一]인 것이니 바로 반야를 볼 수 있다."고 한다.

여기서 하나라는 것은 상대적 차원의 하나가 아니라 모든 것을 망라한 절대적 차원의 하나이다. 즉 일미동체의 하나이고 중도실상의 하나이다. 여기에서는 인식의 주체인 지智와 대상인 경境, 진리인 제諦 모두가 분별되지 않는다. 주관과 객관의 분별이 없다. 모두 더 이상 3차원 공간관에서 포착하는 입자 단위의 실체가 아니라 동시장의 한 흐름이기 때문에 개념적 분별이 해체된 것이다. 이를 불사의不思議의 대상이라고 한다.

이러한 이유로 스스로의 경계境界와 지혜智慧, 괴로움[苦]과 집착[集]이 생기지 않는 것이다. 그렇기 때문에 생생生生[유위적有爲的인 상相으로서의 生을 일으키는 이치]을 설할 수가 없는 것이다. 따라서 사리불은 침묵하였다. 나아가서 우연히 경계·지혜, 괴로움·집착이 생기지 않는다면 불생불생不生不生[생겨나는 것도 멸하는 것도 아닌, 불생불멸의 무위법]도 설할 수가 없는 것이니, 유마힐維摩詰은 입을 다물었다. 언어의 길은 끊어지고 마음의 작용이 소멸하기 때문이다(『마하지관』).

불사의의 경지는 인식의 차원이 높아져 일체 경계 없이 모든 것을 하나의 동시장으로 파악하기 때문에, 여기에서는 일체의 주관과 객관의 분별이 없어지고 따라서 괴로움과 집착도 생기지 않는 것이다. 따라서 3차원 공간관의 세계관에 기초한 유위법의 세간법을 설할 수 없는 것이고, 불생불멸의 무위법도 언어로 표현할 수 없는 것이며, 그 상태를 인지하여 분별하는 마음의 작용도 소멸한다는 것이다.

그러나 설할 수가 없다고 하더라도 사실단四悉檀의 인연 때문에 설명할 수 있다. 어떤 경우에는 스스로 생기는 경계·지혜를 설하고, 혹은 아무런 이유 없이 경계와 지혜가 생긴다고 한다. 이와 같이 네 가지 방식으로 [사구四句의 처음과 끝만 소개한 것] 설명하지만, 거기에 따른 집착을 오래전에 부수었다. 이름만 있고 이름에 해당하는 실체가 없다. 실체가 없는 이름은 머무르지도 않고 머무르지 않는 것도 아니다. 이를 불사의不思議라고 한다.

따라서 『금광명경金光明經』에서 이르기를,

불사의한 지혜의 경계를 불사의한 지혜가 비춘다.

라 하였는데, 바로 이 뜻이다. 만일 네 가지 성품의 경계·지혜를 파하면, 이것을 진실의 지혜라고 한다. 만일 사실단이 연緣을 향하여 네 가지 경계·지혜를 설한다면, 이것을 방편의 지혜라고 한다. 이와 같은 경계·지혜는 범부로서는 두 가지 모두 잃으며[失], 이승二乘은 하나를 얻고[得] 하나를 잃는다[失]. 보살은 두 가지 모두 얻는데[得], 무슨 까닭인가? 범부는 사성四性[3]이 있으니 자행自行[자기수행]이 실失이며, 사실단 없이 타를 교화함이 실失이며, 이승은 사성을 파하고서 제일의에 드는 자행이 득得이며, 중생을 제도하지 않으니 타의 교화가 실失이며, 보살은 다 갖추니 이 까닭으로 두 가지가 득得이다. 또한 범부의 두 가지 실失은, 사의思議의 실失이고, 이승은 일득일실一得一失인 것이 함께 다 사의이다. 보살의 두 득得은 함께 불사의不思議다. 이것이 통교에 관련시켜서 득실을 말한 것이다(『마하지관』).

불사의한 경지를 사의의 언어 개념으로 표현할 수는 없지만 중생을 위하여 사실단으로 설하게 되는데, 여기서 관건은 어떤 차원에서 방편을 사용하는가에 따라서 그 의미는 달라진다는 것을 지적하고 있다. 『금광명경金光明經』에서 불사의한 지혜가 불사의한 지혜의 경계를 비춘다고 밝혔듯이, 입자와 장, 드러난 질서와 접혀진 질서, 주관과 객관의 분별없이 절대적 하나로 인지할 정도로 인식의 차원이 높아질 때, 즉 불사의한 지혜에 이를 때는 언어 개념을 사용하더라도, 이름만 있을 뿐 그 이름으로 경계를 만들지 않고, 방편을 사용하더라도 그 방편을 실체화하는 것이 아니라 절대적 하나를 가리키도록 불사의한 지혜의 경계를 비출 수 있다는 것이다. 따라서 범부는 이러한 인식의 차원에 이르지 못한 상태에서 지혜와 경계를 사용하기 때문에 그것에 내포된 진실을 놓치고 드러난 이름에 머물면서 두 가지 모두 잃는 것이라고 표현하는 것이다. 이것은 지혜와 경계를 분별할 때 갖게 되는 네 가지 논리에서 벗어나지 못하기 때문에, 자기 수행도 제대로 못 하고 남을 교화하는 역할도 하지 못한다는 것이다. 이승二乘은 네 가지 논리에서 벗어날 수 있기에 자기 수행은 할 수 있어서 득得이지만, 남을 교화하는 수준에 이르지 못하기에 그 점에서는 실失이라는 것이다. 보살은 인식의 차원이 사의思議의 경지에서 벗어나기에 두 가지 모두 할 수 있어서 모두

---

3 앞에서 용수가 부정한 네 가지 성질. "모든 존재는 스스로 생긴다.", "타자에 따라 생긴다.", "함께 생겨난다", "인연 없이 우연히 생긴다."

득이라고 하는 것이다.

만일 별교를 통교에 견주어 본다면, 통교의 두 득得은 함께 사의思議이고, 별교의 두 득得은 함께 불사의不思議다. 만일 원교를 별교에 견주어 본다면, 별교의 교도教道의 두 득은 함께 사의이다. 무슨 까닭인가? 교문教門은 방편이기 때문이다. 혹은 무명이 일체법을 낳는다고 말하고, 혹은 법성法性이 일체법을 낳는다고 말하며, 혹은 연수緣修[주관과 객관의 대립에 얽매어서 마음을 작용하여 수행하는 일]가 진수眞修[진정한 수행으로서, 주관·객관을 여읜 수행]를 나타낸다고 말하고, 혹은 진실은 스스로 나타난다고 말하기도 한다. 이것을 집착하면 도리어 과오를 빚어 사의 속에 타락한다. 만일 도를 증득한다면 바로 불사의인 것이다. 만일 원교라면 교教나 증과證果가 함께 불사의이다. 무슨 까닭으로 그런가? 지극한 이법은 설할 것이 아니지만, 연緣을 위해 네 가지를 설한다. 다만 가명假名만 있지만, 가명의 명名은 바로 무생無生이다. 따라서 교와 증득은 함께 불가사의이다. 사思가 없고 염念도 없기 때문에, 집착하거나 의미 없는 논쟁을 하거나 번뇌를 낳는 업이 없다. 업이 없기 때문에 생사生死가 없으니, 이 이름이 자행自行이며 득得이다. 진실의 체體를 증득하면 능히 불가설의 설로써 중생을 교화, 인도하되, 생사를 벗어나서 진실의 체를 증득하게 하니, 이것이 자타가 함께 체를 증득하는 것이다(『마하지관』).

여기에서도 통교와 별교, 원교는 각각 세계관의 차원이 다르기 때문에 낮은 차원의 세계관에서는 불사의不思議의 경계로 보였던 부분이 높은 차원의 세계관에서 본다면 사의思議의 경계에 불과하게 된다는 것이다. 동시에 낮은 차원에서 득得으로 보였던 부분이 높은 차원에서는 실失이 된다. 또한 진리라고 여겼던 명제들, 무명이 일체법을 낳고, 법성이 일체법을 낳으며, 연수緣修가 진수眞修를 나타낸다든지, 진실은 스스로 나타난다고 하는 것 등도 이 말 자체에 집착하는 순간 오류가 발생하여 사의思議로 타락하고 만다고 한다. 동일한 명제라고 하더라도, 어떤 인식의 차원에서 거론하는가에 따라서 그 의미와 맥락은 달라진다는 것이다. 앞에서 "불사의한 지혜의 경계를 불사의한 지혜가 비춘다."고 했듯이, 언어는 불가피하게 특정 개념을 입자 단위로 완결된 정의를 하기 때문에 인식의 차원이 불사의의 지혜에 이르지 않는 한, 그 뜻이 왜곡될 수밖에 없다. 불사의의 지혜는 일미동체의 동시장으로 명사를 인식하기 때문에 어떠한 언명이라도 장 속의 흐름과 결로 이해할 수 있지만, 사의의 수준에서는 그 언어 자체가 형성하고 있는 경계에 따라서 모든 것을 자신의 인식의 차원인 입자 단위로 인식하기 때문에, 원래의 명제·명사·언명보다 경계를 심화시키고 그 경계에 동참하여 관념의 벽을 두껍게 한다. 따라서 주관인 지혜와 대상인 경계, 진리가 독립된 개념으로 떠오를 때는 항상 어떤 인식틀과 세계관의 차원에서 바라보는지를 점검할 필요가 있다. 실수의 드러난 질서로 파악되는 입자 단위의 인식틀로서는 어떤 명제와 대상을 떠올리더라도 벽을 만들어 전체의 장을 잃어버릴 수밖에 없기 때문이다. 이를 알아차리지 못하고 그 명제나 개념 체계에 따른다면, 아무리 사심 없이 선의로 임한다고 하더라도 맹신의 독소를 벗어날 수 없게 된다. 사의思議의 경지는 입자의 인식틀에 기초하고 중도의 전체성을 잃어버리는 것이다. 불사의不思議의 경지는 절대적 의미로서의 하나이다. 일미동체의 동시장으로 열린 것이기 때문에 여기에서는 주관과 객관, 진리, 세계 모든 분별이 없다는 것이다. 그러기에 사의의 경지에서 잃어버리는 것을 다시 얻는 것이라고 할 수 있다. 또한 도를 증득하면 불사의이고, 원교는 불사의라는 것은 인식의 차원이 일미동체의 동시장에 이르렀다는 것을 가리킨다. 그렇기 때문에 이러한 경지에서는 교와 증득이 불사의이다. 즉 불사의의 지혜에 이르렀을 때는 어떤 명제나 명칭을 가리키더라도 입자 단위의 주관적인 해석과 경계에 사로잡히지 않기 때문에 업을 짓지 않아 자기 수행을 하거나 중생을 교화하고 인도할 때도 실이 아니라 득을 이룰 수 있다는 것이다. 이것은 입자 단위로 경계를 만들지 않고 불사의의 지혜로 불사의의 경계, 즉 일미동체의 동시장으로 바라볼 수 있기 때문이다. 그러기에 이러한 경지에서는 자타自他가 함께 체體를 증득하는 것이라고 한다.

득실은 아주 간단한 셈법이다. 누구라도 득실을 따지지 않으면서 살 수는 없다. 그런데 문제는 인식의 차원에 따라서 셈법의 내용은 달라진다는 것이다. 3차원 공간관의 세계관에 입각하여 드러난 질서를 기준으로 볼 때 득이 되는 것이, 고차원의 경지에서 본다면 바로 실이 되고 만다. 좌뇌의 기준으로는 득이라고 판단되는 것이, 우뇌로 볼 때는 실이 된다. 차원에 따라서 이득을 보았다고 생각하던 것이 결국 손해였고, 손해 보았다고 판단한 부분이 결국 이득으로 돌아올 수 있다는 것이다.

우주의 모든 존재는 하나로 이어져 있다. 그럼에도 불구하고 인간에게는 시각적 자극이 워낙 강력하기 때문에 가시 세계의 형상을 기준으로 드러난 질서만 있는 것으로 알고 살아갈 수 있다. 드러난 질서를 기준으로 득실을 따지면서 살다 보면 자신도 모르게 가짜 셈법을 하게 된다. 가짜 셈법은 때로는 생존을 좌우하는 문제로 발전하기도 하고, 이데올로기로 비화되기도 하고, 종교적 수준의 도그마(dogma)로 나타나기도 한다. 허구적 셈법에 따라서 더욱 세상을 차별하고 파편화시켜서 보고, 스스로를 그에 얽매이게 하여 집착과 번뇌의 사슬을 만들어 나간다. 앞에서 거론했듯이, 청정한 마음은 항상 하나이다. 그리고 불사의한 지혜의 경계는 불사의한 지혜가 비춘다. 관건은 인식틀에 따라서 인식의 시야는 달라지고 한 몸, 한마음으로 여겨지는 단위가 바뀌게 되며 그에 따라 셈법도 달라진다. 유일한 득은 일미동체의 동시장에 이를 때이다. 원돈지관의 명정明靜에 이를 때 주관과 객관, 모든 분별이 사라지기 때문에 어떤 틈도 생겨나지 않는다. 여기에서는 실失이 없다.

【수련법】

1. 사의思議의 경계와 불사의不思議[불가사의不可思議]의 경계를 각각 떠올리고 기의 장을 확인해 본다. 전자는 백회 위가 막힌 상태에서 앞머리로 기운이 항진된다. 이는 3차원 공간관의 세계관과 상응한다. 후자는 백회 위로 열리고 그 위에서 사방으로 열린다. 인식의 차원이 높아졌을 때 조성되는 기의 장과 상응한다.

2. 사의의 실失과 불사의의 득得을 각각 떠올리고 기의 장을 느껴 본다. 전자는 사의의 경계보다 좀 더 앞머리로 항진되고 백회 위가 막힌다. 후자는 불사의의 경계보다 더 위로 열리고, 위에서 사방으로 열리며, 일체의 경계가 사라지고 환하게 밝아진다.

지관止觀으로 일체의 미혹迷惑을 섭수攝受

실존적 의미를 강조하는 '지금·여기'라는 말은 명상 수련이나 일상생활에서 잠언같이 사용하지만, 세계관에 따라서 그 의미는 크게 달라진다. 사람은 보통 육안으로 사물을 분별하고 상황을 판단한다. 이렇게 보는 세계가 가시 세계이며 이렇게 보는 관점을 3차원 공간과 1차원 시간의 세계관이라고 한다. 만약 '지금·여기'를 이러한 세계관에 입각해서 바라본다면, 이것은 과거·현재·미래의 시간 흐름 속에서 '지금'이라는 시점을 특정한 것이고, 우주적 범위의 공간에서 '여기'라는 지점을 국소적으로 지칭한 것이다. 이러한 '지금·여기'는 무슨 의미가 있는 것일까?

본질보다 실존이 앞선다는 것을 상징하는 것으로 '지금·여기'를 거론할 수도 있고, 과거의 영광과 상처에 연연하지 않으며 미래의 계획과 불안을 생각하지 않고 지금 이 순간에 몰입해서 충실하자는 태도를 의미하는 것이라고 할 수도 있다. 그러나 3차원 공간과 1차원 시간의 세계관에 기초하는 한, 이러한 시도는 한계를 띠거나 실패할 수밖에 없다. 왜 그럴까? 이 세계관으로서는 모든 사물과 개념, 상황을 입자 단위로 존재하는 것으로 보는데, 이들은 마치 수직선 위의 실수와 같이 대소와 방향에서 차이가 나는 상대적 비교의 관계를 벗어나지 못하기 때문이다. 따라서 본질보다 실존이 앞선다고 하더라도, 이미 이들을 서로 대립적인 것으로 설정하고 상대적으로 비교하기 때문에 실존을 선택하더라도 본질의 그림자를 벗어나지 못한다. 이러한 실존은 본질을 유예하거나 그로부터 거리를 두고 있는 상태일 뿐, 완전하고 절대적인 실존이 될 수 없다. 또한 과거와 현재, 미래를 하나의 시간축으로 설정한 상태에서 지금, 즉 현재라는 것도 상대적 비교로서 선택하는 것이지, 오롯이 '지금'이라는 순간은 없다. '지금'이라고 여겨지는 순간 과거가 되고 미래는 아직 오지 않은 미지의 것으로서 '지금'이라는 관념이 만들어 낸 것일 뿐이다. 과거와 현재, 미래를 관통하는 동일한 존재는 '나'도 아니며 우주 어디에도 없다. 과거의 '나'와 미래의 '나'는 현재의 '나'와 다르다. 그럼에도 불구하고 과거-현재-미래라는 프레임은 동일한 '나'가 있다는 전제 위에 만들어진 것이므로, 사실은 허구적인 관념에 불과할 뿐이다. 그렇다면 매 순간 우주 규모에서 일어나는 사건만 있을 뿐이며, 그럴 때만 '현재' 즉 '지금'이라는 의미를 사용할 수 있는 것인데, 3차원 공간과 1차원 시간의 세계관에 바탕 둔 과거·현재·미래의 시간축으로서는 포착할 수 없는 것이다.

따라서 이러한 '지금·여기'는 공간과 시간의 제한을 벗어나는 무경계의 지점과 시점이 될 수 없다. '지금·여기'는 3차원 공간과 1차원 시간의 세계관에 기초하는 만큼, 상대적 비교의 개념틀을 벗어날 수 없기 때문이다.

그러나 고차원의 세계관으로 본다면, '지금·여기'는 일미동체의 세계를 절묘하게 나타낸 것이라고 할 수 있다. '지금'은 과거-현재-미래의 시간축 속의 현재 시점이 아니라 '동시장'이다. '여기'는 국소적인 지점이 아니라, 온 우주가 하나인 '공동장'을 나타낸다. 따라서 '지금·여기'는 한 점(·)이면서 동시에 무한한 장(○)이다. 왜 그런가?

모든 존재에는 입자와 파동이 중첩되어 있다. 입자는 실수로 표현되는 드러난 질서를 이루고 있으며, 파동은 허수로 표현되는 접혀지고 숨겨진 질서를 이루고 있다. 입자는 대소와 방향의 차이를 분별할 수 있는 선형성을 띠지만, 파동은 허수의 사인파로서 온 우주 규모로 이어져 있고 대소와 방향 차이가 없는 비선형성을 이루고 있다. 3차원 공간관으로서는 접혀진 질서의 파동성을 배제하기 때문에 모든 것을 드러난 질서의 입자 단위를 이루고 있는 것으로 파악한다. 이 세계관으로서는 '지금'은 특정 시점을 나타내고, '여기'는 특정 지점을 나타낼 뿐이었다. 그러나 일미동체의 고차원 세계관에 이르면 모든 입자는 겉으로 드러난 질서일 뿐, 이면에는 접혀진 질서로서 온 우주 규모에 이르기까지 파동으로 이어져 있다. 그 모든 것을 망라한 것을 '장'이라고 한다. 이러한 세계관에 입각하면 모든 부분은 바로 전체이다. 동시에 전체가 바로 이 부분에 포함되어 있다. 3차원 공간관으로서는 있을 수 없는 현상이지만, 허수로 표현되는 파동과 장의 세계를 망라한 고차원 세계관으로서는 자연스러운 현상이다. 3차원 공간의 세계관과 고차원의 세계관을 상대묘와 절대묘, 상대지관과 절대지관으로 상응하는 것으로 비교할 수 있다. 상대묘와 상대지관은 3차원 공간관의 세계관에 기초하기 때문에 모든 것이 입자 단위로 인식되며, 그 입자들이 서로 차이가 나더라도 상대적 비교의 틀을 벗어날 수 없다. 이에 비해 절대묘와 절대지관은 일미동체의 세계관에 기초하기 때문에 모든 것을 입자가 아닌 장으로 인식하며 장에서는 모든 부분이 바로 전체가 된다. 드러난 질서에서는 입자 단위로 고립되어 보였지만, 접혀진 질서까지 포함하여 바라보면 모든 것이 공동장이면서 동시장을 이루기 때문이다. 여기에서는 모든 현상이 중도실상이고 제법실상이 된다. 즉 부분이 바로 전체인 것이다.

따라서 '지금·여기'는 입자 중심의 세계관으로 본다면 관념적 수사일 뿐 실질적으로 시간과 공간의 경계로부터 벗어날 수 없지만, 이를 일미동체의 동시장의 세계관으로 본다면 일체의 경계 없이 무한대로 열릴 수 있다. 특히 이를 '지금·여기'로 명시하였기 때문에 전체와 구체, 본질과 실존, 본체와 현상이 일체의 괴리감 없이 합치하는 것을 나타낸다고 할 수 있다. 이를 기의 장으로 확인할 수 있다. 만약 입자 중심의 세계관으로 '지금·여기'를 떠올린다면, 평상시의 기의 장과 다른 점이 없고 특별히 경계가 해체되는 지점도 없다. 그러나 절대지관의 '지금·여기'를 떠올리면 머리 백회 위로 끝없이 열리고 사방으로도 경계 없이 열린다. 특히 수련 과정에서 경계가 생기는 부위가 있다면 바로 그 지점에서 절대지관의 '지금·여기'를 떠올리면 바로 풀리면서 횡수로 열린다. 이를 (·)에서 (○)로 변화하는 것으로 상징할 수 있다.

'지금·여기'에서 확인할 수 있듯이, 상대지관과 절대지관, 점차지관과 원돈지관은 근거하는 세계관이 다르고, 그에 따라 조망하는 세계의 모습이 완전히 달라진다. 지의는 『마하지관』에서 소승의 지관을 대승의 지관으로 전환하며 그 의미를 밝혔다. 대승의 지관, 즉 절대지관·원돈지관은 일체의 경계를 해체하여 모든 미혹迷惑을 해소하고 품는다. 이를 지관이 미혹을 섭수攝受한다고 한다. 미혹의 경계를 풀고 미혹이 바탕하고 있는 세계를 모두 받아들이고 포함한다는 것이다.

의심하는 이는 지관이 모든 법을 포함하지 않는다고 하지만, 지금은 그렇지 않다. 지관은 모든 법을 총괄하여 다 수용한다. 왜냐하면 지止가 모든 법을 적멸寂滅하는 것은, 마치 병환이 있어서 뜸을 뜰 때 경혈을 잡기만 하면 모든 병이 제거되는 것과도 같으며, 관觀이 이법理法을 비추는 것은 마치 마니보주摩尼寶珠를 얻으면 모든 보배를 얻는 것과도 같이, 일체의 불법을 다 갖추는 것이다. 『대품경大品經』의 120 조목은 일체법에 미치고 있는데, 모두 반야를 배워야 한다고 말하고 있다. 반야는 관하는 지혜[관지觀智]일 뿐이지만, 관하는 지혜는 이미 일체의 법을 포함하며, 또한 지止는 왕삼매王三昧[坐禪]이며 일체의 삼매가 모두 다 그 속에 들어간다(『마하지관』).

여기에서도 '지금·여기'와 같이 소승지관과 대승지관이 다른 세계관을 기초로 하기 때문에 그 역할이 달라지는 것을 밝히고 있다. 의심하는 사람이 지관은 모든 법을 포함하지 않는다고 하였는데, 이것은 상대지관, 점차지관과 같은 소승지관을 염두에 둔 발언일 것이다. 소승지관은 3차원 공간관의 세계관에 기초하고 있기 때문에, 지와 관 모두 입자 중심으로 전개되고 상대적 비교의 차원에 머물고 있기 때문에 모든 법을 포괄하지 못한다. 여기에 대해 지의가 지금은 그렇지 않다는 것은 대승지관이기 때문에 다르다는 것이다. 이러한 대승지관의 의미를 다음과 같이 상론한다. 지止가 모든 법을 적멸하는데, 이것은 마치 경혈에 뜸을 뜨면 모든 병이 제거되는 것과 같다고 한다. 경혈은 경락을 통해서 온 몸으로 연결되어 있고, 온 몸은 유기적으로 전체성을 이루고 있기 때문에 경혈 하나만 제대로 뜸을 뜨면 모든 병을 치료할 수 있다는 것이다. 이것은 세계관이 고차원에 이를 때 온 우주가 일미동체의 동시장을 이루는 것으로 파악한다는 것이며 이런 상태에서는 어느 지점에서 지止를 이루더라도 전체에 영향을 미친다는 것이다. 또한 관觀이 이치를 밝히면, 마치 으뜸인 보물 하나를 얻으면 모든 보배를 얻는 것과도 같이 일체의 불법을 다 갖추는 것이라고 한다. 이러한 관觀도 대승의 관이기에 온 우주가 하나의 이법으로 통하는 것을 조명하는 것이고, 그러기에 일체의 불법에 통달하게 하는 것이라고 할 수 있다. 마니보주로 칭하는 보물은 수행에서 이자삼점의 비밀장과 같이 한 점이 바로 온 우주로 열리는 지점을 상징으로 제시한 것이다. 『대품경』에서 반야[觀]가 일체의 법을 포함하며, 지止는 일체의 삼매가 모두 그 속에 들어간다는 표현도 대승의 지와 관은 일미동체의 세계관에 기초하는 것이기 때문에 부분이 전체를 다 포함하는 것을 가리키는 것이다.

　　원래 진리[이법理法]는 부처가 있든 없든 상관없이 영원하다. 그런데 번뇌로 진리에 미혹하기 때문에 중생이 생사의 미혹을 일으키는 것이다. 삼지삼관三止三觀은 이러한 번뇌를 끊고 깨달음에 이르기 위한 방법이다. 삼지삼관의 수행대상으로서 견사혹見思惑, 진사혹塵沙惑, 무명혹無明惑의 세 가지가 있다.

① 견사혹見思惑

견사혹은 견혹見惑과 사혹思惑을 합쳐서 부르는 것이다. 혹惑은 번뇌의 다른 명칭인데, 미망심迷妄心으로 대상과 경계에 미혹하여 사리事理를 잘못 보는 것을 말한다. 견혹은 원래 견도소단혹見道所斷惑의 줄임말인데, 견도위見道位[진리를 보는 계위]에서 이론적으로 이해하여 비교적 쉽게 끊을 수 있고, 빨리 끊는[돈단頓斷] 번뇌라고 한다. 이것은 진리 즉 사성제四聖諦[1]의 이치를 제대로 알지 못해 생기는 번뇌로서 이지적理智的 번뇌라고도 한다. 사물의 이치에 미혹하여 일어나는 신견身見·변견邊見·사견邪見·견취견見取見·계금취견戒禁取見[2] 등의 망견妄見이 여기에 해당한다. 즉 편벽된 세계관을 통해 일으키는 번뇌이다.

사혹思惑은 오식五識이 색성향미촉의 오경五境에 집착하여 일으키는 탐貪·진瞋·치癡·만慢·의疑 등의 망정妄情이다. 삼라만상 사물의 진실한 모습에 대해 미혹하게 하는 번뇌로, 정의적情意的인 번뇌라고도 한다. 수도위修道位에서 천천히 점진적으로 끊어가는[점단漸斷] 번뇌이다. 오

---

1 '네 가지 성스러운 진리'라는 뜻으로, 괴로움[苦]과 괴로움의 원인[集]과 괴로움의 소멸[滅]과 괴로움의 소멸 방법[道]에 대한 가르침이다.

2 자아가 있다는 그릇된 믿음. 변견 : 내 몸이 있다고 아견我見을 일으킨 위에 내가 죽은 뒤에도 항상 있다든가[常], 아주 없어진다든가[斷], 어느 한편에 치우친 견해. 사견 : 인과因果의 도리道理를 무시하는 옳지 못한 견해. 견취견 ; 신견·변견·사견 등을 일으키고 이를 잘못 고집하여 진실하고 뛰어난 견해라고 하는 망견妄見. 계금취견 : 올바르지 못한 계율이나 금제 등이 열반으로 인도하는 올바른 길이라고 생각하고 그것을 받드는 것.

래 닦아서 끊기 때문에 수혹修惑이라고도 한다. 수혹은 십지十地까지 올라가면서 끊는다. 현상계現象界의 모든 번뇌에 걸쳐 있어서 사혹事惑이라고도 한다.

견혹과 사혹은 삼계내三界內의 생사윤회의 원인으로서 이를 끊어야 비로소 삼계의 생사를 벗어날 수 있다. 지의에 따르면, 견사혹은 장교와 통교가 공관空觀을 통해 닦는 번뇌이다. 그는 먼저 순관順觀의 십이인연을 보이고, 다시 이들을 번뇌도煩惱道·업도業道·고도苦道의 삼도三道[3]로 분류한 뒤 이들을 병이라고 보고, 종가입공관從假入空觀[가에서 공으로 들어가는 지관]이 이들을 치료하는 약이라고 했다.

지관은 다음과 같이 일체의 미혹을 포섭해서 받아들인다[섭수攝受]. 진리에 대한 미혹 때문에 생사의 번뇌를 일으킨다. 진리에 대한 미혹이 무명無明이다. 방편의 진리에 대해 미혹되면 삼계내와 상응하는 무명과 독두獨頭의 무명이 있게 된다. 상응의 무명은 견사혹과 같은 번뇌와 함께하는 것이고, 상응하지 않는 것은 독두라고 한다. 이러한 현상을 알지 못하기 때문에 탐욕을 일으킨다. 모르는 것은 무명無明이다. 탐욕을 일으키는 것은 행行이다. 탐욕은 식識이다. 식은 사온四蘊[오온 중 색수상행色受想行]과 함께 일어나는데, 이것이 명색名色이다. 명名은 모든 근根[감각기관]을 움직이는데 이것이 육입六入[안이비설신의眼耳鼻舌身意]이다. 육입이 집착하는 바는 촉觸인데, 촉은 진塵[육진六塵인 색성향미촉법色聲香味觸法]에 수순隨順한다. 이것이 수受이다. 수가 기뻐하고 즐기는 바가 애愛이고, 애가 함께 낳는 번뇌가 취取이며, 마땅히 와야 하는 업을 낳는

---

3 중생이 미혹한 생존을 끝없이 되풀이하는 과정을 세 부분으로 나눈 것. (1) 번뇌도 : 이치와 현상에 대한 미혹. (2) 업도 : 번뇌로 인해 일으키는 그릇된 행위와 말과 생각. (3) 고도 : 업으로 인해 과보로 받는 괴로움.(곽철환, 『시공 불교사전』, 시공사, 2003.)

데 이것이 유有다. 미래의 음陰이 일으키는 것이 생生이되, 그 음이 성숙한 것이 노老이고, 음을 버리는 것이 사死다. 이 십이인연의 바퀴는 바뀌어 서로 원인이 되고 결과가 된다. 번뇌는 업業과 통하고, 업은 고苦와 통하고, 고는 번뇌에 통한다. 이것을 삼도三道라고 한다. … 경전에서는 십이견연十二牽連 혹은 십이륜十二輪이라고 한다. 사람을 끊임없이 묶기 때문에 수레바퀴라고 했다. 삼세三世로 나뉘기 때문에 분단分段이라고 한다. 진제의 진리를 덮어 해탈할 수 없기 때문에 병과 같다. 병이라고 가르치는 것은 약을 아는 것이다. 이 약은 가에서 공으로 들어가는[종가입공從假入空] 지관이다. 약을 관찰해서 병을 알게 되므로 이 번뇌는 공에 들어가는 지관에 포섭된다(『마하지관』).

이처럼 욕계·색계·무색계라는 삼계의 세계관에 기초하고 있을 때는 모든 것을 드러난 질서의 입자 단위로 인식하기 때문에 생사가 거듭되는 십이인연의 사슬에서 벗어날 수 없다. 지의는 이를 병으로 진단하고, 여기에서 벗어나기 위해서는 종가입공관從假入空觀으로서 가假에서 나와 공空으로 들어가야 한다고 한다. 드러난 질서의 세계에만 머물던 인식의 시야를 접혀진 질서로 옮겨서 바라보면 입자 단위로 존재하는 것으로 보였던 세계가 해체된다는 점에서 모두 공으로 보이게 된다는 것이다. 그럴 때 지관이 미혹을 섭수攝受할 수 있다고 한다. 즉, 지관으로 인하여 미혹의 경계를 다 풀고 미혹이 바탕하고 있는 세계를 그대로 받아들이게 된다는 것이다.

② 진사혹塵沙惑

진사혹이란 먼지와 모래알만큼이나 수없이 많은 현상의 다양한 사태들에 대해 적절하게 이해하여 대처할 능력이 없는 것을 말한다. 이는 현실 교화의 장해가 되기 때문에 화도장化導障의 미혹이라고도 한다.

이는 과거의 행위에 따른 업보[습기習氣] 때문에 아직 남아 있는 번뇌이다. 그리하여 견사혹이 공의 진리를 깨닫지 못하고 잘못된 견해에 집착하여 일으키는 염오무지染汚無智인 데 반해, 진사혹은 공을 깨달았기 때문에 불염오무지不染汚無智라고 한다. 지의에 따르면, 진사혹은 대승보살만이 닦는 번뇌로서 별교는 가관假觀을 통해 이를 끊는다. 그는 진사혹을 삼계 외의 무명으로 설명함으로써 삼계 밖에 다시 무명을 인연으로 하는 십이인연을 설명한 뒤, 종공입가관從空入假觀을 통해 끊는다고 설명했다. 욕계·색계·무색계에 머물면서 생사윤회를 거듭하고 있는 세계를 삼계 안이라는 점에서 계내界內라고 한다. 여기에는 십계 가운데 지옥계·축생계·아귀계·아수라계·인간계·천상계의 육계가 해당한다. 이들은 모두 3차원 공간관의 세계관에 기초하기 때문에 생사를 벗어날 수 없어서 삼계육도三界六道라고 한다. 반면에 별교와 원교에 이르면 삼계 밖이라는 점에서 계외界外라고 칭하는데, 여기에는 십계가 모두 포함된다. 앞의 육계에 이어서 수행의 세계인 성문계·연각계·보살계·부처계가 포함된 것이 십계이다. 계외라고 해서 계내를 배제한 것이 아니라, 모두를 포괄한 것을 계외라고 한다는 점이 특이하다. 이것은 계외가 초월적으로 존재하는 것이 아니라 구체세계와 다르지 않으며, 다만 세계관이 달라져서 다르게 인식되는 것을 밝힌 것이라고 해석할 수 있다. 지의는 십계호구十界互具로서 그 특징을 밝혔다. 모든 계는 자기 속에 나머지 아홉 계를 다 포함하고 있다고 한 것이다. 진사혹이 가리키는 것도 구체세계, 현상세계가 진여의 세계와 다른 것이 아니기 때문에 이들을 있는 그대로 파악하는 것이 교조적 관념으로 배제했던 빈틈을 생생하게 포함하여 중도의 전체성에 이를 수 있는 길이라는 것이다.

진실의 이법에 대해 미혹되면 삼계 밖과 상응하는 무명無明과 독두獨頭의 무명이 있게 된다. 삼계 안과 상응하는 번뇌와 독두의 번뇌를 끊어도 아직 습기習氣가 남아 있기 때문이다. 소승교는 습기를 번뇌 자체로 인정하지 않지만, 대승교는 습기도 상응의 번뇌로 인정한다. 이는 삼계 외의 무명에 해당한다. 따라서 『보성론寶性論』에서 말하였다.

"이승二乘의 사람은 무상無常·고苦·공空·무아無我 등으로 대치對治가 된다고 하더라도, 부처의 법신法身에 대하여서는 아직 전도顚倒된 상태에 있다."[이 차원에서는 법신이 입자가 아닌 중도의 동시장으로서 상락아정常樂我淨인 것을 모른다는 것이다.]

전도顚倒는 무명의 독두이며, 무루지無漏智에 따른 업이 행行이고, 세 가지의 중생을 구제하기 위하여 뜻대로 생을 받는 몸이 있고, 또 다섯 가지의 의생신意生身[4]이 있다. 의생의 의는 식識이고, 몸은 명색名色·육입六入·촉觸·수受이다. 무명의 미세한 번뇌에 따라 희론이 있고, 아직 구경멸究竟滅이 아니다. 이는 수受와 취取이다. 물든 번뇌, 물든 업, 물든 생사가 있으므로 아직 구경이 아니다. 이는 유有이다. 세 가지의 의가 원인이 되니 생生이고, 그 결과가 변하니 노老와 사死이다. 이 열두 가지를 한데 묶으면 이것이 무루의 경계 속의 네 가지 장애다. 말하자면, 연장緣障·상장相障·생장生障·괴장壞障이다. 연장이 바로 번뇌도煩惱道이며, 상장이 바로 업도業道이고, 생장과 괴장은 고도苦道다. 그러므로 삼계의 밖에도 십이인연이 있다는 것을 알 수 있다. 부처를 제외한 모든 존재는 무명을 갖추고 있어, 무명이 업을 윤택하게 하고 업이 윤택해지면 고를 막을 수 없기 때문이다. 이 열두 개의 바퀴는 깨달음으로부터 멀어지게 하여 무명의 바퀴에 따라 노사老死에 이르며, 노사의 바퀴에 따라 무명에 이르도록 한다(『마하지관』).

---

4 업에 의해 몸을 받는[업생신業生身] 중생의 생사를 분단생사(分段生死)라고 하는 데 비해, 마음먹은 대로[의생신意生身] 중생을 위해 몸을 바꿔 태어나는 보살의 생사를 변역생사變易生死라고 한다(원효, 『금강삼매경론』).

비록 삼계 밖, 즉 계외界外에 있다고 하더라도 부처의 경지에 이르지 않는 한, 무명에서 벗어나지 못했기 때문에 십이인연의 사슬에서 완전히 벗어나지 못한다는 것이다. 여기서도 부처를 3차원 공간관의 세계관에 기초한 입자 단위라고 여긴다면, 시공간의 개념틀에서 벗어나지 못하기 때문에 무명을 벗어날 수 없고 전체를 아우르는 중도에 이를 수 없다. 그런 만큼 법신과 같이 부처를 '입자'가 아닌 '장'으로서, 공간과 시간의 틀을 넘어서는 동시장으로 인식해야 무명을 벗어난 상태라고 이해할 수 있을 것이다.

③ 무명혹無明惑

무명혹은 부처가 아닌 모든 존재가 갖추고 있는 번뇌로서, 부처의 지견을 막는 상위의 번뇌이다. 지장智障이라고도 한다. 지의에 따르면, 무명혹은 비유비무非有非無의 진리를 올바르게 이해하지 못함으로써 중도를 깨닫는 것을 방해하는 번뇌이다. 그는 무명혹을 가假에 들어가는 관觀과 중中에 들어가는 관觀을 통해 끊는다고 설명했다. 이승과 통교의 보살은 삼계 내의 미혹은 처리할 수 있지만 가와 중의 관을 닦지 않았기 때문에 삼계 밖에 태어나도 오랜 시간에 걸쳐 가관을 닦아 진사혹을 부수지 않으면 안 된다. 별교와 원교의 사람은 중도관을 닦아 삼계 밖의 삼도를 치료하고 하나씩 무명을 소멸한다.

> 진실의 진리를 방해하는 것은 무명이다. 이 무명혹은 가에 들어가는 관과 중에 들어가는 관 두 개를 통해 치료할 수 있다. (『마하지관』)

> 석공析空과 체공體空을 닦은 이승인二乘人과 통교보살通敎菩薩의 경우, 이들은 먼저 삼계 내의 미혹을 다 끊었지만 아직 한 번도 가관假觀이나 중도관을 실천한 적이 없기 때문에 삼계 밖에 태어나도 삼계 외의 미혹을

완전히 끊지 못하여 그 근기가 둔하다. 이러한 사람이 관을 실천할 경우, 그는 먼저 오랜 시간에 걸쳐 차례대로 수행을 하여 갠지즈강의 모래알과 같이 무한히 많은 불타의 가르침을 배워 진사혹을 부수어야 한다. 진사혹은 생사윤회를 낳지는 않지만, 교화의 길을 방해하기 때문에 먼저 단멸하여야 한다. 이 미혹을 단멸한다는 것은 지止가 마음을 고르게 하는 방편으로서 삼계 밖의 미혹을 항복시키는 것이다. 나아가서 삼도三道를 끊고 상응相應·독두獨頭의 지말枝末·근본根本을 모두 다 여의는 것이다. 따라서 알아야 한다. 가관假觀이 직접 진사혹을 다스릴 수 있고, 또한 무명혹을 다스릴 수가 있는 것이다.

별교와 원교의 사람은 통교의 미혹을 먼저 없애고 별교의 미혹을 항복시킨 사람으로서, 이들이 삼계 밖에 태어나면 그 근기가 예리하다. 근기가 예리하기 때문에 중도관을 실천하여 삼도를 치료한다. 초지初地부터 뒤의 지地에 이르기까지 각각의 지에 따른 삼도와 무명을 하나하나씩 소멸시키고 업을 소멸시키고 고를 소멸시킨다. 각각의 지에서 상응하는 무명이 제거될 때 독두의 무명 또한 제거된다. 각각의 지에서 지혜가 갖추어지면 이 지혜는 무명과 섞여 있다. 섞이기 때문에 지장智障[지혜의 장애]이라고 하는데, 이것은 상위의 지智를 장애하기 때문이다. 다만 부처의 마음속에만 무명이 없으니 바로 번뇌도煩惱道를 다한 것이며, 번뇌도를 다한 까닭에 업도業道도 다한 것이고, 업도를 다한 까닭에 고도苦道도 다한 것이다. 따라서 삼도를 다하는 이는 여래뿐이다. 이 까닭으로 중도관은 삼계 밖의 미혹을 다스리는 것이다(『마하지관』).

이처럼 삼지삼관三止三觀을 통해서 수행에 장애가 되는 미혹을 대치對治한다. 즉 견사혹見思惑을, 모든 것을 공이라고 보는 체진지體眞止와 종가입공관從假入空觀으로 치료하고, 진사혹塵沙惑은 개별적인 구체세계를 파악하는 방편수연지方便隨緣止와 종공입가관從空入假觀으로 치료하

며, 무명혹은 양변으로 분별해서 바라보는 차원을 넘어서 모든 것을 중
도로 보는 식이변분별지息二邊分別止와 중도제일의관中道第一義觀으로 치
료한다는 것이다. 욕계·색계·무색계의 계내에 머물면서 사물의 이치에
어둡고 내면의 정서적인 번뇌에서 벗어나지 못할 때는 무엇보다 인식
의 차원을 고양해서 입자 단위의 개체로 존재한다는 세계관의 벽을 넘
어야 한다. 그럴 때 나와 세계, 온 우주가 일미동체의 장으로 이루어져
있고, 그 바탕 위에서 온갖 개별 사물들이 다양한 '결'과 '무늬'로 생성
된다는 것을 알 수 있다. 이를 통해서 구체세계를 바라볼 때, 하나하나
가 바로 온 우주임을 자각하며 그를 통해서 중도의 동시장을 느낄 수
있다. 무명혹은 공간과 시간의 인식틀을 해체하면서 모든 존재가 중도
의 동시장으로 존재하는 것으로 인식하여 일미동체의 세계관에 이를
때 해소될 수 있을 것이다. 입자 단위의 존재감에 머물 때는 이런 경지
를 제대로 이해할 수 없으며 이런 경지에 머무는 부처마저도 초월적 존
재로 인식하여, 그 경지 및 부처에 비해 보잘것없다고 여겨지는 자신을
스스로 소외시키고 끝없는 미혹의 수렁으로 몰아가게 된다. 모든 존재
가 입자 단위의 드러난 질서로 이루어진 것이 아니고 항상 파동으로 온
우주로 이어져 있다는 것을 확인한다면, 언제 어디에서나 인식의 시야
를 온 우주와 고차원으로 넓혀 나갈 수 있다. 그리고 모든 존재는 고정
된 것이 아니다. 얼마든지 인식의 시야에 따라서 다양한 차원을 넘나들
수 있다. 그런 점에서 '지금·여기'는 일미동체의 세계관이나 전체적인
중도의 장과는 다른 중요한 의미와 역할이 있다. '지금·여기'는 똑같은
시점이자 지점인데도 3차원 공간과 1차원 시간의 세계관으로 이해할
때와, 절대지관에 기초해서 일미동체의 세계관으로 바라볼 때 그 의미
가 완전히 달라지는 것을 선명하게 확인할 수 있다. 즉, 항상 입자와 파
동이 상즉하고 중첩되어 있듯이 '지금·여기'가 한 시점이고 한 지점이
면서 바로 동시에 중도 동시장을 나타낸다는 것을 알 수 있다는 것이

다. 이를 '지금·여기'는 한 점(·)이면서 동시에 무한한 장(○)의 의미를 담고 있다고 표현할 수 있다.

【수련법】

1. 경계가 생길 때 그 부위마다 '지금·여기'를 떠올린 뒤 장을 확인한다. 이어서 절대지관으로서 '지금·여기'를 다시 떠올린다. 그러면 그 부위의 경계가 풀리면서 횡수로 기의 장이 무한대로 확장된다.

2. 다른 대상을 떠올릴 때도 명사로 지칭하는 순간, 동시에 3차원 공간으로서의 경계가 생긴다. 그럴 때마다 1과 같은 방식으로 연상하고 풀어 준다.

3. 경계가 특별히 강하게 생기지 않을 때는 중도의 동시장으로서 '지금·여기'를 떠올려서 풀어 준다. 이어서 원돈지관의 '명정明靜' 상태라고 여기고 내맡긴다.

4. 무명혹이 해소된 경지를 떠올려 본다.

수행은 곧 '살인殺人'

젖 속에 독毒을 풀면 다섯 가지 맛으로 두루 퍼져서 살인殺人할 수 있다.

『마하지관』에서 지의는 수행을, 독을 풀고 살인殺人하는 것이라고 언급한다. 세간의 세계관과 어법으로서는 이해할 수 없는 충격적인 표현이다. 그렇다면, 지의는 어떤 관점에서 무슨 의미로 이러한 용어를 사용한 것일까?

무엇보다 먼저 세간과 출세간의 어법에서 생生과 사死에 대한 관점이 다르다는 점을 확인할 필요가 있다. 생사관은 인간과 세계가 어떤 차원으로 이루어져 있는 것으로 보는가에 따라서 달라진다. 세간의 어법으로서는 모든 존재를 3차원 공간과 1차원의 시간의 인식틀로 파악한다. 여기에서는 가시 세계의 육신을 기준으로 생사를 구분한다. 육신의 생체 활동이 항상성을 일정하게 유지할 때 생生이고 정상적인 범위를 벗어날 때 사死라고 한다. 그런데 미시적으로 보면 살아 있을 때도 끊임없이 몸과 외부 세계 사이에는 에너지와 물질의 대사 과정이 이루어진다. 이것은 생사가 거듭된다는 것이다. 또한 몸 안의 세포도 끊임없이 죽고 새로 태어난다. 물론 몸이 죽은 뒤에도 모든 것이 정지되는 것이 아니라, 몸을 이루었던 원소들의 대사 과정은 이어진다. 어디에도 100%생과 100%사는 없다.

가시 세계를 넘어선 분야에서도 마찬가지이다. 이를 기의 관점에서 본다면, 사람은 태어나기 전에도 우주의 기운이었다. 물론 부모의 몸으로 수태가 이루어지지만 부모의 몸도 우주의 기운이었고, 수태 이후의 모든 에너지대사 과정도 우주의 기운이었으며, 눈에 보이지 않는 기운도 우주의 기운이었다. 태어난 뒤에도 호흡과 음식 섭취 등 가시적 영역의 에너지대사 과정을 통해서, 또한 의식 영역의 정보 수집 과정, 나아가 눈에 보이지 않는 기의 장 공유에 이르기까지 우주의 기운과 매 순간 교류, 공유하면서 생사를 거듭한다. 육신이 죽고 난 뒤에도 몸은 원소로 분해되지만, 의식 세계에서 형성된 기의 장은 소멸하는 것이 아니라 우주에 그대로 남아 전체 우주의 기의 장과 교류를 한다. 특히 죽은 사람을 기억하는 사람이 있을 경우, 그 기의 장은 바로 우주화하지 않고 기억하는 사람과 기의 장을 공유하면서 어느 정도의 밀도와 구조를 유지해 나간다. 이를 통해 죽은 사람의 기의 장은 새로운 차원의 흐름으로 이어진다는 것을 확인할 수 있다. 만약 여기서 죽은 사람이 살아 있을 때의 입자 단위의 영혼 개념으로 이해한다면, 이 사람이 죽자마자 그러한 영혼으로서의 폐쇄적인 정체성은 사라지기 때문에 입자 단위로서의 연속성은 소멸한다고 할 수 있겠지만, 육신이 소멸한 뒤에 그 육신과 별도로 조성되었던 상념체와 의식 세계의 기의 장은 소멸하는 것이 아니라 그 사람의 육신과 분리되어 우주 속으로 흘러 들어가 다양한 기운과 교류를 한다. 그런데 육신이 살아 있을 때와 죽었을 때 기의 장은 작용 원리가 달라진다. 살아 있을 때는 육신이라는 입자를 기준으로 사고하기 때문에 드러난 질서를 기준으로 기의 장도 작용한다고 생각하기 쉽다. 즉, 입자의 단위가 주체가 되어서 자신을 구성하고 주위의 사람이나 세계에도 입자가 주체가 된 상태에서 상호작용한다고 본다. 물론 이 경우 실제로는 드러나지 않은 숨겨진 질서로 본다면, 입자 본인의 자의적 참여와 무관하게 우주 규모에서 기의 장이 작용한다. 다만 육신의 입자의 세계관에서 볼 때 이를 포착하지 못하기 때문에 무시하기 쉽다는 것이다. 그러나 육신이 죽고 소멸한 뒤에는 기의 장의 작용 원리는 더 이상 입자 단위가 주체도 아니고 자의적 활동도 아니다. 이미 입자 단위는 소멸하였기 때문이다. 죽은 뒤의 영혼을 설정하고 영혼의 작용이 계속된다고 생각하는 것은 입자 단위의 3차원 공간관의 세계관에 머물고 있기 때문이다. 죽은 뒤에도 기의 장은 소멸하지 않되, 이제 그것의 주체는 입자 단위가 아니다. 입자라는 자의적 경계가 소멸하였기 때문에 이때부터 기의 장은 전적으로 법이자연法爾自然의 원리에 따라 무위자연無爲自然의 흐름으로 진행된다. 기의 흐름이 뭉쳐져 있으면 다른 기의 파장을 만나서 풀리고, 기의 장이 부드럽고 온화하면 거칠고 어두운 기의 장을 풀어 주는데, 여기에는 주관하는 주체가 없다. 굳이 거론한다면 온 우주 법계의 법성 그 자체라고 할 것이다. 또한 죽은 사람의 기의 장은 산 자와의 기억을 통해서도 상호 공유가 되고 상호 침투하면서 변화한다. 이를테면, 만약 죽은 사람을 기억하는 산 자가 있어서 죽은 사람을 떠올린다면, 죽은 사람의 기의 장은 그 기억을 통해서 일정한 장을 조성하게 된다. 이것은 죽은 사람의 기의 장과 그를 기억하는 산 자의 기의 장이 상호 침투하여 존재하는 것일 수도 있고, 죽은 사람의 생전의 기의 장이 그를 기억하는 사람으로 인하여 소환되어서 일정 정도 유지되는 것이기도 하다. 이를 통해서 사람이 죽었을 때 그 기운이 어떻게 될 것인가 하는 것은 합리적으로 추론하는 것이지만, 산 자가 기억하여 우주의 정보로서 기의 장이 유지되고 일정 정도 흐름이 지속되어 작용한다는 것은 누구라도 경험할 수 있는 것이며, 이를 통해서 다른 사람, 세계에 영향을 끼치며 이어진다는 것을 확인할 수 있다. 가령, 죽은 사람이 생전에 선행을 많이 하고 수행을 높은 수준으로 해서 그 사람을 떠올리면 밝고 환한 아우라가 기의 장으로 느껴졌다면, 그렇게 기억하는 사람의 세계에서는 여전히 죽은 사람의 기의 장은 새로운 흐름의 장으로 이어진다. 반면에 죽은 사람이 악행을 많이 저질러서 생전의 기의 장이 거칠고 어둡고 그렇게 기억하는 사람이 있는 한, 그러한 기의 장도 사라지지 않고 일정 정도 기억하는 사람과 그 세계에 이어지게 된다는 것이다. 이것은 육신을 기준으로 바라보는 입자 중심의 세계관으로서는 영혼 그 자체로 존재하거나 영혼을 부정할 경우 완전한 소멸이라고 보는 양변兩邊의 견해와 다르다. 그대로 영속하는 것도 아니고, 완전히 소멸하는 것도 아니며 육신이 살아 있을 때와 다르게 새로운 흐름으로 변화해 가는 것이다. 결국 사람이 태어나기 전에도 우주의 기운이었고, 살아가는 과정에서도 우주의 기운으로 생사가 거듭되고, 죽은 뒤에도 우주의 기운으로 변화한다는 것이다. 이를 미세한 세포 단위로 본다면, 끝없이 생사가 반복되는 것이지만, 우주의 기운이라는 규모에서 본다면 처음이나 나중이나 항상 우주의 기운 그 자체로서 새롭게 생겨나는 것도 어느 순간 소멸하는 것도 아니라고 할 수 있다.

이를 불교의 분단생사分段生死, 변역생사變易生死와 대비해 볼 수 있다.

분단생사는 욕계·색계·무색계의 삼계에서 태어나고 죽는 일을 되풀이하는 범부의 생사를 말한다. 여기서 분단分段은 각자 업에 따라[업생신業生身] 목숨이 길고 짧은 분한分限이 있고, 신체의 크고 작은 형단形段이 있어서 분분단단分分段段으로 살고 죽기 때문에 분단생사라고 한다. 이것은 3차원 공간관에 입각한 입자 단위를 기준으로 생사를 구분하는 것이다. 삼계를 기의 장으로 느껴보면 각각 양상은 다르지만, 모두 '나'라는 개체 단위의 정체성을 유지하고 있다. 이것은 모든 변화의 주체를 3차원 공간을 차지하는 입자 단위의 '나'로 상정하고 있다는 것을 말해 준다. 이를 '계내界內' 존재의 생사관이라고 할 수 있을 것이다. 여기서 윤회한다는 불교 이론을 논외로 한다면, 산다는 것은 입자로서의 내가 유지되는 것이고, 죽는 것은 소멸하는 것이다. 이는 그만큼 입자로서의 나에게 생사는 존재를 좌우하는 결정적인 관건이라는 것을 말해 준다. 만약 수행을 살인殺人이라고 표현한 앞의 구절을 이

러한 생사의 관점으로 본다면 상상할 수도 없는 끔찍한 표현이 될 것이
다.

그런데 변역생사變易生死는 생사라는 말을 사용하고 있지만, 여기에
는 분단생사와 같은 의미의 생사는 없다. 변역이라는 말은 분단생사의
분단을 바꾼다는 말이다. 이것은 삼계 안에서 윤회하는 몸을 여의고 성
불할 때까지 자기의 수행 정도에 따라 삼계 밖에서 받는 생사를 말한
다. 그런 만큼 분단신과 달리 몸의 형태나 수명에 어떠한 한계가 없는
생사라는 것이다. 자신의 뜻대로[의생신意生身] 중생을 위해 몸을 바꿔
태어나는 보살의 생사라고 해서 변역생사라고 한다. 이 변역생사의 변
역신은 자신의 뜻대로 몸을 받기 때문에 형체가 아닌 심식心識으로 이
루어지는 것이다. 변역생사와 분단생사의 중요한 차이는 생사의 주체
가 다르다는 점이다. 분단생사는 3차원 공간관에 입각한 입자 단위의
'내'가 주체이고 계내에 머무는 한 변함이 없었다. 그러나 변역생사는
삼계를 벗어난 계외에서 일어나는 변화를 말한다. 여기서는 생사의 주
체가 분단생사와 같은 입자 단위의 '내'가 아니다. 계외는 십법계 전부
를 망라하는 것인 만큼 변역생사의 주체는 온 우주법계 그 자체, 법성
이 주체이다. 기의 장으로 확인해 보면, 분단생사는 계내의 한계를 벗
어나지 못하지만 변역생사는 계외와 같이 우주 법계로 밀도가 옮겨져
입자 단위는 그 장 안에서 용해된다. 이것은 무엇을 의미하는가? 변역
생사는 분단생사와 달리 세계관과 인식의 차원이 달라졌다는 것을 말
한다. 만약 변역생사에 이르려면 분단생사의 경계, 즉 입자 단위의 중
심은 해체되어야 한다. 이를 단순화한다면 분단생사의 차원에서 존재
한다고 여기는 '사람'을 죽여야 한다는 것이다. 이 명제를 계내의 분단
생사가 전부라고 믿는 사람들에게는 청천벽력과 같은 언급이겠지만,
계외의 변역생사로 존재의 범위가 확장되어 있는 상태에서는 허구적
으로 조성한 분단생사의 존재관을 해체한다는 의미로 들리게 된다는

것이다.

또한 앞에서 살펴보았듯이, 기의 관점에서 본 생사도 입자 단위를 넘어서서 기의 흐름대로 법이자연으로 흐른다는 점에서 변역생사의 자기 뜻대로 몸을 받는다는 의생신意生身과 크게 다르지 않은 맥락으로 이해할 수 있다. 기도 의생신도 더 이상 입자 단위의 주체가 아니며 결국 의意와 심식心識도 기의 한 흐름이라고 할 수 있기 때문이다.

『마하지관』에서는 기본적으로 중생의 마음속에 여래의 마음이 있고, 미진微塵에 삼천대천세계가 담겨 있으며, 우주 안에 불성 아닌 것이 없다고 본다. 다만 인식의 차원에 따라서 그러한 진실을 제대로 보지 못하기 때문에, 장애가 되는 인식의 벽을 해체하는 것을 살인한다고 표현한다. 살인은 사람 그 자체를 죽이는 것이 아니라 무명에 휩싸여있는 입자 단위의 벽을 무너뜨려 중도의 동시장에 이르는 것이고, 그것이 바로 불성을 발견하는 것이며, 여래에 이르는 길이라는 것이다. 모든 것은 마음에 갖추어져 있고, 이 마음은 우주 그 자체이기에 지관의 수행으로 마음을 일심동체의 장으로 만날 수 있으며, 이를 통해 모든 교敎를 포섭해서 받아들이게 된다. 앞에서 살펴보았듯이, 삼지삼관은 인식의 차원을 입자 중심에서 중도의 동시장으로 전변시키기 때문이다. 특히 상대지관에서 절대지관, 점차지관에서 원돈지관으로 변화하면서 모든 우주 법계의 현상을 부분-전체의 중도로 포착하기 때문에 지관이 모든 교를 섭수한다고 표현하고 있다.

지관은 일체의 교敎를 섭수攝受한다. 『비바사론』에서 말하였다.

마음은 일체법 때문에 명자名字를 만든다. 만일 마음이 없으면 일체의 명자는 없다.

세간이나 출세간이나 명자는 모두 다 마음에서 일어나는 것이다. 만일 관하는 마음이 편벽해져 무명의 흐름에 휩쓸리면 온갖 악교惡敎가 일어 난다. … 또한 여러 가지 선교善敎도 일어나는데 오행五行, 육갑六甲, 음 양陰陽, 팔괘八卦, 오경五經, 자사子史, 세간의 지혜, 무도無道[도를 구할 마음이 없는 것], 명교名敎[불교]가 모두 마음에 따라 일어난다. 어떻게 세간을 떠난 명교도 마음으로부터 일어나는가? 견혜堅慧의 『구경일승 보성론究竟一乘寶性論』에서 말하였다.

"위대한 경전이 한 권 있는데 삼천대천세계와 크기가 같고, 삼천대천세 계의 일이 모두 적혀 있다. 중간 것과 작은 것은 사천四天 아래에 있는 삼 계 등과 같은 크기이지만, 그 일을 적은 것은 하나의 미진微塵 속에 있다. 하나의 미진이 그렇듯이 일체의 미진도 역시 그렇다. 한 사람이 세상에 나와서 청정한 천안天眼으로써 이 위대한 경권을 보고 이러한 생각을 한 다. 어떻게 『대경大經』이 미진 속에 있으면서 일체중생을 유익하게 하지 않겠는가? 방편으로써 이 경을 쪼개어서 남을 이롭게 한다."
여래의 걸림 없는 지혜의 경권이 중생의 몸속에 있는데도, 전도顚倒된 생각에 사로잡혀서 이것을 믿지 않고 보지 않는다. 부처는 중생들이 팔 성도八聖道[1]를 수행하게 하여 모든 허망한 것을 무너뜨리고 자신들의 지 혜가 여래와 같음을 보게 하였다. 이것은 미진을 유有와 관련시켜서 비 유한 것이다(『마하지관』).

만약 3차원 공간관의 세계관에 머문다면 이상과 같은 언급은 나올 수 없다. 이 세계관에서는 모든 존재들이 국소적으로 분리되어 있는 입 자들이라고 파악하기 때문이다. 모든 존재가 마음에서 일어나고 삼천

---

1 깨달음과 열반으로 이끄는 수행의 올바른 여덟 가지 길. 정견正見·정어正語·정업正 業·정명正命·정념正念·정정正定·정사유正思惟·정정진正精進을 이른다.

대천세계가 미진 속에 있고 중생의 마음이 여래의 마음이고 여래의 모든 지혜가 중생의 몸속에 있다는 것은 일미동체의 세계관을 바탕으로 할 때 성립할 수 있는 것이다. 모든 부분은 전체이고 전체는 부분이다. 실수의 선형성이론에서는 있을 수 없지만, 허수가 포함된 세계에서는 온 우주가 파동으로 이어진 장으로 파악하기 때문에 모든 존재를 우주적 존재로서 파악할 수 있다.

이상에서 유의 세계에서 부분이 전체임을 언급한 것이라면, 다음에는 공空 안에도 모든 것이 함축되어 있다는 것을 절묘하게 표현한다.

또한 『발보리심론發菩提心論』에서는 공空과 관련시켜서 다음과 같이 비유한다.

어떤 사람이 불법이 멸하는 것을 보고, 여래의 십이부경十二部經을 허공에 썼다. 이로써 허공 속에 경전이 완전하게 갖추어져 있는데도 일체중생 가운데 아는 자가 없었다. 아주 오랜 뒤에 다시 어떤 사람이 하늘을 떠돌다가 이 경을 보고 혀를 차면서 개탄했다. 어찌하여 중생은 이것을 모르고 보지 않는가? 이에 다시 베껴서 중생에게 제시하여 인도하는 것이라고 비유했다.

어떤 것을 경전을 베낀다고 하는가. 중생들이 팔정도를 수행하여 허망한 것을 파하게 하는 것을 말한다. 수행에는 많은 종류가 있다. 만일 마음의 인연因緣·생멸生滅·무상無常을 관하고 팔정도를 수행한다면 바로 삼장교의 경을 베끼는 것이다. 만일 마음의 인연과 즉공卽空을 관하고 팔정도를 수행한다면 바로 통교의 경을 베끼는 것이다. 만약 마음의 분별과 교계校計[비교하고 헤아리는 일]를 관한다면 무량한 종류가 있는데, 이것은 범부나 이승은 헤아리지 못하는 것이지만, 법안法眼의 보살은 이것을 볼 수 있다. 이것이 무량한 팔정도를 수행하는 것으로서 바로 별교의 경을 베끼는 것이다. 만일 마음이 곧 불성佛性임을 관한다면 원만히 팔정도를 수행하는 것으로서 바로 중도의 경을 베끼는 것이다. 일체의 법이 모두 다 마음속에서 나오는 것임을 밝히면, 마음은 바로 대승의 마음이고 바로 불성인 것이며, 스스로 자기의 지혜가 여래와 더불어 같음을 보는 것이다. 또한 마음이 가관假觀과 즉하고 중도관과 즉함을 관한다면, 바로 『화엄경』을 섭수하는 것이며, 만일 마음이, 인연은 법의 생멸을 낳는다는 것을 관한다면 바로 삼장교의 네 아함경阿含經의 젖과 같은 경을 섭수하는 것이다. 만일 마음이 공관空觀과 즉함을 관한다면, 바로 공반야共般若[삼승 및 대승에 공통으로 통하게 설하여진 반야]의 타락駝酪과 같은 경을 섭수하는 것이다. 만일 구체적으로 마음의 인연이 법을 낳고, 공에 즉하며 가에 즉하고, 중도에 즉함을 관한다면, 바로 방등경의 생소生酥의 경을 섭수하는 것이다. 만일 공에 즉하고 가에 즉하며 중도에 즉한다고만 한다면 바로 『대품경』의 숙소熟酥의 경을 섭수하는 것이다. 만약 중도에 즉하는 것으로 마음을 관한다면, 바로 『법화경』의 부처의 지견知見을 연[開] 일대사一大事의 직접 그대로의 제호醍醐의 경을 섭수하는 것이다. 만일 사구四句의 상즉相卽으로 마음을 관한다면, 바로 『열반경』과 똑같이 불성의 제호의 경을 보는 것이다(『마하지관』).

1+0=1에서 0은 덧셈에서 모든 수가 그 수가 되도록 하는 항등원이다. 이 0은 모든 존재가 우주적 존재임을 명시적으로 표현하는 공空이다. 이 공은 텅 빈 것이 아니라 드러나지 않고 배후에 은적되어 있되 모든 것을 포함하고 있는 우주 그 자체이다. 모든 경전의 내용은 공에 다 담겨 있다. 이를 깨달은 사람이 불경을 공중에다 써서 보관한 것이라고 표현한 것이다. 그러기에 누구라도 미혹에서 벗어난다면 이 경전을 다 볼 수 있다는 것이다. 이것은 한마음 안에 모든 경전의 지혜가 다 담겨

있다는 것이다. 한마음이 바로 일체의 마음이다. 중생심이 바로 여래심이며 불성이다.

이러한 일체심으로 열리지 않고 입자 단위의 존재감 속에 갇힌 마음을 타파하는 것을 살인殺人이라고 표현한다.

> 만약 인연을 관할 때, 인연은 바로 불성이고 불성은 바로 여래라고 관한다면 이것을 젖 속의 살인殺人이라 하고, 석공析空을 관할 때, 석공은 바로 불성이며 불성은 바로 여래라고 관한다면 이것을 타락[酪] 속의 살인이라 하며, 즉공卽空을 관할 때, 즉공은 바로 불성이라고 관한다면 이것을 생소生酥의 살인이라 하고, 가명假名을 관할 때, 가명은 바로 불성이라고 관한다면 이것을 숙소熟酥의 살인이라 한다. 즉중卽中을 관할 때, 즉중은 바로 불성이라고 관한다면 이것을 제호醍醐의 살인이라 한다. 지금 공통적으로 '살인殺人'이라고 말한 것은 이사二死[분단생사分段生死와 변역생사變易生死]가 이미 단멸되고 삼도三道[2]가 청정한 것을 가리키는 것이다. 이것을 지관이 부정교不定敎를 섭수하는 것이라 한다. 섭수를 간략하게 하면 이상과 같은데, 섭수를 넓게 하면, 일체의 경經과 교敎를 그물에 걸어서 모두 다 지관으로써 이것을 섭수하지 않는 것이 없다. 또한 다음으로 마음이 모든 교를 섭수하는 것에는 간략하게 두 가지 뜻이 있다. 첫째, 여래는, 일체중생의 마음속에는 일체의 법문을 갖추고 있다는 것을 분명하게 살피고 그 마음의 법을 비추고서 그 마음을 생각하고 설하였다는 것이다. 무량한 교법이 마음으로부터 나온 것이다. 둘째, 여래는 옛날에 일찍이 점漸·돈頓의 관심觀心을 이루고 편진偏眞과 원만圓滿을 다 갖추고, 이 마음의 관에 의하여 중생을 위해 설하고서 제자

---

2 지은 악업惡業에 의해서 왕래往來할 수 있는 세 곳. 지옥도地獄道·아귀도餓鬼道·축생도畜生道가 있다.

들을 교화하였으며, 여래가 먼지[塵]를 파하고서 경권을 낸 것을 배우게
하고 공경空經을 우러러 베끼도록 하였던 것이다. 따라서 일체의 경권이
모두 다 삼지삼관三止三觀에 섭수될 수 있는 것이다(『마하지관』).

　　이상에서 '살인殺人'이라고 말한 것은 이사二死가 이미 단멸되고 삼
도三道가 청정한 것을 가리키는 것이라고 표현한다. 앞에서 살펴보았
듯이, 분단생사는 세간의 어법으로 이해하는 삼계 안에서 윤회하는 생
사관이다. 변역생사는 삼계 안의 분단신을 벗어나 계외에서 뜻에 의해
서 변역신을 받아 분단생사와 전혀 다른 생사이긴 하지만 아직도 생사
를 받는다는 것은 비록 미세하긴 하지만, 번뇌가 완전히 끊어지지 않고
남아 있다는 것이다. 이 번뇌는 아라한阿羅漢이나 벽지불辟支佛 등은 끊
을 수가 없고, 오직 부처만이 끊을 수 있다고 했다. 따라서 살인은 이들
생사가 모두 단멸되는 것을 가리킨다고 밝힌 것이다. 수행자의 인식의
차원이 바뀌는 것을 굳이 '살인'이라고 표현한다는 것은 두 가지 의미
로 이해할 수 있다. 첫째는 인간을 포함한 모든 존재가 개별 입자의 단
위로 국소적으로 존재하는 것이 아니라 우주의 장으로 이어져 있는 우
주적 존재라는 것이다. 그렇기 때문에 과감하게 개별 입자의 존재를 살
인한다고 표현할 수 있는 것이다. 둘째는 인식의 차원을 바꾼다는 것이
아주 까다롭고 힘들다는 것을 상징적으로 표현하는 것이라고 이해할
수 있다. 인식의 차원을 전변한다는 것은, 인식틀과 세계관까지 모든
것을 바꾸어야 하고 궁극적으로는 존재의 기초와 출발, 인식의 출발이
입자가 아니라 우주의 전체적인 장으로부터 이루어져야 하는 것이기
때문에 사실상 완전히 새로운 존재로 거듭나야 하는 것이다. 이때 낡은
존재감은 과감하게 버릴 수 있어야 하기 때문에 '살인'이라는 충격적
인 어법을 사용한 것이라고 볼 수 있다.
　　또한 일미동체의 세계관으로 변화하는 순간, 일체중생의 마음속에는

일체의 법문을 갖추고 있다는 것을 알 수 있게 된다. 한마음이 일체의 마음이며, 하나의 맛이며, 하나의 기이기 때문이다. 일체의 교법도 모두 이 한마음에서 나온 것이기 때문에 미혹한 마음을 해소하고 인식의 차원을 전변시키는 삼지삼관三止三觀에 의해 섭수될 수 있다는 것이다.

【수련법】

1. 삼계 중 욕계·색계·무색계의 기의 장을 확인하고, 통틀어서 계내界內의 기의 장과 계외界外의 기의 장을 확인해본다.

2. 분단생사分段生死와 변역생사變易生死의 기의 장을 확인해 본다. 이를 1의 경우와 비교해 본다.

3. 삼지삼관三止三觀을 통해서 이루어지는 기의 장을 확인해 본다.

대승의 철학 Ⅰ ─ 체공體空의 세계관, 존재론

우리는 보통 저마다 '나'라는 개체 단위가 '다른' 존재와 구분되는 완결된 단위로서의 정체성을 유지하면서 살아간다고 여긴다. 3차원 공간관의 세계관에 기초한 입자 중심의 사유 방식 때문이다. 그러나 나는 일상적으로 입자 단위의 '나'라는 경계를 넘나들면서 살아간다. 밤하늘의 반짝이는 별빛으로 시선이 옮겨지거나 주위 공간을 환하게 밝힐 정도로 흐드러지게 피어 있는 벚꽃을 보는 순간 나의 시선은 내 몸 밖으로 나간 것이고 그 대상과 하나의 장을 이룬 것이다. 사실상 내가 무언가를 보고 알아차리는 순간 항상 대상과 소통하는 인식의 장을 만들게 되며, 그 순간은 입자 단위의 '나'의 경계는 사라지고 그 대상과 하나가 되는 존재로 변하는 것이다. 그런데 이러한 장은 인식주관의 활동에 의해 일시적으로 조성된 무대일 뿐, 그렇게 인식하는 주체로서의 나 자신은 여전히 입자 단위로서 존재한다고 여기기 쉽다. 그런데 인간이라는 존재 자체가 폐쇄 회로만으로 이루어진 것이 아니라 폐쇄 회로와 열린 회로의 이중구조로 이루어져 있다고 추정해 볼 수 있는 요소가 있다. 교감신경과 부교감신경의 작용이다. 이들의 작용을 살펴보기 전에 먼저 전제해야 할 것이 있다. 폐쇄 회로, 열린 회로로 비유한 것도 이들 선행 관점에 따라서 달라진다.

서로 다른 관점은 생물학·서양의학·뇌과학처럼 고전물리학에 기초한 3차원 공간관의 입자 중심 관점과 기의 패러다임이나 일미동체의 세계관에 기초한 장 중심의 관점이다. 전자의 경우, 뇌나 신경계의 일정 부위의 역할을 밝히면서도 항상 3차원 공간관의 입자 단위의 범위 안에서 일어나는 것으로 결론을 내린다. 연구 관찰을 시작하면서부터 결론에 이르기까지 모두 개체 단위의 육신의 범위 안의 것으로 국한하여 해석을 하는 것이다. 가령 우뇌가 활성화되면서 좌뇌의 개념 분별 활동이 사라져도 뇌 안에서 직관의 능력이 살아난 것이며, 부교감신경이 활성화하면서 이완이 되어도 특정 신경 전달 물질이 일어나서 그런 것이라고 해석할 뿐이다. 이런 해석은 항상 3차원 공간관의 입자 단위를 실체로 확정한 상태에서 연구하는 것이며, 명상을 통해서 조금이라도 경계가 흐려지게 된다면 모두 신경 전달 물질에 의한 최면과 같은 상태에 이르게 된 것이라고 결론을 내린다. 이러한 관점은 인체를 폐쇄 회로라고 지칭하는 것이다. 즉, 폐쇄 회로라는 것은 어디까지나 인체의 육신의 범위 안에서 모든 활동이 일어난다고 간주하는 것이다. 이것은 고전물리학의 3차원 공간관의 세계관에 기초한 것이다. 그러나 현대 물리학에 이르면 모든 존재는 입자와 파동의 이중성으로 이루어져 있다고 본다. 입자는 실수로 표현되지만, 파동은 허수가 포함된 복소수의 방정식으로 표현되며, 이것은 전 우주에 걸쳐서 사인파로서 이어져 있다. 아인슈타인은 우주의 근본적인 실체는 미분리된 전체의 장일 뿐이며, 입자는 장이 들떠 있는 상태이고 특이점의 상태라고 한다. 그렇다면 아직 생물학이나 서양의학, 뇌과학의 경우 양자물리학의 연구 결과가 반영되지 않은 채로 여전히 고전물리학의 세계관에 머물러 있는 상태라고 간주할 수 있을 것이다. 앞에서 열린 회로라고 한 것은 육신의 경계를 넘어서 소통하는 장을 표현한 것이다. 교감신경이 긴장을 유발하는 것이 '나'라는 폐쇄 회로를 구축하는 것이라면, 부교감신경으로 이완된다는 것은 폐쇄 회로의 벽을 해체함으로써 '나'라는 경계를 넘어서서 주위의 장으로 열리는 것을 의미한다는 것이다. 폐쇄 회로는 실수로 표현되는 드러난 질서로서 입자 중심으로 표현된 것이라면, 열린 회로는 허수로 표현된, 접혀지고 숨겨진 질서로서 장을 나타낸 것이라고 할 수 있다.

그렇다면 교감신경과 부교감신경의 작용을 통해서 우리의 존재 방식이 어떻게 달라지는지 살펴보자.

교감신경과 부교감신경은 말초신경계통의 자율신경계로서 장기와 심장, 외분비샘, 내분비샘을 통제하여 우리 몸의 환경을 일정하게 유지하는 역할을 한다. 자율신경이란 이름은, 대뇌의 직접적인 지배를 받지 않는다는 의미로 붙여진 것이나 실제는 시상하부視床下部와 그 밖의 여러 중추신경의 지배를 받아 어느 정도 의식적인 조절이 가능하다[1]고 한다.

교감신경은 흉추1번부터 요추2번 사이에서 나와 내장 기관으로 연결되어 있으며, 낮에 활동할 때나 운동할 때 활성화되고 특히 위급한 상황에 빠졌을 때 빨리 대처할 수 있도록 도와주는 역할을 한다. 교감신경이 활성화되면 심장 박동이 빨라지고 혈관을 수축시켜 혈압을 올리며 소화관의 운동을 감소시킨다.

부교감신경은 중뇌와 연수 및 척수의 꼬리 부분(천추薦椎 2번~4번)에서 나와 각 내장 기관에 분포하며, 휴식할 때나 식사할 때 활성화된다. 부교감신경이 활성화되면 심장의 박동이 부드러워지고 심신이 이완되며. 소화액이 잘 분비되고 배변이 촉진된다.

그런데 이들이 각각 활성화되었을 때 조성되는 기氣의 장場에서는 인간의 존재성을 드러내는 중요한 시그널(signal)을 발견할 수 있다.

교감신경이 활성화되면 이 신경에서 몸으로 나오는 흉추와 요추뿐만 아니라 심장과 앞머리로 기의 장이 밀도 높게 조성된다. 교감신경이 지나치게 항진되면 심장과 앞머리의 기운은 더욱 울체되어 나타난다.

---

1 강신성 외, 『생물과학』, 363쪽, 아카데미서적, 2006,

이러한 기의 양상은 3차원 공간관의 입자 중심의 세계관을 가질 때와 같다. 이것은 긴장되거나 심장 박동이 빨라지는 활동을 할 때는 동시에 내가 입자 단위의 존재성을 띠는 것으로 인식할 수 있는 기의 장이 만들어진다는 것을 의미한다. 즉 '나'라는 존재가 원래부터 개체 단위의 정체성을 완결 단위로 갖추고 있는 것이 아니라, 교감신경의 활동에 따라서 그렇게 여겨질 수 있는 환경이 만들어진다는 것이다.

반면에 부교감신경이 활성화되면, 천추 부위와 중뇌, 연수의 기의 밀도가 높아지고, 그 기운이 뒷머리와 백회 위로 이어진다. 이와 동시에 교감신경이 활성화될 때 조성되어 있던 앞머리와 심장의 항진된 기운은 순식간에 사라진다. 이 상태가 지속되면 기존에 느껴지던 내 몸의 경계가 없어지고, 사방팔방의 우주공간으로 기의 장이 열린다. 물론 이 순간에 내가 어떤 세계관을 갖고 바라보는가에 따라서 기의 장은 달라진다. 만약 여전히 3차원 공간관의 입자 중심의 세계관을 고수한다면, 앞에서 말한 내 몸의 부위에 기의 장이 조성되는 정도로 그치고 만다. 그런데 부교감신경이 활성화되어 조성되는 기운의 밀도를 느끼면서 일미동체의 장의 세계관을 떠올리면 내 몸의 경계는 순식간에 사라지고 위아래 좌우, 뒤로 우주의 장이 무한하게 열린다. 기존의 내 몸이라고 여겨졌던 폐쇄 회로가 사라지고 부교감신경이 활성화되면서 느껴지는 부위와 사방 우주 공간이 경계 없이 하나의 무한한 장으로 열린다. 이 순간에는 기존의 내 몸은 해체되고 우주의 기의 장이 주체인 열린 회로가 펼쳐지는 것이다. 사실 이러한 기의 장은 우리들의 일상적 삶 속에서 매 순간 반복되고 있다. 호흡의 경우, 들숨과 함께 교감신경이 자극되면서 입자 단위의 폐쇄 회로가 작동하고, 날숨과 함께 내 몸의 정체된 기운이 나가면서 부교감신경이 활성화되고 이완된다. 모으는[取] 것과 흩어지는[散] 것이 매 순간 동시에 이루어진다. 특히 편히 쉬면서 이완하거나 깊이 잠들 때는 어느 때보다 부교감신경이 활성화되면서 내 몸과 나라는 관념 체계가 해체되고 자신도 모르게 우주의 장 속으로 용해된다. 이를 통해서 우주의 기운을 받아들이기 때문에 단순한 휴식을 통한 에너지 비축의 수준을 넘어서게 되는 것이다. 뿐만 아니라, 일미동체의 장의 세계관으로 3차원 공간관의 입자 중심의 세계관을 대체한다면 일상적인 삶의 현장에서도 의식적으로 기의 흐름을 바꿀 수 있다.

이런 의미에서 본다면, 인간을 3차원 공간의 고립된 입자로서 폐쇄 회로를 갖춘 개체적 존재라고 규정할 수 없다. 그러나 세간은 물론이고 소승마저도 언어로 표현된 것은 공空하지만, 언어가 지시하는 대상은 존재한다고 바라본다. 이들은 기본적으로 3차원 공간관의 세계관에 입각해서 모든 것을 입자 중심으로 바라보기 때문이다. 『마하지관』에서 지의는 소승의 석공관析空觀과 대승의 체공관體空觀이 인간과 세계, 우주를 어떻게 서로 다르게 바라보는지를 인식의 메커니즘을 통해서 밝히고 있다. 여기서 인간의 존재성도 일미동체의 세계관으로, 즉 인간과 세계, 우주 모두를 일관된 관점으로 바라볼 때 그 실체가 제대로 규명된다는 것을 알 수 있다.

『마하지관』에서는 먼저 색과 마음에 대해서 외도들이 분석하는 것의 문제점을 지적하면서 소승의 석공관을 살펴본다.

> 소小란 소승小乘으로 지혜의 힘이 약하다. 현상을 분석해서 그 실상을 관찰하는 관법[석법지관析法止觀]만을 감당할 수 있어, 색과 마음에 대해서 분석한다. 『석론釋論』에서는 보시바라밀을 설명하면서 외도들의 인허鄰虛[2] 이론을 타파한다.

---

2 "허무에 인접한 것"이라는 뜻으로, 물리학의 원자原子와 같은 말. 신역으로는 극미極微라고 한다.

이 티끌은 있는 것인가, 없는 것인가? 만약 극미極微에 형체가 있다면, 모든 것에도 형체가 있다. 극미에 형체가 없다면, 모든 것에도 형체는 없다. 만약 극미의 형체를 분석하여 끝이 없다면 바로 상견常見·유견有見을 낳고, 만일 극미를 분석하여 끝난다면 단견斷見·무견無見을 낳는다.

이것이 외도가 색을 분석하는 방법이다. 마음을 분석하는 방법도 동일하다. 만일 마음이 있는지 없는지를 헤아린다면 모두 다 단견이나 상견에 떨어진다. 이것이, 외도들이 색色과 마음을 분석하는 방식이다(『마하지관』).

이상에서 소개한 외도들의 색과 마음에 대한 분석은 3차원 공간관으로 대상 세계를 인식하는 방식이다. 물리적 대상을 실제로 쪼개서 끝까지 남는 것이 있다면 항상 있는 것이고, 없다면 항상 없는 것이라는 것으로 상견常見과 단견斷見의 양변으로 해석하는 것은 이치에 어긋난다는 것이다. 흔히 불교의 공空을 물리학적인 공으로 이해하는 경우가 있는데, 이것은 극미極微 이상으로 쪼갤 때 공이라는 것으로 외도의 견해와 다르지 않다. 이것은 불교의 공空 이론과 다르다. 다음의 삼장교의 석공관析空觀에서 그 문제점을 지적한다.

『논論』에서는 삼장교의 석법析法의 지관止觀을 "색이 크든 미세하든 이것을 관찰해 보면 모두 무상無常이고 무아無我다."라고 설명하였다. 크든 미세하든 색은 모두 무명無明으로부터 생긴 것이기 때문이다. 무명은 실實이 아니기 때문에 크고 미세한 것 모두 가假이며, 가假이기 때문에 무상이고 자성自性이 없으며 바로 공관空觀에 들어갈 수 있다. 또한 한 찰나에도 믿음이 일어나면 반드시 근진根塵[육근六根과 육진六塵]을 빌리게 된다. 하나의 법이라도 연緣으로부터 일어나지 않는 것이 없다. 연으로부터 생긴다는 것은 모두 다 무상無常이라는 것이다. 또한 일념一念의 마음에 육십六十 찰나가 있다거나 삼백억三百億 찰나가 있다고 말하지만, 찰나는 머무름이 없는 것이기 때문에, 한순간의 마음은 무상無常한 것이다. 무상하고 실체가 없기 때문에 번뇌는 허물어지고, 업도 없고 괴로움도 없다. 이와 같이 생사의 괴로움은 소멸하고, 괴로움이 소멸한 뒤를 열반이라고 한다. 이것이 색과 마음을 분석하는 관법의 뜻이다(『마하지관』).

이처럼 삼장교에서는 모든 현상을 연기의 관점으로 해석한다. 대상의 크기와 상관없이 어떤 것도 그 자체 단독으로 존재하는 것은 아니며, 고정된 정체성을 갖는 것도 아니고, 인연 화합으로 그렇게 나타나는 가유假有의 모습이라고 보는 것이다. 이처럼 대상과 마음을 분석하여 모두 공한 것임을 알아서 현상의 모습에 집착하지 않으므로 번뇌도 생기지 않게 된다는 것이다. 그러나 이러한 석공관은 현상세계를 분석해서 도달한다는 점에서 세계를 바라보는 관점에 한계가 있다. 이를 대승의 체공관體空觀과 비교해서 살펴본다.

대승大乘은 지혜가 깊고 예리하며 불생불멸의 체법體法의 지관을 수행하고 모든 것이 공이라는 것을 밝힌다. … 대승의 체법관體法觀은 삼장교의 석법관析法觀과 다르다. 삼장교에서 언어는 임시적이지만, 언어가 지시하는 대상은 존재한다. 이렇게 실재하는 것을 분석해서 공이라고 이해한다. 이는 기둥을 부수어 공으로 하는 것과 같다. 이에 반해, 대승의 체법관에서는 언어뿐만 아니라 언어가 지시하는 대상도 모두 임시적인 것이며, 그 자체가 공으로서 본래 아무 것도 없다고 본다. 비유하면, 이는 거울에 비친 기둥과 같다. 원래 스스로 존재하는 기둥이 아닌 것으로, 기둥이 없어지고 나서 비로소 공이 되는 것이 아니다. 거울에 비친 기둥이 바로 공하므로, 불생불멸이고 실재하는 기둥과 다르다. 또한 『대론大論』에서 붓다가 한 개의 사각형 나무에서 여러 비구들에게 "비유하면 비구가 선정에 들 때 흙이 변하여 금이 되고, 금이 변하여 흙이 된다고 하지만, 실제로는 금과 흙이 변해서 되는 것이 아니라 의식의 변화에 따라 만들어진다."라고 말했다는 것을 인용하여 대승인의 체법관을 설명한다. 몸과 마음도 이것과 같아서 생기지도 소멸하지도 않는다. 무명의 변화일 뿐이다. 본래 스스로 생기지 않으니 지금 소멸하지도 않는다. (『마하지관』)

이상의 글에서는 대승과 소승에서 바라보는 공관空觀이 다른 이유가 명쾌하게 해명되고 있다. 석공관은 언어는 임시적이라고 보지만 그 언어가 지시하는 대상은 존재한다고 보기 때문에, 그것을 공한 것으로 인식하려면 마치 기둥을 부수어서 공하다고 해야 한다는 것이다. 이것은 석공관이 3차원 공간관의 세계관에 입각하고 있다는 것을 입증한다. 분석을 해서 공하다는 결론을 이끌어 낸다는 것은 처음 봤을 때 그 기둥은 실재하는 것으로 보았다는 것이다. 그것을 연기설의 논리로 다시 분석하여 공하다고 보는 것을 기둥을 부수어서 공하게 만든다고 비유한 것이다. 이에 비해 체공관體空觀은 보는 즉시 모든 것은 임시적이고 공하다는 것을 알아차리는 것이다. 기둥은 애초에 실재하는 것이 아니라 거울에 비친 것이라고 보기 때문에, 보는 즉시 공하다고 인식한다는 것이다. 이것은 기둥을 독립된 입자로 존재하는 것으로 보는 것이 아니라 기둥과 사방의 모든 공간 전부를 하나의 장으로 바라본다는 것이다. 기둥이 거울에 비친 것이라고 보는 것은 기둥의 입자 중심으로 인식하는 것이 아니라 기둥과 기둥 아닌 모든 것이 거울에 비추어져 있다는 것을 인식하는 것이고, 이는 거울이라는 장 중심으로 인식한다는 의미이다. 입자로서 실재하는 기둥은 생멸의 변화 속에 있는 것이지만, 거울에 비쳐 장으로 파악되는 기둥은 생겨난 적이 없기 때문에 소멸하지도 않는다. 이를 불생불멸이라고 한다. 즉 생멸의 유위법을 벗어난 일미동체의 장 속의 임시적인 모습일 뿐이라는 것이다. 이를 통해서 소승과 대승의 세계관이 다르고, 그에 따라 현상을 분석하는 방법이 다르다는 것을 알 수 있다.

> 삼장교의 분석은 "감정에 따라 몸과 마음을 관찰[수정관색심隨情觀色心]"하는 것이며, 현상을 분석하는 관은 사관事觀이며, 통찰한 진리는 불성의 진리가 아니다. 다만 실상의 진리와 만나지 못하면서 감정에 따라 진리라고 설정할 뿐이다. 대승의 체법관은 "진리에 따라서 몸과 마음을 관찰[수리관색심隨理觀色心]"한다. 이는 환술을 좇아 환술사幻術師를 이해하고, 환술사를 좇아 환술법을 이해하는 것과 같고, 꿈을 좇아 수면을 이해하고, 수면을 좇아 그 마음에 이르는 것과 같다. 허깨비와 같은 몸과 마음을 좇아 무명을 이해하고 무명을 좇아 불성을 얻는다. 법을 체득하면 진리와 통하기 때문에 진리에 따른 관[수리관隨理觀]이라 한다(『마하지관』).

삼장교가 수정관隨情觀, 즉 중생의 감정에 따라서 몸과 마음을 관찰한다는 것은 중생의 감정이라는 입자 단위를 중심으로 세계를 인식한다는 것이다. 이것은 중생의 입자 단위를 실재하는 것으로 인정한다는 점에서 소승의 세계관과 존재론을 나타내는 것이다. 이러한 삼장교에서는 현상을 부분적인 입자 단위로 바라보게 되고 전체를 망라하는 장으로서 볼 수 없기 때문에, 불성의 진리가 아니고 실상의 진리를 만나지 못한다고 한다. 불성은 입자 단위의 존재가 아니라 우주 법계 전체를 망라하는 중도의 동시장이기 때문이다.

이에 비해 대승의 체법관은 수리관隨理觀, 즉 진리에 따라서 몸과 마음을 관찰하는 것이다. 여기서 이법, 즉 진리는 입자 중심이 아니라 장 전체를 포괄하는 것이다. 그러기에 진리에 따라서 바라본다는 것은 3차원 공간관의 세계관이 아니라, 일미동체, 중도동시장의 세계관으로 몸과 마음을 관하는 것이다. 이어서 대승의 수리관으로 진리를 어떻게 인식하는지를 예를 들어 보여준다. 환술을 만날 때 환술을 보여 주는 환술사까지 인식의 시야를 넓혀서 파악하고, 환술사를 통해서 그 환술법을 이해한다. 또한 허깨비와 같은 몸과 마음을 좇아 이들을 낳고 있는 무명까지 인식의 시야를 넓히고, 무명을 통해서 불성을 얻게 된다. 이는 가유假有의 몸과 마음, 모든 개별적 입자를 인식할 때도 인식의 시야를 확장하여, 무명이 바로 불성인 중도의 동시장까지 바라본다는 것을 의미한다. 이를 진리에 따라 관하는 것이라고 표현한 것이다. 이상의 언급을 통해서 소승과 대승의 세계관이 어떻게 다르며, 인식의 과정에 어떻게 작용하는지 알 수 있다. 석공관析空觀과 체공관體空觀은 결국 입자 중심의 세계관인가, 장 중심의 세계관인가에 따라서 대상을 인식하는 과정과 인식의 결과가 달라진다는 것을 확인할 수 있다.

【수련법】

1. 정좌한 상태에서 몸을 뒤로 기울여 무게중심을 등 뒤쪽으로 옮겨 내 몸과 사방 우주 공간을 통째로 떠올린 상태에서 내 몸을 미동하면서 머리와 가슴과 그 앞쪽의 공간에 조성되어 있는 기의 밀도를 확인한다. 이어서 뒷머리와 척추, 백회 위와 뒤쪽의 공간에 조성되어 있는 기의 밀도를 확인한다. 교감신경이 활동하고 있을 때는 심장과 앞머리 쪽의 밀도가 높고 뒷머리 쪽의 밀도가 낮다. 앞머리 쪽의 밀도가 높아 교감신경이 활성화되어 있을 때는 내 몸이 일종의 폐쇄 회로를 이루고 있는 것으로 여겨진다. 이것은 3차원 공간관의 세계관을 갖고 있을 때의

기의 장과 동일하다.

2. 몸을 약간 미동하면서 부교감신경이 활성화된다고 여기면, 즉각 앞머리와 심장 쪽으로 조성되어 있던 밀도 높은 기의 장이 사라진다. 이와 동시에 중뇌, 연수에서 뒷머리, 백회 위로 기의 장이 밀도 높게 조성되고, 골반 천추 쪽으로도 밀도 높은 기의 장이 형성된다.

3. 부교감신경이 활성화되어 조성된 기의 장이 밀도가 높아질 때 이를 인식하는 세계관을 확인한다. 여전히 3차원 공간관의 입자 중심의 세계관으로서 실수 입자의 관점으로 바라보면 부분적으로 밀도 높은 상태가 지속되지만, '나'라는 폐쇄 회로는 사라지지 않는다. 그러나 밀도 높은 부분을 떠올릴 때 실수 입자의 경계가 아니라 허수의 장으로 이루어진 것이라고 여기면, 밀도가 높게 조성되어 있던 부분이 부드러워지면서 주위로 기의 장이 확산된다. 위아래, 좌우, 등 뒤로 기의 장이 열리는 대로 시야를 옮겨가다 보면, 어느새 내가 기존의 폐쇄 회로로 존재하는 것이 아니라 이 부위에서 열린 회로로 온 우주로 이어져 있다는 것을 느낄 수 있다.

4. 이럴 때 입자로서의 내 몸에서 사방의 우주의 기의 장으로 주체가 바뀌었다고 명시적으로 인식한다. 실제로 내 몸의 입자 단위의 밀도가 희박해지고 주위 우주의 기의 장의 밀도가 높아지는 순간, 저절로 주객이 전도되는 현상처럼 느껴진다. 물론 처음에 그렇게 느껴질 뿐이지, 지속적으로 우주의 기의 장이 주체가 되는 순간 입자 단위의 내 몸과 주위의 우주의 장은 구분 없이 하나의 동질한 기의 장으로 조성된다.

5. 이를 계외界싸[3]가 주체인 상태이고 계외의 호흡이 이루어진다고 여긴다. 그러면 지속적으로 내 몸의 입자 단위가 주체인 상태로 돌아가지 않고, 안팎의 구분 없이,

즉 내 몸의 경계가 해소된 상태에서 우주 호흡이 저절로 이루어진다. 이를 중도의 동시장이 이루어진다고 여기고 입자 단위로서의 몸과 마음을 다 내맡긴다.

---

3 계내界內는 욕계·색계·무색계로서 십계 가운데 지옥·축생·아귀·아수라·인간·천상을 나타내는 것으로서 아직 '나'라는 개체적 존재성을 실체로 여기고 있는 상태이고, 계외는 앞의 육계뿐만 아니라 수행자의 세계인 성문·연각·보살·부처까지 포함한 십계 전부, 즉 온 세계를 망라하는 것이다. 여기에서는 더 이상 개체적 존재로서의 '내'가 주체가 아니라, 온 우주 법계의 법성 자체가 주체인 상태, 즉 우주의 기의 장이 주체인 상태가 된다.

대승의 철학 Ⅱ — 점돈漸頓과 편원偏圓의 인식론, 수행론

젊은 여인들은 아름답지만 나이 든 여인에게는 비교할 수가 없네.

- 월트 휘트먼의 「아름다운 여인들」 중에서

    시는 한 구절만으로도 새로운 세계를 창조할 수 있다. 여기서 기존의 상식과 논리는 단번에 허물어진다. 이러한 시는 드러난 질서의 세계에서는 '파괴'를 통한 '창조'로 보이지만, 숨겨진 질서의 세계에서 본다면 이미 은적되어 있던 것을 새롭게 조명하여 '보여 주는' 것일 수 있다. 휘트먼(Whitman)의 시에서, 젊은 여인과 나이 든 여인은 서 있는 세계가 다르다. 시에서는 아름다움으로 양자를 비교하지만, 사실은 양자가 딛고 서 있는 세월과 세계의 무게감을 드러내서 표현하는 것이다. 여기서 젊은 여인의 아름다움이 개인의 것이라면, 나이 든 여인의 아름다움은 전체의 것이다. 즉 젊은 여인의 아름다움이 약동하는 생명력과 외모라는 부분적인 세계를 나타낸다면, 나이 든 여인의 아름다움은 그 삶에 전 세계가 녹아들어 있다는 점에서 그 자체가 완전체이다. 설령 가족이 없는 독신 여성일지라도 '나이 든'이라는 표현은 개인의 삶 속에 현실 세계 전부가 고스란히 반영되어 있다는 것을 의미한다. 하나의 세계는 그 세계의 수혜자나 기득권층이 아니라, 약자이며 피해자 입장에서 서술할 때 온전하게 표현된다. 자본주의는 노동자를 포함할 때 전모가 파악되는 것이고, 남녀 차별이 남아 있는 세계에서는 여성의 입장에서 볼 때 그 세계가 완전하게 표현된다는 것이다. 노자老子『도덕경』에서 우주가 모든 존재에 대한 식모食母라고 하듯이, 어머니와 할머니로서의 나이 든 여인은 삶의 희로애락을 겪고 차별과 고통을 감내하면서도 새로운 생명을 키우고 삶의 공간을 확장하여 자신과 가정이 존재하는 근거와 바탕을 이룬다는 점에서 모든 식구에게는 우주라고 할 수 있다. 나이 든 여인은 모든 세월과 세계를 업고 있는 삶이기에 '나이 든'이라는 표현만으로 개체 단위의 삶이 아니라 우주적 존재로서의 삶을 지칭하고 있는 것이다.

기의 장으로 느끼면, 젊은 여인의 아름다움은 개체 단위의 존재감처럼 제한된 범위에서 높낮이로 나타나지만, 나이 든 여인의 아름다움은 우주적 존재감과 같이 사방으로 확장된 상태로 나타난다. 나이 든 여인의 아름다움이란 것이 그 여인이 살아왔고, 살아가고 있는 우주를 배경으로 한 것이기 때문이다.

고려청자와 조선백자도 기氣의 장場으로 느끼면 각각 아름다움의 세계와 차원이 다르다는 것을 확인할 수 있다. 고려청자는 단독으로 아름답다. 유려한 형태와 은은한 색상으로 홀로 돋보이는 조형미를 나타내고 있다. 그런데 조선백자는 색상이나 형상의 측면에서 대부분 또는 상당 부분이 비어 있다. 빈 만큼 자신을 내세우지 않고 모든 것을 담고 있다. 백자 하나가 그대로 온 우주이다. 비움 그 자체로 원만하고 온전하며 완전해진다. 이러한 특성은 기의 장으로 확인된다. 고려청자는 기의 장이 제한된 영역에서 밀도가 높지만, 조선백자는 대부분 일체 경계 없이 온 우주로 열린다. 이처럼 부분이 부분에 머물지 않고 자신이 포함되어 있는 전체를 모두 포섭할 때 완전하다고 할 수밖에 없다.

그런데, 이상에서 열거한 여인과 도자기의 아름다움은 대상 자체의 정체성, 즉 자성自性이 아니다. 여기에는 대상과 이를 인식하는 관찰자의 해석이 덧붙여져 있다. 관찰자의 심미안, 인식의 차원, 안목에 따라서 여인의 모습과 여인의 세계, 도자기의 조형미 등이 다르게 인식된다. 따라서 나이 든 여인이 더 아름답다거나 조선백자가 완전하게 느껴진다는 것은 사실은, 대상 소재의 특성이 전적으로 그렇다는 것이 아니라 관찰자의 마음, 즉 관심觀心으로 그렇게 해석했다는 것에 주목할 필요가 있다. 만약 관찰자의 마음, 즉 인식의 차원이 온 우주 법계를 포괄하는 수준에 이르지 못한다면 앞의 대상 소재를 보더라도 그렇게 인식하지 못한다. 이러한 인식의 메커니즘을 통해서, 대상 세계를 어떻게 인식하는지는 인식주관의 차원에 따라서 달라지기 때문에 인식론 자체가 바로 수행론과 밀접하게 관련되어 있다는 것을 확인할 수 있다.

그런데, 인터넷을 통해서 정보를 인식하면 확증 편향이 심해지는 경우를 발견할 수 있다. 이것은 인식의 메커니즘에서 항상 인식주관이 개입한다는 것을 주의하지 않기 때문이다. 인터넷에서 인식주관의 개입은 알고리즘(algorism)의 작용으로 나타난다. 인터넷에서는 뉴스나 유튜브로 검색할 때 처음 검색한 주제나 가치판단과 동일한 내용의 정보를 연이어서 보여 준다. 사업자의 입장에서는 그렇게 할 때 조회수가 높아져서 수익을 거둘 수 있기 때문이다. 그러나 소비자 입장에서 본다면 자신도 모르게 정치·경제·사회 전반에 걸쳐서 자신의 인식주관이 알고리즘을 통해서 반복적으로 개입한 셈이 되고, 거듭할수록 자신의 판단을 확신하게 된다.

또한 1인 미디어 시대에서 누구라도 사업자가 된 입장에서 수익을 거두거나 인정을 받기 위해, 정보의 경쟁을 벌이면서 저마다 쉽게 이미지화하여 구독자를 사로잡으려고 한다. 그러한 판단에 이르는 인식의 경로와 복잡한 메커니즘은 생략되고, 오로지 이미지만 심는 데 주력하게 된다. 대부분의 정보가 이렇게 생산되고 이러한 정보를 주로 소비하다 보면, 점점 인식주관의 작용을 성찰하는 기능이 부재하기 때문에 확증 편향은 가속화된다. 이러한 과정을 통해서 취득한 앎은 편견일 수밖에 없다. 어떠한 정보라도 그를 해석하는 관찰자의 마음[관심觀心], 인식 주관의 개입에 의해서 이루어진 것이라는 사실을 알아차릴 때는 균형 적인 앎을 이룰 수 있지만, 이를 간과하고 객관적인 팩트라고 확신하는 순간 '치우친' 앎이 되고 만다.

　지의는 장교·통교·별교와 원교의 특성을 편원偏圓으로 구분한다. 여 기서 편偏은 '치우친', '편벽된' 것이라는 의미이며, 원圓은 '완전한', '원만한' 것을 가리킨다. 앞에서 예를 든 것은, 편원의 개념을 쉽게 이 해하기 위한 것이다. 앞의 예와 차이가 있다면, 불교에서는 모든 것에 서 인식주관이 개입하는 것을 전제로 하고 있고 그 차원에 따라서 불교 의 이론이 달라진다는 것이다. 그런데 편원은 소승과 대승의 특성과는 다르다. 소승과 대승은 대大·소小의 뜻과 같고, 이를 반半·만滿으로 나타 내기도 한다. 여기서 반만半滿은 반半과 원만圓滿을 가리킨다. 반半은 구 부경九部經의 법을 밝힌 것이고, 원만圓滿은 십이부경十二部經의 법을 밝 힌 것이다. 보리유지菩提流支는, 『열반경』이 원만의 가르침이고 나머지 는 반半의 가르침이라고 이해하고 있던 종래의 생각을 비판하고, 삼장 교의 가르침은 반半, 『반야경』부터 대승의 가르침은 모두 원만이라고 지적한다. 그리고 반半·만滿은 대大·소小의 뜻과 같고, 석법析法을 반半, 체법體法을 만滿으로 이해해야 한다고 설한다.
　그런데 편원偏圓은 이러한 소승·대승의 특징으로 볼 수 없다는 것이 다.

　'작은[小, 소승]'을 '편偏'이라고 하는 경우도 있는데, 이것은 뜻을 제대 로 깨닫지 못한 것이다. 소小는 별교에서 뜻을 분별한 것인데 올바르지 않다. '절반[半]'이나 '작은[小]'이라는 두 가지 이름은 수행의 폭이 짧 다는 것을 확정하는 것이어서 '편'과 같이 넓은 외연을 갖는 경우 적용되지 않는 부분이 있다. '편偏'은, 통교에 뻗쳐서 소승에서 대승을 망라하는 것이기 때문이다. 이는 '반달[半月]'이라고 하면 상현달·하현달만 해당하지만, '점월漸月'[기울어져 가거나 커져가는 달]이라고 하면 보름달을 제외한 초승달부터 14일 밤의 달까지 모두 반달에 해당되는 것과 같다. '점월'은 반달보다 의미가 넓어서 보름달만을 완전한 달이라고 부른다. 소승과 반자교半字敎도 이와 같다. 석법은 '반자교半字敎'와 '소승교'에 국한시키므로 대승은 해당되지 않는다. 그러나 '편偏'은 의미가 넓어 삼장교의 석법지관으로부터 별교의 유무의 양극단을 멈추고 중도에 드는 관법까지 포섭할 수 있다. 이 모두를 이름 하여 '편偏'이라고 할 수 있다. 따라서 『대경大經』에서 "이 이전에 대해 우리는 모두 사견인邪見人이라고 한다."고 했다.

다만 원교의 일심삼제一心三諦의 수자의지관隨自意止觀만이 완전[圓]하다고 할 수 있다(『마하지관』).

즉, 원교만이 완전하기에 원圓이라고 하고, 대승일지라도 통교·별교에 이르기까지는 치우친 것이기 때문에 편偏이라고 하며, 원교를 제외하고는 치우치기 때문에 모두 사견인邪見人이라고 한다는 것이다. 여기서 수자의지관隨自意止觀의 '자自'는 3차원 공간의 개체 단위의 입자가 아니다. 만약 그런 의미라면 수자의隨自意는 무자성인 상태로서 자기가 멋대로 행하는 것으로서 자의적일 뿐이지 완전할 수가 없다. 여기서 '자自'는 우주 법계의 법성으로서의 자성自性이고, 그런 의미에서의 부처이다. 따라서 수자의隨自意는 법이자연法爾自然으로 이루어지는 것이다. 수자의隨自意는 부처의 지혜에 따른 설법으로서의 수지설隨智說과 진리에 따른 설법으로서의 수리설隨理說과 주체가 같다. 입자 단위로서의 부처가 아니라, 인식의 차원이 일미동체의 동시장에 이른 법신이다. 그러한 경지이기에 수자의설법隨自意說法은 부처가 깨달은 법을, 방편이나 비유로 알기 쉽게 하지 않고 깨달은 그대로 설하는 것이고, 수자의삼매隨自意三昧는 수행의 어떠한 형식에도 얽매이지 않고 부처의 자기 뜻대로 삼매에 이르는 것을 말한다. 보름달만이 완전하고 나머지는 모두 기울고 치우친 달이듯이, 하나의 진리인 즉공즉가즉중의 일심만이 완전하다. 인식의 차원이 일미동체에 이르러 부분이 전체이고 전체가 부분인 상태일 때만 자기의 뜻대로 하더라도 어디에도 걸림 없는 완전함이 될 수 있다. 이것은 원교에서만 가능한 것이다. 이는 수행을 통해서 인식주관의 차원이 입자 단위의 부분적 시야에서 벗어나 전체와 호흡하고 전체와 하나가 될 때 인식주관의 개입으로 인식의 대상과 인식의 경지가 왜곡되는 것이 아니라 있는 그대로 파악되는 것이며, 그럴 때 모든 인식의 대상은 그 자체로 부분=전체가 된다는 것이다. 그럴 때 완전함이라는 말을 사용할 수 있다. 이러한 상태에 이르게 하는 것이 바로 원돈圓頓이고 이를 통해서 일체의 경계가 없는 명정明靜이 실현된다.

치우침과 완전함의 편원偏圓은 크고 작은 대소大小와는 다르며 점차적인 것과 즉각적인 것의 점돈漸頓과 의미가 통한다.

점돈漸頓에서 '점漸'은 차제次第라는 의미로서 얕은 곳에서 깊은 곳으로 이른다는 의미이다. '돈頓'은 한순간에 완전하게 갖추어진다[돈족頓足], 한순간에 구극의 진리를 통찰한다[돈극頓極]는 의미이다. 점과 돈은 '편偏'과 '원圓'의 의미에 통한다. 장교·통교·별교의 지관은 모두 '점漸'이고 원교의 지관만이 '돈頓'이다(『마하지관』).

각 장통별원藏通別圓에서 나타나는 점돈을 살펴보면 다음과 같다.

삼장교와 통교의 지관은 모두 점漸이지 돈頓이 아니다. 힘이 먼 데까지 미치지 않으니 편偏의 진실眞에 딱 들어맞을 따름이다. 원교의 지관은 '돈頓'으로 '점漸'이 아니다. 커다랗고 똑바른 길을 가기 때문에 갓길로 가도 도달한다. 별교의 지관은 '점漸'이기도 하고 '돈頓'이기도 하다. 최초의 발심에서 중도를 알기 때문에 돈이며, 방편에 의지해서 들어가기 때문에 점이기도 하다. 앞의 두 교[삼장교와 통교]는 관觀·교敎·행行·증證 모두 '점漸'이다. 별교는 교敎·관觀·행行이 '점漸'이지만 증證은 돈이다. 원교는 교敎·관觀·행行·증證 모두 돈이다. 왜 그럴까? 앞의 두 관은 방편설이고 초암곡경草庵曲徑[오두막 암자에 올라가는 꼬불꼬불한 산길]이다. 따라서 삼장교와 통교의 교敎·관觀 네 가지는 모두 점이다. 별교의 관은 방편을 갖고 설명한 가르침이기 때문에 방편에 따라 수행한다. 먼저 통교의 미혹을 부수기 때문에 교와 관, 행은 점이지만, 뒤에 무명을 부수고 불성을 보기 때문에 증은 돈에 해당한다. 원교의 관은 "바로 방편을 버리고 무상도無上道만을 설명하며", "이 하나만 진실이고 다른 것은 진실이 아니다.", "가장 진실한 것을 설한다."는 것은 교가 진실이라는 것을 가리킨다. "여래의 행行을 실천하고", "여래의 방에 들어가며", "여래의 옷을 입고 자리에 앉는다."라고 말하고, 또 "어떤 행위도 모두 여래의 행위이다."라고 하니, 이러한 행은 모두 진실이라는 것을 가리킨다. "보면 곧 중도로서 구경의 진리이며 여래가 얻은 법신과 동일하여 다른 것이 없다."는 것은 증이 진실이라는 것을 보여 준다(『마하지관』).

이상에서 소승과 대승뿐만 아니라 대승 안에서도 통교·별교와 원교의 차이점을 점돈漸頓과 편원偏圓으로 설명하고 있다. 단계적으로 수행하는 것이라고 사유하거나 방편에 얽매이거나 치우칠 때는 점漸이자 편偏의 상태이며, 즉각 중도에 이르지 못하고 불성을 보지 못하기 때문에 돈頓과 원圓의 원교가 될 수 없다는 것이다. 여기서 중도와 불성, 여래는 모두 3차원 공간관에 입각하는 입자의 상태가 아니라, 일미동체의 세계관으로 파악하는 전체성에 이르는 완전함을 가리킨다. 여기서는 부분이 곧 전체인 상태이다. "여래의 방", "여래의 옷", "여래의 자리"로 표현한 부분도 이를 나타내는 것이다. 이 표현은 『법화경』에 나오며, 지의가 강설한 『법화문구』에서 이를 자세하게 풀이하고 있다.

> 여래가 멸도한 뒤, 대중에게 『법화경』을 어떻게 설할 것인가? 선남자, 선녀인이 여래의 방에 들며 여래의 옷을 걸치며 여래의 자리 앉을 때 비로소 그들 위해 이 경 널리 설할 수 있으리라. 여기서 여래의 방이란 온갖 중생을 감싸는 대자비심大慈悲心, 여래의 옷이란 유화인욕심柔和忍辱心[온순하여 성내지 않고 참는 마음], 여래의 자리란 온갖 것이 공하다는 도리니, 이 속에 안주하고 난 다음에 게으름 모르는 마음 가지고, 보살과 대중 위해 이 『법화경』을 두루 설해야 할 것이니라. (『법화경』)

『법화경』은 원교의 경전이다. 그런 만큼 누구라도 원교의 차원에 이르러야 『법화경』을 이해할 수 있다. 여기서 여래는 중의적인 의미가 있다. 여래는 역사적인 인물로서의 석가모니를 지칭하지만, 동시에 열반을 깨달은 존재를 뜻한다. 열반은 생사가 거듭되는 입자의 세계가 아니라 생멸이 없는 불생불멸의 중도동시장의 세계이다. 열반을 깨달은 여래는 입자로서의 인격체가 아니라 일심동체의 장 그 자체이다. 그런 만큼 '여래의 방'이란 온 우주 법계의 동시장을 나타낸다. 횡으로는 대자심大慈心으로 모든 공간을 망라한 공동장이면서, 수직으로는 대비심大悲心으로 모든 존재를 동시장으로서 감싸는 상태이다. "여래의 옷"이란 인식의 차원이 전변하여 일심에 이르는 상태이다. 입자 상태에서는 화를 낼 수 있지만, 일심의 장에서는 모든 것이 하나이기 때문에 화가 나지 않는다. "여래의 자리"는 열반에 이른 상태로서 모든 것이 공성空性

인 장이다. 이러한 점에서 "여래의 방과 옷, 자리"는『법화경』을 올바르게 이해하려면 인식의 차원이 입자의 세계에서 일심의 장으로 전변되어야 한다는 것을 말해 주는 것이다.

> 여기서 여래의 방을 닦는 것이 대자비라 함에 대해 생각건대, 만약 동체同體의 면에서 말한다면 곧 법신法身이요,[1] 만약 중생에게 이익을 끼치는 면에서 말한다면 곧 해탈이요,[2] 중생으로 하여금 동체임을 깨닫게 함은 곧 반야般若[3]이다.[4]
>
> 여래의 옷을 닦음에는, 만약 가려지는 면에서 말한다면 곧 법신이요,[5] 만약 가려서 몸을 치장하는[6] 면에서 말한다면 곧 적멸인寂滅忍[7]이요, 만약 화광이물和光利物[8]의 면에서 말한다면 곧 해탈이다.
>
> 여래의 자리에 대해 생각하건대, 만약 앉는 면에서 말한다면 곧 반야요,[9] 만약 앉은 곳에서 말한다면 곧 법신이요,[10] 몸과 자리가 일치함은 곧 해

---

1 동체는 중생과 부처님을 일체一體라 보는 것. 무연자비無緣慈悲는 중생을 자기와 같다고 보는 데서 생겨나는데, 그런 면은 삼덕三德의 법신에 해당한다(이원섭 주).

2 중생에게 이익을 끼친다는 것이, 그 고苦를 없애며 약樂을 주는 일인 까닭이다. 이익은 불법의 이익이므로 해탈과 통한다. 해탈은 삼덕三德의 하나.(이원섭 주)

3 삼덕三德의 하나. 중생과 부처가 하나임을 알게 함은 반야의 작용이다(이원섭 주).

4 『법화문구』, 1532쪽.

5 옷은 밖의 침해로부터 몸을 가리는 구실을 하고, 그런 점에서 인욕을 상징한다. 여기서 옷에 의해 가려지는 것이 법신이라는 뜻이다(이원섭 주).

6 몸을 가리는 일을 하는 주체(이원섭 주).

7 인욕의 극치는 열반이므로 이를 적멸인이라 하는데, 이는 동시에 지혜이기도 하다. 여기서는 이 말로 삼덕 중의 반야를 나타냈다(이원섭 주).

8 화광和光은 빛을 감추는 일이니, 부처와 보살이 본래의 위덕을 숨기고 중생과 같은 모습인 화신化身을 나타내시는 것이다. 이물利物은 중생을 교화하시는 일이다(이원섭 주).

9 자리를 공의 상징으로 볼 때 공을 관하는 것은 지혜인 까닭이다.

10 앉은 자리는 법신이라는 뜻. 반야의 지혜로 관해지는 것은 법신이기 때문이다(이원섭 주).

탈이다.[11] (『법화문구』)

　『법화경』과 『법화문구』에서 언급하고 있는 여래는 중생으로부터 초월적으로 떨어져 있는 절대자가 아니다. 그것은 3차원 공간관의 세계관에 입각한 부분적인 입자의 상태일 뿐이기 때문이다. 여래는 일미동체의 세계관에서 전체성을 나타내는 장場이기에 중생과 동체를 이루는 것이며, 횡수, 즉 공간과 시간의 경계를 해체하는 대자비심으로 이를 수 있으며, 그 자리는 위계적인 체계의 정상이 아니라 모든 것이 공하여 부분이자 전체인 중도의 자리인 것이다. 이러한 경지는 오로지 원교의 원돈圓頓, 즉 편이 아닌 원, 점이 아닌 돈의 지관으로 이를 수 있다는 것이다.

　　네 가지 종류의 지관을 합쳐서 수행해야 원교에 들어갈 수 있는 것은 아니다. 또한 합쳐서, 점漸을 열고 돈頓을 나타내서 원교에 들어갈 수 있는 것도 아니다. 원교에 들어가는 것은 일정하지 않다[부정不定]. 이것을 독이 나타나는 모습[독발부정毒發不定]으로 설명한다. 모든 중생심의 자성인 정인正因[正因佛性[12]]을 젖으로, 요인了因[요인불성了因佛性]의 법을 듣는 것을 독毒을 타는 것이라고 비유할 때, 젖의 사미四微[색향미촉]가 다섯 가지 맛으로 변하더라도, 사미四微는 항상 있는 것과 같이 정인正因은 끊기지 않는다. 이에 독은 사미四微를 따라 맛마다 사람을 죽인다. [범부

11　몸은 앉는 주체이므로 반야요, 자리는 앉는 곳이므로 법신인데, 반야와 법신이 일치하면 해탈이 실현된다(이원섭 주).

12　천태종天台宗에서는 불성을 ① 모든 존재가 본래 갖춘 부처가 될 수 있는 진여眞如의 본성인 정인불성正因佛性, ② 진여의 이치에 비추어 나타나는 지혜인 요인불성了因佛性, ③ 지혜를 일으키는 인연이 되는 육바라밀六波羅蜜 등의 수행을 뜻하는 연인불성緣因佛性으로 구분하고, 이를 삼인불성三因佛性이라 했다(출처 : 다음백과).

로서의 생존을 끝낸다]. 중생의 심성도 이와 같다. 정인正因이 손상되지 않으므로 요인了因의 독은 정인正因을 따라 느리거나 빠르게 곳곳에서 일어날 수 있다. 혹은 이법[理]을 일으키고, 혹은 교教를 일으키며, 혹은 행行을 일으켜서 증득[證]할 수 있다. 벽지불辟支佛이 부처가 없는 세상에 나왔어도 예리한 지혜와 선근으로 자연히 깨달을 수 있는 것과 같다. 이법을 일으키는 것도 그렇다. 오래도록 선근을 심으면 이번 생에서 원교를 듣지 않았더라도 요인了因의 독은 운에 따라 저절로 일어난다. 이것이 이법을 일으킨다는 것이다. 만일 『화엄경』의 "해는 높은 산을 비춘다."라는 문구를 듣고 바로 깨달음을 얻었다면, 교教를 일으킨 것이다. 이를 듣고 사유하고, 사유를 통해 깨닫는다면 관觀[관의 수행]을 일으킨 것이다. 만일 이것이 육근六根의 청정한 위계에 나아가서 무명을 파한 것이라면 상사즉相似即[육즉六即의 하나]을 증득한 것이다. 만일 중도의 지혜를 증진하여 생사에 대한 집착이 줄어든다면, 이것도 또한 증득한 것이다. 이것은 원교와 관련하여 부정교不定教에 들어간 것을 논한 것이다. 만일 앞의 삼교의 수행인이 각각 범부의 경지에 있으면서 일으킨다면 이법을 일으킨 것이고, 만일 교를 듣는다면 교를 일으킨 것이라 한다. 만일 방편을 수행한다면 관의 수행을 일으킨 것이며, 만약 현인·성인의 위계 속에서 일으킨다면 증득을 한 것이다. 이것은 세 가지 교와 관련되어 들어가니 바로 부정교이다. 또한 부정교이긴 하지만 살인殺人은 아니다. 무루지를 수행할 때 유루를 구하지 않고 스스로 일어나서 이사二死[분단생사分段生死와 변역생사變易生死]를 모두 죽이지 않는 것과 같다. 만일 중도관을 수행하여 무루지를 얻어서 오래도록 삼계三界의 괴로움의 윤회의 바다를 떠난다면, 바로 이것이 일사一死이면서도 또한 이사二死가 아닌 것이니 역시 부정不定이라고 한다(『마하지관』).

이상에서 서술했듯이, 원교에 들어가고 증득하는 것이 정해진 틀에 따라 점진적으로 이루어지는 것이 아니라, 무시로 어느 상태에서나 즉각 일어날 수 있다는 부정교는 대승의 세계관·존재론·인식론·수행론이 잘 드러나는 이론이다. 3차원 공간관의 세계관과 이에 기초한 입자 중심의 존재론으로서는 모든 것이 격력차제로 이루어지지, 원돈圓頓의 현상은 일어나지 않는다. 원圓은 공간적으로 공동의 장을 이루어 부분이 전체가 되는 완전함을 가리키며, 돈頓은 시간적으로 간격 없는 동시 장으로서 원圓에 이르는 것이다. 이러한 원돈은 애초에 모든 부분적 존재가 하나의 일미동체의 장을 이루고 있는 것이기 때문에, 점진적으로 단계적으로 변화하는 것이 아니라 언제라도 부지불식간에 일어날 수 있는 것이다. 요인불성을 독을 타는 것이라고 비유하는 것은, 원래 정인불성을 타고나고 일미동체의 장의 바탕에 근거한 존재성을 갖고 있기 때문에 그것을 가리고 있는 모든 경계를 독으로서 죽이는 것이라고 비유한 것이다. 독은 일미동체의 우주 법계의 본성으로서의 자성을 죽이는 것이 아니라, 그런 줄 모르고 스스로를 제한하고 있는 범부의 집착의 삶의 경계를 죽이는 것이다.

이러한 점에서 편원偏圓과 점돈漸頓은 같은 현상을 서로 다른 측면에서 지칭하고 있는 것이다. 편偏, 즉 치우치기 때문에 점漸, 즉 점차적이며, 점차적이기 때문에 치우친 것이다. 또한 원圓, 즉 완전하기에 돈頓, 동시적이며 동시적이고 즉각적이기 때문에 완전한 것이다. 이것이 바로 대승 고유의 인식론이고 수행론이다.

『열반경』에서는 젖의 다섯 가지의 맛을 비유하여 수행의 단계를 묘사한다. 삼장교 안에서는 오미五味를 다음과 같이 풀이한다. 「제육第六」에서는 "범부는 젖과 같고, 수다원須陀洹[13]은 타락駝酪과 같고, 사다함斯多舍은 생소生酥와 같으며, 아나함阿那舍은 숙소熟酥와 같고, 아라한·벽지불·부처는 제호醍醐와 같다."고 말한다. 『대론大論』에서는 "성문은 경전 속에서 아라한을 불지佛地라 한다.”고 하였으므로, 아라한·벽지불·부처 세 사람은 똑같이 제호라는 것이다. 이것이 점교에서의 ‘원圓’의 뜻이다.

통교에서는 오미를 다음과 같이 풀이한다. 「삼십이三十二」에서 말하였다.

중생은 피를 섞은 젖과도 같고, 수다원이나 사다함은 맑은 젖과도 같으며, 아나함은 타락과도 같으며, 아라한은 생소와도 같으며, 벽지불이나 보살은 숙소와도 같으며, 부처는 제호와도 같다.

벽지불은 습기習氣를 침범하여 성문보다도 조금 수승하기 때문에 보살과 똑같이 숙소라고 하였고, 부처는 직접 습기를 다 버렸기에 제호라고 한 것이다. 이것으로 통교의 점·원의 뜻을 알 수 있다.

별교의 오미는 다음과 같다. 「제구第九」에서 말하였다.

중생은 소가 새로 태어나 피와 젖이 아직 구별되지 않는 것과 같고, 성문은 젖과 같고, 연각은 타락과 같고, 보살은 생소나 숙소와 같고, 부처는

---

13 불제자들은 불타의 가르침을 듣고 수행함으로써 아라한이라는 이상의 경지에 도달할 수 있다고 생각하였으며, 그 아라한의 경지에 도달함에는 4향4과四向四果 : 라고 불리는 8종의 위계位階가 있다고 했다. 즉 아래서부터 말하면 ‘예류豫流’·‘일래一來’·‘불환不還’·‘阿羅漢’의 4위가 있어서 그것이 과果를 향해 수행해 가는 단계[向]와 그에 의해 도달한 경지[果]로 나누어서 설명한 것이 4향4과이다. 예류는 수다원이라고 음역音譯되는데, 깨달음에의 도를 하천의 흐름에 비유하여 그 흐름에 참여한 것, 즉 불도 수행에 대한 확신이 생긴 상태를 말하는 것이며, 일래는 사다함이라고 음역되는데, 수행의 도상에서 한번 뒤로 물러가는 것으로서 윤회의 세계에로 물러가는 것을 의미한다. 불환은 아나함이라고 음역되는데, 더 이상 윤회의 세계로 물러가는 일이 없다는 것을 의미하며, 아라한향은 아라한과阿羅漢果에 이르기까지의 위계位階로서, 아라한과에 이르면 무학위無學位로서 더 이상 배울 것이 없고, 번뇌는 다하였으며, 해야 할 바를 다하였고, 윤회에서 해탈해서 열반에 들어간다고 생각되었다.”(『글로벌 세계대백과사전』).

제호와 같다.

십주十住의 초심에서 통교의 견혹·사혹을 끊는 것을 젖이라 하고 모두 성문에 비유했다.
십주十住의 후심後心은 약간 깊기 때문에 벽지불로서 타락과 같다고 비유했다. 십행十行, 십회향十迴向은 생소, 숙소와 같고, 십지十地의 초심은 이미 부처라고 하였다. 따라서 제호와도 같다. 이것으로 별교의 점·원의 뜻을 알 수 있다.
원교의 뜻은 다음과 같다.「二十七」에서 말하였다.

설산雪山의 어떤 풀의 이름이 인욕忍辱인데 만약 소가 먹는다면 바로 제호를 이룬다.

그 풀은 정도正道를 비유한 것으로서, 만약 정도를 수행하면 바로 불성을 볼 수 있다는 것이다. 네 가지 맛을 거치지 않고서 바로 제호를 이루니 이것에 비추어서 '점漸', '원圓' 등의 위계를 이룬다.
「제팔第八」에서 말하였다.

독을 젖 속에 풀면 다섯 가지 맛에 두루 퍼져서 모두 살인할 수 있다.
이것은 부정不定을 비유한 것이다. 즉 네 가지의 이법[理]·교教·행行·증득[證]을 이루고 원에 들어갈 수 있다(『마하지관』).

이상에서 소젖이 발효, 숙성되는 과정에 빗대어서 장통별원의 수행 단계를 점과 원으로 표현했다. 여기에서도 소가 설산의 인욕이라는 풀을 먹는다면, 네 가지 맛을 거치지 않고서 바로 제호를 이루는 것을 원교의 원돈의 의미라고 풀이한다. 인욕은 욕을 참고 화를 내지 않는 것이다. 이것은 인식의 차원이 개체적 존재감, 입자 단위에 머무는 한 근본적으로 한계가 있다. 인식의 차원이 우주적 존재감, 즉 불생불멸의 일심의 장에 이를 때만 화가 일어나지 않는다. 그런 만큼, 인욕초를 먹는다는 것은 인식이 입자의 차원이 아니라 일심동체의 장으로 전환되었다는 것을 상징한다. 그럴 때 단계를 거치지 않고 즉각 제호를 이룰 수 있다는 것이다. 또한 젖 속에 독을 풀면 오미에 두루 퍼져서 모두 살인할 수 있다고 한다. 이러한 표현도 어느 단계에 있든지 상관없이 본래면목인 우주 법계의 법성으로서의 자성을 자각하는 순간, 바로 원교에 들어가 증득할 수 있다는 것을 표현한 것이다. 이처럼 부정교는 수행자의 존재성을 일미동체의 동시장으로 파악하고 세계와 우주도 분리되지 않는 하나의 장을 이룬다고 보기 때문에, 독을 먹어서 그러한 인식을 가로막는 장애물을 제거하는 순간 즉각 원돈의 명정에 이를 수 있다고 보는 것이다.

기氣 수련을 하는 경우에도 기의 철학은 중요한 역할을 한다. 여기서 철학이라고 하는 것은 기의 세계관에 기초하여 존재론과 인식론, 수행론을 망라한 모든 분야를 일관된 관점과 논리로 이해하는 것을 말한다.

기는 육안으로 보이지 않지만, 모든 존재와 기능을 표현할 정도로 광범위하게 우리의 언어와 개념 체계에 자리 잡고 있다. 우리는 이러한 기의 세계를 호기심이나 철학적 관심으로 접근하여 만날 수 있고, 기를 배우고 운용하면서 몸과 마음이 편안해질 수 있다. 그런데 기의 패러다임에 익숙해질수록 자신이 세계를 바라보는 관점, 즉 세계관을 점검할 필요가 있다. 현실 생활을 하면서 판단하는 가치관이나 물리법칙과, 눈에 보이지 않는 기의 세계관은 상충하기 때문이다. 기의 경험이나 문화의 비중이 미약하거나 기의 패러다임으로 사유하는 과정이 부재하다면, 기성의 세계관을 유지한 상태에서도 기를 체험하고 수련을 하는

데 별다른 문제점이 생기지 않는다. 하지만 수련의 비중이 높아지고 수련 중에 체험되는 동시장에 근간하여 입자 중심에서 장 중심으로 사유 방식이 전환될 즈음에는 사실상 두 개의 세계관이 혼재하게 되고, 이를 주목하여 새로운 세계관으로 정립하지 않으면 기의 세계를 왜곡해서 이해하거나 현실 세계에 제대로 적응하지 못할 가능성도 생긴다.

기의 철학에서 가장 기초적인 것은 일기一氣의 세계관이다. 양자물리학에서 확인되고 대승 철학에서 일심동체로 세계를 파악하듯이 기의 철학에서도 온 우주는 모든 존재와 기능이 모두 기로 이루어져 있고, 그 전부를 망라하는 것이 일기一氣이다. 일미一味, 일심一心, 한 몸과 같이 온 우주 법계를 하나의 장으로 파악하는 것이다. 가시 세계에서 3차원 공간관의 세계관에 입각하여 입자 중심으로 파악하는 것과 대비되는 것이다.

이 세계관에 기초할 때 존재론도 달라진다. 일기一氣의 세계관에서 본다면 개체 단위의 정체성을 가진 존재는 없다. 굳이 존재성이나 존재감을 찾는다면, 개체적 존재감이 아니라 우주적 존재감이다. 우주적 존재감 속에서는 매 순간 우주 규모의 사건이 새롭게 일어날 뿐이다. 이렇게 인식을 전환하기 위해서 가장 중요한 것은 수행과 삶의 주체를 전환하는 것이다. 더 이상 입자 단위의 내 몸과 '나'라는 관념이 주체가 아니라는 것을 분명하게 느껴야 한다. 부교감신경이 활성화되면서 내가 폐쇄 회로로 존재하는 것이 아니라 열린 회로로 전환하듯이, 기의 흐름을 따르게 되면 장, 즉 중도의 동시장이 주체인 상태로 임하게 된다. 열린 회로로서 우주적 존재이기에 주객의 구분이 사라지고 모든 부분이 전체가 되며, 모든 사건은 법이자연으로 일어난다.

이러한 세계관과 존재론적 인식은 논리적 이해만으로 체득하기 어려운 만큼, 실제로 기 수련 과정이나 일상 생활 속에서 체험하는 것이 중요하다. 이 과정에서 가장 중요한 것이 앞의 대승 철학에서 공부했던 원돈의 명정 체험이다. 공간적·시간적 경계가 해체되면서 모든 부분과 전체가 하나가 되는 공동장이면서 동시장을 이룰 때 완전함이라는 느낌을 가질 수 있다. 이것이 바로 원교의 중도이다. 중도로서의 완전함은 부분과 전체를 망라하기에 온전함이라고 할 수 있다. 이런 상태에 이르기 전에는 기 수련을 잘 운용하더라도 나라는 관념이 운용하는 주체로 작용하기 때문에 입자 중심의 세계관을 완전히 벗어날 수 없고, 그러는 한에서는 격력차제의 수행의 문제점을 피할 수 없다.

그렇다면 원돈지관의 명정 상태를 어떻게 체험할 수 있을까? 수련을 통해서 기의 균형, 조화가 이루어지고 내 몸의 해부학적 경계가 사라지면 백회, 회음 사이의 중심선과 머릿속의 중심자리로 기운이 집중된다. 그런데 중심선과 중심자리는 내 몸의 해부학적 위치로 찾으려고 하면 도리어 내 몸의 경계가 살아나기 때문에 이들 자리를 제대로 만날 수 없다. 또한 이를 중심선과 중심자리라는 명칭을 사용하는 한, 여전히 나라는 관념이 주체가 된 상태에서 입자 중심의 경계를 완전히 떠날 수 없다. 그런 만큼, 기운이 이들 자리에 흘러 들어오는 순간, 이들의 명칭을 중도의 중심선, 중도의 중심자리로 전환하고, 항상 사방 중도의 동시장이 주체가 된 상태에서 바라보아야 한다. 그러다 보면 어느 순간 모든 것이 바로 한 점이 되자마자 온 우주 법계로 무한대로 열리게 된다. 이때 원돈지관의 명정 상태라고 연상하고 그 상태에 내맡긴다. 그러면 모든 주객 분별이 사라지면서 중심자리의 한 점이 바로 온 우주가 된다.

【수련법】

1. 정좌한 뒤 몸을 앞뒤로 미동하면서 앞머리·심장 주위 공간과 뒷머리 및 골반 천추

주위의 기의 밀도를 확인해 본다. 만약 앞쪽으로 기가 울체되어 있다면 교감신경 기능이 항진되어 있는 상태여서 수련하기 어렵다. 이를 이완하려면 부교감신경이 활성화된다고 여기고, 중뇌·연수로부터 뒷머리로 이어지는 기운이 백회와 좌우, 뒤쪽의 우주 공간으로 퍼져나가도록 한다. 동시에 골반 천추에서도 사방으로 기의 장이 확산되도록 한다. 기의 장이 사방의 우주공간으로 퍼져 나갈 때 의념도 같이 따라 나가서 우주의 기의 장이 수련의 주체가 되어서 기존의 내 몸을 대상으로 바라볼 수 있도록 한다. 이렇게 하면 내 몸이라는 입자 단위의 폐쇄 회로는 해체되고, 우주의 기의 장이 주체인 열린 회로로 전환된다.

2. 소주천小周天 수련을 통해서 임맥任脈, 독맥督脈으로 기운이 충만하고 동시장에 이를 때 저절로 백회, 회음 사이의 중심선으로 기운이 집중되고, 어느 순간 임맥, 독맥, 중심선이 하나로 통합된다. 이 순간 중심선을 중도의 중심선으로 떠올리고 사방의 중도 동시장이 주체가 된 상태에서 바라본다. 이 중도의 중심선과 사방의 중도 동시장 사이에 거리감이 있다면, 아직 개체 단위의 입자로서 '나'라는 관념적 경계가 미세하게라도 남아 있다는 것을 뜻한다. 이때 중심선과 사방 우주를 모두 커다란 거울이라고 여기면, 서로 비추자마자 반사되고 반사되자 비추는 무한 반조의 과정이 일어난다. 이를 대원경의 동시장 상태라고 여기면, 순식간에 중심선과 사방 중도의 동시장의 분별이 사라지고 공동장이 펼쳐진다. 이를 원돈지관圓頓止觀의 명정明靜[14] 상태라고 여긴다. 그러면 그동안 소란스럽고 분주했던 모든 경계와 분별이 사라지면서 밝고 고요해진다.

3. 중도 중심선 기운이 충만하게 되면 위아래의 구분도 사라진다. 이 과정에서 중도의 중심자리가 형성되는 순간, 한 점이 되면서 즉각 온 우주로 퍼져 나간다.

---

14 원돈지관에서는 일체의 공간관·시간관의 인식틀·개념틀이 해체되어서, 공간적으로 무한한 공동장을 이루고 시간적으로 즉각 동시장을 이루기 때문에, 주관과 객관의 모든 분별이 사라져서 밝고 고요한 상태에 이르게 된다.

이때도 원돈지관의 명정 상태라고 여기고 내맡긴다. 이 과정에서 어떠한 유위적인 상도 나타나지 않는다. 내 몸과 머리의 경계는 물론이고 어떠한 상념과 망상도 나타나지 않는다. 만약 나타난다면, 어느새 '나'라는 관념적 경계가 살아난 것이기 때문에 부교감신경을 활성화하여 열린 회로로 전환하여 사방의 중도 동시장으로 시야를 옮겨 나가고 거듭 입자 단위의 내가 주체가 아니라 중도의 동시장이 주체라고 여기고 내맡긴다.

대승의 철학 Ⅲ ─ 권실權實의 진리론

불교에서는 연꽃을 수행의 상징으로 여긴다. 대승, 특히 원교의 철학을 가장 잘 담고 있는 『법화경』을 『묘법연화경』이라는 별칭으로 명명할 정도이다. 실제로 연꽃의 생장 과정을 살펴보면 대승의 면모를 발견할 수 있다.

첫째, 연꽃은 진속불이眞俗不二의 대승의 삶을 보여 준다. 연은 혼탁한 연못에 뿌리를 내리고서도 물 밖으로 우아한 꽃을 환하게 피운다. 중생들이 탐진치의 현실 세계에서 살면서도 지관을 통해서 인식을 전환하면 바로 그 자리가 불성이 현현하고 상락아정이 구현되는 정토라고 알려 주는 것과 같다. 대승의 관점에서 볼 때 이 세계는 진과 속으로 분리되지 않고 따로 떨어져 있지 않으며, 진이 바로 속이고 속이 바로 진인 진속불이眞俗不二의 세계이다. 이를 연꽃을 통해서 잘 확인할 수 있다는 것이다.

둘째, 연꽃의 생명력은 중생의 불성을 그대로 보여 준다. 연꽃의 씨앗인 연자는 호흡이 아주 길어서 2천 년이 지난 뒤에도 생명력이 그대로 유지된다. 1951년 일본의 한 식물학자는 도쿄대 운동장 지하에서 2천 년 전에 맺혔던 연꽃의 씨앗을 발굴해, 이듬해에 이 씨앗에서 싹을 틔우는 데에 성공했다. 이뿐 아니라 2002년에는 미국의 과학자들이 중국에서 500년 묵은 씨앗에서 싹을 틔웠고, 2009년에는 우리나라의 함안군 성산산성에서 발견한 700년 전의 연꽃 씨앗에서 싹을 틔우는 데에 성공했다[1]고 한다.

보통 생물체는 유위법 세계의 존재로서 생사를 벗어날 수 없다. 불성을 불생불멸이라고 하는 것은 개체 단위의 입자로서 존재하는 것이 아니라, 우주 법계의 법성으로서 일미동체의 동시장이기 때문에 생사를 벗어나 있다고 하는 것이다. 연자가 비록 밀폐된 공간에 보관되어 있긴 하지만, 일반적인 생물체와 달리 2천 년 이상 생명력을 유지한다는 것은 개체적 존재로서의 생명력을 뛰어넘는 것으로서 마치 모든 중생에게 있다고 하는 불성과 같은 면모를 보여 준다는 것이다. 모든 중생이 불성을 갖고 있다고 할 때, 중생이 개체적 존재성을 유지한 상태에서 부처가 될 가능성이 있다는 것이 아니다. 중생이라는 존재 자체가 단순한 입자 단위의 개체적 존재가 아니라 일미동체의 우주적 존재이고 부처 또한 입자 단위의 인격체로 존재하는 것이 아니라 일미동체의 동시장으로 존재하기 때문에 중생이라는 존재 자체가 바로 부처라는 것이다. 따라서, 중생에게 불성이 있다거나 중생 그 자체가 부처라는 것은 중생이 입자 단위의 개체적 존재가 아니라 일미동체의 우주적 존재임을 가리키는 것이다. 다만, 3차원 공간관의 세계관으로 볼 때 중생은 탐진치의 수렁에서 허덕이는 개체적 존재로 보이는 것이고 똑같은 중생을 일미동체의 세계관으로 본다면, 부처로 보이는 것이다. 연자의 불생불멸에 가까운 생명력은 바로 이러한 중생의 존재성의 한 측면인 불성과 같은 면모를 보여준다고 할 수 있다.

셋째, 연꽃은 방편과 진실[권실權實]이 분리되지 않는 대승의 진리관을 그대로 보여 준다.

연꽃은 꽃잎이 필 때 씨방도 함께 여문다. 즉, 꽃이 자랄 때 꽃잎과 씨방이 같이 자란다. 보통 식물의 경우에는 꽃이 먼저 피었다가 진 다음에 열매를 맺는다. 꽃이 원인이고, 열매가 결과이며, 꽃이 방편[權]이

---

1 고규홍, 「수련과 연꽃, 그 신비로운 생명력」, 『국민일보』, 2010. 7. 5.

고, 열매가 진실[實]인 셈이다. 그러나 연꽃의 경우에는 인과因果와 권실權實이 분리되지 않고 동시에 함께 전개된다. 이러한 연의 특성을 주목하여 『법화현의』에서는 연이 묘법을 보여 주고 있다고 서술한다.

연蓮을 위해 피는 꽃은 꽃과 열매가 갖추어져 있으니 진실[實]에 즉[卽]한 방편[權]에 비유할 수 있다. 또 꽃이 벌어지자 연이 드러나는 것은, 방편에 즉[卽]한 진실에 비유할 수 있다. 또 꽃이 떨어지면 연이 맺어지고 연이 맺어지면 꽃이 떨어지는 것은, 방편도 아니고 진실도 아닌 것에 비유할 수 있다. 이러한 갖가지 뜻이 편리하기에 연화蓮華를 가지고 묘법妙法에 비유하는 것이다.

위에서 살펴보았듯이, 연꽃의 생장 과정은 여느 식물과 다르다. 그런데 여기서 주목할 것은 연꽃보다 이러한 연꽃의 특성을 조명하는 대승의 관점이다. 대승의 세계관도 이전의 것과 근본적으로 다르다는 것을 연꽃의 특성을 통해서 보여 주려고 하기 때문이다. 대승에서는 연꽃과 씨앗의 관계를 원인과 결과, 수단과 목적, 방편과 진실의 관계와 상응하는 것으로 본다. 연꽃과 씨앗이 동시에 피고 여물어 간다는 것은, 원인과 결과가 시차가 없고 수단과 목적이 다르지 않으며 방편과 진실이 동시에 추구된다는 것이다. 연꽃의 생장 과정도 이례적이지만, 이렇게 바라보는 대승의 세계관과 진리관도 그 이전에는 찾아볼 수 없는 획기적인 관점이다.

원인과 결과가 동시적으로 나타나는 세계란 무엇을 의미하는가? 원인이 결과이고 결과가 원인이 된다는 것은, 3차원 공간관의 세계, 실수 입자로 표현되는 가시 세계에서는 있을 수 없는 일이다. 여기에서는 모든 것이 절대공간, 절대시간의 틀 안에서 존재하며, 원인은 시간상으로 앞서고 결과는 그 원인에 의하여 차후에 발생하는 것이기 때문이다. 이것은 원인과 결과가, 무수하게 많은 입자들처럼 하나의 수직선 위에서 크기와 방향의 차이가 있는 상태로 선후로 나누어져 있는 것과 같은 것이다. 이러한 세계가 선형성이론이 적용되는 세계이고, 실수로만 표현되는 드러난 질서의 세계이다. 그런데, 원인과 결과가 동시에 나타난다는 것은 실제로 있을 수 없는 현상이 아니라, 지금까지 해석해 왔던 것과 정반대의 물리법칙이 적용될 수 있는 세계를 상정하는 것이다. 모든 존재가 입자와 파동이 중첩되어 있기 때문에 입자 중심으로 바라보면 실수의 세계이고, 선형성이 적용되는 드러난 질서의 세계이지만 파동, 즉 장 중심으로 바라보면 그것은 허수로 표현되고 비선형성이론이 적용되는 세계이며, 드러난 질서 이면에 접혀져 있는 세계, 숨겨진 질서의 세계로 나타난다. 여기에서는 모든 부분이 바로 전체인 일미동체, 일심동체의 장의 세계이기에, 원인이 바로 결과이고 결과가 바로 원인이다. 원인 안에 이미 결과가 담겨져 있고, 결과 속에 원인이 들어 있다. 다만 입자 중심의 세계관에서는 드러난 것만 보았다면 일미동체의 장의 세계관으로는 드러난 현상의 이면에 은적되어 있는 조짐까지 통째로 포괄하여 하나의 장으로 보는 것이다. 원인과 결과가 시간 간격을 두고 일어나는 관계가 되려면 시간을 관통하는 부동의 입자가 있어야 하고, 절대공간, 절대시간의 무대가 전제되어야 한다. 하지만 그런 부동의 입자는 존재하지 않고, 절대공간, 절대시간은 찰나적 사건을 존재로 실체화시켜 인식하는 관념의 틀일 뿐, 실제로 존재하지 않는다는 것이 밝혀졌다. 즉 모든 존재가 시간을 두고 인과관계로 지속하는 것이 아니라 매 순간 우주 규모의 새로운 사건이 일어날 뿐이다. 여기서 모든 부분은 바로 전체이다. 또한 모든 중생은 바로 부처이고, 모든 개체적 존재는 실제로는 우주적 존재이다. 이렇게 바라보는 것을 대승의 세계관이라고 할 수 있다. 연꽃이 바로 씨앗이고, 씨앗이 연꽃이라는 특이한 생장 과정은 이러한 대승의 세계를 간명하게 보여 주는 것이다.

　방편·진실은 수단·목적과 다르지 않다. 이러한 방편과 진실, 수단과 목적이 공간적 거리와 시간적 간격 없이 동시에 작용한다는 것은 원인과 결과가 동시에 나타난다는 것과 같은 의미이다. 만약 실수로 표현되는 입자 중심의 드러난 질서, 선형성이론이 적용되는 세계라면 방편과 진실, 수단과 목적은 간격이 있을 수밖에 없다. 이러한 세계관과 인식틀에 기초하는 한, 아무리 진정성을 갖고 선의로써 임하더라도 방편과 진실, 수단과 목적은 다르며, 모두 후자를 위해 전자를 도구로 이용하는 결과를 낳게 된다. 양자 사이에는 시간적·공간적 간격과 거리가 있기 때문이다. 다만 원인과 결과의 관계에서 살펴보았듯이, 오로지 일미동체의 장에서만 이들은 분리되지 않고 동시에 작용한다. 원인이 결과이고 결과가 원인이듯이, 방편이 진실이고 진실이 방편이며, 수단이 목적이고 목적이 수단인 것이다. 불교 경전 가운데서도 오직『법화경』만이 방편을 방편이라고 표현하여 '방편 즉 진실'의 관계를 나타냈다고 한다. 이전의 경전에서는 방편을 사용하더라도 그것을 방편이라고 지칭하지 않았기 때문에 방편과 진실이 분리되고, 그 방편을 곧 진실이라고 볼 수 없었다는 것이다. 이것은 무엇을 의미하는가? 여기에는『법화경』과 다른 경전이 각각 근거하는 세계관이 다르다는 것을 전제하고 있다. 다른 경전은 아직 완전한 일미동체의 세계관에 입각하지 않기 때문에 방편과 진실은 공간적 거리와 시간적 간격을 띨 수밖에 없다. 그런 상태에서 방편인데도 방편임을 밝히지 않고 제시하기 때문에, 방편이 진실인 양 오해되거나 방편 그 자체에 얽매이는 오류를 초래할 수 있다는 것이다. 애초에 방편과 진실이 거리와 간격이 있는 상태이기 때문에 아무리 진정성과 선의를 바탕으로 임하더라도 그 문제점을 벗어날 수 없다. 이에 비해 오직『법화경』만이 완전한 원교로서 원돈圓頓의 지관에 기초하고 있기 때문에, 여기에서는 방편이 곧 진실이고 진실이 방편이다. 원돈은 공간적으로 하나의 공동장이고, 시간적으로 간격 없는 동시장을 나타내는 것이다. 이것은 일미동체의 장으로서, 여기에서는 부분이 바로 전체이고 전체가 바로 부분이기 때문에 어떤 방편과 수단을 구사하더라도 진실과 목적을 그대로 드러나게 하여 방편을 통해서 진실을 알고 수단을 통해서 목적을 실현할 수 있게 된다. 방편과 수단이 진실과 목적에 비해 공간적으로 떨어져 있거나 시간적으로 간격이 없기 때문에 진실과 다른 방편, 목적과 다른 수단은 나오지 않는다는 것이다. 이러한 상태는 일미동체의 장의 세계관과 인식틀에 의해서만 구현될 수 있다. 결국, 방편과 진실, 수단과 목적의 관계는 진정성이나 선의의 여부와 상관없이 어떠한 인식틀과 세계관에 기초하는가에 따라서 달라질 수밖에 없다는 것이다. 이러한 점에서『법화경』의 권실은 일미동체의 세계관에 기초하기 때문에 다른 경전과 다르다고 할 수 있다. 이처럼 모두를 하나의 장으로 망라한 세계관에 기초하기 때문에 『법화경』의 권실을 완전한 의미의 원교, 대승이라고 할 수 있다. 대승에서는 연꽃의 생장 과정이 바로 이러한 면모를 신묘하게 보인다는 것을 포착하고 이것이 대승의 면모와 다르지 않다고 보는 것이다.

이상에서 살펴보았듯이, 진리관도 세계관에 따라서 판이하게 달라진다는 것을 확인할 수 있다. 만약 3차원 공간관의 세계관에 입각한다면 모든 존재와 개념은 입자 단위로 독립된 실체를 갖는 것으로 파악하게 된다. 이 경우 진리도 변화무쌍한 현상의 세계, 구체의 세계와 분리되어 초월적인 관념의 세계에 머물 수밖에 없다. 이는 플라톤의 이데아(Idea) 개념과 같다. 3차원 공간관의 세계관에 기초한다면, 플라톤의 이데아론은 본체론으로서 가장 합리적이고 설득력 있는 인식론이라고 할 수 있을 것이다. 이러한 세계관에서 볼 때, 현상계와 구체의 세계는 임시적이고 일의적이며, 단순한 소재적 대상이자 질료이며, 진정한 본체이자 실체는 진리뿐이다. 그러나 고전물리학의 세계관은 가시 세계의 현상에만 적용할 수 있는 물리법칙일 뿐이며, 거시와 미시세계에서는 세계가 입자와 파동의 이중성으로 존재한다는 것이 밝혀졌다. 여기서 모든 존재는 드러난 질서에서 볼 때는 입자 단위이지만 접혀진 질서까지 시야를 확장해서 본다면 파동에 의해서 온 우주로 이어지는 장의 흐름이라는 것이 확인된다. 플라톤의 이데아와 같은 본체로서의 기존의 진리는 입자 중심의 세계관에 의해서만 성립하는 허구적 개념에 불과한 것이다. 그러기에 양자물리학의 성과에 기초한 화이트헤드는, 모든 명사는 허구적으로 조성된 단순정위[simple location]일 뿐이며, 모든 것은 과정에서 생성될 뿐이라고 주장한다. 진리라는 관념도 여기에 해당한다. 즉, 고전물리학에 기초할 때만 '진리'라는 특정 상태가 구체 세계와 분리되어 존재하는 것이지, 장의 세계관에 입각한다면 입자 단위의 폐쇄적 진리는 존재하지 않고 구체 세계의 전체성을 일미동체의 장으로 지칭할 때만 '진리'라는 표현을 쓸 수 있는 것이다. 즉, 이제 진리는 입자가 아니라 장이다. 부분이 아니라 부분을 모두 포괄하는 중도의 전체성이다. 이제 진리는 모든 현상 속에 녹아들어 있고 구체의 세계에 현현하고 있기에 모든 부분이 전체가 된다. 이것이 '중도'의 진리관으로 인식하는 내용이다. 일미동체의 세계관에 입각하여 인식의 차원이 높아지면, 국소적으로 나누어져 있던 양극·대극이 합일하는 하나의 장으로 인식된다. 그것이 바로 중도의 전체성인 것이다. 원교에서는 이를 가리켜 모든 현상을 바로 중도실상으로 인식하는 것이라고 한다. 여기서 진과 속은 다르지 않고 부분이 바로 전체이고, 지옥부터 부처까지 십계는 서로를 갖추고 있고 나의 마음이 중생의 마음이고 부처의 마음이다. 고전물리학의 실수 세계에서 적용하던 선형성의 이론은 한계를 드러내게 되고, 모든 것은 실수와 허수가 중첩되어 있는 세계로서 비선형성의 원리가 적용된다. 여기서 원인과 결과, 수단과 목적, 과정과 결과, 방편과 진실은 분리되지 않고 동시적으로 작용한다. 이렇게 바라보는 것이 원교이고, 이런 관점으로 수행할 때 격력차제의 단계론의 벽을 돌파하여 원돈圓頓으로서 일체의 개념적 경계가 사라져서 밝고 고요한 명정明靜의 상태에 이를 수 있다는 것이다. 이러한 점에서 방편과 진실 [권실權實]의 진리관은 세계관 및 수행론에 기초하는 것이라고 볼 수 있다.

이러한 관점에서 『마하지관』에서 정의하고 있는 방편과 진실의 관계에 대해 살펴본다.

권權은 권모權謀로서, 어떤 목적을 위해 잠시 쓰다가 버린다는 의미이다. 실實이란 진실의 가르침으로서 최종적으로 도달하는 목적이라는 의미이다. 권에는 대략 세 가지의 의미를 세울 수 있다. 하나는 진실을 위해 권을 베푼다는 의미이다[위실시권爲實施權]. 둘은 권을 사용해서 진실을 드러낸다는 의미이다[개권현실開權顯實]. 셋은 권을 버리고 진실을 드러낸다는 의미이다[폐권현실廢權顯實]. 『법화현의』에서의 연꽃에 대한 세 가지 비유와 같다. "모든 부처는 일대사인연一大事因緣이 있어 이세상에 나왔다."고 한다. 이는 원돈圓頓이라는 하나의 진실의 지관을 위해 세 가지 방편의 지관을 베푼다는 의미이다. 이 방편은 본래의 목적이 아니지만, 이 방편 외에 다른 의도가 있지 않기 때문에 이 세 가지 방편을 열어 원돈의 하나의 진실의 지관을 드러낸다. 진실을 위해 방편을 베풀기 때문에 진실이 보이며, 방편을 열어 진실을 드러내기 때문에 방편은 진실과 다르지 않다. 그리하여 진실 외에 설명해야 할 방편은 없게 된다. 방편을 버리고 진실을 드러내는 것에 따라 방편은 폐기되고 진실만이 존재한다고 한다. 이와 같이 방편과 진실을 이해하면 충분하다(『마하지관』).

모든 부처가 이 세상에 온 이유로 들고 있는 일대사인연은 모든 중생이 불지견佛知見, 즉 제법실상의 이치를 깨닫는 부처의 지혜로서 가장 궁극적인 인식의 차원에 이르도록 하는 것이다. 이를 위해 개시오입開示悟入, 즉 일체 중생들에게 진리의 문을 열어 주고[開], 진리를 보여 주며[示], 진리를 깨닫게 하고[悟], 진리의 세계로 들어가게[入] 하는 것이다.

여기서 권실, 즉 방편과 진실은 인식의 시야와 차원에 따라서 얼마든지 달라질 수 있다. 먼저 개시오입까지를 부처가 이 세상에 온 목적이라고 한다면 진실[實]에 해당하는 것으로 보겠지만, 언어로 표현할 수 없는 차원이기에 모두 불가설不可說의 대상인데도 언어 개념으로 표현한다면 그것 자체가 바로 방편[權]이라고 할 수 있다. 또한 만약 모든 중생이 부처의 지혜를 갖는 것을 진실[實]이라면, 그에 이르도록 하는 개시오입은 방편[權]이라고 할 수 있다. 그런데 개시오입은 진리의 문을 열어 주고 보여 주며, 깨닫게 하고 들어가게 하는 것인 만큼, 권실權實 사이에 격차가 없다. 그야말로 방편을 열어서 진리에 이르게 하며 방편이 바로 진리이고, 진리가 바로 방편인 경우이다. 이를 대승, 특히 원교의 진리관이 표현된 것이라고 할 수 있다.

원돈圓頓의 지관을 진실[實]이라고 한다면, 세 가지 방편의 지관은 방편[權]이라고 할 수 있는데, 여기서 후자는 장교·통교·별교의 지관을 가리킨다. 방편과 진실의 관계는 앞에서 언급한 대로이다.

그런데, 권실權實의 경우도 불교의 사구四句 논리에 따라 달라지는데, 여기에 내포된 의미를 살펴볼 필요가 있다. 사구는 일체법을 세계관과 인식의 차원에 따라서 다르게 볼 수 있다는 것을 전제하고 있는 것이다. 즉 단순긍정[有]은 3차원 공간관의 세계관으로 대상을 규정하는 것으로 장교의 인식 수준을 가리키고, 단순부정[無]은 모든 대상을 공이라고 부정하는 통교의 인식 수준을 가리키며, 이중긍정[역유역무亦有亦無]

은 통교의 대승적 인식에 바탕하면서도 구체 세계의 중생에게 내려간 별교의 인식 수준을 가리키며, 이중부정[비유비무非有非無]은 앞의 세 가지 논리가 통용되는 차원을 전격적으로 뛰어넘은 차원의 원교의 중도 세계를 가리킨다. 이러한 사구四句의 논리로 파악한다면, 일체법은 모두 권[權]이기도 하고, 실[實]이기도 하며, 권이자 실이기도 하고[역권역실亦權亦實], 권도 실도 아닌 것[비권비실非權非實]이기도 하다. 모두 권이라는 것은 불가설의 대상인데도 언어로 표현한 것 자체가 권, 즉 방편으로 전락한 것이며, 모두 실이라는 것은 모두 진실을 가리키는 것이기에 권을 열어 실을 드러내는 것이라고 할 수 있다. 모두 권이자 실이라는 것도 제법이 차별이 있으면서도 실한 것이기 때문에 방편[차별]이자 진실[실한 것]이라고 한다. 모두 권도 아니고 실도 아니라는 것은, 인식의 차원이 높아져 양변으로 국소적으로 나누어져 있는 상태를 망라하여 중도의 전체성으로 파악할 때, 이것은 더 이상 방편도 아니고 진실도 아닌 상태, 즉 권실의 구분이 없어지는 일미동체의 동시장이라고 보는 것이다. 이와 같이 사구四句의 논리는 인식의 차원이 높아지면서 현상과 실상을 다르게 보는 과정을 담고 있다. 특히 불가설인 상태의 고차원을 묘사하기 때문에 모든 것이 권이면서도, 진실과 진리에 이르는 길을 담고 있기 때문에 실이라고 볼 수 있다는 지적을 통해서, 사구四句의 인식법은 형식적 논리가 아니라 인식주관과 인식객관 사이에서 소통되는 내용을 차원을 넘나들면서 포괄하고 있는 역동적인 논리임을 알 수 있다.

그런데, 이처럼 사구四句의 논리를 유연하게 구사하고 적용하려면, 그 바탕에 세계관과 인식의 차원이 전제되어 있다는 것을 알아야 한다. 만약 3차원 공간관의 세계관에 입각하여 모든 것을 입자 중심으로 파악한다면, 일체법을 고정적인 것으로 실체화시켜서 인식하게 된다. 이런 인식론으로서는 모든 것이 진실[實]과 괴리되어 있는 방편[權]일 뿐이다. 이런 인식의 차원으로서는 진실을 알 수도 없거니와, 설사 진실을 묘사한다고 하더라도 언어로 개념화하는 순간 실상과 다른 것으로 전락하여 방편에 불과할 뿐이기 때문이다. 또한 방편 자체가 진실을 반영하고 드러내는 것으로 작용하지 않기 때문에 진실의 길과는 거리가 멀어질 수밖에 없다. 이는 수직선 위에서 각 부분이 대소와 방향의 차이를 유지하면서 자리 잡고 있는 것을 떠올리면 쉽게 이해된다. 이러한 선형성이론의 인식틀을 갖는다는 것 자체가 진실과 방편은 분리되고 원인과 결과, 수단과 목적이 공간적 거리와 시간적 간격으로 분리되어 설정되는 것이기 때문에, 방편을 통해서도, 진실을 통해서도, 결코 진리에 이를 수 없게 된다. 이러한 결과는 진정성이나 선의가 부족해서 그런 것이 아니라, 이러한 인식이 바탕하고 있는 세계관과 인식의 차원이 불가능하게 만들고 있기 때문이다.

그렇지만 모든 존재가 입자와 파동의 이중성을 띠고 일미동체의 동시장 속에 있다는 것을 파악하게 되면, 권과 실의 관계도 입자처럼 일방적인 것으로 고정되어 있는 것이 아니라, 인식의 차원에 따라서 얼마든지 다양한 층위가 만들어진다는 것을 알 수 있다. 그것이 바로 진실을 위해서 방편을 시행하고[위실시권爲實施權], 방편을 열어서 진실을 드러나게 하며[개권현실開權顯實], 방편을 버리고 진실을 드러나게 하는[폐권현실廢權顯實] 과정이다. 이처럼 장 중심의 세계관에서는 실수 입자의 드러난 질서 이면에 허수로 표현되는 파동의 세계가 숨겨져 있다는 것을 인식하고, 어떤 존재도 고정된 개체적 입자의 존재가 아니라 온 우주적 존재의 흐름이자 결인 것으로 파악하게 된다. 이를 통해서 방편과 진실도 고정된 실체가 있는 것이 아니라 세계관과 인식틀에 따라서 얼마든지 유동적인 모습을 띠는 것을 알 수 있다. 그야말로 대상을 입자 중심으로 인식하는 것이 아니라 장 중심으로 인식하기 때문이다. 이러한 점에서 일미동체의 세계관에 입각하여 권실權實을 이해하는 것은 원교의 진리관이자 세계관이고 존재론이라고 할 수 있다.

이러한 진리관은 수행론에도 중요한 역할을 한다. 『열반경』에서 모든 중생은 불성을 갖는다고 밝혔다. 만약 3차원 공간관의 세계관, 입자 중심의 인식틀에 입각해서 이러한 명제를 이해한다면, 중생은 부처가 될 가능성을 가진 존재라는 의미로 해석할 수밖에 없다. 중생과 부처, 불성은 입자 단위의 고유의 정체성을 가진 것으로 인식하기 때문에 중생 그 자체가 부처가 될 수는 없는 것이다. 그런데 이러한 인식틀을 고수한다면 수행의 방식도 왜곡될 수 있다. 첫째로는 별교의 52수행계위론처럼 묘각妙覺에 이르기까지는 삼아승기겁三阿僧祇劫에 이르기 때문에 사실상 부처가 될 수 없다는 비관적 전망을 할 수밖에 없다. 둘째로는 중생에게 부처가 될 가능성이 있다는 것일 뿐, 중생 자체가 부처가 아니기 때문에 중생이라고 규정하는 많은 부분을 제거해야 한다. 중생이 가진 탐진치의 욕망과 수많은 번뇌도 제거해야 부처가 될 수 있다. 심지어는 장교·통교의 수행 목적이 회신멸지灰身滅智라고 표현하듯이, 중생이 가진 세계관에 근거하는 한, 자신의 몸을 태우고 의식마저 소멸할 때만 공적空寂한 열반에 이를 수 있다고 설정할 수밖에 없다.

하지만, 일미동체라는 장 중심의 세계관에 입각한다면, 모든 중생이 불성을 갖는다는 것은 중생 그 자체가 바로 부처라는 의미이다. 원교의 원돈지관에서는 공간적으로 일체의 거리가 없고, 시간적으로 간격이 없는 공동장, 동시장으로서 모든 부분을 포섭하여 전체성으로 파악하기 때문에 중생이라는 존재 자체가 부처의 세계와 다르지 않다고 보는 것이다. 단, 여기에는 전제가 있다. 중생을 입자 단위의 존재가 아닌 일미의 장으로 보고, 부처도 입자로서의 정체성을 가진 존재가 아니라 일미의 장이라고 보아야 한다. 그러면 중생도 부처도 모두 일미의 장이기 때문에 자연스럽게 중생이 바로 부처라고 할 수 있다는 것이다. 그렇다면, 중생은 부처, 즉 깨닫기 위해서 수행하지 않아도 된다는 것이냐는 의문을 가질 수 있다. 여기서도 세계관에 따라서 그 내용이 완전히 달라진다. 입자 중심의 세계관에 기초한다면 중생이라는 존재성을 이루는 요소들, 탐진치와 번뇌를 제거해야만 부처가 될 수 있다. 그렇지만, 그런 세계관을 고수하는 한, 사실은 그 세계관 때문에 입자 단위의 관념적 부처를 지향할 뿐, 전체를 아우르는 중도실상으로서의 부처는 영원히 될 수 없다. 그러나 일미동체의 장 중심의 세계관에 기초한다면 중생으로 규정되는 존재성들, 탐진치의 욕망이나 번뇌의 미혹 등을 제거하지 않는다. 세계관의 차원이 높아진 만큼 이들을 중생 개개인의 존재를 규정하는 정체성이 아니라 중생들이 살고 있는 세계의 존재성으로 확장하여 중생의 삶이 바로 세계와 우주의 무대이자 삶이라고 이해할 수 있게 된다. 이처럼 인식의 차원이 바뀌고 인식의 시야가 확장되는 과정에 방편이 요구되는 것이다. 즉, 진실을 위하여 방편을 펼치고, 방편을 열어 진실을 드러나게 하는 역할을 하면서 방편이 곧 진실이 될 수 있는 것이다. 이를 통해 중생들의 탐진치라는 욕구와 번뇌의 세계를 입자 단위에서 제거하는 것이 아니라, 해석을 새롭게 하여 개체 단위가 아니라 우주적 규모의 존재성으로 인식하게 된다.

[수련법]

1. 3차원 공간관의 세계관을 기초로 하여 진眞과 속俗의 기의 장을 떠올려 보면 명백하게 다르게 나타난다. 진은 백회 위로 열려 초월적 상태를 나타내고, 속은 지금 그대로 머문 상태이다. 만약 이를 실체화하면, 누구라도 진속을 구분하고 진을 지향하면서 관념적 벽을 만들며 그를 지향하면서 속의 세계에 대해 아만과 독선적 태도를 품게 된다.

2. 일미동체의 세계관에 기초하여 진속眞俗의 기의 장을 각각, 동시에 떠올려 본다. 앞의 경우와 다르게 나타난다. 전체적인 장은 같으며 아주 미미하게 드러나는 현상에서만 차이가 날 뿐이다.

3. 권실權實, 즉 방편과 진실의 경우에도 앞과 동일하게 기의 장을 3차원 공간관의 세계관과 일미동체의 세계관별로 각각, 동시에 떠올려 본다.

4. 일미동체의 세계관을 기초로 하여 앞의 진속眞俗과 권실權實을 동시에 느껴 보고 모든 현상은 중도실상이라는 명제의 기의 장을 느껴 본다.

5. 3차원 공간관의 세계관 상태에서 탐진치가 제거된 상황, 번뇌가 제거된 상황의 기의 장을 느껴 본다. 일미동체의 세계관 상태에서 탐진치와 번뇌가 중도실상으로 전환된 상황의 기의 장을 느껴 보고 비교해 본다.

선천지기 수련법
— 입태入胎, 새로운 우주의 탄생

요즘은 태아가 어머니 뱃속에서 성장하는 모습을 초음파영상으로 생생하게 확인할 수 있다. 태아의 심장박동 소리를 듣고 건강한지 알 수 있으며, 머리·팔다리 등이 활발하게 움직이는 것을 보고 태아도 부모와 같이 독립된 개체 단위의 인격체로서 건강하게 성장하고 있다고 판단한다. 선천적 조건에 해당하는 태내에서부터 아기를 3차원 공간관의 세계관에 입각한 입자 중심의 관점으로 인식하여 3차원적 존재라고 규정하게 되는 것이다. 그런데, 태아의 신체나 움직임에 주목하면서 놓치고 있는 것은 없을까? 이 과정에서 눈에 보이지 않고 초음파 영상으로도 포착되지 않는 기의 장은 어떠할까? 특히 정자와 난자가 수정되면서 입태가 이루어지는 순간 전후로 기의 장은 어떠한 변화를 겪을까? 모든 존재가 입자와 파동의 이중성을 띠고 있는 만큼, 만약 인간의 존재성을 규정하려면 눈으로 보이는 형상 이면에 전개되는 장의 세계를 포함하여 인식해야 한다. 특히 정자와 난자처럼 음양이 다른 상태로 분화되었다가 수정을 통해서 하나가 되는 과정은, 시스템이나 패러다임의 측면에서 보더라도 생에서 전무후무하며 유일무이한 혁명적인 변화를 이루는 순간이다. 이러한 수정 전후에 일어나는 변화를, 입자가 아닌 장의 관점에서 살펴본다면 인간이 과연 어떤 존재인지를 기존의 관점과 달리 새롭게 규명할 수 있을 것이다. 다만, 기존의 언어는 제각각 고유한 개념들을 이미 내포하고 있기 때문에 이 현상을 적확하게 서술하는 데 어려움이 있다. 따라서, 먼저 기의 패러다임으로서 그 과정을 살펴보면서 그 의미를 해석하기로 한다.

한 사람이 선천적으로 타고난 기운을 선천직先天之氣라고 하고, 태어난 후 섭식·호흡 등을 통해 후천적으로 보충하는 기운을 후천지기後天之氣라고 한다. 여기서 선천지기는 부모의 정자·난자의 기운과 태내에 있는 동안 태아에게 작용하는 우주의 기운 등이라고 할 수 있다. 그런데 입태의 과정을 면밀하게 살펴보면, 수정되자마자 기의 장에서 획기적인 변화가 일어나는 것을 확인할 수 있다.

수정이 일어나기 전의 아버지의 정자와 어머니의 난자의 기운을 측정해 보면 음양으로 다르게 나타난다. 정자는 몸 앞쪽으로 기운이 작용하고 난자는 몸 뒤쪽으로 기운이 조성되어 있다. 아버지와 어머니의 몸의 기운이 앞뒤로 균형을 이루고 있더라도, 정자와 난자는 음양으로 분화되어 있는 것이다. 물론, 아버지와 어머니의 건강이나 기력이 현저하게 뒤떨어질 때는 앞뒤로 분화되는 기운이 제대로 작용하지 못할 수 있다. 이런 경우 태아의 건강에도 선천적으로 문제가 발생할 수 있다. 그런 만큼 태아의 건강을 위해서라도 부모의 정자·난자에 영향을 미치는 정도의 건강 상태는 중요하다.

그런데 정자와 난자가 만나서 수정이 이루어지는 순간, 기의 장은 획기적으로 변화한다. 우주가 처음 만들어질 때의 빅뱅(Big Bang)처럼, 중심선으로 강력한 기운이 조성되어 위아래로 끝없이 퍼지고 사방으로도 환하게 열린다. 이 순간 기존의 정자와 난자의 음양으로 나뉘어 있는 기운은 완전히 사라진다. 입태하는 순간의 기의 장은 모든 것을 용해하는 전체성의 장이며 중도의 장이다. 산모의 몸 안에서 정자와 난자가 새로운 우주를 탄생시키는 것이다. 그 전모가 기존의 우주와 닮았고, 기존 우주와 새로운 아기 우주는 전면적으로 상통하게 된다. 이를 통해서 음양으로 분화된 불균형은 사라지고, 새롭게 통합된 우주가 창조된다. 음양이 결합하여 하모니를 이루고, 이를 통해서 전체성을 획득하여 중도에 이르게 하는 것이 바로 입태 순간 형성되는 생명력이며, 그 근원은 바로 우주 그 자체이다.

『황제내경黃帝內經』의「영추靈樞」본신편本神篇에서는 수정의 의미에 대해 이렇게 서술하고 있다.

> 故生之來謂之精 兩精相搏謂之神
> 생명의 근본이 되는 것을 정이라 하고, 부모의 양쪽 정이 결합하여 발현되는 것을 신이라고 한다.

여기서 양정兩精은 부모의 정자와 난자를 가리키고, 상박相搏은 서로 결합하는 것으로, 수정이 이루어지는 것을 말한다. 이처럼 정자와 난자가 만나는 순간 발현되는 것이 바로 신神이라는 것이다. 그런데 신은 세계관이나 문맥에 따라서 여러 가지 의미로 사용되기 때문에, 앞에서 언급했듯이 먼저 기의 장으로 확인한 것을 바탕으로 하여 그 의미를 해석하고자 한다.

일반적으로 동양학에서 신은 고도의 정신적 기능을 의미하는데, 이것은 사실상 정精과 차원이 다른 상태인 것을 전제하는 것이다. 정이 3차원 공간관으로서도 파악되는 입자라면, 신은 드러난 질서를 넘어서서 접히고 숨겨진 질서까지 망라한 장場으로서 전체를 포괄하는 것이다. 앞에서 확인했듯이, 양정은 몸의 앞뒤로 기가 부분적으로 분포되어 있으면서 가시적으로 확인되는 정자와 난자의 입자 형태를 띠고 있다면, 신은 오로지 기의 장으로서만 확인할 수 있으며, 양정의 국소적인 경계를 허물고 하나로 통합되면서 새로운 차원으로 승화시킨다. 양정일 때와 입태 뒤의 신일 때 기의 차원은 완전히 달라지고, 입태를 통해서 온 우주와 하나가 되면서 아기 우주의 모습을 띤다.

이것은 융(Jung)이 대극의 합일을 통해서 중심에서 전체 정신이 실현되다고 언급한 내용과 일치한다. 대극은 바로 양정과 같은 국소적인 입자의 상태이며, 전체 정신은 양정이 만나면서 발현되는 신을 가리킨다고 볼 수 있다.

또한『법화현의法華玄義』에서는, 원교에서는 "양극단이 중도로 통합하니 불법이 아닌 것이 없고 치우침이나 방편이 모두 사라져 모든 존재가 고요하고 청정하다."고 하며, 이를 '절대'라고 한다. 양정은 입자로서 양극단에 해당하지만, 신은 원교의 차원에 이르러 양극단이 중도로 통합하여 모든 치우침이나 방편이 사라져 모든 존재가 고요하고 청정한 상태에 이른 것을 가리키는 것이다. 여기서 신은 입자가 아닌 장으로서 모든 것을 망라하는 전체이자 중도인 상태를 가리키는 것이다.

『삼일신고三一神誥』에서는 "스스로 본성에서 찾도록 하라. 신은 이미 뇌 속에 내려와 있다(自性求子 降在爾腦)."라고 표현하여, 사람의 본성에 이미 신이 내려와 있다고 하였다. 여기서 사람과 신을 3차원 공간관에 기초한 입자의 개념으로 본다면, 위의 언술은 모순이다. 입자로서의 사람과 신은 다르기 때문이다. 여기서 신은 입자로서의 인격적 개념이 아니라 온 우주를 망라하는 전체로서의 장을 의미하는 것이며, 그러한 신이 뇌 속에 내려와 있다는 것은 사람의 존재성도 개체 단위의 입자가 아니라 온 우주적 존재임을 전제하는 것이다.

『천부경天符經』에서는 "사람 안에 천과 지가 하나이다(人中天地一)."라고 표현하여, 사람 안에 천지 만물이 다 포함되어 있다고 한다. 이 또한 사람은 가시적 형상의 입자단위로 존재하는 것이 아니라, 천지와 이어져 있고 합일한 존재라는 것을 알려 준다.

동학에서는 "사람이 곧 하늘이다(人乃天)."라고 밝혔다. 하늘도 사람도 사물도 모두 하나이기에 이를 한울님이라고 칭했고, 사람이 바로 하늘이라는 것은 사람의 존재성을 개체 단위의 입자가 아닌 우주적 존재로 보았다는 것을 나타낸다.

이상과 같은 고전들의 내용도 양정이 수정되는 순간 일어나는 기의 장의 변화를 지칭하는 것으로 해석할 수 있다. 이러한 선천지기의 양상은 태아로서 어머니 태내에 머무는 동안은 지속된다. 태아의 기의 장을 떠올릴 때, 마치 어머니의 양수로 포근하게 에워싸여 무중력 상태에 머무르고 있는 것으로 여겨진다. 이것은 관찰하는 사람이 태아와 태내, 양수를 입자의 개념으로 무의식적으로 인식하고 있기 때문에, 양수에 의해서 그런 기의 장이 조성되어 있는 것으로 인식하는 것이라고 볼 수 있다. 태내의 양수라는 환경을 배제하고 태아를 떠올려도, 태아를 둘러싼 기의 장이 양수처럼 펼쳐지는 것은 바로 태아가 수정된 이후 유지되고 있는 신기神氣이며, 션천지기先天之氣의 주요 내용이라고 볼 수 있다.

이러한 선천지기는 아기가 출태하는 순간 달라지기 시작한다. 외부의 자극을 받고 대뇌 의식이 활동을 전개하면서 온몸에서 일체를 이루고 있던 기의 장이 대뇌와 몸으로 분리되고 점차 선천지기도 소모하게 된다.

이러한 의미로 선천지기를 이해한다면, 수련은 선천지기를 복원하고 활성화하는 과정이라고 할 수 있다. 소주천의 경우, 임맥任脈과 독맥督脈을 소통시키고 일체화되는 순간 바로 중심선과 하나가 된다. 소주천은 선천지기가 어두워지고 다시 음양이 불균형하게 조성된 상태를 임독맥의 소통을 통해서 회복하는 과정이다. 이를 통해서 음양이 균형을 회복하고 일체가 될 때, 바로 중심선이 열리고 이를 통해 한 점에서 전체로 열린다. 이 과정은 입태의 순간 양정상박위지신兩精相搏謂之神이 이루어져 선천지기가 조성되는 것과 같은 내용으로 이루어진다.

중심선은 해부학적 위상을 찾아서 형성할 수 있는 것이 아니다. 중심선은 앞뒤, 좌우, 위아래, 횡수의 기운이 균형 조화를 이룰 때 저절로 형성되는 기운의 자리이며 중도의 통로이다. 이를 통해서 중심선은 곧 한 점이 되고, 바로 전체로 열린다. 이러한 수련 과정에서 중도 중심선을 본래의 선천지기로 떠올리거나 입태하자마자 열리는 선천지기로 떠올린다면, 중도의 전체성에 쉽게 이를 수 있다. 선천지기는 모든 기의 근원이며 우주로 이어지는 기이다. 수련하는 사람이 타고난 선천지기를 조명하고 활성화하여 운용할 수도 있고, 중도에 이르러 일체의 경계가 사라질 때 우주의 근원적 기로 확장하여 운용할 수 있다. 이 경우에는 법성자천이연法性自天以然으로 떠올려 온 우주 법계의 법성이 주체가 되어 운용되는 상태로 내맡긴다.

[수련법]

1. 과거 자신을 구성하였던 부모의 정자와 난자의 기운을 느껴 보고, 수정이 이루어진 순간 기의 장이 어떻게 변화했는지를 확인해 본다. 지난 일이지만, 우주의 정보로서 떠올리면 확인할 수 있다. 또는 아는 지인의 경우를 통해서 확인할 수 있다.

2. 입태한 뒤 태내에 머무는 동안의 기의 장을 확인한다.

3. 출태한 뒤 기의 장을 확인한다.

4. 소주천으로 임맥과 독맥이 일체가 되고 중심선과 하나가 된 상태를 입태하는 순간의 선천지기와 비교한다.

5. 앞뒤, 좌우, 위아래로 기의 균형이 이루어지고 중심선으로 기운이 집중되는 순간, 이를 선천지기라고 떠올려서 중심선의 기운이 중도로서 무한하게 확장하는 것을 확인한다.

6. 입자 중심의 경계가 해체되고 우주의 장이 주체가 될 때, 이를 법성자천이연 法性自天以然으로 떠올려 내맡긴다.

대자대비大慈大悲의 한마음

1. 차원의 현상

SF영화 〈솔라리스(Solaris)〉」와 〈스피어(Sphere)〉」에서는 우주공간이나 심해에서 고차원의 존재를 만난 뒤 일어나는 현상을 다루고 있다. 〈솔라리스〉에서는 우주선이 비행 중 정체를 알 수 없는 플라스마(plasma) 형상의 존재와 접촉한 뒤 우주 비행사들이 제각각 환시 상태에 빠진다. 우주선이 접촉한 존재를 플라스마 형상으로 표현한 것은 3차원 공간의 가시적인 형상을 뛰어넘은 고차원적 존재라는 것을 나타내기 위한 것이다. 이 존재와 접촉한 뒤 비행사들은 3차원 공간의 물리법칙과 다른 현상을 겪게 된다. 지구에 남아 있는, 이혼한 전처가 비행선 안에 나타나 비행사인 전 남편과 언쟁을 벌이기도 한다. 〈스피어〉에서는 심해를 운항 중이던 잠수함이 빛의 덩어리인 고차원 존재를 접촉한 뒤, 선원의 두뇌 속에서 일어나는 공포의 감정이 그대로 현실의 형상으로 재현되어 선원과 잠수함을 덮치게 된다. 상념과 감정이 바로 현실이 되는 것이다.

기氣의 관점으로 본다면, 고차원적 존재를 접촉한 뒤에 비행사나 선원들에게 변화가 일어나는 이유를 쉽게 이해할 수 있다. 모든 존재는 기의 파장을 띠고 있고, 서로 간에 상호 침투, 상호 공유가 즉각 일어나기 때문이다. 그런데 고차원적 존재와 접촉한 결과, 두뇌 속에서만 존재하던 기억과 상념, 감정이 현실에서 실제의 움직임으로 재현되어 비행사와 선원이 극심한 갈등과 대립, 공포에 시달린다고 표현한 부분에서는 차원 변화의 가장 중요한 측면이 간과되고 있다. 차원이 높아진다는 것은, 그보다 낮은 차원에서 구분되고 대립하는 입자들이 하나의 장으로 통합되는 것을 의미한다. 이를테면, 2차원 면의 이곳과 저곳을 1차원으로 본다면 국소적으로 동떨어져 존재하지만, 3차원에서 보면 하나의 입체를 이루고 있는 것으로 통합하여 보게 된다. 차원이 높아진다는 것은 낮은 차원의 분리된 현상을 통일장으로 보는 것이고, 모든 현상을 하나의 원리로 간결하게 이해할 수 있는 것이며, 이를 통해 부분이 바로 전체이고 전체가 바로 부분인, 부분-전체[holon]로 인식하는 것이며 중도의 전체적 인식에 이르게 되는 것이다. 이런 관점에서 본다면, 이들 영화에서 보여 주는 현상들은 비행사들이나 선원들이, 그들이 접촉한 고차원적 존재만큼 충분히 변화하지 못한 과도기의 상태에 머물고 있기 때문에 나타난 것이라고 할 수 있다. 과도기라는 것은 인식의 차원이나 세계관이, 기존의 차원과 더 높은 차원이 혼재되어서 일관된 모습으로 나타나지 않는다는 것을 뜻한다. 그 결과 관념에 불과하던 두뇌 활동이 고차원의 존재로부터 물리적 힘을 얻어서 현실화하는 결과를 빚지만, 그 수준은 결코 고차원의 경지가 아니라 여전히 3차원 공간관의 세계관에 입각한 갈등, 대립의 양상이 심화되어 나타나게 된 것이다. 뇌리의 상념이나 정서가 단순한 관념이 아니라 현실적 힘으로 전개된다는 측면에서만 보면 한 차원 높은 경지를 표현한 것 같지만, 그러한 상념이나 정서의 입자적 경계가 한층 강화되어서 파편화되고 분열된 세계를 그리고 있다는 점에서, 이들 영화의 문법은 여전히 3차원 공간관의 세계관에서 벗어나지 못한 것임을 알 수 있다.

2. 고차원의 중도 통합성

기의 장으로 보면 정자, 난자가 결합하여 입태가 이루어지는 순간 차원이 달라진다는 것을 알 수 있다. 정자·난자는 부모의 인격체에서 다시 양성생식을 위해 정자·난자의 입자 단위로 환원한 것이며, 이들 양정兩精의 입자가 만나 쌍소멸하면서 새로운 통합의 시스템이 만들어진다. 이를 『황제내경』에서는 신神이라고 명명하였다. 양정이 음과 양의 기질로 분화되어 있는 입자로서 개체 단위의 경계를 벗어나지 못한 채 폐쇄 회로를 이루는 상태라면, 이들이 결합하여 만들어진 입태의 선천지기는 양정의 입자 경계가 소멸하면서 하나로서 통합되고 개체 단위의 경계를 벗어나 우주와 호흡하는 열린 회로를 이룬 것이다. 이처럼 별개의 입자가 이전보다 높은 차원으로 통합하여 새로운 시스템을 창출한다는 것은 우주사에서 어떤 의미를 갖는 것이며, 주위에 어떤 영향을 미치는 것일까?

현대 과학에서 불변의 진리라고 하는 열역학 제2법칙은 무질서도無秩序度의 양인 엔트로피(entropy)가 증가한다는 것이다. 즉, 자연계의 모든 현상은 가장 안정된 낮은 에너지 상태인 혼돈으로 돌아간다는 것이다. 이것은 물이 높은 곳에서 낮은 곳으로 흐르고, 열이 뜨거운 곳에서 찬 곳으로 전도되는 것과 같이, 거스를 수 없는 흐름이다. 그러나 식물이 햇빛을 받아서 광합성을 하듯이, 개체 생명체가 양정을 쌍소멸하면서 새로운 시스템이자 중도 통합성으로서 신神에 이르는 과정은 우주의 전체 규모에 비하면 극히 미미하지만, 분명 엔트로피가 감소하는 과정을 창출하는 것이다. 이러한 점에서 한 생명의 탄생은 사소하지만, 우주 전체에 영향을 미치는 일대 사건이다. 이렇게 탄생한 생명체도 엔트로피가 증가하는 자연현상에 따라서 노화하고 소멸한다는 점에서 엔트로피 증가의 우주 법칙을 벗어나지 못하지만, 생명체의 탄생 순간은 우주의 메커니즘을 새롭게 창조하는 과정이라고 할 수 있다. 입태하는 순간 새로운 생명이 탄생하고 엔트로피가 동시에 감소하는 우주사적 사건을 기의 장을 통해서 살펴보면 그 의미를 보다 명확하게 알 수 있다.

입태하는 순간, 양정의 입자 경계는 순식간에 쌍소멸하고 중앙에서 밀도 높은 기운이 형성되면서 머리 백회 위로 기운이 강렬하게 상승한다. 물론 이러한 기의 느낌은 관측하는 사람을 기준으로 묘사한 것이다. 여기서 음양으로 대립하던 양정의 기운이 사라지고 중앙의 중심선에서 기운이 형성된다는 것은 양정이 결합하자마자 중도를 이룬다는 것이고, 그 느낌이 머리 중심에서 백회 위로 강렬하게 상승한다는 것은 관측하는 사람을 기준으로 볼 때 개체 단위의 존재성을 뛰어넘는 우주적 흐름으로 표출되는 것이기 때문에 이 순간을 기점으로 입자 단위의 폐쇄 회로가 아니라 우주적 존재로서의 열린 회로로 기의 시스템이 전변한 것이라고 할 수 있다. 이러한 기운은 수련자들이 아직 중도에 완전히 이르지 못하였지만, 앞뒤, 좌우의 음양의 기운이 조화를 이룰 때 나타나는 중심선의 기운보다 밀도가 높고 강력하며 백회 위로 더 높이 상승한다. 수련자는 출태한 이후, 무수하게 많은 인식틀·개념틀에 의해서 개체 단위의 존재감을 갖고 있기 때문에 대부분 무의식적으로 입자 단위의 폐쇄 회로를 이루고 있다. 이러한 수련자가 과거에 자신의 입태 선천지기의 기의 장을 떠올리는 순간, 현재 자신이 유지하고 있는 입자로서의 폐쇄 회로를 초월한다는 것을 체험하면, 지금까지 자신은 폐쇄 회로의 시스템에 머물고 있었고 이에 비해 입태의 선천지기는 우주로 열린회로라는 것을 알아차릴 수 있을 것이다. 이러한 입태의 선천지기를 면밀히 살펴보면, 선도수행에서 이루려고 했던 정精·기氣·신神·허虛·도道의 모든 단초를 이미 생명의 출발점에서 갖추고 있었음을 알 수 있다.

정精은 정미로운 물질로서 양정부터 갖추고 있는 것이며, 기氣는 생체 에너지로서 정이 기화氣化한 것으로 양정兩精이 상호 결합하여 쌍소멸하고 선천지기를 형성하는 순간 이루어진다. 이는 기본적으로 선도에서 가리키는 연정화기練精化氣에 해당하는 것이다. 신神은 기의 고차원적 상태이고, 허虛는 모든 경계가 생기기 전인 우주적 근원에 해당하며, 도道는 중도中道에 해당한다. 선도에서는 수행을 통해서 연기화신練氣化神, 연신환허練神還虛, 환허합도還虛合道에 이른다고 한다. 그런데 입태의 선천지기에는 정精·기氣뿐만 아니라 신神·허虛·도道의 단초가 나타난다. 양정이 쌍소멸하면서 중앙에서 중도를 형성하는 과정 자체가 중도의 도道의 단초를 보이는 것이며, 그 기운이 승화하여 백회 위까지 (수련자의 관점에서 측정할 때) 상승하는 것은 신神의 단초를 나타내며, 양정의 입자 단위의 폐쇄 회로를 해체하고 우주의 열린 회로로 전환되고 있다는 점에서 허虛의 단초를 보이고 있다. 입태의 선천지기는 연정화기練精化氣, 연기화신練氣化神, 연신환허練神還虛, 환허합도還虛合道의 완성된 경지는 아니지만, 그런 지향성을 가진 단초를 나타내고 있다는 것이다.

이렇게 본다면, 선도 수행에서 위와 같은 수행의 단계를 설정하고 정진하는 것도, 불교에서 모든 중생에게 불성이 있다고 보고 나아가 중생 자체가 부처라고 보며 또한 수행을 통해서 부처가 되려고 하는 것도, 이들 경지를 인위적으로, 목적론적으로, 이상론적으로 설정한 것이 아니라 생명체가 본래 갖고 있던 지향성에 따른 것이라고 할 수 있다. 입태의 선천지기가 태동되는 과정에서 알 수 있듯이 생명의 첫 출발이 입자의 폐쇄 회로가 아니라 우주의 열린 회로라는 것은 생명의 주체가 개체적 정체성이 아니라 우주 법계의 장이라는 뜻이다. 출태한 이후의 형상으로 본다면 개체 단위의 독립된 입자로 보였지만, 생명의 첫출발인 입태의 순간부터 우주로 열린 회로였으며, 이는 생명이 개체 단위의 입자적 존재가 아니라 우주 규모의 장의 존재임을 나타내는 것이기에 선도

나 불교에서 수행을 통해 이르려고 하는 경지는 생명 자체가 내포하고 있는 지향성을 그대로 구현하고 있는 것이라고 볼 수 있다는 것이다.

물론 출태한 이후에는 누구나 개체 단위의 생명체로서 외부 세계와 구분하여 그 내부에 항상성을 유지하고 연속된 삶을 영위하는 것으로 보이기 때문에 개체 단위를 독립된 존재라고 인식할 수 있다. 그러나 이는 표면으로 드러나는 현상일 뿐이다. 호흡과 섭식을 통한 에너지 교류 과정, 심층 의식의 공유 과정과 입태 당시의 생명의 출발점으로 시야를 확장하면 독립된 개체 단위는 존재하지 않는다는 것을 알 수 있다. 개체 생명체가 어느 정도 자율적인 구조를 유지하고 있더라도 그 바탕은 우주 법계의 장이다. 모든 것은 법성자천이연法性自天而然으로 이루어진다. 즉, 우주 법계의 장인 법성만이 자재自在하며, 모든 현상을 이루는 근원이자 주체라는 것이다. 기의 패러다임으로 본다면, 모든 것은 일기一氣의 소산이다. 폐쇄 회로의 측면으로 본다면 개별 생명체가 매 순간 삶의 주체이고 주인공인 것처럼 보이지만, 열린 회로로 본다면 삶의 주체이자 주인공은 바로 우주 법계의 장이다. 폐쇄 회로에서는 우주의 장이 개별 생명체의 외부 세계가 되지만, 열린 회로에서 본다면 그것은 생명체의 본 바탕이 되는 것이다. 선도와 불가의 수행은 생명체에 외래적인 목표를 부가하려는 것이 아니라, 생명체가 근거하고 있고 함유하고 있는, 그러면서도 묻히고 잊혀지고 있는 본래의 면목을 만나려는 것이다.

3. 존재의 본성

겉으로 보이는 개체적인 입자가 그 자체로 완결된 정체성을 이루는 것이라면, 그 존재의 의미와 목적, 지향성을 거론하는 것 자체가 무의미하다. 이미 입자가 완결된 단위인데, 그것에 무엇을 추가할 것인가? 만약 의미를 부여한다면, 그것은 외부에서 끌어들인, 목적론이고 이상론의 관념에 지나지 않을 것이다. 그런데, 앞에서 살펴보았듯이, 입태의 선천지기의 장이 입자 단위의 폐쇄 회로를 초월해 우주의 열린 회로로 시스템을 전환한 것이며 우주의 기의 장과 전면적으로 소통하는 지향성을 보여 준 것이라면, 출태한 뒤에 생명체가 그러한 지향을 하는 것은 지극히 자연스러운 것이며, 본연의 것이라고 할 수 있다.

설사 입자 단위의 폐쇄 회로라고 하더라도 그것은 관념적으로 설정된 것일 뿐이며, 실제로 우주의 모든 존재는 우주 규모의 상호 작용을 벗어날 수 없다. 그럼에도 불구하고 눈에 보이는 형상의 경계를 벗어나지 못한다면, 호흡과 에너지 교류 등을 통해서 물질적 수준의 소통은 지속하면서도 의식적인 측면에서는 자신의 존재 자체를 폐쇄회로 안에 가두고 그 범위 안에서 살아가겠다는 것이다. 그러나 입태의 선천지기의 기의 장에서 확인할 수 있는 것은 출태 이후의 상태에 비할 수 없을 정도로 생명의 출발 자체가 열린 회로로 전환한 것이며, 우주의 기의 장과 전면적으로 소통하고 중도의 전체성을 지향하는 것이었다. 그렇다면, 이러한 생명체가 후천적으로 조작된 개념 분별의 틀을 넘어서서 무의식적으로 입태할 때의 지향성을 모색해 나가는 것은 생명체로서 본연의 자세이고 본능에 가까운 것이라고 할 수 있다.

개체적 존재가 완결된 단위라면 '깨달음'이라는 것도 불필요하다. 그럼에도 깨달음을 높은 가치를 갖는 것으로 여기고 추구한다면, 그것은 개체를 초월한 상태를 지향하는 것이기 때문에 인위적인 목적이고, 정신주의의 이상으로서 스스로의 존재성을 부정하는 것이며, 관념적인 목표와 이상에 스스로를 구속시키는 결과를 초래하게 된다. 그러나 애초에 우주의 열린 회로를 형성했고 우주의 기의 장과 호흡하던 우주적 존재감으로 생명이 시작했다면, 다시 그러한 상태를 지향하는 것은 지극히 당연하고 자연스러운 존재의 의미이자 목적이며, 이를 알아 차리는 것을 진정한 '깨달음'이라고 할 수 있다. 이러한 의미의 '깨달음'은 나를 고상하게 장식하는 지적 유희나 정신세계의 위계적인 질서를 구축하는 헤게모니 확장의 과정이 아니다. '깨달음'은 본래 있었던 흐름으로 되돌아가서 자유로워지고, 내 것이 없어지고 모든 것이 우주의 것이기에, 자재로워지면서 모든 경계에서 해방되는 것이다. 이러한 '깨달음'을 통해서 자유, 자재를 체험할 때 비로소 모든 번뇌와 구속으로부터 벗어날 수 있다. 구체적 삶의 생생한 과정은 조건과 인연으로 점철되어 있으며, 그 자체가 구속이다. 그러나 모든 것이 나와 내 것이 아니라 실상은 중도의 전체성이라고 느끼는 순간 모든 번뇌, 구속 그 자체가 바로 '깨달음'이고 생사의 극적 고비의 모든 순간이 바로 열반이 된다. 3차원 공간관의 세계관으로서 폐쇄 회로를 유지한 상태에서는 일체의 번뇌와 구속, 생사 자체를 제거할 수 없다. 그 세계관, 폐쇄 회로 자체가 그 모든 것을 초래하는 틀이기 때문이다. 오직 그 틀을 넘어서는 '깨달음'으로 인식이 고차원에 이르러 내 것이 사라지고 우주 법계의 장이 되고 자유자재가 될 때, 그 번뇌 자체가 바로 깨달음이 되고, 구체적 삶의 편린들 자체가 우주적 존재의 생동감이 되는 것이다.

이를 수학의 무한대의 개념으로 대비해 볼 수 있다. 우리는 가시 세계에서는 실수의 선형성질서에서 벗어나지 못한다. 여기에서는 모든 것에 대소의 차이가 있고 방향성의 구분이 있다. 그 결과 입자 중심의 세계에서는 온 세계가 국소적으로 나누어져 있고, 입자 사이에서 대립, 갈등이 끝없이 이어지며, 우월감과 열등감에서 벗어날 수 없다. 그런데 무한의 개념을 도입하는 순간, 그러한 선형성질서는 붕괴하고 만다. 칸토어(Cantor)는 무한집합의 경우는 부분집합과 전체집합이 같다는 결과를 입증했다. 모든 것이 일대일 대응을 하기 때문이다.[1] 그런데 허수의 개념을 도입하지 않더라도 실수에서 대칭 방향으로 무한대를 따라서 나아간다면, 그 무한은 절대 영역으로, 끝이 나지 않기 때문에 그 사이의 선형성질서는 아무런 의미가 없어진다. 선형성질서를 굳이 없애지 않더라도 저절로 무한대의 절대의 지향 속에서 설 자리가 없어지는 것이다. 다만 이때 대칭의 방향으로 추구해 나가야 그 서열의 질서를 용해할 수 있다. 대극의 합일을 통해서 중앙에서 전체라는 새로운 차원이 열리는 것과 같다. 이를 수련에 적용하면, 백회 위와 회음 아래, 좌와 우에서 대칭 방향으로 무한대를 따라가다 보면 어느 순간 그 사이의 모든 선형성질서가 사라지고 만다. 그 순간, 그 전체가 하나의 동질적인 동시장이 된다. 기의 장이 폐쇄 회로를 이룬다는 것은 스스로 유위적이고 입자적인 존재가 되어 선형성의 질서에 스스로를 구속하여 모든 순간이 둑카(Dukkha, 苦)로서 번뇌 자체가 되는 길이며, 기의 장이 열린 회로를 이룬다는 것은 중도의 전체성으로서 나와 우주, 생사와 열반, 번뇌와 깨달음이 하나로 통합되어 자유자재로 해방되는 길이다.

모든 생명체는 탄생하는 것 자체가 엔트로피(entropy)를 감소시키는 창조의 과정이다. 다만 식물과 사람의 경우 의식의 기능이 다른 만큼 그 역할도 달라진다. 한의학에서는 식물처럼 외부의 기운에 의존해서 생존하는 것을 기립지물氣立之物이라고 하고, 동물처럼 어느 정도 자율적인 생명력이 있는 것을 신기지물神機之物로 구분한다. 사람은 신기지물 중에서 가장 독립적이고 자주적인 능력을 갖고 있다. 물론 사람은 기립지물처럼 외부적 환경에 영향을 받는 요소도 포함하고 있다. 그리고 의식의 차원에 따라서, 즉 개체 의식에만 머무를 때 자신과 자연에

---

1 예를 들어, 자연수집합과 정수집합의 경우, 부분집합일 때는 정수집합>자연수집합이지만, 무한집합일 경우에는 무한하게 일대일 대응이 계속되기 때문에 정수의 무한집합=자연수의 무한집합 관계가 성립한다는 것이다. 결국 무한의 개념이 도입되는 순간, 크기 차이를 비교할 수 있는 선형성질서의 패러다임을 벗어난다는 것이다.

거스리는 역할을 할 수도 있고, 우주 의식에 이를 때는 '깨달음'을 통해서 중도의 전체성에 이르러 자유로울 수도 있다. 신기神機는 개체 단위의 폐쇄 회로가 아니라, 우주로 열린 회로로 열리는 기틀이다. 이를 통해 개체적 존재감에서 우주적 존재감으로 전화하고 중도의 전체성과 통합성으로 나아갈 수 있다. 생명체의 지향과 본성은 이러한 중도의 전체성과 통합성에 있다고 할 수 있다. 그에 이를 때 비로소 자유롭고 자재로울 수 있으며, 모든 구속으로부터 해방될 수 있기 때문이다.

4. 연상법

기 수련 과정에서는 연상법을 많이 사용한다. 어떤 대상이나 상황을 기의 장으로 느끼고 자신에게 맞게 운용하는 것이다. 과거에 수행을 높은 경지로 행했던 인물의 기의 장을 체험할 수 있고, 수련의 일정한 경지, 이를테면 연정화기練精化氣나 연기화신練氣化神, 연신환허練神還虛 등의 상태를 떠올려서 자신도 그 상태에 머물게 할 수 있다. 또한 이론으로만 이해하고 있던 개념을 실제 기의 장으로 확인하여, 그것의 심층적 의미를 파악하고 수련에 활용할 수도 있다. 예를 들어, 원돈지관의 명정明靜 상태를 떠올리고 그에 내맡기는 것도 가능하다.

그런데 이러한 연상법이 모든 의식상태에서 이루어지지는 않는다. 대부분 일상 의식 상태에서는, 연상하더라도 그것은 관념에 불과할 뿐 기의 장으로 형성되지 않는다. 또한 기 수련을 하는 과정에서도 처음에는 연상하는 대로 기의 장이 형성되더라도, 어느 순간에는 연상하는 것 자체가 경계를 만들어 내고 잡념만 생기게 할 수 있다.

이처럼 연상법 수련이 잘되는 경우와 안 되는 경우의 원인이 무엇인지를 되짚어 보는 것은 아주 중요하다. 이를 통해 수련자의 몸과 마음,

의식을 망라한 기의 장을 진단할 수 있고, 나아가서 그런 기의 장을 기초하고 있는 인식의 차원, 세계관을 점검할 수 있기 때문이다. 이런 관점으로 연상법 수련이 잘되는 경우와 안 되는 경우를 비교하여 각각의 기의 장과 수련 상태를 살펴보기로 한다.

기 수련은 기의 감각을 느끼고 이를 운용하면서 시작된다. 기의 감각은, 몸을 미동하여 그 자리에 의념이 머무르게 하고, 의념에 따라 몸이 움직이게 하여 몸과 의식이 하나가 될 때 느껴지는 것이다. 몸과 분리된 상념으로는 기를 느낄 수 없고, 기를 운용할 수도 없다. 그렇지만, 기의 감각을 느낀다는 것만으로 입자 중심의 세계관이 장 중심의 세계관으로 변화한다고 보기는 어렵다. 물론 눈에 보이지 않는 기를 느끼는 것은 기존의 인식틀과 세계관에 균열을 일으키는 사건이다. 입자 중심의 인식틀과 3차원 공간관의 세계관으로서는 눈에 보이지 않는 기의 파동과 장의 존재를 인정할 수 없기 때문이다. 이러한 기를 어떻게든 느꼈다는 것은 기존의 인식틀에 허점이 있다는 것을 보여 주는 것이다. 그런데, 엄밀하게 살펴본다면, 그동안 살아오면서 의식적으로 눈에 보이지 않는 세계를 인정하지 않았을 뿐이지, 무의식의 영역에서는 눈에 보이지 않는 기의 작용, 장의 분위기를 감지하고 반영하지 않았던 사람은 없다. 표면적 의식으로서만 부정할 뿐 실제로는 온 우주 규모로 기의 작용은 일어나기 때문이다. 의식으로 분별할 수 없는 미묘한 조짐을 일상적으로 '분위기'나 '아우라', '느낌'으로 알아차리곤 한다. 그런데 이런 수준의 기운은 사실 기존의 인식틀이나 세계관을 완전히 바꾸지 않더라도 느낄 수 있고, 인지할 수도 있는 것이다. 명사로 지칭되는 입자의 세계와 무엇으로도 규정하기 어려운 애매모호한 '분위기', '아우라', '기운'이라는 표현을 동시에 사용하면서도 별다른 모순을 느끼지 않는다는 것 자체가 입자 중심의 세계관에 문제가 없다고 여기기 때문이다. 사실상 서로 다른 세계관과 인식의 패러다임이 혼재되어 있는데도, 이들이 충돌한다는 것을 느끼지 못하고 입자 중심의 세계관을 바탕으로 하면서도 필요에 따라 기의 감각을 인정하는 것이다.

그런데, 연상법으로 상념을 떠올리는 경우, 인식틀과 세계관에 따라 결과가 완전히 달라진다. 연상법의 상념은 어떤 존재와 상황의 정보를 통째로 떠올려 자신과 동시장으로 일치시키는 것이기 때문이다. 입자 중심의 세계관을 유지한 상태에서 몸의 일부와 의념의 한 가닥만 호응하는 수준으로서는 이러한 동시장을 온전하게 느낄 수 없다. 상념 자체를 온몸과 의식 전체가 전면적으로 오롯이 받아들이고 호응해야 자신과 상념을 주객일치하여 동시장으로 느낄 수 있기 때문이다. 이러한 상태는 몸과 의식이 부분적으로 호응하는 정도가 아니라 몸과 의식 전체가 별개의 실체로서의 입자가 아닌 하나의 장으로 통합될 때 가능하다. 그런 경지에 이르지 못한다면, 연상법으로 떠올리는 상념은 몸과 분리된 관념에 머물고 의식 전체에도 영향을 미치지 못하는 잡념에 불과하게 된다. 전자와 후자의 판이한 결과는 그 순간 누가 주체로서 등장하는가에 따라서 다르게 나타난다. 여기서 수련자가 '나'와 '주인공'의 착시 현상에 빠지는 경우가 생긴다. 기초적인 기의 감각을 느끼는 단계에서는 기존의 '내'가 입자로서의 개체적 존재감을 유지하고 있더라도, 어느 정도까지 기를 느끼고 운용하는 것이 가능했다. 그 연장선상에서 연상법의 상념을 받아들인다면 여전히 수련의 주체와 주인공은 기존의 '나'였을 것이다. 그런데 기존의 '나'는 온몸과 의식 전체가 하나의 장으로 통합되어 있는 상태가 아니었다. 3차원 공간관에 따라서 내 몸 안에서도 이곳과 저곳은 입자 단위로 분별되어 거리가 있으며, 의식도 무수한 층위와 가닥으로 나누어져 있는 상태였다. 이런 상태에서 '나'는 무엇의 주체이고 주인공이라고 할 수 있는가? 그것은 좌뇌의 개념 활동 가운데 극히 미미한 하나의 관념일 뿐이다. 그런 관념은 단독으로 존립할 수 없고, 심층 의식에 비한다면 극히 사소한 것임에도 불구하고 3차원 공간관의 세계관을 바탕으로 할 때는 그 관념이 바로 '나'이고, 온몸과 의식 전체의 주체이고 주인공이라고 여기게 된다. 바로 이 지점에서 '나'의 착시 현상이 빚어지는 것이다.

이에 비해, 온몸과 의식 전체가 하나의 장으로 통합될 때 연상법의 상념은 정보 그대로 온전하게 받아들여지게 되고, 기의 장으로 확인할 수 있게 된다. 그렇다면, 이때 이를 느낀 수련의 주체는 누구인가? 그 순간 삶의 주인공은 누구인가? 앞의 경우에서 살펴보았듯이, 3차원 공간관에 기초한 입자 단위의 개체적 존재로서는 그렇게 느끼고 받아들이는 것이 불가능했다. 느끼는 당사자, 주체를 '나'라고 한다고 해서 그것이 이전의 '나'는 아니었다. 온몸과 의식 전체가 하나의 장으로 통합된 순간의 나는 입자 단위의 개체적 존재가 아니라 우주 법계의 장 그 자체였다. 연상법으로 수련할 당시의 우주 법계의 장으로서의 '나'는 부지불식간에 느닷없이 찾아올 수 있다. 그런 줄도 모르고 이러한 '나'를 이전과 똑같은 '나'라고 착각한다면, 우주 법계의 장으로서의 '나'는 순식간에 사라진다. 그런 주체가 홀연히 사라진 뒤에 남은 이전의 '나'를 수련 당시의 주체이자 주인공이라고 여긴다면 엄청난 착각을 하는 것이며, 도리어 입자 단위의 개체적 존재로서의 '나'의 입지를 더 강화시킬 수도 있다. 그렇기 때문에 수련 당시의 판이한 결과를 초래하는 것이 무엇이었는지를 엄밀하게 규명하여야 한다.

입자 중심의 관점에서 개체적 존재감으로 '나'를 규정한 습관이 두껍고 강고하기 때문에 수련 당시 순간적으로 전개된 주체의 이동이라는 현상을 받아들이기 어렵고 낯설게 여길 수도 있다. 그러나 의식은 찰나에 얼마든지 급변할 수 있다. 이것은 수련하지 않는 일상생활 중에서도 얼마든지 겪을 수 있는 현상이다. 교감신경이 활동할 때 긴장되면서 입자 단위의 경계가 강화되고 그 결과 백회 위가 막히면서 스스로 폐쇄 회로 속에 갇힐 수 있다. 반면에 부교감신경이 활성화하는 순간

이완이 되는데, 이때 휴식을 취하고 숙면 상태에 들어가면 내 몸의 긴장이 풀리고 내 몸의 경계가 느껴지지 않으며, 나아가서 내 몸과 우주 공간의 구분이 사라지고 뇌파도 떨어져서 분별 의식이 사라진다. 이 순간 기존의 입자 단위의 개체적 존재로서의 '나'는 사라지고 우주의 장의 열린 회로로 전환되면서 삶의 주체와 주인공은 완전히 달라진다. 또한 수련을 통해서 폐쇄 회로로서의 공간관과 시간관의 인식틀이 바뀌고 세계관의 차원이 달라질 때는, 즉각 '나'의 주체는 입자 단위의 개체적 존재에서 우주적 장으로 전환된다. 의식은 찰나간에 바뀔 수 있기 때문에 순식간에 기존의 나로 되돌아올 수 있다. 중요한 것은 인식의 주관이 차원을 넘나들면서 자신과 세계를 달리 만날 수 있고, 다른 기의 장을 조성할 수 있다는 것을 있는 그대로 알아차리는 것이다. 그럴 때만 수련자는 환상에서 벗어나고 모든 구속에서 해방되어 자유자재로울 수 있다.

온몸과 의식 전체가 하나의 장으로 통합되기 위해서는 입태의 선천 지기와 같이 음양의 대극이 합일하여 국소적 경계가 사라지고 중심에서 백회 위로 기운이 상승하면서 중도의 동시장이 열려야 한다. 이럴 때 3차원 공간관의 세계관이 해체되고 이를 통해 입자 중심의 개체적 존재감, 즉 '나'라는 관념적 경계도 사라진다. 이때 백회 위와 회음 아래 대칭 방향으로 기의 장이 열린다. 백회 주위로 조성되는 기의 장을 기준으로 인식틀과 세계관의 차원을 비교할 수도 있다. 3차원 공간관의 세계관에 고착되어 있을 때는 백회 위가 덮개를 쓰고 있는 것처럼 막혀 있다. 이러한 상태에서는 모든 것을 내 몸의 형상과 같이 입자 단위의 폐쇄 회로를 구성하는 것으로 보게 된다. 불교의 '계내' 가운데서 욕계와 색계에 머물 때도 이렇게 보게 된다. 그런데 백회 위로 기운이 어느 정도 상승하더라도 기존의 인식틀과 세계관이 남아 있는 경우가 있다. 이때에는 입자 단위의 '나'라는 개체적 존재감도 여전히 발휘된다. 불교의 '계내' 가운데서 무색계에 머물 때 이렇게 느끼게 된다. 무색계일 때는 머리 백회 위로 기운이 열리더라도 아직 관념적인 '나'라는 정체성이 남아 있기 때문에 연상법의 상념을 오롯이 받아들이는 데는 한계가 있다. 물론 앞에서 말한 욕계·색계에 비해서는 경계가 약하기 때문에 연상법의 상념에 따라서 그 경계를 풀 수도 있다. 그럴 경우에 바로 기존의 인식틀, 세계관이 해체되고 일미동체의 세계관으로 전환되었으며, 우주의 장이 주체인 '계외'로 주체가 이동된 것이라고 알아차려야 한다. 그렇지 않다면, 이 단계에서 다시 '나'의 착시 현상이 일어나 이때 나타나는 느낌을 기존의 '내'가 주체인 상태에서 이루어진 것이라고 인식하여 입자 단위의 '나'를 실체로 여기고 그 경계를 오히려 강화할 수도 있다.

백회 위로 열리는 기운이 중도의 동시장으로 작동하기 위해서는 백회와 대칭 방향인 회음 아래로도 같은 비중으로 열려야 한다. 그럴 때 대극이 합일하여 위아래의 거리감이 사라지면서 일미동체의 장이 열릴 수 있다. 이때 수련하는 당사자로서의 '나'는 우주 법계의 장이다. 그런 상태에서 연상법의 상념을 떠올리면, 우주의 장을 바탕으로 상념의 정보에 따라 조성되어 있는 기의 장을 있는 그대로 느낄 수 있게 된다. 우주로 기의 장이 열린다고 해서 모든 것이 해체되어서 공허한 상태로 느껴지는 것은 아니다. 우주의 장을 바탕으로 하더라도 상념의 대상은 일정한 밀도와 강도, 구조의 기의 장을 이루고 있다. 다만 이러한 기의 장이 폐쇄 회로로서 독립되어 있는 것이 아니라, 우주의 기의 장을 바탕으로 하여 겉으로 드러나 있는 현상을 이루고 있는 것이다. 이런 관점에서 모든 현상은 바로 중도실상이라고 한다. 드러난 현상은 그 자체로 온 우주의 장을 머금고 있는 것이기 때문이다. 드러난 현상을 은적되어 있는 장의 흐름으로 바라보는 것이 중도의 전체성에 이르는 것이고, 그것이야말로 실상을 보는 것이기 때문에 중도실상이라고 하는 것이다.

　이런 관점에서 본다면, 연상법의 수련은 중도의 동시장이 전개될 때 입자로서의 개체 단위의 경계가 해체되고 우주 법계의 장이 주체가 되면서 제대로 이루어진다. 몰입이 잘 되어 순식간에 연상하는 상념과 동시장을 이루었다고 하더라도 그 동시장에서 벗어나는 순간에는 이러한 과정으로 전개되었다는 것을 알아차려야 한다. 그렇지 않으면 명백히 수련 전과 수련 후, 동시장의 상태에서 주체가 달라졌다는 것을 간과함으로써 모든 것이 입자로서의 개체 단위가 주체가 되어 진행한 것으로 착각하여 아만에 빠질 수 있기 때문이다.

5. 중도의 동시장, 대자대비의 한마음

일심一心, 즉 한마음은 삶과 수행의 주체가 누구인지를 간단명료하게 알려 주는 표현이다. 세계관의 차원이 달라지면서 세계에서 더 이상 입자는 주체일 수 없고 우주 법계의 장이 주체가 되는데, 이를 일심으로 표현할 때 훨씬 익숙하게 받아들이게 된다는 것이다.

　사실, 일심 즉 한마음은 오해하기 쉬운 표현이다. 심 즉 마음이라는 표현은 몸과 상반된 것으로서 개체 단위의 정신세계, 영혼과 같은 개념을 연상시키기 때문이다. 3차원 공간관의 세계관으로 바라본다면 마음은 영락없이 입자의 실체로서의 정체성을 상징한다. 대승에서는 입자의 실체를 부정하고 온 우주를 하나의 장이라고 보는데, 이러한 특성에는 일심一心보다는 일미一味라는 표현이 더 적절하다. 일미는 개체 단위의 정체성으로서의 영혼이라는 개념이 본래 없고, 온 우주를 하나의 동시장으로 잘 표현하기 때문이다. 그럼에도 불구하고 일심이라는 표현을 쓴다면 이것은 어떤 의미가 있을까? 마음은 삶과 수행의 주체라는 느낌을 강렬하게 주기 때문일 것이다. 일심은 입자 단위의 개체적 존재의 마음이 아니라 온 우주 법계의 장을 가리키는데, 이를 굳이 마음으로 표현한 것은 그럴 때 개체 단위의 주체 개념이 우주 법계의 장으로 비교적 어색함 없이 잘 옮겨지기 때문이다. 이것은 수행할 때 중요한 역할을 한다. 기존의 '나'로부터 우주 법계의 장으로 주체가 옮겨질 때 후자를 일심, 한마음이라고 하면 익숙한 표현이어서 대안으로 잘 떠오르고 주체 전환이 용이하게 이루어질 수 있다는 장점이 있다. 다만, 무의식이라도 3차원 공간관의 개념틀이 작동한다면 영혼의 실체 개념을 동반할 수 있기 때문에 유의해야 한다.

이와 유사한 표현으로서 법신法身을 들 수 있다. 법신의 경우 몸을 가리키는 신身 자가 포함되어 있다. 일심과 마찬가지로 3차원 공간관으로 이해한다면 개체적 존재의 경계를 불러일으키지만, 장 중심의 세계관으로 본다면 우주 법계의 장으로 익숙하게 주체를 전환할 수 있게 하는 표현이다.

원효는 『열반경종요』에서 열반의 삼덕 가운데 하나인 법신을, 오음五陰[오온五蘊]을 대치對治하기 위한 것이라고 풀이했다. 오온은 색수상행식色受想行識의 다섯 가지 무더기가 인연 화합으로 모인 것이다. 이것은 연기적 관계에서 벗어날 수 없다는 점에서 고정불변의 정체성을 가진 것은 아니지만 현상계를 일정 정도 구성하고 있는 개체 단위의 입자이다. 이러한 오온을 대치하는 법신은 우주법계의 장이다. 만약 법신을 오온과 같은 차원이나 비슷한 계열의 입자라고 본다면, 오온과 대립하거나 초월적으로 존재하는 타자이기에 오온을 대치할 수 없다. 법신은 입자가 아닌 장이기에 그 안의 모든 입자의 경계를 해체하여 품을 수 있는 것이다.

오온과 법신은 소승과 대승에서 보는 삶과 수행의 주체이다. 오온은 입자 중심 세계관의 소산이고 법신은 장 중심 세계관의 중도 동시장이다.

　입자 중심의 세계관으로서는 세계가 무수한 입자로 구성되어 있기 때문에, 각 입자가 저마다 주체라고 여기기 쉽다. 그러나 이러한 입자는 드러난 질서의 세계일 뿐 각자가 완결된 단위로 존재하지 않기 때문에 진정한 주체가 될 수 없다. 장 중심의 세계관으로서는 온 우주가 하나의 장으로 이루어진 것으로 보기 때문에 장 안의 어떤 존재나 개별 입자도 주체가 될 수 없다. 우주 법계의 장 자체가 주체인 것이다.

　기의 관점으로 본다면, 주체와 객체, 주체와 대상의 차이점은 기의 밀도가 다르다는 것이다. 세계관에 따라서 세계를 구성하는 요소 가운데 기의 밀도가 높은 곳이 주체가 되고, 기의 밀도가 희박한 곳이 객체와 대상이 된다. 3차원 공간관의 세계관에 입각한다면 모든 개별 입자가 독립적으로 존재하는 것으로 상정되기 때문에 자기가 머물고 있다고 여기는 입자가 주체가 된다. 그 외 다른 입자는 모두 객체이자 대상이 된다. 그러나 세계관의 차원이 높아져서 보다 고차원적이고 통합적인 세계관이 제시된다면 주체가 달라진다. 장 중심의 세계관에 입각한다면 개별 입자는 전체 장 위에 잠정적으로 집결하고 들떠 있는 특이점일 뿐이고, 밀도는 이들 입자보다 전체 장의 밀도가 더 높다. 따라서 장이 주체이고 그 안의 입자는 잠시 드러나 있는 현상일 뿐이다. 수련할 때는 기의 밀도에 따라서 수련의 주체가 달라지고 기의 장이 변하기 때문에, 어느 쪽의 밀도가 높아지는지 점검하는 것은 아주 중요하다. 아직 3차원 공간관을 토대로 입자 중심의 세계관에 머물 때는 '나'라는 개체적 존재감이 주체가 되기 때문에, 사사건건 관념의 벽으로 구분하여 경계가 생기고 기의 흐름도 단속적으로 편파적으로 흘러서 이곳저곳을 넘나들면서 분주하고 소란스러운 상태를 벗어날 수 없다. 그러나 장 중심의 세계관으로 전환되면 이전까지 주체로 여겨 왔던 '나'라는 입자는 사라지고 우주 법계의 장이 주체가 되면서 그 안의 모든 경계가 해체되어 명정明靜 상태에 이르게 된다. 인식틀이 전환되면서 기의 밀도가 부분에서 전체로 옮겨지기 때문에 어떤 작위적인 노력으로 수련이 이루어지는 것이 아니라 저절로 전개된다.

이때 삶과 수행의 주체가 우주 법계의 장이라고 한다면 말이 번잡스럽기 때문에 이를 일심一心, 즉 한마음이라고 간명하게 표현한 것이다. 그런 만큼 일심, 한마음이라는 용어를 쓰더라도 이러한 맥락과 정보로 정의된 용어라는 것을 사전에 인식하는 것이 필요하다.

'대자대비大慈大悲의 한마음'이라고 명명하는 것은 '대자대비'가 '한마음'을 뜻하고, '한마음'이 바로 '대자대비'를 뜻하기 때문에 다른 측면으로 부연 설명하여 그 의미를 분명하게 밝히려는 것이다. 앞에서 살펴보았듯이, 대비大悲는 지금의 마음 상태가 아닌 것을 전제로 하는 것으로 인식의 차원이 전변하는 것을 가리킨다. 이는 세로 방향, 즉 백회 위아래로 동시장이 열리는 상태를 뜻한다. 대자大慈는 인식의 시야가 가로 방향, 즉 사방으로 확장하여 모두가 같은 마음으로서 공동장을 이루는 상태를 가리킨다. 이를 합한 대자대비는 횡수로, 즉 공간과 시간의 경계를 넘어서 모든 존재가 공동장이자 동시장을 형성하는 상태를 말한다. 이것은 온 우주 법계가 하나의 장이라고 보고, 그것을 주체로 명명한 일심 즉 한마음과 같은 것이다. '대자대비의 한마음'이 이러한 경지라는 것을 전제하고 이를 수련 중에 연상하면 기 수련의 차원을 높여 나갈 수 있다.

앞에서, 연상법으로 수련할 때 수련자의 몸과 마음의 경계가 사라지고 하나가 되어야 온몸과 의식 전체로서 연상의 대상이 되는 정보를 고스란히 온전하게 받아들여 수련할 수 있다고 밝혔다. 그런데 특히 중도의 동시장을 상징하는 정보는 어느 정도 중도의 상태에 이르지 않을 경우 그 정보에 상응하는 기의 장을 느끼기 힘들다. 그 이유는 중도가 양변의 경계, 즉 3차원 공간관과 1차원의 시간관이라는 인식틀을 완전하게 해체하고 하나의 통일장을 이루어야 가능하기 때문이다. 즉 어느 정도 중도의 경지에 상응하는 수준에 이르지 않으면 그 경지에 이르는 데 장애가 되는 경계를 넘지 못하여 그 정보대로 온전하게 느낄 수 없다는 것이다.

이에 해당하는 경지는 즉공즉가즉중卽空卽假卽中, 환허합도還虛合道 등이다. 특히 수행 과정에서 화두처럼 떠올려서 궁구할 필요가 있는 경지는 석존이 타계하기 전날 수행자에게 수행의 차원을 전변할 것을 간곡하게 호소하며 제시했던 이자삼점伊字三點 ∴의 의미이다. 만약 이를 입자 중심의 세계관으로 접근한다면 그 의미를 온전하게 이해하기 어려울 것이다. 이를 연상법의 정보로 떠올려도 웬만한 경지로 접근해서는 그 의미를 제대로 이해하기 어렵다. 그만큼 이자삼점이라는 비밀장秘密藏의 신호가 심오하기 때문일 것이다. 그런데 원돈지관圓頓止觀의 명정明靜 상태에 이르면 모든 경계가 사라지기 때문에, 이 상태에서 이자삼점을 떠올리면 새로운 경지가 느껴진다. 세 점이 바로 한 점이 되면서 온 우주로 퍼져나간다. 이 방법만으로 이자삼점의 의미를 온전하게 이해할 수는 없겠으나, 최소한 이러한 의미를 함축하고 있는 것으로 이해하여 수련에 활용할 수 있을 것이다.

[수련법]

1. 연정화기, 연기화신, 연신환허, 환허합도를 개별의 개념으로 떠올리면서 기의 장을 느껴보고 중도의 동시장으로 느껴본다. 전자의 경우 입자 중심으로 바라보는 것이기 때문에 정·기·신·허·도가 별개의 상태로 구분되어 느껴진다. 반면에 후자의 경우 정에서 기로, 기에서 신으로, 신에서 허로, 허에서 중도로 이어져서 각각이 분리되거나 초월된 상태가 아니라 연속되면서 새로운 차원으로 승화해 나간다.

2. 대자대비를 개별의 개념으로 떠올리면서 기의 장을 느껴 보면 별개의 상태로 느껴지고 두 가지를 동시에 느끼기 힘들어진다. 그러나 대자대비를 중도의 동시장으로 느껴보면 온 우주 법계의 하나의 장으로 나타난다. 대자대비가 바로 온 우주 법계를 나타내는 일심一心이고 일미一味이며, 일기一氣인 것으로 느껴진다. 천지불인天地不仁이 입자 중심의 관점에서 우주를 유위적인 인仁으로 보지 말 것을 소극적으로 천명한 것이라면, 대자대비는 중도의 동시장의 관점에서 우주 법계가 하나인 상태를 적극적으로 표현한 것이라고 할 수 있다.

3. 비밀장을 이자삼점伊字三點으로 떠올리거나 반야·해탈·법신의 개별 개념을 연상하여 떠올리면 기의 장이 각각의 영역으로 구분되어서 동시장으로 느끼기 어렵다. 입자 중심으로 바라보기 때문에 각 개념이 표현하는 범위를 벗어나기 어렵기 때문이다. 그러나 중도의 동시장을 이룬 상태에서 이자삼점을 떠올리면 삼점의 각각 고유의 장이 사라지고 횡수로 무한대로 열린다.

중도의 동시장에 이르는 길

1. 왜 중도의 동시장인가?

누구나 살아가다 보면 지난날을 되돌아보는 순간이 있다. 상처도 있고 후회도 있으며 영광과 행복의 순간도 있을 것이다. 어쩌면 마지막 숨을 거두는 순간까지도 이러한 추억을 자신의 역사로, 정체성으로 인식하고 살아갈 수도 있다. 그러나 지난날의 나는 지금의 내가 아니며 당시의 추억도 나에게 그렇게 인식된 것일 뿐 실상은 아니다. 이렇게 기억하는 만큼 간과하는 것이 있다. 모든 것은 온 우주가 참여하여 일어나는 우주적 사건이라는 것이다. 모든 존재가 입자와 파동의 이중성을 띠고 있듯이, 온 우주는 그물망으로 이어져 있다. 하나의 사건도 우주의 네트워크 속에서 일어난 사건이며 온 우주에 파문을 일으킨다. 여기에서 독립된 부분은 존재하지 않는다. 아원자입자의 비국소성에서 확인되듯이, 우주는 한 몸으로서 동시장을 이룬다. 이러한 우주적 동시장에서 오직 나와 나의 것만을 분리하고 거기에 애증을 더하여 실체화한 것이 나의 정체성이고 추억일 뿐이다. 이러한 점에서 때로는 그리움, 때로는 회한을 불러일으키는 추억은 존재의 본래면목을 가로막는 장애물이기도 하다.

모든 것은 해석된 것이다. 엄밀하게 표현한다면, 우리가 알고 있는 모든 개별 단위의 존재와 정보는 모두 해석된 것이다. 나와 너, 세계, 우주라는 가장 기본적인 요소조차도 해석되지 않은 것은 없다. 해석된다는 것은, 관찰자의 개념틀에 따라서 취사取捨 선택되었다는 것이다. 온전한 하나의 세계가 개념틀에 의해서 일부는 선택되고 일부는 버려지는 것이다. 선택된 부분에는 관심이 옮겨지고 버려진 부분은 무관심으로 방치되고 관찰자의 시야에서 삭제된다. 취사선택이 이루어진 뒤에도 관찰자의 개입으로 양자의 세계는 더욱 달라지는 것이다. 이런 과정으로 해석된 세계를, 해석되지 않은 자연 그대로의 객관적 실체라고 여긴다면, 그것 자체만으로 세계를 편파적으로 보는 것이며 해석하는 관찰자의 개념틀에 편승하는 것이 된다. 바로 여기에서부터 모든 편파와 편집, 미혹과 번뇌가 시작된다. 우리 자신이 비록 의도하지 않았다고 하더라도, 대상을 해석하는 순간 편을 가르는 것이고, 한쪽 편을 선택하면서 편집이 되고, 개입된 세계를 있는 그대로의 실상이라고 여기는 순간 스스로가 미혹되고 전체 세계와 유리됨으로써 번뇌가 시작된다. 이처럼 개념틀에 의해서 해석된 세계 안에서는 아무리 선의를 갖고 진정성을 다해 살아간다고 하더라도 그 개념틀의 범주를 벗어나지 못한다. 가령, 생과 사를 개념적으로 구분하고 해석한 세계에서 생을 선택하였다면, 맑은 마음으로 성심을 다해 용맹정진한다고 하더라도 생의 범주 안에서 머물 뿐이며, 생사의 벽을 넘을 수 없고 죽음 앞에서는 모든 것이 허망하게 무너질 수밖에 없다. 애초에 나를 '생'이라는 범위와 관점으로서만 해석한 세계이기 때문이다. 생의 단계에서 아무리 많은 것을 생산하고 쌓아 놓더라도 우주적 관점에서 본다면 입자로서의 탄생과 죽음, 열평형熱平衡의 죽음에 이르는, 엔트로피가 증가하는 방향에서 벗어나지 못한다. 어떤 측면에서 본다면, 입자 단위의 생을 선택한 결과가 스스로 만든 숙명이며, 그 틀에서 벗어나지 못하는 한, 무엇을 하더라도 사실상 이미 주어진 대로 살아가는 것일 뿐이다. 모든 것을, 3차원 공간관의 세계관에 입각한 입자 중심의 관점으로 해석한 결과이다.

만약 일상에서 우리가 아는 앎의 대부분이 입자 중심의 인식틀에 의해서 해석된 것이라는 점을 안다면 어떨까? 무엇보다 여유가 생길 것이다. 내가 아는 것을 절대화하지 않으면서 교조주의나 근본주의의 외곬으로 치닫지 않고, 내가 판단한 범주 바깥에서 일어나는 시그널을 무시하지 않으며, 일이 잘되거나 못되더라도 일희일비하지 않으며 모든 것을 새옹지마로 보는 연륜을 가질 수 있을 것이다.

그렇다면 온 우주가 한 몸이자, 한마음이라는 일심동체, 일미동체의 세계관에 입각해서 장 중심의 인식틀로 모든 것을 해석한다면 어떻게 될까? 무엇을 보더라도 온 우주 법계로 시야가 열리며, 무엇을 하더라도 법이자연法爾自然으로 이루어지도록 내맡길 수 있다. 사사무애事事無碍, 이사무애理事無碍로서 개별과 개별 사이에도, 개별과 전체, 진속眞俗 사이에도 장애가 없어진다. 모든 것을 중도의 동시장으로 해석하기 때문이다. 여기서 중도는 대립하는 양극의 입자 사이의 중간이 아니라 고차원으로서 그 전부를 아우르는 전체성과 통합성을 이룬 상태를 가리키고, 이를 동시장이라고 한다. 중도의 동시장에 입각할 때만 나의 마음은 중생의 마음이고 부처의 마음이 된다. 여기에서는 나와 중생, 부처라는 개별의 입자는 존재하지 않기 때문에 서로 다르지 않고, 모두 일미동체의 장에 바탕을 둔 흐름이기에 다르면서도 같은 것이다. 대자대비의 일심一心과 천지불인天地不仁도 일미동체의 경지를 해석한 것이며, 중도의 동시장으로만 제대로 이해할 수 있다. 천지불인이 우주는 유위적 수준의 인仁에 얽매이지 않는다는 측면을 소극적으로 강조한 것이라면 대자대비는 횟수, 공간과 시간, 인식 시야와 인식 차원을 무한대로 확장한 동시장을 적극적으로 표현한 것이다. 그런 만큼 관찰자가 중도의 동시장에 이를 때만 이를 제대로 이해할 수 있다.

이러한 중도의 동시장에 이르기 위한 수행의 방편을 살펴본다.

2. 자세가 기를 만든다 — 연정화기練精化氣

석가탑과 다보탑의 경우

불국사 대웅전 앞에 있는 석가탑과 다보탑을 기의 장으로 느껴보면 대칭을 이룰 정도로 다르다. 석가탑의 기는 수직으로 상승하는데, 다보탑의 기는 수평으로 퍼져 나간다. 두 탑의 기는 왜 이렇게 다를까? 두 탑의 형태를 비교해 보면 어느 정도 수긍된다.

석가탑은 전체적으로 간결한 모양으로서 2층의 기단 위에 3층의 탑신을 세웠는데 기단 모서리마다 돌을 깎아 세로의 기둥 모양을 만들어 놓았고, 탑신에도 그러한 기둥을 세웠으며 지붕돌의 모서리들을 모두 치켜올려 탑 전체가 위로 경쾌하게 날아오르는 듯한 느낌을 준다. 석가탑의 탑신부터 무늬, 모서리 모두 위로 기운이 상승하도록 배치한 셈이다. 다보탑은 석가탑에 비해 화려하고 섬세하게 조각되어 있다. 십자 모양 평면의 기단에는 사방에 돌계단을 마련하고, 8각형의 탑신과 그 주위로는 네모난 난간을 돌렸다. 한 탑에서 탑신의 모양이 4각, 8각, 원으로 다양하게 조성되어 있는데, 이들 장식은 모두 가로 방향의 사방으로 펼쳐져 있다. 다보탑은 수직으로 뻗어 있는 석가탑에 비해 횡의 수평으로 조형물이 배치되어 있기 때문에, 기운도 위로 상승하는 것보다 지평선을 따라 가로의 사방으로 펼쳐지는 기운이 강하다. 특히 1916년 보수 이전의 다보탑이 사진으로 전시되어 있는데, 이를 느껴보면 보수 후의 탑보다 횡으로 뻗어 나가는 기운이 더 강렬하게 조성되어 있다.

두 탑을 같은 위치에 세운 이유는 '과거의 부처'인 다보불多寶佛이 '현재의 부처'인 석가여래가 설법할 때 옆에서 옳다고 증명한다는 『법화경』의 내용을 눈으로 직접 볼 수 있게 탑으로 구현하려는 것이었다고 한다. 그런데 두 탑의 모델인 '석가여래'의 기운은 수직으로 뻗어 있

고, '다보불'의 기운은 수평으로 펼쳐진다. 두 탑의 기운이 두 부처의
기운과 상응한다. 그렇다면 두 부처의 기운은 왜 다르게 느껴질까? 그
이유는 두 부처의 성격이 다르기 때문일 것이다. 다보불은 과거 천만
억겁 전에 멸도하면서 국토 어디에서나『법화경』을 설하는 곳이 있으
면 자신의 진신사리가 담긴 탑이 땅속에서 솟아나 찬탄할 것이라고 서
원을 했고 석가여래가 영산회상에서 법화를 강설하자 이를 찬탄하고
증명하기 위해 출현했다고 한다. 이것은 다보불이 우주의 근본 진리,
진여 자체를 뜻하는 법신불이라는 것을 말한다. 법신불은 입자로서 인
격체를 가진 존재가 아니라 우주의 장이다. 특히『법화경』을 설하는 곳
에 나타나서 찬탄하고 증명한다는 것은 다보불이 법신불이라는 것을
명확하게 밝히는 것이다.『법화경』이 원교의 경전이기 때문에 이 경전
을 통해서 강설하는 사람이나 듣는 사람의 인식의 차원이 높아지면 우
주의 장으로서의 법신불이 저절로 출현하는 셈이 되기 때문이다. 이에
비해 석가여래는 역사적 인물로서 성불한 응신불應身佛이나 보신불報身
佛에 해당한다. 천태 지의도『법화문구』에서 "다보불은 법신불을 나타
내고, 석가불은 보신불을 나타내며, 시방에서 모여든 분신불은 응신불
을 나타낸 것이다. 이 삼신불은 비록 셋이지만, 같지도 않고 다르지도
않다."고 한다. 삼신불이 다르지 않다는 것은, 세 부처가 모두 궁극적인
깨달음인 불성에 이르렀다는 점이다. 여기서 불성은 개체 단위의 인격
체가 아니라 우주법계의 법성으로서의 우주장이다. 따라서 성불했다
는 것은 우주법계의 진여인 중도의 우주장에 이르렀다는 것이다. 삼신
불이 서로 같지도 않다는 것은, 법신불은 우주법계의 진여 그 자체이기
때문에 애초부터 기의 장이 횡수로 무한대로 열리는데 비해 석가불은
역사적인 인물로서 수행을 통해 궁극적인 깨달음을 이룬 만큼 기의 장
이 수직으로 상승하는 특성을 강하게 보인다는 점에 있다.

　　그럼에도 불구하고 다보불과 석가불이 횡과 수의 방향으로 기의 장

이 서로 다르게 조성되어 있는 느낌이 드는 것은 상대적인 비교 때문일 것이다. 다보불은 법신불인 만큼 애초부터 횡수로 무한대로 기의 장이 펼쳐지지만, 수직으로 상승하는 기운이 강한 석가불에 비해서는 상대적으로 횡으로 펼쳐지는 기운이 강한 것으로 대비되어 느껴진 것이다. 그런 만큼 다보불이나 다보탑의 기운을 수직으로 열린 상태에서 횡으로도 열리는 것으로 느끼는 것이 수행에 도움이 된다. 이것이 석가여래가 타계하기 전 남겼던 이자삼점伊字三點의 비밀장秘密藏에 부합하는 수행이라고 할 수 있다.

횡과 수는 단독으로만 전개되지 않는다. 궁극적인 횡은 궁극적인 수로 열린다. 이처럼 수행의 차원이 부처에 이른 석가여래와 지상에 머무르면서 『법화경』의 진실을 확증하려고 했던 다보불은 그 지향성에 따라서 수와 횡으로 다르게 전개되어 나가지만, 그 기운이 펼쳐지는 대로 따라 가면서 지금 여기의 입자적 경계를 해체하면 횡이 바로 수가 되고 수가 바로 횡이 되어 하나의 장으로 통합되어 열린다.

대웅전에서 이 두 탑의 기의 장을 동시에 느끼면, 횡수로 기의 장이 위아래와 사방으로 전개된다. 특히 석가탑의 기를 느끼면서 반시계 방향으로 탑돌이한 뒤 다보탑의 기를 느끼면서 시계 방향으로 탑돌이한다면, 반복할수록 횡수로 기운이 심화되어 이자삼점처럼 한 점으로 기가 집중되다가 온 우주로 퍼져 나갈 수 있다. 또한 두 탑의 기운을 함께 느끼면, 동시에 횡수로 기의 장이 펼쳐져 그 전체가 하나의 동시장을 이룬다. 대자대비의 한마음, 즉공즉가즉중의 동시장과 같다.

두 탑을 건축한 사람은 『법화경』의 경문에 입각하여 두 탑의 형상을 두 부처의 위상에 따라서 다르게 조성하였을 것이다. 그런데 두 탑과 두 부처의 기의 장이 상응한 것을 보면, 건축자가 기의 장까지 감지하면서 건축한 것으로 보인다.

이러한 의미에서 석가탑과 다보탑은 겉으로 보이는 형태의 형식이

기의 장이라는 내용을 창출하는 사례라고 할 수 있다.

척추의 경우

과거에는 주로 좌식 생활을 했던 만큼, 수련도 가부좌로 앉은 상태에서 진행했다. 그런데 요즘은 침대, 식탁, 책상 등으로 입식 생활을 많이 하기 때문에 자주 사용하는 다리 근육 부위가 달라져서 가부좌 자세를 취하는 것이 원활하지 않고 편하지 않다. 특히 입식 생활을 주로 하는 서양인들은 가부좌 자세를 취하지 못하는 경우도 많다. 또한 가부좌 자세를 오래 취하면 무릎 관절에도 부담이 된다. 이런 점을 고려한다면, 앞으로 수련의 자세는 좌식의 가부좌 자세에서 의자에 앉는 자세로 전환할 필요가 있다.

수련에 사용하는 의자는 일반 의자, 니스툴(nistul) 의자[1], 수련 의자 혹은 기도 의자[2] 등이 있다. 의자의 종류에 따라서 수련에 유의할 점이 약간 다르다.

일반 의자의 경우, 발끝이 들리지 않아야 한다. 의자가 높다면 발 받침을 하는 게 필요하다. 앉을 때는 의자의 1/3 정도에 엉덩이를 얹고 허리를 세워서 진행한다. 먼저 앉은 다음에 꼬리뼈를 살짝 들어서 뒤로 빼면 요추가 C형을 유지할 수 있다. 물론 허리가 많이 불편해서 등받이에 기대야 하는 경우에는, 척추와 의자가 하나가 되었다고 여기면 긴장하지 않으면서 의자와 닿는 접촉감을 이용해서 그곳으로 의념을 옮겨 기의 장을 확장할 수 있다.

니스툴 의자는 척추를 똑바로 세울 수 있는 의자이다. 다만 몸무게

---

1 등받이가 없고 무릎을 지지대로 삼아 허리를 세우는 의자.
2 무릎 꿇고 앉아서 기도하는 자세에서 엉덩이를 받쳐서 앉을 수 있게 만든 의자.

를 무릎보다 척추로 실어 주는 것이 수련에 도움 된다.

여기에서는 주로 수련의자에 앉아서 수련하는 방법에 대해서 살펴본다. 이 수련법은 일반 의자와 니스툴 의자에 앉을 때도 대부분 적용할 수 있다.

수련 의자 수련법

【준비】

수련 의자는 무릎을 꿇는 기도 자세에서 엉덩이를 낮은 의자 위에 올려놓는 것이기 때문에, 바닥에 담요를 깔고 그 위에 방석을 이중으로 두툼하게 겹쳐 놓아야 무릎이 배기지 않는다. 수련 의자를 방석 위에 얹되, 방석의 끝자락 가까이 놓아 꿇어앉는 자세의 발목이 아래 담요 위에 내려놓을 수 있게 한다. (의자를 너무 끝자락에 놓으면 뒤로 기울 수 있기 때문에 약간의 여유를 둔다). 그렇게 하면, 발목이 배기지 않아 편안하게 오래 수련할 수 있다. 또한 의자가 나무이기 때문에 1인용 자리 깔개를 얹고 앉아야 골반으로 냉기가 옮겨지지 않는다. 담요 위에 올려놓는 방석은 5cm 두께의 메모리폼(Memory foam)이나 천연 라텍스(latex) 방석이 좋다.

【장단점】

수련 의자에 앉으면 자세가 고정되는 측면이 있다. 이 상태로 그냥 한 시간 정도 앉아 있는다면 무릎·발목이 배겨서 힘들 수 있다. 그렇지만, 수련을 하면 온몸으로 기를 소통시키기 때문에 긴장을 피할 수 있고, 수련하는 동안 저절로 자세가 고정되어서 입정 상태를 지속할 수 있다. 특히 앉을 때 다른 의자보다 양쪽 좌골이 의자 바닥에 닿는 느낌이 잘 포착되기 때문에 이를 활용하여 기의 장을 활성화할 수 있다.

【수련】

㉠ 좌골의 기판 형성

표면이 약간 휘어진 수련 의자에 앉으면, 양쪽 좌골이 나무와 닿아서 묵직하게 느껴진다. 그럴 때 약간 미동을 하면서 양쪽 좌골을 이어서 하나의 기판을 조성한다. 부교감신경을 활성화해서 입자 단위의 폐쇄 회로를 벗어나 우주의 열린 회로로 전환한 상태에서 좌골의 기판을 등 뒤의 우주 공간에서 바라본다. 이때 내 몸을 약간 뒤로 기울여, 몸무게를 무릎이 아니라 전적으로 좌골의 기판에 실리게 한다. 동시에 등 뒤의 우주 공간으로 무게중심을 옮겨서 그곳에서 좌골의 기판을 바라보면, 균질하면서 밀도 높은 기의 장이 단면도처럼 형성되고 척추를 따라서 기가 상승한다. 특히 좌골의 기판으로 내 몸뿐만 아니라 온 우주를 떠받치고 있다고 여기면 기판에 조성된 기의 장이 척추뿐만 아니라 우주 공간으로 상승한다. 좌골의 기판에서 발생하는 기운이 토션파라고 여기면 순식간에 우주 공간으로 무한하게 확장된다. 이때 양쪽 손바닥의 중심자리 노궁혈이 바로 양쪽 좌골이라고 여기고 양 손바닥을 위로 향한 채 좌우로 벌리고, 이를 이어서 좌골과 같은 기판을 좌우로 넓게 펼쳐서 형성하면 실제 좌골의 기판도 좌우로 넓게 확장되고, 기의 밀도는 더욱 높아진다. 양손의 기판에서도 우주로 기운이 상승하는 것을 느낀다.

이 상태에서 좌골의 기판을 석가탑의 기초인 기단과 같다고 여긴다. 척추의 구조와 기운은 석가탑과 비슷하다. 척추의 마디마디는 석가탑의 탑신처럼 무게중심이 맞닿은 채 위로 뻗어 있다. 척추를 바로 세운 뒤 팔다리의 힘을 빼고 오직 양쪽 좌골과 척추로만 자세가 유지되도록 하면, 좌골과 척추에 체중이 실려서 압전효과壓電效果[3]로 밀도 높은 기

---

3 압력을 받을 때 전기적 에너지가 발생하는 현상.

운이 발생한다. 이때 척추의 기는 석가탑의 수직으로 상승하는 기운과 같다. 석가탑의 형태가 기를 창출하듯이, 척추 역시 자세를 똑바로 세우는 것만으로도 기운이 발생하는 것이다.

ⓛ 백회의 기판 조성

좌골의 기판이 백회 부위에서도 조성되어 있다고 여기고, 양손 노궁혈 위에 좌골과 백회의 기판을 동시에 떠올리면 위아래에서 기판이 대칭을 이루게 된다. 좌골의 기판 위에서 수직으로 상승하는 척추가 석가탑의 기운과 일치하는 데 비해, 좌골과 백회의 기판은 다보탑과 상응한다고 여긴다. 여기서 좌골은 척추로 상승하는 기운의 측면에서는 석가탑, 좌우로 확장되는 기판의 측면에서는 다보탑에 해당하는 것으로 인식한다. 그러면 좌골의 기판은 다보탑의 기단처럼, 백회의 기판은 다보탑의 사각과 원형, 팔각으로 꾸며진 탑신처럼 좌우로 기운이 펼쳐진다. 이 상태에서 양손을 좌우로 넓게 펼칠수록 다보탑의 전체 기운처럼 횡으로 끝없이 전개된다. 이로써 앉은 자세 자체가 석가탑과 다보탑이 함께 동시장을 이루고 있는 것이라고 여기고 내맡기면, 수직으로 기운이 상승할 뿐만 아니라 횡으로도 기운이 넓게 퍼져 나간다. 이때 좌골과 백회의 기판을 거울과 같다고 여기고, 우주의 기운이 쏟아지자마자 반사하고 동시에 비추는 과정을 무한하게 반복한다고 여기고 내맡기면 좌골과 백회 사이에도 밀도 높은 기의 장이 충만하게 된다.

ⓒ 척추에서의 연정화기 練精化氣

이처럼 척추를 바로 세우고 좌골부터 척추 마디마디로 몸무게를 싣는 것만으로 밀도 높은 기운이 발생한다. 이 상태에서 척추를 석가탑, 다보탑과 동시장을 이루고 있다고 연상하면 횡과 수로 기의 장이 확장된다. 이를 연정화기의 한 과정이라고 볼 수 있다. 연정화기는 내 몸의 물질적 요소를 단련하여 기의 에너지로 전환하는 과정이다. 섭식과 호흡을 통해서 물질을 기화하는 과정도 연정화기에 해당하지만, 척추를 바로 세워서 기운이 충만하도록 하는 것은 수련이라는 측면에서 연정화기의 본질에 해당한다고 볼 수 있다. 이러한 의미에서 '연정화기'를 연상법으로 떠올려도 실제로 기의 장이 조성된다. 즉 등 뒤 우주 공간으로 시선을 옮긴 상태에서 석가탑, 다보탑이 나의 척추와 하나가 되어서 우주 기운이 횡수로 직조하는 과정 전체를 연정화기라고 떠올리면, 척추와 등을 포함해서 위아래, 좌우로 모든 경계가 사라지면서 균질한 기의 장이 펼쳐지게 된다.

㉣ 좌골 기판의 우주장宇宙場

수련 의자에 앉아 척추를 약간 뒤로 기울이고 무릎으로 분산되어 있던 몸무게를 전적으로 양쪽 좌골에 실으면, 이곳에서 균질한 기판이 형성되어 좌우로 넓게 펼쳐진다. 이어서 이 기판으로 척추뿐만 아니라 온 우주를 떠받들고 있다고 여기면, 기의 장이 위의 우주 공간으로 무한하게 확장되고, 이 상태에서 약간 자세를 뒤로 기울이면 앉은 자리 밑의 우주 공간으로도 끝없이 펼쳐진다. 여기서 기판이 먼저 좌우로 끝없이 확장된다는 것은 어떤 의미인가? 또한 좌우에 이어서 위아래의 우주 공간으로 무한하게 펼쳐지는 것은 무엇을 뜻하는가?

양쪽 좌골 끝으로 몸무게를 전적으로 실으면 압전효과로 밀도 높은 기의 장이 형성된다. 이 현상은 연정화기의 단계로 볼 수 있다. 그런데 이 기의 장에 의념이 계속 머물면 양쪽 좌골이 기의 장으로 이어질 뿐만 아니라 좌골 바깥, 즉 횡의 방향으로도 기의 장이 끝없이 확장된다. 이러한 기의 장은 내 몸과 주위의 공간의 분별이 사라지고 공동의 장이 형성되었다는 것을 뜻한다. 즉, 이 순간은 입자 중심의 선형성 질서가 해체되고 장 중심의 공동장이자, 동시장이 실현되었다는 것을 말한다.

좌골 중심의 기판이 횡으로 확장되는 대로 내맡기고, 따라가다 보면 곧 백회 위에서도 좌골과 같이 횡으로 펼쳐지는 기판의 공동장이 펼쳐진다. 양손의 노궁혈에 의념을 두고 좌골과 백회를 동시에 떠올리면 그 공동장은 횡으로 무한하게 전개될 수 있다. 이것은 '나'라는 전 존재가 횡으로 전개되는 공동장으로 용해되어 동참하고 있다는 것을 의미한다. 좌식 자세에서 좌골과 백회는 위아래의 끝으로서 입자 존재의 전체를 상징하는 것인데, 이 두 지점에서 횡으로 입자의 경계를 허무는 공동장이 펼쳐지고 이를 그대로 따라가다 보면 좌골과 백회의 기판이 일치하는 경지에 이르는 것은 '나'라는 입자로서의 폐쇄 회로가 해체되고 주위의 대상과 국소적인 경계가 사라졌다는 것을 뜻한다.

이를 대자大慈와 다보불多寶佛, 노자老子의 기의 장으로 조명할 수 있다.

앞에서 살펴보았듯이, 대자大慈는 대승의 지금·여기의 마음이다. 모든 입자 단위의 국소성이 해체되고 하나의 공동장을 형성하는 마음이다. 그러기에 횡수 가운데서 횡으로 끝없이 펼쳐지는 기의 장을 나타낸다. 여기서 입자 중심의 선형성 질서는 해체되고 모두를 하나의 공동장으로 바라보기에, 모든 존재에게 즐거움을 줄 수 있는 마음이다.

다보불은 『법화경』에서 석가여래가 법화경을 강설할 때 땅속에서 올라와 그 말씀이 진리라는 것을 입증하는 부처라고 서술되어 있고, 이를 다보탑으로 형상화하여 지어졌다. 다보탑과 다보불의 기의 장은 수직으로 상승하기도 있지만 주로 횡으로 끝없이 펼쳐지는 것으로 느껴진다. 다보불, 다보탑의 탄생설화를 전제한다면 기의 장이 횡으로 조성된 이유를 짐작할 수 있다. 다보불이 그날의 약속을 지키기 위해 한량없는 세월을 땅속에서 지냈다는 것은 다보불이 우주법계의 법성 그 자체인 법신불이라는 것을 뜻하고 진속불이眞俗不二로서 속세와 일체화된 상태, 대자大慈의 마음으로 모든 존재와 공동장을 이루고 있었다는 것을 의미한다. 다보불의 기의 장이 그것을 나타내고, 그를 형상화한 다보탑의 기의 장이 그것을 입증한다.

노자의 기를 느끼면 횡으로 끝없이 펼쳐진다. 앞에서 살펴본 대자와 다보불, 다보탑의 기의 장과 비슷하다. 이는 유위적이고 위계적인 질서를 해체하여 화광동진和光同塵, 진속불이의 무위자연을 추구한 노자의 철학, 세계관과 상응하는 기의 장이라고 해석할 수 있을 것이다. 횡으로 끝없이 펼쳐지는 기의 장으로 모든 입자적 존재의 경계가 해체되고 하나의 공동장을 형성한다. 이를 통해 나와 대상 사이의 거리감마저 사라지자마자, 위아래로도 끝없이 펼쳐져서 횡수로 동시장이 펼쳐진다.

이처럼 모두 처음에는 횡으로 끝없이 펼쳐져 대자심大慈心의 공동장을 이루다가 이를 통해서 '나'라는 관념의 벽이 해체되자마자 수직으로 대비심大悲心의 동시장을 형성하여 시방十方의 모든 경계가 사라진다. 이러한 점에서 좌골의 기판은 온 우주로 기의 장이 확장하는 우주장宇宙場을 이루는 지점이라고 할 수 있다. 좌골에 집중하는 것만으로 연정화기를 이루다가 변화하는 기의 장을 따라서 의식의 차원이 전변할 때 연기화신으로 전환되는 것이다.

3. 음양화평陰陽和平이 차원을 변화시킨다 ─ 연기화신練氣化神

음양은 모든 사물 현상의 두 가지 상반되는 성질이나 측면을 가리킨다. 음양은 서로 대립하면서도 의존하고 있고, 서로 제약하면서도 평형을 유지하게 함으로써 모든 사물 현상이 생성하고 변화하며, 소멸하게 하는 근본 요소이다. 자연계에서도 구름과 구름의 음전하와 양전하가 이동하면서 번개라는 방전 현상이 일어나고 전기선의 +와 -가 만나면서 빛이 발생한다. 인체의 경우 음양은 대칭을 이루면서 상반되는 양 측면을 총칭한다. 앞과 뒤, 좌와 우, 위와 아래, 교감신경과 부교감신경, 정자와 난자, 한과 열 등 몸의 현상들이 대조적인 두 측면으로 구성되어 있고, 이들이 균형, 조화를 이룰 때 건강하며 불균형할 때 이상 반응이 생긴다.

수련을 한다는 것은 음양의 균형을 이루어 새로운 중도의 차원으로 변화해 나가는 것이라고 할 수 있다. 이러한 사례를 알아보기 위해서 먼저 인체의 음양을 세부적으로 구획하여 살펴본다.

한의학에서는 인체를 삼초三焦로 구분한다. 상초上焦는 횡격막 이상으로서 심장과 폐가 포함되고, 중초中焦는 횡격막에서 배꼽까지로 비장과 위·간·쓸개가 포함되며, 하초下焦는 배꼽 이하로서 신장·방광·대장·소장이 포함된다. 기의 관점에서는 삼초를 바탕으로 하되 상초상과 하초하를 추가로 설정할 수 있다. 한의학에서는 장부의 역할을 기준으로 삼초를 설정했지만, 기의 관점에서는 인간이 우주적 존재로서 기의 운용 범위도 개체 단위의 폐쇄 회로가 아니라 우주의 열린 회로를 이룬다고 보기 때문에 백회 위의 우주 공간을 상초상으로, 앉아 있을 때 회음 아래 우주 공간을 하초하로 설정할 수 있다는 것이다. 상초상, 상초, 중초, 하초, 하초하는 몸의 앞뒤, 좌우, 대각선 방향에 걸쳐서 모두 적용된다. 수련을 한다는 것은 결국 이들 부위의 기운 상태를 점검하여 기가 부족한 부위에는 기를 보충하고, 울체된 부위는 풀어서 소통시키는 과정이기도 하다.

이러한 관점에서 음양의 균형을 이루는 방법을 구체적으로 살펴본다.

부교감신경을 활성화하여 열린 회로로 전환하는 방법

교감신경은 제1흉추에서 제3요추에 이르는 척수에서 나와 여러 내장 기관에 분포하며 위급한 상황에 빠졌을 경우 빠르게 대처할 수 있도록 도와주는 역할을 한다. 긴장한 상태에서 업무를 보거나 카페인을 섭취하여 각성하는 경우, 교감신경이 과도하게 활동하게 된다. 이런 상태가 누적될 때 교감신경 기능항진에 이르고 불면증에 시달릴 수 있다.

부교감신경은 중뇌와 연수 및 제2천추에서 제4천추에 이르는 척수의 꼬리 부분에서 나와 각 내장기관에 분포하며 위급한 상황에 대비하여 에너지를 저장해 두는 역할을 한다. 주로 안정을 취하고, 휴식하는 상태에서 작용하여 인체 내부가 항상성을 유지하는 것을 돕는 역할을 한다.

교감신경과 부교감신경이 어떤 상태인지는 기의 장으로 측정할 수 있다.

교감신경 기능이 항진될 때는 앞머리와 심장, 앞가슴 부위의 기 장이 울체되어 있다. 교감신경이 제1흉추에서 제3요추에 이르는 척수에서 나와 몸으로 이어지므로 이곳으로도 기가 흐르지만, 앞가슴 부위보다 미약하게 느껴진다. 그런 만큼 교감신경의 상태를 앞가슴 부위의 기 장을 기준으로 판단하는 것이 쉽다. 다만 삼초의 기운을 균형 있게 조성하는 단계에서는 교감신경의 척추 흐름도 관측하여 기운을 보강해야 한다. 교감신경이 항진된 상태에서는 몸도 의식도 긴장되어 있기 때문에 입자 단위의 폐쇄 회로를 이루고 그런 상태에서 모든 정보를 인식하기 때문에 잡념이 많아진다. 수련 중 잡념이 많아지거나 몸의 경계가 살아나고 '나'라는 관념의 벽이 생길 때는 어김없이 교감신경이 주로 활동한 것이라고 알아차리고 부교감신경을 활성화하여야 한다. 부교감신경을 활성화하면 중뇌·연수에 연결된 뒷머리와 천추와 엉덩뼈가 있는 골반 전반에서 기 장의 밀도가 높아진다.

자율신경을 정상화하기 위해서는 교감신경의 기능 상태에 따라서 부교감신경의 기 장을 조절하는 것이 필요하다. 만약 교감신경이 항진되어 앞가슴의 기 장이 많이 울체되어 있다면 뒷머리의 기 장의 범위를 백회 위의 우주 공간으로, 뒷머리 좌우와 뒤쪽 우주 공간으로 확장하고, 골반 주위의 기 장도 범위를 넓혀 나가야 한다. 그러다 보면, 어느 순간 교감신경과 부교감신경의 균형이 맞추어지면서 편안해진다. 그런데 이때 부교감신경을 교감신경에 대한 상대적 존재라고만 인식한다면, 아무리 부교감신경을 활성화해서 이완하더라도 '나'라는 입자 단위의 폐쇄 회로를 벗어나지 못한다. 이런 상태에서는 다시 교감신경이 주도적으로 활동하면서 경계가 살아나고 긴장될 수 있다. 그렇게 되지 않으려면 양 신경의 균형이 이루어지는 순간 의식의 일대 전환이 필요하다. 앞가슴 부위와 뒷머리, 골반 부위의 기의 장이 균형을 이루어 교감신경과 부교감신경이 조화를 이루면 내 몸이라는 경계가 해체되고 '나'라는 관념마저 사라진다. 이는 교감신경이 주로 활동할 때 당연하게 여겨 왔던 입자 단위의 폐쇄 회로라는 시스템이 사실상 해체된 상태이다. 바로 이때 입자 단위의 폐쇄 회로가 해체되고 우주의 기의 장이 주체인 열린 회로로 전환된다고 여긴다. 그러면 실제로 의념의 비중이 부교감신경이 활동하는 내 몸의 부위를 벗어나 주위의 우주 공간으로 옮겨진다. 이때부터 수련의 주체는 폐쇄회로의 입자가 아니라 열린 회로인 우주의 기의 장이 주체인 상태에서 기의 운용이 이루어진다고 여기고 내맡긴다. 이 지점에서 서양의학의 인체관과 기의 인체관의 주요한 차이가 있다. 서양의학에서는 여전히 인간이라는 개체적 존재를 완결된 단위로 보기 때문에 부교감신경이 과도하게 활동하면 무력해지는 병증을 나타낸다고 보지만, 기의 관점에서는 부교감신경이 활성화되어 기의 장이 우주로 열릴 때, 부교감신경을 기존의 입자의 폐쇄회로 범위 안에 제한하지 않고 부교감신경 활성화를 통해서 우주의 기의 장으로 열린다고 여긴다. 이로써 수련의 주체가 완전히 달라지는 것이다. 폐쇄 회로의 '나'라는 개체적 존재에서 열린회로의 우주의 기의 장으로. 이를 통해서 음양의 대극 상태가 해소되고 중도의 동시장으로 전환할 수 있게 된다.

　수련 도중에도 잡념이 생기거나 긴장되거나 '나'라는 관념의 경계가 살아날 때는 교감신경이 주도적 기능을 하면서 입자 단위의 폐쇄 회로가 작동하는 것이라고 알아차리고 그때마다 부교감신경을 활성화하여 우주의 기의 장의 열린 회로로 전환한다. 이러한 인식의 전환이 익숙해진다면 일상적 삶의 순간에도 적용할 수 있다. 특히 불면증이 있는 경우, 이와 함께 '계내' 호흡이 아니라 '계외' 호흡이 이루어진다고 여기고, 우주의 기의 장에 의해 모든 것이 저절로 이루어진다고 내맡기면 긴장이 풀리면서 쉽게 잠들 수 있다.

음양 화평의 차원

　한의학에서는 사람을 소우주라고 한다. 사람이 신기지물神機之物로서 다른 동식물에 비해 자율적인 구조를 갖추고 있기에 '우주'라고 하며, 음양오행의 기 장이 대우주를 그대로 닮았기에 '소'우주라고 하는 것이다. 서구에서는 20세기에 이르러서야 작은 조각이 전체와 비슷한 기하학적 형태를 띠는 것을 발견하고 이를 자기 유사성이라고 하고, 자기 유사성을 갖는 기하학적 구조를 프랙털(fractal) 구조라고 하였다. 프랙털 이론이 눈으로 보이는 자연계의 드러난 질서에 내포된 패턴을 찾아낸 것이라면, 한의학의 소우주론은 눈으로 보이지 않는 기의 장에서 유사한 패턴을 발견하고 적용한 이론이라고 할 수 있다. 한의학은 기의 철학에 근거를 둔 기의 의학이자 기의 과학이다. 한의학에서는 인체의 기 장을 음양오행으로 분석하고, 기의 통로를 경락으로 파악하였다. 예를 들어 오행은 봄, 여름, 늦여름, 가을, 겨울의 기의 장을 다섯 가지 사물, 즉 나무, 불, 흙, 쇠, 물의 존재 양식으로 비유해서 표현한 것이다. 봄과 나무는 위로 뻗어 나가는 생生의 기운이며, 여름과 불은 만개하는 장長의 기운이며, 늦여름과 흙은 운화運化하는 화化의 기운이고, 가을과 쇠는 버릴 것 버리고 나머지를 추스르는 수收의 기운이며, 겨울과 물은 저장하는 장藏의 기운이다. 이에 해당하는 인체의 장기가 간담, 심장과 소장, 비장과 위, 폐와 대장, 신장과 방광이다. 이러한 장부의 개념은 서양의학의 해부학적 장기와 달리 실체가 있는 조직으로 구성된 기관 자체뿐만 아니라 장부의 영향을 받는 전신적이고 유기적인 생리 작용과 정서적인 작용까지 포괄한 것이다. 이러한 점에서 한의학의 장부는 해부학적 조직뿐만 아니라 여기에 연결된 경락까지 포괄한 것이라고 할 수 있다. 경락은 기의 통로이다. 장부의 경락을 통째로 포함해서 바라볼 때, 한의학의 장부가 인체 전체에 작용하는 기의 장을 알 수 있다.

예를 들어 간담의 경우, 간담이라는 장부뿐만 아니라 엄지발가락에서 시작하여 다리 안쪽, 뱃속의 간담, 목과 눈, 이마, 정수리로 이어지는 간경과 눈 바깥에서 옆머리, 상반신 측면, 다리 측면, 발등, 넷째발가락으로 이어지는 담경膽經을 총괄하여 지칭하는 것이다. 간경肝經, 담경을 흐르는 기의 장을 통째로 느끼면 몸과 머리 안쪽으로 기운이 충만하고 몸의 측면을 관통하는 기의 장이 강렬하게 나타나며, 이 기의 장은 머리 측면 위, 상초상 영역까지 길게 뻗어 나간다. 이러한 기의 장을, 마치 나무가 위로 쭉쭉 뻗어 나가듯이 봄의 약동하는 기운을 나타내는 것이라고 보고 목기木氣라고 한다.

심장과 소장의 경우, 이들 장부뿐만 아니라 심장과 소장에서 폐, 앞머리의 눈 부위, 팔 안쪽, 새끼손가락으로 이어지는 심경心經과, 새끼손가락에서 팔뚝 바깥쪽, 어깨, 심장, 소장, 목, 뺨, 눈 부위로 이어지는 소장경小腸經을 총괄하여 지칭하는 것이다. 심경과 소장경을 흐르는 기의 장을 통째로 느끼면, 심장의 기운이 충만하면서 앞머리와 앞가슴으로 밀도 높은 기운이 조성되고 머리 위로도 퍼져 나간다. 이러한 기의 장을, 마치 불이 활활 타오르듯이 기운이 사방으로 퍼져 나가는 것이며, 여름에 꽃과 열매로 나무의 기운이 만개하는 것과 같다고 하여 화기火氣라고 한다. 화기는 다른 기운과 조화를 이룰 때는 기의 차원을 변화시키는 데 도움이 되지만, 단독으로 강하게 조성되면 음양 균형이 무너져 정신신경 계통에 병증을 일으킬 수 있다. 화기에는 무형의 장부인 심포心包와 삼초三焦도 배속되어 있다. 심포는 심장을 보호하고 심장의 기능을 돕는 작용을 하는 무형의 장기로서 경맥이 가슴속에서 시작하여 횡경막을 지나 상초, 중초, 하초로 흐르고, 팔 안쪽을 따라서 가운뎃손가락 끝까지 이어진다. 삼초는 넷째손가락 끝에서 시작하여 팔 바깥쪽을 따라 어깨, 목덜미, 귀, 눈과 코 주위로 이어지고, 어깨에서 심포에 연결된 뒤 횡경막을 지나 상초, 중초, 하초로 이어진다. 심포경과 삼초경도 화기의 기 장에 포함된다.

비장과 위의 경우, 이들 장부뿐만 아니라 엄지발가락에서 다리 안쪽 앞부분, 뱃속의 비위, 가슴, 혀뿌리에 이르는 비경脾經과, 코, 눈의 얼굴과 머릿속, 목 기관의 옆, 상반신 좌우 앞쪽 옆부분, 비위, 다리 앞쪽 바깥 부분, 발등, 둘째발가락에 이르는 위경胃經을 총괄하여 지칭하는 것이다. 비경·위경을 흐르는 기의 장을 통째로 느끼면 머릿속으로 밀도 높은 기운이 조성되고, 앞머리·앞가슴·아랫배· 다리 앞쪽으로 기운이 충만하게 된다. 이러한 기의 장은 머리와 몸의 중앙으로 기운이 조성되면서 소화 흡수를 통해서 전신으로 영양을 공급하는 역할을 하기에 마치 흙이 모든 것을 운화하는 것과 같고, 이는 늦여름에 모든 것이 무르익는 운화運化의 기능을 하는 것이라고 보아서 토기土氣라고 한다.

폐와 대장의 경우, 이들 장부뿐만 아니라 위와 대장, 폐를 거쳐서 어깨, 팔 안쪽, 엄지손가락 안쪽에 이르는 폐경肺經과 집게손가락에서 팔 바깥쪽, 어깨, 대추혈, 옆 목, 뺨, 아랫니, 입술 주위, 폐와 대장에 이르는 대장경大腸經을 총괄하여 지칭하는 것이다. 폐경과 대장경을 흐르는 기의 장을 통째로 느끼면, 옆머리와 어깨, 양쪽 폐에 밀도 높은 기운이 충만하고 좌우로 넓게 퍼져 나가며 대장으로도 기운이 이어진다. 이러한 기의 장은 호흡과 배설의 기능이 원활해지면서 버릴 것을 버리고 필요한 것을 거두는 가을의 수收의 기능을 하는 것이라고 보고, 땅속에서 일정 성분만 응집하는 쇠붙이의 양상과 닮았다고 하여 금기金氣라고 한다.

신장과 방광의 경우, 이들 장부뿐만 아니라 새끼발가락에서 발 중심, 다리 안쪽, 신장, 방광, 간, 폐, 목, 혀뿌리로 이어지는 신경과, 눈 안쪽에서 시작하여 이마, 백회, 뒷머리, 척추 양쪽 옆, 허리, 신장, 방광, 엉덩이, 다리 뒷면, 오금, 새끼발가락에 이르는 방광경膀胱經을 총괄하여 지칭하는 것이다. 신경, 방광경을 흐르는 기의 장을 통째로 느끼면 다리 뒷부분에서 척추, 뒷머리, 백회로 밀도 높은 기운이 기둥처럼 조성되고, 그 흐름을 따라 백회 위 우주 공간까지 기운이 상승한다. 이러한 기의 장은 신장과 척추, 뇌로 기운이 집중되어 안정시켜 주는 것으로서, 마치 안으로만 갈무리하는 물의 성질과 닮았고 겨울의 기후에 모든 것을 뿌리로 저장하는 기의 장과 닮았다고 하여 수기水氣라고 한다.

이상에서 살펴보았듯이, 한의학의 장부는 경맥으로 확장되면서 제각각의 기 장을 조성하여 장부의 고유 기능은 물론이고 정서 상태에도 영향을 미친다. 그런데 이러한 기능을 하는 12장부의 크기와 기능이 사람에 따라 다르고, 경맥이 조성하는 기의 장도 차이가 난다. 한 사람의 생체장은 부모의 유전자와 기의 장, 태내에 있을 때 우주의 기운, 산모의 건강과 섭식 등 수많은 요인들이 복합적으로 작용하여 조성되기 때문이다. 이를 미시적 관점에서 본다면 우주 공간에 똑같은 사람은 없을 정도로 제각각이지만, 기의 장이라는 패턴으로 본다면 비슷한 양상으로 분류해서 볼 수 있다. 이를 체질론으로 정립한 것이 오형인五形人과 오태인五態人이다.

『황제내경黃帝內經』에서는 사람의 체질을 얼굴 형태에 따라 오형인으로 구분하고 있다. 목형木形은 세로로 긴 직사각형, 화형火形은 역삼각형, 토형土形은 원형, 금형金形은 가로로 긴 직사각형, 수형水形은 삼각형의 얼굴 형태를 띠고 있다고 한다. 누구나 12장부를 갖추고 오행의 기장을 이루고 있지만, 장부의 크기와 성능에 따라서 주도적인 기 장을 형성하고 있는 오행이 다르다는 것이고, 이를 얼굴 형태로 구분하는 것이다. 그런데 체질을 얼굴 형태로 판별하는 것은 드러난 형상으로 인식하는 것인 만큼 알기 쉬운 측면은 있지만, 오차가 있을 수 있다. 체질의 원형은 기의 장 차이이고, 얼굴 형태는 이차적이고 파생적인 소산이기 때문이다. 또한 선천적인 체질은 잘 변하지 않지만, 현재의 체질은 삶의 과정에 따라서, 수행의 결과에 따라서 변화할 수 있기 때문에 기의 장이 체질의 원형이라는 점을 전제해야 체질의 변화를 있는 그대로 파악할 수 있다. 또한 얼굴 형태와 무관하게 오행이 여러 개 혼재되어 나타나는 경우 기의 장으로는 이를 쉽게 판별할 수 있다.

이처럼 오형, 즉 오행의 기장으로 분류하더라도 기본적으로 전제해야 할 것이 있다. 모든 사람에게 드러난 체질, 즉 주도적 기의 장이 고정되어 있는 것으로 규정해서는 안 된다는 것이다. 입자 중심의 세계관에서는 현상적으로 드러난 질서를 실체라고 규정하겠지만, 일미동체의 장 중심의 세계관으로 본다면 사람은 누구나 우주적 존재이다. 그런 만큼 어떠한 체질로 타고났더라도 세계관과 인식의 차원이 변화한다면 타고난 체질을 어느 정도 변화시킬 수 있다는 것이다. 이것이 수행하는 이유이다.

그런데 현재 조성된 오행의 기장을 파악한다면, 일상생활이나 수행에서 유용한 측면이 많다. 먼저 오행의 기 장에 따라서 사람의 성격이나 기질, 장부의 성능을 파악할 수 있다. 가령, 목기가 강한 경우, 간담의 기능이 좋고 직선적인 기질과 어진 성품을 타고 날 가능성이 많다.

화기가 강한 경우, 정열적이며 예지력을 갖추었을 가능성이 있으나 정신 계통의 병증을 앓을 확률이 높아진다. 토기가 강한 경우, 비위 기능이 뛰어나며 원만한 성격을 갖거나 욕심이 많을 수 있다. 금기金氣가 강한 경우, 폐의 기능이 좋으며 리더십이 있거나 권위적인 성향을 띨 수 있다. 수기水氣가 강한 경우, 신장의 기능이 좋으며 안정되고 차분하되 정적일 수 있다. 물론 이렇게 구체적 사례로 드는 것은 기의 장에서 유래할 수 있는 이차적, 파생적인 소산이지, 결정적이나 규정적인 것은 아니다. 그런 만큼, 수행을 통해서 기의 장을 변화시키거나 의식적인 노력으로 성격과 심리를 바꾼다면 얼마든지 달라질 수 있다.

다음으로 오행 사이의 상생相生, 상극相剋 관계를 활용한다면 일상생활이나 수련에서도 도움을 받을 수 있다.

상생은 도움을 주는 관계로서, 자연계의 사물의 원리와 같다. 목생화木生火는 목이 화를 낳는 것으로서, 나무에서 불이 나는 것에 빗대어 이해할 수 있다. 화생토火生土는 화가 토를 낳는 것으로서, 불이 나면 모두 재가 되어 흙으로 돌아가는 것과 같다. 토생금土生金은 토가 금을 낳는 것으로서, 흙 속에서 금속이 생성되는 것과 같다. 금생수金生水는 금이 수를 낳는 것으로서, 금속 이온들이 물속에 녹아 들어가는 것과 같다. 수생목水生木은 수가 목을 낳는 것으로서, 수분을 흡수하여 나무가 성장하는 것과 같다. 이를 인간 관계에도 적용하면, 마치 어미가 자식을 낳는 것처럼 도움을 주는 관계로서 기의 장이 작용한다는 것이다. 수련의 관점에서도 목은 봄의 약동의 기운으로서 몸의 측면에서 위로 뻗어 나가면서, 화의 만개하는 여름의 기운과 함께 양의 기운을 이끌게 되고, 토는 몸의 중앙으로 화의 양 기운이 금의 음 기운으로 전환하는 과정에서 나타나는 변화의 힘으로서 중도의 상태라고 할 수 있다. 금은 가을의 추스리는 기운으로서, 봄·여름의 양의 기운을 안으로 갈무리하면서 음으로 전화하며, 수는 겨울의 저장하는 기운을 도와 가장 내밀한 척추 중심의 기운이 충만하도록 돕는 역할을 하는 것으로 볼 수 있다.

　상극은 견제, 억제하는 관계이다. 목극토木剋土는 목이 토를 이기는 것으로서, 나무가 흙의 영양분을 흡수하는 것과 같다. 화극금火剋金은 화가 금을 이기는 것으로서, 불이 쇠를 녹이는 것과 같다. 토극수土剋水는 토가 수를 이기는 것으로서, 흙으로 제방을 쌓아 물을 가두고 토기로 물을 담는 것과 같다. 금극목金剋木은 금이 목을 이기는 것으로서, 도끼로 나무를 베는 것과 같다. 수극화水剋火는 수가 화를 이기는 것으로서, 물로 불을 끄는 것과 같다. 인간 관계에서도 상극의 기의 장이 만나면 특별한 이유 없이 위세에 눌리거나 권위를 부리는 관계가 성립될 수 있다는 것이다. 물론 이것은 기의 장에서 초래하는 하나의 조건일 뿐이기 때문에 이를 규정적으로 받아들여서는 안 된다. 수련의 관점에서 본다면, 상극은 음양 균형을 이루는 데 중요한 역할을 한다. 화기는 주로 앞가슴, 앞머리 부위로 양기를 조성한다. 이에 비해 수기는 주로 척추 좌우에서 위아래로 쭉 뻗어 있다. 화기를 진정시키고 음양 균형을 위해서는 수기를 조성하는 것이 필요하다. 수극화의 상극 관계가 유효하게 적용될 수 있다. 토극수의 관계도 마찬가지이다. 토는 머릿속으로부터 앞 얼굴, 앞가슴, 앞 배, 앞다리에 이르기까지 주로 몸 앞쪽으로 기의 장을 형성하여 등 뒤 척추 쪽의 수와 배치된다. 수기가 강하면 비위의 활동이 약해질 수 있다. 이런 경우 토기를 강화하면 수기와 조화를 이루어 안정을 이룰 수 있고, 토기가 강하여 지나치게 식욕이 생길 경우에도 수기를 강화하면 식욕이 사라지면서 안정을 이룰 수 있다. 기의 장으로 보더라도, 수는 등쪽, 토는 몸 앞쪽으로 몸 앞뒤 면에서 음양의 기운으로 대칭을 이루고, 화는 앞머리, 앞가슴 위로 향하는 양기로서 수기와 대칭을 이루며, 목기는 몸 측면 상하로 조성되면서 펼쳐진다면 금은 주로 횡으로 좌우로 전개되어 대칭을 이룬다.

　이처럼 오행의 특정 기 장을 체질로 타고났더라도 상생·상극 관계의 원리로 다른 오행 기운을 하게 되면, 음양 균형이 맞추어지는 순간 모든 경계가 동시에 사라진다. 다만 여기서 음양이란 앞뒤, 좌우, 위아래의 모든 대칭되는 측면을 가리키는 것이고, 상초·중초·하초의 경계를 넘어서 상초상·하초하까지 포괄하면서 전개될 때, 입자 중심의 '나'라는 관념의 벽을 넘어서 온 우주로 열릴 수 있다.

『황제내경』에서는 태양인, 소양인, 소음인, 태음인과 음양화평인의 다섯 가지를 오태인五態人의 체질로 제시한다. 여기서 앞의 네 가지 체질은 조선의 이제마李濟馬가 밝힌 사상체질四象體質과 다르다. 『동양의학대사전』(경희대학교, 1999)에서는 "동양의학의 문헌상에서 체질 유형을 분류하여 논한 기술은 『영추靈樞』「음양이십오인陰陽二十五人」과 「통천通川」에서 찾아볼 수 있으나 이들은 외적인 특성만을 분류하여 관찰했을 뿐이다. 이에 반하여 「사상체질변증四象體質辨證」에서는 먼저 각각의 체형과 기상氣像, 장점과 재간才幹, 심리 상태와 각 체질에서 유사한 점의 비교 분석 등에 관하여 논술하고 있다."고 정의한다. 『황제내경』에서는 네 가지 체질을 오형인과 같이 외적인 특성으로만 분류했지만, 조선의 이제마는 체형뿐만 아니라 기의 양상, 심리 상태를 종합적으로 반영하여 사상체질을 확립했다는 것이다. 이를 기氣의 관점으로 본다면, 기라는 것은 몸의 상태와 의식, 상념의 상태가 모두 반영된 것이고, 또한 기의 장에 따라서 몸이나 의식, 상념도 영향을 받는 것이기 때문에 기의 장으로도 네 가지 체질을 분별할 수 있다. 실제로 사상체질을 진단하는 방법은 많이 있다. 장부의 크기와 성능에 따라서 다르게 보는 경우가 있고, 체형이나 성격에 따라서 구분하는 경우도 있다. 그런데 드러난 형상이나 성격, 의식의 내용은 기의 장에서 파생한 2차적 소산이기 때문에, 이를 기준으로 체질을 분별한다면 오차가 생길 수도 있고 그 정도를 정확히 파악하기 어려울 수도 있다. 기의 관점에서 본다면,

태양인은 머리 위, 상초상 부위로 양기가 많이 조성되어 있는 경우이고, 소양인은 앞가슴 앞쪽, 머리 하단 부위로 양기가 조성되어 있는 경우이며, 소음인은 하초의 앞뒤로 음기가 조성되어 있는 경우이고, 태음인은 뒤쪽 하초와 하초하로 기운이 조성되어 있는 경우로 구별할 수 있다. 이런 구분법은 전형적인 체질이며, 사람에 따라서는 기의 장이 조성된 밀도와 양상의 정도가 다양할 수 있고, 두 가지가 혼재되어 나타날 수도 있다. 이러한 체질은 타고난 것이기 때문에 후천적으로 잘 바뀌지 않는다. 그런 만큼, 약이나 음식을 섭취할 때 선천적인 체질을 고려하는 것이 필요하다. 특히 수련하는 경우 자신에게 조성되어 있는 기의 장을 고려하여 음양 균형이 이루어지도록 운용하는 것이 바람직하다.

그런데, 『황제내경』에서 오태인 가운데 하나로서 거론한 음양화평인은 음양陰陽의 기氣가 조화되어 음인陰人이나 양인陽人처럼 어느 한쪽으로 치우치지 않는 사람을 말한다.

> 『영추靈樞』「통천通天」에서 "음양화평지인陰陽和平之人은 그 음양陰陽의 기가 조화되어 있으므로 혈맥血脈이 순조롭다."라고 하였으며, 또한 "음양화평지인은 거처함이 안정되어 두려워하거나 기뻐하지 않으며, 조용히 형편에 따르고 다투지 않으며, 시세에 따라 변화하고 높은 위치에 있어도 겸손하며, 항상 말로 감화시키며 힘으로 다스리지 않으니, 이것을 일러 매우 훌륭한 방법이라고 합니다."라고 하였다.[4]

음양은 인체를 기준으로 나타나는 모든 상반되는 기운을 가리킨다. 앞과 뒤, 위와 아래, 좌와 우, 한과 열 등등. 이러한 음양의 어디에도 치우치지 않고 조화를 이루는 것은 어떤 상태를 가리키는 것일까? 그 상

---

4 『동양의학대사전』, 경희대학교, 1999.

태는 세계관과 인식의 차원에 따라 다를 수밖에 없다. 만약 3차원 공간관, 입자 중심의 세계관에 입각한다면, 그 상태는 봄, 여름의 양기와 가을, 겨울의 음기의 중앙인 늦여름의 토에 해당할 것이고, 인체에서도 사방의 중앙인 비위에 해당할 것이다. 그러나 이런 중앙은 기계적이고 산술적인 평균일 뿐, 실제로 음양을 망라하는 위상이 될 수 없다. 마치 음양의 양극은 그대로 유지한 상태에서 그 중간만 취하는 상태가 될 수 있다. 그런데, 수련을 통해서 음양이 균형을 이루도록 기를 운용하고 대칭 방향으로 동시에 무한하게 전개해 나가면, 음양의 대극이 합일되고 음양으로 구분되던 차원이 사라지면서 전체가 하나의 동시장으로 변화하는 체험을 할 수 있다. 그 순간, 이전보다 세계관의 차원, 인식의 차원이 한 단계 더 높아진 것이다. 이것은 인간이 개체 단위의 입자로 완결된 존재가 아니라 우주로 열린 장의 흐름이라는 것을 전제할 때 가능한 것이다. 이러한 관점을 전제하지 않을 때는 그러한 체험을 하기도 어렵지만, 설사 체험하더라도 그렇게 해석할 수 없다. 이 상태에서는 입자가 주체인 영역만 인식될 수 있고, 장의 차원에서 전개되는 영역은 감지할 수도 없고, 스스로 인식의 영역에서 배제해 버리기 때문이다. 이러한 점에서 음양화평은 음양의 차원이 전변하여 일미동체의 장 중심으로 세계관의 차원이 달라질 때 가능한 것이라고 할 수 있다. 이러한 상태는 음양이 양적으로 균형을 이루고 방향성에서 대칭으로 무한한 전개를 할 때 저절로 이루어지는 것이다. 다만, 인식의 차원이 기의 장의 변화에 따라서 전환할 때 음양화평의 차원은 포착되는 것이고 오래 지속될 수 있다. 만약 인식의 차원이 낡은 세계관에 머문다면 음양화평의 순간이 도래하더라도 알아차리지 못하고, 도리어 의식의 지체현상으로 말미암아 음양이 대립되는 차원으로 되돌아가게 된다. 따라서 수련할 때, 먼저 앞뒤와 좌우, 대각선 방향의 상초상, 상초, 중초, 하초, 하초하에 걸쳐서 음양의 기운이 균형을 이루도록 기의 장을 조정하는 것이 필요하고, 이를 통해서 경계가 사라지는 순간 인식의 차원을 입자 중심에서 장 중심으로 전환하여 음양화평 상태가 중도의 동시장으로 지속하도록 하는 것이 필요하다. 특히 상초상, 하초하로 전개되는 부분을 대칭으로 동시에 무한대로 진행하는 것이 입자로서의 '나'의 관념적 경계를 해소하는 데 관건이 된다.

입태의 선천지기로부터 신기神氣로

우리는 누구나 음양화평의 극적인 체험을 통해서 삶을 시작했다. 입태로 선천지기先天之氣가 출현한 것이다. 이 과정을 되짚어보면, 음양화평이 어떤 역할을 하는지 알 수 있을 것이다.

부모의 양정兩精은 양성 생식을 위해 다시 음과 양으로 환원된 것이다. 이들 양정이 상호 결합하는 순간 음양은 쌍소멸하면서 새로운 통합의 기운이 만들어진다. 그 기운은 입자 단위의 폐쇄 회로를 넘어서 우주의 기의 장으로 열리는 시스템의 일대 전환이었다. 이처럼 자연적으로 진행되는 음양화평은 차원이 변화함으로써 이전의 음양의 입자가 소멸하고 통합의 새로운 차원이 열리는 것이었다. 이를 통해서 인간의 존재성이 어떠한 것인지도 알 수 있다. 비록 눈에 보이는 형상으로서는 입자 단위의 개체적 존재로 보이지만, 기의 장으로는 입자의 폐쇄 회로를 해체하고 우주의 열린 회로로 전환된 것이다.

수련을 통해서도 앞뒤, 좌우, 상하 어느 영역에서라도 음과 양이 균형을 이루는 순간, 음양으로 구분되는 경계가 사라지고 통합의 기의 장이 생겨난다. 이러한 통합의 기의 장은 의식의 차원에 따라서 입태 당시의 선천지기보다 미흡할 수도 있고, 더 높은 차원으로 전개될 수도 있다.

입태 당시의 선천지기는 정자와 난자가 서로 이끌리면서 결합하는 것으로서, 별도의 독립된 의식 주체가 존재하지 않기 때문에 사리를 분별하는 의식이 작용하지 않는다. 그야말로 음양의 자연스런 결합이고 그 결과가 웬만한 수준의 중심선 수행의 결과를 뛰어넘는다. 그 이유는, 중심선 수행으로 음양의 기운이 만난다고 하더라도, 입자 중심의 세계관과 인식틀이 남아 있다면 의식의 지체 현상으로 기의 장이 새로운 차원으로 변화할 수 없기 때문이다. 하지만 입태 당시의 선천지기는 그러한 의식의 지체 현상으로 인한 방해가 없이 오롯이 양정의 상호 결합으로 출현할 수 있는 기운이 그대로 창출되기 때문에 보통의 수행의 결과를 훨씬 능가하는 통합의 기의 장을 만들어 내는 것이고, 그 수준이 입자의 폐쇄 회로를 넘어서서 우주의 기의 장으로 열리는 시스템을 창출해 내는 것이다.

그에 비해, 음양이 균형을 이루는 순간 수련자의 의식이 입자 중심의 폐쇄 회로를 해체하고 일미동체의 장의 세계관으로 전변한다면, 음양화평의 기운은 차원이 달라지면서 우주로 열리게 된다. 그런 상태가 바로 연기화신의 경지라고 할 수 있을 것이다. 입자 중심의 세계관이 조금이라도 남아 있다면 기와 신은 분리되는데, 이런 상태에서는 연기화신을 연상하더라도 그 신은 지금, 여기로부터 동떨어져 있는 초월적인 존재로 나타난다. 심지어 입자 단위의 폐쇄 회로가 남아 있는 만큼, 신은 입자와 대립된 또 다른 독립된 인격체를 형성할 수도 있다. 모두 세계관의 혼재로 생기는 현상이다. 그런데 기의 장이 변화하는 것에 호응하여 세계관과 인식의 차원이 전변한다면, 음양화평의 통합의 기의 장은 신으로 전환하여 모든 것을 망라하는 전체성을 띨 수 있고, 모든 것을 중도로 바라볼 수 있는 경지에 이를 수 있다. 이렇게 전개될 때 비로소 『황제내경』에서 언급한 음양화평인의 정의가 그대로 실현될 수 있을 것이다. 이러한 점에서 음양화평인을 정의하는 데에서도 가장 기본 전제가 되는 것은, 인간의 존재성을 바라보는 관점이라고 할 수 있다. 인간을 입자 중심의 개체적 존재라고 본다면 음양화평인은 사실상 불가능하다. 음양화평인은 일미동체의 장으로서 우주적 존재 그 자체이기 때문이다. 반면에 인간을 우주적 존재라고 인식한다면, 음양화평인은 본연의 존재성을 회복하는 것이고, 이를 깨닫는 과정이 수행이라고 할 수 있을 것이다.

4. 대승의 탐진치, 대승의 자비는 무한 — 연신환허練神還虛, 환허합도還虛合道

회광반조回光返照는 명상 수련의 기본 방식이다. 일상생활에서는 바깥 세계를 인식하고 그곳에 참여하는 행위가 많다. 이 과정에서는 내 안의 빛이 모두 바깥으로 뻗어 나간다. 회광반조는 바깥으로 나가는 빛을 돌려서 자기의 내면을 비추는 것이다. 특히 기 수련의 경우 자신의 기의 장을 매 순간 느끼면서 조정해 나간다. 현재 자신의 기 장이 어떠한지, 기가 뭉쳐서 울체된 부분은 없는지, 기가 부족하여 허한 부분은 없는지, 나아가서 '나'라는 관념적 경계가 다시 살아나고 있는지를 회광반조를 통해서 점검한다. 이를 통해서 몸의 상태뿐만 아니라 의식의 차원, 상념의 내용이 어떠한 기의 장을 초래하는지를 확인할 수 있다. 이러한 점에서 본다면, 회광반조의 수련을 한다는 것은 이론과 실천, 아는 것과 행함이 조금도 지체되지 않고 동시에 이루어진다는 점에서 '살아 있는 철학'을 하는 과정이라고 할 수 있다.

그런데 회광반조에서 중요한 것은 세계관이다. 어떤 세계관에 근거하는가에 따라서 그 결과는 판이하게 달라질 수 있기 때문이다. 반조한다는 것은 일상적 의식보다 한 차원 높은 상태가 되어야 가능하다. 홀로그래피(holography)에서 대상광선이 만들어 낸 상을 피사체를 거치지

506

않은 표준광선이 비출 때 부분을 전체상으로 조명하듯이, 일상적 의식이 대상의식이라면 이를 비추는 의식, 성찰하는 의식은 대상의식보다 한 차원 높은 상태에서 바라볼 때 그 전모를 조명할 수 있다. 만약 일상적 대상의식과 같은 차원의 세계관에 머문 상태에서 회광반조를 하려고 한다면 어떻게 될까? 전체의 규모에서 자신의 기 장을 지켜보고 자신의 상념을 성찰하는 의식이 제 역할을 못하면서 대상의식과 합치하여 한 방향으로 전개된다. 즉, 3차원 공간관에 입각한 입자 중심의 사유에서 벗어나지 못하면서 그 인식틀에 의해서 포착된 내용만이 전부라고 여기고 몰입하게 된다. 이러한 상태에서 진행하는 수행은 아무리 신심을 갖고 용맹정진하더라도 맹목적일 수밖에 없다. 회광반조를 통한 비판적 성찰과 전체성의 조명이나 중도적 인식은 불가능하다. 반조를 한다면 어디에서 어디를 비추느냐가 관건인데, 입자 중심의 세계관과 인식틀에서는 입자에서 입자를 비출 뿐이기 때문에 대상의식의 내용만 거듭 확인하고 그것을 실체화하게 된다는 것이다.

반면에 일미동체의 세계관에 입각한다면, 우주의 기 장이 주체가 되어 수련하고 있는 '나'를 비추어 볼 수 있다. 이를 통해 '나'의 기가 허하다면 저절로 우주의 기가 충만해지고, 기가 울체되어 있다면 우주 규모의 호흡으로 풀리게 된다. 이때 유의해야 할 점은 우주의 기 장이 주체인 상태에서도 자신의 기운 상태를 느끼는 순간, 우주에 머물던 시선이 즉각 자신의 몸으로 되돌아오기 쉽다는 것이다. 그런 경우에는 다시 입자 단위의 경계가 살아나기 때문에 불균형한 기의 장을 풀기가 어려워진다. 하지만, 수련자의 기의 장을 알아차리더라도, 우주의 기의 장이 주체인 상태를 유지한다면 법이자연法爾自然으로 저절로 풀리게 된다. 또한 일미동체의 세계관에 입각한다면, 수련자의 세계관, 인식틀에 따라서 대상을 어떻게 파악하는지 알 수 있고, 대상과의 동시장 상태가 어떻게 달라지는지도 확인할 수 있다. 즉, 인식주관이 참여한 상태에서 인식대상의 상태가 다르게 파악된다는 것을 있는 그대로 알아차릴 수 있다는 것이다. 이를 통해서 현재의 앎의 상태를 절대화하거나 실체화하지 않고, 모든 것이 인연화합에 의해서 이루어진 것이며 공·가·중으로 나타난다는 것을 알 수 있다.

이러한 의미에서 회광반조는 우주가 하나의 동시장이라는 세계관에 입각하여 사람이 개체적 존재가 아니라 우주적 존재라는 것을 전제하고 있는 것이라고 할 수 있다. 그럴 때만 수련자가 스스로 인식의 차원을 일심동체의 동시장으로 확장할 수 있고, 그에 근거하여 모든 것을 비추어 볼 수 있기 때문이다.

대승의 관심석觀心釋은 인식주관에 대한 성찰이라는 점에서 회광반조와 같은 맥락의 수행법이라고 할 수 있다. 일반적으로 경전을 본다면, 경전의 구절을 표현된 내용 그대로 이해하고 난 뒤에 자신의 마음을 되돌아보고 번뇌나 경계가 많은 자신의 마음 상태를 해석한다. 그런데 지의가 창안한 관심석은 경전의 한 글자, 한 구절, 나아가 경전 전체를 자신의 마음으로 간주하고, 그 마음을 관조하는 것처럼 해석하는 방법이다. 여기에는 전제가 있다. 경전의 구절들을 마음에 비추면서 삼관三觀, 즉 경전의 모든 것을 공空과 가假, 중中으로 보는 것이다.

지의의 관심석은 경전을 인식할 때 인식주관이 전면적으로 개입하여 자유롭게 해석한다는 것을 천명한 것이다. 이전의 방식은 경전과 내 마음이 분리되어, 경전은 절대적이며 객관적인 진리이고, 내 마음은 어떤 차원의 것이든 경전과 무관한 주관의 영역이었다. 즉, 이때의 마음은 번뇌에 시달리는 개체적 존재의 마음일 수도 있고 우주적 장의 마음일 수도 있다. 그렇다면 이때 경전의 내용은 어떻게 해석되는 것일까? 이 경전은 내 마음과 분리되어 문구 그대로를 무의식적으로 수용되는 것이지만, 사실은 이미 일정한 세계관에 의거해서 해석되고 규정된 내용이다. 이런 점에서 본다면 이전의 방식은 지금 공부하고 있는 나의 인식주관이 관여하지 않을 뿐이지, 이미 해석된 경전을 객관적 진리라고 받아들이는 것인 만큼 사실상 인식주관을, 이미 경전을 표현하고 해석한 수준과 차원에 일치시키는 것과 같다. 이처럼 경전의 내용을 일정한 세계관으로 해석된 것으로 인식하는 것과 그런 배경과 무관하게 객관적 진리라고 인식하는 것은 아주 다르다. 전자의 경우, 경전의 내용을 해석한 세계관이나 관점과 연계하여 인식하기 때문에 그 내용을 고정적인 것으로 바라보지 않아서 인식의 차원이 바뀌면 그 내용도 변화할 수 있는 가능성을 열어 두는 것이지만, 후자는 경전의 내용을 객관적 진리라고 실체화함으로써 그렇게 인식하는 수련자의 차원도 경전을 해석한 차원과 같은 상태로 고정된다.

그런데, 지의智顗의 관심석에서 가장 중요한 것은 경전을 관하는 마음의 차원이다. 마음의 차원은 그 마음을 운용하는 인간의 존재성을 어떻게 보는가에 따라 달라진다. 인간을 개체적 존재라고 인식한다면 그 마음은 3차원의 개체 단위의 마음이라고 할 수 있고, 인간을 우주법계로 열린 장으로서 우주적 존재라고 여긴다면 그 마음은 일심동체의 차원이라고 할 수 있다. 만약 3차원의 개체 단위의 마음으로 경전을 본다면 세계를 입자 중심으로 보듯이, 경전도 글자 그대로를 실체화하여 파악하고 사구四句와 같이 차원을 넘나드는 역설의 논리는 이해할 수 없다. 예를 들어, 번뇌는 사람을 미혹하게 만드는 것이기 때문에 모두 제거해야 한다고 본다. 그런 인식으로서는 궁극적으로 회신멸지를 통해서만 공적한 상태에 이를 수 있다. 이런 마음의 차원에서는 번뇌즉보리, 생사즉열반을 이해할 수 없다. 만약 이러한 마음의 차원이라면 경전을 내 마음으로 해석하는 관심석을 전개할 수 없다. 그렇기 때문에 지의는 경전의 모든 것을 마음에 비추되, 공空·가假·중中으로 보라고 한 것이다. 이것은 사실상 마음이 3차원 공간의 존재, 입자로서의 개체적 존재의 차원이 아니라, 우주가 하나의 동시장인 일심동체의 차원임을 전제하고 있는 것이다. 이런 상태일 때 경전의 내용을 장교의 관점에서 연기된 것으로 보고 있는지, 통교의 관점에서 공空으로 보는지, 별교의 관점에서 가假로 보는지, 원교의 관점에서 중中으로 보는지 알 수 있다. 십계호구十界互具로서 모든 계가 나머지 9계를 다 갖추고 있듯이 개체 단위의 존재성에 얽매인 협의의 마음이 아니라 우주적 존재로서의 일심만이 모든 십계를 망라하는 전체성과 중도성을 갖추고 있다. 관심석의 마음[心]은 바로 대승의 마음이며 일미동체의 마음이기에, 모든 부분적 현상을 보더라도 중도실상임을 알 수 있는 것이다. 그러기에 경전 속의 누구를 만나더라도 바로 나이며 나의 마음이 부처의 마음이고 중생의 마음이 될 수 있다. 그러한 마음이기에 일체법이 일념이고 일념이 바로 삼천대천세계라고 할 수 있다는 것이다. 관심석은 원돈의 수행법을 가리키는 것이며, 관심석을 통해서 일체의 경계와 장애를 해체하여 일심동체의 장으로 열릴 수 있는 것이다.

오욕五欲, 장애와 중도실상

『마하지관』에서는 먼저 사법事法[입자]의 관점에서 오욕五欲에 대하여 언급한다.[5]

오욕은 눈·귀·코·혀·몸의 다섯 가지 감각 기관이 각각 색·소리·향기·맛·감촉의 다섯 가지 경계에 대해 욕망을 일으키는 것을 가리킨다. 오욕을 탐닉하다 보면 싫증이 나지 않고 불이 나무를 태우면서 번지는 것

---

5 사법事法[입자]의 관점은 3차원 공간관의 세계관에 입각하여 개별 현상을 독립된 사건이나 입자로 바라보는 것으로서, 삼장교, 소승의 시각이다. 보통 세간에서 바라보는 시각과 같다. 이와 대비되는 대승의 관점은 이법理法[장]의 관점이라고 한다. 이것은 온 우주가 하나의 동시장이라는 일심동체의 세계관으로 전체적 맥락 속에서 중도실상으로 바라보는 관점이다.

과 같이 갈수록 심해진다. 이러한 오욕은 대를 이어 해를 끼치는데 원한을 품은 도적보다도 심하다. 선정에 들려고 하면 마음을 산란하고 어지럽게 한다. 그런데 오욕이 낳는 괴로움의 결과를 깊이 잘 알면 탐욕의 번뇌를 그칠 수 있다. 따라서 사事의 관점에서는 가오욕呵五欲, 즉 '오욕을 꾸짖어서' 제어해야 한다고 본다.

그러나 관심석觀心釋에서는 오욕에 대해서 다르게 본다. 오욕은 부정적인 측면만 있는 것이 아니라 지관의 방편이 되는 여러 가지 풍부한 의미가 있다는 것이다. 예를 들면, 색욕 속에서도 상常과 무상無常, 아我와 무아無我, 정淨과 부정不淨, 공空과 유有, 세간世間과 제일의第一義라고 하는 무량한 내용이 포함되어 있다. 그런데,『대론大論』에서는 "색色 자체에는 어떠한 맛의 상相도 없다."고 한다. 마치 색이 업을 만들고 색 때문에 유무와 생사가 있다고 관하는 것은 욕망을 꾸짖는 것이 아니라 오히려 증장시키는 것이다. 색을 관할 때 유무 등의 모든 견해는 모두 무명無明에 의한 것이라고 보아야 한다는 것이다. 무명은 무상無常하여 생멸하고 일정하지 않다. 급속하게 사라질 수도 있고 순간순간 마멸되기도 하여, 아我가 없고 주인도 없으며 적멸하여 열반이기도 하다. 무명이란 속성이 이렇기 때문에, 무명에서 생긴 것은 있기도 하고 없기도 하며, 모두 다 무상이면서 적멸하니 열반인 것이다. 이미 주인도 아我도 없으니, 무엇이 진실이며 무엇이 허위인가. 결국 색에 의해 생사의 업을 일으키지 않으면 업은 사라지고 과는 없어진다. 이것을 색을 가책하여 공에 들어가서 해탈을 얻는다고 하는 것이다. 이것이 삼장교의 석법析法으로 오욕을 가책하는 것이라고 한다.

통교의 관점에서는 모든 견見은 무명에 의한 것인데, 무명이 공한 것이기 때문에 모든 견도 역시 공한 것이다. 예를 들면, 만약 색에 대해 분석할 것이 있다면 색에 들어가야 하지만, 색이 바로 공하니 들어갈 색이 없다. 따라서 들어가지 않는다고 한다. 이미 들어갈 수 있는 흐름이 없다면 업과業果도 없는 것이다.

별교의 관점에서는 색이 공하다고 하는 것도 꾸짖는데, 색의 공에 들어가서 여러 가지 색상色相을 분별할 수 없다면 어떻게 일체 중생을 제도할 수가 있겠는가? 중생은 색에 의하여 여러 가지 헤아림을 일으키는데, 이것이 여러 가지 집착[集]으로 괴로움[苦]을 초래하는 것이다. 고苦와 집集의 병이 많으면 도道와 멸滅의 약도 또한 무량하다. 이런 이유로 공은 공이 아님을 알고 공관空觀으로부터 가관假觀으로 들어가 무수하게 많은 불법을 모두 다 통달하게 하는 것이다. 이를 가假로 보는 것이라고 한다.

원교의 관점에서는 색에 대해 공과 가, 양변으로 보는 것을 꾸짖으면서 색을 중도실상이라고 바라본다.

이처럼 색을 보는 관점에 따라 삼장교의 인연, 통교의 공空, 별교의 가假, 원교의 중中의 이치가 포함되어 있다.

색의 참된 모습을 보는 것은 선정의 실상을 보는 것이기 때문에 바라밀이라고 한다. 색의 피안에 도달한다는 것은 색의 중도를 보는 것이다. 색을 분별하는 것은 색의 속제를 보는 것이다. 색이 곧 공이라고 보는 것은 색의 진제를 보는 것이다. 이와 같이 색을 가책한다면, 색의 근원과 바닥을 다하여 삼제에 대한 삼매를 이룰 수 있고 세 가지의 지혜를 일으킬 수 있다. 이것이 색에 대해 깊이 가책하는 것이고 이러한 점에서 색은 지관의 방편이 될 수 있다. 나머지 성·향·미·촉 역시 똑같이 관한다(『마하지관』).

인간은 누구라도 색·소리·향기·맛·촉감의 오감을 통해서 외부의 대상 세계와 만난다. 그런데, 오감은 인간이 대상과 만나는 접점일 뿐 그 자체에 좋아하거나 싫어하는 가치판단이 내포되어 있는 것은 아니다.

오욕은 오감에 대한 욕망이다. 오감으로 대상을 만나는 순간 그 감각을 좋아하면서 탐닉하거나 싫어하면서 배척하는 가치판단이 뒤따라 일어나는데, 그것이 오욕이다. 그렇다면 오욕은 누가 일으키는 것인가? 세계관과 인식의 차원에 따라서 오욕의 주체는 달라진다.

사법事法의 관점, 즉 입자 중심의 관점에서 볼 때, 모든 삶과 수행의 주체는 개체적 존재로서의 '나'이다. '나'가 활동한 것이 '나의 것'이고 이것은 '나'와 다르지 않다. 그런 점에서 오감은 '나'의 활동으로서 '나'의 것이고 오감을 욕망하는 '나'와 분리되지 않는다. 오감이 바로 오욕으로 등장한다. 이런 관점에서 수행한다면, '나'를 미혹하게 만드는 모든 번뇌는 오욕에서 시작되고, 그 발단은 오감에 있는 것으로 인식된다. 이런 상태에서 깨달음에 이르려면, 오욕·오감 자체를 가책, 즉 꾸짖어서 억제해야 한다. 바로 여기에서 '나'를 지키기 위해 '나의 것'을 차단하고 억압해야 하는 자기모순, 역설이 발생한다. 이런 상태에서는 깨달음에 이르기 위해서 수행에 정진할수록 금욕적이고 도덕주의적인 경직성을 띨 수밖에 없다. 그러나 애초에 잘못 설정된 개념틀로 발생한 번뇌이기에 '나'를 옹위하는 한 사라질 수 없다. 그 결과 수행은 회신멸지灰身滅智를 통해서만 공적空寂한 열반에 이를 수 있다고 상정하게 된다. 이처럼 사事의 관점, 즉 입자 중심의 관점에서 세간의 가치를 추구한다면 아무런 문제가 일어나지 않을 수 있지만, 세간의 가치를 벗어난 청정무구한 진리의 길을 추구하는 순간 자기모순의 역설적인 비극에서 벗어날 수 없다.

이법理法의 관점, 즉 장 중심의 관점은 일심동체의 세계관으로 온 우주가 하나의 동시장을 이룬다고 보기 때문에 이 관점으로서는 삶과 수행의 주체 또한 우주법계, 우주의 장 그 자체가 된다.

그런데 삼장교의 관점에서 보면, 색과 색욕은 구분되고 색을 색욕으로 만드는 주체는 무명無明이다. 여기서 번뇌의 근원인 무명은 제한된 시공간의 인식틀이다. 우주법계의 법성이 온 우주가 한 몸이자 한마음, 하나의 동시장으로 이루어진 장이라면 무명은 일정한 인식틀, 개념틀에 제한된 것이다. 세계관이 3차원 공간관과 1차원의 시간관에 머무는한 누구라도 무명에서 벗어날 수 없다. 무명에 의해서 모든 유무, 생사, 아와 비아 등의 견見이 만들어진다. 그러나 무명은 일심동체의 장 속에서 흔적도 없이 용해되는 것이기 때문에 근본적으로 공한 것이다. 색을 욕망하는 것도 '나'가 아니라 무명이다. '나'라는 것 자체가 3차원 공간과 1차원 시간의 인식틀에 의해서 인위적으로 구축된 가유假有로서 무명이기 때문이다. 설사 아무런 욕구를 느끼지 않는다고 하더라도, 색을 자각하는 순간 일정한 공간과 시간의 인식틀 안에 머문다면 '색 아닌 것[비색非色]'과 차별하는 것이 되기 때문에 무명에서 벗어날 수 없다. 색욕의 주체가 '나'라면 궁극적으로 회신멸지로서 '나'를 소멸시키는 열반에서만 번뇌에서 벗어날 수 있지만, 색욕의 주체가 무명이라면 제한된 시공간의 인식틀을 해체해서 일심동체에 이르면 일체의 번뇌 자체가 바로 깨달음이 된다. 이런 점에서 전자가 소승의 소극적이고 부정적이며 염세적인 수행법이라면 후자는 대승으로서 세계관이 전변하는 것만으로 모든 것을 중도로 바라볼 수 있는 수행법이라고 할 수 있다.

통교의 관점으로서는 무명도, 오욕도, 오감도 공空 자체로 파악한다는 것을 알아차릴 수 있다. 별교의 관점으로서는 이들을 가假로 파악한다는 것을 알아차릴 수 있다. 원교에서는 일심동체의 세계관에서 바라보는 것이기 때문에 모든 것을 공도 가도 아닌 중도라고 바라본다는 것을 알아차릴 수 있다. 이렇게 인식주관의 인식의 차원에 따라서 다르게 파악한다는 것을 알아차리게 해 주는 것이 관심석이다.

이러한 점에서 원교의 대승에 입각한다면, 오감도 오욕도 깨달음의 수행에서 장애가 되는 것이 아니라 수행의 기초가 되고, 깨달음 자체가 되는 중도실상이라고 할 수 있다. 오감과 오욕을 억제하고 욕망하는

'나'를 억압하여 깨달음에 이르는 것이 아니라, 오감과 오욕을 대승의 세계관으로 시야를 열어 둠으로써 중도실상에 이를 수 있다는 것이다.

다섯 덮개, 번뇌와 깨달음

수련할 때 입정에 들어가기 위한 관건은 '나'라는 관념적 경계를 해체하는 것이다. 이를 통해서 입자 단위의 폐쇄회로가 우주의 기 장이 주체인 열린회로로 전환된다. 이는 인식의 차원이 3차원 공간관의 세계관에서 일심동체의 세계관으로 전변되었다는 것을 뜻한다. 이것은 기의 장이 백회 위와 회음 아래로 동시에 무한대로 열릴 때 가능해진다. 이때 등 뒤 우주공간으로 내 몸의 무게중심이 충분히 옮겨져야 한다. 위아래가 동시에 열리다 보면 높낮이 구분이 사라지는 순간이 생긴다. 그럴 때 횟수의 구분이 사라진 중도의 동시장이 펼쳐진다.

반면에, 인식의 차원이 3차원 공간관의 세계관에 고착되어 있으면 백회 위와 회음 아래가 막혀서 열리지 않는다(좌식의 기준으로). 이 상태에서는 육신의 형상만큼 입자 단위의 폐쇄회로를 이루게 된다. 그 결과 자신이 그렇듯이 모든 외부 세계의 대상도 입자 단위로 독립된 개체라고 여기게 된다. 모든 존재는 입자와 파동, 즉 드러난 질서의 형상과 접혀진 질서의 장으로 이루어져 있다. 하지만 인식주관 스스로가 3차원 공간관에 입각하여 입자 중심의 개체적 존재라고 인식하는 상태에서 외부의 대상을 만나 그 또한 입자 단위로 독립된 존재라고 인식하게 되면 그만큼 자신의 기존 인식틀은 강화된다. 이러한 현상은 백회 위를 두껍게 막는 양상으로 나타나고, 백회 위가 막히는 만큼 기존의 세계관은 더욱 고착된다.

『마하지관』에서는 인간의 심신을 혼미케 하고 선정을 방해하는 것을 덮개[蓋]라고 한다. 기의 관점으로 볼 때, 덮개는 중의적인 표현이다. 덮개는 의식의 고양을 막는 장애물이면서 실제로 모자를 쓴 것처럼 백회 위로 기의 장이 열리지 못하도록 막는 역할을 한다. 3차원 공간관의 세계관에 얽매여 있는 사람은 누구나 머리 백회 위가 막혀서 마치 덮개를 쓰고 있는 것과 같다. 『마하지관』에서 밝힌 다섯 가지의 덮개는 탐욕, 진에瞋恚(성냄), 수면(혼침), 도회掉悔(산란과 후회), 의심으로서 수행인의 마음을 덮어서 뒤집어 싸고 얽히어 떨어지지 않아, 마음이 어둡고 캄캄하게 하여 선정과 지혜가 일어나지 못하게 한다. 이들 다섯 덮개는 오욕五欲의 근본인 의지에 깊게 뿌리를 내린 것으로서 수행하는 사람으로서는 오욕보다도 더 두려워해야 할 것이라고 한다. 덮개에는 둔한 것과 예리한 것이 있다.

㉠ 둔한 다섯 덮개

탐욕의 덮개가 일어나면 옛날에 겪었던 오욕을 회상한다. 즉 눈으로 청정하거나 청결한 색色을 떠올리고, 귀로는 사랑스러운 소리를 기억하고, 코로는 향을 생각하며, 혀로는 좋은 맛을 생각하고, 몸으로는 달콤한 액이 입에 흘러 들어가서 모든 촉감을 받았던 것을 기억하고 털을 곤두세워 전율한다. 이러한 폐단을 가진 오감은, 마음을 취하게 하고 미혹을 불러일으켜 정념正念을 방해하며 선정에 이르지 못하게 한다.

진에의 덮개는 자신과 가족을 괴롭힌 사람에 대하여 원한을 품고 마음의 평정을 잃으면서 조성된다. 이 상태에서는 갖가지 번뇌에 시달리며 서로 중상하고 해치며 남에게 위해를 가하고 자기 몸을 편안하게 하려고 한다.

수면의 덮개에서 정신이 어둡고 맑지 않은 것을 졸음[睡]이라고 하고, 육식六識이 어둡게 막히고 사지가 멋대로 움직이게 맡겨둔 것을 잠[眠]이라고 한다. 또한 잠을 자면, 칠흑 같은 어두움이 은밀히 다가와서 사람을 덮어 버리니, 막아 버리기 어렵다. 마음이 아는 바가 없어 죽은 사람과 같고, 다만 숨결에만 의존하고 있으니 작은 죽음이라고 한다. 잠은 선정을 방해하기 때문에 덮개라고 한다.

도회掉悔의 덮개에서 도掉는 탐욕·진에·우치와 연계되어 활활 타오르는 불꽃처럼 멎지 않고 들떠서 어지러운 상태를 말한다. 회悔는 그 뒤에 후회하는 것이다. 도회의 덮개는 선정을 덮어서 일어날 수 없게 한다.

의심[疑]의 덮개는 진리를 보는 것을 방해하는 의심이 아니라 선정을 방해하는 의심이다. 의심에는 세 가지가 있다. 첫째는 자신의 능력이 열등하여 불도에 이를 그릇이 되지 못한다고 의심하는 것이다. 둘째는 스승을 의심하는 것이며, 세 번째는 법을 의심하는 것이다. 이러한 의심을 항상 가슴에 품고 있으면 선정은 일어나지 않으며, 일어났다가도 영영 잃고 만다.

㉡ 사법事法[입자]으로써 둔한 다섯 덮개를 대치하는 방법

여기서 사법事法이라는 것은 3차원 공간관의 세계관에 입각하여 모든 것을 입자 중심으로 보고, 드러난 질서의 현상을 독립된 단위로 파악하는 인식법을 가리킨다. 가시 세계의 드러난 현상을 실체라고 파악하는 보통 사람들의 인식법과 같다. 이와 대비되는 것을 이법理法이라고 한다. 이것은 우주를 하나의 동시장이고 한 몸이자 한마음이라고 인식하는 것이다. 이법으로 바라볼 때 모든 개별 현상을 전체의 맥락 속에서 중도로 파악할 수 있다. 인식의 차원이 낮을 때는 사事와 사事는 부분과 부분으로서, 사事와 이理는 부분과 전체로서 서로 대립되는 것으로 나타나지만, 일심동체의 차원에 이르러 바라볼 때는 사사무애事事無碍, 이사무애理事無碍로서 부분과 부분, 전체와 부분 사이에도 장애가 없다. 이법에서는 부분이 전체이자 전체가 부분이어서 어떠한 현상을 보더라도 모두 중도실상으로 파악하게 된다. 『마하지관』에서는 이러한 관점으로 덮개를 분석하고 있다.

탐욕의 덮개는 과거에 집착했던 오욕을 깨끗하지 않은 것이라고 관하여 싫어하는 마음이 일어나도록 하는 부정관不淨觀으로 대치한다.

진에의 덮개는 자비의 마음을 일으켜서 화난 불길을 없애는 자비관慈悲觀으로 대치한다.

수면의 덮개의 경우, 부지런히 정진하여 몸과 마음을 채찍하고 격려하여 선악의 법을 분별하고 가려서, 수면의 덮개가 들어올 수 없게 한다.

도회의 덮개는 매우 예민하여 마음이 흔들려 산란해지기 때문에 수식관數息觀으로 대치한다.

의심[疑]의 덮개의 경우, 자신을 대부호의 맹인으로 무한한 법신法身의 재보를 갖추고 있다고 생각하며, 번뇌에 가려져서 도를 보는 눈이 아직도 열리지는 않았지만 반드시 닦아서 대치할 수 있다는 믿음을 갖는 것이 필요하다고 한다. 또한 여래와 불법에 대해서도 마찬가지로 믿음을 일으켜야 한다.

ⓒ 예리한 다섯 덮개

예리한 다섯 덮개는 진제眞諦를 장애한다.

공空에 집착하는 사람은 집착된 것을 헤아려서 진실이라고 하고 나머지는 허망한 말이라고 하며, 이것에 어긋나면 화를 내고 이것을 따르면 사랑한다. 이것은 탐貪과 진瞋의 두 가지 덮개이다. 또한 무명無明의 어두운 마음이 잘못 집착하는 것은 밝게 살펴서 알게 된 것이 아니기 때문에 수면의 덮개라고 한다. 여러 가지 희론으로 논쟁을 하는 것은 이익이 없으니 도회掉悔의 덮개이다. 지금은 이것을 진실이라고 집착하여 의심하지 않더라도 나중에 그렇지 않다고 한다면 크게 의심하게 된다. 이것이 의심의 덮개이다. 이러한 다섯 덮개가 마음을 덮으면 진리를 보지 못한다. 이 덮개를 꾸짖고 버린다면, 덮개는 사라지고 도가 일어나 수다원과須陀洹果[성문聲聞의 초과初果]를 증득한다.

초과初果로부터 공空이 아닌 진眞에 집착하는 것을 애愛라고 하며, 사思를 버리는 것을 진瞋이라고 한다. 사혹思惑이 아직 남아 있는 것을 수睡라고 하고, 해탈을 잃고 생각을 잊은 것을 도掉라고 하며, 무학無學[더 배울 것이 없는 경지]이 아닌 것을 의疑라고 한다. 이들 다섯 덮개가 진실을 장애한다는 것을 알면 제3과에 이르고, 이 다섯 덮개를 제거한 경지가 바로 무학과無學果이다.

공空에 의해 덮개가 일어나면 속제俗諦의 이법理法에 장애가 생긴다. 왜 그런가? 공에 침잠하여 증득을 한다면 '공'만을 옳은 것이라고 여길 수 있는데, 이것은 마치 가난한 사람이 적은 것을 얻고도 충분하다면서 다시 더 좋은 것을 원하지 않는 것과 같다. 이렇게 공을 보전하고 애착하는 것이 바로 탐욕의 덮개이다. 생사生死를 미워하고 싫어하여 버리고 관하지 않는 것이 진에의 덮개이다. 무위無爲하고 공적空寂하여 일부러 가假를 비추지 않는 것을 수면의 덮개라고 한다. 공견空見(공에 집착하는 견해)에 의해 마음이 산란하게 흩어진 중생은 그 경지가 아니므로 도회의 덮개에 쌓여 있다고 한다. 가관假觀의 지혜를 밝히지 않는 것을 의심의 덮개라고 한다. 이러한 덮개를 버리지 못한다면 도종지道種智와 속제의 삼매는 끝내 이룰 수 없다. 이 덮개가 제거되면 법안法眼은 밝고 환해진다.

중도에 의하여 덮개가 일어난다면 중도제에 장애가 생긴다. 왜 그런가? 보살이 불법을 탐하고 구하는 것은, 마치 바다가 강의 흐름을 삼키는 것과 같아서 싫거나 만족하거나 하는 것이 없는 것인데, 애착이라는 이름의 법을 낳아서 도를 따른다는 탐욕을 일으키는 것을 탐욕의 덮개라고 한다. 큰 나무가 자기 가지를 부러뜨리면서 원한의 새가 머물지 않게 하듯이, 이승二乘을 좋아하지 않는 것을 진에의 덮개라고 한다. 무명은 길고 멀어서 높은 경지에 이르더라도 무명의 한 부분이 있을 수 있다. 『대론大論』에서는 "곳곳에서 무명의 삼매를 설파하는 자가 무명을 처음에 파한다고 하더라도 나중에 다시 꼭 파하여야 한다."고 한다. 이러한 지혜의 밝음이 없는 것을 수면의 덮개라고 한다. 보살의 삼업에는 과실이 없다고 하더라도 부처에 비하면 과실이 남아 있는 것을 도회의 덮개라고 한다. 처음과 나중의 이법이 원만하다고 하더라도 초심의 지혜가 후심의 지혜에 미치지 못하는 것을 의심의 덮개라고 한다. 이러한 덮개를 버리지 않으면 끝내 진실의 상과 상응하지 못한다.

㉣ 이법理法[장]으로 덮개를 버리는 방법

『지지론地支論』, 『섭대승론攝大乘論』(별교의 입장) 등에서는, 범부 때 사법事法의 덮개를 버리고, 이승 때 속제의 덮개를 버리며, 보살 때 중도를 막는 덮개를 버린다면서, 덮개를 버리는 것도 단계적으로 이루어지는 것으로 본다. 이에 반해 원교에서는 이법理法[장]으로 덮개를 바라보기 때문에 초발심의 범부도 한순간의 마음[일념一念]에서 다섯 덮개가 곧 보리[오개즉보리五蓋卽菩提]라는 것을 깨닫게 된다고 한다. 이것이 이법理法으로 덮개를 버리는 방법이다.

이처럼 덮개에 대한 인식과 이를 극복하는 방법이 다른 이유는 무엇일까? 또 그것이 제각각 수련에 미치는 영향은 어떠한가? 이를 실제 수련 과정을 통해서 살펴보기로 한다.

덮개를 단계적으로 극복한다는 것은 덮개를 포함해서 모든 존재와 상태를 공간과 시간의 인식틀에 입각하여 분별해서 본다는 것을 의미한다. 이러한 관점에서는 개별의 덮개가 장애일 뿐이기 때문에, 그러한 덮개를 일일이 제거하면 깨달음에 이를 수 있다고 본다. 바로 이 지점에서 인식의 오류가 전제되어 있다. 덮개는 '덮개'로 드러난 현상이 전부는 아니다. 덮개를 덮개로 보이게 한 것은 공간과 시간의 인식틀이다. 구체적으로 말한다면, 3차원 공간과 1차원의 시간이라는 인식틀이다. 이러한 세계관에 입각할 때 덮개를 특정 현상으로 분별해서 인식할 수 있는 것이다. 만약 특정 시공간의 인식틀로 제한되지 않은 상태에서 온 우주가 하나의 장이라고 여긴다면 덮개 자체가 특정 현상으로 제한되어 인식되지 않는다. 어떠한 덮개라고 하더라도 전체 우주의 장의 흐름일 뿐이기 때문에, 그렇게 인식한다면 덮개는 장애가 아니라 보리가 되는 것이다. 그런데 제한된 인식틀이 유지된다면 드러난 특정 덮개를 제거한다는 것이 가능할까? 덮개라고 알고 있는 것이 드러난 현상만이 아니라 눈에 보이지 않는 시공간의 인식틀이 바탕되어 있는 것이기 때문에, 드러난 현상을 제거한다고 하더라도 그 바탕인 인식틀은 해체되지 않고 계속 작동된다. 장애를 만드는 가장 근본적인 원인이 남아 있는 것이다. 이런 상태에서는 드러난 현상의 구체적 내용은 버리는 만큼 제거될지 모르나 끊임없이 또 다른 덮개가 생길 수밖에 없다. 또한 이러한 인식 방식으로서는 더 큰 문제점을 불러일으킬 수 있다.

첫째로는 인간의 존재성에 대한 잘못된 이해로 인간의 욕망과 욕구를 부정적으로 규정하여 도덕주의와 염세주의의 편향성을 띨 수 있다. 인간의 존재성도 세계관에 따라서 다르게 바라볼 수 있다. 온 우주가 하나의 동시장이라고 본다면 모든 인간도 우주적 존재이지만, 3차원 공간상의 입자 단위로 세계가 구성되어 있다고 본다면 인간은 개체적 존재이다. 인간의 욕망과 욕구도 전자의 관점으로 본다면 모든 존재가 갖는 지향성으로서 우주의 열린회로의 흐름으로 볼 수 있지만, 후자의 관점으로 본다면 개체적 존재가 작위적으로 자신의 헤게모니를 확장하려는 과정에서 일어나는 장애물로 볼 수 있다. 욕망과 욕구가 어떤 내용을 갖는지는 시공간의 인식틀에 따라 달라지는 것임에도 불구하고 그를 간과한 결과, 모든 욕망과 욕구에 대해서 부정적으로 인식하게 되는 것이다. 그 결과 깨달음에 이르기 위해서는 욕망과 욕구를 억제하고 그로 인해 초래된 덮개를 제거해야 하는 것이다. 이런 관점에 입각한다면 수행을 도덕주의와 엄숙주의, 염세주의의 방향으로 이끌 수밖에 없다. 그런 수행을 지속한다면 결코 오욕과 다섯 덮개의 장애로부터 벗어나 자유인이 될 수 없다. 애초에 원인 분석이 잘못되었기 때문이다. 그 결과 장교와 통교는 회신멸지의 열반에 이르는 것을 수행의 목표로 삼게 된다. 그러기 전에는 결코 공적空寂한 상태에 이를 수 없기 때문이다. 제한된 시공간의 인식틀이 무명의 근원으로 작용하는 한 여기에서 벗어날 수 없는 것이다. 별교의 경우 중도를 수행의 목표로 삼지만, 여전히 격력차제隔歷次第의 문제점을 안고 있다. 이것은 대승임에도 아직 3차원 공간과 1차원 시간의 인식틀이 남아 있다는 것을 말해 준다. 격력은 공간적으로 거리가 있는 것이며, 차제는 시간적으로 단계적이라는 의미이다. 이런 상태에서는 앞에서 말한 문제점을 벗어날 수 없다.

둘째로 단계론의 수행으로서는 결코 수행의 궁극적인 목표에 이를 수 없으며, 그로 인해 비극적 세계관에서 벗어날 수 없다. 묘각妙覺이 무명의 번뇌에서 벗어나 자유자재한 경지라면 제한된 시공간의 인식틀로서는 결코 이를 수 없다. 그런데도 그러한 인식틀로써 궁극적인 목표를 지향한다는 것은 스스로 관념의 장벽을 설치해 놓고도 그런 줄 모르면서 돌진하는 맹목과 다를 바 없다. 또한 자신의 수행 단계를 규정적으로 바라보는 만큼, 수행의 세계에 들어오지 않는 사람이나 자신보다 낮은 수행 단계에 있는 사람에 대해 우월감을 갖고 자신보다 높은 수행 단계에 있는 사람에게는 열등감을 가질 수 있다. 이러한 점에서 수행에 가장 걸림돌이 되는 것은 공간과 시간에 대한 인식틀에 있음을 자각할 필요가 있다. 수행의 기초는 세계관에 있기 때문이다.

이에 비해, 덮개가 바로 보리라고 바라보는 원교의 수행론은 원돈圓頓지관이다. 원은 공간적으로 모든 것을 아우르는 공동장이며, 돈은 시간적 간격 없는 동시장의 의미를 내포한다. 온 우주가 하나의 동시장이고 한 몸이며 한마음이고 일기一氣라고 바라보는 것이다. 이런 세계관에서 바라보기에, 부분이 전체이고 드러나 있는 현상이 전체를 아우르는 중도실상이며 모든 덮개는 그 자체가 바로 보리라고 할 수 있다. 덮개를 드러난 현상으로만 보고 제거하는 것이 아니라 덮개를 바라보는 시야를 바꾸어서 "땔나무가 많으면 불이 맹렬하고 거름이 풍부한 토양에서 꽃이 생기는 것과 같은 이치로, 탐욕이 바로 도道"라고 바라본다. 이러한 원교의 시각은 오직 온 우주가 하나이고 일심동체라는 세계관에서 나오는 것이다. 이를, 모든 현상을 분석할 때 사용한 공·가·중의 개념으로 표현한다면, 온 우주 법계는 즉공즉가즉중일 뿐이며, 개별 현상과 존재는 모두 즉공즉가즉중의 토대 위에서의 한 흐름이라고 보아야 한다는 것이다. 공空도 즉공즉가즉중의 공이며, 가假도 즉공즉가즉중의 가이고, 중中도 즉공즉가즉중의 중이다. 이렇게 볼 때 모든 것을 원돈의 지관으로 바라볼 수 있다는 것이다. 이러한 관점에서 『마하지관』에서 서술된 내용을 살펴본다.

앞에서 살펴보았듯이, 소승에서는 기둥이 실재하지만 인연화합에 의해서 만들어진 것이기에 이를 부수어서 공이라고 하지만, 원교에서는 기둥 자체가 거울에 비친 것이기 때문에 애초에 실체가 없는 것으로 본다는 것을 확인했다. 거울에 비친 것이라는 것은 온 우주가 하나의 동시장을 이루고 있다는 것을 나타내는 것이다. 여기서 기둥은 전체의 동시장 속의 한 현상임을 나타내는 것이다. 욕망도 똑같은 방식으로 조명할 수 있다. 소승에서는 욕망을 수행의 장애이기에 제거하려고 한다. 이는 욕망이라는 실체가 있다는 것을 전제하고 있다. 이러한 욕망의 실체가 있으려면, 그렇게 인식한 시공간의 틀이 있어야 한다. 이러한 인식틀이 존재함에도 불구하고 단순히 드러난 현상인 욕망만 제거한다고 해서 해결되는 것은 아니다. 그러한 인식틀은 얼마든지 새로운 경계를 만들어 내기 때문이다. 그러나 원교에서는 애초에 온 우주 법계를 하나의 동시장으로 보기 때문에 모든 현상을 즉공즉가즉중으로 인식한다. 이런 관점에서 본다면 모든 존재에는 욕망이 필수적으로 뒤따르지만 그 욕망은 처음부터 즉공즉가즉중의 모습이기에 바로 중도실상이라고 하는 것이다. 이를 욕망의 일 하나에 속제·진제·중도제의 삼제의 의미가 다 담겨 있다고 하는 것이다. 소승과는 인식틀 자체가 애초에 다른 것이다. 이를 세계관의 차이라고 할 수 있다.

- 원교의 풀이는 이와 다르다. 부처가 높은 경지의 사람을 위해 설법한다면, 부처는 법성의 부처가 되어 법성의 나라를 보이고 법성의 보살을 위해 설명해야 한다. 그런데 부처가 이 세상에 나타난 목적이 무엇인가? 부처는 세속의 범부들을 구제하기 위해 이러한 묘법을 설하고 이 가르침을 수행하게 한 것이다. 그리고 이러한 사람들을 위해 방편의 가르침을 보여 진실의 가르침으로 이끌고자 했다. 이러한 의미를 이해한다면 초심의 범부도 한순간의 마음[일념一念]에서 완전하게 모든 덮개를 버릴 수 있다. 그래서 『대품반야경大品般若經』에서 "모든 가르침은 욕망의 일을 향하고 이 목표를 벗어나는 일이 없다. 그런데도 욕망의 일은 (실체가 없어서) 파악되지 않으므로 향하여 간다는 것과 향하여 가지 않는다는 것도 없다."고 했다. 여기서 "향하여 간다는 것[趣]"은 이와 같은 현상으로서 있다

6　중생이 번뇌에 의하여 업보를 만들어 그것에 끌려 따라가서 사는 곳. 범어梵語 gati의 번역으로, 도道라고도 번역한다. 육도六道와 육취六趣는 같은 말이다.

[有]는 의미가 전제되어 있는 것이고, 여기에는 향하여 가는 주체와 객체가 있다. 이는 속제를 가리킨다. 욕망의 일은 파악되지 않는다는 것은, 결국 그것이 공이기 때문에 파악할 수 없다는 것이다. 공에는 향해 가는 주체와 객체가 없다. 이는 진제를 가리킨다. 나아가 향한다든가 향하지 않는다는 것도 없다는 것은 중도를 가리킨다. 이와 같이 하나의 욕망의 일에 삼제三諦의 의미가 담겨 있다는 것을 알아야 한다. (『마하지관』)

원교에서 욕망이라는 현상을 부정하지 않는다. 모든 법계에서 욕망을 추구하지 않는 것은 없기 때문이다. 다만, 이 욕망도 즉공즉가즉중의 세계관으로 바라보기 때문에, 욕망의 실체를 인정했다가 제거하는 것이 아니라 욕망 자체의 현상을 즉공즉가즉중의 공한 우주 법계의 현상으로 인식하여 덮개로 작용하지 않게 하는 것이다.

- 일체법은 욕망을 추구하지 않는 것이 없으며 욕망으로서 법계 밖에 또 다른 법은 없다. 일체의 다섯 덮개는 처음의 일념으로 모두 다 갖추어지는 것이며, 욕망이란 인연이 낳은 법이니 그 뜻으로 보아야 한다. 어떻게 욕망의 법계는 공한 것인가? 외부의 오진五塵을 찾아도 파악할 수가 없으며, 내부의 의근意根을 찾아도 파악할 수가 없다. 중간의 의식을 찾아도 파악할 수 없으며, 안팎을 모두 떠나서 찾아도 파악할 수 없다. 과거의 욕망의 연緣[대상]을 찾아도 파악할 수 없으며, 현재의 욕망의 인因을 찾아도 파악할 수 없고, 미래의 욕망의 과果를 찾아도 파악할 수 없다. 가로나 세로로 찾아보아도 궁극적으로 적정寂靜하다. 욕망은 바로 공空이며, 욕망이 공하기 때문에 욕망으로부터 생기는 일체의 법도 공하다. 그 공도 역시 파악할 수 없는 것이기 때문에 이것을 공으로 관하여 예리하고, 둔한 덮개를 버리는 것이다. (『마하지관』)

격력차제의 단계론에서는 전체성과 구체세계는 분리되기 쉽다. 입자 중심의 세계관, 인식틀이 남아있기 때문이다. 모든 것을 부정하여 공으로 보다가 구체 세계를 외면할 수 없어서 모든 것이 가假라고 하더라도 그렇게 분별했던 시공간의 인식틀은 해체되지 않았기 때문에, 그렇게 볼 때마다 전체와 구체가 분리된다. 그러나 원교에서는 온 우주법계를 하나의 동시장, 즉공즉가즉중의 가假로 바라보는 것이기 때문에 어떠한 간격도 있을 수 없다. 그러기에 구체 세계를 불을 활활 타오르게 하는 땔나무이며, 토양을 비옥하게 하는 거름으로 비유하면서 탐욕이 바로 도라고 하는 것이다.

> – 이미 자기 마음의 욕망 하나가 일체의 욕망이라는 것을 안다면 일체중생도 이와 같으리라는 것을 알 수 있다. 십계 중의 인도人道의 경우만 보더라도 온갖 색상色像, 온갖 소리, 온갖 심행心行, 온갖 과보果報가 제각각으로 같지 않다. 욕망의 인因의 종류가 무량하고 그 인과가 끝없이 많은데, 많은 사람, 나아가 나머지 구법계까지 확장하면 얼마나 많을 것인가? 하나의 법이 이와 같은데, 백 가지 법이라면 더 할 것이다. 이를 비유하면 도둑을 대치하는 것과 같다. 도둑은 공훈을 세울 수 있는 근본이다. 도둑을 잡으면 큰 공명이 있고 부귀를 얻을 수 있다. 이러한 원리로 무량한 탐욕이 여래의 종자라고 한다. 무량한 탐욕이 있기에 보살은 무량한 백천의 법문을 하게 된다. 땔나무가 많으면 불이 맹렬하고 거름이 풍부한 토양에서 꽃이 생기는 것과 같은 이치로, 탐욕이 바로 도道라고 하는 것이다. (『마하지관』)

원교의 세계관은 온 우주법계가 하나의 법성이라고 바라보고 모든 현상을 즉공즉가즉중의 중도실상으로 바라볼 수 있다. 입자 중심의 세계관으로서는 덮개로 작용하던 것이 즉공즉가즉중의 중도의 관점에서는 덮개의 경계가 해체되어 온 우주 법계의 흐름이 된다.

　－ 만약 탐욕을 끊고 탐욕이 공空한 자리에 머물면, 무엇에 근거하여 일체의 법문을 만들어 낼 것인가?『경』에서는 이렇게 말한다.

"오욕을 끊지 않고서도 얼마든지 모든 근根을 청정하게 할 수 있다."

이와 같이 본다면, 속제의 다섯 덮개는 자연히 청정한 것이다. 그렇더라도 아직 욕망의 진실한 성품을 본 것은 아니다. 진실은 공空도 아니고 가假도 아니다. 가假가 아닌데 어떻게 무량하겠는가? 공이 아닌데 어떻게 적연寂然하겠는가? 공과 가라는 이름은 모두 없는 것이다. 향하여 감도 없고 향하여 감이 아님도 없다.[7] 향하여 감이 없으면 예리하고 둔한 다섯 덮개는 현묘하게 제거되는 것이며, 향하여 감이 아님이 없으면 다섯 덮개의 한 가지가 제거되어 중도를 알 수 있다. 또한 다섯 덮개의 한 가지가 제거되면 끊어서 파하는 것도 없고 버려서 멸하는 것도 없이 다섯

7　여기서 "향하여 가는" 일과 "향하여 감이 없는 것"의 의미에 대해서 살펴본다. 우리 눈앞에 보이는 세계가 실체로 존재할[실유實有] 때 어디론가 "향하여 가는[趣]" 일이 발생한다. 여기에서는 가는 주체와 이르는 대상이 독립된 입자로서 존재한다. 그러나 우주는 하나의 동시장으로 존재할 뿐이다. 여기에서 개별 입자로서의 주체나 대상, 현상세계는 우주의 동시장이라는 거울에 비친 것일 뿐, 모두 공空하다는 것을 알면 "향하여 가지 않는다." 즉, "향하여 감이 없는 것"이다. "향하여 감이 없으면" 모든 것이 공이고 주·객의 분별도 없는 것이기에 둔하고 예리한 덮개는 애초에 생기지 않고, 있던 것도 없어진다. 그렇다면 "향하여 감이 아님이 없음"은 어떤 상태일까? "향하여 감이 아님"이 모든 것을 공空으로 파악하는 것이라면 "향하여 감이 아님이 없음"은 모든 것을 공으로 보는 것이 아니라 가유假有의 현상이 있음을 보는 것이다. 여기서 가유는 실유實有와 다르다. 실유는 현상세계가 실재한다고 보는 것이지만 가유는 모든 것이 공하다는 것을 바탕으로 한 상태에서 인연화합에 따라서 일시적이고 임의적인 현상세계의 흐름이 있음을 파악하는 것이다. 따라서 "향하여 감이 아님이 없으면" 모든 것이 실유가 아닌 만큼, 그것을 취하려고 하는 탐욕이 생기지 않기 때문에 다섯 덮개의 한 가지가 제거된다는 것이다, 대상에 집착하여 취하려고 하는 탐욕의 덮개가 사라지면, 현상세계를 공이면서 가이고, 공도 아니고 가도 아닌 중도로서 바라볼 수 있게 된다.

덮개의 네 가지는 한순간에 원만히 제거되니, 이십오유二十五有[욕계, 색계, 무색계의 경계]를 파하고 욕망의 진실한 성품을 보게 되는 것을 "왕삼매王三昧가 일체법을 갖춘다."고 하고, 이를 "원만한 관은 원만히 덮개를 버린다."고 한다. (『마하지관』)

입자 중심의 세계관으로서는 "덮개가 곧 보리"라는 것은 용납할 수 없는 명제이다. 이 세계관에서는 덮개와 보리를 별개의 개념으로 구분하고 있기 때문이다. 원교는 온 우주가 하나의 동시장이라는 세계관에 입각하고 있다. 이런 관점에서는 덮개도 보리도 모두 즉공즉가즉중의 공이자 가이며 중이기에 모두 같다고 할 수 있는 것이다. 이런 관점에서 인간의 욕망을 도덕률로 억압하지 않는다. 욕망을 덮개로 작용하게 한 것은 협애한 시공간의 인식틀이다. 그런 만큼 인식의 차원이 일심동체에 이를 때 욕망도 보리도 모두 공한 것이어서 같다고 할 수 있다. 이를 연신환허에 해당한다고 볼 수 있다. 인식의 차원이 높아지는 것이 연신에 해당하며, 모두 공하여 하나가 되는 것이 환허에 해당한다. 또한 욕망도 보리도 모두 중도실상이기에 환허합도라고 할 수 있다. 욕망도 보리도 즉공즉가즉중의 공으로 인식되어야[환허] 동시에 가이자 중도가 될 수 있다[합도].

다섯 덮개는 탐진치와 같다. 수면·도회·의심은 치에 해당하기 때문이다. 앞에서도 살펴보았듯이, 소승에서는 탐진치를 수행의 장애물로 여겨서 삼독이라고 여기고 이를 억누르고 제거하려고 하였다. 그러나 세계관과 인식의 차원이 달라지면 탐진치의 내용도 변화한다. 그러기에 대승에서는 대탐, 대진·대치가 되어야 대도에 이를 수 있다고 하였다. 인간이라는 생명이 갖는 지향성 가운데 취하는 것이 탐으로, 버리는 것이 진으로, 취하지도 버리지도 않는 것이 치로 나타나는 것인데, 이들 지향성은 억누른다고 제거되는 것이 아니며, 세계관과 인식의 차원이 달라진다면 대도에 이르게 하는 소중한 본능이라는 것이다.

이러한 관점에서 본다면, 원교의 이론은 인간과 만물에 대한 지극한 존중과 사랑을 바탕으로 전개되어 있다는 것을 알 수 있다. 그야말로 대자대비의 한마음으로 바라보는 것이다. 그러나 대자대비심을 중생에 대한 무한한 사랑으로만 인식한다면 부지불식간에 입자 중심의 세계관, 유위적 질서의 정서로 전락할 수 있다. 원교의 이론은 격력차제로 나타나는 저차원의 인식틀이 야기하는 문제점을 철두철미 논구하여 한치의 경계가 생기지 않도록 정립한 수행의 과학이기 때문이다.

5. 흰그늘의 중도실상 — 환허합도還虛合道

환허합도

선도의 수행 단계, 연정화기, 연기화신, 연신환허, 환허합도를 연상법으로 떠올려 보면, 앞의 세 단계는 기의 장이 어떤 경지로 변화하는지 어느 정도 느끼고 예측할 수 있다. 그러나 마지막 환허합도의 경지는 무심코 떠올려 보는 것으로 그 상태를 가늠하기 어렵다. 그 이유는 인식의 틀이 환허합도를 느낄 수 있는 경지의 세계관으로 전환되지 않았기 때문이다. 앞의 세 단계는 세계관이 혼재되어 있더라도 어느 정도 그 경지를 감지할 수 있었지만, 환허합도는 중도의 경지를 가리키는 것이기 때문에 세계관이 완전하게 고차원으로 변화하지 않는다면, 그 경지를 제대로 느낄 수 없다는 것이다. 물론 그전의 수행 단계도 세계관과 상관없이 기의 장이 느껴지긴 하지만, 세계관이 달라지면 기의 장은 미묘하게 달라진다. 세계관이 기의 장을 얼마나 다르게 조성하는지를 연기화신의 단계를 통해서 먼저 살펴본다.

　보통의 경우 연기화신을 떠올리면, 자신의 생체장을 초월해서 백회 위 우주 공간 높이 환한 기의 장이 펼쳐진다. 이를 신의 기의 장이라고 한다. 그런데 원교의 세계관으로서 연기화신을 떠올리면 머리 위 높은 곳에서 환한 신의 기의 장이 조성되자마자 이를 느끼던 자신도 해체되어 그 기의 장과 함께 우주로 환하게 열린다. 이처럼 신의 기의 장이 서로 다르게 느껴지는 것은 이 수행 단계를 느끼는 인식주관의 세계관이 다르기 때문이다. 전자의 경우는 세계관이 혼재되어 있는 상태이다. 3차원 공간관의 세계관만 고수한다면 기의 장은 느낄 수 없다. 신의 기의 장을 느낀다는 것은 어느 정도 일심동체의 세계관을 수용하고 있지만, 그 순간 신의 기의 장과 분리된 자신의 생체장이 유지된다는 것은 3차원 공간관의 세계관, 즉 입자 중심의 세계관이 주도적으로 자신의 인식틀을 형성하고 있다는 것이다. 이러한 맥락을 알지 못한 채 느껴지는 것을 실체화한다면, 인식의 오류가 발생한다. 즉 자기 자신을 입자 단위의 개체적 존재라고 규정하고 신은 자신을 초월한 높은 경지의 기의 장이라고 간주하게 된다. 그 결과 청정무구한 진의 세계는 초월적으로 존재한다고 여기고, 이와 동떨어진 자기 자신은 왜소하고 보잘것없는 존재라고 비하하게 된다. 이렇게 바라본다면, 신의 기의 장에 대해서도 잘못 이해하는 것이고 자기 자신의 존재성에 대해서도 제대로 알지 못하게 된다. 이러한 느낌이 세계관의 혼재 속에서 일어나는 현상이라는 것을 알아차려야 이 상태에서 벗어날 수 있다. 그렇지 않으면 잘못된 수행을 통해서 자기 자신을 진속이 분리된 상태에서 속에 불과하다는 부정적 판단을 하여 진에 대한 예속적인 태도를 조성할 수 있다. 진속이 분리된 상태의 진은 저차원의 세계관에 기초한 것으로서 가짜라는 것을 알아야 자신의 수행에서 오류에 빠지지 않을 수 있고, 진을 참칭하는 가짜 세력에게 휘둘리지 않을 수 있다.

　그런데 원교에 입각하여 연기화신의 경지를 떠올리면 기의 장이 완전히 다르게 나타난다. 신의 기의 장이 머리 위로 높이 환하게 열림과 동시에 기존의 자신의 생체장도 해체되어 신의 기의 장과 하나가 되어 우주의 열린 회로로 전환된다. 이러한 경험을 통해서 인간의 기의 장은 얼마든지 고차원으로 변화할 수 있으며, 인간은 개체적 존재가 아니라, 세계관이 바뀌면 바로 우주적 존재로 전화할 수 있다는 것을 확인할 수 있다. 진과 속은 3차원 공간관의 세계관에서는 별개의 고정적인 실체로 분리되어 있지만, 고차원의 세계관에서는 진이 속이고 속이 진이다. 입자가 장이며 부분이 전체이고 특수가 보편이 될 수 있다.

이러한 체험을 토대로 환허합도의 기의 장이 세계관에 따라서 어떤 차이가 있는지 살펴보기로 한다.

만약 3차원 공간관의 인식틀이 여전히 작동하는 상태에서 환허합도를 떠올리면, 환허를 통해서 온 우주로 환하게 열린 기의 장이 위축되면서 '도道'를 찾아 머리 백회 위의 우주 공간으로 이동한다. 기의 장이 이렇게 조성되는 이유는 3차원 공간관의 세계관에 의해서 '허'와 '도'는 독자적인 개념 체계를 유지하고 있고 그것이 서로 다른 기의 장으로 나타나기 때문이다. 특히 이런 세계관에서 볼 때, '도'는 속과 분리된 진에 해당하는 것이기 때문에 수행자를 초월하여 머리 위 높은 곳에서 무엇인가 있을 것이라고 기대하면서 기의 장이 조성된다. 그 결과 연신환허를 통해서 우주로 열렸던 기의 장도 붕괴하고, 새롭게 모색하던 '도'의 기의 장은 새로운 경계를 형성하여 과연 환허합도가 무엇을 의미하는지를 기의 장으로서는 확인할 수 없게 된다.

이에 비해 온 우주가 하나의 동시장, 일심동체라는 세계관에 기반한 원교로서 환허합도를 떠올려 보면 '환허'로 온 우주로 환하게 열렸던 기의 장은 그대로 유지되면서 주객의 분별이 완전히 사라진 새로운 통합의 장이 느껴진다. 이렇게 느껴진다는 것은 그전의 '환허'의 상태가 감지하기 어려웠지만 주객의 분별이 있었던 상태라는 것을 말해 준다.

주객의 분별이 완전히 사라졌다는 것은 공간과 시간의 인식틀이 해체되었다는 것을 의미한다. 이러한 상태가 바로 중도의 동시장이다. 여기에서는 입자 단위의 '나'라는 경계가 완전하게 해체되어, 우주 규모의 호흡이 우주와 하나가 된 온몸으로 저절로 이루어지게 된다. 이러한 상태는 원돈지관의 명정明靜을 떠올리고 내맡겼을 때와 다르지 않다.

원돈지관의 명정

다음으로 중도의 동시장에 이를 수 있는 방법으로서 원돈지관의 명정 상태를 떠올리고 내맡기는 것이 있다.

이를 위해서는 수련을 통해서 음양의 균형을 이루는 것이 필요하다. 앞뒤, 좌우, 위아래의 상초, 중초, 하초에 걸쳐서 기의 균형이 이루어지고, 이어서 상초상과 하초하로도 기의 장을 확장하여 균형을 이루어야 한다. 기존의 상초, 중초, 하초와 똑같은 흐름으로 상초상과 하초하로 기의 장을 연장하여 전개하면, '나'라는 관념적 경계가 해체되면서 수련자는 입자 중심의 개체적 존재가 아니라 우주의 기의 장이 주체가 된 우주적 존재로 전환된다. 이를 통해서 음양의 균형, 조화가 이루어진 상태에서 "원돈지관의 명정" 상태를 떠올리면 즉각 모든 주객 분별이 사라지면서, 나와 우주도 분별되지 않는 중도의 동시장이 펼쳐진다. 여기에서는 굳이 '원교'를 떠올리지 않아도 된다. '원돈' 자체가 원교를 나타내기 때문이다. 원圓은 공간적으로 제한되던 모든 경계를 뛰어넘어 모두를 포괄하는 것이며, 돈頓은 시간적으로 차별되던 모든 단계를 해체하여 '즉각' 하나의 동시장을 이루는 상태이기 때문이다. 그러한 원돈의 지관으로 명정明靜 상태에 이른다는 것은 모든 경계와 분별이 다 사라진 상태가 되기 때문에 "명정, 즉 밝고, 고요한" 기의 장이 이루어질 수 있는 것이다.

원교의 이자삼점

앞에서 살펴보았던 이자삼점伊字三點 ∴의 경우도 어떠한 세계관으로 인식하는가에 따라서 그 내용은 달라진다. 이자삼점 자체가 세 개의 점으로 표현되었고, 이것은 반야·해탈·법신을 나타낸다고 한다. 그러나 이를 3차원 공간관의 인식틀에 입각하여 인식한다면, 제각각의 개념에 얽매여서 거기에 내포된 의미를 제대로 이해할 수 없다. 대승의 가르침이 하나의 시그널로서 집약된 표현인 만큼, 이를 '원교'로서의 "이자삼점"이라고 명시하여 떠올린다면, 세 개의 점이라는 입자가 해체되면서 통합된 기의 장이 나타난다. 횡수로, 공간과 시간의 경계가 완전히 해체된 중도의 동시장이 펼쳐지는 것이다. 이럴 때, 오온의 한계를 대치하는 법신의 의미가 제대로 구현되는 것이며, 법신과 반야, 해탈의 의미도 경계 없이 통합되어 중도의 동시장으로 열린다.

좌골과 백회, 중심에서 대극의 합일

좌골은 앉아 있는 자세일 때 신체의 말단 부위이고, 두뇌와 대극을 이루는 지점이면서 두뇌와 연결된 척추, 척수신경의 말단 부위이기도 하다. 좌골로 몸무게를 옮기고 이를 등 뒤의 우주 공간에서 바라보면 좌우의 좌골이 연결된 기판이 형성된다. 이 기판으로 척추와 나아가서 온 우주 공간을 떠받치고 있다고 여기면 밀도 높은 기운이 횡수로 퍼지고, 이어서 위아래 우주 공간으로 퍼져 나가면서 기판과 위아래 우주 공간의 기의 장이 균질하게 조성된다. 그러다 보면 좌골의 기판의 동시장이 백회를 포함해서 온몸과 동시장을 이루고 나아가서 온 우주와 하나의 동시장을 조성하게 된다. 이러한 점에서 좌골이 곧 우주장이 된다고 하는 것이다. 이러한 우주장에서는 위아래, 좌우의 모든 선형성 질서가 해체되고 한 점이 바로 전체가 되고, 말단이 꼭지가 된다. 특히 좌골은 척추의 가장 말단이면서 척추의 냉기가 쌓이는 부위이고 자궁을 비롯해서 인체에서 중요한 기관에 영향을 미치는 부위이다. 좌골에 냉기가 쌓이면 몸 전체가 무겁고 기력이 떨어지고 두뇌 활동에도 영향을 미친다(척수신경으로 뇌와 이어지고 있기 때문이다). 이러한 좌골에 기운이 집중되면서 냉기가 사라지고 가벼워지면 몸 전체에 기운이 충만해지고, 무엇보다 음양의 균형이 저절로 이루어져 집중력이 높아진다. 반대로 좌골에 냉기가 쌓이고 기운이 부전한 상태로 방치된다면, 아무리 머리 백회 위로 기의 장이 열린다고 하더라도 그것은 ‘나’라는 관념적 경계를 벗어나지 못한다. 좌골 부위에서 이미 기의 흐름이 막혀 내 몸의 굴레에서 벗어날 수 없고 그로 인해 ‘나’라는 관념적 경계도 사라질 수 없기 때문이다. 이러한 점에서 좌골이 활성화되고, 나아가서 그곳의 기운이 척추와 온몸으로, 나아가 위아래 우주 공간으로 퍼져 나간다는 것은 대극의 합일을 통해서 중도의 동시장을 이룬다는 것을 의미한다.

흰그늘의 중도실상

예술의 무대이자 원천은 인간과 인간이 살아가고 있는 세계, 우주이다. 예술이 인간과 세계에 대해 어떻게 해석하는가에 따라서 표현 방식과 내용은 달라진다. 따라서 예술이 표현하는 것을 통해서 인간이 어떤 존재인가를 추정할 수 있고 인간이 살아가고 있는 세계를 이해할 수 있다. 판소리의 경우 긴 이야기를 창으로 부르는 것인 만큼, 가사 내용을 통해서 인간과 세계를 어떻게 표현하는지 알 수 있을 것이다. 그런데 판소리 여섯 마당을 집대성한 조선의 신재효申在孝는 소리 자체가 인간과 세계, 우주에 대한 해석을 담고 있다고 보고 있다. 황석영은 「별찌에게」라는 작품 속에서 신재효의 소리에 대한 미학을 소개한다.

소리도 괜찮은데 그것만 좋은 놈을 머라고 하는지 아나?

그것만 좋다뇨?

소리든 머든 다 사람이 하는 거 아녀?

하고 나서 고수 노인은 말했다.

소리에 그늘이 맞는다. 그늘이 없는 재간꾼을 노랑목이라고 그러지.

그늘이 무엇인데요?

그게 살아가면서 아프게 곡절을 쓰다 보면 생기는 거지.

노인이 막걸리 한잔을 주욱 들이키고 나서 다시 말했다.

한데 그늘이 너무 짙어지고 바닥까지 가라앉으면 소리가 넘어가구 그런다.

소리가 넘어가 버리면 쓰잘데기 없는 소리가 되어 버려. 할 필요두 없구 들을 필요두 없는 소리가 되지.

그럼 어떻게 해야 하나요?

흰 그늘이 되어야지.

흰 그늘이란 무엇인가요?

그건 그믐밤에 널린 흰 빨래 같은 것이니라.

– 황석영 「별찌에게」 1화

신재효는 소리가 세계를 어떻게 담고 있는가를 주목하고 있다. 신재효는 소리만 좋은 것을 '노랑목'이라고 한다. 소리가 세계를 반영하고 표현하는 것임에도 불구하고 소리 자체의 미학에만 방점을 두고 꾸며 낼 때 이를 '노랑목'이라고 하고 평가절하한다. 이런 상태에서 벗어나기 위해서는 소리에 '그늘'이 있어야 한다고 표현한다. 그늘은 구체 세계에 뿌리를 내리고 있는 삶의 역정들이다. 그런 아픔과 신산, 우여곡절을 담지 못한다면 소리로서 자격이 없다는 것이다. 그렇다고 해서 소리가 삶의 질곡 속에 빠져서 허우적거리기만 한다면 들을 가치도 없다는 것이다. 그래서 소리라면 이 땅의 아픔과 그늘을 담고 있으면서도 여기에 주저앉아 있는 것이 아니라 새로운 지평을 열어 주는 것이어야 하는데 그것이 바로 '흰그늘'이라고 한다. 그믐밤에 걸려 보일락 말락 하는 흰 빨래 같은 것. 이것이 조선의 미학이라는 것이다.

그런데 신재효의 소리에 대한 미학은 대승에서 세계를 진제眞諦[空], 속제俗諦[假], 중도제中道諦[中]의 삼제三諦로 보는 것과 같다. 여기서 '노랑목'은 진제 즉 공에 해당하며, '그늘'이 너무 짙은 소리는 속제 즉 가에 해당하고, '흰그늘'은 중도제 즉 중에 해당한다. 지의는 원교의 진리는 즉공즉가즉중이라고 하였다. 즉 우리가 살아가고 있는 우주 법계의 법성 자체가 즉공즉가즉중인데, 여기서 어떤 측면만 부각해서 본다면 세계를 제대로 반영하지 못한 것이며 무명으로 인해서 번뇌의 굴레에서 벗어날 수 없다는 것이다. 이런 관점에서 노랑목은 구체적 현실의 세계에서 초월하거나 동떨어진 진리만을 추구하는 것으로서 진과 속이 분리된 상태의 진, 모든 현상의 차이를 무시하고 모두 공이라고 보는 것과 다를 바 없다는 것이다. 이러한 문제점을 극복하기 위해서는 소리가 구체적인 현실의 세계를 담고 있어야 한다는 것을 '그늘'을 담고 있어야 한다고 지적하는데, 이는 중생들의 다양한 삶의 편린들을 담고 있는 속제로서 실유가 아닌 가유이다. '흰그늘'은 서로 대립하면서 반대되는 '흰것'과 '그늘'을 결합한 역설적인 표현이다. 소리가 비현실적으로 맑고 청아한 것이 아니라 구체 세계를 담아서 쉬고 거칠면서도 새로운 차원으로 지평을 열어주는 소리이기에 '그늘'의 현실과 '흰' 것으로서 새로운 지평을 동시에 내포하는 소리의 미학을 '흰 그늘'이라고 표현한 것일 것이다. 이것이 바로 진제와 속제를 한 차원 높은 경지에서 모두 아울러서 진속불이의 경지를 나타내는 중도제이며, 공과 가를 동시에 망라하는 '중'이며, 이를 통해서 모두 즉공즉가즉중의 하나의 동시장에 이르게 하는 '일미동체'이다.

　이러한 점에서 '흰그늘' 즉 '그믐밤에 걸려 보일락 말락 하는 흰 빨래'의 표현은 중도의 실상을 절묘하게 나타내는 이미지의 표현이라고 할 수 있다. 새로운 차원은 결코 구체 세계를 버리거나 초월해서 전개되는 것이 아니라 바로 지금, 여기의 세계 속에 녹아들어 있는 것이다. 다만 인식주관의 관점이 어두워서 그것을 알아차리지 못할 뿐이다. 또한 새로운 차원을 '보일락 말락 하는 흰' 것이라고 함은 '밝음'과 '그늘'의 양변을 부정하는 것이면서 동시에 망라함을 표현하는 것이다. 이것은 좌골의 기판에서 조성된 기의 장이 횡수로 확장하면서 내 몸의 말단 부위가 온 우주의 동시장으로 열리는 우주장의 역할을 하는 것과 같다. 내 몸에서도 소외되어 있던 말단 부위가 그늘과 같은 세계라면, 그 부위가 활성화되어 우주의 장으로서 열린다는 것은 그믐밤의 어두움 속에서 보일락 말락 하는 흰 빨래로서 단순한 어두움도 아니고 어두움을 버린 밝음도 아니면서 모두를 포함하여 새로운 차원을 비추는 '흰그늘'과 다를 바 없다.

　그런데 '흰그늘'이 추구하는 소리의 미학, 그 소리를 구사하거나 청취하는 사람의 심미안에는 전제하는 것이 있다. 인간은 개체 단위의 한계를 넘어서 새로운 세계로 얼마든지 열릴 수 있다는 것이다. 삶의 신산이 묻어 있는 이야기와 소리의 파형을 통해서 벽을 허물고 자유인이 되려고 하는 것은 인간이 개체적 존재가 아니라 우주적 존재라는 것을 본능적으로 알고 있기 때문이다. '그늘' 속에서 '흰' 빛이 어린다는 것은 '흰' 빛이 꿈과 관념 속에만 머무는 이상이 아니라, 지금 여기의 어두운 '그늘' 자체가 바로 '흰' 빛이 될 수 있음을 암시한다. 상고시대의 저술인 『삼일신고三一神誥』에서는 "신은 머릿속에 내려와 있다."라고 표현한다. 동학에서는 사람이 곧 하늘이고, 사람도 사물도 하늘도 땅도 모두가 하나이기에, 이를 '한울님'이라고 한다. 대승에서는 무명의 번

뇌에서 벗어나면 누구나 부처가 될 수 있다고 하며, 지의의 원교에서
는 중생 그 자체가 바로 부처라고 한다. 여기서 부처는 독립된 인격체
로서의 존재가 아니라 우주 법계의 법성 자체이다. 그러기에 누구라도
개체적 존재로서 폐쇄 회로가 아니라 우주적 존재로서의 열린 회로라
는 것이다. 한국의 대표적 정서를 '신명'이라고 한다. '신명'은 몸과 마
음이 혼연일체가 되어서 일상적인 자아의 벽을 뛰어넘어 새로운 흐름
으로 확장해 나가는 정서이다. 그렇다면, 신명의 근원은 무엇일까? 물
흐르듯이 바람에 미동하듯이 몸과 마음을 내맡기면 경계가 사라질 때
까지 움직임이 일어난다. 춤의 원형이라고 할 수 있다. 정좌한 상태에
서도 기운이 불균형할 때 두 손과 팔을 이용해서 기를 조정할 수 있다.
입정 상태에 들어가서 우주의 기의 장이 주체가 되어 열린 회로를 이룰
때 그 흐름에 내맡겨 두면 두 손과 팔은 저절로 움직여지고 모든 경계
가 사라지면 저절로 일체의 미동도 일어나지 않는다. 만약 개체적 존재
의 폐쇄 회로를 유지한 상태에서 춤을 춘다면, 춤의 동작은 작위적이고
형식적이어서 몸에 부담만 주고 흥이 일어나지 않는다. 신명이 나올 수
없다. 이에 비해, 일상적인 나라는 관념적 경계를 내려놓고 주위 우주
의 흐름에 내맡겨서 물길 따라 흐르고 바람결 따라 미동한다고 여기고
내맡기면 자연스러운 움직임이 일어난다. 움직임이 저절로 일어나는
것이고, 그 과정이 몰아 상태이고 엑스터시(ecstasy) 상태이기에 흥도 절
로 일어난다. 이러한 경우를 신명이 넘치는 것이라고 할 수 있다. 완전
하게 우주와 합일되는 경지에 이르면 동작은 사라진다. 하지만, 이 상
태는 움직임이 없는 경직된 상태가 아니다. 정즉동靜卽動으로 고요 자
체가 일체의 움직임이다[8]. 정즉동은 개체 단위의 존재로 되돌아간 것

8　정중동靜中動은 정 속에 동이 있다는 표현으로 아직 정과 동의 개념적 분별이 남아
　　있기에, 정즉동靜卽動으로 표현한다.

이 아니라 우주적 존재로서 모든 흐름을 포괄하고 있기에 고요하게 보이는 것이다. 이러한 점에서 신명은 원돈지관으로 명정明靜에 이르는 과정에서 느끼는 법열과 같은 정서라고 할 수 있다. 다만 신명은 그 과정에서 일어나는 흥겨움이기 때문에 신명을 통해서 새롭게 모색하고 이르려고 하는 세계가 무엇인지를 알아차리는 노력이 필요하다. 이것은 바로 온 우주가 하나이고, 일기이며, 일심동체인 세계이다. 이러한 세계관에 바탕을 둘 때, 비로소 모든 현상과 부분이 중도 실상이고 '그늘'이 바로 '흰' 빛이 될 수 있기 때문이다.

이러한 관점에서 볼 때 '흰 그늘'은 바로 중도 실상을 뜻한다고 할 수 있다. 실제로 원교의 세계관으로 '흰그늘'을 떠올리면 지금 있는 그 자리에서 사방의 경계가 풀리면서 온 우주로 환하게 열리는 느낌으로 다가온다. 좌골의 기의 장이 우주장으로서 열리는 것과 같다. 다만, 좌골의 우주장도, '흰그늘'도 원교의 즉공즉가즉중의 세계관을 바탕으로 할 때 즉각 열릴 수 있다는 것을 유의할 필요가 있다.

[수련법]

1. 수련 과정에서 세계관의 전변을 명시적으로 떠올려야 하는 특이점이 있다. 입자 중심에서 장 중심의 패러다임으로 전환하는 순간이다. 입자 중심의 패러다임은 일상생활에서 익숙한 사유 체계이기 때문에 특별히 3차원 공간관의 세계관이 작동한다는 것을 의식하지 않는다. 그러나 기존 사유의 패러다임으로서는 논리적인 일관성과 적합성을 유지할 수 없는 상태를 만났을 때, 지금까지의 세계관으로 더 이상 새로운 상태를 이해할 수 없다는 것을 알아차리고 새로운 세계관으로 전변시켜야 한다.

2. 중심선을 관통하여 머리 백회 위로 기의 장이 상승할 때 몸을 조금 더 뒤로 기울여서 무게중심을 등 뒤쪽으로 이동하면서 이를 바라보면 '나'라는 관념적 경계를 잊어버릴 정도가 된다. 이때 기의 장이 토션파로 우주공간을 향해서 무한대로 뻗어 나간다고 여기고 몸을 조금 더 뒤로 기울이면서 회음을 통해서 앉은 자리 밑으로도 토션파가 대칭으로 무한대로 뻗어 나간다고 여기고, 따라 나간다. 기존의 내 몸 안에 머물던 기의 밀도를 모두 위아래 우주 공간으로 옮기되 토션파를 떠올려서 끝이 가늠되지 않을 정도로 무한대로 넓혀 나가는 것이다. 이 과정에서 특이점이 발생한다. 위아래의 거리감이 일순간에 사라지는 지점이다. 이것은 3차원 공간관의 세계관에 기초한 선형성의 패러다임이 해체된다는 것을 의미한다. 이와 동시에 좌우, 앞뒤 사방으로도 거리감이 사라진다. 여기에서도 선형성의 패러다임이 해체된 것이다. 유한의 세계에서 머물 때는 선형성의 질서에 따라서 나와 대상, 주체와 객체의 구분이 명확했지만, 대극의 방향으로 무한하게 열리는 순간 선형성의 질서가 해체되는 것이다. 바로 이 순간 세계관이 전변되고 있다는 것을 알아차리고, 명시적으로 새로운 세계관으로 의식 전반을 변화시켜야 한다. 즉 입자 중심의 세계에서 동시장의 세계로, 3차원 공간관의 세계관에서 일미와 일기, 일심동체의 세계관으로 전변된 것이라고 알아차릴 때 주객의 분별이 사라진 중도의 동시장이 지속될 수 있다. 만약 이러한 특이점이 왔을 때, 여전히 기존의 세계관에 머물러 있게 된다면 다시 기존의 선형성의 질서로 전락하여 입자 중심의 사유 체계에 머물게 된다.

3. 양손이나 머리의 좌우 방향으로 우주 공간이 무한하게 열리는 동시장이 조성될 때도 특이점이 발생한다. 이 순간에는 좌우의 거리감이 사라지고, 동시에 위아래, 앞뒤의 거리감도 사라진다. 이 순간 선형성의 패러다임이 해체되어 중도의 동시장 상태에 이르렀다고 알아차린다.

4. 상초, 중초, 하초의 개념으로 자신을 구분할 때는 아직 입자 중심의 패러다임이

남아 있을 수 있다. 그런데 상초상과 하초하는 개체 단위의 존재를 해체하여 온 우주로 열리는 기의 장이기 때문에 기존의 세계관으로서는 제대로 포착할 수 없다. 따라서, 삼초의 카테고리를 적용할 때 전제되어 있던 입자 중심의 개체 단위의 존재감을 상초상, 하초하로 확장할 때는 중도 동시장의 우주적 존재감으로 전환하여야 그 개념에 부합하는 기의 장을 제대로 체험할 수 있다. 변화하는 기의 장에 따라서 세계관과 인식의 패러다임, 사유 체계가 전변할 때는 자연스럽게 주체의 전환을 통해서 중도의 동시장을 이룰 수 있지만, 전자에 비해 후자가 지체될 때는 전자의 변화가 무산되면서 다시 입자 중심의 경계가 살아나게 된다.

5. 연기화신의 상태를 연상할 때도 기에서 신으로 전변되는 순간, 입자 중심의 사유체계가 완전히 종식되고 중도의 동시장으로 전변된다고 여길 때 신은 기존의 나와 분리되지 않고 환허합도에 이를 수 있다.

6. 중도의 동시장은 온 우주를 하나의 거울이라는 장으로 떠올려도 도움이 된다. 우주 자체가 무한하게 큰 거울이고 그 안의 모든 존재도 거울 안에 비쳐지는 다양한 무늬와 결, 패턴일 뿐 개별 단위로 완결된 독립적 존재가 아니면서 부분과 전체가 무한하게 반조反照하는 동시장이다. 이를 대원경大圓鏡의 동시장이라고 지칭하고 특이점의 순간에 떠올리고 내맡긴다. 이를 통해 모든 주객의 분별이 사라질 때, 이를 원돈지관圓頓止觀의 명정明靜 상태라고 알아차린다.

7. '흰그늘'을 떠올리면 백회 위로 환하게 열리면서 사방으로도 일체의 경계가 사라져 동시장이 펼쳐진다. '그늘'과 '흰' 상태가 어떠한 간격 없이 일체화된 상태이다. 이렇게 바라볼 때 모든 부분이 전체이고 모든 개별적 존재가 우주적 존재가 된다.

참고 문헌

본문에서 인용한 『마하지관』은 다음의 저작과 『대지관좌선법(마하지관)』에 수록된
『마하지관摩訶止觀』의 원문原文을 참고로 한 것임.

1. 천태지자대사 저, 김무득 주석, 『대지관좌선법(마하지관)』, 운주사, 1994.
2. 김정희, 「지의 마하지관」, 『철학사상』 별책 제7권 제1호, 서울대 철학사
   상연구소, 2006.
3. 혜명 저, 『마하지관의 이론과 실천』, 경서원, 2011.
4. 지창규, 『천태교관』(교재), 동국대 불교학과.

본문에서 인용한 『법화현의』는 다음의 저작을 참고로 한 것임.

5. Paul L. Swanson 저, 김정희 역, 『천태불교의 철학적 토대』, 부록- 지의
   『법화현의』, 씨아이알, 2015.
6. 天台大師 著, 菅野博史 譯注, 『法華玄義』, 第三文明選書, 2016.
7. 지창규, 『천태교관』(교재), 동국대 불교학과.

그 외의 참고문헌은 다음과 같다.

8. 오강남 풀이, 『장자』, 현암사, 1999.
9. 기세춘 역, 『장자』, 바이북스, 2007.
10. 제러미 리프킨 저, 이경남 역, 『공감의 시대』, 민음사, 2010.
11. 원효 저, 정목 역해, 『무량수경종요』, 비움과 소통, 2015.

12. 카를로 로벨리 저『모든 순간의 물리학』, 쌤앤파커스, 2016.

13. 김성구·조용길 저, 『현대물리학으로 풀어 본 반야심경』, 불광출판사, 2006.

14. 데이비드 봄 저, 이정민 역, 『전체와 접힌 질서』, 시스테마, 2010.

15. 강길전·홍달수 저, 『양자의학』, 돈을새김, 2014.

16. 김성철, 『승랑』, 지식산업사, 2011.

17. 원효 저, 조용길·정통규 역, 『금강삼매경론 상·하』, 동국대학교 출판부, 2002,

18. 이지향, 『원효「금강삼매경론」의 대승관법 연구』, 동국대 대학원 불교학과, 2018,

19. 이운허 역, 『열반경』, 동국역경원, 2017.

20. 은정희·김용환·김원명 역, 『원효의 열반경종요』, 민족사, 2017.

21. 조수동 역, 『열반종요』, 지식을만드는지식, 2009.

22. 최기표, 『천태지관』, 도피안사, 2016.

23. 천태지자 설, 장안관정 기, 이원섭 역, 『법화문구』, 영산법화사, 2011.

24. 계환 해, 일여 집주, 김진철 편역, 『묘법연화경 하』, 법화선원 마하사, 2011.

25. 용수 저, 구마라집 한역漢譯, 석법성 한역韓譯, 『대지도론 1』, 운주사, 2016.

26. 원효 저, 권희재 역, 『법화경종요와 간추린 법화경』, 은명, 2017.

27. 한자경 저, 『심층마음의 연구』, 서광사, 2016.

28. 한자경, 『대승기신론강해』, 불광출판사, 2013.

29. 서광, 『치유하는 유식읽기』, 공간, 2013.

30. 오지연 저, 『천태지관이란 무엇인가』, 연기사, 2013.

31. 대한불교천태종 저, 『천태사교의강의』, 신광문화사, 1980.

32. 『동양의학대사전』, 경희대학교, 1999.

33. 『한국민족문화대백과사전』, 『글로벌 세계대백과사전』, 다음 백과사전, 네이버 지식백과.